책장을 넘기며 느껴지는 몰입의 기쁨
노력한 만큼 빛이 나는 내일의 반짝임

새로운 배움, 더 큰 즐거움

미래엔이 응원합니다!

1등급 만들기
생활과 윤리 760제

WRITERS

문일호　과천여고 교사 | 서울대 대학원 윤리교육과
강혜원　중동고 교사 | 서울대 윤리교육과
김윤정　동광고 교사 | 서울대 윤리교육과
안인선　한가람고 교사 | 서울대 윤리교육과
이희성　하남고 교사 | 한국교원대 윤리교육과

COPYRIGHT

인쇄일 2025년 1월 2일(2판9쇄)
발행일 2021년 9월 30일

펴낸이 신광수
펴낸곳 (주)미래엔
등록번호 제16–67호

교육개발2실장 김용균
개발책임 김문희 **개발** 이현자, 전승원

디자인실장 손현지
디자인책임 김병석 **디자인** 진선영, 송혜란

CS본부장 강윤구
제작책임 강승훈

ISBN 979-11-6413-876-0

머리말
Introduction

인생의 목표를 정하고

그 목표를 향해

담담하게 걸어가는 것은

정말 어려운 일입니다

다른 사람들이 뭐라고 하든

자신이 옳다고 믿는 길이 최선의 길이지요

자신감을 가지고

1등급 만들기와 함께 시작해 보세요

1등급 달성!
할 수 있습니다!

구성과 특징
Structure&Features

핵심 개념 정리

시험에 꼭 나오는 [핵심 개념 파악하기]

학교 시험에 자주 나오는 개념과 자료를 일목요연하게 정리하여 핵심 개념을 빠르게 파악할 수 있도록 구성하였습니다.

자료 시험에 자주 나오는 자료를 엄선하여 분석하였습니다.

ⓒ 문제로 확인 핵심 개념 및 필수 자료를 이해했는지 확인할 수 있도록 관련 문제를 연결하였습니다.

3단계 문제 코스

1등급 만들기 내신 완성 3단계 문제를 풀면 1등급이 이루어집니다.

Step 1 기출 문제로 실전 감각 키우기

분석 기출 문제

기출 문제를 분석하여 학교 시험 문제와 유사한 형태의 문제로 구성하였습니다.

핵심 개념 문제 핵심 개념을 얼마나 이해하고 있는지 바로 확인할 수 있도록 개념 문제를 제시하였습니다.

1등급을 향한 서답형 문제 학교 시험에 자주 출제되는 단답형과 서술형 문제의 대표 유형을 모아서 수록하였습니다.

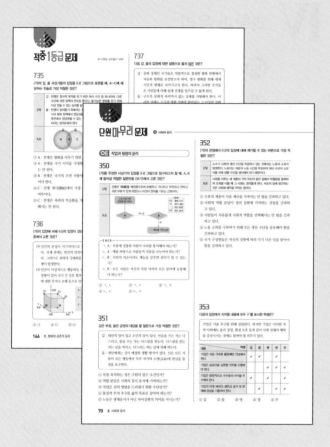

Step 2 · 1등급 문제로 실력 향상시키기

적중 1등급 문제

학교 시험에서 고난도 문제는 한두 문항씩 출제됩니다.
등급의 차이를 결정하는 어려운 문제도 자신 있게 풀 수 있도록 응용력과
사고력을 기를 수 있는 고난도 문제로 구성하였습니다.

Step 3 · 마무리 문제로 최종 점검하기

단원 마무리 문제

중간고사와 기말고사를 대비할 수 있는 실전 문제를 학교 시험 진도에 맞
추어 학습이 용이하도록 강명을 넣어 구성하였습니다. 시험 직전 학습 내
용을 마무리하고 자신의 실력을 점검할 수 있습니다.

알찬풀이로 [핵심 내용 다시보기]

문제에 대한 정답과 알찬풀이를 제시하였습니다. (바로잡기)는 자세한 오
답풀이로 어려운 문제도 쉽게 이해할 수 있습니다.

- **1등급 정리 노트**
  시험에 자주 나오는 핵심 개념을 다시 한번 정리하였습니다.

- **1등급 자료 분석**
  까다롭고 어려운 자료에 대한 분석과 첨삭 설명을 제시하였습니다.

- **1등급 선택지 분석**
  틀린 선택지를 찾아 오답에 대한 자세한 설명을 달았습니다.

차례
—— Contents

01

현대 생활과 실천 윤리

☑ 출제 포인트 ☑ 윤리 문제의 핵심 쟁점 ☑ 규범 윤리학, 메타 윤리학, 기술 윤리학의 비교 ☑ 실천 윤리학의 특징

1. 현대 사회의 다양한 윤리적 쟁점

1 현대인의 삶과 윤리

(1) **현대인의 삶** 과학 기술의 발달, 사회 구조의 복잡성과 다양성, 가치관의 변화 등으로 많은 변화를 겪음

(2) **새로운 윤리 문제의 등장** 현대인들은 물질적 풍요와 삶의 여유를 누리지만, 과거에는 나타나지 않았던 새로운 윤리 문제에 직면함 ⑩ 배아 복제 문제, 사이버 폭력 등

> **자료** 요나스의 윤리적 공백 ⓒ 7쪽 016번 문제로 확인
>
>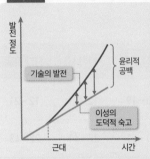
>
> 현대 과학 기술은 우리가 삶을 성찰해 볼 시간적 여유를 갖지 못할 정도로 빠른 속도로 발전하고 있다. 요나스는 과학 기술의 발달과 그것을 따라가지 못하는 도덕적 숙고의 간격을 '윤리적 공백'이라고 표현하였다.
>
> **분석** 과학 기술의 발달은 인간 삶의 다양한 영역에 영향을 끼쳤으며 새로운 변화를 가져왔다. 예를 들면 오늘날 인간의 배아로부터 획득한 줄기세포를 이용해 난치병 치료가 가능해졌다. 하지만 배아를 인간으로 보는 것이 옳은지에 대해서는 판단하기가 쉽지 않다. 이러한 문제는 전통 윤리가 과학 기술의 발달을 따라가지 못해서 생긴 것이며, 이를 요나스는 '윤리적 공백'이라고 표현하였다.

2 현대 사회의 다양한 윤리 문제

(1) **특징**

① 파급 효과가 광범위함

② 책임 소재를 가리기 어려움

③ 전통적인 윤리 규범만으로 해결하기 어려움

⭐(2) **핵심 쟁점** ⓒ 8쪽 018번 문제로 확인

생명 윤리	• 생명의 시작과 끝에서 만나는 윤리는 무엇인가? • 생명 과학 기술의 발달로 생기는 윤리적 쟁점은 무엇인가? • 성의 가치는 무엇이고 사랑과의 바람직한 관계는 무엇인가?
사회 윤리	• 직업을 통해 어떻게 행복한 삶을 영위할 수 있는가? • 공정한 사회로 발전하기 위해 우리에게 필요한 정의는 무엇인가? • 참여는 시민의 의무인가?
과학 윤리	• 과학 기술은 사실의 문제인가, 가치의 문제인가? • 사이버 공간의 윤리와 현실의 윤리는 다른가? • 지속 가능한 발전을 위한 윤리는 무엇일까?
문화 윤리	• 예술과 도덕은 갈등할 수밖에 없는가? • 왜 의식주와 소비가 윤리적인 문제로 등장하고 있는가? • 문화를 초월한 보편적 가치는 존재할까?
평화 윤리	• 사회의 다양한 갈등을 극복하는 데 필요한 소통의 윤리는 무엇인가? • 통일이 지향해야 할 윤리적 가치는 무엇인가? • 지구촌 평화에 기여할 수 있는 방법은 무엇일까?

2. 실천 윤리학의 의미와 특징

1 윤리학의 의미와 분류

(1) **윤리학의 의미와 특징**

의미	도덕적 행동의 기준이나 규범을 체계적으로 탐구하는 학문
특징	• 도덕적 행위를 탐구함 • 도덕적 행위가 갖추어야 할 조건과 기준을 정립함 • 가치 있는 삶의 방향을 안내함

⭐(2) **윤리학의 분류** ⓒ 9쪽 026번 문제로 확인

규범 윤리학	• 도덕적 행위의 근거가 되는 도덕 원리나 인간의 성품에 관해 탐구하고, 이를 바탕으로 도덕적 문제의 해결과 실천 방법을 제시함 • 이론 윤리학 : 어떤 도덕 원리가 윤리적 행위를 위한 근본 원리로 성립할 수 있는지를 연구함 ⑩ 의무론, 공리주의, 덕 윤리 등 • 실천 윤리학 : 이론 윤리학에서 제공하는 도덕 원리를 토대로 윤리 문제의 바람직한 해결 방안을 모색함 ⑩ 생명 윤리, 정보 윤리, 환경 윤리 등
메타 윤리학	• 윤리학의 학문적 성립 가능성을 모색하기 위해 도덕적 언어의 의미 분석과 도덕적 추론의 정당성을 검증하기 위한 논리 분석에 주된 관심을 둠 • 메타 윤리학의 주요 물음들 　– '해야 한다.'는 것과 '해서는 안 된다.'는 것의 의미는 무엇인가? 　– 도덕 판단을 어떻게 논리적으로 정당화할 수 있는가?
기술 윤리학	• 도덕 현상과 문제를 명확하게 기술(記述)하고, 기술된 현상들 간의 인과 관계를 설명하는 데 주된 관심을 둠 • 도덕적 풍습이나 관습을 객관적으로 기술함

2 실천 윤리학의 등장 배경과 특징

등장 배경	• 이론 윤리학의 한계 : 행위에 대한 실천적 지침을 제공하지 못함 • 사회·문화적 변화와 과학 기술의 발달에 따른 새로운 윤리 문제의 등장 → 구체적인 도덕 판단과 행위 지침이 필요함
특징	• 이론 윤리학과 유기적인 관계에 있음 • 윤리 문제에 학제적으로 접근함 • 도덕 원리를 응용하여 문제를 해결하고자 함 • '문제 중심 윤리학', '응용 윤리학'이라고 불림

> **자료** 실천 윤리학의 성격 ⓒ 8쪽 022번 문제로 확인
>
> 실천(혹은 응용) 윤리학이란 삶의 실천적 영역에서 제기되는 도덕 문제를 이해하고 해결하고자 하는 모든 체계적인 탐구를 포괄하는 학문 분야를 말한다. 실천 윤리학은 근본적인 윤리 이론이나 도덕 원리를 추구하는 이론 윤리학과 달리 "윤리 문제를 어떻게 해결할 것인가?"를 주제적인 물음으로 다루고 있다. 즉 실천 윤리학에서는 구체적인 윤리 문제가 일차적 물음이고, 윤리 이론이나 도덕 원리는 이차적 의미를 지닌다.
>
> – 김상득, 「서양 철학의 눈으로 본 응용 윤리학」 –
>
> **분석** 실천 윤리학은 우리의 삶에서 발생하는 다양한 윤리 문제에 대하여 이론 윤리학과 달리 구체적인 해결책을 모색하는 데에 주된 관심을 둔다.

분석 기출 문제

» 바른답·알찬풀이 2쪽

문제 개념 확인

▪▪ 빈칸에 들어갈 알맞은 용어를 쓰시오.

001 인간으로서 지켜야 할 행동의 기준이자 규범을 (　　　)(이)라고 한다.

002 (　　　)은/는 도덕적 행동의 기준이나 규범을 체계적으로 탐구하는 학문이다.

003 아리스토텔레스는 학문을 이론 학문과 실천 학문으로 구분하며, 실천 학문으로 (　　　), 법철학, 정치학을 꼽았다.

▪▪ 다음 내용이 옳으면 ○표, 틀리면 ×표를 하시오.

004 윤리학은 도덕적 행위가 갖추어야 할 조건과 기준을 탐구하여 가치 있는 삶의 방향을 제시한다. (　　　)

005 실천 윤리학은 윤리적 행위의 근본 원리나 기준을 제시하고자 하며, 이론 윤리학은 이를 활용하여 다양한 영역의 구체적인 윤리 문제를 해결하고자 한다. (　　　)

006 과학 기술이 급속히 발달하는 동시에 사회 구조가 복잡해지고 다양해짐에 따라 나타나는 새로운 윤리 문제는 전통적인 윤리 규범으로 해결하기 쉽다. (　　　)

▪▪ 다음 윤리 영역과 핵심 쟁점을 바르게 연결하시오.

007 생명 윤리 •　　　• ㉠ 시민 불복종

008 사회 윤리 •　　　• ㉡ 인공 임신 중절

009 과학 윤리 •　　　• ㉢ 과학 기술의 가치 중립성

010 문화 윤리 •　　　• ㉣ 통일 비용과 분단 비용 문제

011 평화 윤리 •　　　• ㉤ 의식주 및 소비에 관한 문제

▪▪ ㉠, ㉡ 중 알맞은 것을 고르시오.

012 (㉠ 메타 윤리학, ㉡ 실천 윤리학)은 현실 문제를 해결하기 위한 구체적인 지침을 제공해 주는 학문이다.

013 윤리적 판단과 행위의 원리를 탐구하고 이에 대한 정당화 근거를 마련하는 데 초점을 두는 학문은 (㉠ 이론 윤리학, ㉡ 실천 윤리학)이다.

014 이론 윤리학과 실천 윤리학은 (㉠ 독립적, ㉡ 유기적) 관계이다. 왜냐하면 실천 윤리학은 문제 상황에서 이론 윤리학의 이론들을 적용하여 윤리적 판단을 내리기 때문이다.

015

㉠에 들어갈 내용으로 가장 적절한 것은?

> 현대 사회는 과학 기술의 급속한 발달과 더불어 사회 구조가 복잡해지고 다양해짐에 따라 많은 변화를 겪고 있다. 그래서 현대인들은 과거에는 나타나지 않았던 새로운 윤리 문제에 직면하기도 한다. 현대 사회에서 나타나는 새로운 윤리 문제는 '　　㉠　　'는 특징을 가지고 있다. 예를 들면 생명 과학 기술의 발달에 따른 윤리 문제 내지 경제 성장과 환경 보존의 갈등과 같은 문제는 전 지구적으로 영향을 미칠 수 있고, 현세대는 물론 미래 세대까지 위협할 수 있다.

① 파급 효과가 광범위하다.

② 책임 소재를 명확히 가리기가 쉽다.

③ 전통적인 윤리 규범만으로도 해결이 가능하다.

④ 구체적이고 확실한 해결 방안을 마련하기 용이하다.

⑤ 현대인들로 하여금 물질적 풍요를 누릴 수 없게 한다.

016

밑줄 친 'A 사상가'가 지지할 견해만을 〈보기〉에서 있는 대로 고른 것은?

> 급격한 과학 기술의 발전에 대응하여, 이론 윤리만으로는 올바른 행동에 대한 구체적인 지침을 얻을 수 없다는 문제의식이 제기되었습니다. A 사상가는 이러한 상황을 '윤리적 공백'이라 부르며 실천적인 윤리학의 필요성을 역설하였습니다.

[보기]

ㄱ. 과학 기술 시대에는 책임 문제를 중시해야 한다.

ㄴ. 과학 기술의 발전으로 인간의 힘이 점점 증대되고 있다.

ㄷ. 윤리적 논의가 과학 기술의 발전 속도를 능가하고 있다.

ㄹ. 기술 발전을 위해 행해지는 과학자의 실험은 모두 허용되어야 한다.

① ㄱ, ㄴ　　　② ㄱ, ㄹ　　　③ ㄷ, ㄹ

④ ㄱ, ㄴ, ㄷ　　　⑤ ㄴ, ㄷ, ㄹ

017

(가), (나)에서 공통적으로 설명하는 개념의 의미로 가장 적절한 것은?

> (가) '집단, 무리, 질서'라는 말과 '이치, 이법, 도리'라는 말을 더해 인간관계의 이치와 도리를 의미한다.
>
> (나) 고대 그리스어 에토스(ethos)에서 유래되어 인간이 집단생활을 하면서 생겨난 습관, 풍습 등을 의미한다.

① 인간의 행위를 타율적으로 규제하는 규범이다.
② 인간과 동물에게 공통적으로 발견되는 현상이다.
③ 개인의 행동 양식을 정해 주는 사회적 틀을 말한다.
④ 인간이 지켜야 할 도덕적 행동의 기준이나 규범이다.
⑤ 인간으로서 마땅히 가지는 권리이자 누려야 하는 권리이다.

★빈출 018

(가)의 주장을 (나) 그림으로 탐구하고자 할 때, ㉠~㉣에 들어갈 내용으로 옳지 않은 것은?

(가)	오늘날 인간 삶의 영역이 다원화되면서 각 영역에서 다양한 윤리 문제가 발생하고 있다. 따라서 우리는 삶의 각 영역에서 나타나는 다양한 윤리 문제의 핵심 쟁점에 대해 알아야 한다.

① ㉠ : 사회적 약자를 위한 우대 정책은 역차별인가?
② ㉡ : 문화의 다양성 존중과 보편 윤리는 양립 가능한가?
③ ㉢ : 왜 의식주와 소비가 윤리적인 문제로 등장하고 있는가?
④ ㉣ : 통일이 지향해야 할 윤리적 가치는 무엇인가?
⑤ ㉣ : 갈등을 극복하는 데 필요한 소통의 윤리는 무엇인가?

019

㉠과 관련 있는 주제로 적절하지 않은 것은?

> 과학 기술의 급속한 발전과 시대의 변화에 따라 예전에는 존재하지 않았던 ㉠윤리적 쟁점과 딜레마 상황이 초래되었고 이에 대한 해결책이 요구되고 있다.

① 생명 복제를 어디까지 허용해야 하는가?
② 예술과 외설을 구분해야 할 필요가 있는가?
③ 시민 불복종은 정당성을 인정받을 수 있는 행위인가?
④ 도덕 판단의 기준으로 삼는 윤리 이론은 타당한 것인가?
⑤ 사이버 공간에서 표현의 자유를 어디까지 허용해야 하는가?

020

다음 글에서 추론할 수 있는 윤리학의 특징으로 가장 적절한 것은?

> 여행자가 목표가 있는 방위를 알고 있다면, 나침반은 여행자를 목표지로 인도한다. 나침반은 올바른 길을 직접 지시하지 않지만 올바른 길을 확인할 수 있는 방법을 제시해 준다. 윤리학의 역할은 이러한 나침반과 유사하다.

① 가치 있는 삶의 방향을 제시한다.
② 진리나 지식의 생산 자체에 목적을 둔다.
③ 재화 및 용역의 생산·분배·소비 활동을 다룬다.
④ 사회의 조직이나 개인과 집단 간의 상호작용을 연구한다.
⑤ 숫자와 기호를 사용하여 수량과 도형의 성질을 탐구한다.

021

㉠에 들어갈 내용으로 가장 적절한 것은?

① 보편적인 도덕 판단의 기준은 무엇인가?
② 도덕 문제를 어떻게 명확하게 기술할 것인가?
③ '옳다'와 '그르다'라는 용어의 의미는 무엇인가?
④ '선하다'는 것과 '악하다'는 것의 의미는 무엇인가?
⑤ 도덕 판단을 어떻게 논리적으로 정당화할 수 있는가?

★빈출 022

㉠에 들어갈 내용으로 가장 적절한 것은?

> 실천 윤리학은 근본적인 윤리 이론이나 도덕 원리를 추구하는 이론 윤리학과 달리 "_____㉠_____"를 주제적인 물음으로 다루고 있다. 즉 실천 윤리학에서는 구체적인 윤리 문제가 일차적 물음이고, 윤리 이론이나 도덕 원리는 이차적 의미를 지닌다.

① 세계의 근본 원리는 무엇인가?
② 윤리적 행위의 근거는 무엇인가?
③ 윤리 문제를 어떻게 해결할 것인가?
④ 행위의 동기와 결과 중 무엇을 중시할 것인가?
⑤ 도덕 판단에 적용해야 할 윤리 이론은 무엇인가?

023

⊙에 들어갈 내용으로 가장 적절한 것은?

실천 윤리학이 '무뇌증 태아의 인공 임신 중절을 허용해야 하는가?'라는 문제에 관한 해결책을 제시하기 위해서는 생명 존중의 도덕 원리나 윤리 이론뿐만 아니라 다양한 전문적 지식과 정보가 필요하다. 즉 관련 법률과 무뇌증에 대한 의학 지식도 필요하며, 종교계의 의견도 경청할 필요가 있다. 이처럼 실천 윤리학은 '⊙　　　'는 특징을 가지고 있다.

① 윤리적 문제에 대한 학제적 접근을 부정한다.
② 사회의 관습에 관한 객관적 기술을 강조한다.
③ 도덕적 언어의 의미 분석에 주된 관심을 둔다.
④ 문제 해결보다 진리와 지식의 발견을 중시한다.
⑤ 다양한 학문 분야와 소통하고 협력하려고 한다.

024

⊙의 구체적 내용만을 〈보기〉에서 고른 것은?

실천 윤리학은 이론 윤리학의 단순한 응용이 아니라 ⊙ 이론 윤리학이 안고 있는 한계점을 해결하고자 하는 새로운 접근법이다.

[보기]
ㄱ. 도덕 원리의 정당화에만 몰두한다.
ㄴ. 도덕 언어를 분석하는 데에만 몰두한다.
ㄷ. 도덕 문제의 구체적 해결 방안에 대해 소극적이다.
ㄹ. 문제에 대한 여러 가지 해결 방안을 놓고 갈등한다.

① ㄱ, ㄴ　　　② ㄱ, ㄷ　　　③ ㄴ, ㄷ
④ ㄴ, ㄹ　　　⑤ ㄷ, ㄹ

025

(가)에 비해 (나)가 강조하는 탐구 주제로 가장 적절한 것은?

(가)	이 윤리학은 어떤 도덕 원리가 윤리적 행위를 위한 근본 원리로 성립할 수 있는지를 탐구하는 학문이다. 도덕성에 대한 이론적 분석과 정당화를 다룸으로써 현실에서 나타난 윤리적 문제 해결의 토대를 제공한다. 그 예로 의무론, 공리주의, 덕 윤리 등이 있다.
(나)	이 윤리학은 생활 속에서 논쟁이 되는 여러 가지 도덕적 문제를 해결하고 실천하고자 하는 학문이다. 도덕 원리를 구체적인 삶의 문제에 응용하거나 구체적 상황에서 발생하는 문제에 관한 도덕적 해결책을 모색한다. 그 예로 생명 윤리, 정보 윤리 등이 있다.

① 안락사를 허용해야 하는가?
② 보편타당한 도덕 법칙은 존재하는가?
③ 올바른 가치 판단의 기준은 무엇인가?
④ 어떤 행위가 최대의 유용성을 낳는가?
⑤ 행위의 동기와 결과 중 무엇을 고려해야 하는가?

026

⊙, ⓒ에 관한 설명으로 가장 적절한 것은?

• (⊙) : 도덕 판단의 근거를 명확히 하여 윤리 이론을 정립한다.
• (ⓒ) : 현대인의 삶의 영역에서 제기되는 다양한 윤리 문제의 해결을 목표로 삼는다.

① ⊙에는 생명 윤리, 정보 윤리, 환경 윤리 등이 있다.
② ⊙은 다양한 윤리 이론을 바탕으로 구체적인 윤리 문제를 해결하고자 한다.
③ ⓒ은 도덕적 차원의 옳고 그름의 기준을 탐구하는 것이 주된 임무이다.
④ ⓒ은 의무론, 공리주의 등을 활용하여 인공 임신 중절, 동물 실험 등 구체적인 윤리 문제를 해결하고자 한다.
⑤ ⊙, ⓒ은 모두 과학 기술의 급격한 발달에 따른 시대 변화 속에서 생겨났다.

027

⊙에 들어갈 내용으로 가장 적절한 것은?

윤리학은 사회 과학과는 달리 '인생에서 옳고 그름의 기준은 무엇인가?' 또는 '생태계 위기를 극복하기 위한 옳은 방안은 무엇인가?'와 같은 규범적 질문에 대한 해답을 제시해야 한다. 그런데 근대 이후 다양한 문화에 대한 사회 과학적 관심이 증가함에 따라 도덕규범과 관련된 문화적 사실들을 명확하게 기술하고 그러한 사실들 간의 인과 관계를 객관적으로 설명하고자 하는 윤리학이 등장하였다. 나는 이러한 윤리학이 ⊙　　　　　고 생각한다.

① 도덕적 추론에 대한 가치 중립적 분석이 중요함을 간과한다.
② 도덕 현상을 객관적으로 서술하는 것이 중요함을 간과한다.
③ 도덕적 풍습을 있는 그대로 기술하는 것이 중요함을 간과한다.
④ 도덕 언어의 개념 분석과 도덕 논증의 타당성 입증을 간과한다.
⑤ 도덕 관행에 대한 기술보다 삶의 문제 해결이 중요함을 간과한다.

028

⊙에 들어갈 내용으로 가장 적절한 것은?

> 윤리학은 우리 삶의 실천적 영역에서 제기되는 도덕 문제를 이해하고 해결하고자 하는 모든 체계적인 탐구를 포괄해야 한다. 그런데 20세기 중반에 논리 실증주의의 영향을 받아 도덕 언어의 논리적 명료화에 주력하는 새로운 윤리학이 등장하였다. 이 윤리학은 윤리 문제가 언어 분석으로 해소되어야 할 문제라고 보기도 하였다. 나는 이러한 윤리학이 _____⊙_____ 고 생각한다.

① 윤리적 문제 상황에 도덕 이론을 적용해야 함을 강조한다
② 도덕 이론의 적용보다 도덕 언어의 분석이 중요함을 간과한다
③ 도덕 원리를 근거로 한 도덕 문제의 해결이 중요함을 간과한다
④ 윤리학의 학문적 성립 가능성에 대한 모색이 필요함을 간과한다
⑤ 도덕 현상의 명확한 기술과 기술된 현상들 간의 인과 관계에 관한 설명을 강조한다

029

갑, 을의 입장으로 가장 적절한 것은?

> 갑 : 윤리학은 도덕적 언어의 의미 분석과 도덕적 추론의 정당성을 검증하기 위한 논리 분석에 주된 관심을 두어야 한다.
> 을 : 윤리학은 도덕적 풍습 또는 관습에 관해 단순히 묘사하거나 객관적으로 기술(記述)하는 데 주된 관심을 두어야 한다.

① 갑 : 도덕 명제에 대한 검증 가능성을 부정해야 한다.
② 갑 : 윤리 문제를 해결하는 직접적 해법을 모색해야 한다.
③ 을 : 도덕 판단의 타당성 입증을 핵심 과제로 삼아야 한다.
④ 을 : 각 사회의 도덕적 관행들을 사실에 근거해 서술해야 한다.
⑤ 갑, 을 : 도덕적 행위를 정당화하는 이론 제시에 주력해야 한다.

1등급을 향한 서답형 문제

[030~031] 다음 글을 읽고 물음에 답하시오.

> (⊙)(이)란 도덕적 행동의 기준이나 규범을 체계적으로 탐구하는 학문을 말한다.

030

⊙에 들어갈 알맞은 용어를 쓰시오.

031

⊙의 특징을 세 가지 서술하시오.

[032~033] 다음 자료를 보고 물음에 답하시오.

구분	이론 윤리학	실천 윤리학
종류	⊙	생명 윤리, 정보 윤리, 환경 윤리 등이 있다.
역할	윤리적 행위의 근본 원리나 기준을 제시한다.	ⓛ

032

⊙에 들어갈 알맞은 내용을 서술하시오.

033

이론 윤리학과 실천 윤리학의 관계를 고려하여 ⓛ에 들어갈 알맞은 내용을 서술하시오.

[034~035] 다음 글을 읽고 물음에 답하시오.

> (⊙)은/는 '선', '악', '옳음', '그름' 등과 같은 도덕적 언어의 의미 분석에는 탁월하지만, 윤리적 문제의 실천적 해결에는 별다른 기여를 하지 못한다. 그래서 윤리적 문제의 실천적 해결을 위해 ⓛ실천 윤리학이 강조되고 있다.

034

⊙에 들어갈 윤리학을 쓰시오.

035

ⓛ의 특징을 두 가지 서술하시오.

036

㉠에 들어갈 진술로 가장 적절한 것은?

윤리학은 윤리 이론의 탐구보다는 실제 삶에서 만나는 도덕 문제의 해결을 목표로 삼아야 한다. 그런데 어떤 사람들은 "윤리학은 개인의 생활 그리고 사회의 구조와 기능 속에 존재하는 도덕 현상을 객관적으로 기술하는 것을 목표로 삼아야 한다."라고 주장한다. 나는 이들의 입장이 윤리학은 _____㉠_____ 는 것을 간과하고 있다고 생각한다.

① 구체적인 삶의 도덕적 딜레마를 해결해야 한다
② 당위의 관점이 아닌 사실의 관점을 탐구해야 한다
③ 도덕 관행의 발생 과정을 인과적으로 서술해야 한다
④ 도덕 언어의 의미 분석을 주된 탐구 과제로 삼아야 한다
⑤ 윤리 문제에 적용되는 보편적 도덕 원리를 정립해야 한다

037

(가)의 입장을 (나) 그림으로 탐구하고자 할 때, A, B에 들어갈 옳은 질문만을 〈보기〉에서 고른 것은?

(가)	오늘날 과학 기술의 급격한 발달은 기존의 이론 중심 윤리학만으로는 해결하기 어려운 도덕적 문제 상황을 초래하였다. 그 결과 실제 생활과 관련하여 논쟁이 되는 윤리적 과제들이 대두되었다. 이에 따라 이러한 윤리적 과제들을 해결해야 함을 강조하는 윤리학이 필요하게 되었다.

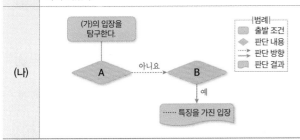

[보기]
ㄱ. A : 도덕 문제 해결을 위해 윤리 이론을 응용해야 하는가?
ㄴ. A : 도덕 명제에 대한 검증 가능성을 우선적으로 검토해야 하는가?
ㄷ. B : 도덕 원리의 현실적인 적용과 대안 마련이 필요한가?
ㄹ. B : 도덕 문제는 도덕적 가치와 무관한 문화적 사실일 뿐인가?

① ㄱ, ㄴ   ② ㄱ, ㄷ   ③ ㄱ, ㄹ
④ ㄴ, ㄷ   ⑤ ㄷ, ㄹ

038

(가), (나)의 입장에 대한 설명으로 가장 적절한 것은?

(가) 윤리학은 의무론, 공리주의, 덕 윤리와 같이 인간이 준수해야 할 근본적인 도덕 원리에 대한 이론적 탐구를 주요한 과제로 삼아야 한다.
(나) 윤리학은 생명 윤리, 환경 윤리, 정보 윤리와 같이 시대의 변화에 따라 다양한 영역에서 나타나는 윤리 문제 해결에 우선적으로 관심을 두고 연구해야 한다.

① (가)는 (나)와 달리 도덕 관습에 대한 객관적 기술이 윤리학의 목적이라고 본다.
② (가)는 (나)와 달리 윤리학의 학문적 성립 가능성을 탐구하는 것이 윤리학의 핵심 목표라고 본다.
③ (나)는 (가)와 달리 윤리적 문제를 해결할 때에는 가치를 분별하는 과정이 필요하다고 본다.
④ (나)는 (가)와 달리 윤리적 문제를 해결하기 위해서는 학제적 연구가 필요하지 않다고 본다.
⑤ (가), (나)는 모두 윤리적 문제를 해결하기 위해 보편적 도덕 원리의 필요성을 중시해야 한다고 본다.

039

(가)의 입장에 비해 (나)의 입장이 갖는 상대적 특징을 그림의 ㉠~㉤에서 고른 것은?

(가) 윤리학의 주된 과제는 도덕 이론을 전개할 때 사용되는 용어와 진술들을 논리적으로 분석하는 것이어야 한다.
(나) 윤리학의 주된 과제는 정치, 경제, 의료, 환경 등 현대인의 다양한 삶의 영역에서 새롭게 제기되는 윤리 문제들을 해결하는 것이어야 한다.

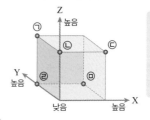

X : 도덕적 추론의 타당성을 입증해야 함을 강조하는 정도
Y : 현실의 도덕 문제에 대한 해결책 제시를 강조하는 정도
Z : 도덕 이론의 적용보다 도덕 언어의 분석이 중요함을 강조하는 정도

① ㉠   ② ㉡   ③ ㉢   ④ ㉣   ⑤ ㉤

02 현대 윤리 문제에 대한 접근과 탐구

☑ 출제 포인트 ☑ 유교, 불교, 도가 윤리 ☑ 의무론, 공리주의, 덕 윤리, 도덕 과학적 접근 ☑ 도덕적 탐구와 윤리적 성찰

1. 동양 윤리의 접근

★1 유교 윤리적 접근 ⓒ 13쪽 055번 문제로 확인

특징	• 수양을 통한 도덕적 인격 완성을 추구함 : 도덕성을 바탕으로 지속적으로 수양하면 누구나 도덕적으로 완성된 인간이 될 수 있음 → 성인(聖人), 군자(君子) • 도덕적 공동체의 실현을 중시함 : 덕치(德治)를 강조하고 '대동 사회'를 이상 사회로 제시함
시사점	도덕적 해이 현상, 인간성 상실 문제, 이기주의와 부정부패를 극복하는 데 기여할 수 있음

★2 불교 윤리적 접근 ⓒ 13쪽 057번 문제로 확인

특징	• 연기(緣起)적 세계관을 강조함 : 연기(모든 존재와 현상에는 일정한 원인[因]과 조건[緣]이 있다는 것)의 법칙을 깨닫게 되면 자비의 마음이 생겨남 • 평등적 세계관과 주체적 인간관을 강조함 : 모든 존재는 불성(佛性)을 가지고 있기 때문에 평등함, 누구나 주체적으로 진리를 깨달을 수 있음 → 보살(깨달음을 얻고 중생을 구제함)
시사점	인간 내면의 성찰과 정신 수양, 보편적 인류애 강조, 생명 경시 풍조나 생태계 문제 해결에 기여할 수 있음

★3 도가 윤리적 접근 ⓒ 14쪽 059번 문제로 확인

특징	• 자연의 순리에 따르는 삶을 강조함 : 노자는 무위자연을 강조하고, '소국 과민'을 이상 사회로 제시함 • 평등적 세계관을 강조함 : 장자는 모든 차별이 소멸된 정신적 자유의 경지를 강조함 → 지인(至人), 진인(眞人), 신인(神人), 천인(天人)
시사점	• 세속적 가치에 대한 지나친 욕망에서 벗어날 수 있게 함 • 환경 문제를 해결하는 데 도움을 줄 수 있음

2. 서양 윤리의 접근

1 의무론적 접근

★(1) 칸트 윤리 ⓒ 14쪽 061번 문제로 확인

특징	• 도덕성을 판단할 때 행위의 결과보다 동기를 중시함 • 오로지 의무 의식에서 나온 행위만이 도덕적 가치를 지님 • 이성적이고 자율적인 인간은 보편적인 도덕 법칙을 의식할 수 있음 → 도덕 법칙은 정언 명령의 형식으로 제시됨
시사점	보편인인 윤리의 확립과 인간 존엄성의 정신을 강조하는 데 기여할 수 있음

(2) 자연법 윤리

특징	자연의 질서에 부합하는 행위를 옳은 행위라고 봄 : 아퀴나스는 자연적 성향으로 자기 보존, 종족 보존, 신과 사회에 대한 진리 파악을 제시함
시사점	인간의 자연적 생명권 및 신체의 불가침성을 해치는 행위에 반대하는 입장의 이론적 근거를 제공할 수 있음

★2 공리주의적 접근 ⓒ 15쪽 064번 문제로 확인

특징	• 유용성의 원리를 옳은 행위를 결정하는 기준으로 봄 • 벤담(양적 공리주의) : '최대 다수의 최대 행복'을 도덕 원리로 제시 • 밀(질적 공리주의) : 쾌락의 양과 함께 질적 차이도 고려함 • 행위 공리주의 : 유용성의 원리를 '개별적 행위'에 적용함 • 규칙 공리주의 : 유용성의 원리를 행위의 '규칙'에 적용함
시사점	사익과 공익의 조화 도모, 최선의 결과를 가져오는 대안 모색

★3 덕 윤리적 접근 ⓒ 16쪽 067번 문제로 확인

특징	• 유덕한 품성을 길러야 함 : 옳고 선한 행위를 습관화하여 자신의 행위로 내면화하는 것이 중요함 • 더불어 사는 공동체 구성원으로서의 삶을 강조 : 매킨타이어는 공동체의 전통과 역사, 맥락적 사고를 중시함
시사점	윤리학의 논의 범위 확장과 도덕적 실천력 향상에 기여할 수 있음

4 도덕 과학적 접근

특징	• 인간의 도덕성과 윤리 문제를 과학에 근거해 탐구함 • 신경 윤리학 : 과학적 측정 방법으로 이성, 정서 등을 분석함 • 진화 윤리학 : 이타적 행위를 진화의 산물이라고 봄
시사점	도덕 판단, 인간의 도덕성 형성 등에 대한 과학적 해명에 도움을 줌

3. 도덕적 탐구와 윤리적 성찰

1 도덕적 탐구

의미	도덕적 사고를 통해 도덕적 의미를 새롭게 구성하는 지적 활동으로, 윤리적 딜레마를 활용한 도덕적 추론으로 이루어짐
과정	윤리적 쟁점 또는 딜레마 확인 → 자료 수집 및 분석 → 입장 채택 및 정당화 근거 제시 → 최선의 대안 도출 → 반성적 성찰 및 입장 정리

자료 도덕적 추론의 과정과 사례 ⓒ 19쪽 084번 문제로 확인

도덕 원리(대전제)	A는 B이고
↓	
사실 판단(소전제)	C는 A이면
↓	
도덕 판단(결론)	C는 B이다.

• 인간의 생명을 고의로 해치는 것은 옳지 않다.
• 자살은 인간의 생명을 고의로 해치는 것이다.
• 자살은 옳지 않다.

분석 〉 도덕적 추론은 윤리적 딜레마 상황에서 도덕 원리와 사실 판단을 근거로 도덕 판단을 내리는 과정이다.(삼단 논법)

★2 윤리적 성찰 ⓒ 17쪽 072번 문제로 확인

의미	생활 속에서 자신의 마음가짐, 행동 또는 그 속에 담긴 자신의 정체성과 가치관에 관해 윤리적 관점에서 깊이 반성하고 살피는 태도
방법	• 유교 : 증자의 일일삼성(一日三省), 거경(居敬), 신독(愼獨) • 불교 : 참선 • 소크라테스 : "성찰하지 않는 삶은 살 가치가 없다."라고 주장하며 산파술(끊임없는 질문을 통해 무지의 자각을 돕는 방법)을 강조함

분석 기출 문제

» 바른답·알찬풀이 5쪽

핵심 개념 문제

•• 빈칸에 들어갈 알맞은 용어를 쓰시오.

040 ( ) 윤리는 수양을 통한 도덕적 인격 완성과 대동 사회의 실현을 궁극적인 목적으로 한다.

041 모든 존재는 불성이 있으므로 모든 생명은 평등하다고 보는 것은 ( ) 윤리의 관점이다.

042 ( ) 윤리는 인위적으로 강제하지 않고 자연의 순리에 따르는 무위자연의 삶을 강조한다.

043 칸트는 행위의 결과보다 ( )을/를 중시하며, 인간에게는 도덕 법칙을 준수해야 할 의무가 있다고 본다.

044 ( )은/는 '쾌락은 선, 고통은 악'이라는 기본 전제를 바탕으로 유용성을 추구하는 윤리이다.

045 도덕적 탐구란 도덕적 사고를 통해 도덕적 의미를 새롭게 구성하는 지적 활동으로, 윤리적 ( )을/를 활용한 도덕적 추론으로 이루어진다.

•• 다음 내용이 옳으면 ○표, 틀리면 ×표를 하시오.

046 윤리적 의사 결정 과정에서 칸트는 "보편화 가능한 행위인가?", "인간을 단순히 수단이 아닌 목적으로 대우하는 행위인가?" 등을 묻는다. ( )

047 벤담은 질적 공리주의를, 밀은 양적 공리주의를 주장하였다. ( )

048 행위 공리주의는 행위 자체의 유용성을, 규칙 공리주의는 규칙이 지니는 유용성을 중시한다. ( )

049 도덕 과학적 접근은 유덕한 품성을 갖추기 위해 옳고 선한 행위를 습관화하여 자신의 행위로 내면화할 것을 강조한다. ( )

•• 다음 윤리 이론과 강조하는 바를 바르게 연결하시오.

050 덕 윤리 • • ㉠ 자연적 성향

051 공리주의 • • ㉡ 행위자의 품성

052 자연법 윤리 • • ㉢ 최대 다수의 최대 행복

•• ㉠, ㉡ 중 알맞은 것을 고르시오.

053 (㉠ 도덕적 탐구, ㉡ 윤리적 성찰)(이)란 생활 속에서 자신의 마음가짐과 행동 그리고 자아 정체성에 관하여 윤리적 관점에서 깊이 있게 반성하고 살피는 태도이다.

054 (㉠ 소크라테스, ㉡ 아리스토텔레스)는 "반성하지 않는 삶은 살 가치가 없다."라고 말하며 삶에 대한 성찰을 강조하였다.

⭐ 빈출
055

다음을 주장한 사상가가 지지할 입장만을 〈보기〉에서 고른 것은?

> 임금은 임금다워야 하고, 신하는 신하다워야 하며, 부모는 부모다워야 하고, 자식은 자식다워야 한다.

[보기]

ㄱ. 소국 과민(小國寡民)을 이상 사회로 추구해야 한다.
ㄴ. 무력보다 도덕과 예의로써 백성들을 교화해야 한다.
ㄷ. 자기가 원하지 않는 일을 남에게 시키지 말아야 한다.
ㄹ. 인(仁)의 실천은 부모와 형제자매에게만 국한되어야 한다.

① ㄱ, ㄴ ② ㄱ, ㄷ ③ ㄴ, ㄷ
④ ㄴ, ㄹ ⑤ ㄷ, ㄹ

056

동양 사상 (가), (나)에 관한 설명으로 옳은 것은?

> (가) 사람들이 알아주지 않아도 노여워하지 않으면 또한 군자가 아니겠는가?
> (나) 도(道)를 도라고 할 수 있으면 항상 영원한 도가 아니다. 이름을 이름이라고 할 수 있으면 항상 영원한 이름이 아니다.

① (가) : 팔정도를 수행하여 열반(涅槃)에 이를 것을 강조한다.
② (가) : 공(空)을 자각하여 삼독(三毒)을 제거할 것을 강조한다.
③ (나) : 문명의 발달이 거의 없는 무지와 무욕의 삶을 강조한다.
④ (나) : 도를 실현하기 위해 분별적 지혜를 쌓을 것을 강조한다.
⑤ (가), (나) : 인의(仁義)를 바탕으로 한 도덕적 교화를 강조한다.

⭐ 빈출
057

다음 사상의 입장으로 적절하지 않은 것은?

> 이것이 생(生)하면 저것이 생한다. 이를 일컬어 인연법(因緣法)이라고 한다.

① 연기(緣起)에 대한 깨달음을 추구하는 삶을 지향한다.
② 자비를 실천하는 보살을 이상적 인간상으로 제시한다.
③ 살아 있는 모든 존재는 불성(佛性)을 지니고 있다고 본다.
④ 실체의 무상함을 깨달아 무명(無明)에 이를 것을 강조한다.
⑤ 삶의 고통에서 벗어나 열반에 이르기 위해 수행을 중시한다.

058

동양 사상 (가), (나)에 관한 설명으로 옳은 것은?

> (가) 사람은 차마 어찌하지 못하는 마음[不忍人之心]을 가지고
> 태어난다. 갓난아이 가운데 제 부모를 사랑할 줄 모르는 아
> 이가 없고, 자라서는 형을 공경할 줄 모르는 아이가 없다.
> 부모를 친애하는 것이 인(仁)이고, 윗사람을 공경하는 것이
> 의(義)이다.
> (나) 이것이 있기 때문에 저것이 있고, 이것이 생기기 때문에 저
> 것이 생긴다. 비유하면 세 개의 갈대가 아무것도 없는 땅
> 위에 서려고 할 때 서로 의지해야 설 수 있는 것과 같다.

① (가) : 제물의 경지에 이르기 위해 좌망(坐忘)을 강조한다.
② (가) : 도덕과 예의보다 강력한 형벌로 다스릴 것을 강조한다.
③ (나) : 진리를 깨달아 열반(涅槃)에 도달할 것을 강조한다.
④ (나) : 만물에 고정된 실체가 있음을 깨달을 것을 강조한다.
⑤ (가), (나) : 무위의 다스림이 이루어지는 소국 과민(小國寡民)
　　　사회를 추구한다.

⭐빈출 059

(가) 사상의 입장을 (나) 그림으로 탐구하고자 할 때, A, B에 해당하는
적절한 질문만을 〈보기〉에서 고른 것은?

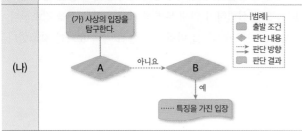

(가)	옛날의 진인(眞人)들은 출생도 기뻐하지 않았고, 죽음도 싫어하지 않았다. 의연히 가고 의연히 올 따름이다. 자기 생명의 시작을 잊지도 않거니와 제 명대로 죽는 것도 억지로 추구하지 않았다.

〔보기〕
ㄱ. A : 진인은 자연의 순리에 따르는 무위의 삶을 추구하는가?
ㄴ. A : 팔정도(八正道)와 삼학(三學)을 수행해 깨달음을 얻어
　　 야 하는가?
ㄷ. B : 인간은 누구나 하늘로부터 부여받은 사단(四端)을 갖
　　 는가?
ㄹ. B : 모든 차별이 소멸된 정신적 자유의 경지를 추구해야
　　 하는가?

① ㄱ, ㄴ　　　② ㄱ, ㄷ　　　③ ㄴ, ㄷ
④ ㄴ, ㄹ　　　⑤ ㄷ, ㄹ

060

다음 사상가의 입장에서 긍정의 대답을 할 질문에만 'ᐱ'를 표시한 학
생은?

> • 네 의지의 준칙이 언제나 동시에 보편적 입법의 원리가 될 수
> 있도록 행위하라.
> • 너 자신에게나 다른 사람에 있어서 인격을 언제나 동시에 목
> 적으로 대우하고 수단으로 대하지 마라.

질문＼학생	갑	을	병	정	무
행위의 도덕성을 판단할 때 동기를 중시하는가?	✓			✓	✓
오로지 의무 의식에서 나온 행위만이 도덕적 가치를 지니는가?	✓		✓	✓	
타인에 대한 적극적인 배려 여부가 행위의 도덕성 판단의 척도인가?		✓	✓		✓
최대의 유용성을 산출하는지 확인하여 도덕적 행위 여부를 판단하는가?		✓		✓	✓

① 갑　　② 을　　③ 병　　④ 정　　⑤ 무

⭐빈출 061

(가) 사상의 입장을 (나) 그림으로 탐구하고자 할 때, A, B에 들어갈 질
문으로 적절하지 않은 것은?

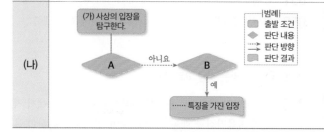

(가)	우연히 경향성과 의무가 일치하는 경우를 가지고 다른 사람에 대한 따뜻한 마음이 우리의 행위에 도덕적 가치를 부여하는 것으로 잘못 생각해서는 안 된다. 도덕적 가치는 오직 우리가 의무에 따라 행위할 경우에만 드러난다.

① A : 행위의 결과를 중시하는가?
② A : 의무 의식에서 나온 행위만이 도덕적 가치를 갖는가?
③ B : 인간의 존엄성을 강조하는가?
④ B : 보편화 가능성으로 도덕 판단을 검토하는가?
⑤ B : 도덕 법칙을 정언 명령의 형식으로 제시하는가?

062

⊙의 입장에서 윤리적 의사 결정의 기준으로 제시할 질문은?

(⊙)에 따르면, 자연의 질서를 따르는 행위는 옳지만 그것을 어기는 행위는 그르다. 일반적으로 말해 '자연스러운 행위'는 옳지만 '자연스럽지 않은 행위'는 옳지 않다.

① 선을 행하고 악을 피하는 행위인가?
② 최대 다수의 최대 행복을 산출하는 행위인가?
③ 합리적인 의사소통을 통해 합의를 도출했는가?
④ 예견할 수 있는 모든 결과에 대한 책임을 다했는가?
⑤ 내면의 도덕적 성품이나 인성에서 우러나온 행위인가?

063

다음 입장에서 제시한 윤리적 의사 결정으로 가장 적절한 것은?

인간의 본성에 의거하는 절대적인 법으로 모든 인간에게 자연적으로 주어져 있는 보편적인 법이다.

① 종신 노역형이 더 공익에 부합하므로 사형을 금지해야 한다.
② 인간의 수명을 연장시키기 위해 생명 복제를 허용해야 한다.
③ 산모의 선택권을 존중하여 인공 임신 중절을 허용해야 한다.
④ 자살은 자연의 질서에 부합하지 않는 행위이므로 금지해야 한다.
⑤ 더 좋은 품종의 가축을 만들어 낼 수 있으므로 유전자 조작을 허용해야 한다.

★빈출 064

교사의 질문에 적절하게 답변한 학생만을 고른 것은?

① 갑, 정   ② 갑, 무   ③ 을, 병
④ 을, 정   ⑤ 병, 무

065

사상가 갑의 입장에서 〈문제 상황〉 속 A 씨 부부에게 제시할 조언으로 가장 적절한 것은?

갑 : 모든 행위에 대해 그것이 우리의 행복을 증진시키느냐 혹은 감소시키느냐에 따라 좋고 나쁨을 평가해야 한다. 행위에는 한 개인의 행위뿐만 아니라 정부의 정책까지도 포함한다.

〈문제 상황〉

결혼 10년 차인 A 씨 부부는 아직 아기가 없다. 아기가 정말 갖고 싶은 부부는 이제 시험관 아기 시술을 고려하고 있다.

	시험관 아기 시술을	왜냐하면
①	해야 한다.	출산해야 할 도덕적 의무가 있기 때문이다.
②	해야 한다.	개인적으로나 사회적으로 유용하기 때문이다.
③	해야 한다.	인간 종족을 보존해야 할 책임이 있기 때문이다.
④	하지 않아야 한다.	아기를 부모의 행복을 위한 수단으로 여기기 때문이다.
⑤	하지 않아야 한다.	생명의 자연스러운 탄생 과정에 개입하는 것은 부당하기 때문이다.

066

다음 주장에 부합하는 진술로 가장 적절한 것은?

다른 모든 일을 결정할 때는 양뿐만 아니라 질도 고려하면서, 쾌락을 측정할 때는 양에만 의거해야 한다고 여기는 것은 불합리한 일이다.

① 행위의 결과보다는 동기를 중시해야 한다.
② 정신적 쾌락보다는 감각적 쾌락을 추구해야 한다.
③ 인간과 동물의 쾌락을 동일한 것으로 보아야 한다.
④ 어떠한 규칙이 유용성을 산출하는지 검토해야 한다.
⑤ 쾌락에는 양적인 차이뿐만 아니라 질적인 차이도 있음을 알아야 한다.

★ 빈출
067

㉠ 사상의 입장에서 〈문제 상황〉 속 A에 대해 평가한 내용으로 가장 적절한 것은?

> 의무론과 공리주의는 행위자의 품성보다는 행위 자체에 대해 더 관심을 갖는다. 그러나 현대에 이르러 행위자 개인의 내면적 품성이나 덕성에 대한 관심이 생기면서 (㉠)이/가 등장하였다.
>
> 〈문제 상황〉
> A는 어려운 이웃을 위해 봉사하는 분들을 존경한다. 그러나 막상 봉사 활동을 하려면 공부하느라 바쁘다는 생각도 들고 잘할 수 있을지도 걱정되어 실천하지 못하고 있다.

① 도덕적 성품을 확고하게 갖추지 못했다.
② 최대 다수의 최대 행복을 추구하지 않았다.
③ 쾌락은 선이고 고통은 악임을 간과하고 있다.
④ 보편적 도덕 법칙을 준수하려는 의지가 부족하다.
⑤ 생물학적 존재로서 자신을 보존하려는 성향을 거스르고 있다.

069

(가)~(다)에 관한 설명으로 옳지 않은 것은?

〈도덕적 탐구 과정〉

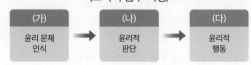

(가) 윤리 문제 인식 → (나) 윤리적 판단 → (다) 윤리적 행동

① (가)에서는 탐구 주제와 관련된 윤리적 쟁점과 딜레마를 확인한다.
② (나)에서는 자신의 입장을 채택하거나 최선의 대안을 설정해야 한다.
③ (나)의 판단 수준을 높이기 위해서는 '자신의 이익에 부합하는가?'를 검토하는 것이 바람직하다.
④ (다)가 이루어지기 위해서는 실천을 위한 의지의 함양과 더불어 끊임없는 성찰을 해야 한다.
⑤ (가)~(다)의 모든 과정에서 이성적 사고와 함께 동정심, 배려 등의 정서적 측면도 함께 고려해야 한다.

068

그림은 노트 필기의 일부이다. ㉠~㉤ 중 옳지 않은 것은?

> 〈도덕 과학적 접근〉
> 1. 특징
> • 도덕 판단에 관한 객관적인 정보를 제공함 ·········· ㉠
> • 도덕성과 윤리적 문제를 과학에 근거하여 탐구함 ·········· ㉡
> 2. 종류
> ① 신경 윤리학
> • 도덕성을 신경 세포의 활동으로 해명하고자 함 ·········· ㉢
> • 뇌 신경 윤리는 뇌 신경의 물리적 변화와 인간의 윤리적 의식이 관련이 있다고 여김
> ② 진화 윤리학
> • 이타적 행위를 생물학적 적응의 산물로 여김 ·········· ㉣
> • 도덕성 형성에 대한 해명보다 도덕적 삶의 방향 설정에 주목함 ··· ㉤

① ㉠   ② ㉡   ③ ㉢   ④ ㉣   ⑤ ㉤

070

(가)의 입장에서 볼 때, (나)의 A에 들어갈 말로 가장 적절한 것은?

(가)	환경 문제, 사회 정의 문제와 같은 윤리 문제들을 해결하기 위해서는 가치 있는 토론이 필요하다. 가치 있는 토론은 토론 참가자들을 토론에 참가하기 이전보다 더 도덕적이고 현명하게 만들어 주는 것이다. 이를 위해 토론 참가자들은 타인의 주장을 비판적으로 검토하되, 타인의 의견과 인격을 존중해야 하며, 그 과정에서 무엇인가 배우려는 개방적 자세를 가져야 한다.
(나)	

가치 있는 토론을 위해 유의할 점은 무엇일까요?

A

① 소수 사람들의 의견을 배제해야 합니다.
② 타인의 주장을 무비판적으로 수용해야 합니다.
③ 토론 과정에서 개인적 신념을 굽히지 말아야 합니다.
④ 자기 생각의 한계와 오류 가능성을 염두에 두어야 합니다.
⑤ 자기주장을 관철하기 위해 타인의 주장을 비판해야 합니다.

071

(가), (나)에서 증자와 이황이 공통적으로 강조하는 바로 가장 적절한 것은?

> (가) 증자는 일일삼성(一日三省)이라고 하여 남을 정성껏 도와 주는지, 친구에게 믿음을 주었는지, 스승의 가르침을 잘 익혔는지 매일 자문했다.
> (나) 이황은 학식을 넓혀 품성을 닦고, 마음으로 닦은 것을 몸으로 살피고 실천하기를 게을리하지 않았다.

① 도덕적 지식과 더불어 의지의 중요성을 강조한다.
② 도덕적 실천은 윤리적 지식과 상관없음을 강조한다.
③ 상대방을 비판하는 것이 아니라 설득하거나 이해하기 위한 활동을 강조한다.
④ 자신의 삶에 대해 반성적으로 돌아봄으로써 윤리적 실천력을 높이는 것을 강조한다.
⑤ 주어진 문제에 대해 서로 다른 입장을 가진 사람들이 논거를 들어 자기주장이 옳음을 강조한다.

★빈출
072

갑의 관점에서 〈문제 상황〉에 대해 내릴 수 있는 판단으로 가장 적절한 것은?

> 갑 : 성찰하지 않는 삶은 살 가치가 없다.
> 〈문제 상황〉
> 유대인 600만 명을 가스실로 보낸 독일 친위대 중령 아돌프 아이히만은 그저 실직을 면하고 승진을 하기 위해 상관의 명령을 충실하게 따랐다. 훗날 전범 재판소에 잡혀 온 그는 악마가 아니라 지극히 평범한 사람이었다. 다만 자신이 하고 있는 일에 대해 스스로에게 깊이 묻지 않은 사람이었을 뿐이다.

① 주어진 삶에 만족하고 최선을 다해야 한다.
② 옳고 그름의 절대적인 기준은 존재하지 않는다.
③ 공공의 이익을 최대로 실현하기 위해 노력해야 한다.
④ 도덕적 가치와 개인의 이익이 충돌할 때는 개인의 이익을 도모해야 한다.
⑤ 아무 생각 없이 살아가는 것은 스스로 인간의 존엄성을 포기하는 것이다.

1등급을 향한 서답형 문제

073

다음 칸트 윤리가 갖는 한계를 두 가지 서술하시오.

> 칸트는 행위 결과보다는 동기를 중시하면서 오로지 선의지에서 나온 행위만이 도덕적 가치를 지닌다고 주장하며 다음과 같은 도덕 법칙을 제시한다.
> ① "네 의지의 준칙이 언제나 동시에 보편적 입법의 원리가 될 수 있도록 행위하라."
> ② "너 자신에게나 다른 사람에 있어서 인격을 언제나 동시에 목적으로 대우하고 수단으로 대하지 마라."

[074~075] 다음 글을 읽고 물음에 답하시오.

> 공리주의는 의사 결정을 할 때 항상 더 많은 (㉠)을/를 산출할 대안을 찾는다. 이때 공리주의가 (㉠)을/를 계산하는 구체적 방법은 비용 대비 혜택 분석이다.

074

㉠에 공통으로 들어갈 용어를 쓰시오.

075

윗글의 관점에서 ㉡을 옹호하는 논거를 구체적으로 서술하시오.

> ○○ 도청에서는 ㉡ 갯벌을 매립하여 산업 단지를 조성하는 사업을 추진 중이다. 갯벌 매립에는 약 150억 원의 사업비가 소요되며, 산업 단지 조성을 통해 약 700억 원 규모의 경제적 가치가 창출된다.

[075~076] 다음 글을 읽고 물음에 답하시오.

> (㉠)(이)란 자신의 마음가짐, 행동 또는 그 속에 담긴 자신의 정체성과 가치관에 관하여 윤리적 관점에서 깊이 있게 살피는 태도이다. 인간은 가치 있는 것이 무엇인지를 기준으로 자신의 삶을 반성하고 변화시킬 수 있는 존재이다.

076

㉠에 들어갈 알맞은 용어를 쓰시오.

077

㉠의 중요성을 두 가지 서술하시오.

적중 1등급 문제

» 바른답·알찬풀이 7쪽

078

그림의 강연자가 지지할 입장만을 〈보기〉에서 있는 대로 고른 것은?

사람에게 사단(四端)이 있는 것은 사지[四體]를 가지고 있는 것과 같습니다. 사단이 있는데도 스스로 인의(仁義)를 행할 수 없다고 말하는 사람은 자기 스스로를 해치는 사람입니다.

[보기]
ㄱ. 시비선악을 분별하는 사랑을 실천하세요.
ㄴ. 선한 행동을 반복하여 순선한 본성을 형성하세요.
ㄷ. 선천적으로 우러나오는 선한 마음에 따라 행동하세요.
ㄹ. 연기의 법칙을 깨달아 모든 사람에게 자비를 베푸세요.

① ㄱ, ㄷ　　　　② ㄱ, ㄹ　　　　③ ㄴ, ㄹ
④ ㄱ, ㄴ, ㄷ　　　⑤ ㄴ, ㄷ, ㄹ

079

동양 사상 (가), (나)에서 강조하는 삶의 태도로 가장 적절한 것은?

(가)	중생들의 무리로부터 떨어짐, 오온(五蘊)의 부서짐, 생명의 끊어짐을 죽음이라 한다. 태어남이 있을 때에만 죽음이 있다. 삶의 모든 현상은 꿈과 같고 그림자 같고 번개와 같으니 그대, 마땅히 그렇게 바라보아야 한다.
(나)	물오리는 비록 다리가 짧지만 그것을 길게 이어 주면 괴로워하고, 학은 비록 다리가 길지만 그것을 짧게 잘라 주면 슬퍼한다. 이러한 까닭으로 본래부터 긴 것을 잘라서는 안 되며, 본래부터 짧은 것을 이어 주어서도 안 된다.

① (가) : 고정불변하는 절대적 실체를 깨달아야 한다.
② (가) : 절대자와의 합일을 통해 성불(性佛)해야 한다.
③ (나) : 깨달음을 얻기 위해서 삼독(三毒)을 제거해야 한다.
④ (나) : 만물을 평등하게 바라보는 제물(齊物)을 실천해야 한다.
⑤ (가), (나) : 사욕(私慾)을 버리고 진정한 예(禮)를 회복해야 한다.

080

다음 사상의 입장에서 긍정의 대답을 할 질문만을 〈보기〉에서 고른 것은?

배우면 날마다 쌓이고, 도에 따르면 날마다 덜어진다. 덜고 또 덜면 무위(無爲)에 이른다. 무언가 일삼으려 하면 오히려 부족하며, 일삼지 않아야 천하를 취할 수 있다.

[보기]
ㄱ. 만물을 차별하지 않고 평등하게 보아야 하는가?
ㄴ. 명예와 욕심을 버리고 소박한 삶을 살아야 하는가?
ㄷ. 사회적 지위에 따른 질서와 규범을 중시해야 하는가?
ㄹ. 연기의 법칙을 깨달아 자비의 정신을 실천해야 하는가?

① ㄱ, ㄴ　　　　② ㄱ, ㄷ　　　　③ ㄴ, ㄷ
④ ㄴ, ㄹ　　　　⑤ ㄷ, ㄹ

081

갑, 을 사상가들의 입장에 대한 설명으로 옳지 않은 것은?

갑 : 공동체의 행복은 공동체 구성원들의 행복의 총합이다. 어떤 행동이 공동체의 행복을 증가시키는 경향이 감소시키는 경향보다 더 클 경우, 그 행동은 공리의 원리에 일치한다고 말할 수 있다. 우리는 마땅히 이 원리에 일치하는 행동을 해야 한다.
을 : 자연의 사물은 모두 자연법칙에 따라 작용하지만 이성적 존재인 인간은 객관적 법칙에 맞게 자신의 의지를 강요해야 한다. 이는 곧 자기 강제이며 언제 어디서나 무조건적으로 타당한 명령이어야 한다.

① 갑은 유용성의 증대를 도덕 판단의 일반 원리로 본다.
② 갑은 쾌락의 증진과 고통의 감소를 추구해야 한다고 본다.
③ 을은 도덕 판단에서 행복 추구의 경향성을 중시해야 한다고 본다.
④ 을은 정언 명령에 따라 타인을 돕는 것은 도덕적 가치를 가진다고 본다.
⑤ 갑은 을과 달리 행위의 동기보다 행위가 산출하는 결과에 주목해야 한다고 본다.

082

(가) 사상의 입장에서 (나)의 A에게 제시할 수 있는 조언으로 가장 적절한 것은?

(가)	쾌락과 고통만을 평가함에 있어 고려해야 할 것은 강력성, 지속성, 확실성, 원근성이다. 그러나 쾌락과 고통의 가치가 그것을 낳는 행위의 영향을 평가한다는 목적을 위하여 고찰되는 경우에는 다산성과 순수성을 계산에 넣어야 한다. 그리고 범위, 즉 쾌락과 고통의 영향을 받는 사람들의 수도 고려해야 한다.
(나)	의사 A는 불치병으로 장기간 고통을 받고 있는 환자와 경제적 어려움을 겪고 있는 가족으로부터 *안락사를 해 달라는 부탁을 받았다. A는 어떻게 해야 할지 고민하고 있다. * 안락사 : 불치병으로 죽음이 임박한 환자가 겪는 고통을 제거하려고 인위적·의도적으로 죽음에 이르게 하는 행위

① 안락사가 자연의 질서에 부합하는 것인지 고려하세요.
② 안락사가 유용성의 원리를 따르는 것인지 고려하세요.
③ 안락사가 인간을 목적으로 대우하는 것인지 고려하세요.
④ 안락사가 유덕한 품성 함양에 기여하는 것인지 고려하세요.
⑤ 안락사가 결과보다 선한 동기를 중시하는 것인지 고려하세요.

083

(가)의 입장을 (나) 그림으로 탐구하고자 할 때, A, B에 들어갈 옳은 질문만을 〈보기〉에서 고른 것은?

(가)	윤리학은 덕을 함양한 사람의 도덕적 판단과 실천에 주목해야 한다. 의무론이나 공리주의와 같은 윤리학 이론들은 보편적인 도덕 규칙이나 원리만을 강조하여 도덕 문제를 해결하려고 하였다. 윤리학은 이러한 의무론과 공리주의의 한계를 극복하고 좋은 삶이란 무엇이며 그것을 구체적인 삶에서 어떻게 실천할 수 있는지를 규명하는 것이어야 한다.
(나)	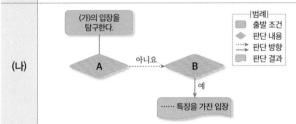

[보기]
ㄱ. A : 옳은 행위의 습관화보다는 도구적 이성을 발휘해야 하는가?
ㄴ. A : 선한 성품을 통해 자연스럽게 도덕적 행위를 실천할 수 있는가?
ㄷ. B : 행위자의 유덕한 성품을 기르는 데 주목해야 하는가?
ㄹ. B : 정신적 쾌락의 충족 여부를 기준으로 도덕성을 판단해야 하는가?

① ㄱ, ㄴ   ② ㄱ, ㄷ   ③ ㄱ, ㄹ
④ ㄴ, ㄷ   ⑤ ㄷ, ㄹ

084

다음은 도덕적 추론의 과정이다. 이에 대한 옳은 설명만을 〈보기〉에서 고른 것은?

'뇌사를 죽음으로 인정하는 것은 옳지 않다.'라는 도덕 판단을 도덕적 추론의 과정으로 정리해 보면 다음과 같다.

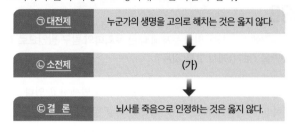

[보기]
ㄱ. (가)에 들어갈 내용은 '뇌사를 죽음으로 인정하는 것은 더 많은 사람에게 이익을 가져다주는 것이다.'이다.
ㄴ. ㉠의 도덕 원리가 보편화 가능한지 검토할 필요가 있다.
ㄷ. ㉡은 사실 관계로는 검증이 불가능한 가치와 관련된 판단이다.
ㄹ. ㉢의 판단은 도덕 원리와 사실 판단을 근거로 내려진다.

① ㄱ, ㄴ   ② ㄱ, ㄷ   ③ ㄴ, ㄷ
④ ㄴ, ㄹ   ⑤ ㄷ, ㄹ

085

(가)의 A 사상가의 입장에서 볼 때, (나)의 ㉠에 들어갈 적절한 진술만을 〈보기〉에서 고른 것은?

(가)	A 사상가는 어느 날 오후, 당시 아테네에서 존경받던 장군 라케스를 만났다. 라케스는 용기 있는 자는 군인이 되어야 하고, 전쟁터에서는 물러서지 않아야 한다는 고정 관념에 사로잡혀 있었다. 그래서 A는 "라케스, 참된 용기란 무엇인지 말해 주겠소?"라고 질문을 했다. 그리고 이어지는 대화를 통해 용기 있는 사람은 전쟁터에서 후퇴하지 않는다는 고정 관념을 깨뜨렸다.
(나)	_____㉠_____ 그러면 가치 있는 삶을 살 수 있을 것이다.

[보기]
ㄱ. 성찰을 통해 자신의 내면에 있는 참된 앎을 깨우쳐라.
ㄴ. 자기 자신의 무지(無知)를 자각하고 진리를 추구하라.
ㄷ. 불의(不義) 앞에서도 당당할 수 있는 호연지기를 길러라.
ㄹ. 도덕적 행동의 반복적 실천을 통해 중용(中庸)에 이르러라.

① ㄱ, ㄴ   ② ㄱ, ㄷ   ③ ㄴ, ㄷ
④ ㄴ, ㄹ   ⑤ ㄷ, ㄹ

단원 마무리 문제 ❶ 현대의 삶과 실천 윤리

01 현대 생활과 실천 윤리

086

다음 주장에 부합하는 환경 문제에 대한 윤리학의 탐구 방안으로 적절한 것만을 〈보기〉에서 고른 것은?

> 환경 오염과 관련한 다양한 윤리적 쟁점이 발생하고 있다. 윤리학은 이러한 문제에 대한 도덕적 해결 방안을 찾는 것을 주된 목적으로 삼아야 한다. 윤리학은 도덕적 언어의 의미를 분석하거나 도덕 현상을 가치 중립적으로 기술하는 것을 넘어 문제 중심의 윤리학으로서 실천 지향적 성격을 지녀야 한다.

〔 보기 〕
ㄱ. 윤리학은 현실적인 윤리적 쟁점에 대해 탐구해야 한다.
ㄴ. 윤리학은 도덕적 추론의 논리적 타당성만을 검토해야 한다.
ㄷ. 윤리학은 도덕 문제에 대한 당위적 해결 방안을 모색해야 한다.
ㄹ. 윤리학은 특정 사회의 관습에 대한 조사를 핵심 과제로 삼아야 한다.

① ㄱ, ㄴ   ② ㄱ, ㄷ   ③ ㄱ, ㄹ
④ ㄴ, ㄷ   ⑤ ㄷ, ㄹ

087

(가), (나)의 입장에서 공통으로 긍정의 대답을 할 질문으로 가장 적절한 것은?

> (가) 윤리학의 주된 목표는 도덕적 행위를 위한 근본 원리로 성립할 수 있는 도덕 원리를 탐구함으로써 옳고 그름의 판단 기준을 마련하는 것이다.
> (나) 윤리학의 주된 목표는 사회·문화적 변화와 과학 기술의 발달로 인해 발생하는 구체적 윤리 문제에 대한 해결책 탐구에 주력하는 것이다.

① 윤리학은 도덕 언어 분석에 주력해야 하는가?
② 도덕 문제를 해결하기 위해서는 도덕 원리가 필요한가?
③ 도덕 문제 해결에 사회·자연 과학적 지식은 불필요한가?
④ 학제적 연구를 통해 실질적 윤리 문제를 해결해야 하는가?
⑤ 도덕적 관행에 대한 객관적 진술을 목표로 삼아야 하는가?

088

(가)의 관점에서 (나)의 입장에 대해 제기할 수 있는 비판으로 가장 적절한 것은?

(가)	윤리학은 선과 악이 무엇이고, 어떻게 사는 것이 도덕적으로 바람직한가에 대한 탐구를 바탕으로, 도덕 원리의 정립을 목표로 삼아야 한다.
(나)	윤리학은 '선'과 '악'이라는 개념의 의미를 분석하고, 도덕적 논증의 타당성을 검증하는 것을 목표로 삼아야 한다.

① 도덕 명제는 진위 판단의 대상이 아님을 간과하고 있다.
② 가치 판단을 위해 도덕 원리를 정립해야 함을 간과하고 있다.
③ 도덕 문제는 가치 중립적으로 고찰하는 것임을 간과하고 있다.
④ 윤리학의 핵심 과제는 도덕 관행에 대한 인과적 서술에 있음을 간과하고 있다.
⑤ 윤리학은 실제적인 도덕 문제의 해결에 기여할 필요가 없음을 간과하고 있다.

089

다음 주장이 지지할 입장에만 모두 'ⅴ'를 표시한 학생은?

> 윤리학의 주된 목표는 경험적 탐구를 통해 도덕 현상을 가치 중립적으로 기술하고 도덕 현상들 간의 인과 관계를 설명하는 것이다.

입장＼학생	갑	을	병	정	무
윤리학은 도덕규범의 정립을 우선 과제로 삼아야 한다.			✓	✓	✓
윤리학은 도덕 원리를 현실의 개별 상황에 적용해야 한다.	✓			✓	✓
윤리학은 도덕적 관행에 대하여 경험적으로 서술해야 한다.		✓	✓		✓
윤리학은 삶의 다양한 도덕 현상에 대한 인과적 분석을 해야 한다.	✓	✓		✓	

① 갑   ② 을   ③ 병   ④ 정   ⑤ 무

090

A~C에 대한 옳은 설명만을 〈보기〉에서 있는 대로 고른 것은?

> 윤리학의 구분에 따르면, (A)은/는 어떤 도덕 원리가 윤리적 행위를 위한 근본 원리로 성립할 수 있는지를 연구하는 데 중점을 둔다. (B)은/는 도덕 원리를 토대로 윤리 문제의 바람직한 해결 방안을 모색하는 데 주된 목적을 둔다. (C)은/는 도덕 현상과 문제를 명확하게 기술하고, 기술된 현상들 간의 인과 관계를 설명하는 데 주된 관심을 둔다.

【 보기 】
ㄱ. B는 윤리학과 인접 학문과의 학제적 연계를 중시한다.
ㄴ. B는 A와 달리 보편적 원리의 이론적 정립을 강조한다.
ㄷ. B는 C에 비해 도덕적 행위의 실천적 가치를 중시한다.
ㄹ. A, B는 다양한 도덕적 관습의 객관적 기술을 강조한다.

① ㄱ, ㄴ ② ㄱ, ㄷ ③ ㄴ, ㄹ
④ ㄱ, ㄷ, ㄹ ⑤ ㄴ, ㄷ, ㄹ

[091~092] 다음 글을 읽고 물음에 답하시오.

> 윤리학은 지향하는 목적과 탐구 방법에 따라 분류될 수 있다. (㉠)은/는 도덕적 행위의 근거가 되는 도덕 원리나 인간의 성품에 대해 탐구하고, 이를 바탕으로 도덕적 문제의 해결과 실천 방안을 제시한다. (㉡)은/는 도덕적 언어의 의미를 분석하고, 도덕적 추론의 정당성을 검증하기 위한 논리 분석을 주된 탐구 과제로 삼는다. (㉢)은/는 도덕 현상과 문제를 명확히 기술하고, 기술된 현상들 간의 인과 관계를 설명하는 것을 주된 탐구 과제로 삼는다.

091

㉠, ㉡, ㉢에 들어갈 알맞은 용어를 쓰시오.

092 ✍ 서술형

㉠을 이론 윤리학과 실천 윤리학으로 구분했을 때 각각의 특징을 서술하시오.

093 ✍ 서술형

실천 윤리학의 필요성을 서술하시오.

094

(가) 사상의 입장을 (나) 그림으로 탐구하고자 할 때, A, B에 들어갈 적절한 질문만을 〈보기〉에서 고른 것은?

(가)	보이지 않는 데에서도 언제나 조심해야 하고, 들리지 않는 데에서도 항상 두려워해야 한다. 숨은 것처럼 잘 드러나는 것이 없으며, 미세한 것처럼 잘 나타나는 것이 없다. 그러므로 홀로 있을 때에도 항상 조심하고 삼가는 것이다.
(나)	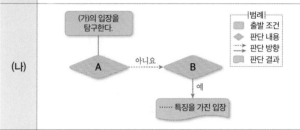

【 보기 】
ㄱ. A : 나와 남을 구분하지 않고 자비를 실천해야 하는가?
ㄴ. A : 항상 도리에 어긋나지 않도록 몸가짐을 바르게 해야 하는가?
ㄷ. B : 사사로운 욕심을 극복하고 예를 실현해야 하는가?
ㄹ. B : 우주 만물의 무상함을 깨닫고 마음을 비워야 하는가?

① ㄱ, ㄴ ② ㄱ, ㄷ ③ ㄱ, ㄹ
④ ㄴ, ㄷ ⑤ ㄷ, ㄹ

095

갑의 입장에 비해 을의 입장이 갖는 상대적 특징을 그림의 ㉠~㉤ 중에서 고른 것은?

> 갑 : 정치는 이름을 바로잡는 것[正名]에서 시작된다. 이름이 바로잡히지 않으면 예악(禮樂)이 세워지지 않고, 예악이 세워지지 않으면 형벌 집행이 공정하지 않게 된다.
> 을 : 도(道)는 자연을 본받아 어긋나지 않는다. 성인은 무위에 몸을 두고 무언의 가르침을 행한다. 만물은 스스로 자라나는 법이며 간섭할 필요가 없다.

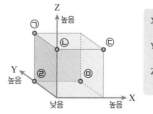

X : 도의 실현을 위해 사회 규범 확립을 강조하는 정도
Y : 도덕과 예의로써 백성을 교화해야 함을 강조하는 정도
Z : 도의 관점에서 인위적으로 일을 도모하지 않아야 함을 강조하는 정도

① ㉠ ② ㉡ ③ ㉢ ④ ㉣ ⑤ ㉤

096

그림의 강연자가 지지할 입장만을 〈보기〉에서 있는 대로 고른 것은?

> 악한 행위를 끊으려면 마음을 하나로 하여 법(法)과 계(戒)를 지켜야 합니다. 계를 닦으면 선정[定]을 얻게 되고, 선정을 닦으면 지혜[慧]를 얻게 되고, 지혜를 닦으면 마음이 맑아집니다.

[보기]
ㄱ. 삼독(三毒)을 길러 해탈의 경지에 이르러야 한다.
ㄴ. 사단(四端)을 확충하여 도덕적 본성을 회복해야 한다.
ㄷ. 연기(緣起)를 깨달아 만물의 상호 의존성을 자각해야 한다.
ㄹ. 참선(參禪)을 통해 마음을 수양하고 집착에서 벗어나야 한다.

① ㄱ, ㄴ ② ㄱ, ㄹ ③ ㄷ, ㄹ
④ ㄱ, ㄴ, ㄷ ⑤ ㄴ, ㄷ, ㄹ

097

갑의 입장에서 〈질문〉에 답변한 것으로 가장 적절한 것은?

> 갑 : 가장 훌륭한 것은 물처럼 되는 것이다. 물은 온갖 것을 섬길 뿐, 그것들과 다투는 일이 없다. 물은 모두가 싫어하는 낮은 곳을 향하여 흐르기에 도에 가장 가까운 것이다. 다투는 일이 없으니 꾸지람받을 일도 없다.
>
> 〈질문〉 이상적인 삶을 실현하기 위해 어떻게 살아야 하는가?

① 도덕적 본성을 회복하기 위해 예에 따라 살아야 한다.
② 자연 현상을 극복하여 편리하게 살기 위해 노력해야 한다.
③ 인위적인 규범을 내면화하여 악한 본성을 극복해야 한다.
④ 지속적인 경전 공부를 통해 성인의 도(道)를 이루어야 한다.
⑤ 무지(無知)와 무욕(無欲)에 이르는 소박한 삶을 추구해야 한다.

098

다음 사상가가 부정의 대답을 할 질문으로 가장 적절한 것은?

> 도덕 법칙은 가장 완전한 존재자의 의지에 대해서는 신성의 법칙이지만, 모든 유한한 이성적 존재자에 대해서는 의무의 법칙이며, 이 법칙에 대한 존경심에 의해서 그리고 자신의 의무에 대한 외경에서 행위를 규정하는 도덕적 강제의 법칙이다.

① 선의지에 따라 보편적인 도덕 명령을 이행해야 하는가?
② 보편적 도덕 법칙은 항상 정언 명령의 형식을 띠고 있는가?
③ 자연적 감정을 배제하고 실천 이성의 명령에 따라 행위해야 하는가?
④ 행위의 도덕성을 평가할 때는 유용성 극대화의 원칙을 적용해야 하는가?
⑤ 행위자의 품성이 아닌 행위의 도덕성을 도덕적 판단의 대상으로 삼아야 하는가?

099

다음을 주장한 사상가의 입장에서 〈사례〉 속 A에게 할 수 있는 적절한 조언만을 〈보기〉에서 고른 것은?

> 공리의 원리란 어떤 행위가 관련 당사자들의 행복을 증가시키느냐 감소시키느냐에 따라, 다시 말해 행복을 촉진시키느냐 저해하느냐에 따라 각각의 행위를 승인하거나 부인하는 원리를 말한다. 여기서 내가 말하는 각각의 행위는 개인의 사적인 모든 행위뿐만 아니라 정부의 모든 정책까지 포함한다.
>
> 〈사례〉
> 의사 A는 안락사를 원하는 환자의 연명 치료를 중단해야 하는지 고민하고 있다.

[보기]
ㄱ. 무조건적인 도덕 법칙에 따라 행위해야 한다.
ㄴ. 공동체의 전통에 부합하는지를 고려해야 한다.
ㄷ. 사회 전체의 공리 증진에 기여하는지 계산해야 한다.
ㄹ. 환자와 가족의 고통을 감소할 수 있는 방법을 선택해야 한다.

① ㄱ, ㄴ ② ㄱ, ㄷ ③ ㄴ, ㄷ
④ ㄴ, ㄹ ⑤ ㄷ, ㄹ

100

갑, 을의 입장에 대한 설명으로 옳지 <u>않은</u> 것은?

> 갑 : 행복은 쾌락의 향유와 고통의 부재를 의미한다. 어떤 종류의 쾌락이 다른 종류의 쾌락보다 바람직하고 가치 있다는 사실을 인정하는 것은 유용성의 원리와 양립 가능하다.
> 을 : 개인은 가족, 이웃과 같은 공동체 속에서 자신의 도덕적 정체성을 찾아야 한다. 구체적 공동체를 벗어나면 덕을 실천할 기회도, 실천하는 방법을 배울 기회도 없다.

① 갑은 도덕 판단의 기준이 행위의 결과에 있다고 본다.
② 갑은 인간이 고통을 피하고 쾌락을 추구하는 존재라고 본다.
③ 을은 도덕 판단에서 구체적 맥락을 고려해야 한다고 본다.
④ 을은 자연적 감정에서 비롯된 행위도 도덕적 가치를 가진다고 본다.
⑤ 갑, 을은 유용성보다 행위자의 품성과 공동체의 전통이 중요하다고 본다.

101

교사의 질문에 적절하게 답변한 학생만을 있는 대로 고른 것은?

① 갑, 을　　② 을, 정　　③ 병, 무
④ 갑, 을, 정　　⑤ 갑, 병, 무

102

다음을 주장한 사상가가 지지할 입장만을 〈보기〉에서 고른 것은?

> 버릇은 사람의 뜻을 견고하지 못하게 하고, 행실을 독실하지 못하게 하여, 오늘 한 것을 내일 고치기 어렵고 아침에 행한 것을 후회하고도 저녁이면 벌써 다시 그렇게 한다. 반드시 크게 용맹스러운 뜻을 펼쳐, 마치 한칼로 밑동을 시원스레 잘라 버리듯, 마음을 깨끗이 씻어 털끝만한 남은 줄기마저 없게 하고, 때때로 깊이 반성하는 공부를 더 해 이 마음으로 하여금 옛날에 물든 더러움을 한 점이라도 없게 한 뒤라야 학문에 나아가는 공부를 말할 수 있다.

[보기]
ㄱ. 자기 자신에 대해 항상 윤리적으로 성찰해야 한다.
ㄴ. 과거의 행동에 대해 반성하는 자세를 가져야 한다.
ㄷ. 도덕적 실천은 윤리적 지식과 무관한 것임을 깨달아야 한다.
ㄹ. 자신과 다른 입장을 가진 사람들을 권위적으로 제어할 수 있어야 한다.

① ㄱ, ㄴ　　② ㄱ, ㄷ　　③ ㄴ, ㄷ
④ ㄴ, ㄹ　　⑤ ㄷ, ㄹ

[103~105] 다음 글을 읽고 물음에 답하시오.

> 윤리 문제에 대한 도덕 과학적 접근이란 인간의 도덕성과 윤리적 문제를 과학에 근거하여 탐구하는 방식이다. 그중 (㉠)은/는 도덕 판단 과정에서 이성과 정서의 역할, 자유 의지나 공감 능력의 여부 등을 과학적 측정 방법을 통해 입증하는 것이다. (㉡)은/는 이타적 행위를 진화의 산물로 본다. 즉 인간은 궁극적으로 자신의 생존과 번식 혹은 자기 유전자를 복제하는 데 도움을 주기 때문에 이타적으로 행동한다는 것이다.

103

㉠, ㉡에 들어갈 알맞은 용어를 쓰시오.

104 ✍ 서술형

㉠의 대표적인 과학적 측정 방법을 서술하시오.

105 ✍ 서술형

윤리 문제를 해결할 때 도덕 과학적 접근이 주는 시사점을 서술하시오.

03 삶과 죽음의 윤리

Ⅱ 생명과 윤리

✓ 출제 포인트   ✓ 출생과 죽음의 윤리적 의미   ✓ 인공 임신 중절·안락사·뇌사의 주요 논거   ✓ 자살에 대한 동서양의 관점

1. 출생 및 죽음의 의미와 삶의 가치

1 출생의 윤리적 의미

자연적 성향 실현	인간은 자신의 생명을 보전하고, 종족을 보존하고자 하는 자연적 성향을 실현함
도덕적 주체로서의 삶의 출발	• 출생을 통한 신체적 독립은 정신적 독립으로 이어짐 • 인간은 자신의 행위를 스스로 결정하고 책임지는 도덕적 주체로 성장해 나감
가족 및 사회 구성원으로서의 삶 시작	• 출생과 동시에 한 가족의 구성원이 됨 • 한 사회를 구성하는 존재가 되어 다양한 인간관계를 형성함

자료 삶과 죽음에 대한 동양의 관점 ⓒ 25쪽 120번 문제로 확인

• 삶도 제대로 알지 못하는데 어찌 죽음을 알겠는가? …… 지사(志士)는 삶을 영위하되 인(仁)을 해침이 없고, 자신을 희생함으로써 인을 이룬다네. - 공자 -
• 망막하고 혼돈한 대도(大道) 속에 섞여 있던 것이 변해서 기(氣)가 되고, 기가 변해서 형체가 되고, 형체가 변해서 생명이 되었다. 그리고 그것이 변해서 죽음이 된 것이다. - 장자 -
• 전생에 뿌려진 씨앗은 이번 생에 받는 것이고, 다음 생에 거둘 열매는 이번 생에 행하는 바로 그것이다. - 불교 -

분석 공자는 죽음보다는 현세에서 도덕적으로 실천하는 삶을 강조하였고, 장자는 죽음을 삶과 서로 연결된 순환 과정으로 이해하였으며, 불교에서는 윤회를 통해 생로병사가 반복된다고 보았다.

2 죽음의 특징과 윤리적 의미

(1) 죽음의 특징

① 보편성과 평등성 : 인간이라면 누구나 죽음을 맞게 됨
② 불가피성 : 죽음을 피하려는 인간의 그 어떤 노력도 실패함
③ 일회성과 비가역성 : 누구나 한 번 죽으며, 죽은 사람을 되살릴 수 없음

(2) 죽음의 윤리적 의미

① 죽음의 자각을 통해 삶의 소중함을 깨닫고 의미 있고 가치 있는 삶을 살게 함
② 상례와 제례를 통해 죽음을 애도하고 죽은 사람을 기억하면서 인간관계의 소중함을 깨닫는 계기가 됨

자료 삶과 죽음에 대한 서양의 관점 ⓒ 26쪽 122번, 123번 문제로 확인

• 삶은 육체 안에 갇힌 영혼의 감금 생활이요, 죽음은 육체로부터 영혼의 해방이자 분리이다. - 플라톤 -
• 우리가 살아 있는 한 죽음은 우리와 함께 있지 않으며, 죽음에 이르면 우리는 존재하지 않는다. 죽음은 산 사람이나 죽은 사람 모두와 아무런 상관이 없다. - 에피쿠로스 -

분석 플라톤은 죽음을 육체로부터 해방되는 것으로 보았고, 에피쿠로스는 인간이 죽음을 경험할 수 없으므로 두려워할 필요가 없다고 보았다.

2. 출생 및 죽음에 관한 윤리적 쟁점

1 인공 임신 중절의 윤리적 쟁점

(1) 인공 임신 중절에 대한 입장

① 불교 : 불살생계를 어기는 행위로 여김
② 자연법 : 생명과 종족 보존이라는 자연적 성향에 어긋나는 것임
③ 칸트 : 인간을 수단으로 대우하는 것이므로 보편화할 수 없음

★**(2) 인공 임신 중절에 대한 찬반 논거** ⓒ 26쪽 124번 문제로 확인

찬성 논거	반대 논거
• 태아는 인간이 아님 • 여성은 정당방위의 권리를 지님 • 여성은 자신의 삶을 자율적으로 영위할 권리를 가짐 • 태아는 여성의 신체 일부로서 여성은 이에 대한 선택권을 가짐	• 모든 인간의 생명은 존엄하며, 태아도 역시 생명이 있는 인간임 • 무고한 인간을 죽이는 행위는 잘못이며, 태아는 무고한 인간임 • 태아는 성숙한 인간으로 발달할 잠재성을 가지고 있음

2 자살을 금지하는 입장

유교	효의 시작은 부모로부터 받은 신체를 훼손하지 않는 것임
불교	생명을 해쳐서는 안 된다는 '불살생'의 계율을 지켜야 함
그리스도교	신으로부터 받은 생명을 스스로 끊어서는 안 됨
아퀴나스	자살은 자연적 성향인 자기 보존의 의무를 다하지 않는 것임
칸트	자살은 고통 회피를 위해 생명과 인격을 수단으로 삼는 것임
쇼펜하우어	자살은 문제를 해결하는 것이 아니라 회피하는 것임

★**3 안락사에 대한 찬반 논거** ⓒ 27쪽 128번 문제로 확인

찬성 논거	반대 논거
• 인간은 인간답게 죽을 권리를 가지고 있음 • 환자 본인의 고통을 덜어 주고 가족의 심리적·경제적 부담을 줄여 줌 • 제한된 의료 자원을 효율적으로 사용해 사회 전체의 이익에 부합함	• 인간의 생명은 존엄하며, 누구도 죽음을 인위적으로 선택할 수 없음 • 인위적인 죽음은 자연의 질서에 부합하지 않고 인간의 존엄성을 훼손함 • 의료인의 기본 의무인 생명을 살리는 것에 위배됨

★**4 뇌사에 대한 주요 논거** ⓒ 28쪽 131번 문제로 확인

뇌사를 죽음으로 인정하는 입장	뇌사를 죽음으로 인정하지 않는 입장
• 장기적인 치료 연장은 가족에게 심리적·경제적 고통을 줌 • 한정된 의료 자원을 회복 불가능한 환자에게 사용하는 비효율성을 방지 • 뇌사자로부터 장기 이식을 위한 장기를 제공받을 수 있음	• 생명은 다양한 장기의 상호 작용으로 유지되므로 뇌 기능의 정지가 곧 죽음은 아님 • 뇌사를 판정하는 데 있어 오류 가능성이 존재함 • 장기 적출을 위해 남용 혹은 악용될 위험이 있음

•• 빈칸에 들어갈 알맞은 용어를 쓰시오.

106 ( )의 관점에서 볼 때 인간은 누구나 자신의 생명을 보전하고 종족을 보존하고자 하는 성향을 지닌다.

107 이미 죽은 사람을 다시 되살릴 수 없다는 점에서 죽음은 ( )을/를 지닌다.

108 죽음을 회피하고자 하는 어떤 노력도 결국 실패하고 만다는 점에서 죽음은 ( )을/를 지닌다.

•• 다음 내용이 맞으면 ○표, 틀리면 ×표를 하시오.

109 우리는 죽음을 맞이하는 그 누구도 함부로 대해서는 안 되며, 죽은 사람의 존엄성까지 보호해야 한다. ( )

110 태아의 생명권을 우선 보호해야 한다는 입장을 가진 사람들은 인공 임신 중절에 찬성한다. ( )

111 안락사를 찬성하는 사람들은 의무론의 관점에서 불치병을 앓고 있는 환자에게 연명 치료를 하는 것은 환자 본인과 가족에게 심리적·경제적 부담을 준다고 주장한다.
( )

•• 다음 입장과 주안점을 바르게 연결하시오.

112 선택 옹호주의 •   • ㉠ 태아의 생명권을 강조하며 인공 임신 중절에 반대하는 입장

113 생명 옹호주의 •   • ㉡ 여성의 선택권을 강조하며 인공 임신 중절을 허용하자는 입장

•• ㉠, ㉡ 중 알맞은 것을 고르시오.

114 (㉠ 죽음, ㉡ 출생)은 인간의 자연적 성향을 실현하는 과정이며, 도덕적 주체로 사는 삶의 출발점이자 가족과 사회 구성원으로서 사는 삶의 시작이다.

115 유교에서는 부모로부터 받은 자신의 신체를 훼손하지 않는 것이 (㉠ 삶, ㉡ 효)의 시작이라고 보았다.

116 안락사에 찬성하는 입장에서는 환자의 삶의 질뿐만 아니라 (㉠ 자율성, ㉡ 자연권)을 강조한다.

117 (㉠ 뇌사, ㉡ 심폐사)란 뇌간을 포함한 뇌의 활동이 회복 불가능하게 정지된 상태를 의미한다.

118 (㉠ 자살, ㉡ 안락사)(이)란 극심한 고통을 겪는 환자의 요구에 따라 의료진이 개입하여 생명을 단축하는 행위를 말한다.

119

㉠의 윤리적 의미로 가장 적절한 것은?

• (㉠)은/는 태아가 생명을 가지고 모체에서 완전히 분리되는 것을 말한다.
• 우리 조상들은 (㉠)에 대해 부모님의 생식 세포로부터 자연적으로 수정되고 장기간의 임신 과정과 위험한 출산의 과정을 거쳐 안전하게 태어났다는 사실 자체만으로도 축복하였다.

① 새로운 생명체가 되는 단계이다.
② 우수한 자녀를 입양하는 것이다.
③ 자연스럽게 나타나는 생명 현상이다.
④ 인간만이 거치는 하나의 통과 의례이다.
⑤ 도덕적 주체로서의 한 인간의 삶의 출발점이다.

★빈출
120

다음 가상 인터뷰에서 알 수 있는 사상가의 죽음관으로 가장 적절한 것은?

① 죽음은 인간이 유한한 존재임을 깨닫게 한다.
② 죽음은 기(氣)가 모이고 흩어지는 과정의 일부이다.
③ 죽음은 삶의 끝이면서 동시에 윤회의 시작을 의미한다.
④ 죽음은 알 수 없는 것으로 현세의 도덕적 삶이 더 중요하다.
⑤ 죽음은 깨달음을 가로막는 육체의 구속으로부터 벗어나는 일이다.

121

갑, 을의 죽음관에 관한 설명으로 옳은 것은?

> 갑 : 살아 있는 동안은 아직 죽음을 경험하지 못하고, 죽어 있
> 는 상태에서는 죽음을 의식하지 못하기 때문에 인간은 죽
> 음을 경험할 수 없다.
> 을 : 삶은 기(氣)가 모인 것이고, 죽음은 기가 흩어지는 것이
> 다. 삶과 죽음은 자연적이고 필연적인 과정이다.

① 갑은 죽음을 피할 수 있는 것이라고 본다.
② 갑은 죽음을 육체로부터 해방되는 것이라고 본다.
③ 을은 죽음을 윤회의 한 과정이라고 본다.
④ 을은 죽음을 자연스러운 순환의 과정이라고 본다.
⑤ 갑, 을은 모두 죽음을 두려움의 대상으로 본다.

★빈출
122

갑, 을이 모두 긍정의 대답을 할 질문으로 가장 적절한 것은?

> 갑 : 삶은 육체 안에 갇힌 영혼의 감금 생활이요, 죽음은 육체
> 로부터 영혼의 해방이자 분리이다.
> 을 : 죽음으로 앞서 달려가 보는 순간에만 우리는 자유롭다.
> 죽음으로 달려가 보는 것은 현존재에게 주어진 과제이다.

① 죽음을 두려움의 대상으로 여기는 것은 잘못인가?
② 죽음 이후에 비로소 정신적 자유를 누리게 되는가?
③ 죽음 이후의 세계를 고통의 세계로 보아야 하는가?
④ 죽음과 삶은 계속해서 반복되므로 분별되어야 하는가?
⑤ 죽음의 공포에서 벗어나기 위해 의로움에 힘써야 하는가?

★빈출
123

(가) 사상가의 주장을 (나)의 학생이 요약하여 발표할 때, ㉠에 들어갈
내용으로 가장 적절한 것은?

(가)	죽음은 사실 우리에게 아무것도 아니다. 우리가 살아 있는 한 죽음은 우리와 함께 있지 않으며, 죽음에 이르면 우리는 존재하지 않는다. 죽음은 산 사람이나 죽은 사람 모두와 아무런 상관이 없다.
(나)	학생 : "(가) 사상가는 죽음은 두려워할 필요가 없다고 주장합니다. 왜냐하면 _____㉠_____ 때문입니다."

① 죽음을 직시하여 운명에 순응해야 하기
② 영원불멸한 영혼의 세계를 지향해야 하기
③ 인간의 삶은 죽음으로 끝나지 않는 것이기
④ 죽음은 인간의 감각이 소멸된 것으로 경험할 수 없기
⑤ 삶과 죽음의 분별에서 벗어나야 도(道)에 일치할 수 있기

---

2. 출생 및 죽음에 관한 윤리적 쟁점

★빈출
124

그림은 서술형 평가 문제와 학생 답안이다. 학생 답안의 ㉠~㉤ 중 옳
은 것은?

> **서술형 평가**
>
> ◎ 문제 : 인공 임신 중절에 관한 갑, 을의 입장을 비교하여 서
> 술하시오.
>
> > 갑 : 나는 '선택 옹호주의'를 지지한다.
> > 을 : 나는 '생명 옹호주의'를 지지한다.
>
> ◎ 학생 답안
>
> 인공 임신 중절에 관한 갑, 을의 입장을 비교하면 ㉠ 갑은 태
> 아의 생명 존엄성을 전제로 인공 임신 중절을 반대한다. 이
> 에 비해 ㉡ 을은 자신의 삶에 대한 여성의 자기 결정권을 전
> 제로 인공 임신 중절을 찬성한다. ㉢ 갑은 여성이 무고한 인
> 간을 죽이는 행위는 잘못이라고 주장하는 반면, ㉣ 을은 태아
> 는 출생 이후에 비로소 인간의 본질적 특성을 갖게 되어 생명
> 권을 획득한다고 주장한다. 갑, 을의 입장을 정리하면 ㉤ 갑
> 은 여성의 권리 존중을 주장하며, 을은 태아의 권리 존중을
> 주장한다.

① ㉠   ② ㉡   ③ ㉢   ④ ㉣   ⑤ ㉤

125

다음 입장을 찬성하는 논거에만 모두 '✓'를 표시한 학생은?

> 임신 13~24주의 인공 임신 중절은 임신부에게 위해를 끼칠
> 우려가 있는 반면, 임신 초기인 1~12주의 태아는 신경 생리학
> 적 구조나 기능을 갖추지 못해 고통을 느끼지 못하고 임신부의
> 합병증과 사망률이 현저히 낮으므로 임신 초기에는 임신부의
> 자기 결정권을 존중할 필요가 있다.

논거 \ 학생	갑	을	병	정	무
태아는 생명이 있는 인간이므로 보호해야 한다.	✓			✓	✓
여성은 자신의 삶을 자율적으로 결정할 수 있는 권리가 있다.		✓	✓		✓
태아는 여성의 몸의 일부이며 여성은 자기 몸에 대한 소유권을 가진다.	✓		✓	✓	
태아는 잘못이 없는 인간이기 때문에 태아를 해치는 것은 도덕적으로 옳지 않다.		✓		✓	✓

① 갑   ② 을   ③ 병   ④ 정   ⑤ 무

126

⊙이 일으키는 문제점만을 〈보기〉에서 고른 것은?

칸트는 (⊙)에 대해 고통스러운 상황에서 벗어나려고 자신의 목숨을 끊는 것은 인간을 한낱 고통 완화의 수단으로 대우한다는 점에서 옳지 않다고 비판했다. 또한 쇼펜하우어도 (⊙)은/는 문제를 해결하는 것이 아니라 회피하는 것이므로 옳지 않다고 주장했다.

【 보기 】
ㄱ. 개인의 주체성과 자율성을 억압하는 행위이다.
ㄴ. 가족과 친구에게 슬픔과 고통을 안겨 주는 행위이다.
ㄷ. 삶의 일회성을 인식하지 못하고 자신의 가능성을 포기하는 행위이다.
ㄹ. 살아 있는 것을 직접 죽여서는 안 된다는 불살생계에 지나치게 얽매이는 행위이다.

① ㄱ, ㄴ   ② ㄱ, ㄷ   ③ ㄴ, ㄷ
④ ㄴ, ㄹ   ⑤ ㄷ, ㄹ

127

갑의 관점에서 〈문제 상황〉 속 A에게 제시할 수 있는 조언으로 가장 적절한 것은?

갑 : 인간은 살려고 하는 생명들 가운데서 살려고 하는 생명이고, 인간의 윤리는 살아 있는 것들에게 확장되는 무한한 책임이다. 생명에 대해 경의를 표하고 그것을 촉진하는 것이 선(善)이다.

〈문제 상황〉
A는 남들보다 예쁘지도 않고 성적도 좋지 않아 친구들에게 종종 놀림을 받는다. 부쩍 학교도 잘 가지 않고 혼자 있는 시간이 늘었다. A는 차라리 자살해서 이렇게 힘든 현실에서 하루빨리 벗어나고 싶다는 생각이 자꾸 든다.

① 너의 생명은 부모로부터 물려받은 것임을 명심해야 한다.
② 생명 보존은 자연적 질서에 부합하는 행위임을 명심해야 한다.
③ 생명은 그 자체로 내재적 가치를 지니는 것임을 명심해야 한다.
④ 너에게는 삶을 스스로 선택할 수 있는 권리가 있음을 명심해야 한다.
⑤ 너의 생명을 잘 보존하는 것이 신의 명령에 충실히 따르는 것임을 명심해야 한다.

★빈출 128

⊙에 들어갈 내용으로 가장 적절한 것은?

갑 : 인간의 생명은 절대적인 가치를 지닙니다. 불필요한 고통을 없앤다는 명분으로 연명 치료를 중단해서는 안 됩니다.
을 : 회생 불가능한 환자의 극심한 고통을 없애기 위해 연명 치료를 중단해야 합니다.
갑 : 인위적으로 죽음을 앞당기거나 연명 치료를 중단하는 것은 모두 인간 생명의 존엄성을 경시하는 것입니다.
을 : 인위적으로 죽음을 앞당기는 것과 달리 연명 치료를 중단하는 것은 자연의 과정을 따르는 것이므로 허용되어야 합니다. 제가 보기에 당신은 _____⊙_____을 간과하고 있습니다.

① 환자의 뜻에 따라 적극적인 안락사를 허용해야 함
② 안락사가 허용되면 인간 생명의 존엄성을 지킬 수 없음
③ 가족의 심적 고통을 줄이기 위해 환자를 희생시켜야 함
④ 환자가 회생할 가망이 있어야 연명 치료를 중단할 수 있음
⑤ 자연의 과정을 거스르지 않는 안락사 방법은 허용될 수 있음

129

(가)의 입장에서 (나)의 ⊙에 대해 내릴 수 있는 평가로 가장 적절한 것은?

(가)	공동체는 개인의 총합에 불과하며, 개개인은 쾌락을 좋아하고 고통을 싫어한다. 개인의 쾌락과 행복을 증진시켜 그 총합인 사회 전체의 행복을 극대화시켜야 한다.
(나)	프랑스 남서부의 포(Pau) 지방 법원은 불치병 환자 7명에게 독극물을 주입해 사망하게 한 의사 니콜라 본메종에게 모든 혐의에 대해 무죄를 선고했다. 본메종은 ⊙ 주로 노인 말기 암 환자들에게 약물을 주입해 숨지게 한 행위로 기소됐다. 본메종은 환자의 고통을 줄여 주기 위해 이 같은 일을 했으며 숨진 환자의 가족, 동료 의사 등과도 충분히 상의했다고 주장했다.

① 인간의 존엄성을 파괴하는 행위이다.
② 환자를 목적이 아닌 수단으로 대우하는 행위이다.
③ 환자 가족의 경제적·심리적 고통을 경감시키는 행위이다.
④ 생명 경시 풍조를 사회 전반에 확산시킬 수 있는 행위이다.
⑤ 환자의 치료 거부권과 죽음을 선택할 수 있는 권리를 존중하지 않는 행위이다.

130

다음 글의 입장과 일치하는 주장으로 가장 적절한 것은?

> 인공호흡기의 도움으로 뇌사 상태 환자의 심장과 폐의 기능이 유지되는 경우에는 간장이나 신장 등 많은 장기의 기능도 그대로 유지될 수 있다. 따라서 생물학적으로 볼 때 그는 완전히 죽은 상태가 아니다. 죽음이 하나의 과정이라면 뇌사는 죽어 가는 하나의 단계에 불과할 뿐이므로 그것은 결코 죽음을 규정하는 필요충분조건이 될 수 없다.

① 장기 이식을 위해서 뇌사를 인정해야 한다.
② 환자 가족의 경제적 부담을 덜어 주어야 한다.
③ 인간의 생명은 실용적 가치로 따질 수 없는 것이다.
④ 환자와 가족들이 심리적 고통에서 벗어나게 해 주어야 한다.
⑤ 뇌사 판정의 객관성을 높이기 위해서 의사들의 전문성이 필요하다.

★ 빈출
131

갑의 입장에 비해 을이 강조할 내용으로 가장 적절한 것은?

> 갑 : 뇌사를 죽음의 기준으로 인정하고 장기 이식 기술을 활용하여 많은 생명을 살리도록 노력해야 합니다.
> 을 : 사람의 생명은 실용적 가치로 평가할 수 없는 것입니다. 심폐사를 죽음으로 인정해야 합니다.
> 갑 : 인격은 심장이 아니라 뇌에서 비롯됩니다. 뇌사를 죽음으로 인정해야 합니다.
> 을 : 아닙니다. 뇌의 명령 없이 유지될 수 있는 사람의 생명 자체를 존엄하게 보아야 합니다.

① 인간으로서의 존엄성은 뇌 기능에 따라 결정된다.
② 뇌사 인정은 인간 생명의 존엄성을 침해할 수 있다.
③ 다수의 생명을 살릴 수 있을 경우에만 뇌사가 인정된다.
④ 인간 생명은 사회 전체의 유용성에 의해 평가될 수 있다.
⑤ 뇌 기능의 정지는 죽음을 판정하는 기준으로 삼을 수 있다.

1등급을 향한 서답형 문제

[132~133] 다음 글을 읽고 물음에 답하시오.

> (㉠)은/는 태아가 생존 능력을 갖기 이전의 임신 시기에 인공적으로 임신을 종결시키는 것으로 치료적 유산과 선택적 유산으로 나눌 수 있다. 모자 보건법 시행령 제15조에서는 "인공 임신 중절 수술은 임신 24주일 이내인 사람만이 할 수 있다."라고 규정한다.

132

㉠에 들어갈 알맞은 용어를 쓰시오.

133

㉠을 찬성하는 입장과 반대하는 입장의 논거를 각각 세 가지 서술하시오.

(1) 찬성 :

(2) 반대 :

[134~135] 다음은 신문 칼럼이다. 물음에 답하시오.

> **칼 럼**
>
> **늘어나는 자살, 윤리적 문제는 무엇인가**
>
> 통계 자료에 따르면, 올해 자살율이 전년 동월 대비 크게 증가한 것으로 나타났다. 자살은 사람으로서의 품격인 (㉠)을/를 훼손하고 자아를 실현할 가능성을 없애 버리는 일이므로 윤리적으로 옳지 않다. 또한 주변 사람들에게 슬픔과 고통을 주며, 공동체의 결속력을 약화시키는 등의 사회적 문제를 야기할 수 있다. 이와 관련하여 ㉡ 자살을 금지하는 다양한 동서양의 관점이 있다.

134

㉠에 들어갈 알맞은 용어를 쓰시오.

135

㉡ 중 서양의 관점을 세 가지 서술하시오.

136

㉠에 들어갈 진술로 가장 적절한 것은?

진인은 삶을 기뻐하지도 않고, 죽음을 싫어하지도 않는다. 착한 일을 행하여 명성을 가까이하지도 말고, 악한 짓을 행하여 형벌을 가까이하지도 말아야 한다. 그런데 어떤 사상가는 "아침에 도를 깨달으면 저녁에 죽어도 좋다. 뜻있는 선비는 살아남고자 하여 인을 해치는 일이 없다."라고 주장하였다. 나는 이 사상가의 입장이 _____㉠_____ 을 간과하고 있다고 생각한다.

① 죽음은 생로병사와 더불어 자연스러운 고통일 뿐임
② 의로움 일을 위해 목숨을 바치는 것은 가치 있는 것임
③ 태어남과 죽음은 자연스러운 기의 순환의 일부일 뿐임
④ 연기의 법칙을 깨달으면 윤회의 고통에서 벗어날 수 있음
⑤ 죽음에 대한 고민보다 도덕적인 삶에 더 관심을 기울여야 함

137

(가) 사상가의 입장을 (나) 그림으로 탐구하고자 할 때, A, B에 들어갈 적절한 질문만을 〈보기〉에서 고른 것은?

(가)	죽음으로 달려가 보는 순간에만 우리는 자유로울 수 있다. 자기의 고유한 죽음으로 달려가 보는 것은 현존재에게 주어진 가장 준엄한 과제이다.

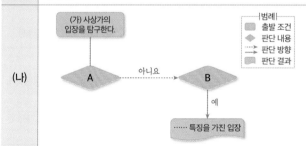

[보기]
ㄱ. A : 모든 인간에게 죽음은 두려워해야 할 고통인가?
ㄴ. A : 현존재의 유한성을 인식하면 실존을 회복할 수 있는가?
ㄷ. B : 죽음을 자각함으로써 진정한 자아를 발견할 수 있는가?
ㄹ. B : 죽음 이후의 내세에서만 도덕적인 완성을 이룰 수 있는가?

① ㄱ, ㄴ   ② ㄱ, ㄷ   ③ ㄱ, ㄹ
④ ㄴ, ㄷ   ⑤ ㄷ, ㄹ

138

갑 사상가는 긍정, 을 사상가는 부정의 대답을 할 질문으로 가장 적절한 것은?

갑 : 죽음은 진리 추구를 방해하는 육체에서 영혼이 분리되는 것이다. 평생에 걸쳐 최대한 죽음과 가장 가까운 상태로 영혼을 정화하며 살고자 했던 사람이 그토록 열망하는 지혜를 얻을 수 있는 곳으로 가는 것이 죽음이다.
을 : 모든 좋고 나쁨은 감각에 달려 있는데 죽으면 감각을 잃는다. 따라서 죽음은 우리에게 아무것도 아니다. 현자는 사려 깊음을 통해 죽음을 무서워하지 않고 마음의 평안을 추구한다.

① 죽음의 순간이 되면 육체와 함께 영혼도 소멸하는가?
② 죽음 이후에 비로소 이데아를 순수하게 인식할 수 있는가?
③ 감각적 쾌락을 극대화하면 죽음에 대한 두려움이 사라지는가?
④ 지혜로운 사람은 죽음을 두려움의 대상으로 간주하지 않는가?
⑤ 현세의 업은 죽음 이후의 내세에 영향을 미치는 결정적 요인인가?

139

(가)의 입장에 비해 (나)의 입장이 갖는 상대적 특징을 그림의 ㉠~㉤에서 고른 것은?

(가) 태아는 수정과 동시에 생명을 갖는 인간이다. 태아는 수정된 순간부터 인간과 동일한 지위를 지닌 존재이기 때문에 인공 임신 중절을 도덕적으로 허용할 수 없다.
(나) 태아는 임신부의 신체 중 일부이다. 인공 임신 중절의 허용 여부는 임신부의 결정에 맡겨야 한다. 또한 태아는 인격체가 아니므로 인격체와 같은 생명의 권리를 갖지 못한다.

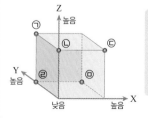

X : 태아는 완전한 인격체를 지닌 존재임을 강조하는 정도
Y : 임신부는 태아에 대한 실질적 소유권을 가짐을 강조하는 정도
Z : 태아의 출산을 선택하는 임신부의 자유로운 권리를 강조하는 정도

① ㉠   ② ㉡   ③ ㉢   ④ ㉣   ⑤ ㉤

04 생명 윤리

Ⅱ 생명과 윤리

☑ 출제 포인트　☑ 동서양의 생명관　☑ 동물 복제와 인간 복제　☑ 유전자 치료의 쟁점　☑ 동물 실험과 동물 권리에 대한 입장

1. 생명의 존엄성과 생명 복제

1 생명 윤리와 동서양의 생명관

(1) 생명 윤리의 중요성　생명 과학이 간과하기 쉬운 생명의 존엄성에 대한 근거를 성찰하도록 도움

(2) 동서양의 생명관

도가	자연스럽게 태어나고 자라는 것을 인위적으로 조장하는 것은 바람직하지 못함
불교	• 연기의 가르침을 통해 생명의 상호 의존 관계를 강조함 • 불살생의 가르침을 통해 생명의 보존을 주장함
그리스도교	신의 피조물인 생명은 존엄하면서도 일정한 위계를 가짐
슈바이처	생명을 보존하고 촉진하는 것은 좋은 일이며, 그것을 파괴하고 억제하는 것은 나쁜 일임

2 생명 복제와 관련된 생명 윤리 문제

(1) 동물 복제에 대한 찬반 논거

찬성 논거	반대 논거
• 우수 품종을 개발·유지할 수 있음 • 희귀 동물 보존 및 멸종 동물 복원에 유용함 • 동물 복제를 통해 인간의 행복을 증진할 수 있음	• 종의 다양성을 해침 • 자연의 질서에 어긋나는 일임 • 동물의 생명이 인간의 유용성을 위한 도구가 될 위험성이 있음

⭐(2) 인간 복제에 대한 다양한 입장　ⓒ 32쪽 155번, 157번 문제로 확인

① 배아 복제에 대한 찬반 논거

찬성 논거	반대 논거
• 배아는 아직 완전한 인간이 아님 • 배아로부터 획득한 줄기세포를 활용해 난치병 치료 방법을 찾을 수 있음	• 배아도 생명이므로 보호되어야 함 • 복제 과정에서 난자 사용은 여성의 건강권과 인권을 훼손하는 것임

② 개체 복제를 금지하는 이유 : 인간의 존엄성 훼손, 자연스러운 출산 과정에 위배, 인간의 고유성 위협, 가족 관계의 혼란 등

3 유전자 치료와 관련된 생명 윤리 문제

(1) 유전자 치료의 의미　체세포 또는 생식 세포 안에 정상 유전자를 넣어 난치병과 같은 질병을 치료함

(2) 체세포 유전자 치료와 생식 세포 유전자 치료

① 체세포 유전자 치료 : 환자의 질병 치료를 위해 제한적으로 허용됨

② 생식 세포 유전자 치료에 대한 찬반 논거

찬성 논거	반대 논거
• 유전병을 퇴치하고, 병의 유전을 막아 다음 세대의 병을 예방하는 등 의학적으로 유용함 • 새로운 치료법 개발을 통해 경제적 효용 가치를 산출함	• 의학적으로 불확실하고 임상적으로 위험함 • 우생학을 부추길 수 있음 • 고가의 치료비로 그 혜택이 일부에 치중되어 분배 정의에 어긋남

자료 생명 의료 윤리의 원칙　ⓒ 33쪽 159번 문제로 확인

• 자율성 존중의 원칙 : 의료 행위와 결정은 인간의 자율성과 개인의 존엄성에 근거해야 한다.
• 악행 금지의 원칙 : 해악을 끼칠 위험이 있을 경우 진료나 실험을 중단해야 한다.
• 선행의 원칙 : 환자 또는 피험자의 이익을 도모해야 한다.
• 정의의 원칙 : 생명 과학의 연구 성과는 공정하게 분배되어야 한다.

분석 자료는 비첨과 칠드러스가 제시한 생명 의료 윤리의 원칙이다.

2. 동물 실험과 동물 권리의 문제

1 동물 실험에 대한 찬반 논거

찬성 논거	반대 논거
• 인간은 동물과 근본적으로 다른 존재 지위를 가지고 있음 • 인간과 동물은 생물학적으로 유사하므로 동물 실험의 결과를 인간에게 적용할 수 있음	• 인간과 동물의 존재 지위는 차이가 없음 • 인간과 동물은 생물학적으로 긴밀한 유사성을 가지지 않음 ⓔ 탈리도마이드 부작용 사례

⭐2 동물의 도덕적 권리를 부정하는 입장　ⓒ 34쪽 164번 문제로 확인

데카르트	동물은 자동인형 또는 움직이는 기계에 불과함
아퀴나스	• 식물은 동물을 위해 존재하고, 동물은 인간을 위해 존재함 • 인간이 동물에게 동정 어린 감정을 나타낸다면, 그는 그만큼 더 동료 인간들에게 관심을 가질 것임
칸트	• 동물은 자의식적이지 못하므로 목적을 위한 수단일 뿐임 • 동물에 대한 의무는 인간에 대한 간접적 의무에 불과함

⭐3 동물의 도덕적 권리를 인정하는 입장　ⓒ 34쪽 165번 문제로 확인

벤담	동물도 고통을 느끼므로 도덕적으로 고려받을 권리를 지님
싱어	동물도 쾌고 감수 능력을 지니므로 동물의 이익도 인간과 평등하게 고려되어야 함
레건	한 살 정도의 포유류는 자신의 삶을 영위할 수 있는 능력을 가진 존재로 삶의 주체가 될 수 있으므로 내재적 가치를 지님

자료 동물의 권리에 대한 입장　ⓒ 34쪽 166번 문제로 확인

• 이성은 없지만 생명이 있는 일부 피조물과 관련하여 동물들을 폭력적으로 그리고 동시에 잔혹하게 다루는 것은 인간의 자기 자신에 대한 의무에 배치되는 것이다. — 칸트 -
• 인간과 인간이 아닌 삶의 주체는 존중받을 도덕적 권리를 갖는다. 이러한 권리를 가진 개체들은 결코 마치 다른 것들을 위한 자원인 것처럼 대우받아서는 안 된다. — 레건 -

분석 칸트는 동물을 함부로 다루는 것에 반대하는데, 이는 동물을 함부로 다루는 행위가 인간성을 해친다고 보기 때문이다. 레건은 한 살 이상 정도의 포유동물은 도덕적 무능력자이지만 희망과 목적을 추구할 수 있는 삶의 주체이기 때문에 도덕적 지위를 지닌다고 본다.

1. 생명의 존엄성과 생명 복제

핵심 개념 문제

•• 빈칸에 들어갈 알맞은 용어를 쓰시오.

140 생명 윤리는 생명의 (　　　　　) 실현을 목적으로 한다.

141 생명 과학 연구의 성과를 공정하게 분배해야 한다는 생명 의료 윤리 원칙은 (　　　　　)의 원칙이다.

142 (　　　　　)(이)란 동일한 유전자를 가진 생명체를 만들어 내는 기술로, 동물 복제와 인간 복제로 나누어 윤리적 쟁점을 살펴볼 수 있다.

143 (　　　　　)을/를 찬성하는 입장에서는 줄기세포를 활용하여 난치병을 치료할 수 있음을 강조한다. 이에 반대하는 입장에서는 배아도 인간의 생명이므로 보호되어야 한다고 주장한다.

•• 다음 내용이 맞으면 ○표, 틀리면 ×표를 하시오.

144 동물 복제에 찬성하는 사람들은 동물 복제가 자연의 질서를 위배하며, 종의 다양성을 해치고, 동물의 생명을 수단으로 여기는 문제가 있다고 주장한다. (　　　)

145 생식 세포 유전자 치료에 반대하는 사람들은 인류를 유전적으로 개량하기 위해 여러 가지 조건과 인자를 연구하는 우생학을 부추길 수 있음을 논거로 제시한다. (　　　)

•• 동물 실험의 3R 원칙과 그 내용을 바르게 연결하시오.

146 감소 •　　　• ㉠ 각종 실험에 이용하는 동물의 수를 줄일 것

147 개선 •　　　• ㉡ 하등 동물이나 컴퓨터 모의실험을 활용할 것

148 대체 •　　　• ㉢ 동물이 받는 고통을 최소화하는 실험 절차를 마련할 것

•• ㉠, ㉡ 중 알맞은 것을 고르시오.

149 (㉠데카르트, ㉡아퀴나스)는 동물이 도덕적으로 고려받을 권리는 없지만, 동물을 함부로 다루는 것은 인간의 품성에 좋지 않으므로 삼가야 한다고 주장하였다.

150 (㉠싱어, ㉡레건)은/는 벤담의 주장을 이어받아 동물이 쾌고 감수 능력을 지니므로 동물의 이익도 평등하게 고려해야 한다고 주장하였다.

151 자기 욕구와 목표를 위해 행위하며, 쾌락과 고통 등 감정을 느낄 수 있는 능력을 가지는 개체는 삶의 주체라는 주장은 동물 실험을 (㉠찬성, ㉡반대)하는 논거로 제시된다.

152

㉠에 관한 설명으로 옳지 <u>않은</u> 것은?

> 우리에게는 인간과 생명의 존엄성을 침해하는 어떠한 연구와 실험도 모름지기 거부되어야 한다는 철저한 의식이 요청된다. 따라서 생명 공학이 오로지 인류의 안녕과 행복에 기여할 수 있도록 감시해야 할 것이며, 생명 공학자들이 안심하고 연구할 수 있는 한계도 제시해 주어야 할 것이다. 이러한 관점에서 (　㉠　)이/가 필요하다.

① 응용 윤리의 한 분야이다.
② 생명 과학과 상호 대립적 관계에 있다.
③ 생명 존엄성의 실현을 궁극적인 목적으로 한다.
④ 생명 관련 연구를 포함한 행위의 선악을 다룬다.
⑤ 생명을 연구하는 사람들이 지켜야 할 윤리 원칙을 제시한다.

153

㉠에 들어갈 내용으로 가장 적절한 것은?

> 생명 과학을 최고의 인식 형태로 간주하면서 가치 판단이 배제된 채 연구가 이루어진다면 생명 과학 기술이 악용될 위험이 있다. 따라서 _____㉠_____

① 생명 과학의 객관성을 더욱 더 강조해야 한다.
② 생명 과학의 발달 그 자체를 목적으로 간주해야 한다.
③ 새로운 생명 과학의 기술을 무조건적으로 장려해야 한다.
④ 생명 과학의 연구 과정이 아닌 결과에 대해 평가해야 한다.
⑤ 생명 과학 기술의 바람직한 연구와 활용을 위해서 생명 윤리를 요청해야 한다.

154

⊙, ⓒ이 공통으로 추구해야 할 목적으로 가장 적절한 것은?

> ⊙ 생명 과학과 ⓒ 생명 윤리는 공존해야 하며, 한쪽을 지나치게 강조해서는 안 된다. 최근 화제가 된 배아 복제를 위한 줄기세포 연구도 이와 같은 측면에서 검토되어야 한다.

① 생명의 존엄성 실현
② 안전한 신약 개발에 도움
③ 인류의 질병 퇴치와 생명 연장
④ 장기가 손상된 환자의 건강 회복
⑤ 우수한 동식물 품종의 개발·유지

★빈출 155

갑의 관점에서 〈문제 상황〉에 대해 내릴 도덕 판단만을 〈보기〉에서 고른 것은?

> 갑 : 모든 사물에는 자기 목적을 완전히 실현할 수 있는 힘이 잠재되어 있다. 잠재적인 것은 현실적인 것과 같다. 만일 도토리의 목적이 나무가 되는 것이라면 도토리는 한 그루의 나무와 다름없다.
>
> 〈문제 상황〉
> 난치병 치료를 위해 줄기세포를 추출하는 과정에서 배아가 파괴되거나 실험 후에 폐기되는 문제가 발생하고 있다.

【 보기 】
ㄱ. 유전적 결함을 치료하기 위한 배아 실험은 정당하다.
ㄴ. 배아 역시 인간 생명이므로 배아 실험은 정당하지 않다.
ㄷ. 배아는 인간이 될 잠재성을 가진 존재이므로 배아 실험은 정당하지 않다.
ㄹ. 배아는 완전한 인간으로서의 생명권을 갖지 않으므로 배아 실험은 정당하다.

① ㄱ, ㄴ   ② ㄱ, ㄷ   ③ ㄴ, ㄷ
④ ㄴ, ㄹ   ⑤ ㄷ, ㄹ

156

다음 입장에서 긍정의 대답을 할 질문으로 옳은 것은?

> 단지 여분의 세포주를 확보하기 위한 목적으로 복제 인간을 만드는 것은 칸트가 표방한 윤리 원칙, 즉 인간 존엄의 원칙과 명백히 모순된다. 이 원칙은 개인, 즉 인간 생명이 결코 수단이 아니라 항상 목적으로 간주될 것을 요구한다. 치료를 목적으로 인간 생명을 창조하는 것은 창조된 생명의 존엄성을 존중하는 행위가 아니다.

① 배아 복제는 인간의 존엄성을 훼손하는가?
② 배아 복제는 질병 치료를 위해 필요한 연구인가?
③ 배아는 인간으로의 도덕적 지위를 가지지 않는가?
④ 배아 복제는 우수한 인간 종을 만들기 위해 필요한가?
⑤ 배아 복제는 인간의 유용성을 증진시키기 위해 필요한가?

★빈출 157

(가)의 입장에서 (나)와 같은 주장에 대해 평가할 내용으로 가장 적절한 것은?

(가)	• 네 의지의 준칙이 언제나 동시에 보편적 입법의 원리가 되도록 행위하라. • 너 자신에게나 다른 사람에게 있어서 인격을 언제나 동시에 목적으로 대우하고 수단으로 대하지 마라.
(나)	인간 복제 기술은 유용하게 활용될 분야가 많이 있기 때문에 반대할 이유가 없다. 예를 들어 자식이 갑자기 죽었을 때 그 부모가 복제 기술을 이용해 똑같은 아이를 가질 수 있으며, 불치병을 앓고 있는 사람이 복제 인간으로부터 부작용이 없는 장기를 이식받을 수 있는 등 장점이 많다.

① 인간 복제는 인간의 존엄성을 파괴하는 행위이다.
② 인간 복제는 인간의 고유성을 위협하는 행위이다.
③ 인간 복제는 인간의 삶에 유용함을 가져다주는 행위이다.
④ 인간 복제는 자연의 질서에 따르지 않는 옳지 않은 행위이다.
⑤ 인간 복제는 남녀 두 사람의 사랑과 상호 의존성을 파괴하는 행위이다.

158

(가)의 관점에서 (나)에 대해 내릴 평가로 가장 적절한 것은?

(가)	무위(無爲)야말로 유익하다. 천하의 지극히 부드러운 것은 지극히 견고한 것을 마음대로 부리고, 형체가 없는 것은 틈이 없는 데까지 들어간다. 잘 달리면 바퀴 자국을 남기지 않고, 말을 잘 하면 흠잡을 데가 없다.
(나)	인류는 이제 어머니의 자궁을 생의 근원으로 삼지 않는다. 유전자 조작으로 100쌍의 쌍둥이가 공장에서 인공적으로 동시에 부화되고 기계적 조작으로 양육된다. 유리관 속에서 배양되는 태아는 알파, 베타, 감마, 델타, 엡실론 등 각기 지능과 능력이 다른 다섯 가지 등급으로 분류되어 양육된다.

① 생명에 대한 인위적인 개입으로 자연성을 훼손하므로 옳지 않다.

② 생명을 대량으로 생산하여 사회적 유용성 증진에 기여함으로 옳다.

③ 신의 피조물인 생명의 존엄성을 과학을 활용하여 보호하므로 옳다.

④ 생명에 대한 경외를 바탕으로 생명을 보존하고 촉진하는 것이므로 옳다.

⑤ 생명 과학 연구에 대한 성과가 인류 모두에게 골고루 분배되지 않았으므로 옳지 않다.

★빈출 159

다음에서 강조하는 생명 의료 윤리의 원칙만을 〈보기〉에서 고른 것은?

- 한정된 의료 자원을 어떻게 분배할 것이며, 어떤 환자를 우선적으로 치료할 것인가와 관련된 문제를 해결하는 데에는 정의가 요구된다.
- 의사는 환자에게 해악을 입히거나 상태를 악화시키지 말아야 한다. 하지만 악행에 대해서는 딜레마에 부딪히게 된다. 예를 들면 장기의 일부를 기증할 때, 기증자에게 장기를 제거하는 것은 악행의 의미를 지닌다. 하지만 기증으로 다른 환자를 살려야 하기에 불가피한 상황이 된다. 이러한 과정에서 어디까지를 악행으로 정의할 것인지에 대한 문제가 발생한다.

[보기]

ㄱ. 선행의 원칙　　　　ㄴ. 정의의 원칙
ㄷ. 악행 금지의 원칙　　ㄹ. 자율성 존중의 원칙

① ㄱ, ㄴ　　　② ㄱ, ㄷ　　　③ ㄴ, ㄷ
④ ㄴ, ㄹ　　　⑤ ㄷ, ㄹ

160

㉠ 원칙의 구체적인 내용으로 옳지 않은 것은?

인류의 건강과 복지에 이바지하는 생명 과학 연구와 인간의 존엄성을 위협하는 생명 과학 연구를 구별해야 한다. 이를 위한 ㉠ 생명 윤리의 원칙이 필요하다.

① 인간의 자율성을 최대한 존중해야 한다.

② 연구의 성과는 공정하게 분배되어야 한다.

③ 연구의 성과를 우선적으로 고려해야 한다.

④ 환자 또는 피험자의 유익을 도모해야 한다.

⑤ 환자 또는 피험자에게 해를 주어서는 안 된다.

2. 동물 실험과 동물 권리의 문제

161

다음 원칙에 부합하는 사례로 가장 적절한 것은?

◎ 동물 실험의 3R 원칙
- 감소 : 실험에 이용하는 동물의 수를 감소시켜라.
- 개선 : 동물이 받는 고통을 최소화하기 위해 동물 실험 절차를 개선하라.
- 대체 : 하등 동물이나 컴퓨터 모의실험과 같은 다른 실험으로 대체하라.

① 실험 데이터 축적을 위해 가급적이면 많은 수의 동물을 이용한다.

② 실험 비용을 감소하기 위해 컴퓨터 시뮬레이션 등의 절차를 축소한다.

③ 직접적인 결과를 얻기 위해 마취제와 같은 고통 감소 방법을 사용하지 않는다.

④ 실험에 이용되는 동물을 고려해 가급적 잔혹하고 고통스러운 실험은 자제한다.

⑤ 실험 결과의 정확성을 높이기 위해서 쥐보다는 침팬지를 실험 대상으로 삼는다.

162

그림은 서술형 평가 문제와 학생 답안이다. 학생 답안의 ⊙~⑩ 중 옳지 <u>않은</u> 것은?

서술형 평가

◎ 문제 : 동물 실험에 대한 찬성과 반대 입장의 근거를 각각 서술하시오.

◎ 학생 답안

동물 실험을 찬성하는 입장에서는 ⊙ 인간은 근본적으로 동물과 다른 존재 지위를 가진다고 보며, ⓒ 인간과 동물은 생물학적으로 유사하지 않다고 주장한다. 그래서 ⓒ 동물 실험의 결과를 인간에게 적용 가능하다고 본다. 이와 달리 동물 실험을 반대하는 입장에서는 ② 인간과 동물의 존재 지위는 차이가 없다고 보며, ⑩ 인간을 위하여 동물을 수단화하는 동물 실험은 정당화될 수 없다고 본다.

---

① ⊙　　② ⓒ　　③ ⓒ　　④ ②　　⑤ ⑩

163

다음 두 사상가의 공통된 입장으로 옳은 것은?

• 서양 고대 철학자 아리스토텔레스는 "식물은 동물의 생존을 위해서, 동물은 인간의 생존을 위해서 존재한다."라고 말하면서, 이성을 지닌 인간은 이성이 없는 자연을 지배할 수 있다고 보았다.
• 서양 중세 철학자 아퀴나스는 "신의 섭리에 따라 동물은 자연의 과정에서 인간이 사용하도록 운명 지어졌으며 동물을 죽이거나 다른 방식으로 사용하는 것은 죄가 될 수 없다."라고 주장하였다.

---

① 모든 생명체는 목적론적 삶의 중심이다.
② 자연은 도덕적으로 존중받을 가치를 지닌다.
③ 자연은 인간의 욕구 충족을 위한 하나의 도구이다.
④ 생명을 유지하는 것은 선이고, 생명을 파괴하는 것은 악이다.
⑤ 인간은 물론 고통을 느끼는 동물들까지 도덕적 고려 대상이다.

★빈출 164

(가) 사상가의 입장을 (나) 그림으로 탐구하고자 할 때, A, B에 들어갈 질문으로 가장 적절한 것은?

(가)	동물은 비록 이성은 없을지라도 살아 있는 피조물임을 고려할 때, 동물을 폭력적으로 잔인하게 다루는 것은 인간 자신에 대한 의무를 훨씬 더 심각하게 거스르는 것이다. 그래서 인간은 이러한 것을 삼가야 할 의무를 지니고 있다.
(나)	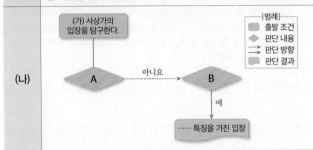

① A : 동물을 잔혹하게 대하는 것에 반대하는가?
② A : 오직 인간만이 도덕적 행위를 결정할 수 있는 존재인가?
③ B : 인간은 동물과 관련하여 간접적 의무를 갖는가?
④ B : 동물의 이익을 인간의 이익보다 먼저 고려해야 하는가?
⑤ B : 고통을 느낄 수 있는 모든 존재는 도덕적 고려의 대상인가?

★빈출 165

(가)의 갑, 을 사상가들의 입장을 (나) 그림으로 표현할 때, B에 해당하는 내용으로 가장 적절한 것은?

(가)	갑 : 동물도 고통을 느낄 수 있으므로 그들이 느끼는 고통을 감소시켜야 하며, 인종 차별과 성차별이 옳지 않은 것과 마찬가지로 종 차별주의도 옳지 않다. 을 : 동물도 삶의 주체로서 삶을 영위할 권리를 가지므로 그들의 권리를 존중해 주어야 한다.
(나)	갑　　을 A　B　C ｜범례｜ A : 갑만의 입장 B : 갑, 을의 공통 입장 C : 을만의 입장

① 인간만이 세계에서 특별한 지위를 가진다.
② 동물은 정신이 없으므로 기계에 불과한 존재이다.
③ 생태계를 이루는 무생물도 도덕적 고려의 대상이다.
④ 인간과 동물은 모두 높은 지적 능력을 소유하고 있다.
⑤ 인간과 동물은 모두 자기 나름의 가치를 지닌 존재이다.

★ 빈출
166

(가)의 관점에서 (나)에 대해 제기할 수 있는 적절한 비판만을 〈보기〉에서 고른 것은?

(가)	인간과 인간이 아닌 삶의 주체는 존중받을 도덕적 권리를 갖는다. 이러한 권리를 가진 개체들은 결코 마치 다른 것들을 위한 자원인 것처럼 대우받아서는 안 된다.
(나)	우리는 동물을 의복의 재료로 활용함으로써 자신의 몸을 보호하고 다양한 의복을 통해 멋과 심리적 만족을 추구한다. 동물의 가죽이나 모피가 아니라도 자신의 몸을 보호하기 위한 의복을 마련할 수 있지만, 멋과 심리적 만족을 충족하기 위해 동물을 활용할 수밖에 없는 것이다.

【 보기 】
ㄱ. 모든 생명체가 도덕적으로 존중받아야 할 대상임을 간과하고 있다.
ㄴ. 삶의 주체로서 인간과 동물이 동등한 권리를 지니고 있음을 간과하고 있다.
ㄷ. 필수적이지 않은 욕구를 충족하기 위해 동물을 이용해서는 안 됨을 간과하고 있다.
ㄹ. 종에 따라 적절하게 차별하는 것이 이익 평등 고려의 원칙에 합당함을 간과하고 있다.

① ㄱ, ㄴ   ② ㄱ, ㄷ   ③ ㄴ, ㄷ
④ ㄴ, ㄹ   ⑤ ㄷ, ㄹ

167

다음 사상가의 입장에만 모두 '✓'를 표시한 학생은?

고통과 즐거움을 느낄 수 있는 능력은 어떤 존재가 최소한 고통당하지 않을 이익 관심을 가진다고 말할 수 있는 필요조건이자 충분조건이다. 쾌고 감수 능력을 가진 존재들의 이익을 평등하게 고려해야 한다. 평등의 논리를 인간에게만 적용하고 종들 간의 관계에 적용하지 않는 것은 임의적이며 옳지 않다.

입장 \ 학생	갑	을	병	정	무
도덕적 행위의 주체인 인간이 다른 존재보다 우월하다.	✓		✓	✓	
종의 차이를 기준으로 도덕적 지위에 차별을 두어서는 안 된다.		✓		✓	✓
동물과 인간은 모두 쾌고 감수 능력을 지닌 도덕적 존중의 대상이다.		✓	✓		✓
한 살 이상의 포유동물과 그 이하의 하등 동물의 도덕적 지위는 다르다.	✓			✓	✓

① 갑   ② 을   ③ 병   ④ 정   ⑤ 무

168

㉠의 의미를 서술하시오.

오늘날 생명 과학의 발달은 인류에게 다양한 혜택을 제공하지만 생명의 존엄성을 위협하는 부작용을 낳기도 한다. 이에 ㉠생명 윤리의 중요성이 더욱 주목받고 있다.

[169~170] 다음 글을 읽고 물음에 답하시오.

(㉠)(이)란 배아 줄기세포를 얻기 위해 복제 후 배아 단계까지만 발생을 진행시키는 것이다. (㉠)에 찬성하는 사람들은 배아가 아직 완전한 인간이 아니며, 배아로부터 획득한 줄기세포를 활용해 난치병과 희귀병의 치료 방법을 찾을 수 있다고 주장한다. 반면에 (㉠)에 반대하는 사람들은 '＿＿＿㉡＿＿＿'(이)라고 주장한다.

169

㉠에 공통으로 들어갈 용어를 쓰시오.

170

㉡에 들어갈 알맞은 내용을 두 가지 서술하시오.

[171~172] 다음 글을 읽고 물음에 답하시오.

개체 복제는 복제를 통해 새로운 인간 개체를 탄생시키는 것으로, 일반적으로 (㉠)을/를 가리킨다. 불임 부부의 고통 해소를 위해 개체 복제를 허용해야 한다는 의견도 있지만 다수의 의견은 ㉡개체 복제를 금지해야 한다고 주장한다.

171

㉠에 들어갈 알맞은 용어를 쓰시오.

172

㉡의 이유를 세 가지 서술하시오.

173

①에 들어갈 내용으로 적절한 것만을 〈보기〉에서 고른 것은?

인간 배아 복제 실험은 허용되어야 합니다. 배아는 인간과 동일한 도덕적 지위를 갖는다고 보기 어려우며, 배아의 생명권이 난치병 환자의 행복 추구권보다 우선한다고 볼 수 없습니다.

인간 배아 복제 실험은 허용되어서는 안 됩니다. 왜냐하면 ①

갑   을

[보기]
ㄱ. 배아는 단순한 세포덩어리에 불과하기 때문입니다.
ㄴ. 배아 복제 실험은 경제적 효용성이 높기 때문입니다.
ㄷ. 배아는 하나의 독립적인 생명체로 간주되기 때문입니다.
ㄹ. 배아 복제 실험은 인간의 존엄성을 훼손하기 때문입니다.

① ㄱ, ㄴ   ② ㄱ, ㄷ   ③ ㄱ, ㄹ
④ ㄴ, ㄷ   ⑤ ㄷ, ㄹ

174

갑, 을의 입장에 대한 설명으로 옳지 않은 것은?

갑 : 치료를 위한 유전자 조작뿐만 아니라 자질 강화를 위한 유전자 조작도 허용되어야 한다. 부모는 자녀의 출산에 있어서 선택의 자유를 갖는다. 미래 세대의 동의를 추정할 수 없더라도 부모의 선택은 자녀를 위한 것이므로 자녀의 권리를 침해할 소지는 없다.
을 : 치료를 위한 유전자 조작은 미래 세대의 동의를 확보할 수 있다고 추정되므로 허용될 수 있다. 그러나 자질 강화를 위한 유전자 조작은 허용될 수 없다. 자녀가 동의하지 않은 자질 강화를 통해 부모가 선택한 삶을 살도록 하는 것은 그들의 자유를 침해하기 때문이다.

① 갑은 형질 개선을 위한 유전자 조작이 도덕적으로 정당화될 수 있다고 본다.
② 갑은 유전자 조작에 대한 부모의 자유로운 선택의 범위를 확대해야 한다고 본다.
③ 을은 유전자 조작의 허용 범위를 제한해서는 안 된다고 본다.
④ 을은 유전자 조작과 관련한 미래 세대의 동의를 중시해야 한다고 본다.
⑤ 갑, 을은 치료를 위한 유전자 조작이 허용될 수 있다고 본다.

175

(가)의 관점에서 〈문제 상황〉 속 A에게 제시할 수 있는 조언으로 가장 적절한 것은?

(가) 동물에게 고통을 가하는 것이 정당하다면, 동일한 지적 수준을 가진 인간에게 고통을 야기하는 실험도 정당화될 수 있다. 종이 다르다는 이유로 차별을 두는 것은 편견에 불과하다.

〈문제 상황〉
A는 고가의 피부 미용 제품을 생산하기 위해 쥐와 토끼에게 독성이 있는 화학 약품을 주입하는 실험을 계획하고 있다.

① 동물은 도덕적 주체로서 배려받아야 할 대상임을 명심해야 한다.
② 동물의 이익 관심을 고려하지 않는 동물 실험은 부당함을 알아야 한다.
③ 동물 실험은 오직 인간을 위한 목적으로만 시행되어야 함을 알아야 한다.
④ 인간과 동일한 유전 형질을 가진 동물만을 선택하여 실험을 계획해야 한다.
⑤ 동물은 인간과 달리 대우받아야 할 기본적인 권리를 가졌음을 이해해야 한다.

176

다음 사상가가 주장할 내용으로 가장 적절한 것은?

자연은 인류를 두 군주의 지배 아래 두었다. 하나는 쾌락이며, 다른 하나는 고통이다. 우리가 무엇을 해야 하는지는 모두 이 두 군주의 지배를 받게 되어 있다. …… 어떤 존재를 도덕적으로 고려할 때 중요한 것은 그들이 이성을 가졌는가, 말을 하는가가 아니라 그들이 고통을 느낄 수 있는가이다.

① 인간과 지능이 유사한 동물만이 존중받을 가치가 있다.
② 포유류가 아닌 동물은 도덕적 고려의 대상에서 제외된다.
③ 인간은 자연의 지배자로서 동물을 수단으로만 취급해도 된다.
④ 동물을 포함한 생태계 전체에 대한 도덕적 의무 의식을 가져야 한다.
⑤ 고통을 느낄 수 있는 능력의 유무에 따라 도덕적인 대우가 달라져야 한다.

[177~178] 다음 글을 읽고 물음에 답하시오.

> 갑 : 동물을 이용하는 것이 자연법을 거스르는 것은 아니다. 하지만 인간이 동물의 고통에 동정심을 느낀다면 인간에게는 더 많은 동정심을 갖게 될 것이다. 이것이 바로 신의 뜻이다.
> 을 : 어떤 존재의 고통을 고려하지 않는 도덕적 논증은 있을 수 없다. 이익 평등 고려의 원칙은 존재들 간의 동일한 고통을 동일하게 고려할 것을 요구한다.

177

갑, 을의 입장으로 옳지 <u>않은</u> 것은?

① 갑 : 인간 이외의 다른 동물을 인간을 위한 수단으로 취급할 수 있다.
② 갑 : 인간이 동물에게 가지는 감정은 인간애를 실현하는 데 도움이 된다.
③ 을 : 동물에게 부당한 해를 끼치는 동물 실험은 도덕적으로 정당화될 수 없다.
④ 을 : 도덕적 고려의 범위를 쾌고 감수 능력을 지닌 모든 존재로 확대해야 한다.
⑤ 갑, 을 : 평등의 원리에 따라 인간과 모든 동물을 평등하게 대우해야 한다.

178

을의 입장에서 다음에 대해 내릴 평가로 가장 적절한 것은?

> 인간은 다양한 방식으로 유희를 추구한다. 인간은 때로는 동물원, 동물 공연, 사냥, 동물 관련 스포츠 등 인간의 즐거움을 위해 동물을 활용하기도 한다. 각종 동물 공연이나 동물 스포츠에 동원되는 동물들은 고된 훈련과 원치 않는 행동을 강요당하기도 한다.

① 동물에 대한 간접적 의무를 위배하였다.
② 동물의 쾌고를 인간의 쾌고와 동등하게 고려하지 않았다.
③ 동물은 움직이는 기계에 불과하다는 사실을 간과하고 있다.
④ 한 살 이상의 포유류와 그 이외의 동물을 구분하지 않았다.
⑤ 동물에게는 동정심을 가질 필요가 없음을 인식하지 않았다.

179

(가)의 갑, 을 사상가들의 입장을 (나) 그림으로 표현할 때, A~C에 해당하는 적절한 진술만을 〈보기〉에서 있는 대로 고른 것은?

(가)	갑 : 이성은 없지만 생명이 있는 일부 피조물과 관련하여 동물들을 폭력적으로 그리고 동시에 잔혹하게 다루는 것은 인간의 자기 자신에 대한 의무에 배치되는 것이다. 을 : 우리는 지각, 기억, 믿음, 복지에 대한 이해관계, 자신의 목표를 위해 행위하는 능력 등을 지닌 삶의 주체의 권리를 존중해야 한다. 이러한 권리를 지닌 존재들은 모두 평등하게 대우받아야 한다.
(나)	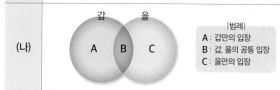

범례
A : 갑만의 입장
B : 갑, 을의 공통 입장
C : 을만의 입장

[보기]
ㄱ. A : 동물에게 부당한 해를 끼치지 않는 것은 인간의 간접적 의무이다.
ㄴ. B : 인간과 동물은 모두 도덕적 권리를 지닌다.
ㄷ. B : 인간의 심적 쾌락을 충족시키기 위해 동물을 학대하는 행위는 옳지 않다.
ㄹ. C : 욕구와 감정을 지니고 자신의 삶을 영위할 수 있는 존재는 내재적 가치를 지닌다.

① ㄱ, ㄹ   ② ㄴ, ㄷ   ③ ㄴ, ㄹ
④ ㄱ, ㄴ, ㄷ   ⑤ ㄱ, ㄷ, ㄹ

180

다음 사상가의 입장에만 모두 '✓'를 표시한 학생은?

> 동물은 자동인형 또는 움직이는 기계에 불과하다. 하지만 주인의 허락 없이 주인의 소유물을 훼손하는 것은 그의 재산권을 침해하는 일인 것처럼 타인의 동물을 학대하는 것은 그 동물을 소유한 주인의 권리를 침해하는 일이다.

입장 \ 학생	갑	을	병	정	무
동물은 쾌락과 고통을 경험할 수 없는 기계이다.	✓	✓		✓	
동물은 이성이 없으므로 존엄한 존재가 아니다.	✓			✓	✓
동물은 인간의 소유물의 일부로서 도덕적 권리를 갖는다.		✓	✓		✓
동물은 그 자체로 목적이므로 직접적 의무의 대상이 된다.			✓	✓	✓

① 갑   ② 을   ③ 병   ④ 정   ⑤ 무

05 II 생명과 윤리
사랑과 성 윤리

☑ 출제 포인트 ☑ 사랑과 성에 관한 다양한 관점 ☑ 성과 관련된 윤리 문제 ☑ 부부간의 윤리와 가족 윤리

1. 사랑과 성의 관계

1 사랑과 성의 가치

(1) 사랑의 가치

① 인간 상호 간에 인격적 교감을 이루게 함
② 사회적 존재로서의 인간 본성을 실현하는 바탕이 됨

(2) 성의 가치

생식적 가치	새로운 생명을 탄생시키는 원천
쾌락적 가치	인간의 감각적 욕구를 충족시킴
인격적 가치	남녀 상호 간의 존중과 배려를 실현하게 해 줌

> **자료** 사랑에 대한 프롬의 관점 ◎ 39쪽 196번 문제로 확인
>
> 사랑의 능동적 성격은 사랑이 모든 형태의 사랑에 공통되는 기본적인 요소를 지니고 있다는 사실에서 뚜렷하게 나타난다. 이러한 요소들은 보호, 책임, 존경, 이해이다. 이 네 가지 요소는 상호 의존적이며 자신의 내적인 힘에 바탕을 둔 겸손을 깨우친 성숙한 사람에게서 찾아볼 수 있는 일련의 태도이다.
>
> 분석 › 프롬은 진정한 사랑이란 사랑하는 존재의 보호, 사랑하는 존재의 요구를 배려하며 자신의 행동에 대해 지는 책임, 사랑하는 존재를 있는 그대로 수용하는 존경, 사랑하는 존재에 대한 이해를 갖춰야 한다고 보았다.

⭐(3) 사랑과 성의 관계 ◎ 40쪽 197번, 199번 문제로 확인

보수주의	• 결혼과 출산 중심의 성 윤리 제시 • 성은 부부간의 사랑을 전제로 할 때만 도덕적임
중도주의	• 사랑 중심의 성 윤리 제시 • 사랑을 동반한 성적 관계는 허용될 수 있다고 봄
자유주의	• 자발적인 동의 중심의 성 윤리 제시 • 성숙한 성인의 자발적 동의에 따른 성적 관계 옹호

2 성과 관련된 윤리 문제

(1) 성차별

① 의미 성별을 기준으로 특정 성이 열등하다거나 나쁘다는 판단을 내리고 기회 자체를 제한하는 것
② 성차별의 문제점 자아실현을 방해함, 인간으로서의 평등성과 존엄성 훼손, 개인의 잠재력 발휘를 방해하여 인적 자원의 낭비 초래 등 → 양성평등의 관점을 가져야 함

(2) 성의 자기 결정권 남용

① 성의 자기 결정권의 의미 : 자신의 성적 행동을 스스로 결정할 수 있는 권리
② 성의 자기 결정권 남용 문제

타인의 성의 자기 결정권 침해	상대방의 동의 없는 강제적인 성적 행위는 상대에게 육체적 피해, 정신적 고통, 인격적 수치심을 줌
무고한 생명의 훼손	원치 않는 임신으로 무분별한 인공 임신 중절을 하는 등 생명을 훼손하는 부도덕한 결과를 초래할 수 있음

⭐(3) 성 상품화 ◎ 41쪽 202번 문제로 확인

찬성하는 입장	반대하는 입장
• 성적 자기 결정권과 표현의 자유를 강조함 • 이윤을 추구하는 자본주의 경제 논리에 부합함	• 성을 상품으로 대상화하여 성의 본래적 가치와 의미를 훼손함 • 사람의 평가 기준을 외모에만 두는 외모 지상주의를 조장함

2. 결혼과 가족의 윤리

1 결혼의 윤리적 의미와 부부간의 윤리

(1) 결혼의 윤리적 의미

사랑의 약속	백년가약(百年佳約)으로 평생 기쁨과 슬픔을 함께하며 서로에게 헌신하고 봉사하겠다는 약속
상호 존중	상호 차이를 존중하겠다는 의지의 표현

(2) 부부간의 윤리

상호 동등성 인식	서로 차별하지 말아야 함 → 존중과 배려 및 관용을 요구함
상호 존중 및 협력	음양론(陰陽論)에 따르면 음양은 상호 의존적이고 보완적인 관계임 → 부부상경(夫婦相敬)
상호 신의	신뢰를 바탕으로 부부간에 정조를 지켜야 함 → 일부일처제를 기본으로 중혼(重婚) 금지를 법률에 반영함

> **자료** 유교의 결혼관 ◎ 41쪽 203번 문제로 확인
>
> 남녀가 유별한 후에야 부부가 유의하고, 부부가 유의한 후에야 부자가 유친하고, 부자가 유친한 후에야 군신이 유정하기 때문에 부부의 유의를 세우는 혼례가 모든 예의 근본이 된다.
> – 『예기』 –
>
> 분석 › 유교 경전 『예기』에 따르면 부부 관계는 인륜의 시작이며, 가족 간의 화목은 물론 신분 질서를 바로잡는 근간이 되므로 혼인을 신성시하고 중대한 것으로 여겨야 한다.

2 가족의 가치와 가족 윤리

(1) 가족의 가치

① 정서적 안정 : 삶의 위안을 얻고 마음의 안정을 찾게 함
② 사회화 : 규칙과 예절을 가르쳐 바람직한 인격 형성에 도움
③ 사회 유지 : 가족의 화목과 안정은 사회의 화목과 안정으로 이어짐

(2) 가족 간에 지켜야 할 윤리

부모와 자녀	• 상호 배려하면서 자애와 효도를 실천해야 함 • 부모는 자녀가 신체적·정신적으로 건강하게 성장하도록 양육하며 자녀를 독립된 인격체로 존중해야 함
형제자매	• 서로 우애 있게 지내야 함 • 형은 동생을 사랑하고 동생은 형을 공경해야 함

1. 사랑과 성의 관계

•• 빈칸에 들어갈 알맞은 용어를 쓰시오.

181 ( )은/는 인간의 근원적 정서로, 인간과 인간 사이의 인격적 교감이 이루어지게 한다는 점에서 중요한 가치를 지닌다.

182 ( )(이)란 외부의 강요 없이 스스로 자신의 성적 행동을 결정할 수 있는 권리를 말한다.

183 ( )(이)란 성 자체를 상품처럼 사고팔거나 다른 상품을 팔기 위한 수단으로 성을 이용하는 행위를 말한다.

•• 다음 내용이 맞으면 ○표, 틀리면 ×표를 하시오.

184 상대방의 입장과 감정을 고려하지 않고 자신의 성적 욕구만을 채우기 위한 일방적인 행동은 인간 존엄성을 훼손한다. ( )

185 성차별은 남녀를 무조건 똑같이 대하는 것이 아니라 남녀 간의 차이를 존중하는 것이다. ( )

186 남성다움과 여성다움을 사회적·문화적으로 규정하고 이를 따르게 하면 다양한 성차별이 발생할 수 있다. ( )

187 인격적 가치를 지니는 인간의 성을 상품으로 대상화하는 것은 그 자체로 소중한 성의 가치와 의미를 훼손할 수 있다. ( )

•• 성과 사랑에 관한 입장과 주안점을 바르게 연결하시오.

188 보수주의 •
189 중도주의 •
190 자유주의 •

• ㉠ 자발적 동의
• ㉡ 사랑을 동반한 성적 관계 허용
• ㉢ 부부간의 신의와 사랑

•• ㉠, ㉡ 중 알맞은 것을 고르시오.

191 전통 사회에서 강조한 부부간의 윤리로 (㉠ 부자자효, ㉡ 부부상경)이/가 있는데, 이는 음양론에 바탕을 두고 있다.

192 부모와 자녀 사이에 친밀한 관계를 유지하려면 부모는 자녀에게 (㉠ 자애, ㉡ 효도)를 실천하고, 자녀는 부모에게 (㉠ 자애, ㉡ 효도)를 실천해야 한다.

193 (㉠ 형우제공, ㉡ 수족지의)(이)란 형은 동생을 사랑하고 동생은 형을 공경한다는 뜻이다.

194 (㉠ 부부, ㉡ 형제자매) 간에 지켜야 할 규범을 익히는 것은 사회적 관계의 규범을 익히는 밑거름이 된다.

195

다음 글에서 강조하는 성의 가치에 관한 설명으로 옳은 것은?

> 인간만이 지니는 성의 가치는 인간의 성이 사랑과 관련된다는 점에서 찾을 수 있다. 인간은 상대방에 대한 열정과 친밀감을 바탕으로 한 성적 활동을 통하여 육체적·정신적으로 상대방과 하나가 되는 성숙한 사랑을 하게 된다. 자신의 자유 의지에 의해 상대방을 자신과 동등하게 존중하는 사랑을 경험하고자 하고, 나아가 사랑하는 상대방과 상호 존중하는 관계에서 상대방을 위해 기꺼이 자신을 희생한다.

① 자녀를 출산하는 기능을 중시한다.
② 인간의 감각적인 욕구를 충족시켜 준다.
③ 지나치게 추구하면 불쾌감과 고통이 발생할 수 있다.
④ 임신과 출산을 통해 새 생명을 탄생시키는 원천이다.
⑤ 상대방에 대한 존중을 바탕으로 인격적 교감을 이루게 한다.

⭐빈출
196

다음을 주장한 사상가의 입장에만 모두 '✓'를 표시한 학생은?

> 사랑의 능동적 성격은 사랑이 모든 형태의 사랑에 공통되는 기본적인 요소를 지니고 있다는 사실에서 뚜렷하게 나타난다. 이러한 요소들은 보호, 책임, 존경, 이해이다. 이 요소들은 상호 의존적이며 자신의 내적인 힘에 바탕을 둔 겸손을 깨우친 성숙한 사람에게서 찾아볼 수 있는 일련의 태도이다.

입장 \ 학생	갑	을	병	정	무
사랑은 상대방에 대한 존경심을 바탕으로 희생하는 것이다.	✓		✓	✓	
사랑은 상대방을 그의 관점에서 바라보고 올바로 이해하는 것이다.		✓		✓	✓
사랑은 상대방에 대한 관심을 바탕으로 책임감 있게 응답하는 것이다.		✓	✓		✓
사랑은 상대방을 어머니가 자식을 대하는 마음으로 지배하는 것이다.	✓			✓	✓

① 갑   ② 을   ③ 병   ④ 정   ⑤ 무

▶▶ 바른답·알찬풀이 18쪽

★빈출
197

㉠의 입장에서 주장하는 내용만을 〈보기〉에서 고른 것은?

> ㉠ 이러한 입장은 서구의 경우 대개 그리스도교 윤리에서, 우리의 경우 전통적 유교 윤리에서 찾아볼 수 있다. 이 입장에 따르면 성이란 결혼 및 자녀 출산과 관련 있는 경우에만 도덕적이고 온전한 것이다. 이러한 가치관은 전통적 가족 제도의 유지, 안정적이고 책임 있는 자녀 교육 등을 뒷받침해 왔다.

─[보기]─
ㄱ. 성은 부부간의 신뢰와 사랑을 전제할 때만 도덕적이다.
ㄴ. 성인들 사이에 자발적 동의에 따라 맺는 성적 관계를 긍정한다.
ㄷ. 부부간에 이루어지는 성적 관계만이 정당하며 혼전이나 혼외 성적 관계는 부도덕하다.
ㄹ. 결혼을 전제하지 않는 사랑 중심의 성적 관계는 인간의 육체적·정서적 교감이 이루어지게 한다는 점에서 긍정적이다.

① ㄱ, ㄴ   ② ㄱ, ㄷ   ③ ㄴ, ㄷ
④ ㄴ, ㄹ   ⑤ ㄷ, ㄹ

198

(가)의 입장을 (나) 그림으로 탐구하고자 할 때, A, B에 들어갈 적절한 질문만을 〈보기〉에서 고른 것은?

(가)	사랑 없는 성은 비도덕적이다. 결혼이 아니라 사랑이 도덕적 성의 조건이며, 사랑하는 사람들만이 성적 관계에서 서로의 인격을 존중해야 할 의무를 다할 수 있다.

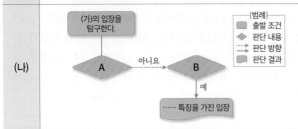

─[보기]─
ㄱ. A : 사랑 중심의 성 윤리를 제시하는가?
ㄴ. A : 성적 관계의 정당성을 사회적 존속과 관련지어 이해해야 하는가?
ㄷ. B : 성적 관계에서 서로의 인격적 가치를 존중해야 하는가?
ㄹ. B : 부부만이 정당한 성적 관계의 주체로 인정받을 수 있는가?

① ㄱ, ㄴ   ② ㄱ, ㄷ   ③ ㄱ, ㄹ
④ ㄴ, ㄷ   ⑤ ㄷ, ㄹ

★빈출
199

갑의 입장에서 을에게 제기할 수 있는 비판으로 가장 적절한 것은?

> 갑 : 모든 동물에게 성적 욕망이 존재하는 중요한 이유는 종족 보존이다. 성의 목적은 2세를 낳아 가계(家系)를 이어가는 것이므로 결혼이 전제되어야만 한다.
> 을 : 성과 결혼은 별개의 문제이다. 결혼하지 않더라도 상대에게 피해를 주지 않으며, 자발적으로 동의를 거친 성적 행위는 정당화될 수 있다.

① 성을 통해 개인은 감각적인 욕구를 충족할 수 있음을 간과하고 있다.
② 상호 합의에 의한 성적 관계는 도덕적으로 허용 가능함을 간과하고 있다.
③ 성적 관계의 정당성은 인류 존속과 연관지어 이해해야 함을 간과하고 있다.
④ 사랑이 동반된 성적 관계는 결혼을 전제로 하지 않더라도 허용됨을 간과하고 있다.
⑤ 인격적 교감보다 생리적 욕구 충족의 측면에서 성을 이해해야 함을 간과하고 있다.

200

그림은 노트 필기의 일부이다. ㉠~㉤ 중 옳지 않은 것은?

〈성의 자기 결정권〉
1. 의미 : 외부의 강요 없이 스스로 자신의 성적 행동을 결정할 수 있는 권리 ······ ㉠
2. 유의할 점 : 자신이 책임을 질 수 없는 범위에서도 행사해야 함 ····· ㉡
3. 남용의 문제
   • 타인이 갖는 성에 대한 결정권을 침해할 수 있음 ·············· ㉢
   • 임신, 출산 등의 가능성을 고려하지 않으면 생명을 훼손하는 비도덕적 행동을 초래할 수 있음 ·············· ㉣
4. 성의 자기 결정권을 남용하면 도덕적 측면에서는 물론 법적으로도 책임을 져야 함 ·············· ㉤

① ㉠   ② ㉡   ③ ㉢   ④ ㉣   ⑤ ㉤

201

⊙에 관한 옳은 설명만을 〈보기〉에서 고른 것은?

헌법 재판소는 "모든 국민은 인간으로서의 존엄과 가치를 가지며, 행복을 추구할 권리를 가진다."라는 헌법 제10조 행복 추구권에는 개인의 자기 운명 결정권이 전제되는 것이며, 자기 운명 결정권에는 성행위 여부 및 그 상대방을 결정할 수 있는 ⊙ 성의 자기 결정권이 포함된다고 보았다. 그러면서도 성의 자기 결정권은 혼인과 가족생활의 유지·보장 등을 위해 성의 자기 결정권의 본질적 내용을 침해하지 않는 한도 내에서 법률로써 제한할 수 있다고 명시하였다.

[보기]
ㄱ. 타인의 자유와 권리를 해치지 않는 선에서 행사해야 한다.
ㄴ. 자기 자신의 인격을 손상하지 않는 범위에서 사용해야 한다.
ㄷ. 스스로 원하기만 하면 무제한으로 행사할 수 있는 권리이다.
ㄹ. 보편적으로 누릴 수 있는 권리가 아니라 여성만 누릴 수 있는 권리이다.

① ㄱ, ㄴ   ② ㄱ, ㄷ   ③ ㄴ, ㄷ
④ ㄴ, ㄹ   ⑤ ㄷ, ㄹ

★빈출 202

⊙에 들어갈 내용으로 적절하지 <u>않은</u> 것은?

갑 : 성(性)을 이윤 추구에 이용하는 것은 인간을 목적이 아닌 수단으로 취급하는 것입니다.
을 : 성적인 이미지를 이용한 성의 상품화는 더 이상 금기의 대상이 아닙니다. 따라서 그러한 방법을 이용한 기업의 이윤 추구를 비난해서는 안 됩니다.
갑 : 제 생각에 당신의 주장은 _____ ⊙

① 성적 표현의 자유를 지나치게 강조하고 있습니다.
② 성의 인격적 가치를 존중해야 함을 간과하고 있습니다.
③ 외모 지상주의를 부추길 수 있음을 간과하고 있습니다.
④ 성에 대한 자기 결정권을 인정해야 함을 간과하고 있습니다.
⑤ 상품의 판매를 위해 성적 매력을 이용해서는 안 된다는 점을 간과하고 있습니다.

★빈출 203

다음 사상의 입장에서 ⊙에 대한 옳은 설명만을 〈보기〉에서 있는 대로 고른 것은?

남녀가 유별한 후에야 부부가 유의하고, 부부가 유의한 후에야 부자가 유친하고, 부자가 유친한 후에야 군신이 유정하기 때문에 부부의 유의를 세우는 (⊙)은/는 모든 예의 근본이 된다.

[보기]
ㄱ. 다른 성이 서로 만나 하나가 되는 약속의 과정이다.
ㄴ. 이해타산적 합리성에 근거한 상호 동의의 절차이다.
ㄷ. 신뢰를 바탕으로 상호 존중하겠다는 의지의 표현이다.
ㄹ. 평생 기쁨과 슬픔을 함께하는 새로운 가족의 시작이다.

① ㄱ, ㄹ   ② ㄴ, ㄷ   ③ ㄴ, ㄹ
④ ㄱ, ㄴ, ㄷ   ⑤ ㄱ, ㄷ, ㄹ

204

다음 글에서 유추할 수 있는 부부간의 윤리만을 〈보기〉에서 고른 것은?

태극이 움직여 양을 낳고, 움직임이 극에 이르면 다시 고요해지는데, 고요하면 음을 낳는다. 고요함이 극에 이르면 다시 움직여서 한 번 움직이고 한 번 고요함이 서로 뿌리가 되어 음과 양으로 나누어진다. 음양의 이기(二氣)가 교감하여 만물이 화생(化生)하고 만물은 낳고 낳아서 변화가 무궁하다.

[보기]
ㄱ. 부부는 서로 상호 보완적인 관계여야 한다.
ㄴ. 부부간에 위계질서가 있음을 인정해야 한다.
ㄷ. 부부는 차이를 인정하지 않고 항상 평등해야 한다.
ㄹ. 부부는 서로 다름을 인정하고 조화를 이루어야 한다.

① ㄱ, ㄴ   ② ㄱ, ㄷ   ③ ㄱ, ㄹ
④ ㄴ, ㄷ   ⑤ ㄷ, ㄹ

205

다음과 같은 인간관계에서 필요한 윤리만을 〈보기〉에서 있는 대로 고른 것은?

> 부모의 기운을 똑같이 받고 태어난 것이 형제이다. 어릴 때부터 밥을 먹을 때에는 나란히 같은 밥상에서 먹고, 잠을 잘 때에도 한 이불 속에서 자며, …… 나의 형제만한 사람이 없다. 그러므로 자기 부모를 사랑하는 사람은 반드시 형제를 사랑한다.

【 보기 】
ㄱ. 부모를 사랑하는 마음으로 우애한다.
ㄴ. 봉양과 양지를 적절한 방법으로 표현한다.
ㄷ. 형은 동생을 사랑하고, 동생은 형을 공경한다.
ㄹ. 음양론을 바탕으로 서로의 인격과 역할을 존중한다.

① ㄱ, ㄷ ② ㄴ, ㄹ ③ ㄷ, ㄹ
④ ㄱ, ㄴ, ㄷ ⑤ ㄱ, ㄴ, ㄹ

206

다음 인간관계에 관한 설명으로 가장 적절한 것은?

> • 나무에 비유하면 뿌리는 같고 가지는 다른 것과 같고, 물에 비유하면 근원은 같고 흐름은 다른 것과 같다.
> • 서로 화합하여 길을 갈 때는 기러기 떼처럼 나란히 가라. 잠 잘 때에는 이불을 나란히 덮고, 밥 먹을 때는 밥상을 함께하라. 나눌 때에 많기를 구하지 말며, 있고 없는 것을 서로 통하라.

① 혈연으로만 이루어지는 관계이다.
② 자애와 효도를 실천해야 하는 관계이다.
③ 서로에 대한 정조를 지켜야 하는 관계이다.
④ 가족과 같이 깊은 정을 나누는 사회적 관계이다.
⑤ 사람의 손과 발처럼 떼려야 뗄 수 없는 수족지의(手足之義) 관계이다.

1등급을 향한 서답형 문제

[207~208] 다음 글을 읽고 물음에 답하시오.

> (㉠)은/는 남녀 간의 차이를 잘못 이해하여 발생하는 차별이다. 남성과 여성은 생물학적으로 분명 차이가 있지만, 남성다움과 여성다움을 사회적·문화적으로 규정하고 이를 강요할 때 발생할 수 있다.

207

㉠에 들어갈 알맞은 용어를 쓰시오.

208

㉠의 구체적인 사례를 **두 가지** 서술하시오.

[209~210] 다음 글을 읽고 물음에 답하시오.

> (㉠)은/는 헌법 제10조의 인간의 존엄과 가치, 행복을 추구할 권리, 제17조의 사생활의 비밀과 자유를 근거로 하며, 인간은 자기 결정권의 주체로서 성에 대해서도 결정권을 갖는다는 것이다.

209

㉠에 들어갈 알맞은 용어를 쓰시오.

210

㉠을 남용할 경우 생길 수 있는 윤리적 문제를 **두 가지** 서술하시오.

[211~212] 다음 글을 읽고 물음에 답하시오.

> (㉠)은/는 서로 경쟁자이기도 하지만 협력하고 도와주는 가장 가까운 사이로 우애 있게 지내야 한다. 우애를 실천하는 구체적인 방법으로 ㉡ 형우제공이 있다.

211

㉠에 들어갈 알맞은 용어를 쓰시오.

212

㉡의 의미를 서술하시오.

적중 1등급 문제

213

갑, 을의 입장에 대한 설명으로 옳지 <u>않은</u> 것은?

> 갑 : 성은 혼인 이후에 자녀 출산과 관련을 가질 경우에만 도덕적이다.
> 을 : 성의 유일한 전제 조건은 사랑이다. 사랑이 동반된 성적 관계는 언제나 허용 가능하다.

① 갑은 혼전 순결을 지켜야 한다고 본다.
② 갑은 성에 대한 책임을 중시해야 한다고 본다.
③ 을은 자유롭게 성적 행위를 추구해야 한다고 본다.
④ 을은 결혼과 무관한 성도 정당화될 수 있다고 본다.
⑤ 갑, 을은 상호 간의 사랑을 전제해야 한다고 본다.

214

그림의 강연자가 지지할 입장만을 〈보기〉에서 있는 대로 고른 것은?

> 생산적인 성격의 사람은 사랑을 주는 것이 잠재적인 능력의 최고 표현이며 생산적인 활동이라고 봅니다. 이것은 상대방의 생명과 성장에 적극적인 관심을 가지는 것이고, 자발적으로 책임지는 것이며, 착취 없이 존경하는 것입니다.

【 보기 】
ㄱ. 사랑은 자신을 전적으로 희생하는 것이다.
ㄴ. 사랑은 상대의 관점에서 이해하는 것이다.
ㄷ. 사랑은 상대를 존중의 대상으로 삼는 것이다.
ㄹ. 사랑은 자신과 상대의 생동감을 고양시키는 것이다.

① ㄱ, ㄷ   ② ㄱ, ㄹ   ③ ㄴ, ㄹ
④ ㄱ, ㄴ, ㄷ   ⑤ ㄴ, ㄷ, ㄹ

215

다음을 주장한 사상가가 긍정의 대답을 할 질문만을 〈보기〉에서 고른 것은?

> 인간에게 정해진 본성은 없다. 그러나 남성은 운명적인 여성성이라는 속임수로 여성을 지배하고 강제했다. 실존적인 인간은 타인으로부터 하찮은 존재로 취급되면 반드시 자기 주권을 회복하려 한다. 남성은 여성이 자율적 존재로서 남성과 동등한 관계임을 인정해야 한다.

【 보기 】
ㄱ. 여성은 남성에게 헌신하려는 성향을 가지고 태어나는가?
ㄴ. 여성은 수동적 삶을 극복하고 실존적 자유를 회복해야 하는가?
ㄷ. 여성은 주체적 존재라는 점에서 남성과 다름이 없는 존재인가?
ㄹ. 여성은 남성에 비해 생물학적으로 열등한 존재임을 인정해야 하는가?

① ㄱ, ㄴ   ② ㄱ, ㄷ   ③ ㄴ, ㄷ
④ ㄴ, ㄹ   ⑤ ㄷ, ㄹ

216

다음 글의 주장에 부합하는 내용만을 〈보기〉에서 있는 대로 고른 것은?

> 부부는 백성을 낳는 시작이며 모든 행복의 근원이다. 남편은 바깥채에 거처하며 안채의 일을 말하지 않고, 아내는 안채에 거처하며 바깥의 일을 말하지 않는다. 남편은 아내에게 정중하게 임하여 하늘의 건실한 도리를 실천하고, 아내는 부드러움으로 남편을 바로잡아 땅의 순응하는 도리를 실천한다면, 집안이 바르게 될 것이다. 부부가 서로 공경하여 집안이 화목하고 순조로워야 부모께서 편안하고 즐거우실 것이다.

【 보기 】
ㄱ. 부부는 함께 세대를 계승하고 행복을 추구해야 한다.
ㄴ. 부부간에는 시비의 구별이나 예절의 규제로부터 자유롭다.
ㄷ. 부부는 각자의 고유 영역을 가지지 않는 통합적인 관계이다.
ㄹ. 부부간의 화목함을 유지하는 것은 부모에게 효도하는 것이다.

① ㄱ, ㄷ   ② ㄱ, ㄹ   ③ ㄴ, ㄹ
④ ㄱ, ㄴ, ㄷ   ⑤ ㄴ, ㄷ, ㄹ

03 삶과 죽음의 윤리

217

(가) 사상의 입장을 (나) 그림으로 탐구하고자 할 때, A, B에 들어갈 옳은 질문만을 〈보기〉에서 고른 것은?

(가)	오온(五蘊)의 새로운 만들어짐이 태어남이고 그 해체가 죽음이다. 죽음은 현세의 업보에 따라 다음 세상에서의 태어남으로 이어진다. 삶과 죽음은 생멸(生滅)의 과정에서 계속 반복되는 것이니 생사(生死)에 집착할 필요가 없다.

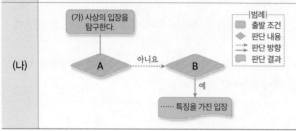

(나)	(가) 사상의 입장을 탐구한다. A —아니요→ B —예→ …… 특징을 가진 입장 [범례] ▢ 출발 조건 ◆ 판단 내용 ⋯⋯▷ 판단 방향 ▢ 판단 결과

[보기]

ㄱ. A : 현세의 업은 내세의 삶에 영향을 미치는가?

ㄴ. A : 인간은 깨달음을 통해 다시 태어나게 되는가?

ㄷ. B : 죽음은 인연에 따라 다른 세계로 윤회하는 과정인가?

ㄹ. B : 죽음은 불멸의 영혼이 육체의 구속으로부터 벗어나는 것인가?

① ㄱ, ㄴ   ② ㄱ, ㄷ   ③ ㄱ, ㄹ

④ ㄴ, ㄷ   ⑤ ㄷ, ㄹ

218

갑은 부정, 을은 긍정의 대답을 할 질문으로 가장 적절한 것은?

갑 : 죽음은 우리에게 아무것도 아니다. 우리가 살아 있을 때 죽음은 우리에게 아직 오지 않았으며, 죽음이 왔을 때 우리는 이미 존재하지 않기 때문이다.

을 : 죽음은 영혼이 육체의 속박으로부터 벗어나는 것이다. 영혼은 육체를 떠나 될 수 있는 대로 그것과 상관하지 않을 때 가장 잘 사유하게 된다.

① 인간의 감각 능력은 죽음과 함께 소멸하는가?

② 인간은 죽음에 대해 두려워할 필요가 없는가?

③ 죽음 이후에 인간은 참된 진리를 인식하게 되는가?

④ 현실 세계와 죽음 이후의 세계는 구분이 불가능한가?

⑤ 살아 있다는 것은 이데아를 인식할 수 있는 최상의 상태인가?

219

(가)의 관점에서 (나)의 입장에 대해 제기할 수 있는 비판으로 가장 적절한 것은?

(가)	삶과 죽음은 본래 형체가 따로 있는 것이 아니라 기(氣)의 변화에 불과하다. 이는 단지 춘하추동(春夏秋冬) 사계절의 흐름이 되풀이하여 운행되는 것과 같다.
(나)	삶을 모르는데 어찌 죽음을 알겠는가? 새가 죽을 때는 울음소리가 애처롭고, 사람이 죽을 때는 하는 말이 착한 법이라네. 지사는 삶을 영위하되 인(仁)을 해침이 없고, 자신을 희생함으로써 인을 이룬다네.

① 도덕적 가치를 위해서는 죽음을 불사해야 함을 간과하고 있다.

② 성인의 삶과 죽음은 일반 백성과 달리 기의 순환임을 간과하고 있다.

③ 해탈하여 세속의 삶과 죽음의 고통에서 벗어나야 함을 간과하고 있다.

④ 죽음은 기(氣)의 순환의 일부이므로 애도의 대상이 아님을 간과하고 있다.

⑤ 현세에서의 도덕적 삶은 내세에서의 사회적 지위를 결정하는 요인임을 간과하고 있다.

220

다음을 주장한 사상가의 입장에만 모두 '✓'를 표시한 학생은?

인간은 오직 죽음이라는 확실한 가능성 앞에서만 스스로 존재의 의미에 대해 물음을 던지며, 삶에 대해 진지하게 고민하고 자신의 참된 모습을 찾게 된다. 따라서 인간은 죽음으로 미리 달려가 봄으로써 참된 실존을 깨달을 수 있다.

입장＼학생	갑	을	병	정	무
죽음은 인간이 회피해야 할 고통이다.	✓			✓	✓
죽음에 직면한 인간은 본래적 존재로 거듭날 수 있다.			✓	✓	✓
인간은 현존재의 유한성을 자각하여 실존을 회복해야 한다.		✓	✓		✓
인간은 죽음 이후에도 불멸의 영혼이 존재함을 깨달아야 한다.	✓	✓		✓	

① 갑   ② 을   ③ 병   ④ 정   ⑤ 무

221

(가)의 입장에서 〈사례〉 속 A에게 할 수 있는 적절한 조언만을 〈보기〉에서 고른 것은?

(가) 모든 인간의 생명은 존엄하다. 태아는 성숙한 인간이 될 잠재성을 지니고 있고, 태아와 성인은 유전적으로 동일하여 태아는 온전한 인간으로서의 지위를 지닌다고 볼 수 있다.

〈사례〉

A는 '인공 임신 중절을 원하는 여성이 낙태를 할 권리가 있는가'에 대한 설문 조사에 어떤 의견을 개진할지 고민하고 있다.

[보기]
ㄱ. 잘못이 없는 인간인 태아를 해치는 것은 옳지 않음을 명심하세요.
ㄴ. 사회적 이익을 위해 인간 존재의 희생이 불가피함을 명심하세요.
ㄷ. 여성은 태아를 자신의 신체의 일부로서만 대우해서는 안 된다는 것을 명심하세요.
ㄹ. 여성은 정당방위의 권리에 따라 임신의 지속 여부를 선택할 수 있음을 명심하세요.

① ㄱ, ㄴ　　　② ㄱ, ㄷ　　　③ ㄴ, ㄷ
④ ㄴ, ㄹ　　　⑤ ㄷ, ㄹ

222

다음 글의 입장에서 긍정의 대답을 할 질문으로 가장 적절한 것은?

안락사는 의사가 의도적으로 환자를 죽음에 이르게 하는 행위로, 약물 투여와 같은 적극적인 개입을 통해 죽음을 앞당기는 적극적 안락사와 이미 죽음의 위기에 달한 환자의 연명 치료를 중단해 사망에 이르게 하는 소극적 안락사로 구분된다. 그중 소극적 안락사는 인간으로서의 존엄성을 유지하면서 죽는다는 의미에서 존엄사로 불리기도 하는데, 적극적 안락사와 달리 소극적 안락사는 허용될 수 있어야 한다고 본다.

① 안락사의 도덕적 정당성 여부는 환자의 비자발적 동의에만 기인하는가?
② 모든 안락사는 인간의 존엄성을 보호하는 차원에서 정당화될 수 있는가?
③ 환자가 자연적으로 죽음을 맞도록 의도하는 의사의 행위는 정당화될 수 있는가?
④ 환자의 고통이 큰 질병의 경우 의사의 자의적 판단으로 안락사를 시행할 수 있는가?
⑤ 안락사가 허용되면 인간 생명의 존엄성을 유지할 수 없으므로 모든 안락사는 허용 불가능한가?

223

(가)의 입장에서 A에 들어갈 적절한 답변만을 〈보기〉에서 있는 대로 고른 것은?

(가)	자신의 인격에서 윤리적 주체성을 파기한 것은 윤리성이 목적 그 자체인데도 불구하고, 윤리성 자체를 그 실존의 면에서 말살하는 것과 같다. 그러니까 그 자신을 그의 임의의 목적을 위한 한낱 수단으로 처리하는 것은 인격에서 인간의 존엄을 실추시키는 것이다.
(나)	

[보기]
ㄱ. 스스로 자기 보존의 의무를 위반하는 것이기 때문입니다.
ㄴ. 자기 인격을 목적으로 대우하지 않는 것이기 때문입니다.
ㄷ. 자신에게 닥친 힘든 고통은 회피하는 것이 더 바람직하기 때문입니다.
ㄹ. 사회 전체의 이익을 증진시켜야 한다는 도덕 원리를 어기는 것이기 때문입니다.

① ㄱ, ㄴ　　　② ㄴ, ㄹ　　　③ ㄷ, ㄹ
④ ㄱ, ㄴ, ㄷ　　　⑤ ㄱ, ㄷ, ㄹ

[224~225] 다음 글을 읽고 물음에 답하시오.

인공 임신 중절에 대하여 찬성을 하는 입장에서는 태아는 인간이 아니며, 여성은 불가피한 상황에서 자신을 보호할 수 있는 (㉠)의 권리를 지닌다고 강조한다. 또한 태아는 여성의 신체 일부로서 여성은 자신의 신체에서 일어날 일을 (㉡) 할 권리를 가진다고 본다.

224

㉠, ㉡에 들어갈 알맞은 용어를 쓰시오.

225 ◐ 서술형

위와 같은 주장에 대하여 자연법 윤리의 관점에서 제기할 수 있는 비판을 서술하시오.

O4 생명 윤리

226

갑의 입장에서 〈질문〉에 답변한 것으로 가장 적절한 것은?

> 갑 : 인간은 자신에게 부여했던 생명에의 경외를 살려고 하는 모든 존재에게 부여하지 않으면 안 된다고 느낀다. 그래서 그는 생명을 고양하는 것을 선으로, 생명을 파괴하는 것을 악으로 여긴다.
>
> 〈질문〉 재미를 위해 동물에게 돌을 던지거나 괴롭히는 행위가 도덕적으로 옳지 않은 이유는 무엇인가요?

① 인간은 동물을 간접적 의무의 대상으로 삼아야 함을 무시하고 있기 때문입니다.
② 생명을 지닌 모든 존재는 도덕적으로 존중받아야 함을 무시하고 있기 때문입니다.
③ 쾌고 감수 능력이 동물을 배려해야 하는 유일한 기준임을 무시하고 있기 때문입니다.
④ 단순한 기계에 불과한 존재는 도덕적 고려의 대상이 아님을 무시하고 있기 때문입니다.
⑤ 무생물을 포함한 모든 자연물은 도덕적 권리를 지니고 있음을 무시하고 있기 때문입니다.

227

㉠에 들어갈 내용으로 적절한 것만을 〈보기〉에서 고른 것은?

> 생명 과학이 발달하면서 인간의 삶의 질이 크게 향상되었다. 그러나 생명 현상의 본질과 관련한 다양한 윤리 문제가 등장하였다. 그래서 생명의 존엄성에 대한 인식을 바탕으로 생명 과학 기술의 윤리적 정당성과 한계를 성찰하는 생명 윤리에 대한 숙고가 필요하다. 예를 들어 '_____㉠_____'와 같은 윤리적 고찰이 포함된다.

[보기]
ㄱ. 복제 배아는 인간의 지위를 지닌 생명으로 보아야 하는가
ㄴ. 유전자 조작 기술은 경제적인 투자 가치가 있는 사업인가
ㄷ. 동물 실험의 효율성을 증진하는 과학적인 방법은 무엇인가
ㄹ. 동물의 생명은 인간의 유용성을 위한 도구가 될 수 있는가

① ㄱ, ㄴ　　② ㄱ, ㄷ　　③ ㄱ, ㄹ
④ ㄴ, ㄷ　　⑤ ㄷ, ㄹ

228

그림의 강연자가 지지할 입장만을 〈보기〉에서 있는 대로 고른 것은?

> 치료가 아닌 강화를 위한 유전자 조작은 인간을 수단화하기 때문에 옳지 않습니다. 정상적인 능력을 더 강화하는 유전학적 개입은 일방적인 것이기에 세대 간의 평등성을 훼손하며, 그 존재의 자율성을 근본적으로 침해하는 행위입니다. 유전학적 강화로 태어난 인간은 부모 세대의 일방적인 결정과 당사자의 동의 결여로 인해 자신의 삶에 부당한 간섭이 일어나는 것입니다.

[보기]
ㄱ. 유전학적 강화는 미래 세대의 자율성을 침해하는 것이다.
ㄴ. 인간에 대한 유전학적 개입은 어떤 경우에도 허용될 수 없다.
ㄷ. 능력 강화를 위한 유전자 조작은 인간을 도구화하는 것이다.
ㄹ. 미래 세대는 자질 강화를 위한 유전자 조작을 환영할 것이다.

① ㄱ, ㄷ　　② ㄱ, ㄹ　　③ ㄴ, ㄹ
④ ㄱ, ㄴ, ㄷ　　⑤ ㄴ, ㄷ, ㄹ

229

다음을 주장한 사상가의 입장에만 모두 '✓'를 표시한 학생은?

> 신의 섭리에 의해 인간은 동물을 사용하도록 운명 지어졌기 때문에 동물을 죽이거나 다른 방식으로 사용한다 하더라도 이는 부정의한 것이 아니다.

입장＼학생	갑	을	병	정	무
동물은 그 자체로 내재적 가치를 지닌 존재이다.	✓		✓	✓	
인간은 동물보다 우월한 도덕적 지위를 가진다.		✓		✓	✓
동물은 도덕적으로 존중받아야 할 대상이 아니다.		✓	✓		
신은 인간이 동물을 사용하는 것을 죄로 여기지 않는다.	✓			✓	✓

① 갑　　② 을　　③ 병　　④ 정　　⑤ 무

230

다음을 주장한 사상가의 입장에서 〈사례〉 속 A에게 할 수 있는 적절한 조언만을 〈보기〉에서 고른 것은?

> 인간과 인간 아닌 삶의 주체는 존중받을 도덕적 권리를 갖는다. 이러한 권리를 가진 개체들은 결코 마치 다른 것들을 위한 자원인 것처럼 대우받아서는 안 된다. 특히 다른 것들의 이익을 위해서 의도적으로 해를 입어서는 안 된다.
>
> 〈사례〉
> 생명 과학 연구원 A는 난치병 치료제를 개발하기 위해서 포유류를 이용한 동물 실험을 실시해야 할지 고민하고 있다.

[보기]
ㄱ. 도덕적 행위 능력이 있어야 도덕적 존중의 대상이 된다.
ㄴ. 자신의 삶을 영위할 수 있는 존재는 내재적 가치를 지닌다.
ㄷ. 인간의 목적을 위한 수단으로 동물을 이용하는 것은 부당하다.
ㄹ. 동물을 학대하는 것은 인간의 자기 자신에 대한 간접 의무를 위반하는 것이다.

① ㄱ, ㄴ ② ㄱ, ㄷ ③ ㄴ, ㄷ
④ ㄴ, ㄹ ⑤ ㄷ, ㄹ

231

(가)의 갑, 을 사상가들의 입장을 (나) 그림으로 표현할 때, A~C에 해당하는 진술로 가장 적절한 것은?

| (가) | 갑 : 동물의 본성은 사람의 본성과 유사하고, 사람의 본성에 대한 표현과 일치한다. 인간은 동물에 대한 의무를 수행함으로써 인간에 대한 의무를 간접적으로 수행하는 것이다. |
| | 을 : 쾌고 감수 능력은 다른 존재들의 이익에 관심을 가질지를 판가름하는 유일한 경계이다. 인간은 쾌고 감수 능력을 지닌 동물을 합리적인 이용 없이 차별하는 종 차별주의를 범해서는 안 된다. |

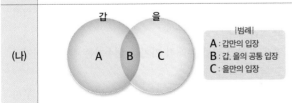

(나)

| 범례 |
A : 갑만의 입장
B : 갑, 을의 공통 입장
C : 을만의 입장

① A : 동물을 인간과 동일한 의무의 대상으로 간주해야 한다.
② A : 자의식이 없는 동물은 어떤 목적을 위한 수단이 될 수 있다.
③ B : 인간과 동물을 차별 없이 동등하게 대우해야 한다.
④ B : 모든 생명체를 도덕적 존중의 대상으로 삼아야 한다.
⑤ C : 인간은 동물을 잔혹하게 대우해서는 안 된다.

232

다음의 사상적 입장에서 긍정의 대답을 할 질문으로 가장 적절한 것은?

> 인연(因緣)으로 생겨난 모든 것은 공(空)하다. 어떤 것이든 인연을 좇아 일어나지 않은 것이 없으니 공하지 않은 어떤 것도 존재하지 않는다.

① 인간은 동물보다 높은 도덕적 지위를 지닌다고 보아야 하는가?
② 행위에 대한 도덕 판단은 인간의 이익만을 기준으로 해야 하는가?
③ 정당한 사회적 인정 절차를 거친 모든 동물 실험은 정당화될 수 있는가?
④ 불성을 지닌 생명체의 가치를 존중하여 동물의 생명을 존중해야 하는가?
⑤ 동물은 윤리적 행위 능력이 없으므로 도덕적 지위를 지닌 존재로 볼 수 없는가?

[233~234] 다음은 비첨과 칠드러스가 제시한 생명 의료 윤리의 네 가지 원칙이다. 물음에 답하시오.

- (㉠) : 인간의 자율성과 개인의 존엄성에 근거한 결정이어야 한다.
- (㉡) : 진료나 실험에 있어 신체적, 정신적, 사회적으로 해악을 끼칠 위험이 있으면 진료나 실험을 중단해야 한다.
- (㉢) : 의학 및 생명 과학 연구자는 환자 또는 피험자의 이익을 도모해야 한다.
- 정의의 원칙 : _____ ㉣ _____

233

㉠, ㉡, ㉢에 들어갈 알맞은 용어를 쓰시오.

234 ✏️ 서술형

㉣은 정의의 원칙에 대한 설명이다. ㉣에 들어갈 알맞은 내용을 서술하시오.

05 사랑과 성 윤리

235

(가)의 입장에서 A에 들어갈 적절한 답변만을 〈보기〉에서 있는 대로 고른 것은?

(가)	모든 형태의 사랑은 공통적인 기본 요소를 가지고 있다. 이러한 요소들은 보호, 책임, 존경, 이해이다. 이 요소들은 상호 의존적이며 자신의 내적인 힘에 바탕을 둔 겸손을 깨우친 성숙한 사람에게서 찾을 수 있는 능동적인 것이다.
(나)	

【 보기 】

ㄱ. 상대방을 이해하고 관심을 가져야 합니다.
ㄴ. 상대방이 옳은 행위를 하도록 지배해야 합니다.
ㄷ. 상대방을 위해 자신을 전적으로 희생해야 합니다.
ㄹ. 상대방이 능동적인 활동을 하도록 보호해야 합니다.

① ㄱ, ㄹ   ② ㄴ, ㄷ   ③ ㄴ, ㄹ
④ ㄱ, ㄴ, ㄷ   ⑤ ㄱ, ㄷ, ㄹ

236

갑, 을의 입장에 대한 설명으로 가장 적절한 것은?

> 갑 : 사랑이 없는 성은 비도덕적이다. 사랑하는 사람들만이 성적 관계에서 서로의 인격을 존중해야 할 의무를 다할 수 있다.
> 을 : 상호 동의가 없는 성은 비도덕적이다. 자유 의지를 가지고 합의한 당사자들은 상호 존중의 의무를 다할 수 있다. 상호 동의한 관계에서의 성적 활동은 정당화된다.

① 갑은 사랑하는 부부간의 성적 행위만이 정당하다고 본다.
② 갑은 종족 보존에 이바지하는 성적 행위만이 정당하다고 본다.
③ 을은 자발적 동의에 따른 성적 자유는 존중되어야 한다고 본다.
④ 을은 사랑이 결부된 관계에서의 성적 관계만이 도덕적이라고 본다.
⑤ 갑, 을은 상호 합의에 의한 모든 성적 관계는 정당화된다고 본다.

237

갑의 입장에서 지지할 견해로 가장 적절한 것은?

> 갑 : 인간은 자식을 낳고 기르려는 본성을 지닌다. 성은 이러한 인간의 본성을 실현시키는 유일한 것이다. 성은 결혼 및 자녀 출산과 관련되는 경우에만 인간의 본성에 부합하는 본래 가치를 실현할 수 있다. 이때에만 성은 도덕적으로 온전하다.

① 성은 도덕적 제약이 없는 사적 영역에 속한다.
② 성적 관계의 정당성은 사회 존속과는 무관하다.
③ 부부만이 성적 관계의 주체가 되는 것은 아니다.
④ 성에 대한 책임이 아닌 성적 자유를 중시해야 한다.
⑤ 종족 보존이라는 성의 생식적 가치를 중시해야 한다.

238

㉠에 들어갈 내용으로 적절한 것만을 〈보기〉에서 고른 것은?

【 보기 】

ㄱ. 인간을 인격체가 아닌 성적 대상으로 여기는 오류를 범하고 있습니다.
ㄴ. 인간의 성이 지닌 본래적 가치를 훼손하는 잘못을 저지르고 있습니다.
ㄷ. 성적 매력을 원하는 소비자의 선호를 반영해야 함을 무시하고 있습니다.
ㄹ. 성은 개인이 자신의 의지와 판단에 따라 상품화할 수 있는 것임을 모르고 있습니다.

① ㄱ, ㄴ   ② ㄱ, ㄷ   ③ ㄱ, ㄹ
④ ㄴ, ㄷ   ⑤ ㄷ, ㄹ

239

다음을 주장한 사상가의 입장에서 〈사례〉 속 A에게 할 수 있는 적절한 조언만을 〈보기〉에서 고른 것은?

남성과 여성 간의 지성의 차이는 사회 환경 요인에 의해 설명될 수 있다. 남성에 의한 여성의 법적 예속은 본질적으로 옳지 않을 뿐만 아니라 인류의 발전을 저해한다. 여성으로 태어난 것이 사회적 지위를 결정하고 다양한 직업으로의 진출을 방해하는 요인이 되어서는 안 된다. 재능 활용 기회를 가로막는 것은 개인적으로는 불공평하고 사회적으로도 손실이기 때문이다. 개인의 선택은 성별과 상관없이 오직 그 자신에게 맡겨야 한다.

〈사례〉
어느 사회의 인사 담당자인 A는 회사의 신입 사원을 선발하는 과정에서 여성은 순종적이고 가정의 일을 우선할 것 같다는 판단이 들어, 성적과 상관없이 남성을 선발해야 한다고 고집하고 있다.

[보기]
ㄱ. 교육을 이용하여 여성을 남성에 예속시켜야 한다.
ㄴ. 남녀의 본성에 적합하게 사회적 역할을 부여해야 한다.
ㄷ. 남녀를 평등하게 대우하는 것은 인류 전체에게 유용하다.
ㄹ. 여성의 지성이 남성에 비해 열등하다는 판단은 옳지 않다.

① ㄱ, ㄴ ② ㄱ, ㄷ ③ ㄴ, ㄷ
④ ㄴ, ㄹ ⑤ ㄷ, ㄹ

240

다음 사상의 입장에서 지지할 내용만을 〈보기〉에서 있는 대로 고른 것은?

혼례는 두 성(姓)이 합하여, 위로는 조상을 섬기고, 아래로는 후세를 잇는 것이다. 그러므로 군자는 그것을 중히 여긴다. 남녀의 구별이 있은 뒤에 부부의 의가 있으며, 부부의 의가 있은 뒤에 부자의 친함이 있으며, 부자의 친함이 있은 뒤에 군신의 바른 도리가 있게 된다. 그러므로 혼례를 예(禮)의 근본이라고 말한다.

[보기]
ㄱ. 부부는 이해타산적 합리성에 기초하는 관계이다.
ㄴ. 부부는 생물학적 차이에 따라 위계적인 관계이다.
ㄷ. 부부는 상호 공경하면서도 분별이 요구되는 관계이다.
ㄹ. 부부는 가정을 위해 서로 의존하고 협력하는 관계이다.

① ㄱ, ㄴ ② ㄱ, ㄹ ③ ㄷ, ㄹ
④ ㄱ, ㄴ, ㄷ ⑤ ㄴ, ㄷ, ㄹ

241

(가) 사상의 입장을 (나) 그림으로 탐구하고자 할 때, A, B에 들어갈 옳은 질문만을 〈보기〉에서 고른 것은?

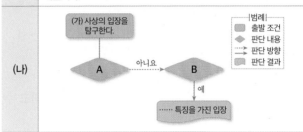

(가) 형과 아우는 부모가 남겨 준 몸을 함께 받았으니, 한 몸과 같은 것이다. 한 몸의 사지(四肢) 중에서 어느 한편이 병든다면 어찌 편안함을 얻겠는가? 형제끼리 사랑하지 않는 것은 자기 부모를 사랑하지 않기 때문이다.

(나)
(가) 사상의 입장을 탐구한다.
A —— 아니요 ----→ B
예 ↓
······ 특징을 가진 입장

범례
▢ 출발 조건
◆ 판단 내용
---→ 판단 방향
▢ 판단 결과

[보기]
ㄱ. A : 형제간에는 장유의 구분이 불필요한가?
ㄴ. A : 형제간의 우애는 효를 실천하는 데 기여하는가?
ㄷ. B : 형제간은 효와 자애를 주고받는 관계인가?
ㄹ. B : 형제간은 친애를 근본으로 상호 존중해야 하는가?

① ㄱ, ㄴ ② ㄱ, ㄷ ③ ㄱ, ㄹ
④ ㄴ, ㄷ ⑤ ㄷ, ㄹ

[242~243] 다음 글을 읽고 물음에 답하시오.

(가) 성의 가치는 세 가지로 구분하여서 살펴볼 수 있다. 우선, (㉠)은/는 새로운 생명을 탄생시키는 원천으로서의 성의 가치를 의미한다. (㉡)은/는 인간의 감각적 욕구를 충족시키는 성의 가치를 의미한다. (㉢)은/는 남녀 상호 간의 존중과 배려를 실천하게 해 주는 성의 가치를 의미한다.
(나) (㉣)은/는 자신의 성적 행동을 스스로 결정할 수 있는 권리이다. 이는 외부의 부당한 압력이나 타인의 강요 없이 스스로의 의지와 판단에 따라 자신의 성적 활동을 결정하는 것이다.

242

㉠, ㉡, ㉢에 들어갈 알맞은 용어를 쓰시오.

243 🖊 서술형

㉣에 들어갈 알맞은 용어를 쓰고, ㉣을 존중하기 위한 방법을 한 가지 서술하시오.

O6 직업과 청렴의 윤리

Ⅲ 사회와 윤리

☑ 출제 포인트 ☑ 동서양의 직업 윤리 ☑ 기업가·근로자·전문직·공직자 윤리 ☑ 청렴

1. 직업 생활과 행복한 삶

1 직업의 의미와 가치

(1) 직업의 의미

① 사회적 지위와 역할을 뜻하는 '직(職)'과 생계유지를 위한 일을 뜻하는 '업(業)'의 합성어

② 자신의 적성과 능력에 따라 일정 기간 계속하여 종사하는 일

(2) 직업의 가치

① 경제적 기반 마련 : 행복한 삶을 위한 물질적 토대 마련

② 사회적 역할 분담 : 사회 구성원으로서의 역할을 분담하고 수행하여 사회 발전에 기여

③ 자아실현에 이바지 : 자신의 재능과 능력을 발휘함

2 직업 선택의 중요성과 행복한 삶

(1) 직업 선택의 중요성 직업은 행복한 삶의 통로이기 때문에 경제적 보상과 사회적 지위만이 아니라 자신의 적성과 능력에 맞는 직업 선택이 중요함

(2) 직업 생활과 행복

① 타인을 배려하고 존경하는 직업 생활로 행복을 실현함

② 자신이 좋아하는 일에 몰입하는 충실한 직업 생활로 행복을 실현함

2. 동서양의 직업 윤리

⭐1 동양의 직업 윤리 ⓒ 51쪽 256번 문제로 확인

(1) 공자 생활 속에서 자신의 맡은 바 직분에 충실해야 한다는 정명(正名)을 강조

(2) 맹자 도덕적 삶[恒心(항심)]을 지속하기 위해서 경제적 안정을 위한 일정한 생업[恒産(항산)]이 필요함

(3) 순자 예(禮)의 제도와 규범으로 적성과 능력에 따라 사회적 신분과 직분을 분담하여 역할을 수행하도록 함

(4) 장인 정신 자기 일에 긍지를 가지고 전념하거나 한 가지 기술에 정통하려고 노력하는 것

⭐2 서양의 직업 윤리 ⓒ 52쪽 259번 문제로 확인

(1) 플라톤 각 계층에 속한 사람들이 고유한 덕(德)을 발휘하여 자신의 직분에 충실하면 정의로운 국가를 이룩하게 됨

(2) 중세 그리스도교 노동은 원죄에 대한 속죄의 의미를 가지며, 신이 부과한 것임

(3) 칼뱅 직업은 신의 거룩한 부르심, 즉 소명(召命)이며, 직업의 성공을 위해 근면, 성실, 검소한 생활이 필요함

(4) 마르크스 분업으로 인해 노동자가 노동의 생산물에서 소외되는 자본주의 경제 체제를 비판함

자료 정명 정신과 소명 의식 ⓒ 52쪽 260번 문제로 확인

• 임금은 임금다워야 하고, 신하는 신하다워야 하며, 부모는 부모다워야 하고, 자식은 자식다워야 합니다.[君君, 臣臣, 父父, 子子] 만약 그렇지 못하면 비록 곡식이 있어도 임금이 어찌 그것을 얻어서 먹을 수 있겠습니까? — 공자 —

• 어떤 일이든지 소명(召命)을 따르는 일이라면, 그 일은 결코 지저분하거나 천한 일이 될 수 없으며 신이 보시기에 매우 아름답고 귀한 일이 될 것이다. — 칼뱅 —

분석 공자는 자신이 맡은 임무와 역할을 충실히 수행하라는 직업 윤리를 제시하였다. 칼뱅은 신이 각 사람에게 독특한 생활 양식을 지정하였으며, 모든 직업이 신의 부름 곧 소명에 따라 주어지는 것이라고 보았다.

3. 현대의 다양한 직업 윤리

1 기업가 윤리와 근로자 윤리

(1) 기업가 윤리 정당한 이윤 추구, 노동 3권(단결권, 단체 교섭권, 단체 행동권)과 같은 근로자의 권리 존중, 소비자에 대한 책임 이행, 공익 추구와 사회적 책임 수행

(2) 근로자 윤리 근로 계약 준수, 성실한 업무 수행, 기업 발전에 협력

자료 기업의 사회적 책임 ⓒ 53쪽 263번 문제로 확인

• 프리드먼 : 기업의 목적은 이윤 극대화이며, 합법적 이윤 추구를 넘어서는 사회적 책임을 기업에 강요해서는 안 된다.

• 애로 : 기업이 준법의 차원을 넘어서 사회적 책임을 자발적으로 이행하는 것은 기업의 장기적 이윤 추구에 기여한다.

분석 프리드먼은 기업에 이윤 극대화 외의 사회적 책임을 요구하는 것은 자유 시장 경제의 틀을 깨는 것이라고 보았고, 애로는 기업의 장기적 이익을 위해 사회적 책임 수행이 필요하다고 보았다.

2 전문직 윤리와 공직자 윤리

(1) 전문직 윤리 직업적 양심과 책임 의식, 노블레스 오블리주

(2) 공직자 윤리 청렴, 봉사의 자세

3 청렴의 윤리

(1) 청렴의 의미와 필요성

의미	• 성품과 행품이 맑고 깨끗하며 탐욕을 부리지 않는 것 • 청백리 정신 : 청빈한 생활 태도를 유지하면서 국가의 일에 충심을 다하려는 정신
필요성	• 올바른 인격을 형성하여 자아실현에 도움 • 공동체의 발전을 도모할 수 있게 해 줌

(2) 청렴한 자세를 위한 사회 윤리적 차원의 노력 내부 공익 신고 제도, 부패 방지법 제정, 부정 청탁 및 금품 등 수수의 금지에 관한 법률 제정, 시민 단체의 감시 활동 등

1. 직업 생활과 행복한 삶

•• 다음 내용이 맞으면 ○표, 틀리면 ×표를 하시오.

244 서양 그리스도교 문화권에서는 근면 성실한 자세로 직업에 임해야 한다는 장인 의식이 이어져 내려왔다.

( )

245 프랑스 종교 개혁자 칼뱅은 직업을 '신으로부터 부름받은 자기 몫의 일'이라고 말했다. ( )

246 노자는 "임금은 임금다워야 하고, 신하는 신하다워야 하며, 부모는 부모다워야 하고, 자식은 자식다워야 한다."라고 말하며 정명 정신을 강조했다. ( )

•• 빈칸에 들어갈 알맞은 용어를 쓰시오.

247 자신이 맡은 직업에서 지켜야 하는 행동 기준과 규범을 일컬어 ( )(이)라고 한다.

248 모든 직업에서 공통적으로 지켜야 하는 행동 규범을 직업 윤리의 ( )(이)라고 하며, 각각의 직업에서 지켜야 하는 행동 규범을 직업 윤리의 ( )(이)라고 한다.

•• 다음 직업의 주체와 직업 윤리를 바르게 연결하시오.

249 공직자 •
250 기업가 •
251 전문직 종사자 •

• ㉠ 청렴
• ㉡ 노블레스 오블리주
• ㉢ 노동자의 권리 존중

•• 다음에서 설명하는 개념을 〈보기〉에서 고르시오.

252 단체를 결성할 수 있는 단결권, 노동조합이 기업가와 교섭하고 단체 협약을 체결할 수 있는 단체 교섭권, 파업 등의 행동을 할 수 있는 단체 행동권 ( )

253 조직 또는 집단의 구성원이 조직 내부에서 발생한 불법적·비윤리적 행위를 예방 또는 시정할 수 있는 기관 또는 대중 매체 등에 알림으로써 공공의 안전과 권익을 지키는 행위 ( )

254 공직자 등에 대한 부정 청탁과 공직자 등의 금품 수수 등을 금지하여 공정한 직무 수행을 보장하고 공공 기관에 대한 국민의 신뢰를 확보하기 위해 마련한 법률 ( )

[보기]
ㄱ. 노동 3권
ㄴ. 내부 공익 신고
ㄷ. 부정 청탁 및 금품 등 수수의 금지에 관한 법률

255

다음 내용을 통해 알 수 있는 직업의 가치만을 〈보기〉에서 고른 것은?

아싼테는 매우 유능한 의사이다. 그런데 그는 지금 풍토병에 걸려 피고름이 흐르는 환자에게 무상 치료를 하고 있다. "당신은 도시에서 잘 살 수 있는데 왜 여기에서 고생을 하고 있는가?"라고 묻자 그는 이렇게 대답했다. "내가 가진 재능과 기술을 돈 버는 것에만 쓰는 건 너무 아깝잖아요. 그리고 무엇보다도 이 일은 내 가슴을 뛰게 하는 일이거든요."

[보기]
ㄱ. 사회적 역할을 분담할 수 있게 한다.
ㄴ. 행복한 삶을 위한 물질적 토대를 마련한다.
ㄷ. 자신의 이름을 세상에 알릴 기회를 제공한다.
ㄹ. 자신의 재능과 능력을 발휘하여 성취감과 보람을 느끼게 한다.

① ㄱ, ㄴ　② ㄱ, ㄹ　③ ㄴ, ㄷ
④ ㄴ, ㄹ　⑤ ㄷ, ㄹ

★빈출 256

직업 선택과 관련하여 다음을 주장한 동양 사상가의 입장만을 〈보기〉에서 고른 것은?

• 천하를 다스리는 일과 농사를 짓는 일을 동시에 하기 어렵다. 대인이 할 일이 있고 소인이 할 일이 있다. 또 한 사람의 몸에는 여러 장인이 만드는 것들이 다 필요한데, 만일 반드시 모든 것을 손수 만들어서 사용해야 한다면 그것은 천하의 사람들을 지쳐 떨어지게 하는 것이다.
• 사람은 남에게 차마 하지 못하는 마음[不忍人之心]이 있다. 그러한 선한 마음은 직업 활동을 통해 확충될 수 있다. 예를 들어 갑옷을 만드는 사람은 날마다 자신이 만든 갑옷으로 사람 살리는 일에 관심을 갖게 되니 선한 마음을 지켜 나갈 수 있다. 그러므로 직업을 선택할 때에는 신중하지 아니할 수 없다.

[보기]
ㄱ. 신분 상승을 위해 직업을 가져야 한다.
ㄴ. 정신노동보다 육체노동을 더 중시해야 한다.
ㄷ. 선한 본성을 유지할 수 있는 직업을 선택해야 한다.
ㄹ. 사회 질서 유지를 위해 사회적 분업의 원리를 따라야 한다.

① ㄱ, ㄴ　② ㄱ, ㄷ　③ ㄴ, ㄷ
④ ㄴ, ㄹ　⑤ ㄷ, ㄹ

2. 동서양의 직업 윤리

257

퍼즐 속 세로 낱말 (A)에 관한 설명으로 옳은 것은?

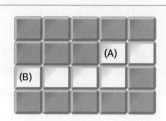

【가로 열쇠】
(A) 마음에 거짓이나 꾸밈없이 바르게 행동하는 것
(B) 효의 완성으로, 덕을 쌓아 출세하여 세상에 이름을 떨침

【세로 열쇠】
(A) …… 개념

① 사회가 정한 법률이나 규칙을 준수하는 것이다.
② 신으로부터 부름받은 자기 몫의 일을 하는 것이다.
③ 자신의 맡은 임무와 역할을 충실히 수행하는 것이다.
④ 잠재된 능력을 발휘하여 성취감과 보람을 느끼는 것이다.
⑤ 다른 사람을 도와주거나 보살펴 주려고 마음을 쓰는 것이다.

258

다음 사상가가 강조한 직업 윤리로 가장 적절한 것은?

세계는 오직 신의 영광에 봉사하도록 정해져 있고, 선택된 그리스도교는 오직 신의 율법을 집행하여 신의 영광을 각자의 몫만큼 세계에 증대시키도록 정해져 있다. …… 세상에서 칼뱅파의 사회적 활동은 오직 '신의 영광을 더하기 위한 활동'일 뿐이다. 그러므로 모든 이의 현세적 삶의 봉사하는 직업 노동 역시 그러한 성격을 갖는다. 왜냐하면 성서의 계시에 따라 그리고 자연적 통찰에 따라 인류의 효용에 봉사하려고 만들어진 것이 분명한 이 우주의 놀라운 합목적적 형성과 질서는, 사회적 효용을 위한 노동이 신의 영광으로서 장려되고 또 그러한 것으로 신이 의욕한 것임을 알려 주기 때문이다.

① 직업 세계에서 창의성을 발휘해야 한다.
② 한 가지 기술에 정통하여 부를 쌓아야 한다.
③ 소명에 따라 주어진 직업을 성실히 수행해야 한다.
④ 공동체의 발전을 가장 중요한 목표로 삼아야 한다.
⑤ 일한 만큼 각자의 몫을 정당하게 분배받아야 한다.

★빈출 259

갑, 을 사상가가 모두 긍정의 대답을 할 질문으로 옳은 것은?

갑 : 사회를 이루는 세 계층이 각자 타고난 성향에 따라 각자 자신이 맡은 일에서 탁월함을 발휘하여 조화를 이룰 때 그 사회는 정의롭다. 서로의 일에 참견하는 것은 사회에 해악을 끼치는 일이다.

을 : 농부는 밭일에 정통하고 상인은 장사하는 일에, 공인(工人)은 그릇을 만드는 일에 정통하지만 그 일을 지도하는 관리가 될 수는 없다. 관리는 이 일들을 하나도 못하지만 예(禮)에 정통하기에 이 일들을 다스릴 수 있다.

① 여러 가지 직업을 경험해 보아야 하는가?
② 신의 부름에 따라 직업이 주어져야 하는가?
③ 구성원들 간에 자유로운 역할 교환이 가능해야 하는가?
④ 사회 질서 유지를 위해 사회적 분업을 중시해야 하는가?
⑤ 개인에게 직업을 선택할 수 있는 자유가 주어져야 하는가?

★빈출 260

그림은 서술형 평가 문제와 학생 답안이다. 학생 답안의 ㉠~㉤ 중 옳지 않은 것은?

서술형 평가

◎ 문제 : 갑, 을 사상가의 직업관을 비교하여 서술하시오.

갑 : 사람들의 직분을 분명히 하고, 하는 일에 질서를 마련하며, 재능과 기술을 따져 능력 있는 사람들에게 벼슬을 주어야 한다.

을 : 어떤 일이든지 소명(召命)을 따르는 일이라면, 그 일은 결코 지저분하거나 천한 일이 될 수 없으며 신이 보시기에 매우 아름답고 귀한 일이 될 것이다.

◎ 학생 답안

갑, 을 사상가의 직업관을 비교해 보면, 갑은 ㉠ 직업 생활에 충실하기 위해 욕망을 제거해야 하며, ㉡ 조화로운 사회적 삶을 위해 사회적 분업이 필요하다고 보았다. 을은 ㉢ 직업은 신의 부름에 응답하는 것이며, ㉣ 직업을 통한 부의 축적을 긍정적으로 보았다. 갑, 을은 ㉤ 각자의 직분에 충실할 것을 강조하였다.

① ㉠   ② ㉡   ③ ㉢   ④ ㉣   ⑤ ㉤

261

갑, 을의 입장에 관한 적절한 설명만을 〈보기〉에서 고른 것은?

> 갑 : 자유 경제 체제에서 기업의 유일한 목적은 최소 비용으로 최대의 이윤을 추구하는 데 있습니다.
>
> 을 : 기업은 그러한 목적 이외에도 장애인 고용, 소외된 지역의 교육 지원 사업 등을 통해 사회적 책임을 져야 합니다.
>
> 갑 : 기업이 법을 준수하면 그것으로 의무를 다한 것입니다. 사회적 책임까지 요구하는 것은 기업의 자율성을 침해하는 것입니다.
>
> 을 : 그렇지 않습니다. 기업은 준법 그 이상의 도덕적 의무도 있습니다. 사회적 책임을 적극적으로 다하는 기업은 기업의 이미지가 개선되어 오히려 매출이 늘어나기도 합니다.

[보기]

ㄱ. 갑은 기업이 이윤 추구를 목적으로 삼지 않아야 한다고 본다.

ㄴ. 을은 기업이 이윤을 추구하는 과정에서 법을 준수할 의무가 없다고 본다.

ㄷ. 갑은 을에 비해서 사회적 책임보다 경제적 효율성을 강조한다.

ㄹ. 을은 갑에 비해서 기업이 적극적으로 사회적 책임을 져야 할 의무가 있다고 본다.

① ㄱ, ㄴ   ② ㄱ, ㄷ   ③ ㄴ, ㄷ

④ ㄴ, ㄹ   ⑤ ㄷ, ㄹ

262

그림은 노트 필기의 일부이다. ㉠~㉤ 중 옳지 않은 것은?

> 〈근로자의 권리와 사회적 책무〉
>
> 1. 근로자 : 기업에 근로를 제공하고 임금을 받는 사람 ·················· ㉠
> 2. 근로자의 권리 : 헌법에 명시된 "노동 3권" ················· ㉡
> • 단결권 : 근로 계약에 따라 자기 업무를 성실하게 수행할 권리 ····· ㉢
> • 단체 교섭권 : 노동조합이 근로 조건에 관하여 교섭하고 단체 협약을 체결할 수 있는 권리 ················· ㉣
> • 단체 행동권 : 노동 쟁의가 발생한 경우 근로자가 기업가에 대항하여 파업 등의 단체 행동을 할 수 있는 권리 ················· ㉤
> 3. 근로자의 사회적 책무 : 투철한 직업 윤리 의식을 지니고 자기 업무를 수행해야 함

① ㉠   ② ㉡   ③ ㉢   ④ ㉣   ⑤ ㉤

(가)의 갑, 을 사상가들의 입장을 (나) 그림으로 탐구하고자 할 때, A~C에 들어갈 질문으로 적절하지 않은 것은?

(가)	갑 : 자유 경제에서 기업이 지는 책임은 오로지 한 가지뿐이다. 그것은 게임의 규칙을 준수하는 한에서 기업의 이익 극대화를 위하여 자원을 활용하고 이를 위한 활동에 매진하는 것이다. 기업의 목적은 이윤 극대화이며, 합법적 이윤 추구를 넘어서는 사회적 책임을 기업에 강요해서는 안 된다. 을 : 기업들은 앞으로 더 책임 있게 행동할 것이다. 기업 경영자들의 공공 의식이 높아져서라기보다는, 훌륭한 시민이 되는 것이 경쟁 우위를 점하는 데 하나의 자원이 된다고 믿기 때문이다. 기업이 준법의 차원을 넘어서 사회적 책임을 자발적으로 이행하는 것은 기업의 장기적 이윤 추구에 기여한다.
(나)	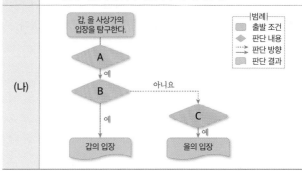

① A : 기업의 정당한 이윤 추구 활동을 인정하는가?

② A : 합법적 이윤 추구 외에 기업의 사회적 책임은 시장 경제 질서에 위배되는 것인가?

③ B : 기업의 유일한 책임은 이윤 극대화인가?

④ C : 기업은 공동선의 추구를 위해 노력해야 하는가?

⑤ C : 사회적 책임 수행은 기업에 장기적으로 이익이 되는가?

264

다음 사상가의 입장에서 강조할 공직자 윤리로 적절하지 않은 것은?

> 백성을 사랑하는 근본은 아껴 쓰는 데 있고, 아껴 쓰는 것의 근본은 검소함에 있다. 검소해야 청렴할 수 있고, 청렴해야 자애로울 수 있으니, 검소함이야말로 목민하는 데 있어서 가장 먼저 힘써야 할 일이다. 요즘 수령으로 부임하는 사람들은 책을 한 권도 행장에 넣지 않는다. 임지에 가면 으레 많은 재물을 얻게 되어 돌아오는 행장이 무겁기 때문이다. 슬프다. 그 마음가짐의 비루함이 이와 같으니 어찌 목민인들 제대로 할 것인가!

① 청렴하게 국민의 이익을 위해 봉사해야 한다.

② 직무 수행에 있어서 공과 사를 명확히 구분해야 한다.

③ 윤리 의식을 갖추어 공평무사하게 직무를 수행해야 한다.

④ 공동의 이익을 지키기 위해서 특권을 남용해서는 안 된다.

⑤ 공정성과 효율성을 조화시키되 효율성을 우선시해야 한다.

265

㉠에 들어갈 내용으로 적절하지 않은 것은?

> 부패 방지법은 부패의 발생을 예방함과 동시에 부패 행위를 효율적으로 규제함으로써 청렴한 공직 및 사회 풍토 확립에 이바지함을 목적으로 제정된 법률이다. 이러한 부패 방지법을 통해 _____㉠_____

① 국민의 신뢰를 제고할 수 있다.
② 공직의 투명성을 확보할 수 있다.
③ 부패로 인한 사회적 비용을 낮출 수 있다.
④ 국가 경쟁력 강화와 국가 발전에 기여할 수 있다.
⑤ 사회적 자본을 감소시켜 행정의 효율성을 제고할 수 있다.

266

㉠에 관한 적절한 설명만을 〈보기〉에서 있는 대로 고른 것은?

> ㉠ 청렴 계약제는 ○○시와 시민 참여 연대가 공동으로 실시하는 부패 방지 제도이다. 이는 행정 기관의 건설 공사 발주, 기술 용역 발주, 물품 구매의 입찰, 계약 체결 및 이행 등의 과정에서 업체와 공직자 양 당사자가 뇌물을 제공하거나 받지 않고 이를 위반할 때에는 제재를 받겠다고 서약하고 이행함으로써 부패를 예방하는 것을 목표로 한다.

【 보기 】
ㄱ. 응보주의 관점에서 부패 행위 처벌에 초점을 둔다.
ㄴ. 개인의 도덕성 회복만으로 부패 문제를 해결하기 어렵기 때문에 도입되었다.
ㄷ. 정의로운 사회 제도를 마련하고 운영한다는 점에서 사회 윤리적 접근이라고 할 수 있다.
ㄹ. 뇌물을 주고받지 않겠다는 개인들의 약속을 전제한다는 점에서는 개인 윤리적 접근이라고 볼 수 있다.

① ㄱ, ㄴ   ② ㄱ, ㄷ   ③ ㄴ, ㄷ
④ ㄱ, ㄴ, ㄷ   ⑤ ㄴ, ㄷ, ㄹ

🏅 1등급을 향한 서답형 문제

[267~268] 다음 글을 읽고 물음에 답하시오.

> 공자는 "임금은 임금다워야 하고, 신하는 신하다워야 한다."라고 하여 (㉠)을/를 강조했다. 또한 우리나라에서는 전통적으로 자신의 일에 긍지를 가지고 전념하는 (㉡)을/를 중요하게 여겨 왔다.

267

㉠, ㉡에 들어갈 알맞은 용어를 쓰시오.

268

㉠의 의미를 직업 윤리의 관점에서 서술하시오.

[269~270] 다음 글을 읽고 물음에 답하시오.

> (㉠)은/는 '상류 사회, 즉 귀족 계급의 도덕적 의무와 책임'이란 뜻으로, 이러한 도덕적 의무는 초기 로마 시대에 귀족들이 보여 준 투철한 도덕의식과 솔선수범하는 공공 정신에서 비롯되었다.

269

㉠에 들어갈 알맞은 용어를 쓰시오.

270

전문직에게 ㉠을 요청하는 이유를 서술하시오.

[271~272] 다음 글을 읽고 물음에 답하시오.

> 부패 행위를 방지하기 위해서는 (㉠) 의식을 가지는 것이 중요하다. (㉠)(이)란 성품과 행실이 올바르고 탐욕이 없는 상태로, 공직자가 갖추어야 할 덕목이다. 이를 강조하는 전통 윤리로 ㉡ 청백리 정신을 들 수 있다.

271

㉠에 공통으로 들어갈 용어를 쓰시오.

272

㉡의 의미를 서술하시오.

적중1등급 문제

» 바른답·알찬풀이 26쪽

273

갑은 부정, 을은 긍정의 대답을 할 질문으로 가장 적절한 것은?

> 갑 : 모든 사람에게는 주어진 본분이 있다. 군주는 군주의 본분을, 신하는 신하의 본분을, 부모는 부모의 본분을, 자식은 자식의 본분을 다하는 것을 정명(正名)이라고 한다.
>
> 을 : 국가에서 통치자는 지혜를, 방위자는 용기를, 생산자는 절제를 발휘하여 여러 구성원들이 조화롭게 살아가는 것을 정의(正義)라고 한다.

① 사회적 직분에는 그것에 합당한 도덕적 덕목이 요구되는가?

② 누구나 자신의 직업을 선택할 수 있는 자유를 가져야 하는가?

③ 자신의 역할에 충실하면 자연스럽게 이상 국가가 실현되는가?

④ 국가의 정의를 실현하기 위해 통치자의 재산 공유가 요구되는가?

⑤ 사회 구성원 각자는 역할 수행에 필요한 덕을 갖추도록 노력해야 하는가?

274

(가)의 입장에 비해 (나)의 입장이 갖는 상대적 특징을 그림의 ㉠~㉤에서 고른 것은?

> (가) 기업은 시장 경쟁력 강화를 위한 경영 전략 차원에서 공익 증진이라는 사회적 책임에 힘써야 한다. 그러한 기업은 소비자 불매 운동을 예방하고, 직원들의 헌신과 소비자들의 신뢰를 얻는 데 훨씬 유리하기 때문이다.
>
> (나) 기업의 책임은 오로지 시장의 규칙을 준수하면서 기업 이익의 극대화를 위해 자유로운 경쟁에 전념하는 것이다. 이 과정에서 기업은 보이지 않는 손에 이끌려 원래 의도하지 않았던 공익에 기여하게 된다.

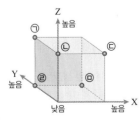

> X : 기업이 공공선 실현에 기여해야 한다고 강조하는 정도
> Y : 기업이 이윤 추구에만 몰두해서는 안 된다고 강조하는 정도
> Z : 기업의 책임은 법률 준수에 한정된다고 강조하는 정도

① ㉠   ② ㉡   ③ ㉢   ④ ㉣   ⑤ ㉤

㉠에 들어갈 진술로 가장 적절한 것은?

> 인간은 구원을 예정해 놓은 신의 부르심[召命]에 노동을 통해 응답해야 한다. 왜냐하면 신은 여러 가지 삶의 양식들을 구분해 놓음으로써 각 개인이 해야 할 일을 정해 두었기 때문이다. 그런데 어떤 사상가는 "자본주의하에서는 노동의 본질이 왜곡된다. 노동자는 생계 유지를 위해 자신의 노동을 자본가에게 팔아야 하기 때문에 생산을 위한 도구로 전락한다."라고 주장한다. 나는 이 사상가의 입장이 _____㉠_____ 을 간과하고 있다고 생각한다.

① 노동을 통해 이웃 사랑을 실천할 수 없음

② 노동을 통한 사유 재산 축적이 필요하지 않음

③ 사회적 분업은 인간 소외를 발생시킬 수 있음

④ 노동은 신으로부터 부름받은 자기 몫의 일임

⑤ 다양한 직업들 사이에서는 상호 보완이 필요함

276

(가) 사상가의 입장을 (나) 그림으로 탐구하고자 할 때, A, B에 들어갈 적절한 질문만을 〈보기〉에서 고른 것은?

(가)	백성을 사랑하는 근본은 아껴 쓰는 데 있고, 아껴 쓰는 것의 근본은 검소함에 있다. 검소해야 청렴할 수 있고, 청렴해야 자애로울 수 있으니, 검소함이야말로 목민하는 데 있어서 가장 먼저 힘써야 할 일이다.

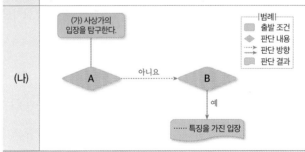

> [보기]
> ㄱ. A : 공직자에게는 엄격한 자기 절제가 필요한가?
> ㄴ. A : 공직자는 직무 수행에 있어 공과 사를 구분해서는 안 되는가?
> ㄷ. B : 공직자로서 유혹에 흔들리지 않고 원칙을 지켜야 하는가?
> ㄹ. B : 공직자는 자신이 가진 특권을 사익을 위해 사용해도 되는가?

① ㄱ, ㄴ   ② ㄱ, ㄷ   ③ ㄴ, ㄷ

④ ㄴ, ㄹ   ⑤ ㄷ, ㄹ

07 사회 정의와 윤리

✓ 출제 포인트　　✓ 사회 윤리　　✓ 분배적·교정적 정의의 의미와 윤리적 쟁점　　✓ 사형 제도에 관한 관점

1. 분배적 정의의 의미와 윤리적 쟁점

1 사회 윤리와 사회 정의

⭐(1) 개인 윤리와 사회 윤리 ◉ 57쪽 290번 문제로 확인

구분	개인 윤리	사회 윤리
의미	개인의 도덕성 회복을 통한 윤리 문제 해결	사회의 구조와 제도의 개선을 통한 윤리 문제 해결
내용	도덕적 판단 능력, 실천 의지, 도덕적 습관 등의 함양	법과 제도의 개선, 공공 정책의 변화, 정치적 강제력
특징	도덕성과 이타성의 실현	공동선과 사회 정의 실현

(2) 사회 정의의 의미　사회를 구성하고 유지하는 공정한 도리로 크게 분배적 정의와 교정적 정의로 나뉨

⭐2 분배적 정의와 윤리적 쟁점 ◉ 58쪽 293번 문제로 확인

(1) 분배적 정의의 의미　사회적 이익과 부담을 공정하게 분배하는 것

(2) 분배적 정의의 기준
① 절대적 평등 : 구성원에게 재화를 동등하게 분배
② 업적 : 개인의 업적이나 기여에 따른 분배
③ 능력 : 개인의 능력에 따른 분배
④ 필요 : 인간의 기본적 욕구와 필요에 대한 우선적 분배

(3) 절차적 정의의 대두　분배 결과보다 분배 과정에 대한 합의로 사회 정의의 정당성을 확보하려는 절차적 정의가 대두됨
① 롤스 : 원초적 입장으로부터 도출된 정의의 원칙을 따를 때 공정한 분배가 실현될 수 있음
② 노직 : 개인의 정당한 소유물에 대한 배타적·절대적 권리를 강조함

> **자료**　**롤스와 노직의 정의관 비교** ◉ 59쪽 296번 문제로 확인
>
> [롤스의 정의의 원칙]
> • 제1 원칙 : 모든 사람은 기본적 자유에 대하여 동등한 권리를 가져야 한다.(평등한 자유의 원칙)
> • 제2 원칙 : 사회적·경제적 불평등은 ① 최소 수혜자에게 최대 이익이 되고(차등의 원칙), ② 공정한 기회균등 조건에 따라 모든 사람에게 직책과 직위가 개방되어야 한다.(기회균등의 원칙)
> [노직의 정의의 원칙]
> • 취득의 원칙 : 노동을 통해 정당하게 취득한 재화는 취득한 자에게 소유 권리가 있음
> • 이전의 원칙 : 타인에 의해 자유로이 양도받은 재화에 대한 정당한 소유 권리가 있음
> • 교정의 원칙 : 취득의 원칙, 이전의 원칙을 따르지 않은 부당한 취득은 교정되어야 함
>
> **분석**　롤스와 노직 모두 절차적 정의를 세우고자 하는 공통점이 있지만 롤스는 공정으로서의 정의를, 노직은 소유 권리로서의 정의를 강조한다는 차이점이 있다.

(4) 분배적 정의와 관련된 윤리적 쟁점 ◉ 59쪽 299번 문제로 확인

우대 정책	• 찬성 : 보상의 논리, 재분배의 논리, 공리주의 논리 • 반대 : 또 다른 차별 초래, 잘못이 없는 현세대가 보상 책임을 지는 부당함, 업적주의 위배
부유세	• 찬성 : 부의 재분배를 통한 불평등 해소, 사회 통합에 기여 • 반대 : 개인의 재산권에 대한 과도한 침해, 부자들에 대한 또 다른 차별

2. 교정적 정의의 의미와 윤리적 쟁점

1 교정적 정의와 처벌의 정당화

(1) 교정적 정의의 의미　손해와 손실을 회복시키거나 범죄를 처벌하여 불균형과 부정의를 바로잡는 것

(2) 법에 따른 처벌을 정당화하는 관점

응보주의	공리주의
• 처벌은 위법에 대해서만 부과되며, 처벌을 통해 정의 실현 • 범죄 행위에 상응하는 동등한 형벌 부과 • 범죄에 대한 개인의 책임 강조	• 처벌은 범죄 예방과 사회 안전을 위한 효과적 수단 • 위법의 이익보다 형벌의 손실이 더 큰 정도의 형벌 부과 • 처벌의 사회적 효과 강조

2 교정적 정의와 관련된 윤리적 쟁점

⭐(1) 처벌의 근거　응보주의(타인에게 해악을 준 사실), 공리주의(사회 전체의 이익) ◉ 60쪽 303번 문제로 확인

(2) 처벌의 정도　응보주의(범죄의 해악 정도), 공리주의(사회 전체의 이익)

⭐(3) 사형 제도에 대한 관점 ◉ 61쪽 305번 문제로 확인

칸트	응보주의 관점에서 살인자에 대한 사형은 정당하며 사형 이외의 형벌은 정의에 부합하지 않음, 사형은 범죄자의 고통받는 인격을 해방하여 인간 존엄성을 실현하는 것임
루소	사회 계약설의 관점에서 계약자는 자신의 생명 보전을 위해서 살인자의 사형에 동의하였음
베카리아	생명은 양도할 수 없는 것이고, 사형보다 종신 노역형이 범죄 예방에 효과적이므로 사형 제도는 폐지되어야 함

(4) 사형 제도의 윤리적 쟁점

찬성 논거	반대 논거
• 범죄 억제의 효과가 매우 큼 • 국민의 일반적 법 감정은 사형 제도를 지지함 • 흉악 범죄인의 생명을 박탈하는 것은 사회 정의임 • 사형 반대론자가 제시하는 종신형 제도는 경제적인 부담이 크고 비인간적일 수 있음	• 범죄 억제 효과가 없음 • 교화의 가능성을 부정하고, 오판의 가능성이 있음 • 인간의 기본권인 생명권을 근본적으로 부정하는 행위임 • 정치에서 자신과 대립하거나 반대 입장에 있는 사람을 제거하는 수단으로 악용될 수 있음

분석 기출 문제

>> 바른답·알찬풀이 27쪽

•• 다음 내용이 맞으면 ○표, 틀리면 ×표를 하시오.

277 니부어에 따르면 사회 윤리와 개인 윤리는 상호 대립적 관계이다. ( )

278 사회 정의를 실현하려면 사회 구조나 제도의 개선뿐만 아니라 개인의 도덕성 함양도 필요하다. ( )

279 니부어는 개인의 도덕성은 사회의 도덕성보다 현저하게 떨어지므로 정책과 제도의 개선을 통해 문제를 해결해야 한다고 주장하였다. ( )

•• 빈칸에 들어갈 알맞은 용어를 쓰시오.

280 ( )에 따른 분배는 사회적 약자나 소외된 사람들을 보호하는 장점이 있지만, 재화가 한정되어 있는 상황에서 모든 사람을 만족시킬 수 없다는 한계를 지닌다.

281 ( )에 따른 분배는 객관적 평가와 측정이 용이하며 생산성을 높이는 동기를 제공할 수 있으나, 사회적 약자를 배려하기 어렵다는 단점이 있다.

•• 다음 사상가와 주장하는 바를 바르게 연결하시오.

282 롤스 •   • ㉠ 소유 권리로서의 정의

283 노직 •   • ㉡ 사회 제도의 도덕성 실현

284 니부어 •   • ㉢ 최소 수혜자에게 최대 혜택

•• 다음에서 설명하는 개념을 〈보기〉에서 고르시오.

285 위반 혹은 침해를 일으킨 사람에게 형벌을 가함으로써 확보하는 정의를 말한다. ( )

286 처벌의 본질을 동등성의 원리에 따라 범죄 행위에 상응하여 처벌하는 것이라고 본다. ( )

287 범죄자의 생명권도 보장해야 한다고 주장하며, 사형 제도보다 종신 노역형이 범죄 예방에 더욱 효과적인 처벌이라고 주장한다. ( )

288 처벌로 인한 범죄자의 고통은 위법 행위의 이득보다 커야 하며, 사회적 이익을 증진하기 위한 처벌은 정당하다고 주장한다. ( )

[보기]
ㄱ. 공리주의   ㄴ. 교정적 정의
ㄷ. 칸트의 응보주의   ㄹ. 베카리아의 공리주의

289

다음 주장과 일치하는 내용만을 〈보기〉에서 고른 것은?

사회의 전체 구조가 잘못되어 있는데 개인에게만 올바르게 살아가라고 요구할 수 있는가? 개인에게 선하게 살아가라고 요구하기 전에 우선 잘못된 사회적 관행이나 제도를 고쳐야 할 것 아닌가?

[보기]
ㄱ. 사회의 도덕성이 개인의 도덕성보다 떨어질 수 있다.
ㄴ. 개인의 선한 의지만으로 사회 정의를 실현할 수 있다.
ㄷ. 사회 정책과 제도의 개선을 통한 문제 해결이 필요하다.
ㄹ. 사회 계층 간의 갈등, 빈부 격차 등을 해결하기 위해 개인의 양심을 회복해야 한다.

① ㄱ, ㄴ   ② ㄱ, ㄷ   ③ ㄱ, ㄹ
④ ㄴ, ㄷ   ⑤ ㄷ, ㄹ

★빈출
290

갑의 입장에서 〈문제 상황〉 속 A에게 해 줄 수 있는 조언으로 적절하지 않은 것은?

갑 : 양심적인 개인들로 구성된 사회 집단도 집단 이기주의로 인해 부도덕할 수 있다. …… 사회와 개인이 지향하는 최고의 도덕적 이상은 서로 다르지만 양자 사이의 모순은 절대적이지 않다. 예를 들어 개인이 다른 사람의 이익을 이해하지 못한다면 진정한 사회 정의는 달성될 수 없다.

〈문제 상황〉
사회 계층 간의 경제적 격차로 인해 사회 부정의와 계층 간 갈등 문제가 심화되고 있다. 정책 결정자 A는 정의 실현과 갈등 완화에 도움을 줄 수 있는 방법들에 대해 고민하고 있다.

① 사회 구조를 개선할 수 있는 제도적 장치를 마련하세요.
② 사회적 강제력을 동원해서라도 사회 부정의를 해결하세요.
③ 도덕성이 높은 개인들이 찬성하지 않는 방법은 배제하세요.
④ 개인의 도덕적 성찰을 통한 정의 실현 가능성도 고려하세요.
⑤ 사회 정책과 제도의 개선을 통해 계층 간 갈등을 완화하세요.

291

㉠~㉢에 관한 설명으로 옳지 않은 것은?

㉠	사회적 이익과 부담을 공정하게 분배하는 것
㉡	합의 과정의 투명성과 공정성에 초점을 두는 것
㉢	어떤 잘못에 대한 처벌과 배상 정도가 공정한지 보는 것

① ㉠은 공정한 분배 기준에 대한 사회적 합의로 실현된다.
② ㉡은 공정한 절차를 통해 발생한 결과는 정당하다는 것이다.
③ ㉢은 잘못에 대한 대응이 공정한지에 대한 것이다.
④ ㉢은 사회적·경제적 불평등 문제와 밀접하게 연관된다.
⑤ ㉠과 ㉡이 실현된 사회에서는 개인의 권리가 존중된다.

292

다음을 주장한 사상가의 입장으로 가장 적절한 것은?

> 국가를 다스리는 사람은 백성이나 토지가 적은 것을 걱정하지 말고 분배가 균등하지 못한 것을 걱정하며, 가난한 것을 걱정하지 말고 평안하지 못한 것을 걱정하라.

① 가난은 국가의 힘으로 해결할 수 없다.
② 이상 사회 실현을 위해 분배의 형평성을 고려해야 한다.
③ 처벌의 공정성을 확보하지 않으면 사회 질서가 무너진다.
④ 행복한 삶을 위해서 개인 스스로 노력하는 것이 중요하다.
⑤ 통치자는 백성을 늘리고 토지를 넓히기 위해 노력해야 한다.

⭐빈출
293

그림은 노트 필기의 일부이다. ㉠~㉤ 중 옳지 않은 것은?

〈분배적 정의의 의미와 기준〉
1. 의미 : 사회적 이익과 부담을 공정하게 분배하는 것 ………… ㉠
2. 기준
 • 절대적 평등 : 모든 사람에게 동등하게 분배하는 것 ……… ㉡
 • 업적 : 사회적 약자에게만 사회에 기여한 정도에 따라 분배하는 것 ……… ㉢
 • 능력 : 능력이 뛰어난 사람에게 적절한 보상을 하는 것 …… ㉣
 • 필요 : 사람들의 필요에 따라 분배하는 것 ………… ㉤

① ㉠ ② ㉡ ③ ㉢ ④ ㉣ ⑤ ㉤

294

(가) 사상가의 입장을 (나) 그림으로 탐구하고자 할 때, A, B에 들어갈 적절한 질문만을 〈보기〉에서 고른 것은?

(가)	정의로운 사회에서는 모든 사람이 기본적 자유에 대해 동등한 권리를 가진다. 또한 사회적·경제적 불평등은 최소 수혜자에게 최대의 이익을 보장하고, 불평등의 계기가 되는 직책과 지위는 공정한 기회 균등의 원칙에 따라 모든 사람에게 개방된다.
(나)	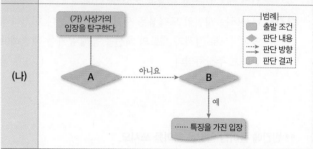

[보기]
ㄱ. A : 공정한 절차에 의한 불평등을 부당하다고 보는가?
ㄴ. A : 사회적 약자를 위한 복지의 필요성을 긍정하는가?
ㄷ. B : 기본적인 자유가 평등하게 보장되는 사회를 추구하는가?
ㄹ. B : 사회적 부(富)를 절대적 평등의 기준에 따라 분배해야 한다고 주장하는가?

① ㄱ, ㄴ ② ㄱ, ㄷ ③ ㄱ, ㄹ
④ ㄴ, ㄷ ⑤ ㄷ, ㄹ

295

다음 사상가가 긍정의 대답을 할 질문으로 옳은 것은?

> 우리의 경우 모든 자산을 관리하는 어떤 사람이나 자산이 어떻게 분배될 것인가를 합동으로 결정하는 집단이 존재하지 않는다. 각 개인이 갖는 바는 그가 다른 사람과 교환하여 또는 산물로써 다른 사람으로부터 얻는 바이다. 자유세계에서 다양한 사람들은 서로 다른 물자를 손에 쥐고 있으며, 새로운 소유물은 자발적 교환과 행위로부터 발생한다.

① 과세를 이용한 부의 재분배 정책에 찬성하는가?
② 재화의 분배는 전적으로 국가에 위임해야 하는가?
③ 개인의 타고난 재능을 사회의 공동 자산으로 간주하는가?
④ 복지 실현을 위해서 개인의 소유 권리를 침해할 수 있는가?
⑤ 사기, 강제 계약의 발생을 막기 위한 국가의 개입을 인정하는가?

★빈출 296

(가)의 갑, 을 사상가들의 입장을 (나) 그림으로 표현할 때, A~C에 해당하는 적절한 진술만을 〈보기〉에서 있는 대로 고른 것은?

(가)	갑 : 한 사람이 취득과 이전에서의 정의의 원리 또는 불의의 교정 원리에 의해 소유물에 대한 권리를 부여받았으면 정당하다. 을 : 사회적·경제적 불평등은 다음 조건을 만족하도록 조정되어야 한다. 첫째 최소 수혜자에게 최대 이익이 되고, 둘째 공정한 기회균등의 원칙에 따라 모든 사람에게 직책과 직위가 개방되어야 한다.
(나)	갑 을 A B C |범례| A : 갑만의 입장 B : 갑, 을의 공통 입장 C : 을만의 입장

[보기]

ㄱ. A : 개인의 정당한 노동의 산물은 개인만의 것이다.

ㄴ. A : 국가는 개인의 천부적 재능에 대해 간섭해서는 안 된다.

ㄷ. B : 결과적 평등을 재화 분배의 목표로 삼아야 한다.

ㄹ. C : 원초적 상황에서 각 개인은 최소 수혜자들이 최대의 혜택을 받는 원칙에 합의한다.

① ㄱ, ㄴ   ② ㄴ, ㄷ   ③ ㄷ, ㄹ

④ ㄱ, ㄴ, ㄹ   ⑤ ㄱ, ㄷ, ㄹ

297

갑, 을 사상가들의 입장에 관한 설명으로 옳지 않은 것은?

갑 : 정의로운 사회는 공정한 절차를 통해 사회 구성원들이 최소 수혜자를 우선적으로 배려하고자 하는 원칙에 합의하는 사회이다.

을 : 정의로운 사회는 각 개인이 자기 자신에 대한 완전한 소유권을 지니면서, 분배가 전적으로 개인의 자유에 맡겨지는 사회이다.

① 갑은 사회적 약자를 위한 분배의 필요성을 강조한다.

② 갑은 사회적 합의 과정의 공정성과 합리성을 중시한다.

③ 을은 개인의 소유권 보장을 가장 최우선으로 생각한다.

④ 을은 부정의를 교정하기 위해 국가의 개입은 필요하다고 본다.

⑤ 갑, 을은 재화의 공정한 분배를 위해 개인의 기본적 자유를 제한할 수 있다고 본다.

298

밑줄 친 '이 정책'에 관한 설명으로 가장 적절한 것은?

(가) 이 정책은 기존의 남성 중심 사회 구조에서 불이익을 받았던 여성에게 채용이나 승진 및 공직 진출의 혜택을 제공한다. 우리나라에서는 공직 선거에서 여성 후보자를 의무적으로 추천하는 제도를 실시하고 있다.

(나) 이 정책은 소수 인종이라는 이유로 차별받아 온 사람에게 다양한 기회와 혜택을 제공한다. 대학 입시에서 소수 인종 지원자들에게 가산점을 부여하는 것이 이에 해당한다.

① 세금 감면 정책 중 하나이다.

② 모든 사람은 위와 같은 정책에 찬성한다.

③ 여러 가지 영역에서 발생하는 차별의 원인을 개인에게 둔다.

④ 고용, 교육 등의 측면에서 특혜를 부여한다는 점에서 또 다른 차별로 이어질 수 있다.

⑤ 기업이나 관공서에서 일정 수 이상의 장애인을 반드시 고용해야 하는 제도와는 무관하다.

★빈출 299

교사의 질문에 적절하게 답변한 학생만을 있는 대로 고른 것은?

① 갑, 을   ② 을, 병   ③ 정, 무

④ 갑, 을, 병   ⑤ 갑, 병, 무

2. 교정적 정의의 의미와 윤리적 쟁점

300

그림은 노트 필기의 일부이다. ㉠~㉤ 중 옳지 <u>않은</u> 것은?

1. 교정적 정의 : ㉠ 사회 정의 실현을 위해 국가 권력에 의해 제도화된 법을 어긴 사람이 국가 권력에 의해 처벌받게 된다는 점에서 ㉡ 교정적 정의는 처벌과 밀접한 관련이 있음
2. 처벌에 대한 관점
   • 응보주의 관점 : ㉢ 처벌의 본질을 범죄 행위에 상응하는 처벌을 가하는 것으로 봄
   • 공리주의 관점 : ㉣ 처벌은 사회의 이익을 증진하기 위한 수단이 아니라 처벌 그 자체가 목적이며, ㉤ 처벌을 통해 범죄자를 교화시켜 장래의 범죄를 예방할 수 있음

① ㉠　　② ㉡　　③ ㉢　　④ ㉣　　⑤ ㉤

302

다음 사상가가 긍정의 대답을 할 질문으로 옳은 것은?

공적인 정의는 어떠한 종류의 처벌을 원리와 기준으로 삼는가? 그것은 분동을 사용하는 접시저울에서와 같은 등가성의 원리이다. 그러므로 만일 네가 다른 국민의 한 사람에게 아무런 이유 없이 악한 행위를 했을 경우, 너는 너 자신에게도 같은 것을 행하는 셈이 된다. 법정에서는 오직 응보의 권리만이 처벌의 질과 양을 결정할 수 있다.

① 처벌은 사회 전체의 행복을 증진시키기 위한 수단인가?
② 처벌의 본질은 범죄 행위에 상응하여 처벌하는 것인가?
③ 사람은 감성적 존재이므로 자기 행동에 책임져야 하는가?
④ 피해자가 가해자를 용서하고 화해하는 과정이 필요한가?
⑤ 처벌은 범죄 예방에 기여하는 정도에 비례하여 이루어져야 하는가?

301

갑의 입장에서 다음 질문에 대해 답변한 내용을 모두 바르게 짝지은 것은?

갑 : 형벌의 목적은 범죄를 예방하는 데 있다. 범죄자를 처벌함으로써, 일반 사람이나 잠재적 범죄자가 유사한 범죄를 저지르지 못하도록 억제할 수 있다.
〈질문 1〉 죄가 없는 사람을 살해한 범죄자에게 사형을 언도해야 하는가?
〈질문 2〉 그렇게 생각하는 이유는 무엇인가?

	질문 1	질문 2
①	예	사람을 수단으로 대우하면 안 되기 때문
②	예	지은 죄에 상응하는 벌을 받아야 하기 때문
③	예	범죄를 예방하여 공리를 증진할 수 있기 때문
④	아니요	범죄자의 재사회화 가능성을 박탈하기 때문
⑤	아니요	범죄자 계도라는 형벌의 목적을 달성할 수 없기 때문

303 ^{빈출}

을이 갑에게 제기할 수 있는 주장으로 가장 적절한 것은?

갑 : 범죄를 통해 얻을 수 있는 이익이 100이고 적발되었을 때 처벌의 정도가 100이며, 검거율이 10%인 경우를 생각해 보자. 이 경우 범죄의 이익은 100이지만 처벌의 고통은 10이라고 예상할 수 있으므로 예방 효과가 작아, 1000 이상으로 처벌 정도를 높여야 한다.
을 : 처벌의 목적은 유용성의 증진에 있는 것이 아니라 인간 존엄성의 실현에 있다. 처벌은 결코 범죄자 자신이나 시민 사회를 위해서 어떤 다른 선을 촉진하기 위한 수단으로써 가해질 수 없다.

① 처벌의 본질은 범죄 예방이다.
② 범죄 억제력은 수치로 계산할 수 있다.
③ 법을 어긴 사람을 처벌하는 것은 정당하다.
④ 처벌의 목적은 사회 전체의 이익 증대이다.
⑤ 보복법만이 형벌의 질과 양을 명확히 제시할 수 있다.

304

(가)를 주장한 사상가의 입장을 (나)의 학생이 요약하여 발표할 때, ㉠, ㉡에 들어갈 내용을 바르게 짝지은 것은?

(가)	형벌은 동등성의 원리에 따라 범죄자가 범죄를 저질렀다는 이유로만 그에게 가해져야 한다. 그 누구도 결코 타인의 의도를 실현하기 위한 수단으로 취급되어서는 안 된다.
(나)	학생: "이 사상가는 (㉠) 때문에 사형 제도는 (㉡)해야 한다고 주장합니다."

	㉠	㉡
①	범죄에 상응하는 처벌을 해야 하기	존치
②	국민의 일반적인 법 감정이 지지하기	존치
③	범죄자도 생명에 대한 권리를 지니기	폐지
④	범죄자도 교화를 통해 변화시킬 수 있기	폐지
⑤	범죄자로부터 시민의 안전을 지킬 수 있기	존치

★빈출 305

(가)의 갑, 을 사상가들의 입장을 (나) 그림으로 표현할 때, A~C에 해당하는 적절한 진술만을 〈보기〉에서 있는 대로 고른 것은?

(가)	갑: 사형은 한순간에 강렬한 인상만을 줄 뿐이다. 반면에 종신 노역형은 더 큰 공포를 안겨 준다. 처벌이 지속적 효과를 가질 때 범죄를 더 잘 예방할 수 있다. 을: 공적인 정의가 원칙과 표준으로 삼는 것은 어떤 종류의 형벌이고 어느 정도의 형벌인가? 그것은 다름 아니라 다른 한쪽보다 한쪽으로 더 기울지 않는 동등성의 원칙이다.
(나)	갑 을 A B C [범례] A: 갑만의 입장 B: 갑, 을의 공통 입장 C: 을만의 입장

【 보기 】
ㄱ. A : 유용성이 없는 경우에도 사형을 부과해야 한다.
ㄴ. B : 어떤 잘못에 대한 처벌은 공정하게 이루어져야 한다.
ㄷ. C : 형벌의 본질은 범죄 예방과 사회 전체의 행복 증진이다.
ㄹ. C : 이성적 존재자는 범죄의 해악에 비례하여 응분의 처벌을 받아야 한다.

① ㄱ, ㄴ   ② ㄱ, ㄷ   ③ ㄴ, ㄹ
④ ㄱ, ㄷ, ㄹ   ⑤ ㄴ, ㄷ, ㄹ

306

다음 글은 개인 윤리와 사회 윤리 중 어떤 관점을 지지하는 입장인지 쓰고, 그 근거를 서술하시오.

> 사형으로 응징될 만한 범죄의 원인은 그 범인 개개인의 인격이나 성향보다 그와 같은 범죄로 몰고 간 우리 사회 전체의 구조적 모순에 있는 경우가 많다. 그런데도 범인 개개인의 생명을 박탈하는 극단적인 방법으로 이에 대처하려고 하는 형사 정책은 문제의 본질을 왜곡한다.

[307~308] 다음 글을 읽고 물음에 답하시오.

> (㉠)은/는 일정액 이상의 자산을 보유하고 있는 사람에게 비례적 또는 누진적으로 과세하는 것으로, 재산이 많은 특정의 상위 계층에게 부과한다. (㉠) 도입은 불평등을 해소하고 양극화 문제를 극복하기 위해서이다.

307

㉠에 공통으로 들어갈 용어를 쓰시오.

308

㉠의 도입을 반대하는 입장의 근거를 두 가지 서술하시오.

[309~310] 다음 글을 읽고 물음에 답하시오.

> 매튜는 두 사람을 살해한 혐의로 사형 선고를 받는다. 그러나 헬렌 수녀를 만난 매튜는 가난 때문에 변호사를 구하지 못해 억울하게 사형 선고를 받았을 뿐, 무죄라고 주장하며 도와줄 것을 부탁한다. 헬렌 수녀는 변호사와 함께 항소를 하고 ㉠ 사형 제도의 불합리성을 호소한다.

309

㉠을 뒷받침하는 논거를 세 가지 서술하시오.

310

㉠의 주장에 반박하는 논거를 세 가지 서술하시오.

적중 1등급 문제

>> 바른답·알찬풀이 30쪽

311

(가) 사상가의 입장을 (나) 그림으로 탐구하고자 할 때, A, B에 들어갈 적절한 질문만을 <보기>에서 고른 것은?

(가)	개인은 자신의 이익이 아닌 다른 사람의 이익을 고려하기도 한다. 그러나 집단은 개인이나 다른 집단과의 관계에서 상대의 이익에 주목하기보다 자기 집단의 이익을 관철하려는 경향을 강하게 나타낸다. 왜냐하면 개인들의 이기적 충동은 개별적으로 나타날 때보다 하나의 공통된 충동으로 결합되어 나타날 때 더 강하게 표출되기 때문이다.
(나)	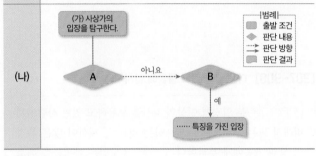

[보기]

ㄱ. A : 개인과 사회의 도덕적 이상은 모순적인가?

ㄴ. A : 집단의 이기심을 극복하기 위해 합리성에 부합하는 강제력이 필요한가?

ㄷ. B : 집단 간의 관계는 개인 간의 관계에 비해 합리적인가?

ㄹ. B : 집단 규모가 커질수록 충동을 제어하는 이성의 힘은 약해지는가?

① ㄱ, ㄴ   ② ㄱ, ㄷ   ③ ㄱ, ㄹ
④ ㄴ, ㄹ   ⑤ ㄷ, ㄹ

312

다음 서양 사상가가 긍정의 대답을 할 질문으로 옳은 것은?

인간은 태어날 때부터 어느 정도 동정심과 다른 사람을 배려하는 마음을 가지고 태어난다. 실제로 우리는 현실의 대인 관계에서 윤리 문제가 발생하면 타인을 배려하거나 그의 이익을 고려하는 등 도덕적으로 행동하는 편이다. 하지만 사회 집단의 경우, 이 모든 것이 불가능하지는 않지만 매우 어렵다.

① 개인과 사회의 도덕적 이상은 동일한가?

② 개인의 도덕성은 항상 사회 집단의 도덕성을 보장하는가?

③ 개인의 도덕성과 사회 집단의 도덕성은 항상 대립적인가?

④ 개인이 속한 집단의 도덕성은 개인의 도덕성에 비례하는가?

⑤ 개인의 도덕성은 집단 간의 관계 속에서 약화될 수 있는가?

313

갑, 을의 입장에 대한 설명으로 옳지 않은 것은?

갑 : 천부적 재능의 분포를 공동의 자산으로 생각하여, 사람들은 공동의 이익을 가져오는 경우에만 자연적·사회적 우연성을 이용하기로 약속한다. 이러한 차등의 원칙은 운명의 우연성을 공정하게 다루는 정의로운 방식이다.

을 : 분배가 정의로운가는 그 분배가 어떻게 이루어졌는가에 달려 있다. 이러한 역사적 원리에 따르면 사람들의 과거 행위나 상황은 사물에 대한 차별적 소유 권리나 응분의 자격을 만들어 낸다.

① 갑은 정의의 원칙이 사회적 우연성을 배제한 상황에서 도출되어야 한다고 본다.

② 갑은 소득과 부의 공정한 분배는 최소 수혜자에게 최대의 혜택이 돌아갈 때 실현될 수 있다고 본다.

③ 을은 취득의 과정이 부당한 사적 소유는 교정의 대상이라고 본다.

④ 을은 분배 결과에 초점을 둔 정의론은 개인의 소유권을 보장한다고 본다.

⑤ 갑, 을은 분배 절차가 공정하면 그로 인한 분배의 결과도 공정한 것으로 간주해야 한다고 본다.

314

다음 사상가의 입장으로 옳은 것은?

각자가 상호 동등한 관계에 있게 되는 원초적 입장의 여건들이 주어질 경우 도덕적 인격으로서, 즉 자신의 목적과 정의감을 가진다고 생각되는 합리적 존재로서의 개인들에게 있어서 이런 최초의 상황이란 공정하다고 볼 수 있다.

① 재화의 분배를 전적으로 개인에게 위임해야 한다.

② 능력과 업적만으로 정의의 원칙을 도출해야 한다.

③ 사회가 추구해야 할 최고의 도덕적 이상은 정의이다.

④ 정의로운 사회에서는 경제적 불평등이 존재할 수 없다.

⑤ 재화 분배의 목표를 결과적 평등의 실현에 두어야 한다.

315

(가)의 입장에서 〈사례〉 속 A 대학에 제시할 수 있는 조언으로 가장 적절한 것은?

(가) 과거의 차별 때문에 육체적·정신적 고통을 받아 온 사회적 약자는 그 고통에 대해 보상받을 권리가 있다.

〈사례〉

A 대학은 소수 인종에게 다양한 기회와 혜택을 제공하기 위해 소수 인종에 대해 가산점을 부여하는 정책을 도입해야 할지 고민하고 있다.

① 차별에 따른 불평등은 개인적 차원에서 해결해야 함을 고려해야 합니다.
② 과거에 소수 인종을 차별했던 가해자는 존재하지 않음을 알아야 합니다.
③ 현대 사회에서는 소수 인종이 오히려 부나 지위를 획득하는 데 유리합니다.
④ 사회적 지위나 인종으로 인해 차별받아 온 사람들에게 공정한 기회를 주어야 합니다.
⑤ 소수자에 대해 의도적인 혜택을 주는 것은 다수자에 대한 역차별을 초래함을 알아야 합니다.

316

갑, 을 사상가들의 입장에 관한 설명으로 옳지 <u>않은</u> 것은?

갑 : 범죄에 대한 형벌은 오직 법을 통해서만 가능하며, 이러한 권한은 사회 계약으로부터 나온다. 형벌은 강도보다 지속성을 중시해야 한다. 사형은 한 시민에 대한 국가의 전쟁이기 때문에 허용되어서는 안 된다.
을 : 범죄에 대한 형벌은 사회의 최대 행복을 저해하는 경향에 비례하여 가해져야 한다. 형벌의 목적은 범죄 예방과 일반인에 대한 경고에 있다. 사형은 그 범죄자가 살아 있는 것이 나라 전체를 중대한 위험에 처하게 할 경우에나 적합한 형벌이다.

① 갑은 사형보다 종신 노역형이 범죄 예방 효과가 크다고 본다.
② 갑은 사형이 살인범을 인격적 존재로 대우하는 것이라고 본다.
③ 을은 처벌의 목적이 범죄를 예방하는 데 있다고 본다.
④ 을은 사형 제도의 정당성이 공리의 원리에 따라 판단되어야 한다고 본다.
⑤ 갑과 을은 모두 형벌이 최대 다수의 최대 행복을 위해 집행되어야 한다고 본다.

317

㉠에 들어갈 적절한 내용만을 〈보기〉에서 고른 것은?

처벌은 범죄 행위에 대한 응당한 보복의 차원에서, 범죄 행위에 상응하는 동등한 형벌을 부과하는 것이어야 합니다.

그렇지 않습니다. 처벌은 사회 전체 행복의 증진을 위한 수단으로 행해져야 합니다. 제가 보기에 당신은 ㉠ 을 간과하고 있습니다.

갑

을

[보기]
ㄱ. 처벌은 범죄 예방과 사회 안전 확보를 위한 수단임
ㄴ. 범죄자의 범죄 행위에 상응하는 처벌이 정의로운 것임
ㄷ. 위법의 이익보다 형벌의 손실이 큰 형벌을 부과해야 함
ㄹ. 범죄자를 처벌하는 것이 범죄자의 인격을 존중하는 것임

① ㄱ, ㄴ   ② ㄱ, ㄷ   ③ ㄱ, ㄹ
④ ㄴ, ㄷ   ⑤ ㄷ, ㄹ

318

갑, 을 사상가들의 입장에서 질문에 대한 답변을 모두 바르게 짝지은 것은?

갑 : 사회 계약은 계약 당사자들의 생명 보존을 목적으로 한다. 타인의 도움으로 자신의 생명을 보존하려는 자는 필요한 경우에는 타인을 위하여 자기의 생명을 바칠 줄도 알아야 한다.
을 : 형벌은 범죄자 자신이나 시민 사회를 위해서 어떤 다른 선을 촉진하기 위한 수단으로서가 아니라 범죄자가 범죄를 저질렀기 때문에 가해지지 않으면 안 된다.

	질문	대답	
		갑	을
①	사형 제도는 유용성 증진의 수단인가?	아니요	예
②	응보적 관점에서 사형 제도가 필요한가?	예	아니요
③	사형은 어떤 경우에도 시행되어서는 안 되는가?	예	아니요
④	국가는 흉악범의 생명권을 박탈할 권리를 가지는가?	예	예
⑤	사형 제도는 흉악범의 인간 존엄성을 존중하는 것인가?	아니요	아니요

08 국가와 시민의 윤리

Ⅲ. 사회와 윤리

☑ 출제 포인트　☑ 국가 권위의 정당화 관점　☑ 시민에 대한 국가의 의무　☑ 시민 참여와 시민 불복종

1. 국가의 권위와 시민에 대한 국가의 의무

✪1 국가 권위의 정당화 관점 ⓒ 66쪽 334번 문제로 확인

인간 본성	국가는 인간 본성에 따라 성립된 것이므로 자연스럽게 권위를 가짐 (아리스토텔레스)
동의	시민이 국가에 복종하기로 동의하였기 때문에 권위를 가짐(사회 계약론)
혜택	국가는 공공재와 관행의 혜택을 제공하므로 권위를 가짐(흄)
천명 (天命)	국가의 권위를 민의(民意)에 기초한 천명의 관점에서 정당화함(유교 : 군주의 통치권은 하늘이 준 것)

> **자료** 　흄의 혜택론 ⓒ 66쪽 335번 문제로 확인
>
> 이익의 감각이 정부에 대한 복종의 근원적 동기가 아니라면 인간 본성에서 이익 이외의 어떤 원리가 인간의 자연적 야망을 경감하고 인간을 정부에 대해 복종시킬 힘이 있는가? 복종의 동기는 이익 이외의 어떤 원리도 없다는 것은 명백하다. 이익이 정부에 대한 복종을 산출한다면, 이익이 현저한 정도로 중단될 때마다 복종의 책임도 반드시 중단된다.
>
> 〔분석〕 흄은 정부에 복종해야 하는 근원적 동기는 국가로부터 얻는 혜택에 있으며, 안전과 보호가 국가로부터 얻는 대표적인 혜택이라고 보았다.

✪2 시민에 대한 국가의 의무 ⓒ 66쪽 335번, 336번 문제로 확인

(1) 동양

유교	• 가장 귀한 것은 백성이고, 다음은 국가이며, 마지막이 군주라고 하여 백성을 위하는 정치를 강조함 • 군주가 먼저 덕으로 백성을 교화하고 재화를 고르게 분배하는 민본 정치를 실행하면 서로 신뢰하고 더불어 사는 사회가 실현됨
묵자	무차별적 사랑인 겸애(兼愛)를 강조함 → 남의 나라와 나의 나라, 남의 가족과 나의 가족을 차별 없이 사랑하고, 서로 이로움을 나누면 혼란이 없어짐
한비자	군주는 이기적인 백성을 엄격한 법에 따라 적절한 상벌로 통제하여 질서를 유지해야 함
정약용	지방 관리들은 애민(愛民)을 실천해야 함 → 노인, 어린이, 가난한 사람, 병든 사람의 구제와 재난 대비를 강조함

(2) 서양

사회 계약설	• 홉스 : 국가는 '만인의 만인에 대한 투쟁 상태'에 놓인 사람들의 생명과 재산을 보호하고 사회 질서를 형성해야 함 • 로크 : 국가는 분쟁을 해결하여 개인의 생명, 자유, 재산을 보호하며 평화롭고 안전한 삶을 살게 해야 함 • 루소 : 국가는 사유 재산이 증가하면서 발생한 사회적 불평등을 해결하고 시민의 생명을 보존하고 번영할 수 있도록 해야 함
밀	국가는 시민이 타인에게 해악을 끼칠 경우를 제외하고는 시민의 자유와 기본권을 보장해야 함
롤스	국가는 개인의 평등한 자유를 보장하고, 사회의 가장 불리한 위치에 있는 사람에게 최대 이익이 돌아가게 하며, 사회에서 누구나 높은 지위에 오를 수 있는 기회를 평등하게 부여하는 질서 정연한 정의 사회를 실현해야 함

2. 민주 시민의 참여와 시민 불복종

1 시민의 권리와 의무

동양의 유교	• 부모에게 효도하는 것과 같이 백성이 국가에 충성하는 것을 의무로 간주함 • 맹자 : 군주는 민본주의를 바탕으로 왕도 정치를 실천해야 하며, 백성은 군주가 백성을 위한 정치를 하지 않는다면 역성혁명(易姓革命)을 일으킬 수 있음
서양의 사회 계약론	• 시민은 자연법에 따른 권리의 주체로서 자유를 정당하게 행사할 권리가 있음 • 시민은 자신과 동등한 타인의 자유와 권리를 침해하지 않으면서 정치 공동체의 구성원으로서 공동선을 지향해야 할 의무가 있음 • 시민은 사회 계약을 위반한 정부에 저항할 권리가 있음(로크)

2 시민 참여의 의미와 필요성

(1) **시민 참여의 의미**　정부의 정책 결정 과정에 영향을 미치는 것을 목적으로 한 시민 활동 ⓔ 공청회, 주민 투표제, 주민 소환제, 국민 참여 재판 등

(2) **시민 참여의 필요성**　주인 의식의 반영, 개인의 권리 보장, 공동체의 발전 도모, 대의 민주주의의 한계 보완 등

3 시민 불복종의 의미와 정당화 조건

(1) **시민 불복종의 의미와 근거**

① 의미 : 부정의한 법과 정책에 대한 시민의 의도적인 위법 행위

② 시민 불복종의 근거

드워킨	헌법 정신에 어긋나는 법률에 대해서 시민은 저항할 수 있음
소로	헌법을 넘어선 개인의 양심이 저항의 최종 판단 근거임
롤스	공유된 정의관(=사회적 다수의 정의관)이 저항의 기준이 되어야 함

> **자료** 　롤스의 시민 불복종 ⓒ 67쪽 339번 문제로 확인
>
> 시민 불복종(또는 양심적 거부)은 비록 불법적이기는 하지만 입헌 체제를 안정시키는 방도이다. …… 적절한 제한 조건과 건실한 판단을 통해 이용되는 시민 불복종은 정의로운 제도를 유지하고 강화하는 데 도움이 된다.
>
> 〔분석〕 롤스는 법에 대한 충실성 내에서 전개되는 시민 불복종 운동이 정의로운 제도를 강화시키고 사회를 더 안정시킨다고 주장하였다.

✪(2) 시민 불복종의 정당화 조건 ⓒ 67쪽 340번 문제로 확인

법에 대한 충실성	기존의 사회 질서와 법에 대한 존중에 바탕을 두어야 함
행위 목적의 정당성	특정 집단의 이익이 아닌 사회 정의를 실현해야 함
최후의 수단	합법적인 노력이 효과가 없을 때 실시해야 함
비폭력성	무력을 사용하지 않고 평화적인 방법으로 행해야 함
처벌 감수	법을 어기는 행위이므로 그에 따른 처벌을 감수해야 함

분석 기출 문제

>> 바른답·알찬풀이 31쪽

•• 빈칸에 들어갈 알맞은 용어를 쓰시오.

319 (   )(이)란 국가가 시민에게 명령을 내리거나 통치를 할 수 있는 권리로 시민이 국가의 뜻을 따르게 하는 힘을 가진다.

320 (   )의 관점에 따르면 국가는 시민의 자발적 동의에 따라 성립하였으므로 권위를 가진다.

321 국가가 시민에게 공공재와 관행을 제공하므로 권위를 가진다고 보는 입장을 (   )의 관점이라고 한다.

322 천명의 관점에 따르면 국가의 권위는 (   )에 기초한 천명(天命)에서 유래한다.

•• 다음 내용이 맞으면 ○표, 틀리면 ×표를 하시오.

323 도가에서는 군주가 덕으로 백성을 교화하고, 백성의 생계를 안정시키며, 재화를 고르게 분배하여 더불어 잘 사는 사회를 만들어야 한다고 본다.   (   )

324 한비자는 남의 나라를 내 나라 돌보는 것과 같이 하고, 남을 자신을 돌보는 것과 같이 하는 겸애를 강조하였다.   (   )

325 로크는 '만인의 만인에 대한 투쟁 상태'에 놓인 시민의 생명과 재산을 보호하고 사회 질서를 확립하기 위해 국가가 발생하였다고 설명한다.   (   )

326 롤스는 국가의 의무로 개인의 평등한 자유 보장, 사회적 약자의 최대 수혜 보장, 기회균등의 원칙 유지 등을 제시하였다.   (   )

•• 다음에서 설명하는 시민 불복종의 정당화 조건을 〈보기〉에서 고르시오.

327 시민 불복종은 무력을 사용하지 않고 평화적인 방법으로 행해야 한다.   (   )

328 시민 불복종은 특정 집단의 이익이 아닌 사회 정의를 실현하고자 하는 노력이다.   (   )

329 시민 불복종은 합법적인 노력이 더 이상 효과가 없을 때 선택하는 마지막 방법이다.   (   )

330 시민 불복종은 범법 행위이므로 그에 대한 처벌을 감수함으로써 준법 의지를 보여 주어야 한다.   (   )

[보기]
ㄱ. 비폭력성   ㄴ. 처벌 감수
ㄷ. 최후의 수단   ㄹ. 행위 목적의 정당성

331

다음 고대 서양 사상가의 입장만을 〈보기〉에서 있는 대로 고른 것은?

국가는 자연적으로 존재하는 공동체들의 완성이다. 자신의 본성상 국가의 구성원이 될 수 없거나 이미 자족해서 그럴 필요가 없는 존재는 보잘것없는 존재이거나 인간 이상의 존재이다. 인간만이 서로 도와줄 필요가 없는 경우에도 국가를 이루길 원한다. 국가가 존재하는 목적은 단지 물질적 필요의 충족만은 아니다.

[보기]
ㄱ. 국가는 구성원들의 계약을 통해 형성된다.
ㄴ. 국가 안에서만 개인의 궁극적인 목적이 실현된다.
ㄷ. 개인은 정치 공동체 속에서 행복을 실현할 수 있다.
ㄹ. 인간의 본성상 국가의 구성원이 되는 것은 자연스러운 결과이다.

① ㄱ, ㄴ   ② ㄱ, ㄷ   ③ ㄴ, ㄹ
④ ㄱ, ㄷ, ㄹ   ⑤ ㄴ, ㄷ, ㄹ

332

다음을 주장한 사상가가 제시할 수 있는 국가 권위에 대한 정당성의 근거로 가장 적절한 것은?

여러분 중 누구라도 법이나 국가에 만족하지 못하여 다른 나라로 가고자 한다면, 어떤 법도 여러분의 이주를 막지 않을 것이다. 반대로 여러분이 이 땅에 머물기로 했다면, 그것은 법이 명하는 어떤 것도 이행하겠다고 결심한 것이다.

① 각 개인에게 재화와 서비스를 제공하기 때문
② 국가가 인간의 본성에 의해 형성된 것이라고 보기 때문
③ 국가의 구성원으로 살기로 스스로 동의했다고 보기 때문
④ 국가는 가장 높은 단계의 선을 추구하는 공동체이기 때문
⑤ 백성들을 통치할 수 있는 권한을 하늘로부터 받았기 때문

333

(가), (나)에서 공통적으로 추론할 수 있는 정치적 의무의 도덕적 근거로 가장 적절한 것은?

(가)	공공재는 한 사람이 소비한다고 해서 다른 사람이 소비할 수 없는 것이 아니다. 국방이라는 공공재의 경우 한 사람이 국방 체제에 의해 혜택을 본다고 해서 다른 사람이 누리는 국방 혜택이 감소하는 것은 아니다.
(나)	공동체는 각종 제도나 법률, 규범적인 생활 방식 등을 만들어 구성원들의 편리를 도모할 수 있다. 예를 들어 어떤 나라에서는 좌측통행을, 어떤 나라에서는 우측통행을 규칙으로 삼는다. 이러한 규칙은 임의적으로 생겨난 것일 수 있지만, 계속 안정되게 유지되면서 공동의 이익에 부합하기 때문에 지키는 것이다.

① 국가는 최고 혹은 최선의 공동체이다.
② 국가는 국민에게 다양한 혜택을 제공한다.
③ 국가는 인간의 본성에 의해 자연스럽게 형성된 것이다.
④ 국가는 자유로운 개인이 계약에 의해 국가를 구성한 것이다.
⑤ 국가는 개인의 생명권, 자유권, 재산권과 같은 권리를 보장한다.

334
빈출

다음 대화에 대한 옳은 해석만을 〈보기〉에서 있는 대로 고른 것은?

국가는 시민들이 자발적으로 동의한 계약에 의해 성립된 것입니다. 따라서 동의에 따른 정치적 의무가 있는 것이지요.

인간은 본성적으로 국가 공동체를 구성하는 존재입니다. 따라서 정치적 권위에 복종하는 것은 자연스러운 것입니다.

국방, 고속도로, 국립 공원 등 국가가 제공하는 공공재의 혜택을 누리고 있기 때문에 국가의 권위에 복종해야 합니다.

[보기]
ㄱ. 갑은 정치적 의무의 도덕적 근거를 인간의 본성에서 찾는다.
ㄴ. 을은 사회 계약론자의 주장으로 자유로운 개인이 국가에 대한 정치적 의무를 자발적으로 선택한다는 것이다.
ㄷ. 병은 정의로운 국가에 대해 복종하는 것을 자연적 의무로 본다.
ㄹ. 갑은 을, 병에 비해 개인과 국가는 운명 공동체라는 점을 강조한다.

① ㄱ, ㄴ   ② ㄱ, ㄷ   ③ ㄱ, ㄹ
④ ㄱ, ㄴ, ㄹ   ⑤ ㄱ, ㄷ, ㄹ

335
빈출

을의 입장에서 갑에게 제기할 반론으로 가장 적절한 것은?

> 갑 : 사람들은 사회에 들어갈 때 그들이 자연 상태에서 가졌던 평등, 자유, 집행권을 사회가 요구하는 바에 따라 입법부가 처리할 수 있도록 사회의 수중에 양도한다. 그러나 그것은 오직 모든 사람이 그 자신, 그의 자유 및 그의 재산을 더욱 잘 보존하려는 의도에서 행하는 것이다.
> 을 : 이익의 감각이 정부에 대한 복종의 근원적 동기가 아니라면 인간 본성에서 이익 이외의 어떤 원리가 인간의 자연적 야망을 경감하고 인간을 정부에 복종시킬 힘이 있는가? 복종의 동기는 이익 이외의 어떤 원리도 없다.

① 국가가 시민의 권리를 침해할 경우 국민이 저항할 수 있음을 알아야 한다.
② 국가는 인간의 정치적 본성으로 인하여 저절로 발생하는 것임을 알아야 한다.
③ 정치적 의무는 정부로부터 얻는 혜택이 있을 때에만 발생하는 것임을 알아야 한다.
④ 구성원들이 사회 계약에 동의함으로써 정치적 의무가 발생한다는 점을 알아야 한다.
⑤ 국가가 제 역할을 하지 못할 경우 정치적 의무를 다할 국민의 책임이 사라진다는 점을 알아야 한다.

336
빈출

다음 동양 사상가의 입장만을 〈보기〉에서 있는 대로 고른 것은?

> 과거 현명한 군주는 백성의 산업을 마련하여 부모를 섬기고 처자를 기를 수 있게 했으며, 흉년이 들더라도 죽음을 면할 수 있게 했습니다. 그런 뒤에 백성을 선한 길로 인도하기 때문에 백성들이 따라오기 쉬웠습니다. 지금은 백성의 산업이 부모를 섬기기에 부족하고 처자를 먹여 살릴 수 없어서 풍년이 들더라도 고생을 해야 하며, 흉년에는 죽음을 면할 수 없게 되었습니다. 왕께서는 어진 정치를 펴 보고 싶으시다면서 왜 근본으로 돌아가시지 않습니까?

[보기]
ㄱ. 군주는 백성의 생계를 안정시켜야 한다.
ㄴ. 군주는 백성을 도덕으로 감화시켜야 한다.
ㄷ. 군주는 이기적인 백성을 엄격한 법을 통해 통치해야 한다.
ㄹ. 군주는 백성을 귀하게 여기고 백성을 위한 정치를 해야 한다.

① ㄱ, ㄷ   ② ㄴ, ㄷ   ③ ㄴ, ㄹ
④ ㄱ, ㄴ, ㄹ   ⑤ ㄱ, ㄷ, ㄹ

337

(가)의 이상을 실현하기 위해 (나)의 사상가가 주장한 내용만을 〈보기〉에서 고른 것은?

(가)	백성이 나라의 근본이니, 근본이 튼튼해야 나라가 평안하다.
(나)	풍년에 양식이 넘쳐서 개와 돼지가 사람이 먹을 양식을 먹는데도 거두어 저장해 둘 줄 모르고, 흉년에 양식이 부족해서 길에 굶주려 죽는 시체가 있는데도 창고의 곡식을 풀어 나누어 줄 줄 모르다가, 사람이 굶주려 죽게 되면 "나 때문이 아니다. 흉년이 들었기 때문이다."라고 한다면, 이것이 사람을 찔러 죽이고도 "내가 죽인 것이 아니라 칼이 죽였다."라고 하는 것과 무슨 차이가 있겠습니까?

[보기]
ㄱ. 민생을 돌보지 않는 군주는 바꾸어야 한다.
ㄴ. 군주는 인의(仁義)보다 형벌로 백성을 다스려야 한다.
ㄷ. 백성을 살피지 않는 군주를 교체하는 것은 불가능하다.
ㄹ. 군주는 천명을 대신하여 백성이 안정되고 바르게 살게 해야 한다.

① ㄱ, ㄴ   ② ㄱ, ㄹ   ③ ㄴ, ㄷ
④ ㄴ, ㄹ   ⑤ ㄷ, ㄹ

338

㉠의 행동을 정당화할 수 있는 조건만을 〈보기〉에서 고른 것은?

1955년 12월, 미국 앨라배마 주 몽고메리 시에 전단지가 뿌려졌다. 한 흑인 여성이 백인에게 버스 자리를 양보하지 않아 감옥에 수감된 사실을 알리고, 이 부당한 체포와 재판에 맞서기 위해 월요일에는 버스를 타지 말자는 내용이었다. 이 전단지를 읽은 사람들은 30km 이상을 걸어서 출근하였고 월요일의 버스는 텅 비게 되었다. 이후 ㉠ 버스 보이콧 참가자들에 대한 체포와 폭행, 협박과 해고가 이어졌지만 이들은 비폭력 원칙을 끝까지 지키면서 저항했다.

[보기]
ㄱ. 폭력적이거나 파괴적인 방법을 자제해야 한다.
ㄴ. 공공의 이익 실현을 목표로 삼는 경우여야 한다.
ㄷ. 사회 체제의 변혁을 직접적인 목표로 삼아야 한다.
ㄹ. 목적 달성을 위해 수단과 방법을 가리지 않아야 한다.

① ㄱ, ㄴ   ② ㄱ, ㄷ   ③ ㄴ, ㄷ
④ ㄴ, ㄹ   ⑤ ㄷ, ㄹ

★빈출 339

갑, 을의 입장에서 질문에 답한 내용을 모두 바르게 짝지은 것은?

갑 : 시민 불복종(또는 양심적 거부)은 비록 불법적이기는 하지만 입헌 체제를 안정시키는 방도이다. …… 적절한 제한 조건과 건실한 판단을 통해 이용되는 시민 불복종은 정의로운 제도를 유지하고 강화하는 데 도움이 된다.

을 : 바보 같은 법에 따르지 않음으로써 우리는 그로부터 빚어질 엄청난 재앙을 막을 수 있다. 독재 정치는 독재자가 하는 것이지만 개인적으로 혹은 집단적으로 저항하지 않고 무기력하게 그것을 받아들이는 국민의 동의가 있기에 가능한 것이다. 법이 자연법에 비추어 형평성보다는 독단에 치우쳐 있다고 판단된다면 순순히 따르지 말고 양심에 따라 저항하라.

	질문	갑	을
①	시민 불복종의 최종 판단 근거는 헌법인가?	예	예
②	시민 불복종은 공개적으로 이루어져야 하는가?	아니요	예
③	공동체의 정의감이 시민 불복종의 정당화 근거인가?	예	아니요
④	시민 불복종을 할 경우 폭력적인 방법을 사용할 수 있는가?	예	아니요
⑤	법에 대한 충실성의 한계 내에서 시민 불복종이 이루어져야 하는가?	아니요	예

★빈출 340

(가)를 통해 추론할 때, (나)의 ㉠에 들어갈 내용으로 가장 적절한 것은?

(가)	1930년 영국 정부는 소금 법으로 인도 사람들을 더욱 억압하였다. 소금세가 너무 높아 가난한 농민은 소금을 사 먹지 못할 지경이었다. 간디는 영국 정부에게 소금 법을 폐지하라고 요구했지만 받아들여지지 않았다. 그는 이에 대한 저항의 표시로 제자들을 데리고 24일 동안 행진하여 동쪽 해안에 이르렀다. 간디와 그 일행은 바닷물을 떠다 햇볕에 말려 소금을 만들기 시작했다. 이에 경찰은 곤봉을 휘두르며 소금 법을 어긴 사람을 강제로 진압했으나, 그들은 소금 만드는 것을 멈추지 않았고, 결국 체포되어 투옥되었다.
(나)	교사 : 간디와 그 일행의 행동이 정당화될 수 있는 이유는 무엇일까요? 학생 : ㉠

① 법규 위반에 따른 처벌에 대해 저항했기 때문이다.
② 잘못된 법을 바로잡기 위해 폭력을 사용했기 때문이다.
③ 사적인 이익과 관련된 문제에 대하여 행해졌기 때문이다.
④ 어떤 방법을 동원해서라도 자기 의견을 주장했기 때문이다.
⑤ 합법적인 노력이 실패하자 최후의 수단으로 행해졌기 때문이다.

341

(가)의 입장을 (나) 그림으로 탐구하고자 할 때, A, B에 들어갈 질문으로 적절하지 <u>않은</u> 것은?

(가)	시위행진을 허가 사항으로 규정한 법 자체는 부당하지 않습니다. 하지만 이 법이 흑백 차별을 유지하고 미연방 헌법 수정 조항 제1조의 평화적인 집회와 항의를 할 권리를 제한하기 위해 이용된다면 부당한 것입니다. 하지만 부당한 법을 위반하는 사람은 어떤 처벌도 달갑게 받아들여야 합니다. 양심적으로 부당하다고 판단되는 법률을 위반하되 지역 사회의 양심에 그 법률의 부당성을 호소하기 위해서 징역형도 불사하는 사람이야말로 법을 존중하는 사람입니다.
(나)	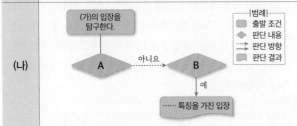

① A : 법을 빠져나가거나 무시해도 되는가?
② A : 법률의 부당성을 호소하더라도 법을 존중해야 하는가?
③ B : 인종 차별을 유지하는 법은 부정의한가?
④ B : 부당한 법을 위반하더라도 처벌은 감수해야 하는가?
⑤ B : 평화적인 집회와 항의를 할 권리는 보장되어야 하는가?

342

갑의 입장에서 다음 질문에 대해 답변한 내용을 모두 바르게 짝지은 것은?

> 갑 : 우리는 모두 인간이어야 하고, 그 다음 국민이어야 한다. 법에 대한 존경심보다는 먼저 정의에 대한 존경심을 지니는 것이 바람직하다. 내가 마땅히 따라야 할 의무는, 어떤 때이든 내가 옳다고 생각하는 일을 하는 것이다. 불의가 당신으로 하여금 다른 사람에게 불의를 행하는 하수인이 되라고 요구한다면 그 법을 어겨라.
> 〈질문 1〉 시민 불복종은 정당화될 수 있는가?
> 〈질문 2〉 그 이유는 무엇인가?

	질문 1	질문 2
①	예	양심에 따르는 것이 중요하기 때문
②	예	사회의 질서 유지를 위해 필요하기 때문
③	예	잘못된 법도 나름의 존재 이유가 있기 때문
④	아니요	법적 안정성을 해치는 일이기 때문
⑤	아니요	국민이 져야 할 준법 의무를 위배하기 때문

343

㉠이 필요한 이유를 <u>세 가지</u> 서술하시오.

> 오늘날 현대 사회에서는 주민 투표, 정당 가입을 통한 정치 참여, 시민 단체 활동, 언론 및 인터넷 매체를 통한 활동, 행정 기관에 민원 청구 등 다양한 형태의 ㉠시민 참여가 이루어지고 있다.

[344~345] 다음 글을 읽고 물음에 답하시오.

> (㉠)은/는 시민 참여의 한 형태로, 정의롭지 못한 법을 개정하거나 정부 정책을 변혁하려는 목적으로 행하는 의도적인 위법 행위이다.

344

㉠에 들어갈 알맞은 용어를 쓰시오.

345

㉠의 정당화 조건을 <u>세 가지</u> 서술하시오.

346

다음을 주장한 사상가가 긍정의 대답을 할 질문만을 〈보기〉에서 고른 것은?

> 완전한 공동체인 국가는 자연의 산물이며, 인간은 본성적으로 국가 공동체를 구성하는 동물이다. 국가 없이 살아가는 자는 인간보다 하등하거나 인간을 뛰어넘는 존재이다.

[보기]
ㄱ. 정치 공동체인 국가에서 인간은 선을 실현할 수 있는가?
ㄴ. 국가의 통치자는 인의예지의 덕으로써 백성을 감화해야 하는가?
ㄷ. 국가는 자연 상태에서 벗어나려는 인간들의 계약으로 수립되는가?
ㄹ. 국가는 인간의 본성에 따라 성립된 것으로 자연스럽게 권위를 가지는가?

① ㄱ, ㄴ   ② ㄱ, ㄹ   ③ ㄴ, ㄷ
④ ㄴ, ㄹ   ⑤ ㄷ, ㄹ

347

그림의 강연자가 지지할 입장만을 〈보기〉에서 있는 대로 고른 것은?

> 정부가 해체되면 국민은 스스로 대비할 자유를 가집니다. 우리는 우리의 안전과 이익에 가장 적합하다고 여기는 데 따라 총전과 다른 새 입법 기구를 수립할 수 있습니다.

[보기]
ㄱ. 자연 상태에서 모든 인간은 자유롭고 평등하다.
ㄴ. 국민의 동의가 없는 정치권력은 권위를 가지지 못한다.
ㄷ. 국가의 효율적인 운영을 위해 국가는 절대 권력을 가진다.
ㄹ. 국민의 자유와 안전을 위협하는 국가에 대해 국민은 저항할 수 있다.

① ㄱ, ㄷ   ② ㄱ, ㄹ   ③ ㄴ, ㄷ
④ ㄱ, ㄴ, ㄹ   ⑤ ㄴ, ㄷ, ㄹ

348

갑, 을의 입장에 대한 설명으로 옳지 <u>않은</u> 것은?

> 갑 : 일정한 생업이 없는 백성은 변함없는 마음을 잃게 된다. 그러므로 군주는 백성이 부모를 봉양하고 처자식을 부양하기에 부족함이 없게 해 주어야 한다.
>
> 을 : 인간은 이익을 추구하는 본성으로 인해 정부에 복종한다. 안전과 보호라는 이익은 정부 수립의 근원적 동기이자 우리가 정부에 복종하는 원천이다.

① 갑은 통치자가 백성들에게 도덕적인 모범을 보여야 한다고 본다.
② 갑은 백성의 도덕성 유지를 위해 국가는 백성의 경제적 안정을 도모해야 한다고 본다.
③ 을은 정부가 제공하는 혜택에서 정부에 대한 복종의 의무가 생겨난다고 본다.
④ 을은 국가가 자연 상태를 벗어나려는 인간들의 계약에 의해 만들어진다고 본다.
⑤ 갑, 을은 국가의 구성원들은 정당하게 행사되는 국가 권위에 복종해야 한다고 본다.

349

다음 주장에 부합하는 내용만을 〈보기〉에서 있는 대로 고른 것은?

> 특정한 법이 다수의 정의관을 현저하게 위반하면 이에 대한 불복종은 정당화된다. 정의관의 기본 원칙을 오래도록 의도적으로 위반하는 법은 굴종이나 반항을 초래할 수밖에 없다.

[보기]
ㄱ. 시민 불복종은 비용과 편익을 고려하여 정당화된다.
ㄴ. 시민 불복종은 거의 정의로운 사회에서만 성립한다.
ㄷ. 시민 불복종은 다수의 종교적 가르침에 따라 정당화된다.
ㄹ. 시민 불복종은 민주적 체제의 합법성을 인정하는 시민의 행위이다.

① ㄱ, ㄷ   ② ㄱ, ㄹ   ③ ㄴ, ㄹ
④ ㄱ, ㄴ, ㄷ   ⑤ ㄴ, ㄷ, ㄹ

06 직업과 청렴의 윤리

350

(가)를 주장한 사상가의 입장을 (나) 그림으로 탐구하고자 할 때, A, B에 들어갈 적절한 질문만을 〈보기〉에서 고른 것은?

(가)	선왕은 예(禮)를 제정함으로써 분별하고 가난하고 부유하고 천하고 귀한 부류가 있게 하였으니 이것이 천하를 기르는 근본이다.
(나)	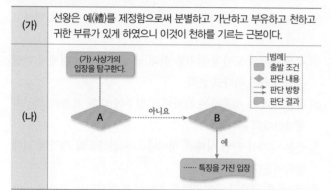

[보기]
ㄱ. A : 사물에 정통한 사람이 나라를 통치해야 하는가?
ㄴ. A : 예를 바탕으로 사람들의 직분을 나누어야 하는가?
ㄷ. B : 서민의 자손이라도 재능을 갖추면 관리가 될 수 있는가?
ㄹ. B : 모든 사람은 자신의 직업 이외의 모든 분야에 능통해야 하는가?

① ㄱ, ㄴ   ② ㄱ, ㄷ   ③ ㄱ, ㄹ
④ ㄴ, ㄷ   ⑤ ㄷ, ㄹ

351

갑은 부정, 을은 긍정의 대답을 할 질문으로 가장 적절한 것은?

> 갑 : 대인의 일이 있고 소인의 일이 있다. 마음을 쓰는 자는 다스리고, 몸을 쓰는 자는 다스림을 받는다. 다스림을 받는 자는 남을 먹이고, 다스리는 자는 남에 의해 먹는다.
> 을 : 개인에게는 신이 예정한 생활 방식이 있다. 신은 모든 사람이 모든 행동에서 각각 자기의 소명(召命)에 관심을 둘 것을 요구한다.

① 부를 축적하는 것은 구원의 필수 조건인가?
② 역할 분담은 사회의 질서 유지에 기여하는가?
③ 직업은 신의 영광을 드러내기 위한 수단인가?
④ 물질적 부의 추구를 삶의 목표로 삼아야 하는가?
⑤ 노동은 생계유지가 아닌 자아실현의 의미를 지니는가?

352

(가)의 관점에서 (나)의 입장에 대해 제기할 수 있는 비판으로 가장 적절한 것은?

(가)	소수가 사회의 생산 수단을 독점하고 있는 곳에서는 노동의 소외가 발생한다. 노동자는 여분의 노동 시간을 투입하여 생산 수단의 소유자를 위해 생활 수단을 생산해야 하기 때문이다.
(나)	사회를 이루는 세 계층이 각자 자신이 맡은 일에서 탁월함을 발휘하여 조화를 이룰 때 그 사회는 정의롭게 된다. 서로의 일에 참견하는 것은 사회에 해악을 끼치는 일이다.

① 수호자 계층이 사유 재산을 가져서는 안 됨을 간과하고 있다.
② 사회적 역할 분담이 정의 실현에 기여하는 것임을 간과하고 있다.
③ 사람들이 자유롭게 사회적 역할을 선택해서는 안 됨을 간과하고 있다.
④ 노동 소외를 극복하기 위해 모든 생산 수단을 공유해야 함을 간과하고 있다.
⑤ 국가 구성원들은 자신의 성향에 따라 각기 다른 일을 맡아야 함을 간과하고 있다.

353

다음의 입장에서 지지할 내용에 모두 '✓'를 표시한 학생은?

> 기업은 이윤 추구를 위해 설립된다. 하지만 기업은 이러한 목적 이외에도 윤리 경영, 환경 보호 등과 같이 사회 전체의 행복을 증진시키는 것에도 힘써야 할 의무가 있다.

내용＼학생	갑	을	병	정	무
기업은 이윤 극대화 활동에만 전념해야 한다.	✓	✓		✓	
기업은 공공선을 실현할 의무를 이행해야 한다.			✓	✓	✓
기업은 합법적으로 주주들의 이익을 추구해야 한다.	✓		✓		✓
기업의 미래 세대의 생존과 삶의 질 문제에 관심을 기울여야 한다.		✓		✓	✓

① 갑   ② 을   ③ 병   ④ 정   ⑤ 무

354

다음 갑의 관점에서 〈사례〉 속 A에게 해 줄 수 있는 적절한 조언만을 〈보기〉에서 고른 것은?

갑 : 수령은 백성을 편안히 할 방책을 헤아려 지성으로 잘되기를 강구해야 한다. 또한 청렴하지 않으면 백성이 도둑이라고 욕할 것이니 탐욕을 경계해야 한다. 청렴은 선정의 원천이자 덕행의 근본이다.

〈사례〉

토지 개발 사업에 대한 정보를 사전에 가지고 있던 고위 공직자 A는 이 정보를 이용하여 돈을 벌기 위해 자신의 전 재산을 모두 끌어모아 해당 지역의 땅을 매입하려고 한다.

[보기]
ㄱ. 공직자는 자신의 전문성 신장에만 관심을 기울여야 합니다.
ㄴ. 공직자는 공적인 정보를 활용하여 사적인 이익을 취해서는 안 됩니다.
ㄷ. 공직자는 국민을 위해 봉사하는 마음을 가지고 애민 정신을 실천해야 합니다.
ㄹ. 공직자는 공무를 수행하는 데 있어 청렴이 아닌 사회적 유용성을 중시해야 합니다.

① ㄱ, ㄴ   ② ㄱ, ㄷ   ③ ㄴ, ㄷ
④ ㄴ, ㄹ   ⑤ ㄷ, ㄹ

355

다음 글의 입장에서 긍정의 대답을 할 질문으로 가장 적절한 것은?

노블레스 오블리주는 사회 지도층이 공동체를 위해 지녀야 할 도덕성을 의미한다. 사회 전문직들은 자신의 전문성과 권한, 독점권 등에 상응하는 책무 의식을 스스로 내면화해야 한다. 이 덕목의 실현으로 사회 구성원 상호 간의 신뢰와 연대는 강화되고 준법과 참여가 원활해진다.

① 모든 전문직은 별도의 생업에 종사하면서도 나랏일에 참여해야 하는가?
② 전문직은 일반 대중에 비해 더 높은 도덕성과 책임 의식을 가져야 하는가?
③ 전문직이 도덕적으로 살기 위해서는 일반 대중이 먼저 모범을 보여야 하는가?
④ 전문직은 자신이 가진 권한과 지식을 이용하여 자기 이익을 극대화해야 하는가?
⑤ 전문직은 자신의 일에 충실하면서도 민생을 안정시켜야 하는 본분을 다해야 하는가?

356

(가)의 입장에서 A에 들어갈 적절한 답변만을 〈보기〉에서 있는 대로 고른 것은?

(가)	부정부패를 막기 위해 자신이 속한 조직에 의해 저질러진 부도덕한 행위를 외부에 공식적으로 알릴 수 있도록 내부 고발자를 법적으로 보호해 주어야 한다. 내부 고발은 조직에 당장의 피해를 주더라도 장기적으로 조직의 이익을 위해 불가피한 것이므로 궁극적으로는 조직에도 도움이 된다.
(나)	

[보기]
ㄱ. 개인의 양심을 저버리는 행위이므로 정당화될 수 없습니다.
ㄴ. 정의로운 사회를 만드는 데 도움이 되므로 정당화될 수 있습니다.
ㄷ. 궁극적으로 자신이 속한 조직의 이익에 기여하므로 정당화될 수 있습니다.
ㄹ. 조직 자체적으로 해결할 수 없는 부정의를 공개하여 사회에 혼란을 주기 때문에 정당화될 수 없습니다.

① ㄱ, ㄴ   ② ㄴ, ㄷ   ③ ㄷ, ㄹ
④ ㄱ, ㄴ, ㄹ   ⑤ ㄱ, ㄷ, ㄹ

[357~358] 다음 글을 읽고 물음에 답하시오.

공자는 "임금은 임금다워야 하고, 신하는 신하다워야 한다."라는 (㉠) 정신을 강조하였다. 칼뱅은 모든 직업을 "____ ㉡ ____"이라고 말하면서 자신의 직업에 충실히 종사하는 것이 바로 신의 명령에 따르는 것이라고 주장하였다.

357

㉠에 들어갈 알맞은 용어를 쓰시오.

358 ✔ 서술형

㉡에 들어갈 알맞은 내용을 서술하시오.

07 사회 정의와 윤리

359

그림의 강연자가 지지할 입장만을 〈보기〉에서 있는 대로 고른 것은?

> 양심적인 개인들로 구성된 사회 집단도 집단 이기주의로 인해 부도덕할 수 있습니다. 사회와 개인이 지향하는 최고의 도덕적 이상은 서로 다르지만 양자 사이의 모순은 절대적이지 않습니다. 예를 들어 개인이 다른 사람의 이익을 이해하지 못한다면 진정한 사회 정의는 달성될 수 없습니다.

[보기]

ㄱ. 도덕성이 높은 개인들이 찬성하지 않을 방법을 채택해서는 안 된다.
ㄴ. 사회 구성원 각자가 선의지를 기르면 모든 사회 갈등은 해소될 수 있다.
ㄷ. 직접적이고 물리적인 강제력을 동원해서라도 부정의를 개선해야 한다.
ㄹ. 사회 정의를 실현하기 위해서는 사회 구조를 개선할 수 있는 제도 마련이 필요하다.

① ㄱ, ㄴ   ② ㄴ, ㄹ   ③ ㄷ, ㄹ
④ ㄱ, ㄴ, ㄷ   ⑤ ㄴ, ㄷ, ㄹ

360

다음을 주장한 사상가의 입장에만 모두 'v'를 표시한 학생은?

> 최초의 정당한 취득 행위에 이어 자발적인 교환 행위로 재산의 정당한 이전이 잇따르게 된다면, 사람들이 정확히 자신의 것만을 소유하게 되는 정당한 결과가 나온다. 다만, 부당하게 발생한 이전들을 보상함으로써 교정이 이루어지게도 해야 한다.

입장＼학생	갑	을	병	정	무
최소 국가만이 유일하게 정의롭다.	✔			✔	✔
개인의 천부적 재능은 공동 자산이다.		✔	✔	✔	
근로 소득에 대한 과세는 강제 노동과 같다.	✔	✔			✔
사회적 약자를 배려하는 국가의 재분배 정책은 항상 정의롭다.			✔	✔	✔

① 갑   ② 을   ③ 병   ④ 정   ⑤ 무

361

갑의 입장에서 〈질문〉에 답변한 것으로 옳지 <u>않은</u> 것은?

> 갑 : 사회의 기본 구조에 대한 정의의 원칙들이 원초적 합의의 대상이다. 이것은 자신의 이익 증진에 관심을 가지고 자유롭고 합리적인 사람들이 평등한 최초의 입장에서 그들 조직체의 기본 조건을 규정하는 것으로 채택하게 될 원칙들이다.
>
> 〈질문〉 원초적 입장으로부터 도출된 정의의 원칙에 따라 우리는 어떻게 행위해야 하나요?

① 모든 사람은 기본적 자유에 대하여 동등한 권리를 가져야 합니다.
② 소유 권리의 원칙에 따라 취득과 양도의 과정이 정의로워야 합니다.
③ 최소 수혜자에게 최대 이익을 주는 차등의 원칙을 준수해야 합니다.
④ 사회적 약자의 이익을 위해서라도 기본적 자유를 제한해서는 안 됩니다.
⑤ 공정한 기회균등의 원칙에 따라 모든 사람에게 직위가 개방되어 있어야 합니다.

362

㉠에 들어갈 적절한 내용만을 〈보기〉에서 고른 것은?

> 개인들은 원초적 상황에서 합리적 선택을 통해 공정으로서의 정의관에 기초한 원칙들에 합의하게 된다. 이 원칙들은 사회 기본 구조의 원리가 되어야 한다. 그런데 어떤 사상가는 "개개인의 행복은 사회 전체의 행복으로 연결된다. 더 많은 사람에게 더 많은 행복을 가져다주는 행위가 옳은 행위이다."라고 주장한다. 나는 그 주장이 _____㉠_____ 을 간과하고 있다고 생각한다.

[보기]

ㄱ. 원초적 입장에서는 이타심을 발휘해야 함
ㄴ. 사회 효용성을 극대화하는 정책을 세워야 함
ㄷ. 정의의 원칙을 정할 때 우연성을 배제해야 함
ㄹ. 절차가 공정하면 결과도 공정한 것으로 여겨야 함

① ㄱ, ㄴ   ② ㄱ, ㄷ   ③ ㄱ, ㄹ
④ ㄴ, ㄷ   ⑤ ㄷ, ㄹ

363

다음을 주장한 사상가의 입장에서 〈사례〉 속 A에게 할 수 있는 적절한 조언만을 〈보기〉에서 고른 것은?

국가의 목적은 계약 당사자들의 생명 보전에 있고, 사형 제도는 계약을 유지하기 위한 수단이다. 우리의 신체와 능력은 일반 의지의 최고 감독하에 있다.

〈사례〉
국회 의원인 A는 사형 제도의 존폐 여부에 대한 찬반 투표에서 어떤 선택을 해야할지 고민하고 있다.

[보기]
ㄱ. 시민의 생명을 해친 자는 사형에 처할 수 있어야 함을 명심해야 한다.
ㄴ. 형벌적 정의는 사회 계약에 근거해야 정당화될 수 있음을 명심해야 한다.
ㄷ. 형벌의 본질적 목적은 최대 다수의 최대 행복의 실현에서 찾아야 함을 기억해야 한다.
ㄹ. 흉악범의 살인은 개인의 잘못이 아니라 사회 구조적인 잘못에서 기인함을 유념해야 한다.

① ㄱ, ㄴ　　② ㄱ, ㄷ　　③ ㄴ, ㄷ
④ ㄴ, ㄹ　　⑤ ㄷ, ㄹ

364

(가)의 갑, 을 사상가들의 입장을 (나) 그림으로 표현할 때, A~C에 해당하는 진술로 가장 적절한 것은?

(가)	갑 : 형벌은 범죄자가 처벌받아야 할 행위를 의욕했기 때문에 가해져야 한다. 사형은 살인에 상응하는 보복으로, 사형수의 인간성을 존중하는 길이다.
	을 : 형벌은 사회 계약에 기초하며 그 목적은 범죄의 예방과 교화에 있다. 사형을 대체한 종신 노역형만으로도 형벌은 충분한 엄격성을 지닌다.
(나)	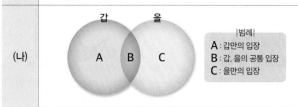

|범례|
A : 갑만의 입장
B : 갑, 을의 공통 입장
C : 을만의 입장

① A : 국가는 사형을 집행할 권한을 가져서는 안 된다.
② A : 사형은 보복법에 따라 공적 정의를 실현하기 위한 것이다.
③ B : 종신 노역형보다 사형이 범죄 예방에 효과적이다.
④ B : 형벌의 유용성은 범죄로 얻는 이익보다 작아야 한다.
⑤ C : 살인자도 인간으로서 존중받을 자격이 있다.

365

갑은 긍정, 을은 부정의 대답을 할 질문으로 가장 적절한 것은?

갑 : 사형 제도는 존립해야 한다. 사형은 범죄 예방 효과가 크며, 흉악범의 생명을 박탈하는 것은 사회적 정의이기 때문이다.
을 : 사형 제도는 폐지되어야 한다. 사형은 인간의 기본권인 생명권을 근본적으로 부정하는 것이다. 또한 사형은 교화의 가능성을 부정하고 오판의 가능성이 있다.

① 사형 제도는 사회 정의 실현을 위해 반드시 필요한가?
② 사형 제도의 범죄 예방 효과는 미미하다고 평가받고 있는가?
③ 사형 제도는 종신 노역형에 비해 경제적 부담이 크다고 볼 수 있는가?
④ 사형 제도는 소중한 인간 생명을 빼앗는 부정의한 것으로 보아야 하는가?
⑤ 사형 제도는 비인간적인 제도로 인류의 미래를 위해 폐지되어야 하는가?

[366~367] 다음은 분배적 정의의 여러 기준을 나타낸 것이다. 물음에 답하시오.

• (㉠) : 개인이 기여한 정도에 따른 재화 분배
• (㉡) : 개인이 습득한 능력에 따른 재화 분배
• (㉢) : 인간의 기본적 욕구와 필요에 따른 우선적 재화 분배
• (㉣) : 모든 구성원에게 동등한 재화 분배

366

㉠, ㉡, ㉢, ㉣에 들어갈 알맞은 용어를 쓰시오.

367 ✎ 서술형

㉠의 입장에서 우대 정책에 대해 제기할 수 있는 비판을 서술하시오.

08 국가와 시민의 윤리

368

다음을 주장한 사상가의 입장에서 지지할 내용만을 〈보기〉에서 있는 대로 고른 것은?

> 사람들은 그들이 자연 상태에서 가졌던 평등, 자유 및 집행권을 사회의 선이 요구하는 바에 따라 입법부가 처리할 수 있도록 사회의 수중에 양도한다.

【 보기 】
ㄱ. 국가 이전의 자연 상태는 만인의 투쟁 상태이다.
ㄴ. 국가 성립 이후에 국가는 절대적 권력을 지닌 인격체가 된다.
ㄷ. 국가는 시민의 생명과 재산을 보호해야 할 의무를 지닌다.
ㄹ. 국가에 대한 정치적 의무는 시민의 동의에 의해 발생한다.

① ㄱ, ㄴ　　　　② ㄱ, ㄹ　　　　③ ㄷ, ㄹ
④ ㄱ, ㄴ, ㄷ　　　⑤ ㄴ, ㄷ, ㄹ

369

(가) 사상가의 입장을 (나) 그림으로 탐구하고자 할 때, A, B에 들어갈 적절한 질문만을 〈보기〉에서 고른 것은?

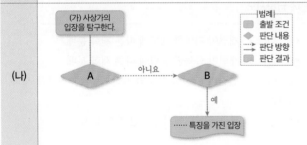

(가)	일정한 생업[恒産]이 없는 백성은 변함없는 마음[恒心]을 잃게 된다. 그러므로 군주는 백성이 부모를 봉양하고 처자식을 부양하기에 부족함이 없게 해 주어야 한다.

범례
　□ 출발 조건
　◆ 판단 내용
　⋯→ 판단 방향
　□ 판단 결과

【 보기 】
ㄱ. A : 국가의 통치자는 백성들의 생업 보장을 위해 노력해야 하는가?
ㄴ. A : 국가의 통치자는 절대 권력자로 어떤 경우에도 교체 불가능한가?
ㄷ. B : 국가의 통치자는 백성들과 달리 도덕적으로 선한 본성을 타고나는가?
ㄹ. B : 국가의 통치자는 백성에게 모범을 보이며 도덕적으로 백성을 교화해야 하는가?

① ㄱ, ㄴ　　　　② ㄱ, ㄷ　　　　③ ㄱ, ㄹ
④ ㄴ, ㄹ　　　　⑤ ㄷ, ㄹ

370

갑의 입장에서 〈질문〉에 답변한 내용으로 옳지 않은 것은?

> 갑 : 자연법이 있어도 권력이 없다면, 혹은 권력이 있어도 시민의 안전을 보장할 정도로 충분히 강력하지 않으면 인간은 비참한 자연 상태에서 벗어날 수 없다.
>
> 〈질문〉 국가는 어떤 특징을 지니나요?

① 사람들 간의 계약을 통해 발생한다.
② 자연 상태의 투쟁으로부터 벗어나게 한다.
③ 시민들은 국가에 자신의 권리를 양도한다.
④ 시민들의 생명과 재산을 보호하는 역할을 수행한다.
⑤ 인간의 본성에 따라 자연적으로 생겨난 도덕 공동체이다.

371

㉠에 들어갈 적절한 내용만을 〈보기〉에서 있는 대로 고른 것은?

성숙한 민주 사회를 이루기 위해서 시민들은 정치에 활발하게 참여해야 합니다.

갑

맞습니다. 시민들이 정치에 참여하기 위한 다양한 사회 제도가 있습니다. 예를 들면 ㉠ 등이 있습니다.

을

【 보기 】
ㄱ. 발전소 설립을 위한 지역 공청회
ㄴ. 지방 자치 단체의 정책 사항에 대한 주민 투표제
ㄷ. 시민이 판사가 되어 범법자를 처벌하는 국민 참여 재판
ㄹ. 위법한 지방 자치 단체장을 해임할 수 있는 주민 소환제

① ㄱ, ㄴ　　　　② ㄴ, ㄷ　　　　③ ㄴ, ㄹ
④ ㄱ, ㄴ, ㄹ　　　⑤ ㄱ, ㄷ, ㄹ

372

갑의 입장에서 〈질문〉에 답변한 내용으로 가장 적절한 것은?

> 갑 : 백성이 귀하고 사직은 그 다음이고 군주는 하찮다. 그러므로 백성의 마음을 얻으면 천자가 되고, 천자의 마음을 얻으면 제후가 되고, 제후의 마음을 얻으면 대부가 된다. 제후가 사직을 위태롭게 하면 제후를 바꾼다.
>
> 〈질문〉 군주가 군주답지 못하여 백성들의 삶을 괴롭힌다면 어떻게 하는 것이 좋을까요?

① 역성혁명을 통해 잘못된 군주를 교체해야 합니다.
② 운명을 받아들이고 절대 군주의 의지에 따라야 합니다.
③ 왕도 정치보다는 패도 정치의 우수성을 인정해야 합니다.
④ 군주는 천명에 따라 세습된 신분이므로 군주의 명령에 순종해야 합니다.
⑤ 민주적 선거를 통해 도덕적으로 올바른 새로운 군주를 선출해야 합니다.

373

(가)의 입장에서 A에 들어갈 적절한 답변만을 〈보기〉에서 있는 대로 고른 것은?

(가)	거의 정의로운 민주 체제에서는 시민들이 그들의 정치적 문제를 처리하고 헌법을 해석하는 기준이 되는 공공적 정의관이 있다. 이러한 정의관의 기본 원칙을 오래도록 끈질기게 의도적으로 위반하는 행위는 굴종 아니면 반항을 일으킨다.
(나)	시민 불복종이 정당화되기 위한 조건은 무엇인가요?  A

[보기]
ㄱ. 비공개적이며 비폭력적인 방법으로 행해야 합니다.
ㄴ. 합법적인 노력이 효과가 없을 때 실시해야 합니다.
ㄷ. 정의를 실현하는 행위이므로 처벌을 피해야 합니다.
ㄹ. 기존 법 질서에 대한 존중을 바탕에 두어야 합니다.

① ㄱ, ㄹ   ② ㄴ, ㄷ   ③ ㄴ, ㄹ
④ ㄱ, ㄴ, ㄷ   ⑤ ㄱ, ㄷ, ㄹ

374

다음을 주장한 사상가의 입장에서 〈사례〉 속 A에게 할 수 있는 적절한 조언만을 〈보기〉에서 고른 것은?

> 우리는 먼저 인간이어야 하고, 그 다음 국민이어야 한다. 법이 형평성보다는 독단에 치우쳐 있다고 판단된다면, 우리는 순순히 따르지 말고 양심에 따라 저항해야 한다.
>
> 〈사례〉
> 어느 국가의 A는 인종을 차별하는 지역법이 부당하다고 판단하였으나, 지역법을 어기는 것은 불법적인 행위이기 때문에 어떻게 행동해야 할지 고민하고 있다.

[보기]
ㄱ. 자신의 양심에 따라 정의를 추구해야 한다.
ㄴ. 법보다 정의에 대한 존경심을 함양해야 한다.
ㄷ. 다수의 정의감에 따라 부정의한 법을 수정해야 한다.
ㄹ. 사회적 유용성을 계산한 후 시민 불복종에 참여해야 한다.

① ㄱ, ㄴ   ② ㄱ, ㄷ   ③ ㄴ, ㄷ
④ ㄴ, ㄹ   ⑤ ㄷ, ㄹ

375

다음은 국가 권위의 정당화에 대한 다양한 입장이다. ㉠, ㉡, ㉢, ㉣에 들어갈 알맞은 용어를 쓰시오.

> (가) 사회 계약론 : 시민은 국가에 복종하기로 (㉠)하였기 때문에 권위를 가진다고 본다.
> (나) (㉡) : 국가는 공공재와 관행의 혜택을 제공하므로 권위를 가진다고 본다. 대표적인 사상가로 (㉢)이 있다.
> (다) 천명(天命) : 국가의 권위를 (㉣)에 기초한 천명의 관점에서 정당화한다.

376 ✎ 서술형

㉠에 들어갈 알맞은 내용을 두 가지 서술하시오.

> 국가가 시민에게 다양한 의무의 이행을 요구할 수 있는 이유는 국가가 권위를 가지고 있기 때문이다. 국가 권위란 국가가 시민에게 _____㉠_____ 을/를 의미한다.

09 Ⅳ 과학과 윤리
과학 기술과 윤리

☑ 출제 포인트 ☑ 과학 기술의 가치 중립성 ☑ 과학 기술 연구 윤리 ☑ 과학 기술의 사회적 책임

1. 과학 기술의 가치 중립성

1 과학 기술의 긍정적·부정적 측면

(1) **긍정적 측면** 물질적 풍요와 안락한 삶 제공, 시공간의 제약 극복, 건강의 증진과 생명 연장 → 긍정적 측면만을 지나치게 강조할 때 과학 기술 지상주의(낙관주의)로 흐를 수 있음

(2) **부정적 측면** 환경 문제 발생, 인간의 주체성 약화와 비인간화 초래, 인권과 사생활 침해, 생명의 존엄성 훼손 → 부정적 측면만을 지나치게 강조할 때 과학 기술 혐오주의(비관주의)로 흐를 수 있음

★2 과학 기술과 가치 중립성 ⓒ 78쪽 394번 문제로 확인

(1) **과학 기술의 가치 중립성을 강조하는 입장**

① 과학 기술 그 자체는 좋은 것도, 나쁜 것도 아님

② 과학 기술은 윤리적 규제나 평가로부터 자유로워야 함

③ 과학 기술 결과에 대한 책임은 과학 기술을 실제로 활용한 사람들의 몫임

(2) **과학 기술의 가치 중립성을 부정하는 입장**

① 과학 기술은 윤리적 가치에 의해 지도·규제받아야 함

② 과학 기술은 정치, 경제 등 사회적 요인의 영향을 받음

③ 과학 기술은 인간의 존엄성 구현과 삶의 질 향상에 도움이 되어야 함

④ 과학 기술의 발견과 활용에는 일정한 목적이나 의도가 개입되어 있음

(3) **과학 기술의 발전을 위한 올바른 태도**

① 과학 기술의 이론적 정당화 과정 : 과학 기술이 객관적 타당성을 갖춘 지식이나 원리로 인정받기 위한 과정에서는 가치 중립적이어야 함

② 과학 기술의 발견과 활용 과정 : 과학 기술의 연구 대상을 선정하거나 결과를 활용하는 단계에서는 윤리적 가치 평가로 지도·규제받아야 함

> **자료** 과학 기술의 가치 중립성에 대한 입장 ⓒ 79쪽 396번 문제로 확인
>
> • 기술은 수단일 뿐이며 그 자체로 선도 아니고 악도 아니다. 과학 기술이 선한지 악한지는 인간이 기술로부터 무엇을 만들어 내고, 기술을 어디에 사용하고, 어떤 조건에서 기술이 만들어지느냐에 달려 있다. — 야스퍼스 —
> • 오늘날 우리는 어디서나 과학 기술에 붙들려 있다. 그러나 최악의 경우는 과학 기술을 중립적인 것으로 고찰하여 우리와 무관한 것으로 보게 되는 것이다. 이 경우 우리는 무방비 상태로 기술에 내맡겨진다. — 하이데거 —
>
> 분석 야스퍼스는 과학 기술을 가치 중립적인 것으로 파악하고 있다. 반면 하이데거는 과학 기술이 가치 중립적이지 않으며 우리의 삶과도 밀접하게 관련되어 있다고 본다.

2. 과학 기술 연구 윤리와 과학 기술의 사회적 책임

1 과학 기술 연구 윤리

의미	과학 기술 연구 과정에서 나타날 수 있는 비윤리적 문제를 해결하고자 하는 규범 → 과학 기술 연구자가 책임 있는 연구를 수행하기 위해 지켜야 할 윤리적 원칙과 행동 양식임
내용	• 연구 결과물을 거짓으로 만들어 내는 날조, 연구 재료와 절차 등을 조작하는 변조, 타인의 생각과 결단 등을 자신의 것으로 속이는 표절 등의 행위를 하지 말아야 함 • 실험 대상을 윤리적으로 대우하며, 연구 결과를 완전하게 공표하고, 실질적으로 기여한 정도에 따라 연구 공로를 공정하게 배분해야 함

2 과학 기술의 사회적 책임

★(1) **과학자의 내적 책임과 외적 책임** ⓒ 79쪽 398번 문제로 확인

내적 책임	• 연구 자체에 대한 책임이 필요함 • 연구 윤리를 지키며 자신의 연구가 참 또는 거짓인지를 밝혀야 하고, 다른 연구자들이 신뢰할 수 있는 검증 과정을 거쳐야 함 • 연구를 통해 발견한 진리를 공표할 책임이 있음
외적 책임	• 자신의 연구 결과가 사회에 미칠 영향에 대해 책임을 져야 함 • 자신의 연구 활동이 인간의 존엄성을 구현하고 삶의 질 향상을 위한 것인지 성찰하는 자세를 가져야 함 • 자연환경과 미래 세대가 존속할 수 있는 범위 내에서 과학 기술의 발전을 추구해야 함

(2) **사회적 책임을 위한 노력**

① 개인적 차원

• 과학 기술의 부작용을 충분히 검토하고 이에 대처해야 함

• 기아나 환경 문제 등 인류의 당면 문제를 해결할 수 있는 과학 기술을 개발해야 함

② 사회적 차원

• 기술 영향 평가 제도, 과학 기술 위원회 등과 같은 제도적 장치와 기구를 만들어야 함

• 과학 기술 활용에 관한 시민들의 감시와 참여를 이끌어 내는 장치가 필요함

> **자료** 요나스의 책임 윤리 ⓒ 80쪽 401번 문제로 확인
>
> 행위자는 자신의 행위에 책임을 져야 한다. 비록 원인이 악행이 아니었다 할지라도, 그리고 결과가 예견된 것도 아니고 의도된 것도 아니라고 할지라도 저지른 피해를 보상해야만 한다. …… 행해진 것에 대한 사후적 책임 부과와 관련되지 않고 행위되어야 할 것의 결정과 관련된 전혀 다른 책임의 개념이 있다. 이에 따르면 나는 나의 행동과 그 결과에 대해 책임이 있다고 느끼는 것이 아니라 나의 행위로 인해 앞으로 발생할 사태에 대해 책임이 있다고 느낀다.
>
> 분석 요나스는 행위한 것에 대한 책임뿐만 아니라, 나의 행위로 인해 앞으로 발생할 사태에 대해서도 책임을 져야 한다고 주장하였다.

•• 빈칸에 들어갈 알맞은 용어를 쓰시오.

377 (　　　　　)(이)란 자연 현상에 대한 객관적이고 체계적인 지식과 그 지식을 활용하여 무엇인가를 만들어 내는 전 과정을 말한다.

378 정보 통신 기술로 사람들을 감시하고 통제하는 사회를 벤담이 설계한 원형 감옥에 비유하여 전자·정보 (　　　　　) 사회라고 한다.

379 (　　　　　)은/는 과거의 행위에 대한 책임뿐만 아니라 미래에 발생할 사태에 대한 책임까지 강조한다.

380 과학 기술의 영향력이 크고, 과학 기술 연구자에게 독점적 지위와 막대한 연구비가 주어지기 때문에 (　　　　　) 이/가 요청된다.

•• 다음 내용이 맞으면 ○표, 틀리면 ✕표를 하시오

381 과학 기술 연구자는 자신의 연구 성과물이 사회 전반에 미치는 영향을 숙고할 필요가 없다. 　　　　(　　　)

382 과학 기술은 궁극적으로 인간의 존엄성 구현과 삶의 질 향상이라는 목적을 지향하므로 과학 기술과 윤리는 서로 독립적 관계임을 알 수 있다. 　　　　(　　　)

383 적정 기술, 식량 증산 기술, 대체 에너지 기술 등의 다양한 과학 기술을 개발하여 인류의 당면 과제를 해결해야 한다. 　　　　(　　　)

384 기술 영향 평가 제도는 새로운 과학 기술의 발전이 경제, 문화 등 사회 전반에 미치는 영향을 사전에 평가함으로써 긍정적인 영향을 극대화하고 부작용을 초래할 가능성을 사전에 방지하기 위해 만들어졌다. 　　　　(　　　)

•• 다음에서 설명하는 개념을 〈보기〉에서 고르시오.

385 과학 기술 그 자체는 좋은 것도, 나쁜 것도 아니다. 　　　　(　　　)

386 과학 기술자는 연구 과정에서 위조, 변조, 표절 등 부정행위를 하지 말아야 한다. 　　　　(　　　)

387 너의 행위의 결과가 미래에도 인간이 존속할 가능성을 파괴하지 않도록 행위하라. 　　　　(　　　)

388 과학 기술의 결과물이 사회에 끼칠 부정적 영향과 위험을 폭넓게 검토하여 이에 대처해야 한다. 　　　　(　　　)

[보기]
ㄱ. 책임 윤리 　　　　　ㄴ. 과학 기술 연구 윤리
ㄷ. 가치 중립성 　　　　ㄹ. 과학 기술의 사회적 책임

389

㉠~㉢에 관한 설명으로 적절하지 <u>않은</u> 것은?

(　㉠　)은/는 관찰, 실험, 조사 등의 객관적 방법으로 자연 현상을 탐구하고 그 결과를 다양한 영역에 활용하는 것을 뜻하는 말이다. 이 말은 어떤 사물을 '안다'라는 뜻의 라틴어 '스키레(scire)'에서 유래한 (　㉡　)와/과 그리스어 '테크네(technē)'에서 유래한 (　㉢　)의 합성어이다.

① ㉠에는 자연 과학, 공학 및 생산 기술 등이 포함된다.
② ㉠은 발전에 따른 성과도 있지만 윤리적 문제점도 있다.
③ ㉠은 윤리보다 상위 개념으로 윤리의 간섭을 받지 않는다.
④ ㉡은 자연 현상에 대한 진리나 보편 법칙의 발견을 목적으로 한다.
⑤ ㉡과 ㉢은 서로 상호 작용하는 불가분한 관계이다.

390

㉠에 들어갈 적절한 내용만을 〈보기〉에서 고른 것은?

[보기]
ㄱ. 범죄자를 쉽게 검거할 수 있기 때문
ㄴ. 시민의 안전을 보호할 수 있기 때문
ㄷ. 시민의 인권과 사생활을 침해하기 때문
ㄹ. 시민의 자유로운 행동을 제약하기 때문

① ㄱ, ㄴ　　　　② ㄱ, ㄷ　　　　③ ㄴ, ㄷ
④ ㄴ, ㄹ　　　　⑤ ㄷ, ㄹ

391

다음 글은 판옵티콘에 관한 설명이다. ⊙~⑩ 중 옳지 않은 것은?

> 판옵티콘(panopticon)은 ⊙'모두를 본다.'라는 뜻으로 ⓒ벤담이 설계한 원형 감옥이다. 중앙에 있는 높은 감시탑의 바깥 둘레를 따라 죄수들의 방이 있는데, 여기서 ⓒ감시자는 죄수들을 볼 수 없지만, 죄수들은 감시자를 볼 수 있어서 ⓔ항구적인 자기 감시 효과가 발생한다. 과학 기술의 발전에 따라 ⑩현대 정보 사회는 '전자·정보 판옵티콘' 사회가 될 우려가 있다.

① ⊙   ② ⓒ   ③ ⓒ   ④ ⓔ   ⑤ ⑩

392

다음 글에 나타난 과학 기술에 대한 입장으로 가장 적절한 것은?

> 우리가 만드는 천국의 물을 마시면 건강이 좋아지고 생명이 연장됩니다. 우리는 유성의 체계와 운동을 모방한 거대한 건물도 만들었습니다. 여기에는 눈과 비, 우박 등을 인공적으로 내리게 할 수 있고 천둥과 번개도 만들 수 있습니다. 또한 개구리, 파리 등 다양한 생물체를 번식시킬 수도 있습니다.

① 과학 기술은 인간의 삶과는 무관한 가치 중립적인 것이다.
② 과학 기술은 인간이 자연을 지배하는 데 방해가 될 것이다.
③ 과학 기술은 인류의 행복과 번영을 무한히 증대시킬 것이다.
④ 과학 기술은 자연과 인류를 파괴하는 방향으로 나아갈 것이다.
⑤ 과학 기술은 사회에 긍정적 영향보다 부정적 영향을 끼칠 것이다.

393

⊙의 관점에서 긍정의 대답을 할 질문만을 〈보기〉에서 고른 것은?

> (⊙)은/는 과학 기술에 의한 인간과 자연의 파괴를 강조하며 과학 기술을 적극적으로 부정하는 입장이다.

[보기]
ㄱ. 과학 기술의 유용성을 강조해야 하는가?
ㄴ. 과학 기술로 인해 더 많은 문제가 발생하는가?
ㄷ. 과학 기술의 발전은 인간 소외 현상을 초래하는가?
ㄹ. 과학 기술로 현대의 생태적 위기를 극복할 수 있는가?

① ㄱ, ㄴ   ② ㄱ, ㄹ   ③ ㄴ, ㄷ
④ ㄴ, ㄹ   ⑤ ㄷ, ㄹ

394
★빈출

다음 글의 입장에서 부정의 대답을 할 질문으로 가장 적절한 것은?

> 과학은 사회적·문화적 맥락에서 이해해야 한다. 과학에는 사회 집단의 정치적 관계, 가치관 등이 반영될 수밖에 없다. 과학은 스스로 발전하는 것이 아니라 사회의 요구나 가치를 반영하여 발전하기 때문이다. 따라서 과학이 올바른 방향으로 나아가려면 사회적 관심이 필요하다. 특히 위험과 불확실성이 증대될수록 과학자와 일반 대중이 함께하는 '확장된 동료 공동체'가 절실하다.

① 과학의 연구 대상을 선정할 때 가치 판단이 개입하는가?
② 과학의 발전은 다양한 사회적 이해관계의 영향을 받는가?
③ 과학의 발전을 위해 과학자의 사회적 책임을 요구하는가?
④ 과학과 관련된 주요 결정을 내릴 때 시민 참여가 필요한가?
⑤ 과학과 관련된 논의 과정에서 과학자의 독점적 지위를 보장해야 하는가?

395

(가)는 (나) 글을 쓴 사상가와의 가상 인터뷰이다. ⊙에 들어갈 내용으로 가장 적절한 것은?

| (가) | 선생님은 (나) 글을 통해 무엇을 강조하시나요? / 저는 현대 과학 기술이 ⊙ 을 강조하고 싶었습니다. |
| (나) | 현대의 기술은 자연스럽게 얻을 수 있는 에너지를 자연스럽지 않은 방식으로 무리하게 얻으려고 한다. 과거의 풍차는 바람의 힘으로 돌아가며 바람에 전적으로 자신을 내맡겼지만, 수력 발전소는 강물의 흐름을 발전소에 맞추어 버렸다. 즉 수력 발전소가 세워진 그 강은 발전소의 요구에 맞추어 수압 공급자로서 존재하게 되었다. |

① 인류에게 무한한 행복을 제공한다는 점
② 사회의 발전 방향을 결정해야 한다는 점
③ 효율성의 관점에서 평가되어야 한다는 점
④ 자연의 고유한 존재 방식을 변질시킨다는 점
⑤ 윤리적 가치 평가로부터 자유로워야 한다는 점

396

(가) 입장에서 (나) 주장을 반박하는 논거만을 〈보기〉에서 고른 것은?

> (가) 기술은 그 자체로 선하지도 악하지도 않다. 그것은 어떤 조건하에서 기술이 만들어지느냐에 달려 있다.
> (나) 과학 기술을 가치 중립적인 것으로 고찰할 때 우리는 무방비 상태로 과학 기술에 내맡겨진다.

【 보기 】
ㄱ. 과학 기술에 가치 판단이 개입되어서는 안 된다.
ㄴ. 과학 기술의 발전에 따른 부작용을 간과하면 안 된다.
ㄷ. 과학 기술을 참 또는 거짓의 대상으로 간주해야 한다.
ㄹ. 과학 기술의 사회적 책임에 대하여 심사숙고해야 한다.

① ㄱ, ㄴ　　② ㄱ, ㄷ　　③ ㄴ, ㄷ
④ ㄴ, ㄹ　　⑤ ㄷ, ㄹ

397

다음은 과학 기술의 본질을 탐구하는 과정이다. (가)의 입장으로 적절한 내용만을 〈보기〉에서 고른 것은?

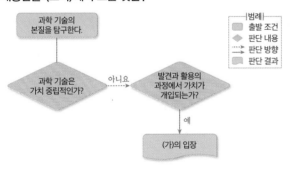

【 보기 】
ㄱ. 과학 기술은 윤리적 가치 평가에 의해 규제되어야 한다.
ㄴ. 과학 기술자는 자신의 연구 결과에 대해 사회적 책임을 져야 한다.
ㄷ. 과학 기술자는 과학 지식의 활용에 대해 가치 중립적 태도를 유지해야 한다.
ㄹ. 과학 기술자의 연구는 지적 호기심이 동기가 되어 순수하게 학문적 목적으로만 이루어져야 한다.

① ㄱ, ㄴ　　② ㄱ, ㄷ　　③ ㄴ, ㄷ
④ ㄴ, ㄹ　　⑤ ㄷ, ㄹ

398

갑, 을, 병 중 적어도 두 명 이상이 부정의 대답을 할 질문만을 〈보기〉에서 있는 대로 고른 것은?

> 갑 : 과학자는 자신의 연구 결과 활용에 대한 책임은 져야 하지만, 연구 과정에서의 책임은 면제된다.
> 을 : 과학자는 연구 과정에서 표절이나 왜곡 없이 사실을 객관적으로 연구하는 일만 수행하면 된다.
> 병 : 과학자는 연구 과정에서 연구 윤리를 지켜야 하며, 자신의 연구로 인해 발생할 사회적 영향도 고려해야 한다.

【 보기 】
ㄱ. 공익 증진을 위해 연구 윤리를 위반할 수도 있는가?
ㄴ. 어떠한 책임도 지지 않고 자유롭게 연구해야 하는가?
ㄷ. 연구 결과 활용에 대한 공적인 책임 의식이 필요한가?
ㄹ. 연구 과정뿐만 아니라 사회적 영향도 책임져야 하는가?

① ㄱ, ㄴ　　② ㄱ, ㄷ　　③ ㄷ, ㄹ
④ ㄱ, ㄴ, ㄹ　　⑤ ㄴ, ㄷ, ㄹ

399

(가)의 입장을 (나) 그림으로 탐구하고자 할 때, A, B에 들어갈 질문으로 옳은 것은?

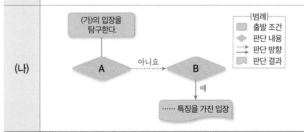

| (가) | 과학 기술은 사회적 과정을 초월해서 구성될 수 없다. 자연법칙의 보편성은 자연의 고유한 속성이 아니라 과학자의 설명 방식에 의해 만들어진 속성이며, 과학 지식의 타당성은 불변의 기준에 의해 가려지는 것이 아니라 과학자들 사이의 암묵적 타협에 의해 결정되는 것이다. |

① A: 과학자는 연구가 가져올 결과에 책임을 져야 하는가?
② A: 과학자는 공동선을 추구하는 의무를 이행해야 하는가?
③ B: 과학자의 연구는 도덕적 평가로부터 자유로워야 하는가?
④ B: 과학자는 연구 대상을 가치 중립적으로 선정해야 하는가?
⑤ B: 과학자는 연구 결과가 사회에 미칠 영향을 고려해야 하는가?

400

갑, 을의 입장에 관한 적절한 설명만을 〈보기〉에서 있는 대로 고른 것은?

> 과학자는 자연을 탐구하여 진리를 발견할 뿐입니다. 그것이 사회에 어떤 결과를 가져올지 생각할 필요는 없습니다.

> 저는 그렇게 생각하지 않습니다. 과학자는 자신의 연구 결과가 사회에 미칠 영향에 대해 깊이 고민하고 책임을 져야 합니다.

갑   을

【 보기 】
ㄱ. 갑은 과학의 가치 중립성을 중시한다.
ㄴ. 갑은 과학 탐구의 결과를 과학자와 무관한 것으로 본다.
ㄷ. 을은 과학 기술의 결과가 가져올 수 있는 사회적 부작용을 고려한다.
ㄹ. 갑, 을은 과학자의 연구 활동을 사회로부터 독립적인 것으로 간주한다.

① ㄱ, ㄴ　　　② ㄴ, ㄷ　　　③ ㄴ, ㄹ
④ ㄱ, ㄴ, ㄷ　　⑤ ㄱ, ㄴ, ㄹ

★빈출 401

다음 사상가의 입장에서 긍정의 대답을 할 질문으로 적절하지 <u>않은</u> 것은?

> • 행위자는 자신의 행위에 책임을 져야 한다. 비록 원인이 악행이 아니었다 할지라도, 그리고 결과가 예견된 것도 아니고 의도된 것도 아니라고 할지라도 저지른 피해를 보상해야만 한다.
> • 현대 기술이 산출한 행위들의 규모, 대상, 결과가 너무나 새로운 것이므로 전통 윤리로는 이 행위들을 더 이상 파악하기 어려워졌다. 우리는 지구 전체 생명에 대해 권력을 지니고 있으므로 그것에 대한 책임을 져야 한다. 새로운 윤리는 인간적 삶의 전 지구적 조건과 종의 먼 미래와 실존을 고려해야 한다.

① 인간만이 책임질 수 있는 유일한 존재인가?
② 책임 범위의 설정 문제는 인류의 미래와 무관한가?
③ 윤리적 책임의 대상과 범위에 미래의 후손과 자연을 포함해야 하는가?
④ 전통적인 윤리가 도덕적 통제력을 상실하여 윤리적 공백이 발생하는가?
⑤ 과학 기술이 초래한 부작용을 극복하기 위해서 책임 윤리가 요청되는가?

🎖 1등급을 향한 서답형 문제

[402~403] 다음 글을 읽고 물음에 답하시오.

> 19세기 초반에 영국에서 일어났던 러다이트 운동은 (㉠)의 대표적인 사례로, 노동자들이 산업 혁명 당시 발명된 새로운 기계들을 실업의 원인으로 파악하여 기계를 파괴한 운동이다.

402

㉠에 들어갈 알맞은 용어를 쓰시오.

403

㉠의 한계를 서술하시오.

[404~405] 다음 글을 읽고 물음에 답하시오.

> 독일의 철학자 (㉠)은/는 과학 기술 시대에 걸맞은 책임 윤리를 확립해야 한다고 주장하였다. 그는 책임의 범위를 현세대로 한정하는 기존의 전통적 윤리관을 비판하고 윤리적 책임의 범위를 '＿＿＿㉡＿＿＿'라고 주장하였다.

404

㉠에 들어갈 사상가를 쓰시오.

405

㉡에 들어갈 알맞은 내용을 서술하시오.

406

갑, 을의 입장에 대한 옳은 설명만을 〈보기〉에서 고른 것은?

> 갑 : 과학 기술은 가치 중립적이지 않다. 따라서 과학 기술자
> 는 과학 기술의 발견 및 활용의 과정에서 자신의 연구 결
> 과가 사회에 미칠 영향에 대해 책임져야 하며, 과학 기술
> 자의 연구 윤리는 윤리적 규제를 받아야 한다.
> 을 : 과학 기술 자체는 가치 중립적이다. 따라서 과학 기술자
> 는 과학 기술의 발견 및 활용의 과정에서 자신의 연구 결
> 과가 사회에 미칠 영향에 대해 책임질 필요가 없으며, 과
> 학 기술자의 연구는 윤리적 규제에서 벗어나야 한다.

[보기]
> ㄱ. 갑은 과학 기술이 가치 판단의 대상이 아님을 강조한다.
> ㄴ. 을은 과학 기술의 활용 결과에 대한 과학 기술자의 책임을
>   강조한다.
> ㄷ. 갑은 을에 비해 과학 기술자의 연구에 대한 윤리적 규제의
>   필요성을 강조한다.
> ㄹ. 을은 갑에 비해 과학 기술의 발견 및 활용의 과정에서 가치
>   판단의 배제를 강조한다.

① ㄱ, ㄴ   ② ㄱ, ㄷ   ③ ㄴ, ㄷ
④ ㄴ, ㄹ   ⑤ ㄷ, ㄹ

407

다음을 주장한 사상가가 긍정의 대답을 할 질문으로 가장 적절한 것은?

> 우리는 원하는 것보다 원하지 않는 것을 더 잘 안다. 우리가 실
> 제로 무엇을 보호해야 하는가를 알아내기 위해서 새로운 윤리
> 학은 희망보다는 공포를 논의의 대상으로 삼아야 한다.

① 선(善)의 인식이 악(惡)의 인식보다 더 효과적인가?
② 현세대와 미래 세대는 삶의 지속을 위해 호혜적 의무를 갖
   는가?
③ 인간만을 책임질 수 있는 유일한 존재로 한정해서는 안 되
   는가?
④ '할 수 있다'는 능력에 근거해서 '해야 한다'는 책임이 발생하
   는가?
⑤ 인간의 힘이 자연으로 확장될수록 자연 파괴의 가능성은 낮
   아지는가?

408

갑이 을에게 제기할 비판으로 가장 적절한 것은?

> 갑 : 과학 기술은 인간의 존엄성 구현과 삶의 질 향상이라는 윤
> 리적 목적을 궁극적으로 지향해야 한다. 따라서 과학 기
> 술은 사회적 가치 판단으로부터 독립적일 수 없다.
> 을 : 과학 기술은 자연 현상의 원리를 이용하여 새로운 과학 지
> 식을 발견하는 것이다. 따라서 과학 기술은 객관적인 사
> 실의 영역이므로 가치 판단이 개입되어서는 안 된다.

① 과학 기술을 가치 중립적으로 보아야 함을 간과한다.
② 과학 기술이 윤리적 평가로부터 자유로워야 함을 간과한다.
③ 과학 기술에서 활용되는 모든 지식에 주관적 도덕 판단이 요
   구됨을 간과한다.
④ 과학 기술이 인류 공동체의 행복 실현에 기여하도록 개발되
   어야 함을 간과한다.
⑤ 과학 기술을 개발하고 적용할 때는 어떤 사회적 요소도 고려
   되어서는 안 됨을 간과한다.

409

갑은 긍정, 을은 부정의 대답을 할 질문만을 〈보기〉에서 고른 것은?

> 갑 : 과학자는 연구 과정뿐만 아니라 자신의 연구와 관련한 지
> 식의 무지 또는 남용이 사회에 유해한 결과를 가져오는 경
> 우에 대해서도 이를 지적할 책임을 지니고 있다. 따라서
> 과학의 유지와 발달에 대한 주요한 책임은 과학자 자신이
> 지지 않으면 안 된다.
> 을 : 과학자의 연구는 자연 그대로의 사실을 발견하는 것이기
> 때문에 연구의 시작은 물론, 진행 과정에서 비윤리적 행
> 위를 하지 말아야 한다. 하지만 분명하지도 않은 사회적
> 책무나 미래의 윤리 문제까지 걱정하여 연구가 제약을 받
> 게 해서는 안 된다.

[보기]
> ㄱ. 과학자는 자연 그대로의 사실 발견에 대해서만 책임을 져
>   야 하는가?
> ㄴ. 과학자는 연구 주제 설정 단계부터 사회적 가치를 고려해
>   야 하는가?
> ㄷ. 과학자는 연구 과정에서 정직성과 신중성의 내적 책임을
>   져야 하는가?
> ㄹ. 과학자는 자신의 연구로 인해 발생할 수 있는 사회적 위험
>   성을 경고해야 할 책임이 있는가?

① ㄱ, ㄴ   ② ㄱ, ㄷ   ③ ㄴ, ㄷ
④ ㄴ, ㄹ   ⑤ ㄷ, ㄹ

1. 정보 기술의 발달과 정보 윤리

1 정보 기술의 발달에 따른 변화

(1) 긍정적 변화

① 생활의 편리성이 크게 향상됨

② 전문적인 지식을 얻을 수 있게 됨

③ 의사 결정 과정에 참여할 기회가 확대됨

④ 다양한 문화에 대한 이해의 폭이 확장됨

(2) 정보 기술의 발달에 따른 다양한 문제

① 사이버 폭력 : 사이버 따돌림, 사이버 명예 훼손, 사이버 스토킹 등

② 사생활 침해 : 정보 기술의 발달로 개인 정보를 쉽게 얻을 수 있게 되어 사생활 침해 문제가 발생함 → 잊힐 권리 강조

✪③ 저작권 문제 ⒞ 85쪽 429번 문제로 확인

저작권 보호 (정보 사유론)	• 창작자의 노력에 대한 경제적 이익을 보장함으로써 창작 의욕을 높여 정보의 질적 수준을 높일 수 있음 • 저작자의 소유물인 저작물을 사용하는 사람은 대가를 지불해야 함
저작권 공유 (정보 공유론)	• 저작물은 공공재이며, 공동체의 이익을 위해 사용되어야 함 • 인류가 축적한 정보를 활용하여 구성된 저작물에 대한 독점은 정보 격차를 심화시키므로 저작물을 자유롭게 공유해야 함

2 정보 사회의 정보 윤리

(1) 정보 윤리의 필요성 정보 기술의 발달에 따른 문제를 해결하기 위해서는 정보 윤리가 필요함

✪**(2) 정보 윤리의 기본 원칙** ⒞ 85쪽 430번 문제로 확인

① 인간 존중 : 정보 이용 시 타인의 사생활 등을 존중해야 함

② 책임 : 정보를 생산, 유통, 소비할 때 자신의 행동이 미칠 영향과 결과를 고려하여 책임 있게 행동해야 함

③ 정의 : 다른 사람의 자유와 권리를 침해하지 않고, 정보의 진실성과 공정성을 추구해야 함

④ 해악 금지 : 다른 사람과 사회에 해악을 끼치지 말아야 함

> **자료** **세버슨의 정보 윤리의 원리**
>
> 첫째, 지적 재산권 존중의 원리이다. 무형의 재산에 대한 권리를 보호해야 한다는 것이다. 둘째, 사생활 존중의 원리이다. 개인 정보에 대하여 합당한 비밀이 유지되어야 한다는 것이다. 셋째, 공정한 표시의 원리이다. 주로 제품의 판매자가 그들의 제품과 제공할 서비스를 고객들에게 알리는 일과 관련된다. 넷째, 해악 금지의 원리이다. 해킹, 사이버 범죄 등을 규제해 타인에게 피해를 주지 말 것을 요구한다.
>
> 분석 ▷ 세버슨은 정보 윤리로 지적 재산권 존중, 사생활 존중, 공정한 표시, 해악 금지를 제시하고 있다.

2. 정보 사회에서의 매체 윤리

1 뉴 미디어 시대의 매체

(1) 뉴 미디어 시대 매체의 특징

상호 작용화	송수신자 간 쌍방향 정보 교환이 가능함
비동시화	송수신자가 동시에 참여하지 않고도 수신자가 원하는 시간에 정보를 볼 수 있음
탈대중화	대규모 집단에 획일적 메시지를 전달하는 방식에서 벗어나 특정 대상과 특정 정보를 상호 교환할 수 있게 됨
능동화	이용자가 더욱 능동적으로 활동할 수 있게 함

(2) 뉴 미디어 시대 매체와 관련한 윤리적 문제

① 국민의 알 권리와 개인의 인격권이 대립하는 문제 : 정보를 전달할 때 알 권리와 인격권이 충돌함 → 국민의 알 권리를 보장하되, 그 정보가 개인의 인격권을 침해하는지 검토해야 함

② 책임 의식이 약화되는 문제 : 매체의 다양성에 따른 정보 분산으로 책임 의식이 약화됨

③ 잊힐 권리와 관련한 문제 : 매체의 발달로 개인 정보를 쉽게 습득할 수 있게 되면서 자신과 관련된 정보를 통제할 수 있는 잊힐 권리 문제가 발생함

> **자료** **사적 정보 공개와 인격권 보호**
>
> 분별력은 '정당한 것과 정당하지 못한 것을 직관적으로 구별하는 능력'으로, 이는 여러 이해 관계자의 이해관계를 균형 있게 고려하는 도덕적 사고를 요구한다. 언론인은 사적 정보 공개가 사람들의 호기심 충족을 위한 행위인지, 아니면 시민 사회를 위한 행위인지를 판단하기 위해서 도덕적인 사유를 해야 한다.
> – 패터슨, 윌킨스, 『미디어 윤리의 이론과 실제』 –
>
> 분석 ▷ 국민의 알 권리 보장과 개인의 인격권 보호를 위해 도덕적 분별력이 필요하다.

2 현대인에게 요구되는 매체 윤리

✪**(1) 정보 생산 및 유통 과정에서 필요한 윤리** ⒞ 86쪽 434번 문제로 확인

① 표현의 자유에는 한계가 있음을 인식함

② 정보에 있어 객관성과 공정성을 유지해야 하며, 표절을 하지 말아야 함

③ 국민의 알 권리를 충족하는 과정에서 개인의 명예, 사생활, 인격권을 침해하지 않도록 개인 정보를 신중하게 다룸

✪**(2) 정보 소비 과정에서 필요한 윤리** ⒞ 87쪽 438번 문제로 확인

① 매체 이해력(미디어 리터러시) 습득 : 비판적인 사고를 바탕으로 정보를 올바르게 이해하고 표현할 수 있어야 함

② 사용자 상호 간의 소통 및 시민 의식 : 이용자들에게 규범의 준수뿐만 아니라 사회적 참여, 시민 의식 확보 등을 포함한 윤리적 태도가 요청됨

●● 빈칸에 들어갈 알맞은 용어를 쓰시오.

410 사이버 공간에서 상대방에게 정신적·심리적 피해를 주는 행위를 (　　　　　)(이)라고 한다. 대표적으로는 사이버 따돌림, 사이버 스토킹 등이 있다.

411 사이버 공간에서는 다른 사람이 나에 관한 개인 정보를 쉽게 얻을 수 있어 신상 털기 등과 같은 (　　　　)이/가 빈번이 발생하므로 주의해야 한다.

412 정보 기술의 발달로 저작물을 무단으로 사용하여 저작권자의 권리를 침해하는 (　　　　) 문제가 발생한다.

●● 다음 내용이 맞으면 ○표, 틀리면 ✕표를 하시오.

413 정보 사유론을 옹호하는 입장에서는 저작자의 지적 재산권을 보호해야 한다고 주장한다. 　　　(　　)

414 저작자의 창작 의욕을 높이고, 양질의 정보를 생산하기 위해 저작물에 대한 권리 행사를 인정해야 한다고 주장하는 입장은 정보 공유론이다. 　　　(　　)

415 정보 사유론의 관점에 따르면 정보와 그 산물은 인류의 공동 자산이므로 불특정 다수에게 공개되어야 한다.
　　　　　　　　　　　　　　　　　(　　)

416 정보 공유론은 정보를 개인 자산처럼 사유하는 행위가 정보 격차의 원인이 된다고 주장한다. 　(　　)

●● 다음 입장과 주장하는 바를 바르게 연결하시오.

417 저작권 공유 •　　　• ㉠ 저작물에 대한 배타적 독점
　　　　　　　　　　　　권을 부여해야 함

418 저작권 보호 •　　　• ㉡ 모든 저작물은 누구나 사용
　　　　　　　　　　　　할 수 있는 공공재임

●● ㉠, ㉡ 중 알맞은 것을 고르시오.

419 국민이 사회적 현실에 관한 정보를 자유롭게 알 수 있는 권리를 (㉠ 알 권리, ㉡ 인격권)(이)라고 한다.

420 (㉠ 알 권리, ㉡ 인격권)은/는 인격적 이익을 기본 내용으로 하며, 그 주체만이 행사할 수 있는 권리이다.

421 매체는 정보를 전달할 때 국민의 (㉠ 알 권리, ㉡ 인격권)을/를 보장하되, 그 정보가 개인의 (㉠ 알 권리, ㉡ 인격권)을/를 침해하는지 검토해야 한다.

422 거짓 정보에 적절히 대응하려면 비판적 사고를 바탕으로 정보를 올바르게 이해하고 표현하는 (㉠ 매체 이해력, ㉡ 표현의 자유)이/가 필요하다.

423

㉠의 구체적인 내용으로 적절하지 않은 것은?

> 정보 통신 기술의 발전에 따라 컴퓨터 네트워크에 의해 과거에는 존재하지 않았던 사이버 공간이 창출되고 있다. 또한 초고속 정보 통신망에 의해 세계가 하나로 연결되고 있다. 이러한 기술의 진보는 ㉠ 우리의 삶에 많은 변화를 가져왔다.

① 생활의 편리성이 향상되었다.
② 수직적이고 일원적인 사회로 변화하였다.
③ 다양성을 존중하는 사회 분위기가 조성되었다.
④ 정치적 의사 결정에 직접 참여할 수 있게 되었다.
⑤ 자신의 의사를 표현할 수 있는 통로가 확장되었다.

424

다음 글을 통해 추론할 때, ㉠에 들어갈 내용으로 가장 적절한 것은?

> 사람들의 일거수일투족을 통제하는 컴퓨터 통신망이 구축된 현대 정보 사회는 판옵티콘이 재현될 수 있는 가능성이 커졌다. 판옵티콘에서 감시자는 피감시자를 볼 수 있지만, 피감시자는 감시자를 볼 수 없어 행동에 제약을 받는 구조로 되어 있다. 즉 정보 통신 기술의 발달은 우리에게 시공간의 제약을 극복하게 해 주었다는 점에서 의미가 있지만, _____㉠_____ 는 문제점을 낳을 수 있다.

① 모든 정보를 상업적으로 이용할 경향이 증가한다
② 정보 분배에 관련된 사람들 간 갈등이 첨예하게 나타난다
③ 언제든 사람들이 감시 대상으로 전락할 가능성이 높아진다
④ 다른 사람이 만든 정보를 무단으로 사용하여 이익을 침해한다
⑤ 익명성으로 인해 사람들 간에 인격적으로 공격하는 일이 빈번해진다

425

다음 주장에 부합하는 입장에만 모두 '✓'를 표시한 학생은?

> 사이버 공간에서 일탈을 규제하기 위해서는 제도적 조치보다 자율적 규제가 바람직하다. 현실 공간과 동일하게 사이버 공간에서도 네티즌 스스로 도덕 원칙을 수립하고 이를 따를 수 있도록 해야 하며, 타인도 그러한 자기 결정 능력이 있음을 존중해야 한다.

입장＼학생	갑	을	병	정	무
사이버 범죄를 처벌하는 제도적 규제를 강화해야 한다.				✓	✓
사이버 공간에서는 현실의 도덕규범을 달리 적용해야 한다.		✓	✓		✓
인터넷 이용자들은 스스로 도덕규범을 수립하고 지켜야 한다.	✓	✓		✓	
인터넷 윤리를 실천함으로써 건전한 네티즌 문화를 형성해야 한다.	✓		✓	✓	✓

① 갑   ② 을   ③ 병   ④ 정   ⑤ 무

426

다음 글에 나타난 문제의 적절한 해결 방안만을 〈보기〉에서 고른 것은?

> 오늘날 정보는 물이나 전기와 같이 인간이 생활하는 데 가장 필수적인 요소이다. 우리가 물이나 전기 없이 며칠을 견디는 것은 상당히 고통스러운 일이다. 그래서 수도나 전기 요금을 감당하기 어려운 사람에게 수도나 전기를 끊어 버리는 일은 비인도적인 처사로 여겨진다. 이와 마찬가지로 정보에 자유롭게 접근할 수 없는 정보 소외 계층은 상당한 고통을 느낄 것이며, 정보 사회에서 경쟁력을 확보하지 못하여 사회적 약자로 머물게 될 것이다. …… 인간은 누구나 인간답게 살 수 있는 최소한의 권리를 가지고 있다. 정부는 그러한 시민의 권리를 충족할 수 있는 방안을 마련해야 할 것이다.

[보기]

ㄱ. 정보 통신 서비스는 보편적 서비스가 아님을 인식한다.
ㄴ. 저소득층에게 무료로 컴퓨터를 보급하여 정보에 접근할 수 있는 기회를 제공한다.
ㄷ. 노인, 장애인, 도서 벽지 주민 등이 정보를 활용하는 능력을 향상시킬 수 있도록 교육에 힘쓴다.
ㄹ. 질 좋은 서비스와 새로운 기술 개발을 위해 비싼 통신 요금이 불가피함을 국민들에게 잘 설명한다.

① ㄱ, ㄴ   ② ㄱ, ㄹ   ③ ㄴ, ㄷ
④ ㄴ, ㄹ   ⑤ ㄷ, ㄹ

427

다음을 주장한 사상가의 입장에만 모두 '✓'를 표시한 학생은?

> 소프트웨어의 발전은 일종의 진화 과정이다. 어떤 사람이 특정 프로그램을 이용하고 이 프로그램의 특정 부분을 손질하여 하나의 새로운 기능을 부여하면, 그 후 또 다른 사람이 다른 부분들을 손질하여 또 다른 특성을 부가한다. 이 과정은 약 20년의 주기를 거쳐 계속된다. …… 소유권자의 존재는 이러한 종류의 진화를 방해하며, 어떤 프로그램을 개발할 때 무(無)에서부터 시작할 수밖에 없게 만든다.

입장＼학생	갑	을	병	정	무
지식과 정보 사용에 제한이 없어야 한다.	✓			✓	✓
공공성이 정보 창작자의 권리보다 우선한다.	✓		✓	✓	
저작권을 보호하면 지적 산물 창조에 도움이 된다.		✓	✓		✓
배타적 사용권이 사회의 지적 자산을 풍부하게 한다.		✓		✓	✓

① 갑   ② 을   ③ 병   ④ 정   ⑤ 무

428

다음 입장에서 긍정의 대답을 할 질문으로 가장 적절한 것은?

> 정보의 소유권은 소프트웨어의 발전에 방해가 될 뿐이며 부정적인 결과들을 야기하기 때문에 정보에 대한 소유를 인정하는 정책은 폐지되어야 한다. 저작물에 대한 배타적 독점권을 인정하는 것은 옳지 않다.

① 저작물은 개인의 소유물인가?
② 창작 활동에 있어 경제적 동기가 중요한가?
③ 정보의 원본으로서의 가치를 존중해야 하는가?
④ 창작의 활성화는 자유로운 정보의 향유로 가능한가?
⑤ 창작자의 노고에 대한 정당한 대가를 인정해야 하는가?

☆빈출
429

갑, 을의 입장에 관한 설명으로 옳은 것은?

저작권 문제

저작물은 저작자의 것이므로 저작물에 대한 권리를 법으로 보장해 주어야 합니다.

아닙니다. 복제를 허용해서 좀 더 많은 사람이 창작물을 이용할 수 있도록 해야 합니다.

갑   을

① 갑은 정보 공유가 사회의 발전을 저해한다고 본다.
② 갑은 저작권 보호가 창작 의욕을 저하시킬 수 있다고 본다.
③ 을은 정보의 소유에 대한 배타적 권리가 있다고 본다.
④ 갑은 저작권 공유를, 을은 저작권 보호를 주장한다.
⑤ 갑, 을은 저작권을 부정하고 지식과 정보를 공유해야 한다고 본다.

☆빈출
430

(가), (나)가 설명하는 정보 윤리의 기본 원칙을 바르게 짝지은 것은?

> (가) 사이버 공간에서 정보를 이용할 때에는 타인의 자유와 권리를 침해하지 않아야 하며, 모든 사람을 공정하고 평등하게 대우해야 한다.
> (나) 사이버 공간에서 만나는 사람들에게 정신적·물리적으로 피해를 주지 않아야 하며, 또한 공동체에 악영향을 끼치는 해킹, 사이버 범죄 등을 하지 말아야 한다.

	(가)	(나)
①	존중	책임
②	존중	해악 금지
③	책임	정의
④	정의	책임
⑤	정의	해악 금지

431

㉠의 사례로 적절하지 <u>않은</u> 것은?

> 사이버 따돌림을 예방하기 위해서는 피해자의 고통에 공감하는 개인적 차원의 노력뿐만 아니라, 사회적 차원에서 ㉠ 법적·제도적 장치를 마련해야 한다.

① 청소년 상담 기관을 설립하여 운영한다.
② 피해 학생을 위한 심리 치료 기관을 확대한다.
③ 학교 폭력 예방 및 대책에 관한 법률을 시행한다.
④ 가해 학생에게 진심이 담긴 반성문을 작성하게 한다.
⑤ 피해 학생에게 폭력성 문자가 전송되었음을 학부모에게 실시간으로 알리는 시스템을 구축한다.

2. 정보 사회에서의 매체 윤리

432

다음 사례를 통해 알 수 있는 매체 윤리로 적절하지 <u>않은</u> 것은?

> 주말 내내 SNS를 뜨겁게 달구었던 화제는 살인 사건의 용의자로 구속된 L 씨의 사진과 그에 관한 정보였다. ○○신문은 살인 사건의 용의자로 체포된 L 씨의 얼굴을 그의 개인 정보와 함께 게시하였으며, 그에 대한 지인의 반응을 담은 자극적인 기사를 올렸다. ○○신문의 기사가 화제가 되자, △△신문은 ○○신문의 내용을 확인해 보지도 않고 자극적인 제목을 붙여 그대로 베낀 후 게시하였다. 언론을 통해 공개된 이러한 기사들은 주말 내내 SNS와 인터넷 사이트를 달구었다.

① 개인 정보는 신중하게 처리되어야 한다.
② 다른 사람의 저작물을 도용하지 말아야 한다.
③ 확인하지 않은 정보를 유포하지 말아야 한다.
④ 표현의 자유에는 한계가 없음을 인식해야 한다.
⑤ 개인의 저작 인격권을 함부로 침해하지 말아야 한다.

433

㉠의 특징으로 가장 적절한 것은?

> 인터넷이 등장하기 전까지는 책, 신문, 잡지 등 인쇄 매체와 라디오, 텔레비전 등 방송 매체를 주로 이용하였다. 그러나 정보 통신 기술의 발전으로 기존 매체가 인터넷 또는 모바일 기기와 결합하면서 전자 신문, 인터넷 방송, 디지털 위성 방송, 지상파 디엠비(DMB) 등과 같은 ㉠ 뉴 미디어의 역할이 커지고 있다.

① 정보 소비자는 제공된 정보를 수동적으로 수용하는 방식을 취한다.
② 정보 생산자는 권위 있는 전문가로 한정되어 정보의 객관성을 지닌다.
③ 정보 생산자와 소비자는 의견 교환 과정에서 수직적인 관계를 맺는다.
④ 소수의 정보 생산자가 다수의 대중에게 정보를 획일적으로 전달한다.
⑤ 정보 소비자는 정보를 소비할 뿐만 아니라 정보를 직접 생산하고 유통하기도 한다.

★빈출
434

교사의 질문에 적절하게 답변한 학생만을 고른 것은?

① 갑, 을
② 갑, 병
③ 을, 병
④ 을, 정
⑤ 병, 정

435

㉠에 들어갈 내용으로 가장 적절한 것은?

① 사이버 따돌림에 대응해야 하는 이유
② 뉴 미디어상에서 표현의 자유가 중요한 이유
③ 뉴 미디어상에서 표현의 자유를 제한하는 이유
④ 뉴 미디어상에서 자기 절제력이 부족해지는 이유
⑤ 뉴 미디어상에서 매체를 이해하는 능력이 필요한 이유

436

갑이 〈문제 상황〉에서 제시할 수 있는 적절한 조언만을 〈보기〉에서 고른 것은?

> 갑 : 모든 주의와 주장을 이 땅 위에 자유로이 활동하도록 내버려 두면 진리도 거기에 있을 터인데, 허가를 받게 하고 법령으로 금지함으로써 진리의 힘을 의심하는 일은 부당하다.
>
> 〈문제 상황〉
> A국에서는 인터넷 실명제 도입에 대해 찬반 논쟁이 뜨겁다. 인터넷 실명제란 인터넷 게시판에 글을 올릴 때 본인 확인 절차를 거쳐야 함을 제도화하는 것이다. 익명성을 악용해 인터넷 공간에서 다른 사람을 비방하거나 명예를 훼손하려는 의도로 악성 댓글을 다는 일이나 거짓 정보 등을 유포하는 일 등을 막으려면 인터넷 실명제를 도입해야 한다는 의견이 우세하다.

[보기]
ㄱ. 진리는 공개 토론에서 승리할 수 있다. 따라서 인터넷 실명제 도입을 유보해야 한다.
ㄴ. 진리의 발견을 위해 사상과 표현의 자유가 필요하다. 인터넷 실명제 도입을 유보해야 한다.
ㄷ. 개인의 의견을 사회에 표현할 때 사전 검열이 필요하다. 따라서 인터넷 실명제를 도입해야 한다.
ㄹ. 사회 진보를 위해 표현의 자유를 억압하는 것이 좋다. 따라서 인터넷 실명제를 도입해야 한다.

① ㄱ, ㄴ
② ㄱ, ㄷ
③ ㄴ, ㄷ
④ ㄴ, ㄹ
⑤ ㄷ, ㄹ

437

⊙에 들어갈 내용으로 적절하지 않은 것은?

최근 단순히 유용한 정보를 게시하거나 서로의 일상을 공유하는 것을 넘어 직접 장비를 이용해 전문적으로 방송하는 콘텐츠 제작자들이 많아졌다. 이러한 경향은 시청자에게 기존 방송에서 다루지 못한 다양한 콘텐츠를 제공하여 흥미를 충족시켜 주었지만, 기존 방송과 달리 규제가 어려워 폭력적이고 선정적인 내용들이 여과 없이 방송되고 허위 사실을 전달하기도 하는 등의 문제점을 야기하였다. 이러한 문제를 해결하기 위해서는 ⊙

① 콘텐츠를 전달하는 과정에서 사실 확인 과정을 거쳐야 한다.
② 콘텐츠 제작자들은 영향력에 상응하는 사회적 책임을 져야 한다.
③ 시청자 반응만을 기준으로 방송의 소재와 주제를 결정해야 한다.
④ 콘텐츠 제작자들은 콘텐츠를 전달할 때 사회적 영향력을 고려해야 한다.
⑤ 시청자들은 정보를 비판적으로 해석할 수 있는 도덕적 사고 능력을 길러야 한다.

★빈출 438

⊙을 갖추기 위해 필요한 적절한 노력만을 〈보기〉에서 고른 것은?

(⊙)은/는 뉴 미디어가 만들어 내는 정보 중에서 자신에게 필요한 정보가 무엇인지를 인식할 수 있고, 필요하다고 판단한 정보를 탐색하여 평가하고 효과적으로 활용할 수 있음을 의미한다. 넘치는 정보의 홍수 속에서 개인의 가치와 관심에 따라 필요한 정보를 찾고, 그중에서 어떤 정보가 가장 가치 있는지 판단하는 능력, 또 그 정보가 부여하는 의미를 제대로 읽고 이해하여 유용하게 활용하는 능력 등은 정보 사회의 구성원에게 반드시 요구되는 능력들이다.

[보기]
ㄱ. 정보를 무비판적으로 받아들이는 태도를 지양한다.
ㄴ. 자신에게 유리한 정보만을 선택적으로 받아들인다.
ㄷ. 분석하고 종합하는 사고를 바탕으로 정보를 올바르게 이해한다.
ㄹ. 우수한 창작물은 공유하는 것이 중요하므로 많은 사람에게 전달한다.

① ㄱ, ㄴ　　② ㄱ, ㄷ　　③ ㄴ, ㄷ
④ ㄴ, ㄹ　　⑤ ㄷ, ㄹ

1등급을 향한 서답형 문제

[439~440] 다음 글을 읽고 물음에 답하시오.

(⊙)(이)란 인간의 존엄성에 바탕을 둔 사적 권리로 인격적 이익을 기본 내용으로 하며 그 주체만이 행사할 수 있는 권리이다. (⊙)에는 성명권, 초상권, ⓒ저작 인격권, ⓒ사생활권 등이 있다.

439

⊙에 공통으로 들어갈 용어를 쓰시오.

440

ⓒ, ⓒ의 의미를 서술하시오.

[441~442] 다음 글을 읽고 물음에 답하시오.

우리에게는 자신의 의사를 표현할 수 있는 (⊙)(이)가 있다. 뉴 미디어는 다수에게 영향을 끼칠 수 있는 공적인 영역이다. 따라서 뉴 미디어상에서의 (⊙)은/는 무제한으로 허용될 수 없으며 ⓒ일정한 한계가 있다.

441

⊙에 공통으로 들어갈 용어를 쓰시오.

442

ⓒ의 내용을 두 가지 서술하시오.

적중 1등급 문제

▶▶ 바른답·알찬풀이 42쪽

443

갑이 을에게 제기할 비판으로 가장 적절한 것은?

> 갑 : 인터넷에서 익명성에 기대어 악성 댓글을 다는 것은 표현
> 의 자유를 남용한 일탈 행위로서 해당 개인과 집단에 심각
> 한 해악을 끼칩니다.
> 을 : 맞습니다. 인터넷에서 악성 댓글을 다는 것은 심각한 문제
> 입니다. 따라서 해악 금지의 원칙에 따라 강제적 규제가
> 필요합니다.
> 갑 : 강제적 규제는 인터넷 이용자의 표현의 자유와 사회 문제
> 에 대한 비판을 위축시킬 수 있으므로 바람직하지 않습니
> 다. 각 개인이 양심과 도덕성에 따라 표현을 스스로 규제
> 한다면 문제가 해결될 수 있습니다.
> 을 : 그렇지 않습니다. 인터넷에서 익명성에 기대어 악성 댓글
> 을 다는 것은 심각한 문제입니다. 악성 댓글을 규제할 수
> 있는 제도적 장치만이 문제를 해결할 수 있습니다.

① 법적 규제를 통해 타인의 피해를 방지해야 함을 간과한다.

② 익명성으로 인해 비도덕적으로 행동할 수 있음을 간과한다.

③ 자율적 규제가 제도적 규제보다 적절한 해결책임을 간과한다.

④ 해악 금지의 원칙이 표현의 자유보다 선행되어야 함을 간과
한다.

⑤ 악성 댓글로 인한 피해를 예방하려면 표현의 자유를 강제적
으로 제한해야 함을 간과한다.

444

(가)를 주장한 사상가의 입장에서 (나)의 질문에 답변할 내용으로 가장
적절한 것은?

(가)	공동체의 어느 구성원에게 그의 의지에 반하여 권력이 정당하게 행사될 수 있는 유일한 목적은 다른 사람들에게 해를 끼치는 것을 막는 데 있다. 이를 제외하고는 문명사회에서 시민의 자유를 침해하는 어떤 정치권력의 행사도 정당화될 수 없다.
(나)	뉴 미디어상에서 표현의 자유는 어디까지 허용되어야 할까?

① 다수가 동의하는 내용만 선별하여 허용되어야 한다.

② 자신의 쾌락을 극대화할 수 있다면 허용되어야 한다.

③ 다른 사람에게 해악을 주지 않는 한에서 허용되어야 한다.

④ 다수결 원리에 따라 표현의 자유의 허용 범위를 정해야 한다.

⑤ 표현의 자유는 제한될 수 없으므로 무제한으로 허용되어야
한다.

445

(가)의 갑, 을의 입장을 (나) 그림으로 탐구하고자 할 때, A~C에 해당
하는 적절한 진술만을 〈보기〉에서 있는 대로 고른 것은?

(가)	갑 : 정보에 대한 소유권을 인정하는 것은 필연적으로 정보의 진화를 방해한다. 따라서 정보의 발전을 위해 정보를 공공재로 보아야 한다.
	을 : 정보에 대한 창작자의 배타적인 권리를 보장해야 한다. 그럴 경우 창작되는 정보의 수준이 높아지고 더 많은 지적 산물이 창조될 수 있다.
(나)	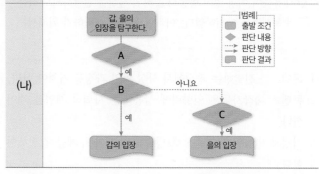

[보기]

ㄱ. A : 양질의 정보를 생산할 수 있는 여건을 마련해야 한다.

ㄴ. B : 정보는 인류가 함께 누리는 공공재이다.

ㄷ. B : 저작권을 공유하기보다는 보호해야 한다.

ㄹ. C : 지적 재산권 보호를 강화해야만 정보의 발전이 가능
하다.

① ㄱ, ㄴ ② ㄱ, ㄷ ③ ㄷ, ㄹ
④ ㄱ, ㄴ, ㄹ ⑤ ㄴ, ㄷ, ㄹ

446

갑의 입장에 비해 을의 입장이 갖는 상대적 특징을 그림의 ㉠~㉤ 중
에서 고른 것은?

> 갑 : 정보를 얻고 활용할 기회는 모든 사람에게 개방되어야 한
> 다. 다만 정보 창작자의 노력에 대한 경제적 보상이 더 좋
> 은 정보의 산출에 기여하므로 정당한 대가를 지불하고 정
> 보를 사용하도록 해야 한다.
> 을 : 정보는 나눌수록 그 가치가 커지므로 모든 정보는 무료로
> 배포되어야 한다. 정보가 공유된다면 양질의 정보 생산과
> 활용이 더욱 활발해질 것이다.

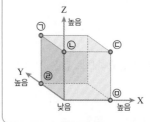

X : 정보 창작자에 대한 지적 재산권 보호를
강조하는 정도
Y : 정보를 모두가 누려야 할 공유 자산으로
강조하는 정도
Z : 정보 격차 문제의 해소를 위해 정보 소
유권의 폐지를 강조하는 정도

① ㉠ ② ㉡ ③ ㉢ ④ ㉣ ⑤ ㉤

447

갑, 을의 입장에 대한 설명으로 가장 적절한 것은?

> 갑 : 정보에 대한 접근은 자유로워야 하지만 생산과 유통은 국가가 규제해야 한다. 표현의 자유는 해악 금지의 원칙에 위배되지 않는 한에서 보장되어야 한다. 국가는 혐오 표현의 유해성에 대한 법적 기준을 정해 정보의 생산과 유통을 규제할 책무가 있다.
>
> 을 : 정보에 대한 접근은 물론 생산과 유통도 개인의 자율에 맡겨야 한다. 정보의 생산과 유통에 대한 국가의 규제는 그 자체로 표현의 자유를 침해하는 것이다. 혐오 표현의 유해성에 대한 판단은 사람에 따라 다르기 때문에 국가가 일률적 기준을 마련할 수는 없다.

① 갑은 국가가 혐오 표현의 유해성을 판단할 기준을 설정해야 한다고 본다.

② 을은 국가가 정보의 접근이 아닌 생산·유통의 자유만 보장해야 한다고 본다.

③ 갑은 을과 달리 국가가 정보에 자유롭게 접근할 권리를 제한해야 한다고 본다.

④ 을은 갑과 달리 국가가 해악 금지 원칙에 따라 정보 생산을 규제해야 한다고 본다.

⑤ 갑, 을은 혐오 표현에 대한 국가 규제가 표현의 자유와 양립 가능하다고 본다.

448

(가)의 갑, 을의 입장에서 (나)의 질문에 답변할 내용으로 가장 적절한 것은?

(가)	갑 : 현대 사회에서 발생하는 윤리 문제는 개인의 윤리 의식의 한계에서 발생하기 때문에 이를 해결하기 위해서는 개인의 양심과 덕성을 함양해야 한다. 을 : 현대 사회에서 발생하는 문제는 사회 구조와 제도의 결함에서 발생하기 때문에 이를 해결하기 위해서는 개인의 도덕성 함양과 더불어 제도적 개선을 해야 한다.
(나)	현대 사회에서 사이버 공간의 익명성을 악용한 악성 댓글의 피해가 심각한 수준이다. 이 문제를 해결하기 위해서 어떻게 해야 할까?

① 갑 : 악성 댓글의 사전 차단을 위한 기술 개발이 필요하다.

② 갑 : 악성 댓글 문제의 원인은 개인이 아닌 사회 구조의 결함에 있다.

③ 을 : 악성 댓글 문제 해결을 위해 제도적 규제는 불필요하다.

④ 을 : 악성 댓글을 제재하기 위해 자율적 규제뿐만 아니라 구조적 규제도 필요하다.

⑤ 갑, 을 : 악성 댓글 문제를 해결하기 위해 자율적 책임감을 함양하는 것은 불필요하다.

449

그림의 강연자가 지지할 입장으로 옳지 않은 것은?

> 최근 뉴 미디어 이용의 증가로 거짓 정보의 생산도 더불어 증가하고 있습니다. 따라서 뉴 미디어 내 정보를 제대로 판단하고 이용해야 합니다. 물론 거짓 정보를 줄이기 위한 기술적·제도적 장치도 필요하나, 정보를 소비하고 생산하는 주체인 뉴 미디어 이용자들이 비판적 이해력을 지니지 않는다면 거짓 정보의 생산을 막는 데에는 한계가 있습니다. 따라서 뉴 미디어 내 정보를 무조건 수용하기보다는 관련 정보를 올바르게 판단하고 이용할 수 있는 능력을 지니기 위해 노력해야 합니다.

① 뉴 미디어 기술의 발달로 거짓 정보의 생산이 불가능해졌다.

② 뉴 미디어 내 거짓 정보를 막기 위해서는 타율적 제재가 필요하다.

③ 뉴 미디어의 확산으로 정보 생산자와 소비자의 구분이 모호해졌다.

④ 뉴 미디어의 올바른 이용을 위해 비판적 사고 능력을 갖추어야 한다.

⑤ 뉴 미디어의 이용자 수가 늘어나면서 거짓 정보의 수가 증가하고 있다.

450

다음 토론의 핵심 쟁점으로 가장 적절한 것은?

> 갑 : 민주주의에서 표현의 자유는 민주주의의 최고 이상인 인간의 존엄성을 실현하기 위한 수단이다. 뉴 미디어는 다수에게 영향을 끼치는 공적인 영역이므로, 뉴 미디어상에서의 표현의 자유는 타인의 권리와 공공복리를 침해하지 않는 범위 내에서 허용되어야 한다.
>
> 을 : 표현의 자유는 국민이 누려야 할 기본적 자유이므로 절대적으로 침해할 수 없다. 표현의 자유를 완벽하게 보장하는 뉴 미디어는 사회적 약자들도 자유롭게 의견을 표현할 수 있도록 함으로써 민주주의의 최고 이상인 인간 존엄성을 실현시켜 준다.

① 표현의 자유에 제한을 가할 수 있는가?

② 표현의 자유와 인간 존엄성의 실현은 무관한가?

③ 인간 존엄성의 실현이 민주주의의 최고 이상인가?

④ 인간 존엄성의 실현보다 표현의 자유 보장이 중요한가?

⑤ 뉴 미디어는 표현의 자유를 보장하는 수단이 될 수 있는가?

11 자연과 윤리

☑ 출제 포인트   ☑ 자연을 바라보는 동서양의 관점   ☑ 기후 정의 문제   ☑ 생태 지속 가능성 문제

1. 자연을 바라보는 동서양의 관점

★1 자연을 바라보는 동양의 관점 ⓒ 91쪽 465번 문제로 확인

유교	자연을 본받아 다른 존재와 타인에게 인(仁)을 실천해야 한다고 봄
불교	연기설(緣起說)에 근거하여 인간과 자연의 상호 의존성을 자각하고 모든 생명체에 대한 자비를 강조함
도가	천지 만물을 무위(無爲)의 체계로 보고 인간도 인위적 욕망을 버리고 자연의 순리에 따라 살아야 한다고 봄

★2 자연을 바라보는 서양의 관점 ⓒ 93쪽 472번, 475번 문제로 확인

(1) **인간 중심주의** 인간만이 도덕적 지위를 지닌다고 보고 인간 외 모든 존재를 인간의 목적을 위한 수단으로 여김

사상가	베이컨	자연을 인류 복지를 위한 수단으로 보는 도구적 자연관에 입각하여 자연에 관한 지식의 활용을 강조함
	데카르트	이분법적 세계관에 입각하여 자연을 단순한 물질 또는 기계로 파악함으로써 도덕적 고려의 대상에서 제외함
	칸트	이성적 존재만이 자율적으로 행동하는 도덕적 주체가 될 수 있다고 주장하면서 자연의 도덕적 지위를 부정함
장점		인류가 자연을 적극적으로 이용하여 물질적 풍요를 누릴 수 있도록 해 줌
한계		자연에 대한 인간의 지배와 착취를 정당화하여 오늘날 발생한 환경 문제의 원인이 됨

(2) **동물 중심주의** 동물을 인간을 위한 수단으로 여기는 것에 반대하고 동물의 복지와 권리의 향상을 강조함

사상가	싱어	• 공리주의에 기초하여 도덕적 고려의 기준을 쾌고 감수 능력으로 삼음 • 이익 평등 고려의 원칙에 근거하여 종 차별주의를 비판함
	레건	의무론에 기초하여 동물은 자기의 삶을 영위할 수 있는 '삶의 주체'이므로 도덕적으로 존중받을 권리가 있다고 주장함
장점		동물에 대한 비도덕적 관행을 반성하는 계기를 마련해 줌
한계		• 동물 이외의 식물, 무생물 등 생태계 전체에 대한 고려가 미흡함 • 인간과 동물의 이익 충돌 시 현실적 대안을 제공하기 어려움

자료 싱어의 쾌고 감수 능력 ⓒ 92쪽 469번 문제로 확인

만약 한 존재가 고통을 느낀다면 그와 같은 고통을 고려의 대상으로 삼길 거부하는 자세를 옹호할 수 있는 도덕적인 논증은 없다. 한 존재의 본성이 어떠하든, 평등의 원리는 그 존재의 고통을 다른 존재의 동일한 고통과 동일하게 취급할 것을 요구한다. 따라서 쾌고 감수 능력은 다른 존재의 이익에 관심을 가질지 여부를 판가름하는 유일한 경계가 된다.

분석 싱어는 동물도 쾌락과 고통을 느끼므로 도덕적 고려의 대상이라고 주장한다.

---

(3) **생명 중심주의** 모든 생명체는 그 자체로서 가치를 지니므로 도덕적 고려의 범위를 모든 생명체로 확대해야 한다고 봄

사상가	슈바이처	모든 생명은 살고자 하는 의지를 지니고 있으며, 그 자체로 신성하다는 '생명 외경'을 강조함
	테일러	모든 생명체를 자기 보존과 행복이라는 목적을 지향하는 '목적론적 삶의 중심'으로 보며 생명체에 대한 네 가지 의무를 제시함
장점		도덕적 고려의 범위를 생명체까지 확대하여 모든 생명의 소중함을 일깨워 줌
한계		생태계 전체를 고려하지 않아 환경 문제 극복에 한계를 지님

(4) **생태 중심주의** 도덕적 고려의 범위를 무생물을 포함한 생태계 전체로 보아야 한다는 전일론(全一論)적 입장을 주장함

사상가	레오폴드	• 자연의 모든 존재가 서로 그물망처럼 얽혀 있는 생명 공동체라고 하며 대지 윤리를 주장함 • 흙, 물, 동식물, 인간까지 포괄하는 자연 전체를 도덕적 고려의 대상으로 봄
	네스	세계관과 생활 양식 자체를 생태 중심주의로 바꾸는 심층적 생태주의를 주장함
장점		환경 문제 해결을 위해 생태계 전체에 대한 포괄적 시각이 필요함을 일깨워 줌
한계		생태계 전체의 이익을 위한다는 명분으로 개별 생명체를 희생시키는 환경 파시즘으로 흐를 수 있음

2. 환경 문제에 대한 윤리적 쟁점

기후 정의 문제 ⓒ 94쪽 478번 문제로 확인	• 기후 변화로 인한 개발 도상국의 피해가 심각함 → 온실가스 배출량이 선진국보다 훨씬 적지만 피해는 선진국보다 더 크게 발생하는 불평등이 발생 • 기후 정의의 실현 : 개발 도상국에 대한 선진국의 적극적인 보상과 지원, 온실가스 배출량을 감소시키기 위한 국가적·국제적 노력
미래 세대에 대한 책임 문제	• 환경 문제는 미래 세대의 생존 및 삶의 질 문제와 직결됨 • 요나스의 책임 윤리 : 인류의 존속을 위해 현세대의 책임을 강조함
생태 지속 가능성 문제	생태 지속 가능성의 범위에서 환경 개발을 추구함 → 환경적으로 건전하고 지속 가능한 발전, 개발과 보존의 딜레마 해결

자료 기후 정의 문제

기후 변화로 인한 피해가 특정 국가나 특정 계층에게 더 크게 발생한다면, 이를 단순한 자연 현상이 아닌 사회 구조적 문제로 보아야 한다. 오늘날 기후 변화는 그 발생에 대한 책임이 거의 없는 국가들이 도리어 위험에 노출되는 현상, 즉 기후 불평등을 야기하고 있다. 이제 기후 변화의 문제는 환경 문제를 넘어 정의에 관한 문제이다.   – 이유진, 「기후 변화 이야기」 –

분석 오늘날 기후 변화와 지구 온난화 문제를 정의의 문제로 인식해야 한다는 기후 정의에 관한 논쟁이 활발하다.

90 IV. 과학과 윤리

다음 사상과 주장하는 바를 바르게 연결하시오.

451 유교 •

452 불교 •

453 도교 •

• ㉠ 연기설(緣起說)에 근거하여 인간과 자연의 상호 의존성을 자각해야 한다.

• ㉡ 자연을 본받아 다른 존재와 타인에게 인(仁) 실천해야 한다.

• ㉢ 인위적 욕망을 버리고 자연의 순리에 따라 살아야 한다.

빈칸에 들어갈 알맞은 용어를 쓰시오.

454 (   )란 이성과 자율성을 지닌 인간만이 도덕적 지위를 갖는다는 입장이다.

455 싱어는 (   )에 근거하여 도덕적 고려의 기준을 쾌고 감수 능력으로 삼는다.

456 레건은 (   )에 근거하여 동물에 대한 인간의 의무를 도출한다.

457 테일러는 모든 생명체가 (   )적 삶의 중심이라고 보는 생명 중심주의 사상가이다.

458 생태 중심주의 윤리는 도덕적 고려 대상을 생명체는 물론 무생물을 포함한 생태계 전체로 보는 (   )적 입장을 취한다.

다음 내용이 맞으면 ○표, 틀리면 ×표를 하시오.

459 생명 중심주의 윤리는 이분법적 세계관과 도구적 자연관을 보여 준다.   (   )

460 레오폴드는 도덕 공동체의 범위를 동식물을 비롯한 대지까지 확대한 대지 윤리를 제시하였다.   (   )

461 기후 변화로 인해 개발 도상국보다 선진국의 피해가 더 크게 발생하는 불평등이 발생하고 있다.   (   )

462 요나스는 인류가 존재해야 하는 당위적 요청을 근거로 인류 존속에 대한 미래 세대의 책임을 강조한다.
                                                                                      (   )

463 개발과 보존의 딜레마에 대한 해결책으로 등장한 것이 바로 환경적으로 건전하고 지속 가능한 발전이다.
                                                                                      (   )

1. 자연을 바라보는 동서양의 관점

464

(가)의 관점에서 (나)의 문제에 대해 내린 평가로 가장 적절한 것은?

(가)	이것이 있으면 저것이 있게 되고, 저것이 있으면 이것이 있게 된다. 이것이 없으면 저것도 없고, 저것이 없으면 이것도 없다.
(나)	A 기업은 대규모 골프장을 조성하는 과정에서 상수원 보호 구역을 침범하였고, 많은 벌목으로 홍수와 산사태를 유발하였다.

① 만물은 상호 의존 관계에 있음을 알아야 한다.
② 모든 만물에 영혼이 깃들어 있음을 알아야 한다.
③ 자연에 인위적 조작과 통제를 가하지 않도록 해야 한다.
④ 다른 존재와 사람에게 인(仁)을 베푸는 삶을 살아야 한다.
⑤ 자연을 효율적으로 활용할 수 있는 방안을 탐구해야 한다.

★빈출 465

동양 사상가 갑, 을의 입장에 관한 옳은 설명만을 <보기>에서 있는 대로 고른 것은?

갑 : 모든 존재는 여러 가지 원인[因]과 조건[緣]에 의해서 생겨나고, 그 원인과 조건이 소멸하면 존재도 사라진다.

을 : 사람은 땅을 본받고, 땅은 하늘을 본받고, 하늘은 도를 본받고, 도는 자연(自然)을 본받는다.

[보기]
ㄱ. 갑은 자연과 인간의 삶을 상호 독립적인 것이라고 이해한다.
ㄴ. 갑은 인간이 다른 존재와 타인에게 인(仁)을 실천해야 한다고 본다.
ㄷ. 을은 자연이 인간의 의지나 욕구와 관계없이 존재한다고 본다.
ㄹ. 갑, 을은 인간이 자연과 더불어 사는 삶을 실천해야 한다고 본다.

① ㄱ, ㄴ   ② ㄱ, ㄷ   ③ ㄷ, ㄹ
④ ㄱ, ㄴ, ㄹ   ⑤ ㄴ, ㄷ, ㄹ

466

다음을 주장한 사상가의 입장에만 모두 '✓'를 표시한 학생은?

> 자연을 인간의 이익에 봉사하도록 해야 한다.

입장 \ 학생	갑	을	병	정	무
인간의 자연 정복은 정당하다.	✓	✓		✓	
자연은 본래적 가치를 지니지 않는다.	✓			✓	✓
인간과 자연은 평등한 윤리적 관계이다.			✓	✓	✓
인간은 자연에 대한 도덕적 의무를 지닌다.		✓	✓		✓

① 갑   ② 을   ③ 병   ④ 정   ⑤ 무

467

그림은 서양 근대 사상가와의 가상 인터뷰이다. 사상가에 대한 옳은 설명만을 〈보기〉에서 고른 것은?

선생님께서는 인간과 자연에 대해 어떻게 생각하시나요?

인간의 정신은 물질로 환원할 수 없는 존엄한 것이지만 자연은 의식이 없는 단순한 물질, 즉 하나의 기계에 불과합니다.

[보기]
ㄱ. 동물도 하나의 삶의 주체로 인정하고 있다.
ㄴ. 이분법적 세계관에 따라 인간과 자연을 분리하고 있다.
ㄷ. 온건한 인간 중심주의의 관점에서 자연을 이해하고 있다.
ㄹ. 기계론적 자연관에 근거해 인간을 자연의 주인으로 보고 있다.

① ㄱ, ㄴ   ② ㄱ, ㄹ   ③ ㄴ, ㄷ
④ ㄴ, ㄹ   ⑤ ㄷ, ㄹ

468

다음 사상가의 주장으로 적절하지 <u>않은</u> 것은?

> 다른 모든 살려고 하는 의지에 대해서도 자기 것을 대할 때와 똑같은 생명에 대한 외경심을 가져야 한다.

① 인간은 다른 생명체를 보존해야 할 책임이 있다.
② 생명을 유지하는 것은 선이고, 파괴하는 것은 악이다.
③ 생명의 신비를 두려워하고 존경하는 마음을 가져야 한다.
④ 인간이 생존을 위해 다른 생명을 해치는 것은 불가피하다.
⑤ 무생물을 포함한 생태계 전체가 도덕적 고려의 대상이다.

469

★ 빈출

갑의 입장에서 〈문제 상황〉에 대해 평가할 수 있는 내용으로 가장 적절한 것은?

> 갑 : 쾌고 감수 능력은 다른 존재의 이익에 관심을 가질지 여부를 판가름하는 유일한 경계가 된다.
>
> 〈문제 상황〉
> 식용으로 사육되는 송아지는 몸을 돌리거나 편안하게 누울 수 없는 좁은 우리에서 건초 대신에 철분과 섬유질이 없는 액체 사료를 먹으며 일생을 보낸다.

① 인간의 쾌락이 송아지의 고통보다 우선한다.
② 인지 능력이 없는 송아지는 삶의 주체로 볼 수 없다.
③ 송아지 사육자는 동물의 복지를 고려할 필요가 없다.
④ 송아지의 고통도 인간의 고통과 동등하게 고려해야 한다.
⑤ 도덕적 고려 대상에는 송아지뿐만 아니라 식물도 포함된다.

470

㉠에 들어갈 용어로 가장 적절한 것은?

> 레건은 (㉠)에 입각하여 동물 권리론을 주장한다. 그에 따르면 동물은 다른 사람의 이익이나 욕구와는 관계없이 그 자체로 본래적 가치를 지닌다. 동물이 고유한 가치를 가지는 이유는 비록 도덕적 무능력자이지만 동물 스스로가 자기 삶의 주체이기 때문이다. 본래적 가치를 지니는 존재는 다른 것의 수단이 아니라 그 자체로 대우받아야 한다.

① 의무론   ② 보편주의   ③ 공리주의
④ 인간 중심주의   ⑤ 생명 중심주의

471

(가), (나)는 테일러의 생명체에 대한 인간의 의무이다. (가), (나)에 해당하는 인간의 의무를 바르게 짝지은 것은?

> (가) 다른 생명체에 위해를 가해서는 안 된다.
> (나) 사냥, 낚시, 덫 등으로 동물을 속여서는 안 된다.

	(가)	(나)
①	신의의 의무	보상적 정의의 의무
②	신의의 의무	악행 금지의 의무
③	불간섭의 의무	악행 금지의 의무
④	악행 금지의 의무	신의의 의무
⑤	악행 금지의 의무	불간섭의 의무

★빈출 472

(가)의 갑, 을 사상가들의 입장을 (나) 그림으로 탐구하고자 할 때, A~C에 들어갈 적절한 질문으로 옳지 않은 것은?

(가)	갑 : 만약 한 존재가 고통을 느낀다면 그러한 고통을 고려하지 않으려는 도덕적 논증은 타당하지 않다. 어떤 존재의 고통과 다른 존재의 고통을 동등하게 취급하는 평등의 원리가 요청된다. 을 : 인간은 자신에게 부여했던 생명에의 경외를 살리려 하는 모든 존재에게 부여하지 않으면 안 된다. 생명을 고양하는 것은 선이며, 생명을 파괴하는 것은 악이다.
(나)	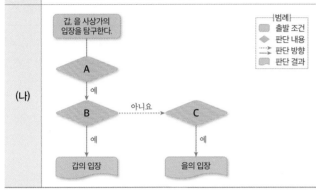

① A : 도덕적 고려 범위를 인간 이외의 대상까지 확대하는가?
② A : 인간은 동물을 보호해야 하는 직접적 의무를 지니는가?
③ B : 동물은 인간과 마찬가지로 도덕적으로 존중받아야 하는가?
④ C : 생명체 모두를 도덕적 배려 대상에 포함시키는가?
⑤ C : 생명은 그 자체로 선이며 본래적 가치를 지니는가?

473

다음 현대 서양 사상가가 부정의 대답을 할 질문으로 옳은 것은?

참나무는 사슴의 먹이가 되고, 사슴은 퓨마의 먹이가 되고, 퓨마는 참나무 밑에서 죽어 자신의 지난날 먹이들을 위해 도토리로 되돌아간다. 이것은 참나무에서 시작하여 참나무로 되돌아가는 많은 먹이 사슬 가운데 하나일 뿐이다.

① 식물은 동물과 달리 내재적 가치가 없다고 보아야 하는가?
② 인간을 대지의 지배자가 아닌 한 구성원으로 보아야 하는가?
③ 생태계를 구성하는 요소 간 관계와 과정에 주목해야 하는가?
④ 자연의 모든 존재를 도덕적 고려 대상으로 대우해야 하는가?
⑤ 생태계 위기 극복을 위해 도덕적 고려 대상을 확대해야 하는가?

474

그림은 서술형 평가 문제와 학생 답안이다. 학생 답안의 ㉠~㉢ 중 옳지 않은 것은?

서술형 평가

⊙ 문제 : (가), (나)의 입장을 비교하여 서술하시오.

> (가) 의식이 있든 없든 모든 생명체는 생존, 성장, 발전, 번식을 향하여 움직이는 목적 지향적인 활동의 단일화된 체계라는 점에서 동등한 '목적론적 삶의 중심'이다.
> (나) 어떤 것이 생명 공동체의 통합성과 안정성, 그리고 아름다움의 보전에 이바지한다면 그것은 옳으며 그렇지 않다면 그것은 그르다.

⊙ 학생 답안

(가), (나)의 입장을 비교하면, ㉠(가)는 도덕적 고려의 범위를 모든 생명체로 보고, ㉡(나)는 무생물을 포함한 생태계 전체를 도덕적 고려의 대상으로 여긴다. 또한 ㉢(가)는 모든 생명체는 고유한 선을 지닌다고 보며, ㉣(나)는 대지를 경제적 가치의 대상으로만 인식한다. ㉤(가), (나) 모두 탈인간 중심주의적 관점에서 자연을 바라본다는 공통점이 있다.

① ㉠   ② ㉡   ③ ㉢   ④ ㉣   ⑤ ㉤

★빈출 475

(가)의 갑, 을, 병 사상가들의 입장을 (나) 그림으로 표현할 때, A~D에 들어갈 적절한 진술만을 〈보기〉에서 고른 것은?

(가)	갑 : 자연은 목적이 없거나 헛된 일을 하지 않는다. 자연은 이성적 존재인 인간을 위해 모든 동물을 만들었다. 을 : 살아 있는 모든 것은 자신의 고유한 방식으로 자기 보존과 행복이라는 목적을 추구한다는 점에서 모든 생명체는 동등하다. 병 : 대지는 단순한 토양이 아니며, 식물, 동물과 서로 연결되어 흐르는 에너지의 원천이다. 이러한 생명 공동체는 통합성과 안정성, 아름다움을 보전하려고 한다.
(나)	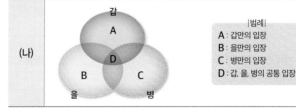

범례
A : 갑만의 입장
B : 을만의 입장
C : 병만의 입장
D : 갑, 을, 병의 공통 입장

[보기]
ㄱ. A : 동물 중심주의적 관점에서 자연을 바라본다.
ㄴ. B : 식물은 내재적 가치가 있는 도덕적 존중의 대상이다.
ㄷ. C : 도덕적 고려의 대상을 무생물에게까지 확대한다.
ㄹ. D : 인간은 도덕적으로 존중받을 가치가 있는 존재이다.

① ㄱ, ㄴ   ② ㄱ, ㄷ   ③ ㄴ, ㄷ
④ ㄴ, ㄹ   ⑤ ㄷ, ㄹ

2. 환경 문제에 대한 윤리적 쟁점

476

㉠에 들어갈 제목으로 가장 적절한 것은?

> 제목 : _____㉠_____
>
> 지구 온난화 방지를 위한 온실가스의 감축은 화석 연료를 기반으로 하는 경제 개발이나 경제 성장을 제한한다는 의미가 강하다. 개발 도상국은 산업화를 진행할수록 더 많은 온실가스를 배출할 수밖에 없다. 그렇기 때문에 개발 도상국은 먼저 개발을 이룩한 선진국이 지구 온난화에 더 많은 책임을 져야 한다고 주장한다. 반면 선진국은 개발 도상국이 현재 지구 온난화를 더욱 악화시키고 있다고 책임을 묻고 있다. 이처럼 전 지구적 차원의 협력을 통해 온실가스 감축을 위한 구속력 있는 조치를 내놓기가 쉽지 않다.

① 온실가스 감축을 둘러싼 국가 간 이견
② 화석 연료를 대체할 에너지 개발의 필요성
③ 지구 온난화를 해결하기 위한 국가적 차원의 노력
④ 온실가스 감축을 위한 탄소 배출권 거래 제도 도입
⑤ 개발 도상국에 대한 선진국의 온실가스 배출 책임 전가 문제

[477~478] 그림을 보고 물음에 답하시오.

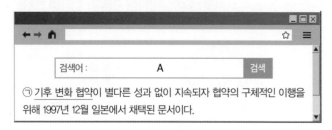

> 검색어 : A [검색]
>
> ㉠ 기후 변화 협약이 별다른 성과 없이 지속되자 협약의 구체적인 이행을 위해 1997년 12월 일본에서 채택된 문서이다.

477

㉠을 시행하는 목적으로 가장 적절한 것은?

① 온실가스 배출을 규제하기 위해
② 경제적 부의 공정한 분배를 위해
③ 열대 우림을 파괴하는 행위를 금지하기 위해
④ 개발 도상국의 경제 발전을 위한 협력을 도모하기 위해
⑤ 전 세계의 인구 증가에 따른 식량 문제를 해결하기 위해

⭐빈출 478

검색어 A에 관한 옳은 설명만을 〈보기〉에서 고른 것은?

[보기]
ㄱ. 온실가스 배출권 거래를 인정한다.
ㄴ. 경제적 유인을 제거함으로써 목적을 달성하고자 한다.
ㄷ. 기후 변화에 따른 불평등을 해결하고 기후 정의를 실현하고자 등장한 것이다.
ㄹ. 온실가스를 많이 배출하고 있는 개발 도상국에 온실가스 배출 감축 의무를 적용한다.

① ㄱ, ㄴ   ② ㄱ, ㄷ   ③ ㄴ, ㄷ
④ ㄴ, ㄹ   ⑤ ㄷ, ㄹ

479

갑의 관점에서 〈문제 상황〉에 대해 제시할 수 있는 조언만을 〈보기〉에서 고른 것은?

> 갑 : 너의 행위의 귀결이 미래에도 인간이 존속할 수 있는 가능성을 파괴하지 않도록 행위하라.
>
> 〈문제 상황〉
> 세계에서 가장 긴 강과 가장 큰 밀림이 있는 아마존 지역에는 전 세계 모든 식물과 동물 종의 10%가 서식하고 있고 목재와 철광석, 금 등 자원도 풍부하다. 이런 까닭에 아마존은 지속적으로 파괴되고 있다. 브라질 정부는 아마존 지역의 삼림 파괴 속도가 전년도에 비해 28% 빠르게 진행되었음을 공식적으로 발표했다. 이는 한 해 동안 5,843 km², 대략 서울의 열 배에 가까운 면적이 사라졌음을 의미한다.

[보기]
ㄱ. 아마존의 보전을 위해 현세대는 책임을 다해야 한다.
ㄴ. 아마존을 인간의 편리한 삶을 위해 필요한 도구로 간주해야 한다.
ㄷ. 현세대는 아마존의 불확실한 미래에 대한 의무를 간과해야 한다.
ㄹ. 인간 행위의 결과가 아마존에 미치는 영향에 대해 알고자 노력해야 한다.

① ㄱ, ㄴ   ② ㄱ, ㄹ   ③ ㄴ, ㄷ
④ ㄴ, ㄹ   ⑤ ㄷ, ㄹ

480

그림은 노트 필기의 일부이다. ⊙~⑩ 중 옳지 않은 것은?

```
〈환경적으로 건전하고 지속 가능한 발전〉
1. 개발과 보존의 딜레마
  ① 개발론의 입장
   • 인간의 복지와 풍요를 중시함 ·················· ⊙
   • 자연의 도구적 가치를 강조함 ·················· ⓛ
   • 환경 파괴의 가능성이 높음 ···················· ⓒ
  ② 보존론의 입장
   • 자연의 보존을 중시함
   • 자연의 수단적 가치를 강조함 ·················· ⓔ
   • 경제 성장을 둔화시킬 가능성이 높음 ·········· ⑩
  ③ 대안 : 환경적으로 건전하고 지속 가능한 발전
```

① ⊙　　② ⓛ　　③ ⓒ　　④ ⓔ　　⑤ ⑩

481

다음 글에서 강조하는 삶의 태도로 적절한 것만을 〈보기〉에서 고른 것은?

> 나는 갑자기 대자연 속에, 후드득후드득 떨어지는 빗속에, 또 집 주위의 모든 소리와 모든 경치 속에 너무나도 감미롭고 자애로운 우정이 존재하고 있음을 느꼈다. 그것은 나를 지탱해 주는 공기 그 자체처럼 무한하고도 설명할 수 없는 우호적인 감정이었다. …… 나는 사람들이 황량하고 쓸쓸하다고 하는 장소에서도 나와 친근한 어떤 것이 존재함을 분명히 느꼈다. 나에게 혈연적으로 가장 가깝거나 가장 인간적인 것이 반드시 어떤 인간이거나 어떤 마을 사람인 것은 아니라는 것을, 그리고 이제부터 어떤 장소도 나에게는 낯선 곳이 되지 않으리라는 것을 분명히 느꼈다.

[보기]
ㄱ. 효율성의 극대화를 목표로 하는 경제학을 추구한다.
ㄴ. 인간의 사용 가치에 비례하여 자연의 가치를 평가한다.
ㄷ. 인간을 소중히 여기는 마음으로 자연도 소중히 대한다.
ㄹ. 인간을 생태계의 구성원으로 보는 생태 공동체 의식을 갖는다.

① ㄱ, ㄴ　　② ㄱ, ㄷ　　③ ㄴ, ㄷ
④ ㄴ, ㄹ　　⑤ ㄷ, ㄹ

[482~483] 다음 글을 읽고 물음에 답하시오.

> ⊙ 인간 중심주의는 몇 가지 특징을 보여 준다. 예를 들어 데카르트는 (ⓛ)적 세계관을 통해 인간과 자연을 분리하여 인간을 자연에 비해 우월한 존재로 인식한다. 또한 베이컨은 (ⓒ)적 자연관을 통해 자연을 유용성의 관점에서 평가하고 이용할 것을 강조한다.

482

⊙의 문제점을 두 가지 서술하시오.

483

ⓛ, ⓒ에 들어갈 알맞은 용어를 쓰시오.

[484~485] 다음 글을 읽고 물음에 답하시오.

> (⊙)은/는 세계관과 생활 양식 자체를 생태 중심적으로 바꾸는 심층적 생태주의를 주장하였다. 이를 위해 ⓛ '큰 자아실현'과 ⓒ '생명 중심적 평등'을 제시하였다.

484

⊙에 들어갈 사상가를 쓰시오.

485

ⓛ, ⓒ의 의미를 서술하시오.

적중 1등급 문제

»바른답·알찬풀이 46쪽

486

(가), (나) 사상의 입장으로 적절한 것만을 〈보기〉에서 고른 것은?

> (가) 하늘[天]은 나와 함께 태어났으며 만물이 나와 더불어 하나이다. 하늘과 땅은 편애하지 않아 모든 것을 짚으로 만든 개처럼 취급한다.
>
> (나) 하늘은 나의 아버지이며 땅은 나의 어머니이다. 나와 같이 작은 존재도 이들 가운데 친밀한 위치를 발견한다. 모든 사람은 나의 형제자매이며, 만물은 나의 식구이다.

[보기]
ㄱ. (가) : 자연은 목적과 질서가 없는 무위(無爲)의 체계이다.
ㄴ. (가) : 인간이 자연에 조작과 통제를 가하는 것은 잘못이다.
ㄷ. (나) : 인간과 자연이 조화를 이루는 천인합일(天人合一)의 경지를 지향한다.
ㄹ. (가), (나) : 자연 만물은 연기(緣起)에 의해 상호 의존한다.

① ㄱ, ㄴ   ② ㄱ, ㄷ   ③ ㄴ, ㄷ
④ ㄴ, ㄹ   ⑤ ㄷ, ㄹ

487

(가)의 갑, 을, 병 사상가들의 입장을 (나) 그림으로 표현할 때, A~D에 해당하는 적절한 진술만을 〈보기〉에서 있는 대로 고른 것은?

(가)	갑 : 대지 윤리는 공동체의 범위를 넓혀 흙, 물, 식물, 동물, 즉 집합적으로 대지를 포함하는 데 있다. 을 : 모든 생명체는 내재적 가치를 지니는 목적론적 삶의 중심으로서 자신의 고유한 선(善)을 갖는다. 병 : 이익 평등 고려의 원칙에 따른다면 우리는 종(種)이 다르다는 이유로 다른 종을 착취할 권리가 없다.

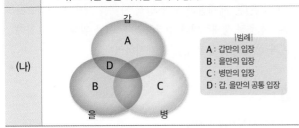

|범례|
A : 갑만의 입장
B : 을만의 입장
C : 병만의 입장
D : 갑, 을만의 공통 입장

[보기]
ㄱ. A : 전체로서의 종과 생태계의 온전함을 강조한다.
ㄴ. B : 모든 생명체의 도덕적 가치를 존중해야 한다.
ㄷ. C : 타자의 이익을 고려할 때 감각이라는 경계선이 유일하게 옹호된다.
ㄹ. D : 생명 공동체가 지닌 고유한 선(善)을 고려해야 한다.

① ㄱ, ㄷ   ② ㄴ, ㄷ   ③ ㄴ, ㄹ
④ ㄱ, ㄴ, ㄹ   ⑤ ㄱ, ㄷ, ㄹ

488

(가)의 갑, 을, 병 사상가들의 입장을 (나) 그림으로 탐구하고자 할 때, A~D에 들어갈 옳은 질문만을 〈보기〉에서 고른 것은?

(가)	갑 : 오직 유정(有情)적 존재만이 이익 관심을 지니기 때문에 이들을 동등하게 도덕적으로 고려할 책임이 있다. 을 : 개인은 상호 의존적인 대지 공동체의 구성원이다. 따라서 생태계 전체를 하나의 도덕 공동체로 보아 이를 존중해야 한다. 병 : 자연의 아름다움을 파괴하려는 성향은 인간의 도덕성에 기여하는 감정을 약화시키기 때문에 인간 자신에 대한 의무를 거스른다.

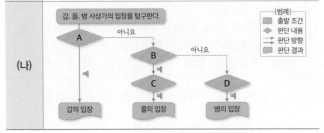

[보기]
ㄱ. A : 쾌고 감수 능력을 지닌 존재만이 도덕적 고려의 대상이 될 수 있는가?
ㄴ. B : 인간에 대해서뿐만 아니라 자연과 관련해서도 인간의 의무가 발생하는가?
ㄷ. C : 도덕적 지위를 지닌 존재의 범위를 무생물까지 확대해야 하는가?
ㄹ. D : 직접적인 도덕적 의무의 대상을 인간에게만 국한하는 것은 부적절한가?

① ㄱ, ㄴ   ② ㄱ, ㄷ   ③ ㄴ, ㄷ
④ ㄴ, ㄹ   ⑤ ㄷ, ㄹ

489

갑 사상가는 긍정, 을 사상가는 부정의 대답을 할 질문으로 가장 적절한 것은?

> 갑 : 감정을 느끼며 욕구, 지각, 정체성 등을 갖는 삶의 주체는 결코 수단으로 취급되어서는 안 된다.
> 을 : 모든 생명체는 자신의 고유한 방식으로 자신의 목적을 추구하는 목적론적 삶의 중심이다.

① 무생물은 도덕적 고려의 대상이 될 수 없는가?
② 모든 생명체의 도덕적 지위를 존중해야 하는가?
③ 쾌고 감수 능력을 지녀야만 도덕적 지위를 갖는가?
④ 일부 동물만이 아닌 모든 동물이 도덕적 지위를 갖는가?
⑤ 도덕적 행위 능력의 여부로 도덕적 지위를 설정하는 것은 부당한가?

490

(가)의 갑, 을, 병 사상가들의 입장에서 서로에게 제기할 수 있는 비판을 (나) 그림으로 표현할 때, A~E에 해당하는 내용으로 적절한 것은?

(가)	갑 : 물질적 육체와 비물질적 영혼의 혼합체인 동물은 인간과 달리 의식이 없는 기계일 뿐이다. 을 : 자신의 미래에 대한 감각 등을 바탕으로 자신의 욕망과 목적을 추구하기 위해 행위할 능력이 있는 존재는 삶의 주체가 될 수 있다. 병 : 대지 윤리는 인간을 대지 공동체의 정복자에서 그 구성원으로 변화시키는 것이다. 공동체의 구성원은 동료나 전체 공동체에 대해 존경심을 가져야 한다.
(나)	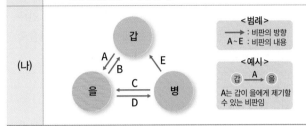

① A : 자신의 목표를 위해 행위할 능력이 있는 존재는 도덕적 고려의 대상이 될 수 있음을 간과한다.

② B : 어떤 동물도 인간을 위한 자원으로 간주되어서는 안 됨을 간과한다.

③ C : 살아 있는 모든 개체는 도덕적 고려 대상인 공동체의 일원임을 간과한다.

④ D : 생명에 대한 권리는 인간에게 한정된 특수한 권리가 아님을 간과한다.

⑤ E : 어떤 존재의 도덕적 지위는 사고 능력의 여부로 결정되어야 함을 간과한다.

491

갑 사상가의 입장에서 을 사상가에게 제기할 수 있는 비판으로 가장 적절한 것은?

> 갑 : 모든 생명을 상호 연결된 전체의 평등한 구성원으로 보는 '생명 중심적 평등'을 지향해야 한다.
> 을 : 모든 생명은 목적론적 삶의 중심이기 때문에 인간의 필요와 관계없이 고유한 가치를 지닌다.

① 인간 이외의 종(種)을 차별하는 것이 잘못임을 간과한다.

② 생태계를 통제하려는 시도를 하지 말아야 함을 간과한다.

③ 모든 생명체가 생명 공동체의 평등한 구성원임을 간과한다.

④ 생태계를 도덕적 고려의 대상으로 여기지 말아야 함을 간과한다.

⑤ 도덕적 고려의 대상을 개별 생명체로 한정해서는 안 됨을 간과한다.

492

갑, 을, 병 사상가들에 대한 옳은 설명만을 〈보기〉에서 고른 것은?

> 갑 : 식물은 동물의 생존을 위해, 동물은 인간의 생존을 위해 존재한다.
> 을 : 모든 생명체는 자신의 고유한 방식으로 자신의 목적을 추구한다는 점에서 동등하다.
> 병 : 동물에 관한 우리의 의무는 인간성 실현을 위한 간접적인 도덕적 의무에 불과하다.

【 보기 】

ㄱ. 갑은 을과 달리 식물은 내재적 가치를 지니지 않는다고 본다.

ㄴ. 을은 갑과 달리 도덕적 고려의 대상을 식물을 제외한 인간과 동물까지 확대한다.

ㄷ. 병은 갑과 달리 인간만이 자율성을 지닌 도덕적 주체라고 본다.

ㄹ. 을, 병은 동물을 잔인하게 다루는 것은 옳지 않다고 본다.

① ㄱ, ㄴ   ② ㄱ, ㄹ   ③ ㄴ, ㄷ

④ ㄴ, ㄹ   ⑤ ㄷ, ㄹ

493

갑의 입장에서 〈사례〉에 대해 제시할 분석만을 〈보기〉에서 있는 대로 고른 것은?

> 갑 : 기후 변화에 따른 피해가 특정 국가나 계층에게 더 크게 발생한다면, 이를 단순한 자연 현상이 아닌 사회 구조적 문제로 보아야 한다.
>
> 〈사례〉
> 선진국은 기후 변화의 주요 원인인 온실가스를 1인당 18.5톤 배출하는 데 비해 개발 도상국은 1인당 연간 1톤도 배출하지 않는다. 그러나 지구 온난화로 인한 피해는 개발 도상국에 거주하는 사회적 약자들이 입는 경우가 많다.

【 보기 】

ㄱ. 개발 도상국은 배출한 온실가스 양에 비해 피해를 입는 규모가 크다.

ㄴ. 정의의 관점에서 선진국은 개발 도상국에 대해 책임 있는 자세를 지녀야 한다.

ㄷ. 기후 변화와 지구 온난화에 대응하기 위해 이해타산적인 사고를 지녀야 한다.

ㄹ. 기후 정의 실현을 위해 기후 변화의 영향을 최소화하려는 국제적 노력이 필요하다.

① ㄱ, ㄴ   ② ㄱ, ㄷ   ③ ㄷ, ㄹ

④ ㄱ, ㄴ, ㄹ   ⑤ ㄴ, ㄷ, ㄹ

09 과학 기술과 윤리

494

다음을 주장한 사상가의 입장으로 적절한 것만을 〈보기〉에서 고른 것은?

> 기술은 인간과 세계가 드러나는 방식, 즉 '어떻게 존재하는가'를 결정하는 방식이기 때문에 인간의 일상을 변화시킬 수 있다. 이렇게 본다면 기술은 단지 가치 중립적인 도구가 아니다.

[보기]
ㄱ. 과학 기술은 자원을 이용하기 위한 수단에 불과하다.
ㄴ. 인간은 과학 기술에 윤리적 가치를 부여해서는 안 된다.
ㄷ. 과학 기술은 인간이 자연과 관계를 맺는 하나의 방식이다.
ㄹ. 인간은 과학 기술이 인간과 세계를 어떻게 변형시키는지 성찰해야 한다.

① ㄱ, ㄴ   ② ㄱ, ㄷ   ③ ㄴ, ㄷ
④ ㄴ, ㄹ   ⑤ ㄷ, ㄹ

495

다음을 주장한 사상가가 긍정의 대답을 할 질문만을 〈보기〉에서 있는 대로 고른 것은?

> 미래 지향적인 책임의 윤리는 이미 행해진 것에 대한 보상의 책임이 아니라 일어날 수도 있는 일에 대한 배려와 예방의 책임, 즉 우리에게 책임 대상에 대한 배려와 그 대상이 처할 수 있는 사태를 예방하는 책임을 요구한다.

[보기]
ㄱ. 인간만이 책임을 질 수 있는 유일한 존재인가?
ㄴ. 사후적 책임뿐만 아니라 사전적 책임도 중시해야 하는가?
ㄷ. 현세대와 미래 세대에게는 호혜적 책임의 의무가 부과되는가?
ㄹ. 현세대는 인류의 존속을 위해 미래 세대에 대한 책임 의식을 지녀야 하는가?

① ㄱ, ㄴ   ② ㄴ, ㄷ   ③ ㄷ, ㄹ
④ ㄱ, ㄴ, ㄹ   ⑤ ㄱ, ㄷ, ㄹ

496

갑, 을의 입장으로 적절한 것만을 〈보기〉에서 고른 것은?

> 갑 : 과학자가 연구에만 몰두할 때 과학 기술은 발전 가능하며, 그 결과 인류는 지속적으로 번영하게 된다. 따라서 과학 기술 연구 및 그 결과의 활용에 대해 과학자에게 윤리적·법적 책임을 부과해서는 안 된다.
>
> 을 : 과학 기술 연구 및 그 결과의 활용에 대해 과학자에게 윤리적·법적 책임을 부과해야 한다. 그렇지 않을 경우 인류는 과학 기술에 종속되어 기술을 제어할 수도 없고 기술로 인한 폐해도 돌이킬 수 없게 된다.

[보기]
ㄱ. 갑 : 과학 기술 자체는 윤리적 판단의 대상이 아니다.
ㄴ. 을 : 인류의 진보를 위해 과학 기술 연구의 독립성이 보장되어야 한다.
ㄷ. 을 : 과학자에게 과학 기술의 활용에 대한 사회적 책임을 부과해야 한다.
ㄹ. 갑, 을 : 과학 기술의 연구 활동에 가치의 개입이 필요하다.

① ㄱ, ㄴ   ② ㄱ, ㄷ   ③ ㄴ, ㄷ
④ ㄴ, ㄹ   ⑤ ㄷ, ㄹ

497

다음 글의 입장으로 옳지 않은 것은?

> 과학 기술자는 연구 윤리를 지키며 자신의 연구가 참 또는 거짓인지를 밝혀야 한다. 따라서 연구 과정에서 어떠한 정보나 자료에 있어 표절, 위조, 부당한 저자 표기 등의 비윤리적 행위를 해서는 안 된다. …… 과학 기술자는 자신의 연구와 실험 결과가 인류의 복지 증진에 얼마나 기여할 것인가 또는 유해할 것인가를 예상할 수는 없다. 따라서 과학 기술자는 연구와 실험 과정에서 정직하고 성실하게 진리를 추구하기만 하면 된다.

① 과학 기술자는 연구의 내적 책임으로부터 자유로울 수 없다.
② 과학 기술자는 내적 책임뿐만 아니라 외적 책임을 수행해야 한다.
③ 과학 기술자는 연구 이론의 타당성을 객관적으로 검증해야 할 의무가 있다.
④ 과학 기술자는 연구와 실험 과정에서 과학적 사실을 객관적으로 연구해야 한다.
⑤ 과학 기술자는 연구와 실험 과정에서 정직하고 성실하게 진리를 추구해야 한다.

498

(가)의 갑, 을, 병의 입장을 (나) 그림으로 탐구하고자 할 때, A~D에 들어갈 옳은 질문만을 <보기>에서 있는 대로 고른 것은?

(가)	갑 : 과학 기술은 객관적 사실을 토대로 하는 학문이다. 따라서 과학 기술은 연구 단계에서부터 활용의 단계까지 항상 객관성과 독립성이 유지되어야 한다. 을 : 과학 기술의 연구와 그것을 활용하는 과정을 도덕적 가치로부터 독립된 영역으로 여겨서는 안 된다. 과학 기술과 도덕적 가치를 분리해서 생각할 수 없다. 병 : 과학 기술은 객관적 타당성을 갖춘 지식이나 원리로 인정받는 과정에서는 주관적 가치나 다른 분야의 영향에서 독립적이어야 한다. 그러나 과학 기술이 발견되고 활용되는 맥락에서는 가치로부터 독립적일 수 없다.
(나)	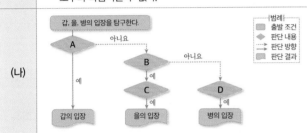

[보기]

ㄱ. A : 과학 기술은 항상 가치 중립적이어야 하는가?

ㄴ. B : 과학 기술을 활용하는 과정에서는 과학 기술에 대한 윤리적 판단이 필요한가?

ㄷ. C : 과학 기술의 정당화 맥락과 발견 및 활용의 맥락을 구분해야 하는가?

ㄹ. D : 과학 기술의 연구 과정에서 과학자의 주관적 가치가 배제되어야 하는가?

① ㄱ, ㄹ   ② ㄴ, ㄹ   ③ ㄴ, ㄷ

④ ㄱ, ㄴ, ㄷ   ⑤ ㄱ, ㄷ, ㄹ

499

다음을 주장한 사상가가 부정의 대답을 할 질문으로 가장 적절한 것은?

인간은 지구상에서 으뜸가는 권력을 소유한 자로서 더 이상 오직 자기 자신만을 생각해서는 안 된다. 기술의 영향력이 존재자 전체의 삶을 위협할 정도로 커지게 되면서 인간의 책임 역시 지구 생명의 미래로까지 확대되는 것이다.

① 현세대는 인류를 존속시킬 의무를 지니는가?

② 기술에 대한 과학자의 책임을 완화시켜야 하는가?

③ 기술이 발달할수록 인간의 도덕적 책임도 커지는가?

④ 미래 세대의 삶을 고려하여 과학 기술을 사용해야 하는가?

⑤ 도덕적 책임의 대상을 현세대와 미래 세대의 인간으로 한정해서는 안 되는가?

500

다음 글의 입장으로 적절한 것에만 모두 'v'를 표시한 학생은?

가치와 사실은 논리적으로 구분되므로, 사실을 다루는 과학은 그 정당화의 과정이 가치에 의해 간섭을 받아서는 안 된다. 그러나 과학 연구 대상을 선정하거나 결과를 활용하는 과정에서는 불가피하게 연구자나 활용자의 가치가 개입될 수밖에 없다. 따라서 과학의 발전을 위해서는 과학의 발견이나 활용의 맥락과 정당화의 맥락을 구분해서 판단해야 한다.

입장 \ 학생	갑	을	병	정	무
과학 탐구의 대상 선정은 가치로부터 독립적이다.	✓			✓	✓
과학 지식을 활용할 때 사회적 결과를 고려해야 한다.		✓	✓	✓	
과학 실험 과정에 대한 정당화는 과학자의 가치 판단에 맡겨야 한다.		✓		✓	✓
과학 탐구에는 사실과 가치의 영역이 존재하므로 각각에 맞는 판단 기준이 적용되어야 한다.	✓		✓		✓

① 갑   ② 을   ③ 병   ④ 정   ⑤ 무

501

㉠에 공통으로 들어갈 용어를 쓰시오.

(㉠)은/는 그 기술이 사용되는 사회 공동체의 정치적·경제적·문화적·환경적 조건을 고려하여 해당 지역에서 지속적인 생산과 소비를 할 수 있게 한 것으로, 인간 삶의 질을 궁극적으로 향상할 수 있게 한다. (㉠)을/를 활용한 제품으로는 생명의 빨대와 같은 구호 제품, 수동식 물 공급 펌프와 같은 농업 관련 기술, 컴퓨터와 같은 교육용 제품 등이 있다.

502 ✍ 서술형

㉠ 제도를 시행함으로써 구체적으로 얻게 되는 예상 효과를 서술하시오.

새로운 과학 기술이 사회 전반에 미치는 영향을 사전에 평가하는 제도인 ㉠기술 영향 평가 제도, 과학 기술 윤리 위원회 등과 같은 제도나 기구를 만들어야 한다.

10 정보 사회와 윤리

503

갑, 을의 공통된 입장으로 적절한 진술만을 〈보기〉에서 있는 대로 고른 것은?

> 갑 : 정보 기술의 발달로 누구나 자신의 의견을 자유롭게 표현할 수 있게 되면서 사회는 수평적이고 다원적인 사회로 변화하고 있다. 정보 기술의 발달은 인간의 삶을 편리하게 만들고 대중의 정치 참여 기회를 확대시켜 민주 사회로의 이행을 촉진하는 데 기여한다.
>
> 을 : 정보 기술로 온라인을 통해 정치에 쉽게 참여하는 등 기술은 인간의 삶에 편리함을 주고 있다. 하지만 지배 권력이 정보 기술을 활용하여 구성원들을 감시하고 통제할 가능성이 점점 높아지고 있다. 이럴 경우 정보 기술은 권력의 대중 지배에 이용될 수 있다. 우리는 편리함에 빠져 정보 기술의 위험을 간과해서는 안 된다.

【 보기 】
ㄱ. 정보 기술은 수평적인 사회 실현에 이바지한다.
ㄴ. 정보 기술은 대중의 정치 참여 기회를 증진시킨다.
ㄷ. 정보 기술은 사람들의 일상생활의 편리성을 증진시킨다.
ㄹ. 정보 기술의 발전은 개인과 사회의 변화에 영향을 미친다.

① ㄱ, ㄴ   ② ㄱ, ㄹ   ③ ㄷ, ㄹ
④ ㄱ, ㄴ, ㄷ   ⑤ ㄴ, ㄷ, ㄹ

504

㉠의 특징으로 적절한 것만을 〈보기〉에서 있는 대로 고른 것은?

> (㉠)은 인터넷, 휴대폰 등 정보 통신 기기를 이용해 사람을 지속적·반복적으로 괴롭히거나 개인 정보 또는 허위 사실을 유포해 상대방이 고통을 느끼도록 하는 일체의 행위를 의미한다. (㉠)은 해킹, 악성 댓글 달기, 수치스러운 사진 유포 등 다양한 형태로 이루어지고 있다.

【 보기 】
ㄱ. 허위 사실이 유포되어도 빠르게 확산되어 막기 어렵다.
ㄴ. 집단적으로 발생할 경우 책임 소재가 불분명해질 수 있다.
ㄷ. 시공간의 제약을 받지 않고 무차별적으로 이루어질 수 있다.
ㄹ. 직접적 대면으로 이루어지므로 비대면에서보다 더 가혹하게 행해질 수 있다.

① ㄱ, ㄴ   ② ㄱ, ㄹ   ③ ㄷ, ㄹ
④ ㄱ, ㄴ, ㄷ   ⑤ ㄴ, ㄷ, ㄹ

505

갑, 을의 입장에 대한 옳은 설명만을 〈보기〉에서 있는 대로 고른 것은?

> 갑 : 생산된 정보는 대부분 공유된 지식과 정보를 바탕으로 하고 있으므로 개인이나 기업의 배타적 창작권을 인정해 주기 어렵다. 오히려 정보를 공공재로 인식할 때 질 높은 정보 생산을 위한 창작 활동이 활성화되고 사회가 발전할 수 있다.
>
> 을 : 생산된 정보는 창작자의 노력과 투자에 대한 결과물이므로 그에 대한 배타적 권리를 인정해 주는 것이 당연하다. 정보 창작자에 대한 권리 보장은 양질의 정보 생산과 사회 발전에 필수적이다.

【 보기 】
ㄱ. 갑은 지식과 정보를 공유해야 할 자산으로 본다.
ㄴ. 을은 정보 사유를 통해 양질의 정보 생산을 활성화할 수 있다고 본다.
ㄷ. 갑은 을과 달리 정보 생산에 대한 경제적 보상이 생산 의욕을 고취시킨다고 본다.
ㄹ. 을은 갑과 달리 정보에 대한 사적 소유권의 제한이 사회 발전에 기여한다고 본다.

① ㄱ, ㄴ   ② ㄱ, ㄷ   ③ ㄷ, ㄹ
④ ㄱ, ㄴ, ㄹ   ⑤ ㄴ, ㄷ, ㄹ

506

다음을 주장한 사상가가 긍정의 대답을 할 질문으로 가장 적절한 것은?

> 전체 인류 가운데 단 한 사람이 다른 생각을 가지고 있다고 해서, 그 사람에게 무조건 침묵을 강요하는 일을 옳지 않다. 어떤 생각을 억압하는 것은 현세대뿐만 아니라 미래의 인류에게까지 강도질을 하는 것과 같다. 어떤 사람에게 강요와 통제를 할 수 있는 유일한 경우는 그 사람이 다른 사람에게 해를 끼칠 때이다.

① 표현의 자유는 어떠한 경우에도 제한되어서는 안 되는가?
② 자유를 누리기 위해서는 타인의 자유를 전적으로 통제해야 하는가?
③ 진리의 발견을 위해서는 자유로운 의사 표현이 보장되어야 하는가?
④ 사회의 발전을 위해 소수가 다수의 견해를 진리로 믿고 따라야 하는가?
⑤ 정보의 철저한 규제를 통해 잘못된 정보가 유출되지 않도록 해야 하는가?

507

다음 글에서 강조하는 바로 가장 적절한 것은?

> 최근 대중들의 관심을 끌어 정치적·경제적 이익을 부당하게
> 추구하려는 의도적 거짓 정보인 가짜 뉴스의 유포가 증가하고
> 있다. 가짜 뉴스는 사람들의 불안감을 조장할 뿐만 아니라 위
> 기에 잘못 대처하도록 하기 때문에 심각한 사회 문제가 된다.
> 이를 해결하기 위해서는 정부 차원에서도 가짜 뉴스를 배포하
> 는 사람들에게 법적으로 책임을 물어야 하겠지만, 무엇보다도
> 매체가 제공하는 정보를 제대로 평가하기 위한 개인들의 '매체
> 이해력(media literacy)' 함양이 필요하다.

① 표현의 자유와 정보의 유포에 제약을 두어서는 안 된다.
② 비판적 사고 능력을 길러 정보의 진위를 판별해야 한다.
③ 매체를 이용한 모든 경제적 이윤 추구 행위를 근절해야 한다.
④ 가짜 뉴스의 유포를 막는 기술 개발에 모든 역량을 집중해
야 한다.
⑤ 자율적 규제보다 법적 규제에 초점을 두고 가짜 뉴스를 차단
해야 한다.

508

(가)의 입장에 비해 (나)의 입장이 갖는 상대적 특징을 그림의 ㉠~㉤
중에서 고른 것은?

> (가) 개인은 자신의 정보에 대한 배타적 권리를 지닌다. 개인이
> 원하지 않는 정보를 다른 사람들에게 공개하지 않을 수 있
> 도록 정보 삭제를 요구할 수 있어야 한다.
> (나) 개인에게는 현실에 대한 정보를 자유롭게 얻을 수 있는 권
> 리가 있다. 따라서 개인이 다양한 정보를 취할 수 있도록
> 정보에 자유롭게 접근할 수 있어야 한다.

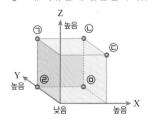

X : 사생활 보호를 강조하는 정도
Y : 개인의 알 권리를 강조하는 정도
Z : 정보에 대한 접근권을 강조하는 정도

① ㉠ ② ㉡ ③ ㉢ ④ ㉣ ⑤ ㉤

509

갑은 부정, 을은 긍정의 대답을 할 질문으로 가장 적절한 것은?

> 갑 : 정보란 희소성에 의한 가치보다는 정보의 공유가 많아지
> 면 많아질수록 더 가치를 지니게 되는 특성이 있다. 무엇
> 보다 무(無)에서 유(有)를 만들어 내는 진정한 창작이란
> 없기 때문에 창작에 대한 배타적 권리는 원칙적으로 성립
> 할 수 없다.
> 을 : 원래 정보의 상품 가치는 희소성에 있다. 희소성이 상품
> 가치를 결정하기 때문에 유명한 화가의 원작품이 고가의
> 가치를 갖는 것이다. 상당한 시간과 비용을 들여 만든 정
> 보에 대해서도 같은 의미를 지닌다. 정보는 하나의 상품
> 이며, 최초의 생산자가 있기 때문에 이에 대한 창작자의
> 절대적 소유권을 보장해 주어야 한다.

① 정보는 사익이 아닌 공익을 위해 공유되어야 하는가?
② 정보의 복제와 유통이 제약 없이 보장되어야 하는가?
③ 정보 격차를 해소하기 위해 정보를 공유해야 하는가?
④ 정보 창작자의 배타적 권리를 보장하는 것은 잘못인가?
⑤ 정보의 소유권 보장은 창작 활동의 질을 높이기 위한 것인
가?

510 ✏ 서술형

갑, 을의 입장에서 서로에게 제기할 수 있는 비판을 각각 서술하시오.

> 갑 : 지적 산물에 대한 창작자의 재산권 및 인격권을 보호해야
> 한다. 이러한 저작권의 보호는 창작자의 노력에 대한 경
> 제적 이익을 보장함으로써 창작 의욕을 높여 정보의 질적
> 수준을 높이고 더 많은 지적 산물을 생산할 수 있게 한다.
> 을 : 사회적 산물인 정보에 대한 권리를 공유해야 한다. 지적
> 창작물은 공공재이며, 이러한 공공재는 공동체의 이익을
> 위해 사용해야 한다. 특정한 개인이나 집단이 정보를 독
> 점한다면 지속적인 정보의 발전이 어려워진다.

(1) 갑이 을에게 :

(2) 을이 갑에게 :

11 자연과 윤리

511

교사의 질문에 적절하게 답변한 학생만을 있는 대로 고른 것은?

① 갑, 을　　② 갑, 정　　③ 을, 무
④ 갑, 정, 무　　⑤ 을, 병, 무

512

(가)의 갑, 을, 병 사상가들의 입장에서 서로에게 제기할 수 있는 비판을 (나) 그림으로 표현할 때, A~F에 해당하는 내용으로 가장 적절한 것은?

(가)	갑 : 삶의 주체가 된다는 것은 믿음과 욕망, 지각과 기억, 쾌락이나 고통이라는 감정과 함께 정서적 생활, 선호와 복지 등을 추구하기 위해 행위할 능력을 갖는다는 것이다. 을 : 동물을 폭력적으로 다루는 것은 인간의 자기 자신에 대한 의무와 내면에서 배치되는 것이다. 병 : 목적론적 삶의 중심인 생명체는 내재적 가치를 지닌다. 그러한 생명체는 자신의 고유한 선을 추구하며 일관성과 통일성을 지향하는 존재이다.

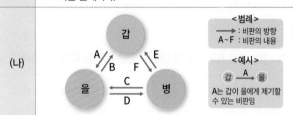

① A, C: 내재적 가치를 지니는 존재를 도덕적으로 고려해야 함을 간과한다.
② A, F: 성장한 포유동물은 도덕적 고려의 대상이 될 수 있음을 간과한다.
③ B, D: 동물에 대한 우리의 의무가 인간에 대한 의무에서 비롯됨을 간과한다.
④ D: 도덕적 행위의 주체는 오직 인간뿐이라는 점을 간과한다.
⑤ E: 식물을 인간의 삶에 필요한 자원으로 이용하지 말아야 함을 간과한다.

513

(가)의 갑, 을 사상가들의 입장을 (나) 그림으로 표현할 때, A~C에 해당하는 적절한 진술만을 〈보기〉에서 고른 것은?

(가)	갑 : 의식이 있든 없든 모든 생명체는 자기 보존과 행복을 향하여 움직이는 목적 지향적 활동의 단일화된 체계라는 점에서 동등한 목적론적 삶의 중심이다. 을 : 어떤 개체가 쾌락과 고통의 감정을 갖고, 자기의 욕구와 목표를 위해 행위하며, 자신의 정체성을 느낄 수 있는 능력 등을 갖는다면, 그 개체는 삶의 주체이다.
(나)	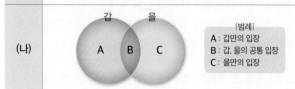

[보기]
ㄱ. A : 한 살 이상의 포유동물만 내재적 가치를 지닌다.
ㄴ. B : 인간에게는 생명 공동체에 대한 불간섭의 의무가 있다.
ㄷ. B : 도덕적 행위 능력이 없는 존재도 도덕적 지위를 가질 수 있다.
ㄹ. C : 동물의 권리를 의무론의 관점에서 존중해야 한다.

① ㄱ, ㄴ　　② ㄱ, ㄷ　　③ ㄴ, ㄷ
④ ㄴ, ㄹ　　⑤ ㄷ, ㄹ

514

다음 사상가의 입장으로 적절한 것에만 모두 'V'를 표시한 학생은?

지금까지 진화된 모든 윤리는 하나의 공통된 전제를 지니고 있다. 즉 개인은 상호 의존적인 부분들로 이루어진 공동체의 구성원이며, 대지 윤리는 이 공동체의 범위를 토양, 물, 식물과 동물, 그리고 토지를 포함하도록 확장하는 것이다.

입장＼학생	갑	을	병	정	무
인간은 생명 공동체의 평범한 구성원에 불과하다.	✓			✓	✓
도덕적 고려의 대상을 생명체까지로 한정해야 한다.		✓	✓	✓	
각 개체의 생존권보다 생명 공동체의 보전이 우선한다.		✓		✓	✓
생명 공동체의 온전성에 기여하는 행위는 옳은 행위이다.	✓		✓		✓

① 갑　　② 을　　③ 병　　④ 정　　⑤ 무

515

다음을 주장한 사상가가 긍정의 대답을 할 질문만을 〈보기〉에서 고른 것은?

> 이성은 없지만 생명이 있는 일부 피조물과 관련하여 동물들을 폭력적으로 그리고 동시에 잔혹하게 다루는 것은 인간의 자기 자신에 대한 의무와 내면에서 더욱더 배치되는 것이다. 왜냐하면 그로 인해 동물들의 고통에 대한 공감이 인간 안에서도 둔화되고, 그로써 타인과의 관계에서의 도덕성에 매우 이로운 자연 소질이 약화될 것이기 때문이다.

[보기]
ㄱ. 모든 존재의 도덕적 지위를 인정해야 하는가?
ㄴ. 모든 생명은 도덕적으로 존중받을 만한 가치를 지니는가?
ㄷ. 자연을 함부로 대하지 않는 것은 인간의 간접적 의무인가?
ㄹ. 이성이 없는 존재는 목적이 아닌 수단으로 대우해야 하는가?

① ㄱ, ㄴ ② ㄱ, ㄷ ③ ㄴ, ㄷ
④ ㄴ, ㄹ ⑤ ㄷ, ㄹ

516

다음을 주장한 사상가의 입장으로 적절한 것만을 〈보기〉에서 있는 대로 고른 것은?

> 지능이나 합리성 등과 같은 특징으로 경계를 나눈다는 것은 임의적이라 할 수 있다. 고통과 즐거움을 경험할 수 있는 능력은 다른 존재들의 이익에 관심을 가질지의 여부를 판가름하는, 우리가 옹호할 수 있는 유일한 경계가 된다.

[보기]
ㄱ. 인간과 동물의 고통을 동등하게 고려해야 한다.
ㄴ. 인간과 동물이 선호하는 이익 관심의 대상은 동일하다.
ㄷ. 이성적 사고 능력이 어떤 존재의 이익을 고려하기 위한 전제 조건이다.
ㄹ. 동물을 도덕적으로 고려해야 하는 이유는 동물이 쾌고 감수 능력을 지녔기 때문이다.

① ㄱ, ㄷ ② ㄱ, ㄹ ③ ㄴ, ㄷ
④ ㄱ, ㄴ, ㄹ ⑤ ㄴ, ㄷ, ㄹ

517

그림의 강연자의 입장으로 적절한 것만을 〈보기〉에서 고른 것은?

> 지금까지 기후 변화는 자연적인 요인에 의해 이루어져 왔지만 최근에는 인간의 직접적·간접적 활동에 의해 기후 변화의 속도와 폭이 급격히 증가하고 있습니다. 기후 변화는 지구상에 생존하고 있는 생명 공동체의 복지뿐만 아니라 인간 생존의 사회적·문화적 차원에 대해 분명한 위협이 되고 있습니다. 기후 변화는 인간 생활의 모든 측면과 관련되기 때문에 인간 삶 전체에 밀접한 영향을 끼칩니다. 기후 변화 문제를 해결하기 위해서는 다양한 학문 간의 논의와 국내외적인 공감대의 형성이 필수적입니다.

[보기]
ㄱ. 기후 변화 문제는 인류 전체의 생존 문제와는 무관한다.
ㄴ. 기후 변화로 파생되는 문제는 전 지구적으로 영향을 끼친다.
ㄷ. 최근 기후 변화의 문제는 인위적인 요인에 의해 증가하고 있다.
ㄹ. 기후 변화를 과학적인 문제로 한정해서 해결책을 마련해야 한다.

① ㄱ, ㄴ ② ㄱ, ㄷ ③ ㄴ, ㄷ
④ ㄴ, ㄹ ⑤ ㄷ, ㄹ

518 서술형

㉠에 들어갈 알맞은 내용을 두 가지 서술하시오.

동물 중심주의의 한계는 무엇일까요?

㉠

12 ⓥ 문화와 윤리
예술과 대중문화 윤리

☑ 출제 포인트　　☑ 예술 지상주의와 도덕주의　☑ 예술의 상업화에 관한 입장　☑ 대중문화와 관련된 윤리적 문제

1. 예술과 윤리

★1 예술과 윤리의 관계 ⓒ 105쪽 532번, 106쪽 534번 문제로 확인

구분	예술 지상주의	도덕주의
특징	• 미적 가치와 윤리적 가치는 무관함 • '예술을 위한 예술'을 주장하며, 예술의 자율성과 독창성 강조 → 순수 예술론 지지	• 미적 가치와 윤리적 가치의 관련성 강조 → 도덕적 가치가 미적 가치보다 우위에 있음 • 올바른 품성을 기르기 위한 도덕적 교훈, 모범 제시 → 참여 예술론 지지
한계	예술의 사회적 영향력과 책임을 간과할 수 있음	예술의 자율성을 침해할 수 있음
사상가	와일드, 스핑건	플라톤, 톨스토이

> **자료** 예술과 윤리의 관계 ⓒ 107쪽 539번 문제로 확인
>
> • 세상에 도덕적인 작품, 비도덕적인 작품이라는 것은 없다. 작품은 잘 쓰였거나 형편없이 쓰였거나 둘 중 하나일 뿐이다.　－와일드－
> • 예술 작품은 몸에 좋은 곳에서 불어오는 미풍처럼 그들에게 좋은 영향을 주며, 어릴 때부터 곧장 자기도 모르는 사이에 아름다운 말을 닮고 사랑하고 공감하도록 그들을 이끌어 준다.
> 　－플라톤－
>
> 〔분석〕 와일드는 예술과 윤리를 별개의 영역으로 생각하고 있는 반면에, 플라톤은 예술과 윤리가 밀접한 관련이 있다고 본다.

2 예술의 상업화

(1) 예술의 상업화 원인

① 자본주의의 확산 : 예술의 경제적 가치를 중시하는 경향 확산

② 대중 매체의 발달 : 예술 작품의 대량 생산 및 소비가 가능함

★(2) 예술의 상업화에 관한 입장 ⓒ 108쪽 542번 문제로 확인

긍정적 입장	부정적 입장
• 일부 계층이 누리던 예술을 대중도 누릴 수 있게 됨 • 예술가에게 예술 활동의 기반을 마련해 줌 → 창작 의욕 고취 • 대표자 : 앤디 워홀	• 예술 작품을 하나의 상품이자 부의 축적 수단으로 바라보도록 함 • 예술 작품이 지니는 미적 가치와 윤리적 가치를 간과하기 쉬움 • 대표자 : 폐기 구겐하임

> **자료** 예술의 상업화에 대한 입장 ⓒ 110쪽 555번 문제로 확인
>
> • 사업에서 성공하는 것은 가장 환상적인 예술이다. 돈 버는 일은 예술이고, 일하는 것도 예술이며, 잘 되는 사업은 최고의 예술이다.　－앤디 워홀－
> • 미술 전체가 거대한 투기사업이 되었다. 대부분 속물적인 의도로 그림을 구매해 미술관에 맡긴다. 감상은커녕 창고에 넣고 최종가를 알기 위해 매일 화랑에 전화를 거는 사람들도 있다.
> 　－폐기 구겐하임－
>
> 〔분석〕 앤디 워홀은 예술의 상업화를 긍정적으로 보는 입장이고, 폐기 구겐하임은 예술의 상업화를 부정적으로 보는 입장이다.

2. 대중문화의 윤리적 문제

1 대중문화의 중요성

(1) 개인의 가치관, 행동 양식에 많은 영향　대중문화에 내포된 가치의 영향을 받아 새로운 가치관, 취향, 삶의 형태가 형성됨

(2) 사회 변화에 영향을 줌　현실을 비판하고 풍자하여 정치적 목적을 달성하기 위한 수단으로 이용되기도 함

★2 대중문화와 관련된 윤리적 문제 ⓒ 108쪽 545번 문제로 확인

선정성과 폭력성	수익성만을 추구하여 소비자의 이목을 끌기 위해 자극적 요소를 포함 → 예술의 수준 저하, 대중 정서에 악영향, 모방 범죄의 가능성, 바람직한 인간상 부정 및 파괴
자본 종속 문제	투자자 등의 자본이 대중문화 주도 → 예술이 고유의 자율성을 잃고 상품으로 취급됨 → 대중문화의 다양성 감소, 획일화 경향 → 대중의 삶도 획일화될 가능성(표준화된 삶의 양식) 증대

> **자료** 아도르노의 대중문화 비판 ⓒ 109쪽 547번 문제로 확인
>
> 오늘날 문화는 모든 것을 동질화시키고 있다. 영화나 라디오와 잡지는 개개 분야에서나 전체적으로나 획일화된 체계를 만들어 내고 있다. 독점하에서 대중문화는 모두 획일적인 모습을 하고 있는데, 독점에 의해 만들어지는 골격과 윤곽이 서서히 드러나기 시작한다. 대중문화의 조종자들은 독점을 숨기려 하지도 않는다. 독점의 힘이 강화될수록 그 힘의 행사도 점점 노골화된다.
>
> 〔분석〕 아도르노는 대중문화의 가장 큰 특징을 상업성과 획일성에서 찾았다. 그는 상업화된 예술이 자본에 종속되어 문화 산업으로 획일화되었으며, 예술 작품의 감상은 고유한 체험이 아니라 표준화된 소비 양식이 될 뿐이라고 주장하였다.

3 대중문화에 대한 윤리적 규제

찬성 논거	반대 논거
• 성의 상품화 예방 : 성을 상품으로 대상화하여 성의 인격적 가치를 훼손하지 않도록 예방함 • 폭력적 내용으로 인해 대중의 정서에 미칠 부정적 영향을 제도를 통해 방지함	• 대중문화의 자율성과 표현의 자유를 침해할 수 있음 • 대중의 문화적 권리 강조 : 대중은 다양한 대중문화를 스스로 선택하고 즐길 권리를 가진다고 봄

4 대중문화의 건전한 발전을 위한 노력

비판적 수용	소비자는 대중문화를 비판적으로 수용해야 함 → 맹목적으로 받아들이지 말고 주체적으로 선별하여 받아들임
건전한 문화 보급	생산자는 지나친 이윤 추구에서 벗어나 보다 유익하고 의미 있는 대중문화를 생산해야 함
법적·제도적 노력	• 방송법 등을 통해 대중문화의 생산과 소비에 대해 공적 책임을 부여해야 함 • 다양한 계층이 참가하는 사회적 기구 조성 → 대중문화에 대한 자율적인 자정 노력이 필요함

•• 빈칸에 들어갈 알맞은 용어를 쓰시오.

519 아름다움을 표현하고 창조하는 인간의 활동과 그 산물을 (   )(이)라고 한다.

520 고대 그리스의 철학자 (   )은/는 예술이 가진 미적 가치가 우리를 도덕적으로 고상하게 해 준다고 보았다.

521 (   )은(는) 도덕적 가치가 미적 가치보다 우위에 있기 때문에 예술은 윤리의 지도를 받아야 한다는 입장이다.

522 (   )은(는) 미적 가치와 도덕적 가치는 무관하기 때문에 윤리가 예술에 관여해서는 안 된다는 입장이다.

•• 다음 내용이 옳으면 ○표, 틀리면 ×표를 하시오.

523 예술은 윤리의 인도를 받아야 된다고 주장하는 입장에서는 순수 예술론을 옹호한다. (   )

524 예술에 대한 도덕주의적 입장에서는 예술의 목적을 도덕적 교훈이나 모범을 제공하는 것이라고 본다. (   )

525 참여 예술론을 옹호하는 입장에서는 예술은 그 자체로 미적 가치를 지니며 윤리적 가치로 예술을 판단하는 것은 잘못이라고 본다. (   )

•• 다음에서 설명하는 개념을 〈보기〉에서 고르시오.

526 상품을 사고파는 행위를 통해 이윤을 얻는 일이 예술품에도 적용되는 현상을 말한다. (   )

527 대중 매체에 의해 생산되고 확산되며, 이를 통해 다수의 사람들이 소비하고 향유하는 문화이다. (   )

528 자본을 소유한 집단이 대중문화 전반에 영향력을 행사하는 현상을 말한다. (   )

529 현대 예술이 자본에 종속되어 획일화된 하나의 상품으로 전락하는 현상을 비판하기 위해 아도르노가 사용한 용어이다. (   )

[보기]
ㄱ. 대중문화   ㄴ. 예술의 상업화
ㄷ. 문화 산업   ㄹ. 대중문화의 자본 종속

530

예술이 인간의 삶에서 지니는 의미만을 〈보기〉에서 고른 것은?

[보기]
ㄱ. 감정과 생각을 자유롭게 표현할 수 있다.
ㄴ. 억압된 욕망을 풀어내어 정신을 정화시킨다.
ㄷ. 의식과 사회를 변화 없이 유지할 수 있도록 돕는다.
ㄹ. 상상을 구체화함으로써 폭력성이 잠재되도록 한다.

① ㄱ, ㄴ   ② ㄱ, ㄷ   ③ ㄴ, ㄷ
④ ㄴ, ㄹ   ⑤ ㄷ, ㄹ

531

, ⓛ이 추구하는 가치를 바르게 짝지은 것은?

(㉠)은/는 아름다움을 창조하고 감상하려는 인간의 모든 행동과 그 산물을 뜻한다. 한편 (ⓛ)은/는 일반적으로 사람으로서 마땅히 지켜야 할 도리를 뜻한다.

	㉠	ⓛ		㉠	ⓛ
①	진(眞)	선(善)	②	진(眞)	미(美)
③	선(善)	성(聖)	④	미(美)	선(善)
⑤	미(美)	진(眞)			

★빈출
532

다음을 주장하는 사상가의 입장으로 가장 적절한 것은?

나는 음악적 수련이야말로 다른 어떤 수련보다도 가장 가치가 높은 분야가 된다고 보네. 말하자면 리듬과 하모니는 영혼의 내부로 아주 깊이 파고 들어가서 우아함을 심어 주고 영혼을 힘차고 확고하게 만들어 준다네.

① 예술의 자율성을 보장해야 한다.
② 예술이 가진 미적 가치가 우리에게 모범이 된다.
③ 예술 작품의 검열은 개개인 각자의 몫이어야 한다.
④ 예술은 예술 이외의 다른 것을 위한 수단이 될 수 없다.
⑤ 인간의 바른 품성을 기르기 위해서 예술을 멀리 해야 한다.

533

⊙에 들어갈 내용으로 가장 적절한 것은?

음악이 바르게 연주되어야 뜻이 맑아지고, 예의가 닦여져서 행실이 완성되고, 눈과 귀는 총명해진다. 또한 혈기는 화평스럽게 되며, 풍속이 순화되어 온 천하가 모두 편안해지고 백성이 덕으로 인도되어 즐거워한다. 그런데 어떤 사람은 "음악가가 창작을 할 때 아름다움에 대한 욕구가 아닌 다른 목적을 추구한다면 창작의 결과는 예술적으로 거짓이 될 것이다."라고 주장한다. 나는 이러한 주장이 ___⊙___을 간과하고 있다고 본다.

① 음악은 미적 가치를 추구하는 창작자의 활동임
② 음악은 인간이나 사회와는 무관한 독립적인 활동임
③ 음악은 창작자의 감정을 있는 그대로 표출하는 활동임
④ 음악은 그 자체의 내재적 가치만을 목적으로 하는 활동임
⑤ 음악은 감상자의 올바른 인격 형성에 기여해야 하는 활동임

★빈출
534

다음 주장에 대한 비판으로 가장 적절한 것은?

예술의 존재 이유는 올바른 행동을 권장하고 덕성을 장려하는 데 있다. 예술이 가진 미적 가치가 우리에게 모범이 되고 우리를 도덕적으로 고상하게 해 준다.

① 예술의 사회적 책임을 경시한다.
② 예술과 윤리의 연관성을 무시한다.
③ 예술의 고유한 자율성을 침해한다.
④ 예술의 고유한 가치를 지나치게 강조한다.
⑤ 예술을 통해 도덕성을 강화할 수 있음을 간과한다.

535

(가) 입장에서 (나)와 같이 주장하는 사상가에게 할 수 있는 조언으로 적절하지 않은 것은?

(가)	인간은 칠정(七情)이 있어 마음이 고르지 못한 까닭에 음(音)을 듣고 마음을 씻어 평온해져야 한다.
(나)	시가 도덕적이라든가 혹은 비도덕적이라고 말하는 것은, 정삼각형은 도덕적이고 이등변삼각형은 비도덕적이라고 말하는 것과 마찬가지로 무의미하다.

① 예술은 도덕성 실현에 기여할 수 있다.
② 미적 가치와 도덕적 가치는 불가분의 관계이다.
③ 예술과 윤리의 상호 연관성을 고려할 필요가 있다.
④ 예술은 도덕적 가치와 조화로운 관계를 추구해야 한다.
⑤ 예술은 예술 이외의 다른 것을 위한 수단이 될 수 없다.

536

다음 글에 관한 옳은 설명만을 〈보기〉에서 있는 대로 고른 것은?

옛 성왕은 …… 흥겨운 가락으로 하여금 사람들의 착한 마음을 감동시킬 수 있도록 할 뿐만 아니라 저 모든 사악하고 더러운 기운이 사람들의 마음 어느 한구석에도 발붙일 수 없도록 하였다.

[보기]
ㄱ. 예술이 인간의 내면을 변화시킬 수 있다고 본다.
ㄴ. 도덕적 가치와 미적 가치는 관련이 있다고 본다.
ㄷ. 음악을 도덕 기준으로 평가해서는 안 된다고 주장한다.
ㄹ. 예술에 대한 국가의 검열을 실시해야 한다고 주장한다.

① ㄱ, ㄴ   ② ㄱ, ㄷ   ③ ㄷ, ㄹ
④ ㄱ, ㄴ, ㄹ   ⑤ ㄴ, ㄷ, ㄹ

537

다음 주장이 지지할 입장에만 모두 '✔'를 표시한 학생은?

예술가는 사회 구성원이고 예술 활동도 하나의 사회 활동이다. 그러므로 예술은 사회의 모순을 지적하고 사회의 도덕적 성숙에 도움이 되어야 한다.

입장 \ 학생	갑	을	병	정	무
도덕적 가치가 미적 가치보다 우위에 있다.	✔			✔	✔
예술은 도덕적 교훈과 모범을 제공해야 한다.	✔		✔	✔	
미적 가치와 도덕적 가치는 서로 관련이 없다.		✔	✔		✔
예술은 다른 것을 위한 수단으로 사용될 수 없다.		✔		✔	✔

① 갑   ② 을   ③ 병   ④ 정   ⑤ 무

538

갑, 을의 예술관에 관한 설명으로 가장 적절한 것은?

> 갑 : 음악에서는 노랫말이 중심이 되며, 선율과 리듬은 노랫말을 따라야 한다. 좋은 음악의 노랫말은 덕을 지닌 사람의 용기와 절제를 모방해야 한다.
>
> 을 : 음악의 근본 요소는 화음이며, 음악의 본질은 리듬이다. 음악은 실제 세계에 대한 표현이나 묘사가 아니다. 음악의 형식은 음 자체의 결합이며, 음악미는 독자적인 것으로서 음과 음의 예술적 결합에 달려 있을 뿐이다.

① 갑은 음악이 도덕적 평가의 대상이 아니라고 본다.
② 갑은 음악이 음악 외의 가치를 추구해서는 안 된다고 본다.
③ 을은 미적 가치와 도덕적 가치는 무관하다고 본다.
④ 갑, 을은 음악에서 내용보다 형식이 더 중요하다고 본다.
⑤ 갑, 을은 음악이 인간의 올바른 품성을 함양하는 데 기여해야 한다고 본다.

★빈출
539

갑은 긍정, 을은 부정의 대답을 할 질문만을 〈보기〉에서 고른 것은?

> 갑 : 예술 작품은 몸에 좋은 곳에서 불어오는 미풍처럼 그들에게 좋은 영향을 주며, 어릴 때부터 곧장 자기도 모르는 사이에 아름다운 말을 닮고 사랑하고 공감하도록 그들을 이끌어 준다.
>
> 을 : 세상에 도덕적인 작품, 비도덕적인 작품이라는 것은 없다. 작품은 잘 쓰였거나 형편없이 쓰였거나 둘 중 하나일 뿐이다.

[보기]

ㄱ. 예술 작품에 대한 검열이 필요한가?
ㄴ. 예술의 목적은 미적 가치를 표현하는 것뿐인가?
ㄷ. 예술 작품은 도덕적 가치를 담고 있어야 하는가?
ㄹ. 도덕적 기준과 상관없이 예술의 자유로운 표현이 가능한가?

① ㄱ, ㄴ   ② ㄱ, ㄷ   ③ ㄴ, ㄷ
④ ㄴ, ㄹ   ⑤ ㄷ, ㄹ

540

갑, 을의 입장에 관한 설명으로 적절하지 않은 것은?

> 예술의 존재 이유는 올바른 행동을 권장하고 덕성을 장려하는 데 있다.

갑

> 어떠한 예술가도 윤리적인 동정심을 갖지 않는다. 예술가에게 동정심이란 용서할 수 없는 매너리즘이다.

을

① 갑은 도덕적 가치가 미적 가치보다 우위에 있다고 본다.
② 갑은 예술이 사람을 도덕적으로 고상하게 만든다고 본다.
③ 을은 예술의 사회성을 옹호한다.
④ 을은 예술가가 자율성과 독창성을 지녀야 한다고 본다.
⑤ 갑은 도덕주의, 을은 예술 지상주의 입장을 대표한다.

541

다음 토론의 핵심 쟁점으로 가장 적절한 것은?

> 갑 : 예술의 상업화는 사회에 긍정적인 영향을 미치고 있습니다. 예술의 상업화로 인해 일부 계층이 누리던 예술을 대중도 누릴 수 있게 되었습니다.
>
> 을 : 예술의 상업화가 예술에 대한 대중의 접근성을 향상시키는 데 기여한 것은 분명합니다. 하지만 예술의 상업화는 예술 작품을 하나의 상품이자 부의 축적 수단으로만 바라보도록 만듭니다.
>
> 갑 : 하지만 예술에 투입되는 자본은 예술가의 경제적 기반을 마련해 줍니다. 비록 자본가에 예술이 종속될 수 있어도, 자본은 이윤을 창출하기 위한 예술가들의 창작 의욕을 북돋아 우수한 예술 작품의 생산에 기여할 것입니다.
>
> 을 : 그러나 예술 작품이 단순히 하나의 상품으로 취급되고 있으며 예술의 경제적 가치가 중시되면서 예술의 본래적 가치가 훼손될 수 있습니다.

① 예술의 상업화는 감상자의 감정 정화에 이바지하는가?
② 예술의 상업화는 예술가의 경제적 상황을 개선시키는가?
③ 예술의 상업화는 가치 있는 예술 작품의 생산에 기여하는가?
④ 예술의 상업화는 예술에 대한 대중의 접근성을 향상시키는가?
⑤ 예술의 상업화는 자본가에 예술을 종속시키는 결과를 낳는가?

★ 빈출
542
예술의 상업화에 관한 설명으로 적절하지 <u>않은</u> 것은?

① 대중이 예술의 향유 주체가 되었다.

② 예술가는 스스로 경제적 기반을 마련하게 되었다.

③ 예술가는 귀족 계층의 경제적 후원에 더욱 의지하게 되었다.

④ 대중이 예술 작품을 향유하고 소비하고자 하는 욕구가 점점 커졌다.

⑤ 예술 작품을 대량으로 생산하고 소비할 수 있는 대중 매체가 발전하였다.

543
㉠의 문제점으로 적절하지 <u>않은</u> 것은?

> 예술 작품을 대량으로 생산하고 소비할 수 있는 여건이 조성됨에 따라 대중은 예술의 향유 주체가 되었다. 이와 함께 ㉠ <u>상품을 사고파는 행위를 통해 이윤을 얻는 일</u>이 예술 작품에도 적용되는 현상이 나타났다.

① 예술 작품을 상업적 가치로만 평가하게 된다.

② 예술의 수준을 저하시켜 인간성을 황폐화시킬 수 있다.

③ 예술 작품의 감상이 표준화된 소비 양식으로 전락한다.

④ 예술의 미적 가치를 구현하고자 자율성을 강조하게 된다.

⑤ 대중의 감각적 취향만 반영한 예술 작품을 생산하게 된다.

544
(가)의 내용을 그림 (나)와 같이 표현할 때, (가)에서 지적하는 문제를 ㉠~㉤에서 고른 것은?

| (가) | 시장 원리에 따라 예술 작품을 상업적이고 경제적인 관점에서 하나의 상품으로 취급하면서 예술의 상품성을 높이기 위해 대량 생산과 복제를 하게 된다. 그리하여 예술은 오락물이나 심심풀이 대용물로 전락하면서 독창성이 훼손되는 문제가 발생된다. |
| (나) | 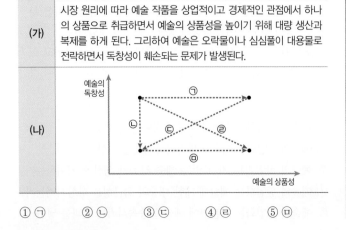 |

① ㉠   ② ㉡   ③ ㉢   ④ ㉣   ⑤ ㉤

---

2. 대중 문화의 윤리적 문제

★ 빈출
545
다음 사상가가 긍정의 대답을 할 질문으로 가장 적절한 것은?

> 현대 자본주의 사회는 과거보다 교묘하고 효과적으로 대중을 다룰 수 있다. 대중 예술에서 보이는 세계는 대중에게 기만적 대리 만족을 경험하게 한다. 문화 산업은 대중을 통제함으로써 지배 계급의 이념을 재생산한다. 개인은 자유가 있는 것 같지만 실은 경제적·사회적 장치의 산물에 불과하다. 문화 산업이 독점한 대중 예술은 개인의 특성을 획일화하여 자신의 목적을 추구한다.

① 현대 예술 작품은 창작자의 창의력과 노력의 산물인가?

② 예술이 자본에 의해 종속되어 대중 의식을 조작하는 도구로 쓰이고 있는가?

③ 예술 작품에 대한 감상은 미적 체험이 가능한 교양인들의 안내로 이루어지는가?

④ 예술에 대한 대중의 접근성이 높아질수록 예술에 미치는 대중의 영향력은 항상 확대되는가?

⑤ 예술품을 문화 산업의 상품으로 인정하고 사회적 합의에 따라 교환 가치를 결정해야 하는가?

546
(가)의 관점에서 (나) 현상에 대해 제시할 적절한 견해만을 〈보기〉에서 고른 것은?

| (가) | 예술 작품에 대한 기술적 복제는 예술 작품의 존속에 아무런 손상도 입히지 않는다. 하지만 예술 작품의 기술적 복제 가능성의 시대에서 예술 작품의 아우라는 위축된다. 전시 가능성을 중시하는 대중 예술이 기존의 제의(祭儀) 의식에 바탕을 둔 예술을 밀어내는 결과를 초래한다. 대량 복제 기술은 대중들이 복제품을 쉽게 접하도록 만든다. 이로 인해 예술 작품은 새로운 기능을 지닌 형상물이 된다. |
| (나) | 요즘은 사진이나 영화와 같은 영역에서 작품의 전부 혹은 일부를 대량 복제하여 스마트폰이나 인터넷 망을 통해 쉽게 퍼뜨린다. |

[보기]

ㄱ. 대량 복제 기술은 예술 작품의 유일무이한 가치를 향상시킨다.

ㄴ. 기술 복제 기술은 원작에 대한 대중들의 숭배 가치를 높여 준다.

ㄷ. 표준화된 생산 방식으로 작품에 대한 대중의 접근성을 높여 준다.

ㄹ. 다양한 유형의 전시 방식으로 대중에게 다양한 미적 체험을 제공한다.

① ㄱ, ㄴ   ② ㄱ, ㄷ   ③ ㄴ, ㄷ

④ ㄴ, ㄹ   ⑤ ㄷ, ㄹ

다음을 주장하는 사상가의 입장에만 모두 'v'를 표시한 학생은?

> 오늘날 문화는 모든 것을 동질화시키고 있다. 영화나 라디오, 잡지는 개개 분야에서나 전체적으로나 획일화된 체계를 만들어 내고 있다. 독점하에서 대중문화는 모두 획일적인 모습을 하고 있는데, 대중문화의 조종자들은 독점을 숨기려 하지도 않는다. 독점의 힘이 강화될수록 그 힘의 행사도 점점 노골화된다.

입장 \ 학생	갑	을	병	정	무
대중문화의 지배자들은 대중의 의식을 조작할 수 있다.	✓			✓	✓
대중문화는 감상자들에게 획일화된 경험을 줄 수 있다.	✓	✓		✓	
예술의 영역과 정치의 영역은 상호 영향을 끼치지 않는다.		✓	✓		✓
대중문화는 다양한 미적 체험에 대한 접근성을 향상시킨다.			✓	✓	✓

① 갑　② 을　③ 병　④ 정　⑤ 무

548

㉠에 들어갈 내용으로 가장 적절한 것은?

> 갑 : 대중문화의 자율성과 표현의 자유를 침해하면 안 됩니다. 따라서 대중문화를 윤리적·법적으로 규제하면 안 됩니다.
> 을 : 대중문화에 대한 윤리적 규제는 필요합니다. 선정적이거나 폭력적인 내용을 사전에 평가해야 합니다.
> 갑 : 대중은 문화를 스스로 선택하고 즐길 권리를 가집니다. 이에 대한 규제는 대중의 선택을 제한하는 것입니다.
> 을 : 제가 보기에 당신은 _____㉠_____ 간과하고 있습니다.

① 국가가 예술과 외설에 대한 기준을 제시해야 함을
② 고급문화와 달리 대중문화에서는 생산자가 곧 소비자임을
③ 폭력적 내용보다 선정적 내용이 대중에게 악영향을 끼침을
④ 대중문화가 성의 쾌락적 가치를 훼손하지 않도록 예방해야 함을
⑤ 대중문화에 대한 비판적 수용과 건전한 보급을 위해 윤리적 규제가 필요함을

[549~550] 다음 글을 읽고 물음에 답하시오.

> (㉠)은/는 자본에 종속되어 대중화되고 상업화된 예술에 대해 문화 산업이라고 비판하였다.

549

㉠에 들어갈 사상가를 쓰시오.

550

㉠의 관점에서 상업화된 예술 작품에 대한 감상의 문제점을 서술하시오.

[551~552] 다음 글을 읽고 물음에 답하시오.

> 미성년자의 선정적인 의상과 춤이 방송에서 규제를 받을 수 있게 된다. '방송 심의에 관한 규정 개정안'에는 "방송은 어린이와 청소년이 과도하게 노출된 복장으로 출연하거나 지나치게 선정적인 장면을 연출하지 아니하도록 해야 한다."라는 조항이 새롭게 포함되었다. 하지만 이러한 대중문화에 대한 규제에 대하여 ㉠ 찬성하는 입장과 ㉡ 반대하는 입장이 팽팽히 맞서고 있다.

551

㉠의 근거를 두 가지 서술하시오.

552

㉡의 근거를 두 가지 서술하시오.

적중 1등급 문제

» 바른답·알찬풀이 52쪽

553

(가)의 갑, 을 사상가들의 입장을 (나) 그림으로 탐구하고자 할 때, A~C에 들어갈 옳은 질문만을 〈보기〉에서 있는 대로 고른 것은?

(가)	갑 : 아름다운 리듬과 화음은 영혼에 들어가 우아함을 심어 준다. 품위 없는 리듬과 화음은 나쁜 말씨나 고약한 성질과 연결되니, 작품 속에 선(善)의 원형을 표현하지 않는 사람은 추방해야 한다. 을 : 미적인 것은 윤리적으로 선한 것을 상징하고, 자연의 미(美)에 대한 직접적인 관심을 갖는 것은 항상 그 영혼이 선하다는 것을 드러내 준다. 예술 작품의 가치는 예술 자체의 형식에서 찾을 수 있다.
(나)	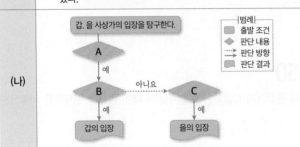

[보기]
ㄱ. A : 예술은 미적 가치를 다루는 활동인가?
ㄴ. A : 예술은 도덕성 증진에 기여할 수 있는가?
ㄷ. B : 예술을 통해 타인과 감정을 공유할 수 있는가?
ㄹ. C : 예술 작품에서 아름다움의 판단 근거는 순수한 형식인가?

① ㄱ, ㄴ ② ㄱ, ㄹ ③ ㄴ, ㄷ
④ ㄱ, ㄴ, ㄹ ⑤ ㄴ, ㄷ, ㄹ

554

(가)의 주장을 (나)의 학생이 요약할 때 ㉠에 들어갈 내용으로 가장 적절한 것은?

(가)	아름다운 것에서 아름다운 의미를 찾는 자들은 교양 있는 자들이다. 세상에 도덕적인 작품, 비도덕적인 작품이라는 것은 없다. 작품은 잘 쓰였거나 형편없이 쓰였거나 둘 중 하나일 뿐이다.
(나)	학생 : "(가)를 주장한 사상가는 예술이 ____㉠____ 를 기준으로 평가받아야 한다고 주장합니다."

① 도덕적 가치와의 일치 정도
② 사회적 파급력과 대중의 호응도
③ 문화 산업으로 이윤을 창출하는 정도
④ 사회적 요구와 무관한 그 자체의 미적 가치
⑤ 올바른 품성을 기르는 데 선한 영향을 끼치는 정도

555

갑, 을의 입장에 관한 옳은 설명만을 〈보기〉에서 고른 것은?

갑 : 사업에서 성공하는 것은 가장 환상적인 예술이다. 돈 버는 일은 예술이고, 일하는 것도 예술이며, 잘 되는 사업은 최고의 예술이다.
을 : 미술 전체가 거대한 투기사업이 되었다. 대부분 속물적인 의도로 그림을 구매해 미술관에 맡긴다. 감상은커녕 창고에 넣고 최종가를 알기 위해 매일 화랑에 전화를 거는 사람들도 있다.

[보기]
ㄱ. 갑은 상업화로 인해 예술의 윤리적 가치를 훼손해서는 안 된다고 본다.
ㄴ. 을은 예술의 경제적 가치를 중시하는 경향이 확산되어야 한다고 주장한다.
ㄷ. 갑은 을과 달리 예술가는 작품 활동을 통해 이윤을 최대로 추구해야 한다고 본다.
ㄹ. 을은 갑과 달리 예술이 하나의 상품으로 취급되는 사회적 현상에 대해 우려하고 있다.

① ㄱ, ㄴ ② ㄱ, ㄷ ③ ㄴ, ㄷ
④ ㄴ, ㄹ ⑤ ㄷ, ㄹ

556

다음 글의 입장으로 적절한 것만을 〈보기〉에서 고른 것은?

예술 작품 자체는 시장이 있어야, 즉 구매라고 불리는 사적인 소유 형태가 개발되어야 생겨날 수 있다. 그래야 비로소 미적인 대상 자체는 예술적인 것이 되어 사용 가치를 획득할 수 있고, 다른 사용 형태로부터 스스로를 해방시킬 수 있다. 예술 작품이 상품과 같은 것은 아니지만, 대중들은 상업의 덕으로 예술 작품을 즐기고 있다.

[보기]
ㄱ. 예술 작품에 대중의 선호가 반영되어야 한다.
ㄴ. 예술은 대중성보다 자율성이 중시되어야 한다.
ㄷ. 예술 작품에 도덕적 가치가 포함될 필요는 없다.
ㄹ. 예술 작품은 상품처럼 사고팔 수 있는 대상이 아니다.

① ㄱ, ㄴ ② ㄱ, ㄷ ③ ㄴ, ㄷ
④ ㄴ, ㄹ ⑤ ㄷ, ㄹ

갑 : 좋은 리듬, 좋은 말씨, 조화로움, 우아함이 담겨 있는 예술 작품은 청소년에게 좋은 성격을 갖게 하지만, 나쁜 리듬, 나쁜 말씨, 부조화, 꼴사나움은 나쁜 성격을 갖게 한다.

을 : 아름다움을 느낄 때 우리 마음은 감각적 쾌락을 넘어 순화되고 고귀함을 얻는다. 미적 판단은 주관적 판단이지만 이해관계를 초월한 보편적 판단이라는 점에서 미는 도덕적 선(善)의 상징이 된다.

557

갑, 을의 입장으로 옳지 <u>않은</u> 것은?

① 갑 : 예술은 도덕에 종속되지 않는 자율성을 지닌다.
② 갑 : 예술에 대한 평가는 사회적 책임과 분리될 수 없다.
③ 을 : 예술적 체험은 도덕성 실현에 기여할 수 있다.
④ 을 : 예술적 판단과 도덕적 판단의 형식은 유사하다.
⑤ 갑, 을 : 예술과 도덕은 상호 배타적인 영역이 아니다.

558

다음 사상가가 갑에 대해 평가할 내용으로 가장 적절한 것은?

예술가가 다른 사람의 욕구를 만족시키려는 순간, 그는 예술가이기를 포기한 것이다. 예술가에게 독창성을 잃게 하는 윤리적 공감은 필요 없다.

① 예술은 공동선 증진을 목적으로 하는 수단임을 간과하고 있다.
② 예술은 형식보다 사회적 영향력을 중시해야 함을 간과하고 있다.
③ 예술은 오직 그 자체의 미(美)로만 평가되어야 함을 간과하고 있다.
④ 예술은 기존 질서와 사회 안정화에 기여해야 함을 간과하고 있다.
⑤ 예술은 삶의 고통을 극복하는 데 기여해야만 가치를 지님을 간과하고 있다.

559

그림의 강연자가 지지할 입장으로 가장 적절한 것은?

오늘날 대중문화는 변화 없는 반복적인 오락물을 생산하는 장사가 되었고, 문화의 소비자는 문화 산업의 객체가 되었습니다. 이제 대중문화는 얼마나 인기를 끌고 많은 수익을 올렸는지에 의해 평가되는 경향이 지배적입니다. 이처럼 산업화된 대중문화 속에서 사람들의 여가 시간은 문화 산업이 제공하는 획일적 생산물로 채워질 수밖에 없습니다. 문화 상품의 속성은 문화 소비자의 자발성과 상상력을 제거해 버림으로써 적극적인 사유를 불가능하게 만드는 데 있습니다. 문화 산업은 규격품을 만들 듯이 인간을 재생산하려 합니다.

① 산업화된 대중문화는 독창적 예술로 발전하게 된다.
② 문화 산업은 획일화된 문화를 체험할 기회를 증가시킨다.
③ 산업화된 대중문화는 소비자의 창의성과 자발성을 강화시킨다.
④ 문화 산업은 예술을 경제적 가치가 아닌 미적 가치로만 평가한다.
⑤ 문화 산업의 표준된 양식은 문화 소비자의 주체성을 강화시킨다.

560

다음을 주장한 사상가의 입장으로 적절한 것만을 〈보기〉에서 있는 대로 고른 것은?

문화 산업의 본질은 대중의 요구에 부응하는 것이 아니라 오히려 대중들의 요구와 반응을 조작하여 그들을 기만하는 데 있다. 대중문화를 만들어 내는 대중 매체는 극소수 독점 자본가들의 소유 아래 있으며, 그들은 단지 이윤 추구를 위해 대중문화라는 이름으로 문화와 예술을 상품화한다. 이러한 문화 산업은 예술을 흉내 내는 것일 뿐이며, 규격화된 획일성으로 예술을 재생산하여 왜곡함으로써 예술의 진지성을 해친다.

[보기]
ㄱ. 문화 산업은 예술을 표준화시키는 경향이 있다.
ㄴ. 예술의 상업화는 예술의 본질 실현을 어렵게 한다.
ㄷ. 대중들의 미적 체험은 대중 매체를 통해 다양화된다.
ㄹ. 문화 산업은 자본주의 사회에서 이윤의 도구로 활용된다.

① ㄱ, ㄴ 　　② ㄱ, ㄹ 　　③ ㄴ, ㄷ
④ ㄱ, ㄴ, ㄹ 　　⑤ ㄴ, ㄷ, ㄹ

13 Ⓥ 문화와 윤리
의식주 윤리와 윤리적 소비

☑ 출제 포인트   ☑ 의식주의 윤리적 의미와 윤리적 문제   ☑ 윤리적 소비의 의미와 필요성

1. 의식주에 관한 윤리적 문제

1 의복의 윤리적 의미

자아 표현 및 형성	• 의복을 통해 개성과 가치관을 드러냄 • 착용하는 의복이 가치관의 형성에 영향을 주기도 함 → 의복을 '제2의 피부'로서 자아와 동일시하는 경향
예의의 표현	때와 장소에 맞는 의복의 착용 여부가 그 사람의 됨됨이를 평가하는 기준이 되기도 함 → 중요한 행사에 격식 있는 의복을 착용하여 상대에게 예의를 표현함

✪2 의복과 관련된 윤리적 쟁점 ⓒ 114쪽 575번, 576번 문제로 확인

구분	긍정적 입장	부정적 입장
유행 추구 현상	• 개인의 선택권 존중 • 유행을 따르지 않는 사람들과 구별되는 개성 표현 • 최신 유행 창조 → 새로운 가치관 형성 계기	• 기업의 판매 전략에 불과함 • 맹목적인 모방으로 인한 몰개성화 초래 • 패스트패션은 자원 낭비, 환경 문제, 노동 착취 등 초래
명품 선호 현상	• 개인의 자유로운 소비임 • 명품의 품질과 희소성이 만족감과 소유자의 품격을 높여 줌	• 과시적 소비 표현에 불과함 • 과소비와 사치 풍조 조장 → 사회적 위화감 조성

3 음식의 윤리적 의미
음식 섭취를 통해 생명과 건강이 유지됨, 사회의 도덕성 및 건강한 생태계 유지에 영향을 줌

✪4 음식과 관련된 윤리적 문제와 극복 방안 ⓒ 114쪽 578번 문제로 확인

문제	• 오염된 식재료, 인체에 유해한 식품 첨가물이 인간의 생명을 위협함 • 지나친 육식이 동물에 대한 비윤리적 대우로 이어짐 • 무분별한 식량 생산 및 소비 과정으로 환경이 오염됨
극복 방안	• 생태계를 고려하는 음식 문화 형성에 동참 : 음식물 쓰레기 줄이기, 로컬푸드 운동, 슬로푸드 운동, 육류 소비 절제하기 등 • 제도적 기반 마련 : 안전 먹거리 인증, 성분 표시 의무화, 육류 생산 과정에서 동물의 고통을 최소화하는 제도 마련 등

5 주거의 윤리적 의미
살아가는 장소뿐만 아니라 그곳에서의 생활까지 포함, 심리적 안정감과 휴식 제공, 가족과 함께 생활하면서 유대감과 소속감 형성

6 주거와 관련된 윤리적 문제와 극복 방안

문제	• 공동 주택의 폐쇄성 → 소통 단절, 이웃 간 분쟁 • 주거 밀집 → 환경 오염, 교통 혼잡, 녹지 공간 부족 • 집을 오직 경제적 가치의 관점에서만 인식함
극복 방안	• 주거의 본질적 가치를 되살려야 함 → 삶의 바탕과 안정을 제공하는 공간으로 인식 • 공동체를 고려하는 주거 문화 형성 → 유대감, 소속감 형성

자료 거주에 대한 하이데거의 관점 ⓒ 116쪽 584번 문제로 확인

거주함, 즉 평화롭게 됨이란 각각의 것을 그것의 본질 안에서 소중히 보살피는 평화 안에, 즉 자유로운 영역 안에 울타리 쳐진 채 머물러 있음을 의미한다. 거주함의 근본 특성은 이러한 보살핌이다.

분석 〉 하이데거는 거주함이란 어떤 존재가 그것의 본질 속에 평화롭게 있을 수 있도록 위협으로부터 보살피는 것이라고 주장한다.

2. 윤리적 소비

1 윤리적 소비의 등장 배경과 의미

(1) **등장 배경** 합리적 소비만을 중시할 경우 환경 오염, 노동자 인권 문제, 동물 학대 문제 등을 간과할 수 있음

(2) **의미** 윤리적인 가치 판단에 따라 상품이나 서비스를 구매하고 사용하는 것 → 타인, 사회, 생태계 전체를 고려함

2 윤리적 소비의 필요성

인권 향상	공정 무역을 통해 개발 도상국의 소규모 생산자들이 노동에 대한 정당한 대가를 받을 수 있음
정의 구현	사회적 기업의 제품을 구매하면 사회적 불평등을 완화하는 등 공정한 사회 형성에 기여할 수 있음
환경 오염 방지	멸종 위기 동식물을 이용한 제품을 구매하지 않고 농약, 화학 비료 등을 억제한 농산물을 구매하면 환경 오염 예방에 도움이 됨

자료 먹을거리에 대한 윤리적 원칙 ⓒ 116쪽 585번 문제로 확인

무엇을 먹을 것인지 결정하기에 앞서 먹을거리와 관련된 도덕 문제에 적용 가능한 윤리적 원칙이 필요하다. 첫째, 투명성이다. 우리는 먹는 음식이 어떻게 만들어졌는지 알 권리를 갖는다. 둘째, 공정성이다. 식품 생산 비용을 일방적으로 어느 한쪽에 전가해 피해를 주지 말아야 한다. 셋째, 인도주의이다. 식품 생산에서 동물에게 불필요한 고통을 주는 것은 잘못이다. 넷째, 사회적 책임이다. 관련 노동자들은 타당한 임금과 작업 조건을 보장받아야 한다. 다섯째, 필요성이다. 생명과 건강의 유지를 위해 적절한 영양을 얻기 위한 식품이 필요하다.

— 싱어·메이슨, 『죽음의 밥상』 —

분석 〉 제시문은 식품 소비와 관련하여 투명성, 공정성, 인도주의, 사회적 책임, 필요성의 다섯 가지 윤리 원칙을 준수해야 한다고 주장한다.

✪3 윤리적 소비를 실천하기 위한 노력 ⓒ 117쪽 589번 문제로 확인

개인적 차원	의지를 갖고 적극적으로 윤리적 소비를 실천해야 함 ⓔ 인권, 정의, 환경을 고려하지 않는 기업의 제품 불매 운동, 윤리적 등급에 따른 상품의 비교 구매, 공정 무역 제품이나 친환경 농산물 등 윤리적 상품 구매, 물건 재활용 등
사회적 차원	윤리적 소비의 확산을 위한 제도적 장치를 마련해야 함 ⓔ 친환경 제품 인증제, 기업의 윤리 경영 촉진 제도, 사회적 기업 지원 등

분석 기출 문제

▶▶ 바른답·알찬풀이 54쪽

1. 의식주에 관한 윤리적 문제

●● 빈칸에 들어갈 알맞은 용어를 쓰시오.

561 의복은 (   )(으)로서 자아와 동일시되는 경향이 있다. 사람들은 의복에 자신의 가치관을 드러내는 동시에 의복이 가치관 형성에 영향을 미치기도 한다.

562 (   )은/는 최신 유행을 반영하여 짧은 주기로 대량 생산하여 판매하는 의류로, 자원 낭비와 환경 문제 등을 초래한다는 비판이 있다.

563 명품 선호 현상에 부정적인 입장에서는 명품을 선호하는 것이 (   )(이)라는 그릇된 욕망의 표현이라는 점을 강조한다.

●● 다음에서 설명하는 개념을 〈보기〉에서 고르시오.

564 장거리 운송을 거치지 않은 반경 50km 이내에서 생산된 지역 농산물을 말한다. (   )

565 패스트푸드의 반대 개념으로 천천히 조리하여 건강에 도움이 되는 음식이라는 뜻이다. (   )

566 식자재의 생산, 운송, 소비 과정에서 온실가스가 얼마나 배출되었는지 알려 주는 지표이다. (   )

[보기]
ㄱ. 슬로푸드   ㄴ. 로컬푸드   ㄷ. 푸드 마일리지

●● 다음 내용이 옳으면 ○표, 틀리면 ×표를 하시오.

567 주거는 심리적 안정감과 휴식을 제공하는 공간이다. (   )

568 하이데거는 거주함이란 어떤 존재가 그것의 본질 속에 평화롭게 있을 수 있도록 위협으로부터 보살피는 것이라고 주장한다. (   )

569 자유 무역은 제3세계의 소외된 생산자에게 좀 더 좋은 무역 조건을 제공하고, 노동에 대한 정당한 대가를 보장하고자 한다. (   )

570 합리적 소비란 소비자가 상품이나 서비스를 구매할 때 윤리적 가치 판단에 따라 올바른 선택을 하는 것을 말한다. (   )

571 기업 활동을 통해 창출한 수익을 취약 계층에게 일자리 제공, 사회 복지 시설의 운영 등 사회적 목적을 위해 환원하는 기업을 사회적 기업이라고 한다. (   )

572

㉠을 통해 알 수 있는 의복의 윤리적 의미로 가장 적절한 것은?

> 학창 시절에는 교복을 입고, 사회에 나와서는 소속된 집단에 따라 적합한 옷을 차려입는다. 또 기분이 우울할 때는 화려한 옷을 꺼내 입기도 하고, ㉠장례식이나 결혼식에 갈 때는 격식을 차린 옷을 입는다.

① 의복은 개성 표현의 수단이 될 수 있다.
② 의복은 자아 및 가치관 형성과 관련이 있다.
③ 의복은 예의에 대한 사회적 기준을 반영한다.
④ 의복은 신체적 자아의 일부로 간주할 수 있다.
⑤ 의복은 동물과 인간을 구별해 주는 인간만의 고유한 것이다.

573

다음 글에서 추론할 수 있는 내용으로 가장 적절한 것은?

> 사람들은 '옷이 참 좋아 보인다.'라는 말을 들으면 마치 자신이 칭찬을 들은 것처럼 느낀다. 그래서 의복을 '제2의 피부'라고 하기도 한다.

① 상황에 맞게 적절한 의복을 착용해야 한다.
② 의복은 예의에 대한 사회적 기준을 반영한다.
③ 의복을 고를 때는 타인의 시선을 의식해야 한다.
④ 사람들은 의복을 자아와 동일시하는 경향이 있다.
⑤ 사람들은 누구나 타인의 옷차림에 대해 관심을 갖는다.

574

㉠에 들어갈 내용으로 가장 적절한 것은?

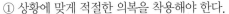

> 유행은 사회적 흐름에 따르려는 욕구를 충족시키는 한편 차별화 욕구를 만족시킨다. 이처럼 유행은 _____㉠_____(이)라고 할 수 있다.

① 사회에 대한 의존 욕구를 높이는 것
② 자신의 미적 감각과 가치관을 표현하는 수단
③ 사회적 동질화와 개성 표현의 양면성을 가진 현상
④ 주변 사람과 같게 행동함으로써 안도감을 얻으려는 심리
⑤ 차별되기보다 다른 사람과 같아지려는 욕구가 반영된 현상

★빈출
575

(가), (나)에서 공통으로 추론한 내용으로 가장 적절한 것은?

> (가) 유행은 자립심 없고 의존적이면서도 어떤 식으로든 주목 받고 싶어 하는 개인에게 적합한 활동 무대이다. 왜냐하면 유행은 하찮은 사람까지도 그 사람이 유행을 따르는 한 유행 전체를 대표하는 사람으로 지위를 높여 주기 때문이다.
> (나) 사람들이 어떤 물건을 소비할 때 자신의 의사보다 다른 사람들의 소비 성향을 따르거나 인기인을 따라서 소비하는 형태를 '밴드웨건 효과'라고 한다.

① 유행은 특정한 시기에 성행하는 의복의 형식이다.
② 유행을 따르는 것은 개성의 표현이라기보다 무비판적인 동조 현상일 뿐이다.
③ 유행을 따르는 다수의 행동은 기존 문화와 차별되는 최신 유행을 창조할 수 있다.
④ 유행에 따름으로써 유행에 따르지 않는 다른 사람들과 구별되는 만족감을 얻을 수 있다.
⑤ 유행을 선도하는 것은 개인이라기보다 기업이며, 기업의 판매 전략에 노출된 대중은 선택의 자유가 없다.

★빈출
576

다음 사회 현상에 대해 비판적인 관점에서 제시할 주장만을 〈보기〉에서 고른 것은?

> 10대들이 고가 상품 상표가 붙은 등산용 패딩 점퍼를 교복처럼 입고 다니는 풍경을 흔히 볼 수 있다. 어떤 물건은 100만 원 가까이 된다고 한다.

[보기]
ㄱ. 개인의 선택의 자유를 위축시킬 수 있다.
ㄴ. 타인에게 자기를 과시하려는 그릇된 욕망의 표현일 뿐이다.
ㄷ. 제품의 희소성을 하락시켜 명품과 일반 상품의 차별성을 없앨 수 있다.
ㄹ. 과소비와 사치 풍조를 조장하여 사회 계층 간의 위화감을 야기할 수 있다.

① ㄱ, ㄴ　　　② ㄱ, ㄷ　　　③ ㄴ, ㄷ
④ ㄴ, ㄹ　　　⑤ ㄷ, ㄹ

577

갑의 입장에서 〈질문〉에 대한 대답으로 가장 적절한 것은?

> 갑 : 현대인들은 상품의 기호와 상품이 지니고 있는 이미지를 소비한다. 광고 속에 나오는 상품이 기호라면, 행복, 풍요로움, 성공, 권력 등은 그 상품에 부여된 이미지이다. 사람들은 상품의 구입과 사용을 통해 자신을 돋보이게 하며 동시에 사회적 지위와 위세를 드러내고자 한다. 하지만 실제로는 욕구의 체계를 발생시키고 관리하는 생산 질서의 지배를 받고 있다. 그 결과 사람들은 자율성과 창의성을 박탈당하여 사물과 같은 존재가 된다.
> 〈질문〉 현대인의 소비 활동이 갖는 특징은 무엇인가?

① 상품의 기능과 같은 상품 자체의 질을 중시한다.
② 주체적으로 자신의 개성에 맞는 물건을 선택한다.
③ 광고에 나타난 상품의 이미지에 현혹되지 않는다.
④ 자기 자신보다는 타인, 생태계를 고려하여 소비한다.
⑤ 소비 과정에서 자신의 부나 명예를 과시하고자 한다.

★빈출
578

㉠에 관한 옳은 설명만을 〈보기〉에서 고른 것은?

> ㉠ 슬로푸드 운동은 '좋고, 깨끗하고, 공정한 먹거리'를 추구한다. 슬로푸드는 천천히 조리되는 음식이라는 언어적 의미와 함께 건강에 도움이 되는 음식이라는 뜻도 가지고 있다. 이는 특정한 종류의 음식이라기보다는 먹거리를 생산하고 가공하는 방식과 관련된다.

[보기]
ㄱ. 현대인의 바쁜 일상을 위해 패스트푸드를 개발한다.
ㄴ. 요리할 때 친환경적인 농산물을 사용하려고 노력한다.
ㄷ. 전통 음식과 조리법을 찾아보고 보전하는 일을 중요하게 생각한다.
ㄹ. 식탁에서 누릴 수 있는 즐거움과 행복보다 고급스러운 미각을 중시한다.

① ㄱ, ㄴ　　　② ㄱ, ㄷ　　　③ ㄴ, ㄷ
④ ㄴ, ㄹ　　　⑤ ㄷ, ㄹ

579

다음과 같은 문제 상황을 개선할 수 있는 노력에만 모두 'V'를 표시한 학생은?

판매용 달걀을 낳는 닭은 에이포(A4) 한 장 크기의 좁은 공간에서 평생 살고, 알을 낳지 못하는 수컷 병아리는 태어난 지 하루도 되지 않아 폐기된다.

노력 \ 학생	갑	을	병	정	무
과도한 육식 문화를 반성하고 개선한다.	✓	✓			✓
패스트푸드보다 슬로푸드를 더 즐겨 먹는다.	✓		✓	✓	
인도적 방식으로 사육·생산된 육류를 소비한다.		✓	✓	✓	✓
외국에서 수입하는 먹거리나 유전자 변형 농산물의 섭취를 줄인다.				✓	✓

① 갑　　② 을　　③ 병　　④ 정　　⑤ 무

580

㉠에 들어갈 개념으로 옳은 것은?

푸드 마일리지란 식품을 생산하여 소비자의 식탁에 오르기까지 이동한 거리에 식품의 수송량을 곱한 것을 말한다. 푸드 마일리지가 높아지면 식품의 신선도가 떨어지고 탄소 배출량이 증가한다. 그래서 대안으로 나타난 것이 반경 50km 이내의 가까운 곳에서 생산된 신선한 식품을 구매하자는 (㉠) 운동이다.

① 정크푸드　　② 슬로푸드　　③ 그린푸드
④ 로컬푸드　　⑤ 패스트푸드

581

다음 글에서 추론한 내용으로 적절하지 않은 것은?

당신이 무엇을 먹는지 말해 달라. 그러면 당신이 어떤 사람인지 말해 주겠다.

① 식사는 허기를 채우는 것 이상의 의미를 지닌다.
② 먹는 것은 개인의 생활 방식은 물론 철학까지 보여 준다.
③ 개인이 선호하는 음식은 품성, 가치관 등에 대한 다양한 단서를 내포한다.
④ 무엇을 어떻게 먹을지 선택하는 것은 곧 자신을 결정짓고 삶의 가치관을 실현하는 일이다.
⑤ 음식은 인간이 먹거나 마시는 모든 것을 의미하며, 식생활은 생존을 위해 영양을 섭취하는 행위이다.

582

다음을 주장한 사상가의 입장에만 모두 'V'를 표시한 학생은?

집은 인간 삶의 중심이며 요람이다. 집은 인간의 삶을 한곳에 뿌리내리게 하고, 세계와 우주로 열리는 통로이다. 우리는 집에서 휴식하며 안정을 얻고, 보다 크고 넓은 삶의 장소로 진입한다. 인간에게 주는 편안함과 한 장소에 뿌리내리게 해 주는 힘을 바탕으로 집은 인간의 전 생애에 걸쳐 삶의 터전인 동시에 확고한 중심으로 작용한다.

입장 \ 학생	갑	을	병	정	무
집은 거주자의 자아 정체성 형성에 기여한다.	✓		✓	✓	
집은 내부와 외부를 구분하여 인간을 내부에 가둬 둔다.		✓		✓	✓
집은 타인과 교류하는 바탕으로써 공적 영역에 해당한다.		✓	✓		✓
집은 사회생활로 얻은 피로를 해소하고 정서적 안정감을 준다.	✓			✓	✓

① 갑　　② 을　　③ 병　　④ 정　　⑤ 무

583

⊙에 들어갈 적절한 내용만을 〈보기〉에서 고른 것은?

> 요즘 사람들은 집을 새로 구할 때 자연스럽게 집의 크기나 위치, 가격에 대해 관심을 갖는다. 그러나 윈스턴 처칠은 전쟁으로 폐허가 된 영국 의회 의사당을 새로 지을 때 다음과 같이 말했다. "우리가 집을 만들고, 다시 그 집이 우리를 만든다." 나는 그의 주장에 동의한다. 집은 _____⊙_____고 생각한다.

[보기]
ㄱ. 우리의 삶과 밀접한 관련이 있다
ㄴ. 본질적 가치보다 경제적 가치가 중요하다
ㄷ. 그곳에 사는 사람의 품성과 가치관에 영향을 준다
ㄹ. 안전하고 평화로운 삶을 보장하는 것으로 충분하다

① ㄱ, ㄴ   ② ㄱ, ㄷ   ③ ㄴ, ㄷ
④ ㄴ, ㄹ   ⑤ ㄷ, ㄹ

★빈출 584

(가)의 입장에서 (나)의 상황에 대해 제시할 수 있는 조언으로 가장 적절한 것은?

(가)	• 집은 세계 안에 있는 우리의 일부이며 우리가 경험하는 최초의 세계이다. • 거주함, 즉 평화롭게 됨이란 각각의 것을 그것의 본질 안에서 소중히 보살피는 평화 안에, 즉 자유로운 영역 안에 울타리 쳐진 채 머물러 있음을 의미한다. 거주함의 근본 특성은 이러한 보살핌이다.
(나)	자본주의 사회에서 사람들은 집을 쉽게 사고팔 수 있는 상품처럼 여기고 있다. 이런 모습은 대표적인 공동 주택인 아파트 매매에서 두드러진다. 사람들은 아파트를 구입할 때 투자 가치가 있는지, 쉽게 판매할 수 있는지 등을 고려한다. 그래서 입지 여건, 집의 크기 등을 중시한다.

① 집을 인간 삶의 터전이며 휴식과 평화로운 삶을 누리는 바탕으로 여겨야 한다.
② 공동 주택은 이웃 간의 갈등이 발생할 수 있기 때문에 서로 배려할 줄 알아야 한다.
③ 공동 주택은 폐쇄적인 형태로 인해 이웃 간의 협력과 소통이 원활하지 않음을 고려해야 한다.
④ 도시 중심의 주거 문화는 환경 오염, 녹지 공간 부족 등의 문제를 일으킬 수 있음을 알아야 한다.
⑤ 이웃에게 무관심하거나 이기적인 태도를 보이지 말고 역지사지와 상부상조의 자세를 지녀야 한다.

---

2. 윤리적 소비

★빈출 585

다음 입장에서 지지할 소비 형태로 가장 적절한 것은?

> 무엇을 먹을 것인지 결정하기에 앞서 먹을거리와 관련된 도덕 문제에 적용 가능한 윤리적 원칙이 필요하다. 그것은 투명성, 공정성, 인도주의, 사회적 책임, 필요성으로 요약할 수 있다.

① 저렴하고 품질 좋은 제품을 고른다.
② 최신 유행을 고려하여 상품을 구입한다.
③ 인권, 환경을 고려하여 상품을 선택한다.
④ 욕구를 충족시킬 수 있는 상품을 구입한다.
⑤ 나만의 개성을 표현할 수 있는 제품을 선택한다.

586

다음 글의 사례로 적절하지 않은 것은?

> 소비는 단순히 개인만의 일이 아니라 다른 사람이나 환경 등 공동체와도 관련된다. 이러한 인식을 바탕으로 공동체를 고려하는 소비를 해야 한다.

① 웰빙   ② 공정 무역   ③ 공정 여행
④ 로하스 운동   ⑤ 로컬푸드 운동

587

(가)에 나타난 사회 문제를 해결하기 위한 바람직한 자세를 (나)의 그림으로 표현할 때, ⊙~⑩ 중 가장 적절한 것은?

(가)	• 카카오 농장에서 일하는 사람들 중에는 열두 살 미만의 아이들도 상당수 포함되어 있다. 이들은 중노동에 시달리며 살충제로 건강을 심각하게 위협받고 있다. • 태평양에는 현재 한반도 7배 크기의 쓰레기 섬이 떠다니고 있다. 이 쓰레기들은 가볍고 작은 플라스틱이 대부분인데 이것을 먹이로 알고 먹는 수많은 생물들이 죽어 가고 있다.
(나)	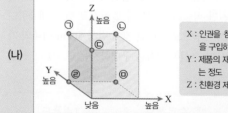

X : 인권을 침해하는 기업의 제품을 구입하는 정도
Y : 제품의 재활용 및 재사용을 하는 정도
Z : 친환경 제품을 구입하는 정도

① ⊙   ② ⓛ   ③ ⓒ   ④ ⓔ   ⑤ ⑩

588

⊙에 들어갈 내용으로 가장 적절한 것은?

> 소비의 목적은 소비자의 물질적·심리적 만족감 충족에서 찾아야 해. 소비자는 자신의 소득 범위 내에서 최소 비용으로 최대 만족을 얻어야 해.

> 소비는 한 개인의 삶에만 국한해서는 안 돼. 소비자는 자신과 관련된 이익만을 살필 것이 아니라 사회 및 환경 전체까지 고려해야 해. 내가 보기에 너는 ⊙

 갑

 을

① 상품의 경제적 효용성을 우선적으로 따져 보아야 함을 모르고 있어.

② 인권과 노동의 가치는 소비자가 고려할 사항이 아님을 모르고 있어.

③ 소비 활동에서 대중의 선호도가 높은 상품인지를 선별해야 함을 모르고 있어.

④ 소비 활동은 공공성보다 개인적 선호를 선택의 기준으로 삼아야 함을 모르고 있어.

⑤ 상품의 생산과 유통의 전 과정이 윤리적인지에 대한 관심이 필요함을 모르고 있어.

⭐ 빈출
589

다음 문제를 해결하기 위한 적절한 방안에만 모두 '✔'를 표시한 학생은?

> 세계적으로 한 해 동안 발생하는 디지털 쓰레기는 무려 5천만 톤이나 된다. 그중 단 10%만 재활용하고 나머지 90%는 중국과 인도 등 아시아에 버려진다. 유입된 디지털 쓰레기는 되팔 수 있는 부품과 금속을 떼어 내고, 남은 플라스틱과 전선 피복 등은 아무렇게나 매립하거나 소각한다. 그 과정에서 지역 주민들은 중금속 중독에 시달리고, 유독 물질이 포함된 연기는 대기 순환 경로를 따라 전 세계로 이동한다.

해결 방안 \ 학생	갑	을	병	정	무
지속 불가능한 상품을 불매하고 재활용과 재사용에 힘쓴다.	✔			✔	✔
폐기물을 친환경적으로 처리하는 기업의 제품을 구매한다.	✔		✔	✔	
자신의 경제력 범위에서 큰 만족감을 주는 물건을 구매한다.		✔	✔		✔
소비는 다른 사람이나 환경 등 공동체와 관련된다는 것을 인식한다.		✔		✔	✔

① 갑　　② 을　　③ 병　　④ 정　　⑤ 무

[590~591] 다음 글을 읽고 물음에 답하시오.

> (⊙)(이)란 윤리적인 가치 판단에 따라 상품이나 서비스를 구매하고 사용하는 것을 뜻한다. 따라서 (⊙)은/는 가격을 소비의 유일한 판단 기준으로 삼지 않으며, 원료의 재배 및 제품의 생산과 유통에 이르는 전 과정이 윤리적인지에 관심을 가진다.

590

⊙에 공통으로 들어갈 용어를 쓰시오.

591

⊙이 가져올 수 있는 영향을 <u>세 가지</u> 서술하시오.

[592~593] 다음 글을 읽고 물음에 답하시오.

> 불교의 핵심인 (⊙) 사상은 세 개의 갈대 단으로 설명할 수 있다. 세 개의 갈대 단이 땅 위에 서려면 서로 의지해야 한다. 세 개 가운데 하나를 제거해 버리면 다른 두 개의 갈대는 서지 못한다. 이처럼 이 세상의 모든 존재는 서로가 서로의 원인과 조건이 되어 함께 존재한다.

592

⊙에 들어갈 알맞은 용어를 쓰시오.

593

⊙의 입장에서 다음 문제를 해결하기 위해 필요한 소비에 대한 인식과 바람직한 소비 태도에 관해 서술하시오.

> 아프리카의 작은 나라 레소토의 자연은 심각하게 훼손됐다. 청바지를 만드는 공장에서 배출하는 유해 폐기물 때문이다. 청바지 염료가 그대로 흘러 들어가 불과 몇 년 전까지 식수로 쓸 정도로 깨끗했던 강에서 이제는 썩은 냄새가 난다. 그래도 수도 시설이 없는 주민들은 더러운 강물을 식수로 쓰고 있다. 화학 쓰레기들이 불법으로 버려지면서 토지도 황폐화되고, 공장에서 쓰레기를 소각할 때 발생하는 연기는 대기 오염으로 이어진다.

적중 1등급 문제

>> 바른답·알찬풀이 56쪽

594

다음을 주장한 사상가의 입장으로 가장 적절한 것은?

> 부나 권력은 타인에게 증거로 드러나는 한에서만 존경이 부여되기 때문에 타인의 존경을 얻고 유지하기 위해서는 부나 권력을 획득하는 것만으로는 충분하지 않다. 극빈층을 포함한 사회의 어떤 계층도 관례적인 과시적 소비를 하지 않는 경우는 없다. 자기 보존 본능을 제외하고는 경쟁적인 비교 성향이 가장 강력하고 지속적인 경제적 동기이다. 그래서 겉으로 있어 보이는 체하기 위해 허세가 다하는 마지막 순간까지 비참할 정도의 옹색과 불편조차도 참아 낸다.

① 부를 쌓는 것만으로도 타인의 존경을 얻을 수 있다.
② 타인과의 비교 성향이 인간의 허영심을 억제시킨다.
③ 자신의 지위를 드러내기 위한 방편으로 과시적 소비가 행해진다.
④ 상위 계급의 소비 형태는 하위 계급의 과시적 소비를 억제시킨다.
⑤ 자기 보존 본능보다 경쟁적인 비교 성향이 가장 강력한 경제적 동기가 된다.

595

㉠에 들어갈 내용으로 가장 적절한 것은?

> 갑 : 요즘 유행하는 의복을 구매하면 사람들 사이에서 너무 튀지 않고 쉽게 어울릴 수 있어서 편하고 좋습니다.
> 을 : 하지만 지나치게 유행을 따르다 보면, 자신의 개성과 가치관을 드러내는 의복의 기능이 상실될 수 있습니다.
> 갑 : 유행을 따르는 것 역시 개인의 선택입니다. 유행을 따르기 위해 과도한 비용을 쓰지만 않는다면, 유행을 따르지 않는 사람들과 구별되는 개성을 표현할 수도 있습니다.
> 을 : 유행은 기업의 판매 전략의 일부라고 보아야 합니다. 제가 보기에 당신은 _____㉠_____ 을 간과하고 있습니다.

① 맹목적인 모방으로 인해 몰개성화가 초래될 수 있음
② 최신 유행을 창조할 수 있는 기회가 박탈당할 수 있음
③ 기업과 소비자가 함께 연구하여 유행을 재창조해야 함
④ 과거의 지나간 유행인 복고 상품이 다시 유행할 수 있음
⑤ 과소비와 사치 풍조로 인해 사회적 위화감이 조성될 수 있음

596

다음을 주장한 사상가의 입장으로 적절한 것만을 〈보기〉에서 고른 것은?

> 거주(居住)함은 인간 존재의 근본 특성이다. 인간은 현존재로서 땅, 하늘, 신적인 것들, 죽을 자들의 본질을 사물들 안으로 가져와 소중히 보살피며, 세계 안에서 건축하고 사유하면서 거주한다. 인간은 자기 공간의 중심이 되며, 인간이 움직일 때마다 사물의 연관 체계로서 공간도 함께 변화한다. 인간이 건축함과 거주함에서 사유함을 잊을 때 고향 상실이 일어난다. 이때 거주함에 대해 다시 배워야 한다. 오늘날 거주 공간이 상실되어 탈공간의 시대에 살고 있는 인간은 잃어버린 고향에 대해 숙고하고, 고향을 되찾아야 한다.

[보기]

ㄱ. 자신의 행복을 위해 공간을 지배하고 통제해야 한다.
ㄴ. 인간이 거주하는 공간은 체험과 무관한 객관적인 공간이다.
ㄷ. 인간은 사물들을 보살피면서 거주 공간에 대한 책임감을 갖는다.
ㄹ. 거주함과 건축함의 사유함을 통해 상실한 고향을 회복해야 한다.

① ㄱ, ㄴ   ② ㄱ, ㄷ   ③ ㄴ, ㄷ
④ ㄴ, ㄹ   ⑤ ㄷ, ㄹ

597

그림의 강연자가 지지할 주장으로 적절하지 않은 것은?

> 무엇을 먹을 것인지 결정하기에 앞서 먹을거리와 관련하여 몇 가지 원칙을 준수해야 합니다. 첫째, 먹는 음식이 어떻게 만들어졌는지에 대한 알 권리를 보호받아야 합니다. 둘째, 식품 생산 비용을 일방적으로 어느 한쪽에 전가해 피해를 주지 말아야 합니다. 셋째, 식품 생산에서 동물에게 불필요한 고통을 주어서는 안 됩니다. 넷째, 관련 노동자들은 타당한 임금과 작업 조건을 보장받아야 합니다. 다섯째, 생명과 건강의 유지를 위해 적절한 영양을 얻기 위한 식품이 필요합니다.

① 먹을거리를 생산하는 전 과정을 투명하게 공개해야 한다.
② 먹을거리 생산에 관련된 사람들을 공정하게 대우해야 한다.
③ 먹을거리에서 풍부한 영양소를 확보하기 위해 동물을 최대한 사용해야 한다.
④ 먹을거리가 생명이나 건강에 위해를 가할 수 있는 식품이 아닌지 점검해야 한다.
⑤ 먹을거리의 생산 과정에서 노동자들에 대한 인권 침해 행위가 있는지 살펴야 한다.

598

다음 사상의 관점에 부합하는 주장에만 모두 '✓'를 표시한 학생은?

> 군자는 밥을 먹을 때 다섯 가지를 살펴야 한다. 우선 밥이 완성될 때까지 얼마나 많은 노력이 필요한가와 밥이 어디서 나왔는가를 헤아려야 한다. 그리고 자신의 덕행이 완성되었는지를 헤아려서 공양(供養)을 받아야 한다. 마음을 절제하여 탐욕을 없애야 한다. 바른 처사와 좋은 약으로 건강을 보살펴야 한다. 끝으로 도덕을 이루어야 먹을 자격이 있다. 즉 군자는 먹을 때에도 인(仁)을 떠나지 않아야 한다.

주장＼학생	갑	을	병	정	무
음식 생산 전 과정에 영향을 끼친 사람들을 고려해야 한다.	✓	✓		✓	
음식을 섭취할 때는 지나친 과욕이나 금욕을 경계해야 한다.	✓			✓	✓
자연을 인간의 소유물로 간주해 다양한 먹거리를 확보해야 한다.		✓	✓		✓
사회적 지위나 계층에 알맞은 식재료를 선택하도록 노력해야 한다.			✓	✓	✓

① 갑　　② 을　　③ 병　　④ 정　　⑤ 무

599

(가)의 입장에 비해 (나)의 입장이 갖는 상대적 특징을 그림의 ㉠~㉢ 중에서 고른 것은?

> (가) 올바른 소비를 위해서는 상품에 관련된 정보를 충분히 알아보아야 한다. 소득과 예산의 범위를 고려하여 가장 낮은 비용으로 효용 가치가 가장 높은 상품을 구매하는 것이 최선이다.
>
> (나) 올바른 소비를 위해서는 불필요한 소비를 줄여야 한다. 그뿐만 아니라 인간과 동물을 착취하고 환경에 해를 끼치는 상품의 구매를 거부해야 한다. 인권, 사회 정의, 환경 등 인류 전체를 고려하는 소비가 최선이다.

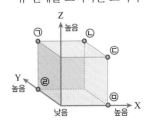

X : 소비를 통해 사회적 책임을 실천하려는 정도
Y : 최소 비용으로 최대 만족을 얻는 소비를 강조하는 정도
Z : 지속 가능한 환경을 위한 소비 활동을 지지하는 정도

① ㉠　　② ㉡　　③ ㉢　　④ ㉣　　⑤ ㉤

600

(가)의 관점에서 (나)의 문제를 해결하기 위해 제시할 적절한 조언만을 〈보기〉에서 있는 대로 고른 것은?

(가)	한 개인의 소비 활동을 오직 개인의 사적인 범주에서만 이해해서는 안 된다. 소비 활동은 그것을 생산, 유통, 분배하는 다양한 사람들과 관련되어 있으며, 자연물을 가공하여 생산물로 변화시킨다는 점에서 환경과 분리하여 생각할 수 없다. 따라서 타인과 사회는 물론 생태계 전체에 어떤 결과를 가져올지 고려하여 바람직한 방향으로 소비를 실천해야 한다.
(나)	스마트폰의 핵심 소재인 코발트는 전 세계 매장량의 절반 이상이 아프리카의 콩고에 묻혀 있다. 코발트의 채굴에 동원된 아이들은 안전 장비도 없이 맨몸으로 돌무더기를 캐고 있는데, 하루 12시간 고된 일을 하며 이들이 받는 돈은 고작 1달러에 불과하다.

【 보기 】
ㄱ. 인권을 고려하지 않는 기업의 제품에 대해 불매 운동을 해야 한다.
ㄴ. 최소 비용으로 가장 큰 경제적 만족을 얻을 수 있는 소비를 해야 한다.
ㄷ. 열악한 환경에 처해 있는 노동자들의 삶의 질 개선을 위해 노력해야 한다.
ㄹ. 멸종 위기의 동식물을 보호하기 위해 어린 아이들의 노동력을 충분히 활용해야 한다.

① ㄱ, ㄷ　　② ㄴ, ㄷ　　③ ㄴ, ㄹ
④ ㄱ, ㄴ, ㄹ　　⑤ ㄱ, ㄷ, ㄹ

601

갑은 긍정, 을은 부정의 대답을 할 질문으로 가장 적절한 것은?

소비자는 소비의 목적은 소비를 통한 만족감의 극대화에 두어야 하며, 소비자는 최소 비용으로 최대 만족을 얻을 수 있는 소비만을 추구해야 합니다. 비용과 편익을 고려하여 소비를 하면 자원이 효율적으로 분배되어 자원 낭용 문제를 해결할 수 있습니다.

그렇지 않습니다. 자원 낭용 문제를 해결하기 위해서는 사회 정의와 환경 등을 고려하는 소비가 필요합니다. 소비의 목적을 소비를 통한 만족감의 극대화에 두는 것은 시장 경제 논리만을 강조하는 것이므로 자원 낭용 문제를 해결할 수 없습니다.

갑　　을

① 사치를 줄이고 절제하는 소비 생활을 해야 하는가?
② 시장 경제 논리는 비용 대비 최대 편익을 강조하는가?
③ 바람직한 소비 활동은 자원 낭용 문제를 해결할 수 있는가?
④ 합리적인 소비만으로도 자원 낭용 문제를 해결할 수 있는가?
⑤ 자원 낭용 문제의 해결을 위해 최대 비용의 지출이 필요한가?

14 Ⓥ 문화와 윤리
다문화 사회의 윤리

✔ 출제 포인트 ✔ 다문화에 대한 태도 ✔ 윤리 상대주의와 관용 ✔ 종교와 윤리의 관계

1. 다문화 사회에 대한 존중과 관용

1 다문화 사회와 다문화 존중

(1) 다문화 사회의 특징 다양성과 다원성을 강조함, 사회 구성원의 문화 선택의 폭이 넓어짐, 문화 발전의 기회가 확대됨

✪(2) 다문화에 대한 태도 ◉ 121쪽 615번 문제로 확인

구분	동화주의	다문화주의
입장	이주민의 문화와 같은 소수 문화를 주류 문화에 적응시키고 통합하려는 입장	이주민의 고유한 문화와 자율성을 존중하여 문화의 다양성을 실현하려는 입장
특징	• 문화 충돌에 따른 혼란 방지 • 사회적 연대감과 결속력 강화 • 이주민의 문화적 정체성 유지가 어려움 • 대표 이론 : 용광로 이론	• 문화 간 공존을 통해 갈등을 최소화할 수 있음 • 사회적 연대와 통합을 이루기 어려움 • 대표 이론 : 샐러드 볼 이론, 국수 대접 이론

(3) 다문화 존중의 이유 문화는 그 자체로 가치를 지님, 문화적 차이로 인한 갈등 해결, 문화적 차별과 편견 극복

자료 다문화 사회를 설명하는 이론 ◉ 122쪽 618번 문제로 확인

• 용광로 이론 : 여러 가지 금속을 용광로 안에 넣고 하나의 금속을 만드는 것처럼 다양한 이주민의 문화를 주류 문화에 융합해야 한다는 관점이다.
• 샐러드 볼 이론 : 다양한 채소와 과일을 서로 대등한 관점에서 섞는다는 것으로 각 문화의 고유성을 유지하면서 조화와 공존을 이룬다는 관점이다.
• 국수 대접 이론 : 주재료인 면 위에 고명을 얹어 국수의 맛을 내듯이 주류 문화를 중심으로 비주류 문화를 조화한다는 관점이다.

[분석] 동화주의는 용광로 이론, 다문화주의는 샐러드 볼 이론, 국수 대접 이론을 각각 제시하고 있다.

---

2 관용의 의미와 중요성

(1) 의미 자신과 다른 문화적 배경을 가진 사람의 가치관이나 생각 등을 존중하는 이성적 태도

(2) 중요성 문화적 배경이 다른 사람들 간의 평화로운 공존 모색, 자유와 인간 존중의 가치 실현

3 윤리 상대주의와 관용의 한계

(1) 윤리 상대주의의 의미와 문제점

① 의미 : 윤리도 문화에 포함되므로 옳고 그름은 사회에 따라 다양하며, 보편적인 도덕적 기준은 존재하지 않는다는 입장 → 극단적 문화 상대주의 입장이라고도 할 수 있음

② 문제점 : 보편 윤리를 위배하는 문화도 하나의 문화로 인정하고 존중하게 됨, 보편 윤리를 부정하여 문화에 대한 비판적 성찰을 방해함

---

(2) 관용의 한계

① 관용의 역설 : 관용을 무제한적으로 허용하면 관용 자체를 부정하는 사상이나 태도까지 인정하게 되는 현상

② 관용의 허용 범위 : 인권과 자유 등 보편적 가치를 침해하지 않고, 사회 질서를 훼손하지 않는 범위에서 허용해야 함

2. 종교와 윤리

1 종교의 본질과 구성 요소

(1) 종교의 본질 스스로 어찌할 수 없는 한계 상황에 직면한 인간은 초월적이고 절대적인 존재와 세계를 향한 믿음으로 유한성을 극복하고 삶과 죽음의 궁극적 의미에 대한 해답을 얻고자 함

(2) 종교의 구성 요소

① 내용적 측면 : 성스럽고 거룩한 것에 대한 체험과 믿음을 포함함

② 형식적 측면 : 경전과 교리, 의례와 형식, 교단을 포함함

자료 엘리아데의 성(聖)과 속(俗) ◉ 123쪽 620번 문제로 확인

어떤 것이나 다 성현이 될 수 있고 역사의 어떤 시점과 공간에서 성스러운 가치를 지니지 못한 것은 없다. 역사 속에서 이 모든 성현을 다 가졌던 종교와 인종 또한 없었던 것도 사실이다. 다시 말하면, 모든 종교적 구조에는 성스러운 것과 나란히 세속적인 존재와 사물이 항상 있게 마련이다.

[분석] 엘리아데는 종교를 일상 속에서 성스러움과 만나는 것으로 이해하였다. 그는 성과 속은 분리되어 있지 않으며, 일상 자체가 성스러움의 드러남, 즉 성현(聖顯)이 될 수 있다고 보았다. 그래서 그는 종교 생활과 세속적 생활이 조화를 이룰 수 있다고 주장하였다.

✪2 종교와 윤리의 관계 ◉ 123쪽 622번 문제로 확인

구분	종교	윤리
공통점	도덕성 중시, 인간의 존엄성을 실현하는 윤리적 덕목과 계율 중시	
차이점	초월적인 세계, 궁극적 존재에 근거한 종교적 신념이나 교리 제시	인간의 이성, 상식, 양심에 근거하여 현실 세계에서 지켜야 할 규범 제시

3 종교 간 갈등 원인과 극복 방안

갈등 원인	• 배타적 태도 : 자신이 믿는 종교만을 맹신하고 타 종교의 존재를 인정하지 않음 • 무지와 편견 : 타 종교에 관한 지식 부족으로 자신의 종교적 지식에만 근거하여 타 종교를 판단함
극복 방안	• 관용의 태도 : 종교의 자유를 인정하고, 종교가 다르거나 종교가 없는 사람에게 자신의 믿음을 강요하는 독선과 폭력을 경계해야 함 • 대화와 협력 : 종교 간의 대화를 통해 상호 이해하고 존중하여 사회 구성원 간 협력을 이끌어 내야 함

분석 기출 문제

>> 바른답·알찬풀이 58쪽

●● 빈칸에 들어갈 알맞은 용어를 쓰시오.

602 다양한 인종과 문화적 배경이 다른 사람들이 공존하며 통일성보다 다양성, 단일성보다 다원성을 강조하는 사회를 (   )(이)라고 한다.

603 (   )(이)란 소수 문화를 주류 문화에 통합시키려는 입장이다.

604 다문화주의 입장을 대표하는 이론으로는 샐러드 볼 이론과 (   )이/가 있다.

605 자신과 다른 문화적 배경을 가진 사람의 가치관이나 생각을 존중하는 태도를 (   )(이)라고 한다.

606 관용을 무제한으로 허용한 결과 관용 자체를 부정하는 사상이나 태도까지 인정하게 되는 것을 (   )(이)라고 한다.

●● 다음 내용이 옳으면 ○표, 틀리면 ×표를 하시오.

607 종교적 지향성을 인간의 근본적인 성향이라고 본 엘리아데는 인간을 '종교적 인간'이라고 정의하였다. (   )

608 그리스도교만이 유일하게 인간의 존엄성을 실현하는 윤리적 계율과 덕목을 중시한다. (   )

609 타 종교에 대한 지식이 부족하면 타 종교에 대한 편견을 가지게 되고, 이는 종교 간 갈등의 원인이 된다. (   )

610 퀑은 종교 간의 대화를 통해 종교 평화와 세계 평화를 이룰 수 있다고 보았다. (   )

●● 다음에서 설명하는 개념을 〈보기〉에서 고르시오.

611 각 문화의 고유성을 유지하면서 조화와 공존을 이루는 관점이다. (   )

612 다양한 이주민의 문화를 주류 사회에 융합하여 편입시키는 관점이다. (   )

613 주류 문화를 중심으로 비주류 문화를 조화하는 관점이다. (   )

┌ [보기] ─────────────
│ ㄱ. 용광로 이론   ㄴ. 샐러드 볼 이론   ㄷ. 국수 대접 이론
└──────────────────

614

다음 선언의 내용과 일치하는 태도로 적절하지 <u>않은</u> 것은?

> 제1조 문화 다양성   생태 다양성이 자연에 필요한 것처럼 ……
> 문화 다양성은 인류의 공동 유산이며 현세대와 미래 세대를 위한 혜택으로 인식하고 보장해야 한다.

① 소수 민족과 원주민의 권리를 존중한다.
② 각 문화가 지닌 고유성과 상대성을 인정한다.
③ 다양화되는 사회에서 공존에 대한 의지를 증진한다.
④ 문화 다양성을 위해 인권을 제한하는 문화도 존중한다.
⑤ 다양한 문화 정체성을 지닌 사람들의 상호 작용을 보장한다.

★빈출 615

갑의 입장에서 을의 주장에 대해 제기할 비판으로 가장 적절한 것은?

> 갑 : 국수의 면과 국물이 주를 이루고 여기에 갖가지 고명이 얹혀 입맛을 돋우듯이, 다른 문화는 색다른 맛을 더해 주는 고명으로 자신의 가치를 살릴 수 있다.
> 을 : 용광로에 들어간 여러 광석은 녹아 한 덩어리가 되듯이, 이주민의 문화들이 주류 문화에 편입되어 사회 통합을 실현할 수 있다.

① 여러 문화의 고유성을 대등하게 존중해야 함을 간과하고 있다.
② 중심 문화의 관점에서 문화의 단일성을 유지해야 함을 간과하고 있다.
③ 이질적 문화를 통합하여 하나의 동질한 문화를 만들어야 함을 간과하고 있다.
④ 각 문화가 지닌 특수성을 인정하면서 사회 통합을 이루어야 함을 간과하고 있다.
⑤ 주류와 비주류의 구분이 문화의 서열화를 일으켜 사회 통합을 저해함을 간과하고 있다.

616

(가) 입장을 (나) 그림으로 탐구하고자 할 때, A, B에 들어갈 질문으로 적절하지 <u>않은</u> 것은?

(가)	이 입장에서는 이민자들이 거주국의 기존 문화와 종교, 사회적 질서와 가치, 언어 등을 받아들이도록 해야 한다고 주장한다. 또한 다양한 문화권에서 온 이민자들을 기존 문화에 융합하거나 흡수해야 한다고 주장한다.
(나)	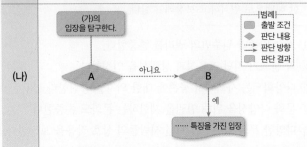

① A : 다원주의적 접근인가?
② A : 대표적 이론은 샐러드 볼 이론인가?
③ A : 한 국가에서 다양한 문화를 구현하려 하는가?
④ B : 동질의 문화로 사회를 통합하려 하는가?
⑤ B : 소수 민족 집단의 문화적 정체성을 중시하는가?

617

다음 입장에 부합하는 사례로 적절하지 <u>않은</u> 것은?

다문화 사회에서 발생하는 갈등 문제를 해결하기 위한 방안으로 동화(同化) 이론은 한계가 있기 때문에 샐러드 볼 이론을 따라야 한다. 다양성은 사회 발전의 토대가 되며, 다양성을 제대로 살리기 위해서는 각 문화의 고유한 정체성을 유지하면서 공존하는 방향으로 나아가야 한다.

① 소수 민족의 음식 문화를 보존할 수 있게 한다.
② 결혼 이주민에게 우리의 전통 예법을 따르도록 한다.
③ 이주 노동자들을 배려하여 그들의 명절에 휴가를 준다.
④ 여러 민족의 민속놀이를 다 함께 즐길 수 있는 축제를 개최한다.
⑤ 국제 결혼자의 자녀에게 부모의 모국어를 배울 기회를 제공한다.

618

(가)의 갑, 을의 입장을 (나) 그림으로 표현할 때, A~C에 해당하는 적절한 진술만을 〈보기〉에서 있는 대로 고른 것은?

(가)	갑 : 여러 가지 금속을 용광로 안에 넣고 하나의 금속을 만드는 것처럼 다양한 이주민의 문화를 주류 문화에 융합해야 한다. 을 : 다양한 채소와 과일을 서로 대등한 관점에서 섞는다는 것으로 각 문화의 고유성을 유지하면서 조화와 공존을 이루어야 한다.
(나)	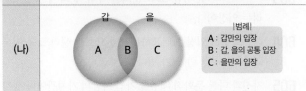

[보기]
ㄱ. A : 소수 문화를 주류 사회에 편입시켜야 한다.
ㄴ. B : 문화 간에 위계를 분명히 구분해야 한다.
ㄷ. B : 주류 문화와 비주류 문화가 공존해야 한다.
ㄹ. C : 다양한 문화의 고유성을 동등하게 존중해야 한다.

① ㄱ, ㄹ   ② ㄴ, ㄷ   ③ ㄴ, ㄹ
④ ㄱ, ㄴ, ㄷ   ⑤ ㄱ, ㄷ, ㄹ

619

(가)의 관점에서 볼 때, (나)의 ㉠에 들어갈 적절한 내용만을 〈보기〉에서 고른 것은?

(가)	모든 문화권은 부모와 자녀 사이에 지켜야 할 의무가 있고, 무고한 사람을 죽여서는 안 된다고 생각하며, 이타적인 행위를 바람직한 것으로 여긴다.
(나)	특정한 시대와 장소에서 통용되는 구체적인 규범은 다양하고 시간이 흐르면서 변할 수 있다. 그러나 _____㉠_____

[보기]
ㄱ. 다양한 문화 속에는 누구나 인정하는 보편 윤리가 존재한다.
ㄴ. 변화를 인정하지 않을 경우 문화의 발전을 가로막을 수 있다.
ㄷ. 윤리 상대주의는 허용할 수 있지만 문화 상대주의는 허용할 수 없다.
ㄹ. 문화의 바탕에 놓여 있는 공통 정신이나 기본 원리는 보편적인 성격을 갖는다.

① ㄱ, ㄴ   ② ㄱ, ㄷ   ③ ㄱ, ㄹ
④ ㄴ, ㄷ   ⑤ ㄷ, ㄹ

⭐빈출 620

다음을 주장하는 사상가의 입장만을 〈보기〉에서 고른 것은?

- 우리는 나무를 단지 나무로 보면서 동시에 나무 이상의 나무로 보기도 한다. 앞의 나무는 우리가 일상적으로 경험하는 나무로 속(俗)에 속하며, 뒤의 나무는 독특한 경험을 통해서만 드러나는 나무로 성(聖)에 속한다. 초자연적인 것은 자연적인 것과 불가분의 관계에 있으며, 인간이 느끼고, 접촉하고, 사랑한 모든 것은 '성(聖)의 드러남'이 될 수 있다.
- 어떤 것이나 다 성현이 될 수 있고 역사의 어떤 시점과 공간에서 성스러운 가치를 지니지 못한 것은 없다. 다시 말하면, 모든 종교적 구조에는 성스러운 것과 나란히 세속적인 존재와 사물이 항상 있게 마련이다.

[보기]
ㄱ. 일상 속에서 성스러움과 만날 수 있다.
ㄴ. 성스러움보다 인간성의 실현이 더 중요하다.
ㄷ. 현실의 삶 속에서 성스러움의 실현이 가능하다.
ㄹ. 초자연적인 것과 자연적인 것을 분리해서 보아야 한다.

① ㄱ, ㄴ   ② ㄱ, ㄷ   ③ ㄴ, ㄷ
④ ㄴ, ㄹ   ⑤ ㄷ, ㄹ

621

㉠에 들어갈 내용으로 가장 적절한 것은?

나는 종교가 성스럽고 거룩한 것에 대한 체험과 믿음을 포함한다고 본다. 그런데 어떤 사람은 자연 앞에서 무력한 인간이 자연의 위험으로부터 보호받고 싶은 소망에서 절대적 존재를 상상하고 믿음으로써 종교가 등장했다고 주장한다. 나는 이런 주장이 종교가 _____㉠_____ 것이라고 생각한다.

① 심리적 필요에 의해 만들어졌음을 부정하는
② 엄청나고 매혹적인 신비의 감정임을 중시하는
③ 합리적인 차원에서 이해될 수 있음을 부인하는
④ 직관과 감정, 체험 등을 통해 파악될 수 있음을 강조하는
⑤ 초월적 존재와 만나는 신비로운 체험이라는 것을 경시하는

⭐빈출 622

(가) 사상가의 입장을 (나) 그림으로 탐구하고자 할 때, A, B에 들어갈 적절한 질문만을 〈보기〉에서 있는 대로 고른 것은?

(가)	세계의 종교 속에 공통적으로 함축된 일반적인 도덕적 기준은 인간적인 것이다. 종교들이 일치하는 지점을 찾아가는 것으로부터 세계 평화는 시작된다. 인류는 평화보다 전쟁을, 화해보다 광신을, 대화보다 우월성을 부추기는 종교를 더 이상 용인하지 않는다. 이 세계에 차별의 윤리, 모순의 윤리, 투쟁의 윤리가 사라질 때 비로소 우리는 생존의 기회를 얻을 수 있다.
(나)	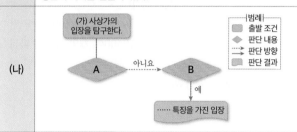

[보기]
ㄱ. A : 종교 간 대화를 통해 종교 간 화합을 추구해야 하는가?
ㄴ. A : 모든 종교의 교리를 보편 도덕을 바탕으로 통일해야 하는가?
ㄷ. B : 종교는 인간 존엄성과 도덕을 전제로 해야 하는가?
ㄹ. B : 다른 종교를 이해하고 존중하는 자세를 가져야 하는가?

① ㄱ, ㄴ   ② ㄱ, ㄹ   ③ ㄴ, ㄷ
④ ㄱ, ㄷ, ㄹ   ⑤ ㄴ, ㄷ, ㄹ

623

㉠에 들어갈 적절한 내용만을 〈보기〉에서 있는 대로 고른 것은?

 종교 간의 갈등이 발생하는 원인은 자신이 믿는 종교만을 맹신하고 타 종교의 존재를 인정하지 않는 배타적 태도에서 찾을 수 있습니다.

 맞습니다. 그래서 종교 간의 갈등을 극복하기 위해서는 ㉠ 태도가 필요합니다.

갑   을

[보기]
ㄱ. 다른 종교에 대한 독선과 폭력을 경계하는
ㄴ. 종교 간 대화로 상호 이해하기 위해 노력하는
ㄷ. 종교적 믿음보다는 과학적인 내용만을 중시하는
ㄹ. 종교에게 보편 윤리의 요소를 포함하라고 강요하는

① ㄱ, ㄴ   ② ㄴ, ㄹ   ③ ㄷ, ㄹ
④ ㄱ, ㄴ, ㄷ   ⑤ ㄱ, ㄷ, ㄹ

624

갑의 입장에서 〈문제 상황〉에 대해 제시할 해결책으로 가장 적절한 것은?

> 갑 : 종교는 인간이 이 세상을 사는 동안 그리고 죽은 후에도 행복해지기 위해 존재하는 것이다. 종교적 문제에 대해 모든 사람이 똑같이 생각하게 되기를 바라는 것은 욕심이다.
>
> 〈문제 상황〉
> 미얀마 서부 라카인 주에서는 지난주 불교도와 이슬람교도 간에 분쟁이 발생해 최소 7명이 숨지고 500여 채의 가옥이 파괴됐다. 미얀마 정부는 분쟁이 확산될 것을 우려해 지난 10일 이 지역에 비상사태를 발령했다.

① 종교의 다원성을 존중한다.
② 종교를 점진적으로 없앤다.
③ 과학적 지식을 받아들인다.
④ 자기 종교에 대한 확신을 높인다.
⑤ 종교 간 교의(敎義)를 일치시킨다.

625

다음 글에서 추론할 수 있는 종교인의 바람직한 자세만을 〈보기〉에서 있는 대로 고른 것은?

> • 만약 어떤 이가 자신의 종교 하나만을 알고 있다면 사실은 그 하나도 제대로 알지 못하는 것이다.
> • 자기 종교의 교리만을 진리라고 주장하는 것은 작은 붓 대롱으로 본 하늘만이 진짜요, 자기만이 하늘을 본 자라고 우기는 것이다.

[보기]
ㄱ. 다른 종교를 이해하고 존중하는 태도를 지닌다.
ㄴ. 종교가 없는 사람에게 자신의 믿음을 전달한다.
ㄷ. 다른 종교에 대하여 배타적인 태도를 갖지 않는다.
ㄹ. 종교적 진리 체험이 상대적일 수 있음을 인정한다.

① ㄱ, ㄴ   ② ㄴ, ㄷ   ③ ㄷ, ㄹ
④ ㄱ, ㄷ, ㄹ   ⑤ ㄴ, ㄷ, ㄹ

🎖 1등급을 향한 서답형 문제

[626~627] 다음 글을 읽고 물음에 답하시오.

> 문화는 다양하며 상대적인 가치를 갖고 있다. (㉠)은/는 문화의 일부인 윤리 또한 다양하며 상대적인 가치를 갖고 있다고 주장한다. 이 입장은 행위의 도덕적 옳고 그름은 사회에 따라 달라질 수 있으며 보편적 도덕 기준은 존재하지 않는다고 본다.

626

㉠에 들어갈 알맞은 용어를 쓰시오.

627

㉠의 관점에서 문화를 이해할 경우 발생하는 문제점을 두 가지 서술하시오.

[628~629] 다음을 읽고 물음에 답하시오.

> 타인의 생각이나 태도가 나와 다를지라도 이를 존중하는 이성적인 태도인 (㉠)의 정신은 문화의 다양성 존중을 위해 필요하다. 하지만 히틀러의 대량 학살 행위가 문화적으로 수용되면, 그것은 테레사 수녀의 자선 행위와 동일하게 도덕적으로 정당화된다. 문화의 다양성 존중이라는 이름으로 인종차별주의, 소수에 대한 학살, 빈민 억압, 노예 제도, 전쟁마저도 그것에 반대하는 것과 똑같이 도덕적일 수 있는 것이다. 따라서 (㉠)은/는 '＿＿＿㉡＿＿＿'라는 일정한 한계를 가져야 한다.

628

㉠에 공통으로 들어갈 용어를 쓰시오.

629

㉡에 들어갈 알맞은 내용을 두 가지 서술하시오.

적중 1등급 문제

» 바른답·알찬풀이 59쪽

630

(가)의 갑, 을, 병의 입장을 (나) 그림으로 탐구하고자 할 때, A~D에 들어갈 옳은 질문만을 〈보기〉에서 고른 것은?

(가)	갑 : 이주민들은 자신들의 문화를 포기하고 이주한 사회의 지배적 가치관과 문화를 수용하여 이에 적응해야 한다. 을 : 국수의 면과 국물이 주를 이루고 고명을 얹혀 입맛을 돋우듯이, 주류 문화와 비주류 문화가 공존해야 한다. 병 : 그릇에 담긴 다양한 야채가 조화를 이루듯이 다양한 문화 집단이 정체성을 유지하면서 대등하게 공존해야 한다.
(나)	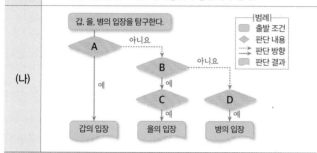

[보기]

ㄱ. A : 문화 단일성을 전제로 문화 통합을 이루어야 하는가?
ㄴ. B : 문화 간 주류와 비주류가 존재하나 위계는 없는가?
ㄷ. C : 비주류 문화의 고유성을 존중할 필요가 있는가?
ㄹ. D : 다양한 문화가 동등한 지위로 공존할 수 없는가?

① ㄱ, ㄴ   ② ㄱ, ㄷ   ③ ㄴ, ㄷ
④ ㄴ, ㄹ   ⑤ ㄷ, ㄹ

631

(가)의 입장에 비해 (나)의 입장이 갖는 상대적 특징을 그림의 ㉠~㉤ 중에서 고른 것은?

(가) 국가는 이민자의 문화적 고유성을 인정하고 기존 사회와 대등하게 공존할 수 있는 법과 제도를 적극적으로 추진해야 한다.

(나) 국가는 이민자가 출신국의 언어, 사회적 특성 등을 포기하고 주류 사회의 일원이 될 수 있는 정책을 추진해야 한다.

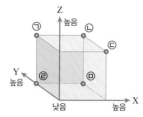

X : 주류 문화 중심의 사회 통합을 강조하는 정도
Y : 단일한 문화 중심의 사회 통합을 강조하는 정도
Z : 이민자들의 정체성을 존중하며 사회 통합을 강조하는 정도

① ㉠   ② ㉡   ③ ㉢   ④ ㉣   ⑤ ㉤

632

다음을 주장한 사상가의 입장으로 가장 적절한 것은?

성스러움이 세속적인 것과 전혀 다른 그 무엇으로서 자신을 드러내어 보여 주기 때문에, 인간은 성스러움을 알 수 있다. 돌이나 나무와 같은 일상적 대상 속에 나타나는 원시적인 성현(聖顯)에서부터 예수 안에 하느님의 신성이 부여되는 높은 수준의 성현에 이르기까지 일관되게 성스러움이 흐르고 있다. 어느 경우에나 세상 것이 아닌 하나의 실재가 자연적이고 세속적인 세계의 부분을 이루는 대상 속에서 나타나는 사건과 마주하게 된다.

① 성스러움과 세속적인 것은 분리되어야 한다.
② 종교적 인간에게 자연은 초월적 존재의 창조물이다.
③ 성스러운 존재는 인간의 필요에 의해 만들어진 창조물이다.
④ 성스러움이 드러난 자연물 자체를 신으로 받아들여야 한다.
⑤ 종교적 인간은 속(俗)의 시간이 아닌 성(聖)의 시간만을 체험할 수 있다.

633

다음을 주장한 사상가의 입장으로 적절한 것만을 〈보기〉에서 있는 대로 고른 것은?

세계 평화를 위한 특별한 책임이 종교에 있다. 종교들이 일치하는 지점을 찾아가는 것으로부터 세계 평화는 시작된다. 종교 간 대화 없이 종교의 평화가 있을 수 없고, 종교의 평화 없이 세계의 평화는 있을 수 없다. 우리는 어느 종교, 어느 철학에서도 공통으로 인정되는 것은 최소한 지켜야 한다. 이를 두 가지로 집약한다면 '휴머니티'와 '상호성의 원칙'이라고 할 수 있는데, '모든 사람은 인간적으로 취급받아야 한다.'는 것, '내가 원치 않는 것을 다른 사람에게 해서는 안 된다.'는 것을 명심하는 것이다. 이것은 그리스도교뿐만 아니라 불교, 유대교, 이슬람교, 유교에서도 똑같이 발견되는 덕목이다.

[보기]

ㄱ. 종교인은 비종교인에 대해서도 관용의 자세를 취해야 한다.
ㄴ. 다양한 종교들이 공유하는 가르침의 실천은 화합의 토대가 된다.
ㄷ. 자신이 믿는 종교의 무오류성에 대한 절대적 신념을 지녀야 한다.
ㄹ. 세계 평화의 실현을 위해 종교 간의 관용은 반드시 필요한 조건이다.

① ㄱ, ㄷ   ② ㄱ, ㄹ   ③ ㄴ, ㄷ
④ ㄱ, ㄴ, ㄹ   ⑤ ㄴ, ㄷ, ㄹ

12 예술과 대중문화 윤리

634

갑, 을 사상가들의 입장으로 적절한 것만을 〈보기〉에서 있는 대로 고른 것은?

> 갑 : 예술가에게 윤리적인 동정심이란 용서할 수 없는 매너리즘이다. 예술의 완벽함은 그 자체에서 찾아야지 밖에서 찾아서는 안 된다.
> 을 : 예술은 영혼의 눈에만 보이는 '아름다움의 실재'를 모방해야 한다. 젊은이들은 예술을 통해 아름다움을 관조함으로써 영혼이 아름다움에 동화되어 훌륭한 인격을 형성하게 된다.

［보기］
ㄱ. 갑 : 예술가에게는 윤리적 공감이 필요하다.
ㄴ. 갑 : 예술에 대한 평가는 도덕적 가치와 분리되어야 한다.
ㄷ. 을 : 미의 이데아는 이성에 의해 파악되는 객관적 실재이다.
ㄹ. 갑, 을 : 예술은 미적 가치를 다루는 활동이다.

① ㄱ, ㄴ   ② ㄱ, ㄷ   ③ ㄷ, ㄹ
④ ㄱ, ㄴ, ㄹ   ⑤ ㄴ, ㄷ, ㄹ

635

다음을 주장한 사상가가 긍정의 대답을 할 질문만을 〈보기〉에서 있는 대로 고른 것은?

> 미적 판단과 도덕적 판단은 형식에 있어서 동일하므로 상징의 관계로 연결될 수 있다. 요컨대 둘 다 이해타산적 관심에서 벗어나고 자유의 체험을 내포하며 보편적인 타당성을 요청한다.

［보기］
ㄱ. 미와 도덕적 선은 서로 조화를 이룰 수 있는가?
ㄴ. 미적 판단과 도덕적 판단은 독자성을 지니는가?
ㄷ. 도덕적 판단은 미적 판단과 달리 고유성을 지니는가?
ㄹ. 인간은 예술을 통해 타인과 감정을 공유할 수 있는가?

① ㄱ, ㄴ   ② ㄴ, ㄷ   ③ ㄷ, ㄹ
④ ㄱ, ㄴ, ㄹ   ⑤ ㄱ, ㄷ, ㄹ

636

갑, 을의 입장에 대한 설명으로 옳지 **않은** 것은?

> 갑 : 음악으로 군자(君子)는 올바른 도(道)를 터득함을 즐기고, 소인(小人)은 그의 욕망을 예에 맞게 채우게 됨을 즐긴다. 음악으로 올바른 도를 터득하여 욕망을 통제하면 백성들은 올바른 길로 향하게 된다.
> 을 : 음악은 성왕(聖王)의 일과 맞지 않으며, 백성의 이로움과도 맞지 않는다. 비록 음악이 즐겁지 않은 것은 아니나 음악을 즐기는 것은 옳지 않다. 음악으로 천하의 이로움[利]을 일으키고자 하여도 이는 아무런 도움이 되지 않는다.

① 갑은 음악이 사회의 질서를 유지시키는 데 기여할 수 있다고 본다.
② 갑은 음악이 백성의 욕망을 절제하는 데 도움을 줄 수 있다고 본다.
③ 갑은 을과 달리 음악이 백성의 도덕성을 함양하는 데 유용한 수단이 될 수 있다고 본다.
④ 을은 갑과 달리 음악이 백성의 삶에 미치는 영향을 고려해야 한다고 본다.
⑤ 갑, 을은 음악이 백성들에게 즐거움을 줄 수 있다고 본다.

637

다음 글의 입장으로 가장 적절한 것은?

> 예술의 상업화로 예술의 시장 거래가 가능해졌다. 이는 소비자의 입장에서는 예술에 대한 대중적 접근을 가능하게 해 주는 긍정적인 장치로 작용한다. …… 예술은 가치를 지향하고, 상업은 가격을 통해 형성된다. 가치와 가격은 다르다. 가치는 가격을 결정하는 주요 원인이기는 하나 양자 간에는 간격이 상존한다. 예술의 상업주의가 가진 폐단은 세상에 가치 있는 것은 모두 화폐화될 수 있다는 획일적 발상법과 관련이 있다. 진실은 아름다움과 선함이 어우러진 것이다. 아름다움과 선함은 돈으로만 따질 수 없는 것들이다. 돈을 주인으로 삼는 상업주의는 진실을 좇는 데 한계가 많다.

① 예술의 상업화는 예술의 발전에 기여할 수 없다.
② 예술의 상업화가 예술의 대중화에 도움이 되지 못한다.
③ 예술의 상업화를 통해서만 예술이 지닌 미적 가치를 드러낼 수 있다.
④ 예술의 상업화는 예술을 통해 이윤을 창출하므로 금지되어야 한다.
⑤ 예술의 상업화는 시장의 논리를 중시하므로 예술의 본질을 왜곡할 수 있다.

638

(가)의 관점에서 (나)의 A에 대해 평가할 내용으로 가장 적절한 것은?

(가)	예술 작품을 하나의 상품으로 취급하면서 예술의 상품성을 높이기 위해 대중의 감각적인 취향만 반영한 작품을 생산하게 된다. 그리하여 예술은 미적 가치를 구현하고자 하는 작가 정신을 훼손하게 되는 문제가 발생한다.
(나)	A는 땅이나 주식에 투자하는 것보다는 미술 작품에 투자하는 것이 낫다고 생각한다. 그래서 유망한 신인 작가의 작품을 싼 값에 사들여 비싸지면 되파는 작품 매매에 몰두하고 있다.

① 예술이 표준화된 소비 양식의 하나로 기능해야 함을 부정하고 있다.

② 도덕적 기준으로 예술가의 사적인 삶을 평가해야 함을 부정하고 있다.

③ 예술 본연의 목적이 미적 가치가 아닌 상업적 가치에 있음을 간과하고 있다.

④ 예술 작품은 미술사적인 가치보다 매매 가격이 훨씬 중요함을 모르고 있다.

⑤ 고유한 미적 가치를 구현하고자 하는 예술의 자율성을 존중해야 함을 무시하고 있다.

639

㉠에 들어갈 적절한 내용만을 〈보기〉에서 고른 것은?

일부의 사람들은 대중화되고 상업화된 예술을 '문화 산업'이라고 비판하기도 한다. 이러한 입장에 따르면 현대 예술은 자본에 종속되어 일종의 산업이 됨에 따라 획일화되었다. 따라서 획일화된 예술 작품을 감상하는 것은 _____㉠_____

【 보기 】

ㄱ. 자기만의 고유한 체험이다.

ㄴ. 진정한 개성적 체험이 아니다.

ㄷ. 표준화된 소비 양식이 될 뿐이다.

ㄹ. 바람직한 인격 형성에 도움을 준다.

① ㄱ, ㄴ　　② ㄱ, ㄹ　　③ ㄴ, ㄷ
④ ㄴ, ㄹ　　⑤ ㄷ, ㄹ

640

다음을 주장한 사상가의 입장으로 적절한 것에만 모두 '✔'를 표시한 학생은?

문화 산업은 예술의 상품화를 확산시킨다. 그것은 대중의 욕구를 일괄적으로 처리하고, 나아가 그러한 욕구마저 창출하여 조정한다. 문화 산업은 일상생활의 구석구석까지 사람들의 의식을 지배하여 심미적 경험의 빈곤화를 극한으로 진행한다. 그 결과 문화 산업이 독점한 대중문화는 사람들의 모든 사고를 동질적으로 반응하게 만든다.

입장　　　　　　　　　　학생	갑	을	병	정	무
대중문화는 대중의 의식을 조작한다.	✔			✔	✔
대중문화는 개인의 특성을 획일화시킨다.		✔	✔	✔	
문화 산업은 기존 질서를 옹호하고 사회를 몰개성화한다.		✔		✔	✔
문화 산업은 예술 감상자를 사유의 주체가 되도록 독려한다.	✔		✔		✔

① 갑　　② 을　　③ 병　　④ 정　　⑤ 무

[641~642] 다음 글을 읽고 물음에 답하시오.

㉠고대 중국의 어떤 사상가는 "㉡예(禮)에서 사람이 서고, 악(樂)에서 사람이 완성된다."라고 하였다.

641

㉠에 해당하는 사상가를 쓰시오.

642 ✅ 서술형

예(禮)와 악(樂)이 무엇인지 정확하게 풀어서 ㉡의 의미를 서술하시오.

13 의식주 윤리와 윤리적 소비

643

다음 글의 입장으로 적절하지 않은 것은?

> 옷은 우리가 어떤 한 집단에 순응하고, 그 집단의 성원들과 비슷해지려는 인간의 심리를 표현하는 데 매우 유용한 수단이 될 수 있다. 의복 소비에서 나타나는 이와 같은 현상은 특히 준거 집단의 규범을 따름으로써 인정을 받거나 비난 또는 소외를 피하려고 할 때 자주 일어난다. 오래전 우리 사회의 청소년들 사이에서 특정 브랜드의 검정 옷옷이 유행했던 사실은 인간의 이와 같은 심리적 경향이 옷 소비와 결합되어 획일화를 초래했던 적절한 사례이다.

① 의복은 자아 개념을 형성하는 데 영향을 준다.
② 의복을 통해 소속 집단의 가치관을 엿볼 수 있다.
③ 의복에 사회가 중요하게 여기는 가치가 반영되기도 한다.
④ 의복에 대한 동조적 소비는 인간 행동의 다양성을 증진시킨다.
⑤ 의복에 대한 비판 없는 유행 추구가 인간 행동의 몰개성화를 초래할 수 있다.

644

갑, 을의 입장에 대한 적절한 설명만을 〈보기〉에서 있는 대로 고른 것은?

> 갑 : 패스트패션 산업은 경제적 효율성을 추구한 나머지 여러 가지 부작용을 초래하고 있다. 패션 산업 종사자와 소비자는 인간의 노동 조건과 자연 생태계를 악화시키지 않도록 책임을 다해야 한다.
> 을 : 패스트패션 산업은 기업의 생산 비용을 절감시키고 이윤을 창출하게 하며, 소비자들이 합리적인 가격으로 다양한 미적 욕구를 충족하게 한다.

[보기]
ㄱ. 갑은 욕구 충족만이 소비의 판단 기준이 되어서는 안 된다고 본다.
ㄴ. 갑은 기업이 인권과 환경에 기여해야 할 사회적 책임을 지닌다고 본다.
ㄷ. 을은 패스트패션이 패션에 대한 개인들의 차별화된 기호를 충족시킨다고 본다.
ㄹ. 을은 갑과 달리 패스트패션 산업은 경제적 효율을 추구하려는 소비 성향을 충족시킨다고 본다.

① ㄱ, ㄴ   ② ㄱ, ㄹ   ③ ㄷ, ㄹ
④ ㄱ, ㄴ, ㄷ   ⑤ ㄴ, ㄷ, ㄹ

645

그림의 강연자가 지지할 입장으로 적절한 것만을 〈보기〉에서 있는 대로 고른 것은?

> 가치 있는 재화의 과시적 소비는 유한계급의 세속적 명성의 수단이 됩니다. 부가 그의 손에 축적되면 다른 사람의 도움이 없이는 그의 부유함을 충분히 증명하기 어렵습니다. 그리하여 그는 귀중한 선물을 하거나 값비싼 향연과 연회를 베풀어 친구나 경쟁 상대의 도움을 얻으려고 합니다.

[보기]
ㄱ. 유한계급은 자신의 부를 과시적인 소비를 통해 은폐한다.
ㄴ. 대다수의 사람들은 유한계급의 과시적 소비에 무관심하다.
ㄷ. 사치품의 경우에는 비쌀수록 상품 선호도가 증가하는 경향을 보인다.
ㄹ. 유한계급은 재화와 시간의 낭비를 통해 자신들의 부를 과시하고자 한다.

① ㄱ, ㄹ   ② ㄴ, ㄷ   ③ ㄷ, ㄹ
④ ㄱ, ㄴ, ㄷ   ⑤ ㄱ, ㄴ, ㄹ

646

다음을 주장한 사상가의 입장에서 긍정의 대답을 할 질문으로 가장 적절한 것은?

> 먹고 마시는 욕망을 추구함에 있어서 잘못하는 경우는 주로 지나친 쪽으로 잘못하는 것이다. 사실 어떤 것이든 더 이상 먹고 마실 수 없을 때까지 먹고 마시는 것은 양에 있어 자연에 따르는 것을 넘어서는 것이다. 이런 이유로 사람들은 마땅한 것을 넘어 자신의 배를 채우는 사람을 폭식가(暴食家)라고 부른다. 음식물에 대한 욕망은 자연적이지만 폭식가는 지나칠 정도로 노예적인 사람이다.

① 먹는 행위를 통해 문화적 정체성을 형성해야 하는가?
② 인간의 이성에 의해 먹는 행위는 조절될 필요가 있는가?
③ 먹는 행위를 통해 자연의 순환 과정에 참여해야 하는가?
④ 개인적 취향의 차이를 먹는 행위를 통해 드러내야 하는가?
⑤ 먹는 행위를 통해 공동체의 동질감 형성에 기여해야 하는가?

647

다음 글의 입장으로 적절한 것만을 〈보기〉에서 있는 대로 고른 것은?

집은 거주자의 정체성을 드러낸다. 집 안에 있는 각각의 공간을 합치면 집 주인의 삶의 방식이 지도처럼 그려진다. 여행자가 어느 곳을 돌아다녔는지 보여 주는 여권 도장처럼, 거주자가 어떤 생활을 하는지 어떤 취향인지 고스란히 드러나는 것이다. 우리가 집과 맺고 있는 결속 방식은 대단히 특별한 것이다. 집은 그 집과 시공간으로 관련된 모든 이의 영혼과 그 집에 대한 모든 기억, 그 집을 향한 모든 그리움을 품고 있다.

[보기]
ㄱ. 집을 통해 거주자의 기호와 사고방식이 드러난다.
ㄴ. 집은 거주자의 삶의 의미가 담긴 기억의 저장소이다.
ㄷ. 집을 통해 거주자의 과거와 현재의 정보를 알 수 있다.
ㄹ. 집은 개인이 점유한 독립된 공간으로서의 의미만을 지닌다.

① ㄱ, ㄴ   ② ㄱ, ㄹ   ③ ㄷ, ㄹ
④ ㄱ, ㄴ, ㄷ   ⑤ ㄴ, ㄷ, ㄹ

648

㉠이 우리의 삶에 미치는 영향으로 적절한 것만을 〈보기〉에서 고른 것은?

현대 소비문화를 비판하면서 등장한 (㉠)은/는 소비자가 상품이나 서비스를 구매할 때 윤리적 가치 판단에 따라 올바르게 선택하는 소비이다. 환경·노동·인권을 고려하는 기업의 제품이나 공정 무역 제품, 친환경 농산물 등을 구매하는 것이다.

[보기]
ㄱ. 정의로운 경제 체제를 구축하게 한다.
ㄴ. 공동체를 고려하며 소비할 수 있게 한다.
ㄷ. 대량 생산으로 원가를 대폭 절감하게 한다.
ㄹ. 세계 각국이 분업을 통해 생산 효율성을 높일 수 있게 한다.

① ㄱ, ㄴ   ② ㄱ, ㄷ   ③ ㄴ, ㄷ
④ ㄴ, ㄹ   ⑤ ㄷ, ㄹ

649

다음을 통해서 알 수 있는 윤리적 소비의 모습만을 〈보기〉에서 있는 대로 고른 것은?

공정 여행은 여행이 단지 소비가 아니라 관계라고 믿는 사람들의 새로운 여행 방식이다. 공정 무역이 한 잔의 커피를 마실 때 마시는 사람의 행복만이 아니라 그 커피콩을 생산한 농부의 행복까지 생각하듯이 여행할 때도 그러해야 한다.

[보기]
ㄱ. 여행은 다양한 경험을 제공하는 저렴한 곳으로 간다.
ㄴ. 여행지는 나의 개성을 표현할 수 있는 곳으로 정한다.
ㄷ. 여행 과정에서 현지인의 생활 방식과 문화를 존중한다.
ㄹ. 여행 선물로 대기업의 제품보다는 현지인이 생산한 제품을 구매한다.

① ㄱ, ㄴ   ② ㄴ, ㄷ   ③ ㄷ, ㄹ
④ ㄱ, ㄴ, ㄷ   ⑤ ㄴ, ㄷ, ㄹ

[650~651] 다음 글을 읽고 물음에 답하시오.

독성 성분에 오염된 음식 재료나 인체에 유해한 각종 식품 첨가물이 인간의 건강과 생명을 위협할 수 있다. 이외에도 지나친 육식은 동물에 대한 비윤리적 대우로 이어질 수 있고, 무분별한 식량 생산 및 소비 과정은 환경을 오염시킬 수 있다. 이와 같은 문제를 해결하기 위해서 우리는 개인적으로 타인은 물론 생태계를 고려하는 음식 문화의 형성에 적극적으로 동참해야 한다. 이를 위해 음식물 쓰레기 줄이기, 안전하고 건강한 지역 농산물을 구매하려는 (㉠) 운동이나 ㉡슬로푸드 운동에 동참하기 등을 실천해야 한다.

650

㉠에 들어갈 알맞은 용어를 쓰시오.

651 ✍ 서술형

㉡에 동참하기 위한 실천 방법을 서술하시오.

14 다문화 사회의 윤리

652

그림의 강연자가 지지할 입장만을 〈보기〉에서 고른 것은?

다문화 사회에서는 이민자들의 관습을 존중하여 그들의 정체성을 보호하고, 더 나아가 그들에게 차별화된 권리를 인정하는 정책을 시행해야 합니다. 이러한 정책을 통해 이민자들은 자신들이 속한 현 국가에서 각자의 전통과 정치적 자유를 누릴 수 있게 됩니다. 또한 지배적 집단에 대한 이민자들의 취약성이 보완되어 집단 간 관계의 형평성이 제고될 뿐만 아니라 사회 통합의 기반인 민주적 연대 역시 촉진됩니다.

[보기]
ㄱ. 이민자 집단의 문화 인정은 사회 안정에 기여할 수 있다.
ㄴ. 이민자 집단의 전통적 삶의 방식을 제도적으로 보호해야 한다.
ㄷ. 문화적 표준을 제시하여 단일한 문화 정체성을 형성해야 한다.
ㄹ. 한 사회의 지배적 문화에 소수의 이질적 문화가 동화되어야 한다.

① ㄱ, ㄴ　　　② ㄱ, ㄷ　　　③ ㄴ, ㄷ
④ ㄴ, ㄹ　　　⑤ ㄷ, ㄹ

653

(가)의 갑, 을의 입장을 (나) 그림으로 표현할 때, A~C에 해당하는 적절한 진술만을 〈보기〉에서 있는 대로 고른 것은?

(가)	갑 : 문화의 다양성을 인정하면서도 그 사회의 지배력을 가진 주류 문화의 존재를 인정해야 한다. 을 : 다양한 문화가 지니는 각기 다른 특성을 평등하게 인정함으로써 문화의 공존을 추구해야 한다.
(나)	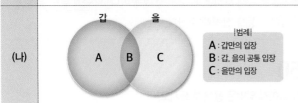

범례
A : 갑만의 입장
B : 갑, 을의 공통 입장
C : 을만의 입장

[보기]
ㄱ. A : 주류와 비주류 간 문화 위계를 인정해야 한다.
ㄴ. B : 공존을 위해 문화의 다양성을 인정해야 한다.
ㄷ. C : 이민자들의 문화적 정체성을 존중해야 한다.
ㄹ. C : 다양한 문화가 서로 대등하게 조화를 이루어야 한다.

① ㄱ, ㄹ　　　② ㄴ, ㄷ　　　③ ㄷ, ㄹ
④ ㄱ, ㄴ, ㄷ　　　⑤ ㄱ, ㄴ, ㄹ

654

갑, 을의 입장으로 적절한 것만을 〈보기〉에서 있는 대로 고른 것은?

갑 : 어떤 문화에서 날고기를 먹는다고 해서 문화가 뒤떨어지는 것으로 보아서는 안 된다. 모든 문화는 절대적으로 우월하거나 열등하지 않고 상대적 차이만 있을 뿐이다.
을 : 모든 문화를 바라볼 때 상대주의적 관점을 취하는 것은 옳지만, 식인 풍습, 인신매매, 노예제 등 보편 윤리를 위배하는 문화까지 인정해서는 안 된다.

[보기]
ㄱ. 갑 : 자문화의 우월성을 근거로 타 문화를 평가해야 한다.
ㄴ. 을 : 인간 존엄성을 훼손하는 문화는 비판받아야 한다.
ㄷ. 을 : 각 문화의 도덕적 옳음과 그름을 판단할 보편적 기준이 존재한다.
ㄹ. 갑, 을 : 각 문화가 지닌 고유성을 인정하고 존중할 필요가 있다.

① ㄱ, ㄴ　　　② ㄱ, ㄹ　　　③ ㄷ, ㄹ
④ ㄱ, ㄴ, ㄷ　　　⑤ ㄴ, ㄷ, ㄹ

655

갑, 을의 입장으로 적절한 것만을 〈보기〉에서 있는 대로 고른 것은?

갑 : 종교적 교리는 초월적 존재에 대한 믿음에 근거한 것으로, 초월적 존재가 인간에게 부과한 명령이다. 윤리적 규범은 종교적 교리에서 파생된 것으로, 윤리는 종교에 예속되어 선악의 기준을 제시할 뿐이다.
을 : 종교적 교리는 윤리적 체계의 표현으로, 종교의 근본적 기능은 윤리적 기준을 제시하는 것이다. 그리스도교의 십계명이나 불교의 팔정도는 윤리적 가치를 실현할 수 있는 구체적 방법을 제시했을 뿐이다.

[보기]
ㄱ. 갑 : 종교적 교리의 실천을 위해 윤리적 규범을 따를 필요가 있다.
ㄴ. 을 : 종교적 교리는 윤리적 규범의 또 다른 표현 방식에 불과하다.
ㄷ. 을 : 종교는 초월적 존재의 인식에서 비롯되므로 윤리적 가치를 제시할 필요가 없다.
ㄹ. 갑, 을 : 윤리적 규범과 종교적 교리는 서로 밀접하게 연결되어 있다.

① ㄱ, ㄴ　　　② ㄱ, ㄹ　　　③ ㄴ, ㄹ
④ ㄱ, ㄴ, ㄹ　　　⑤ ㄴ, ㄷ, ㄹ

656

다음을 주장한 사상가가 긍정의 대답을 할 질문만을 〈보기〉에서 고른 것은?

> 종교적 인간은 탄생, 결혼, 죽음과 같은 사건을 겪으며 거룩한 존재가 있다는 사실을 믿게 된다. 그러나 세속적 인간은 자신만을 역사의 주체로 생각하며, 초월적 존재를 향한 모든 호소를 거절한다. 그럼에도 세속적 인간은 비록 스스로 깨닫지 못하고 있을 때조차 종교적으로 행동한다. 탄생, 결혼, 죽음을 기리는 의식이 세속화되기는 했지만 여전히 그 속에서는 종교적 현상이 관찰된다.

【 보기 】
ㄱ. 세속적 인간은 성스럽게 드러나는 거룩한 존재를 믿는가?
ㄴ. 세속적 인간은 종교의 속박에서 벗어나야 자유로워진다고 믿는가?
ㄷ. 모든 인간은 통과 의례가 가지는 종교적 의미를 자각하지 못하는가?
ㄹ. 종교 의식과 무관한 세속적 일상 의례에도 신성성이 깃들어 있는가?

① ㄱ, ㄴ   ② ㄱ, ㄷ   ③ ㄴ, ㄷ
④ ㄴ, ㄹ   ⑤ ㄷ, ㄹ

657

다음을 주장한 사상가의 입장에만 모두 'v'를 표시한 학생은?

> 종교의 평화 없이는 세계의 평화도 없고, 세계 윤리 없이는 생존도 불가능하다. 유교의 "네가 원하지 않는 일을 다른 사람에게 강요하지 말라.", 그리스도교의 "너는 다른 사람이 해 주기를 바라는 대로 그에게 해 주어라.", 불교의 "생명이 있는 것들을 괴로움에서 벗어나게 해 주어라." 등은 모두 종교 간 대화와 화해의 길이 가능함을 보여 주며 이는 지구촌 문제 해결에 시사하는 바가 크다.

입장 \ 학생	갑	을	병	정	무
주요 종교들은 인류의 당면 문제 해결을 위해 대화에 나서야 한다.	✓			✓	✓
주요 종교들은 인간의 가치와 존엄에 대한 보편적 도덕률을 갖고 있다.			✓	✓	✓
주요 종교들은 내세에 대한 믿음을 기초로 하나의 종교로 통합되어야 한다.	✓	✓		✓	
주요 종교들은 인류에게 정언 명령을 종교적 권위에 근거하여 제시할 수 있다.		✓	✓		✓

① 갑   ② 을   ③ 병   ④ 정   ⑤ 무

658

(가)의 입장에서 (나)의 문제에 대해 제시할 수 있는 의견으로 적절하지 않은 것은?

(가)	세계의 종교 속에 공통적으로 함축된 일반적인 도덕적 기준은 '인간적인 것(das Humanum)'이다.
(나)	1978년 남아메리카 존스타운에서 벌어진 집단 자살은 '인민 사원'이라는 사이비 종교 집단이 일으킨 사건이다. 인민 사원은 처음에는 가난한 사람들을 도우며 좋은 평판을 얻었지만, 교주이던 존스가 스스로를 예수, 부처를 잇는 신적 존재라고 우상화하면서 본색을 드러냈다. 존스는 1천여 명의 신도들을 데리고 가이아나의 정글 속에 은거해 지내다 결국 청산가리를 탄 주스를 마시도록 해 교인들을 집단 살해하고 자신도 자살했다.

① 보편 윤리는 건전한 종교의 최소 요건이다.
② 종교는 인간 존중과 도덕을 전제로 해야 한다.
③ 삶의 가치를 신장하는 종교가 진정한 종교이다.
④ 종교는 올바른 자아 정체성 형성에 기여해야 한다.
⑤ '인간적인 것'의 바탕에 반드시 '신적인 것'을 두어야 한다.

[659~661] 그림은 다문화 사회를 설명하는 (가), (나) 이론을 표현한 것이다. 물음에 답하시오.

659

(가), (나) 이론의 명칭을 쓰시오.

660 ✐ 서술형

(가), (나) 이론의 차이점을 서술하시오.

661 ✐ 서술형

(가), (나) 이론의 공통점을 서술하시오.

15 Ⅵ 평화와 공존의 윤리
소통과 민족 통합의 윤리

☑ **출제포인트**　☑ 사회 갈등과 사회 통합　☑ 소통과 담론의 윤리　☑ 분단 비용, 통일 비용, 통일 편익의 비교

1. 사회 갈등과 사회 통합의 윤리

1 사회 갈등

의미	개인 혹은 집단이 추구하는 목표나 이해관계가 달라 충돌하거나 화합하지 못하는 상황
양상	현대 사회가 다원화되고 있어 개인 간·집단 간 갈등이 다양해짐
유형	이념 갈등, 지역 갈등, 노사 갈등, 세대 갈등 등
기능	• 순기능 : 갈등을 조율하여 화합할 수 있는 계기를 마련할 수 있음 • 역기능 : 갈등이 깊어져 사회가 해체되고 파괴될 수 있음
원인	생각이나 가치관의 차이, 사회적 가치의 희소성 때문에 발생하는 이해관계의 대립, 원활한 소통의 부재

2 사회 통합

(1) **의미**　사회 내 개인이나 집단이 상호 작용을 통해 하나로 통합되는 과정

(2) **필요성**　개인의 행복한 삶과 사회 발전 및 국가 경쟁력 강화를 위해 필요함

(3) **실현 방안**　공정한 절차와 법치주의 준수(제도적 차원), 소통과 담론을 통한 의사결정, 개인의 이익과 공동선의 조화

3 소통과 담론의 의미와 필요성

의미	• 소통 : 막히지 않고 잘 통함 • 담론 : 갈등이나 문제를 해결하기 위한 이성적 의사소통 행위 → 주로 토론의 형태로 이루어짐
필요성	• 구성원의 자발적 참여를 이끌어 낼 수 있음 • 도덕적 권위를 갖춘 합의를 도출할 수 있음

✪4 동서양의 소통과 담론의 윤리 ⓒ 134쪽 677번 문제로 확인

(1) **공자의 화이부동(和而不同)**　남과 사이좋게 지내되 의를 굽혀 좇지 않는다는 뜻으로, 남과 화목하게 지내지만 자신의 중심과 원칙을 잃지 않는 것을 말함

(2) **원효의 화쟁(和諍) 사상**　다양성을 인정하면서 더 높은 차원의 통합을 추구하는 것을 의미함

(3) **하버마스의 담론 윤리**　상호 간의 논증적인 토론 과정을 거쳐 합의에 도달하는 의사소통의 합리성을 강조함

> **자료**　하버마스가 강조한 담론의 자세 ⓒ 135쪽 680번 문제로 확인
>
> 말할 수 있고 행위 능력이 있는 사람들은 모두가 자유롭게 참여할 자격이 있다. …… 다른 사람의 주장에 의문을 제기하고 비판도 할 수 있다. 이와 같은 권리들을 행사할 때 내부나 외부의 강요 때문에 방해받지 않는다.
>
> **분석**　하버마스는 누구나 자유롭게 소통에 참여할 자격이 있으며, 사회 구성원 모두 사회 문제를 직접 결정하는 주체로서 누구도 사회적·경제적 지위 등을 이유로 소통에서 배제되지 않아야 한다고 주장하였다.

2. 통일을 둘러싼 쟁점과 노력

1 통일에 대한 찬반 논쟁

(1) **통일에 대한 찬성 논거**　역사적 정체성 회복과 민족 공동체 건설, 평화·인권·인도주의 차원에서의 보편적 가치 실현, 다양한 통일 편익의 향유 등

(2) **통일에 대한 반대 논거**　서로 다른 체제와 생활 방식으로 인한 이질화 문제, 상호 간 적대감과 불신, 남북한 경제적 격차와 천문학적인 통일 비용 등

✪2 통일과 관련된 비용 ⓒ 136쪽 685번 문제로 확인

분단 비용	• 분단으로 인해 남북한이 부담하는 유무형의 모든 비용 • 분단이 계속되는 한 지속적으로 발생함 • 민족 구성원 모두의 손해로 이어지는 소모적인 성격의 비용 • ⓐ 군사비, 외교 비용, 이념적 갈등과 대립, 이산가족의 고통, 전쟁에 대한 공포 등
통일 비용	• 통일 과정과 통일 이후 남북한 간 격차를 해소하고 이질적인 요소를 통합하는 데 필요한 비용 • 통일 과정 및 통일 이후에 한시적으로 발생함 • 통일 한국의 번영을 위한 투자적인 성격의 비용이며, 다양한 통일 편익으로 이어짐 • ⓐ 정치·행정·금융·화폐 통합을 위한 제도 통합 비용, 치안 및 인도적 차원의 긴급 구호를 위한 위기관리 비용, 생산·생활 기반 구축을 위한 경제적 투자 비용 등
통일 편익	• 통일에 따른 보상과 혜택으로 통일 이후 지속적으로 발생함 • ⓐ 시장 규모 확대로 인한 교역 증가, 북한 주민의 인권 문제 해결, 남북한 주민의 고통과 불편 해소, 경제적 번영, 평화의 실현 등

3 통일 한국이 지향해야 할 가치

평화	전쟁의 공포가 사라진 평화로운 국가를 지향해야 함
자유	선택에 따른 자유로운 삶이 보장되는 국가를 지향해야 함
인권	모든 사람의 존엄과 가치가 존중되는 인권 국가를 지향해야 함
정의	모두 사람이 합당한 대우를 받는 정의로운 국가를 지향해야 함

4 남북 화해 및 평화 실현을 위한 노력

(1) **개인적 차원**　열린 마음으로 소통과 배려 실천, 북한에 대한 올바른 인식, 통일에 대한 지속적인 관심

(2) **국가적 차원**

① 내부적인 통일 기반 조성 : 안보 기반 구축과 신뢰 형성, 통일의 필요성과 방법 등에 관한 국민적 이해와 합의 도출, 통합 과정의 어려움에 대비한 계획적인 준비

② 국제적인 통일 기반 구축 : 동북아시아 주변국뿐만 아니라 국제 사회와의 협력 강화

분석 기출 문제

» 바른답·알찬풀이 63쪽

•• 다음에서 설명하는 개념을 〈보기〉에서 고르시오.

662 청년 세대와 기성세대가 서로 차이를 인정하지 못하여 생기는 갈등이다. ( )

663 이상적인 것으로 여기는 생각이나 견해가 서로 달라서 발생하는 갈등이다. ( )

664 지역 발전을 위한 시설이나 투자를 자기 지역에 유치하려는 경쟁 과정에서 비롯되는 갈등이다. ( )

[보기]
ㄱ. 지역 갈등   ㄴ. 세대 갈등   ㄷ. 이념 갈등

•• 빈칸에 들어갈 알맞은 용어를 쓰시오.

665 공자는 남과 사이좋게 지내되 의를 굽혀 좇지 않는다는 ( )을/를 강조하였는데, 이는 남과 화목하게 지내면서 자신의 중심과 원칙을 잃지 않는 것을 말한다.

666 ( )은/는 일심(一心)과 화쟁(和諍)을 통해 대립을 극복하고 소통하면서, 궁극적 진리로 나아갈 것을 강조하였다.

667 하버마스는 상호 간의 논증적인 토론 과정을 거쳐 합의에 도달하는 ( )을/를 강조하였다.

•• 다음 내용이 옳으면 ○표, 틀리면 ×표를 하시오.

668 분단 비용은 분단 상황 지속 시 계속 발생하는 소모적인 비용이다. ( )

669 통일 편익은 통일 과정과 통일 이후 남북한 간의 격차를 해소하고 이질적인 요소를 통합하는 데 필요한 비용이다. ( )

670 통일 비용은 통일로 얻게 되는 경제적·경제 외적 보상과 혜택을 말한다. ( )

•• ㉠, ㉡ 중 알맞은 것을 고르시오.

671 통일 한국은 전쟁의 공포가 사라진 (㉠ 평화로운, ㉡ 자유로운) 국가를 지향해야 한다.

672 통일 한국은 모두가 합당한 대우를 받는 (㉠ 열린, ㉡ 정의로운) 국가를 지향해야 한다.

673

다음 글이 의미하는 사회 갈등의 유형과 해결 방법으로 옳은 것은?

> 우리나라는 단기간에 빠른 경제 성장을 이루고 변화를 겪었기 때문에 세대 간 의식 차이가 더욱 크게 나타나고 갈등의 정도도 심각하다. 특히 기성세대와 젊은 세대가 서로의 차이를 인정하지 않고 부정적으로 바라봄으로써 갈등의 골이 더욱 깊어지고 있다.

	갈등의 종류	갈등의 해결 방법
①	세대 갈등	세대 간 적극적인 소통을 통해 공감대를 형성한다.
②	세대 갈등	사회적 자원을 균등하게 분배할 수 있도록 정책을 마련한다.
③	노사 갈등	노동 시장을 보다 유연하게 하기 위해 구조 조정을 실시한다.
④	지역 갈등	다른 사람의 가치관과 신념이 나와 다를 수 있음을 인정한다.
⑤	지역 갈등	지역마다 특색 있게 발전할 수 있도록 국가가 균형 있게 지원한다.

674

㉠에 들어갈 적절한 내용만을 〈보기〉에서 고른 것은?

> 사회 갈등은 구성원 간 충돌을 일으키고, 이를 해결하기 위해서 사회적 비용을 발생시킨다. 그러나 사회 구성원들의 소통과 협력을 끌어낼 수 있다는 점에서 민주주의와 사회 발전에 도움을 주기도 한다. 따라서 사회 갈등을 바람직하게 해결하여 사회 통합을 이루기 위해서 ㉠

[보기]
ㄱ. 자신의 이익을 포기하고 공익만 추구해야 한다.
ㄴ. 타인의 가치관을 인정하는 자세를 지녀야 한다.
ㄷ. 자신의 정체성을 버리고 타인과의 공통점을 찾아야 한다.
ㄹ. 자신이 속한 집단의 이익만을 지나치게 추구하지 말아야 한다.

① ㄱ, ㄴ   ② ㄱ, ㄷ   ③ ㄴ, ㄷ
④ ㄴ, ㄹ   ⑤ ㄷ, ㄹ

675

다음과 같은 문제 상황을 해결하는 자세로 적절하지 <u>않은</u> 것은?

> 우리 사회에서는 개인 혹은 집단이 추구하는 목표나 이해관계가 달라 충돌하거나 화합하지 못하는 상황이 발생한다. 더욱이 현대 사회가 복잡하고 다원화되면서 개인 간·집단 간 갈등 양상이 다양하게 나타나고 있다.

① 다양한 의견을 조화롭게 공존시켜야 한다.
② 타인의 인권과 자유를 침해하지 말아야 한다.
③ 모든 문화에 대해 관용의 자세를 가져야 한다.
④ 이념의 차이에 따른 편견과 차별을 예방해야 한다.
⑤ 다른 사람의 정치적·종교적 자유를 존중해야 한다.

676

(가) 입장에서 (나) 상황에 대해 제시할 조언으로 가장 적절한 것은?

(가)	의사소통 행위는 어떤 특정한 목적의 실현을 목표로 삼는 목적론적 행위나, 사회적으로 지켜져야 한다고 여겨지는 규범을 따르는 규범적 행위나, 다른 사람 앞에서 자기 자신을 표현하는 연극적 행위와는 다르다. 이는 서로 내놓은 주장이 논증을 통해 정당화될 수 있는가를 규정하는 성찰적 대화이다.
(나)	현대 사회에는 복지, 일자리, 공직, 소득, 세금 등 공공의 주제에 대한 사회적 갈등이 심각하게 발생하고 있다.

① 효율성을 극대화하는 원리를 따라야 한다.
② 속세에서 벗어나 자연의 질서에 순응해야 한다.
③ 합리적인 토론을 통한 자유로운 동의를 존중해야 한다.
④ 화쟁(和諍)으로 모든 논쟁에 대해 화해를 추구해야 한다.
⑤ 타인의 주장을 존중하지 않고 자신의 입장만 고수해야 한다.

★빈출 677

(가)의 입장에서 (나)의 문제를 해결하는 방법으로 가장 적절한 것은?

(가)	우리의 일심(一心)에도 진여(眞如)와 무명(無明)이 동시에 있을 수 있으나 이는 둘이 아닌 하나이다.
(나)	보수 진영과 진보 진영이 흑백 논리를 펼치며 극심히 다투고 있다.

① 개인 윤리의 관점에서 접근한다.
② 관련 법률의 제정이나 개정을 시도한다.
③ 상대방의 고통과 상황을 공감하면서 접근한다.
④ 각 진영의 상대적 가치를 인정하면서 논쟁을 조화시킨다.
⑤ 사회 갈등이 우리 사회에 주는 유용성을 검증하기 위해 노력한다.

678

다음 자료를 토대로 알 수 있는 담론의 바람직한 자세만을 〈보기〉에서 고른 것은?

> 1. 타인의 주장을 비판적으로 검토한다.
> 2. 근거를 제시하면서 자신의 주장을 적극적으로 발표한다.
> 3. 자신의 주장을 방어하되, 타인의 생각이 옳으면 수용한다.
> 4. 타인의 의견과 인격을 존중한다. 즉 타인의 의견을 끝까지 경청하고, 인격을 모독하거나 자존심을 건드리는 발언은 삼간다.

[보기]
ㄱ. 상대를 존중하고 배려하며 토론에 임한다.
ㄴ. 자기 생각의 한계와 오류 가능성을 인정한다.
ㄷ. 나의 주장이 절대적으로 옳다는 믿음을 갖는다.
ㄹ. 담론의 목적은 자기주장을 관철하는 데 있음을 인식한다.

① ㄱ, ㄴ   ② ㄱ, ㄷ   ③ ㄴ, ㄷ
④ ㄴ, ㄹ   ⑤ ㄷ, ㄹ

679

그림은 A를 검색한 화면이다. A를 지지하는 사람의 태도로 가장 적절한 것은?

검색어 :   A

개인이나 집단이 저마다 가지는 가치관과 이념, 그리고 추구하는 목표 등이 서로 다를 수 있다는 것을 인정하고 존중하는 이성적 태도 또는 그것을 전제로 사회 현상을 파악하고 설명하는 입장

① 자신의 신념과 가치관에 대한 믿음을 끝까지 유지한다.
② 하나의 가치에 비추어 모든 것들의 옳고 그름을 파악한다.
③ 개인의 자유를 억압하는 국가 권력의 절대성을 지지한다.
④ 입장이 다른 상대방의 문화와 전통을 이해하고 인정하려고 노력한다.
⑤ 자신의 주장이 옳다는 근거만을 선택적으로 받아들이면서 대화를 진행한다.

다음 사상가가 제시한 바람직한 의사소통의 조건만을 〈보기〉에서 있는 대로 고른 것은?

> 말할 수 있고 행위 능력이 있는 사람들은 모두가 자유롭게 참여할 자격이 있다. …… 다른 사람의 주장에 의문을 제기하고 비판도 할 수 있다. 이와 같은 권리들을 행사할 때 내부나 외부의 강요 때문에 방해받지 않는다.

【 보기 】
ㄱ. 공인된 전문가만이 담론에 참여할 수 있어야 한다.
ㄴ. 다양한 의견을 합리적으로 논의하려면 의사소통의 합리성을 실현해야 한다.
ㄷ. 자신의 주장뿐만 아니라 개인적인 바람, 욕구 등은 최대한 자제하며 대화해야 한다.
ㄹ. 담론에 참여한 사람들은 참되고, 옳고, 진실하며, 서로 이해할 수 있는 말을 해야 한다.

① ㄱ, ㄷ   ② ㄴ, ㄷ   ③ ㄴ, ㄹ
④ ㄱ, ㄴ, ㄹ   ⑤ ㄱ, ㄷ, ㄹ

681

다음 글이 강조하는 바로 적절하지 <u>않은</u> 것은?

> 토론은 의견의 불일치나 대립이 일어나는 갈등의 지점에서 시작된다. 물리적인 폭력이나 억압적 태도로 갈등을 해결하는 것이 아니라 토론을 통해 갈등을 해결하려고 노력하면, 자신의 생각이나 입장만이 절대적으로 옳다고 우기지 않게 된다. 역지사지(易地思之)의 마음으로 다른 입장이나 의견을 받아들이는 관용적 태도가 전제되기 때문이다.

① 타인의 의견을 존중하는 토론 자세가 필요하다.
② 토론을 통해 사회적 갈등을 평화롭게 해결해야 한다.
③ 자기주장만이 절대적으로 옳다는 태도에서 벗어나야 한다.
④ 자기 의견의 무오류성에 대한 믿음을 바탕으로 토론에 임해야 한다.
⑤ 최선의 해결책을 도모하기 위해 열린 자세로 토론에 참여하는 자세가 필요하다.

---

2. 통일을 둘러싼 쟁점과 노력

682

갑, 을, 병의 입장에 관한 설명으로 옳지 <u>않은</u> 것은?

> 갑 : 통일은 분단된 역사를 바로잡아 민족 역량을 극대화할 수 있는 공동체를 건설하기 위해 필요하다. 그 어떤 것보다 민족 공동체의 번영이 가장 중요하다.
> 을 : 통일은 한반도와 동북아시아의 불안을 제거하고 단일 경제권을 형성하는 등 막대한 이익을 가져올 것이다. 또한 분단 비용을 줄이기 위해서라도 통일은 필요하다.
> 병 : 통일은 민족 공동체 복원이나 경제적 이익 추구보다 남북한 구성원들이 자유롭고 평화롭게 인권을 보장받으며 살아가기 위해 필요하다.

① 갑은 민족의 번영을 전제로 통일의 당위성을 설명하고 있다.
② 을은 경제적 번영을 전제로 통일이 필요하다는 점을 논하고 있다.
③ 병은 통일이 인간의 자유와 복지 향상에 기여해야 함을 논하고 있다.
④ 병은 갑과 달리 통일을 민족적 차원이 아닌 개인적 차원에서 검토하고 있다.
⑤ 을, 병은 통일이 분단으로 인한 비용을 감소시킨다는 점에서 필요하다고 본다.

683

다음은 통일과 관련된 비용이다. ㉠, ㉡에 관한 설명으로 적절하지 <u>않은</u> 것은?

> • (㉠) : 군사비, 외교비, 이념 교육 비용 등
> • (㉡) : 제도 통합 비용, 위기관리 비용, 치안 유지 비용 등

① ㉠의 지출로 우리 민족의 경쟁력이 저하되는 측면이 있다.
② ㉠에는 이산가족의 고통, 외국인 투자 감소 등도 포함된다.
③ ㉡의 규모는 통일 이전의 남북한 격차에 따라 결정된다.
④ ㉡에는 사회 간접 자본 및 생산 시설 구축 비용도 포함된다.
⑤ ㉠, ㉡은 통일과 함께 소멸되는 소모적 비용이다.

684

갑, 을 입장에 관한 설명으로 옳지 <u>않은</u> 것은?

> 갑 : 통일은 이익과 손해를 떠나 인도주의적 차원과 민족 역사
> 의 관점에서 반드시 이루어야 할 과제이다.
>
> 을 : 통일은 비용과 편익을 고려하여 접근할 현실적인 문제로,
> 통일의 필요성도 이러한 관점에서 검토되어야 한다.

① 갑은 통일의 필요성을 당위적 관점에서 제기한다.

② 갑은 통일을 민족 정통성 계승 차원에서 필요하다고 본다.

③ 을은 통일의 논의에 있어서 경제적 효용성을 중시한다.

④ 을은 통일의 긍정적인 효과를 기대할 수 있을 때 통일이 이루어져야 한다고 본다.

⑤ 갑, 을은 통일을 조건 없이 이루어져야 하는 선결 과제로 이해한다.

★빈출 685

그림은 서술형 평가 문제와 학생 답안이다. 학생 답안의 ⊙~⑩ 중 옳지 <u>않은</u> 것은?

> ### 서술형 평가
>
> ⊙ 문제 : 통일과 관련되어 발생하는 A 비용과 B 비용을 비교하여 서술하시오.
>
> - A 비용 : 분단으로 인한 대립과 갈등으로 지출되는 비용이다.
> - B 비용 : 통일 이후 남북한 간 격차를 해소하고 이질적인 요소를 통합하는 데 필요한 비용이다.
>
> ⊙ 학생 답안
>
> A 비용은 ⊙ <u>분단 상태가 지속되는 과정에서 사용되는 비용으로</u>, ⓒ <u>국방비, 외교적 경쟁 비용과 같은 유형의 비용뿐만 아니라 이산가족의 고통 등의 무형의 비용을 포함한다.</u> B 비용은 ⓒ <u>통일 이후 일정 기간 동안 한시적으로 발생하는 비용으로</u>, ⓔ <u>화폐 통합 비용, 실업 등 초기 사회 문제 처리 비용을 포함한다.</u> 한편, A, B 비용은 ⑩ <u>분단이 계속되는 동안 지속적으로 발생한다.</u>

① ⊙   ② ⓒ   ③ ⓒ   ④ ⓔ   ⑤ ⑩

686

다음 글을 토대로 유추한 내용으로 옳지 <u>않은</u> 것은?

> 국회 예산 정책처가 2014년 통일 이후 45년간 경제적 편익 규모를 추산한 바에 따르면 통일 한국의 GDP 규모는 2013년 1,135조 원에서 2060년 4,320조 원으로 상승할 것이 예측되었다. 이에 수반되는 통일 비용은 2013년 4,657조 원이지만, 통일 편익은 14,451조 원으로 예측된다.

① 추산된 통일 편익은 통일 비용보다 3배 이상 크다.

② 통일 비용은 회수가 불가능한 소모적 성격을 지닌다.

③ 통일 편익은 통일 비용을 상쇄하고도 남을 것으로 예상된다.

④ 비용과 편익의 계산을 통해 통일을 지지할 근거를 마련할 수 있다.

⑤ 통일은 남북한 모두에게 경제적으로 긍정적 효과를 가져올 것이다.

687

⊙에 들어갈 내용으로 가장 적절한 것은?

① 남북한의 외형적 통일을 강조해야 한다

② 남북한의 경제 수준이 같아지게 만들어야만 한다

③ 정치적 분야에서 일괄적 타결이 선행되어야만 한다

④ 정치적·군사적 측면의 통합을 우선적으로 진행해야 한다

⑤ 사회적 가치와 문화를 공유해 사회·문화 공동체를 형성해야 한다

688

다음 글에서 통일을 위해 강조하는 내용만을 〈보기〉에서 있는 대로 고른 것은?

> 북한은 군사적·안보적 측면에서 경계의 대상이지만, 북한 주민은 동포로서 화해와 협력의 대상이다. 우리는 남북한의 차이를 인정하면서 동질성을 모색하는 공존의 노력이 요구된다. 정치적·군사적 분야에서의 결단보다 비교적 쉬운 사회적·경제적·문화적 분야부터 교류와 협력을 해 나가는 것이 중요하다.

[보기]
ㄱ. 국제적 합의를 통해 남북통일에 대한 공감대를 형성해야 한다.
ㄴ. 사회·문화적 교류의 확대를 통해 남북한의 이질성을 줄여야 한다.
ㄷ. 정치·군사 교류를 우선하여 하나의 민족 공동체를 형성해야 한다.
ㄹ. 점진적 사회 통합 노력을 통해 남북한의 긴장 관계를 해소해 나가야 한다.

① ㄱ, ㄴ ② ㄱ, ㄷ ③ ㄴ, ㄹ
④ ㄱ, ㄷ, ㄹ ⑤ ㄴ, ㄷ, ㄹ

689

갑, 을의 입장에 관한 옳은 설명만을 〈보기〉에서 고른 것은?

> 갑 : 북한에 경제적 혜택을 제공하는 것은 핵 개발을 돕는 결과를 초래한다. 따라서 북핵 문제를 해결하기 전까지는 남북 간 교류 및 협력을 중단해야 한다.
> 을 : 민간의 남북 교류와 협력, 그리고 인도적 대북 지원은 남북 간의 신뢰 구축과 대화를 위한 통로가 될 수 있다. 따라서 북핵 문제와 분리해서 추진해야 한다.

[보기]
ㄱ. 갑은 어떤 경우에도 북한과 경제 협력이 불가하다고 본다.
ㄴ. 을은 북핵 문제와 남북 교류 문제를 별개로 이해한다.
ㄷ. 갑은 을에 비해 통일에 적극적인 입장이다.
ㄹ. 을은 갑에 비해 민간 교류와 협력이 평화 구축을 위해 필요함을 강조한다.

① ㄱ, ㄴ ② ㄱ, ㄷ ③ ㄴ, ㄷ
④ ㄴ, ㄹ ⑤ ㄷ, ㄹ

[690~691] 다음 글을 읽고 물음에 답하시오.

> (㉠)은/는 서로 다른 의견과 갈등, 폭력 등을 극복하기 위해서는 개방적인 논의와 담론을 존중할 수 있는 의사소통의 합리성을 함양해야 한다고 주장하였다. 그리고 의사소통의 합리성을 실현하기 위해 ㉡이상적 담화 조건을 제시하였다.

690

㉠에 들어갈 사상가를 쓰시오.

691

㉡을 세 가지 이상 서술하시오.

692

다음 글을 통해 알 수 있는 통일 한국이 지향해야 할 국가의 모습을 서술하시오.

> 북한에서는 출신 성분에 따라 교육이나 직업 선택의 기회에 차별이 존재한다. 그뿐만 아니라 노력에 대한 정당한 대가를 주지 않으며, 공정한 법적 절차 없이 부당한 처벌을 하기도 한다. 남한에서는 경제적 양극화에 따른 분배 정의의 문제가 제기되고 있다.

적중 1등급 문제

» 바른답·알찬풀이 65쪽

693

다음을 주장한 사상가가 긍정의 대답을 할 질문만을 〈보기〉에서 고른 것은?

> 의사소통의 합리성은 강제 없이 상호 간의 논증적 대화를 통해 보편적 합의에 도달하는 경험에 호소한다. 이를 통해 담론 참여자는 주관적 견해를 극복하고, 이성적 동기에 근거한 공동의 신념으로 인해 상호 주관성을 확인하게 된다.

【 보기 】
ㄱ. 담론 참여자들을 논의 주제에 정통한 전문가들로만 구성해야 하는가?
ㄴ. 담론 참여자는 담론을 이해관계의 조정 수단으로만 활용해야 하는가?
ㄷ. 담론 참여자는 정당한 담론의 결과와 그 부작용까지 수용해야 하는가?
ㄹ. 담론 참여자는 자신의 개인적 선호나 욕구도 발언할 수 있어야 하는가?

① ㄱ, ㄴ   ② ㄱ, ㄷ   ③ ㄴ, ㄷ
④ ㄴ, ㄹ   ⑤ ㄷ, ㄹ

694

다음 대화에서 스승이 강조하는 삶의 태도로 가장 적절한 것은?

① 하늘로부터 부여받은 선한 본성을 함양해 나가야 한다.
② 열린 마음으로 서로 다른 견해들과 조화를 추구해야 한다.
③ 흩어진 종파 통합을 위해 명확한 분별 의식을 지녀야 한다.
④ 불변의 자아를 정립해 타자와의 관계를 개선해 나가야 한다.
⑤ 자신의 입장을 고수하는 가운데 타인의 견해를 받아들여야 한다.

695

갑, 을의 입장으로 적절한 것만을 〈보기〉에서 고른 것은?

> 갑 : 사회 갈등은 상대 집단을 적대시하고 그들의 목표 달성을 방해하는 비도덕적 행동을 취하게 함으로써 사회 통합을 저해하고 사회 발전의 걸림돌이 된다. 따라서 사회 갈등은 하루빨리 척결되어야 할 사회악이다.
> 을 : 사회 갈등은 인간관계에서 타인과 소통할 다양한 기회를 제공해 줌과 동시에 사회 구성원 간의 협동적인 상호 작용을 이끌어 내는 촉매제가 된다. 또한 사회 갈등을 통해 인습에 의해 당연시되던 비합리적인 것들을 폭로하여 사회를 도덕적으로 개선할 수 있다.

【 보기 】
ㄱ. 갑 : 사회 갈등이 구성원 간의 소통을 가로막는 요인이 된다.
ㄴ. 갑 : 사회 갈등이 사회에 대한 소속감과 연대감을 향상시킨다.
ㄷ. 을 : 사회 갈등은 도덕적인 사회를 만드는 데 기여할 수 있다.
ㄹ. 갑, 을 : 사회 갈등은 사회 발전을 도모하는 데 기여한다.

① ㄱ, ㄴ   ② ㄱ, ㄷ   ③ ㄴ, ㄷ
④ ㄴ, ㄹ   ⑤ ㄷ, ㄹ

696

다음을 주장한 사상가의 관점에서 〈사례〉 속 A에게 제시할 조언으로 가장 적절한 것은?

> 군자(君子)는 남과 조화롭게 어울려 지내지만 부화뇌동하지는 않는다[和而不同]. 소인(小人)은 자신의 생각을 버리고 남의 의견을 그대로 따르기는 하지만 남과 조화롭게 어울려 지내지는 못한다[同而不和].

〈사례〉
국회 의원 A는 지역 현안을 결정할 때 자신의 의견은 포기하고 자신을 지지해 준 일부 지역구 사람들의 요구를 그대로 따르는 정책을 펼치고 있다. 하지만 지역 전체의 발전을 위해 계속해서 자신의 생각을 버리고 일부 지지자들의 요구에 따라야 할지 고민하고 있다.

① 모든 사안은 다수결의 원칙에 따라 결정해야 한다.
② 지역구 지지자들의 의견에 대해서는 시비(是非)를 가리지 말아야 한다.
③ 지역구 사람들이 동일한 생각을 가져야만 조화롭게 지낼 수 있음을 명심해야 한다.
④ 내가 지지자들의 의견을 따르기보다 지지자들이 나의 의견을 따르도록 유도해야 한다.
⑤ 자신의 소신을 지키면서도 다른 사람의 의견을 조화롭게 수용할 수 있음을 깨달아야 한다.

697

갑의 입장에 비해 을의 입장이 갖는 상대적 특징을 그림의 ㉠~㉤ 중에서 고른 것은?

> 갑 : 현실적으로 오랜 분단으로 인해 남북한 간의 문화적 이질감이 커져서 남북한이 한민족이라는 느낌이 들지 않는 상황입니다. 이러한 상황에서 무리하게 막대한 비용이 드는 통일을 한다면 조세 부담 증가와 심각한 경제적 위기에 처하게 되어 남북한 주민들 간의 갈등이 더 커지게 되는 문제가 발생될 수 있습니다.
>
> 을 : 통일은 한민족의 동질성을 회복시키고 전쟁의 공포를 해소함으로써 화합과 평화의 삶을 열어 줄 것입니다. 이러한 이유가 통일의 목적이 되겠지만 통일이 필요한 궁극의 목적은 통일이 남북한 이산가족의 고통을 해소하고, 북한 주민들의 인권 신장에 크게 기여한다는 점에 있습니다.

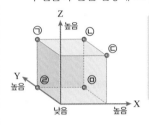

X : 인도주의적 관점에서 통일의 필요성을 강조하는 정도
Y : 통일이 국가 경쟁력을 약화시킬 수 있음을 강조하는 정도
Z : 통일이 한민족의 동질성 회복에 도움이 됨을 강조하는 정도

① ㉠   ② ㉡   ③ ㉢   ④ ㉣   ⑤ ㉤

698

그림은 노트 필기 내용의 일부이다. ㉠~㉢에 대한 설명으로 옳지 않은 것은?

> **〈통일과 관련된 비용〉**
> 1. (㉠) : 남북 분단과 갈등으로 발생하는 유무형의 지출 비용
> 2. (㉡) : 통일 과정과 통일 이후 남북한 통합에 드는 비용
> 3. (㉢) : 통일로 얻게 되는 경제적·비경제적 보상과 혜택

① ㉠은 민족 경쟁력 약화의 원인이 되는 소모적 성격의 비용이다.
② ㉡은 통일 이후 일정 기간 한시적으로 발생하는 비용이다.
③ ㉡에는 제도 통합 비용은 포함되지만 경제적 투자 비용은 포함되지 않는다.
④ ㉢은 통일 이후 지속적으로 발생하는 혜택을 의미한다.
⑤ ㉡은 ㉠과 달리 통일 한국의 번영을 위한 투자적 성격의 비용이다.

699

갑, 을의 입장에 대한 설명으로 가장 적절한 것은?

대북 지원은 남북 교류 증진에 마중물 역할을 할 수 있으며, 궁극적으로 북한 사회의 개방을 촉진할 수 있습니다. 북한 주민은 통일 한국에서 함께 살아갈 동포입니다. 이념을 떠나 고통받는 사람을 돕는 것은 윤리적 의무이므로 인도적 차원에서 조건 없는 대북 지원이 필요합니다.

대북 지원은 남북 교류 활성화에 도움이 될 수 있지만, 지원 물품이 군사 용도로 쓰일 수 있으므로 북한 사회의 개방이 선행된 이후에 행해져야 합니다. 고통받는 이들을 돕는 것은 마땅한 의무이지만, 북한 사회의 특성상 대북 지원이 북한 주민들의 혜택으로 돌아가는지 확인할 방법이 없습니다.

① 갑은 이념을 고려해 대북 지원을 해야 한다고 본다.
② 을은 자선의 차원에서 대북 지원을 해야 한다고 본다.
③ 갑은 을과 달리 북한 사회의 개방이 이루어져야 한다고 본다.
④ 을은 갑과 달리 대북 지원은 조건부로 행해져야 한다고 본다.
⑤ 갑, 을은 모두 대북 지원이 남북 교류의 촉진과 무관하다고 본다.

700

갑은 긍정, 을은 부정의 대답을 할 질문만을 〈보기〉에서 고른 것은?

> 갑 : 통일은 남북의 경제적 격차 해소와 이질화 극복과 같은 영역에서부터 시작되어야 한다. 오랜 분단으로 인한 차이를 해소하고 정치 체제를 통합하는 것이 바람직하다. 따라서 비정치적 분야부터 동질성을 회복해 나가야 한다.
>
> 을 : 통일은 두 체제가 하나로 되는 것이므로 정치적 결단을 통해 체제를 통합하는 것에서부터 시작되어야 한다. 분단이 길었던 만큼 하루빨리 통일을 이루는 것이 우선이며, 남북 간의 경제적 차이와 이질화 극복은 통일 후에 해소해 나가면 된다.

【 보기 】
ㄱ. 남북 간의 경제적 격차 해소는 필요한가?
ㄴ. 통일은 남북한 체제의 통합을 의미하는가?
ㄷ. 남북통일은 점진적 방식으로 접근하는 것이 바람직한가?
ㄹ. 통일은 문화, 스포츠 등의 교류부터 시작하는 것이 바람직한가?

① ㄱ, ㄴ   ② ㄱ, ㄷ   ③ ㄴ, ㄷ
④ ㄴ, ㄹ   ⑤ ㄷ, ㄹ

16 지구촌 평화의 윤리

Ⅵ 평화와 공존의 윤리

☑ 출제 포인트   ☑ 국제 관계를 바라보는 관점   ☑ 국제 분쟁과 국제 평화   ☑ 세계화에 대한 입장   ☑ 싱어, 롤스, 노직의 해외 원조의 관점

1. 국제 분쟁과 국제 평화 실현의 노력

1 국제 관계를 바라보는 관점 ⓒ 141쪽 715번 문제로 확인

구분	현실주의	이상주의
핵심 개념	힘, 권력	이성
갈등 원인	자국의 이익 추구	오해와 무지, 잘못된 제도
갈등 해결	힘의 논리를 바탕으로한 국가 간 세력 균형	국가 간 이성적 대화와 협력을 바탕으로 국제기구, 국제법, 국제 규범을 통한 제도 개선
한계	• 군비 경쟁 유도 • 국제 관계의 협력을 잘 설명하지 못함	• 현실과 낙관적 전망 사이의 괴리 • 국가 간 갈등을 설명하기 어려움

2 국제 분쟁의 원인과 윤리적 문제

원인	• 영역과 자원을 선점하기 위한 국가 간 경쟁 과정에서 갈등과 분쟁이 발생함 • 문화적 차이로 인한 갈등은 타협과 중재가 어려워 갈등이 발생하면 분쟁으로 이어짐
윤리적 문제	지구촌 평화 위협, 인간의 존엄성과 정의 훼손

3 국제 분쟁의 해결과 지구촌 평화의 실현

(1) 평화의 의미

소극적 평화	범죄, 테러, 전쟁 등과 같은 직접적 폭력이 없는 상태
적극적 평화	사회 구조적·문화적 차원에서의 폭력(간접적 폭력)까지도 사라져 인간다운 삶을 누릴 수 있는 상태

(2) 국제 분쟁의 해결과 국제 평화의 실현 노력

개인적 차원	• 상호 존중과 관용의 자세가 필요함 • 칸트 : 적으로 간주되지 않을 권리이자 존중받을 권리인 환대권과 영구 평화론을 주장함 • 묵자 : 전쟁을 방지하기 위해서는 서로 겸애하며 존중하는 자세가 중요함을 강조함
국제적 차원	• 반인도적 범죄에 대한 처벌 강화 → 국제형사재판소 등의 기능을 강화하여 지구촌 형사적 정의를 실현함 • 분쟁의 중재를 위한 노력 → 국제사법재판소, 국제해양연구소 등의 국제기구를 통해 화해와 중재를 실천함 • 분쟁에 대한 적극적 개입과 해결 → 국제연합 평화 유지군을 통해 분쟁 지역에서 평화 유지 활동을 전개함

> **자료** 칸트의 영구 평화 조항 ⓒ 142쪽 717번 문제로 확인
>
> 첫째, 모든 국가의 시민적 정치 체제는 국가 구성원이 자유롭고 평등하며 공통의 법을 따를 수 있는 공화 정체이어야 한다. 둘째, 국제법은 자유로운 국가들의 연방 체제에 기초해야 한다. 셋째, 국가 간 평등한 관계에 기반을 둔 세계 시민법은 보편적 우호의 조건에 국한되어야 한다.
>
> 〔분석〕 칸트는 전쟁을 예방하고 영구 평화를 실현하기 위해 국제 연맹의 창설과 세계 시민법의 조건을 담은 확정 조항을 제시하였다.

2. 국제 사회에 대한 책임과 기여

1 세계화의 의미
국제 사회의 상호 의존성이 심화되면서 정치, 경제, 문화, 교육 등 다양한 분야에서 세계가 밀접하게 연결되는 현상

2 세계화에 대한 입장

긍정적 입장	• 환경 문제 등 전 지구적 문제를 함께 해결해 나가는 기회가 됨 • 개발 도상국의 일자리 증가 등에 기여함
부정적 입장	• 국가 간 빈부 격차나 절대 빈곤 문제가 발생하기도 함 → 인간다운 삶을 위협하고 지구촌 분배적 정의 실현을 방해함 • 상업화·획일화된 선진국 중심의 문화가 확대될 수 있음

3 해외 원조에 대한 관점 ⓒ 144쪽 725번, 726번, 727번 문제로 확인

(1) 싱어의 관점(의무의 관점)
① 공리주의적 입장에서 해외 원조의 의무를 정당화함
② 이익 평등 고려의 원칙에 따라 누구나 차별 없이 도움을 받아야 한다고 봄
③ 해외 원조의 목적은 가난과 굶주림에 따른 고통을 없애기 위해 인류에게 주어진 의무라고 봄

> **자료** 싱어의 해외 원조의 윤리적 근거 ⓒ 145쪽 729번 문제로 확인
>
> 이익 평등 고려의 원칙에서 보면, 고통을 덜어 주어야 할 궁극적이고 도덕적인 이유는 고통은 그 자체로 바람직하지 않기 때문이다. 인종은 이익을 고려하는 데 아무런 상관이 없다. 왜냐하면 중요한 것은 이익 자체이기 때문이다. 어떤 고통에 관하여 그것이 특정한 인종이 겪는 고통이라는 이유로 고려를 덜 한다면 이는 자의적인 차별이 될 것이다.
>
> 〔분석〕 싱어는 고통받는 사람들이 이익 평등 고려의 원칙에 따라 누구나 차별 없이 도움을 받아야 함을 주장하였다. 또한 도움을 줄 대상을 자신이 속한 공동체, 민족, 국경 내부로 한정하지 말고 지구촌 전체로 확대하여 해외 원조와 기부를 적극적으로 실천할 것을 강조하였다.

(2) 롤스의 관점(의무의 관점)
① 정의 실현을 위해 해외 원조의 의무를 정당화함
② 해외 원조의 목적은 불리한 여건의 사회가 적정 수준의 문화를 형성하여 질서 정연한 사회가 되도록 돕는 것이라고 봄
③ 사회가 질서 정연하다면 빈곤해도 원조할 필요가 없다고 봄

(3) 노직의 관점(자선의 관점)
① 개인은 정당한 절차를 통해 취득한 재산에 관한 배타적·절대적인 소유권을 지니므로 해외 원조나 기부를 실천할 윤리적 의무는 존재하지 않음
② 자신의 부를 빈곤으로 고통받는 사람을 위해 자발적으로 사용하는 것은 개인의 자유로운 선택이라고 봄

분석 기출 문제

≫ 바른답·알찬풀이 66쪽

•• 국제 관계를 바라보는 관점과 주장하는 바를 바르게 연결하시오.

701 현실주의 • 　　　• ㉠ 국제법과 국제 규범

702 이상주의 • 　　　• ㉡ 국가 간 세력 균형

•• 다음에서 설명하는 개념을 〈보기〉에서 고르시오.

703 물리적 폭력이 없는 상태를 말한다. 　　(　　)

704 물리적이고 의도적인 폭력을 말한다. 　　(　　)

705 구조적 폭력과 문화적 폭력을 아우르는 말이다.

　　　　　　　　　　　　　　　　　　(　　)

706 물리적 폭력은 물론 문화적·구조적 폭력까지 사라진 상태를 말한다. 　　(　　)

┌─[보기]
│ ㄱ. 소극적 평화　　　　ㄴ. 적극적 평화
│ ㄷ. 직접적 폭력　　　　ㄹ. 간접적 폭력
└─

•• 다음 내용이 옳으면 ○표, 틀리면 ×표를 하시오.

707 갈퉁은 평화를 실현하는 방법으로 환대권을 강조하였다.

　　　　　　　　　　　　　　　　　　(　　)

708 세계화란 국제 사회에서 상호 의존성이 증가하면서 다양한 분야에서 세계가 밀접하게 연결되는 현상을 말한다.

　　　　　　　　　　　　　　　　　　(　　)

709 세계화를 부정적으로 보는 입장에서는 세계화로 자본의 힘이 강해지고 문화의 획일화 현상이 발생하는 점 등에 주목한다. 　　(　　)

710 싱어는 해외 원조를 개인적 차원에서 베푸는 자선으로 간주하며, 이에 대한 윤리적 의무는 없다고 본다.

　　　　　　　　　　　　　　　　　　(　　)

711 원조의 목적은 불리한 여건으로 고통받는 사회를 질서 정연한 사회가 되도록 돕기 위한 것이라고 주장한 사상가는 롤스이다. 　　(　　)

712 노직은 해외 원조나 기부를 실천해야 할 윤리적 의무는 없다고 본다. 　　(　　)

•• 빈칸에 들어갈 알맞은 용어를 쓰시오.

713 국제 사회는 (　　　　) 정의를 실현하기 위해 국제형사재판소 등의 기능을 강화하고 있다.

714 국제 사회는 지구촌 (　　　　) 정의를 실현하기 위해 공적 개발 원조 등을 통해 빈곤국을 돕고 있다.

★ 빈출
715

(가)의 갑, 을 사상가들의 입장을 (나) 그림으로 표현할 때, A~C에 해당하는 적절한 진술만을 〈보기〉에서 고른 것은?

(가)	갑 : 국제 정치의 궁극적 목표가 무엇이든 간에 권력은 항상 일차적 목표이다. 국제 정치에 있어 정치적 현상은 다음 세 가지 형태 중 하나로 분류될 수 있다. 권력을 유지하거나, 확장하거나, 과시하기 위한 목적에서 추진된다. 을 : 평화는 국제적 무정부 상태를 규제하는 국제적 제도의 창출을 통해서만 보장될 수 있다. 안보는 세력 균형이 아니라 힘을 가진 국제기구를 통해 달성되어야 한다.
(나)	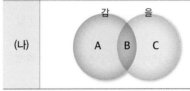

범례
A : 갑만의 입장
B : 갑, 을의 공통 입장
C : 을만의 입장

┌─[보기]
│ ㄱ. A : 국제 사회는 힘의 지배에서 벗어날 수 없다.
│ ㄴ. A : 국제 사회에서 평화 실현은 가능한 이상이다.
│ ㄷ. B : 국가 이익을 위해 다른 국가와 협력할 수 있다.
│ ㄹ. C : 국제 평화는 국가 간 세력 균형을 통해 실현될 수 있다.
└─

① ㄱ, ㄴ　　　② ㄱ, ㄷ　　　③ ㄴ, ㄷ
④ ㄴ, ㄹ　　　⑤ ㄷ, ㄹ

716

갑, 을의 입장에 관한 설명으로 적절하지 않은 것은?

┌─
│ 갑 : 진정한 평화는 물리적 폭력은 물론 사회적 차원에서 폭력을 용인하는 문화까지 완전히 사라진 상태이다. 인간이 자신의 잠재 능력을 충분히 실현할 수 있는 상황이 진정한 평화 상태이다.
│ 을 : 인류의 역사는 곧 전쟁의 역사이며 전쟁의 고통은 상상을 초월한다. 평화란 전쟁과 같은 물리적 폭력이 사라진 상태이다. 우리는 신체적 폭력, 테러, 집단 학살 등을 예방하고 궁극적으로 전쟁이 일어나지 않도록 노력해야 한다.
└─

① 갑은 인권 침해를 일종의 폭력으로 규정한다.
② 갑은 평화 실현을 위한 국가 안보의 중요성을 간과한다.
③ 을은 평화 실현을 위해 직접적 폭력의 제거를 주장한다.
④ 을은 인간이 겪을 수 있는 다양한 차원의 고통을 소홀히 한다.
⑤ 갑은 을보다 평화의 의미를 적극적인 차원에서 이해한다.

★빈출
717

다음 사상가의 입장에 관한 옳은 설명만을 〈보기〉에서 고른 것은?

> 첫째, 모든 국가의 시민적 정치 체제는 국가 구성원이 자유롭고 평등하며 공통의 법을 따를 수 있는 공화 정체이어야 한다. 둘째, 국제법은 자유로운 국가들의 연방 체제에 기초해야 한다. 셋째, 국가 간 평등한 관계에 기반을 둔 세계 시민법은 보편적 우호의 조건에 국한되어야 한다.

〔 보기 〕
ㄱ. 국제 관계의 갈등은 국가 간의 무지와 오해에서 비롯된다고 본다.
ㄴ. 국제 관계에서 평화를 유지하기 위해 군비 경쟁을 유도할 위험이 있다.
ㄷ. 국제 관계에서 활동하는 다양한 주체의 존재와 협력 관계를 잘 설명하지 못한다.
ㄹ. 국제 관계의 갈등은 국가 간 이성적 대화와 협력을 바탕으로 해결해야 한다고 본다.

① ㄱ, ㄷ   ② ㄱ, ㄹ   ③ ㄴ, ㄹ
④ ㄴ, ㄷ   ⑤ ㄷ, ㄹ

718

다음은 평화의 의미에 대해 탐구하는 과정이다. A, B에 들어갈 질문으로 적절하지 않은 것은?

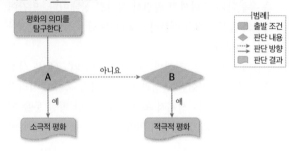

① A : 평화를 국가 안보 차원에서 이해하는가?
② A : 평화를 물리적 폭력이 제거된 상태로 규정하는가?
③ B : 진정한 국제 평화의 실현에 기여할 수 있는가?
④ B : 인간이 겪을 수 있는 다양한 차원의 고통을 간과하는가?
⑤ B : 정의와 인간 존엄성의 실현까지 평화의 개념에 포함시키는가?

719

다음과 같은 문제를 해결함으로써 실현하고자 하는 국제 정의에 관한 설명으로 옳은 것은?

> '카틴 숲 학살'은 제2차 세계 대전 당시 구소련군이 폴란드 인을 집단 학살한 사건이다. 2004년 러시아는 이 사건이 구소련의 만행임을 인정했지만 이미 공소 시효가 지났으므로 관련자를 처벌할 수 없다는 입장을 밝혔다.

① 반인도주의적 범죄를 처벌하여 실현하는 정의이다.
② 국가 간 빈부 격차를 해소함으로써 실현하는 정의이다.
③ 아리스토텔레스가 일반적 정의와 구분하여 제시한 정의이다.
④ 절차의 평등보다는 결과의 평등을 통해 실현하는 정의이다.
⑤ 결과의 평등보다는 과정과 절차의 공정성을 중시하는 정의이다.

720

다음과 같은 국제 사회의 노력이 필요한 이유로 가장 적절한 것은?

> • 찰스 테일러 전 라이베리아 대통령에 대한 국제형사재판소(ICC)의 유죄 판결이 나오자 전쟁 범죄를 저지른 다른 국가 원수의 재판에 관심이 쏠리고 있다.
> • 보스니아 내전 중 잔혹한 '인종 청소'를 주도했던 라도반 카라지치의 재판은 막바지 단계에 접어들었다.

① 소극적 평화를 실현하여 인간다운 삶을 보장하기 위해
② 지구촌 분배 정의를 실현하여 모든 인류의 인간다운 삶을 보장하기 위해
③ 세계화 시대에 국가 간에 이루어지는 무한 경쟁 속에서 유리한 지위를 점유하기 위해
④ 반인도주의적 범죄를 저지른 가해자를 처벌함으로써 인간의 존엄성과 형사적 정의를 실현하기 위해
⑤ 모든 나라는 국내에서 이루어진 일에 대해 다른 나라나 국제 기구의 간섭을 받지 않을 권리가 있음을 확인하기 위해

721

갑의 입장에서 을에게 제기할 비판으로 가장 적절한 것은?

> 갑 : 세계화가 진행되면서 자본의 힘은 더욱 막강해지고, 국가의 주권은 약해지고 있다. 또한 상품의 형태로 환원된 문화는 전 세계를 자본의 방식으로 획일화시켰다.
> 을 : 세계화는 경제적 측면에서 효율성을, 문화적 측면에서 다양성을 제고해 각국의 이익을 증대시킨다. 세계화로 다양한 문화가 교류되고 새로운 문화가 발생한다.

① 세계화는 개발 도상국에게 더 큰 이익이 되는 것임을 간과하고 있다.
② 세계화는 선진국과 개발 도상국 간 빈부 격차 해소에 도움이 됨을 간과하고 있다.
③ 세계화는 서구 자본주의 국가들이 개발 도상국에게 도움을 주는 체제임을 간과하고 있다.
④ 세계화는 전 세계 국가들의 협력을 가져와 공동 번영을 가능하게 할 것임을 간과하고 있다.
⑤ 세계화는 시장의 논리를 강조함으로써 문화의 독점화와 획일화를 가져올 것임을 간과하고 있다.

722

다음과 같은 노력에 대한 평가로 적절하지 <u>않은</u> 것은?

> • 1987년 프랑스 파리 '인권과 자유의 광장'에서 조셉 레신스키 신부의 주도하에 빈곤으로 고통받는 10만 명이 모여 절대 빈곤 퇴치 운동 기념비 개막 행사를 열었다. 이를 계기로 1992년 10월 17일 국제 연합은 빈곤·기아 근절과 국제적 관심 촉구를 위하여 매년 10월 17일을 '세계 빈곤 퇴치의 날'로 제정하였다.
> • 2000년 국제 연합은 새천년 개발 목표를 발표하였는데, 2015년까지 세계 빈곤 인구의 비율을 반으로 줄이고, 기아로 고통받는 어린이들에게 초등 교육을 제공하기로 하였다.

① 국제적 차원에서 재화를 공정하게 분배하기 위한 노력이다.
② 절대적 빈곤에 대한 책임이 국제 사회에도 있음을 보여 주고 있다.
③ 절대적 빈곤을 퇴치함으로써 형사적 정의를 실현하고자 하는 노력이다.
④ 절대적 빈곤은 인간의 존엄성을 훼손할 수 있다는 인식에서 비롯되었다.
⑤ 빈곤과 기아에서 벗어나는 것은 개인의 노력만으로는 어렵다는 생각이 발단이 되었다.

723

다음은 세계화를 주제로 이루어진 토론의 일부이다. ㉠, ㉡에 들어갈 내용으로 적절하지 <u>않은</u> 것은?

토론 주제 : 세계화는 바람직한 현상인가?

> 나는 세계화에 대해 긍정적인 입장입니다. 왜냐하면 ㉠ 입니다.
> 나는 세계화에 대해 부정적인 입장입니다. 왜냐하면 ㉡ 입니다.

① ㉠ – 다양한 문화가 만나 지구촌의 문화적 역동성을 높일 수 있기 때문
② ㉠ – 지역의 문화가 세계 곳곳으로 뻗어나갈 수 있는 기회를 제공하기 때문
③ ㉡ – 특정 국가에 의한 자본의 독점을 초래할 수 있기 때문
④ ㉡ – 약소국은 경제적 자립을 유지하기 힘들어질 수 있기 때문
⑤ ㉡ – 지구촌의 소수 문화가 더욱 다양해져 혼란이 발생할 수 있기 때문

724

퍼즐 속 세로 낱말 (C)의 관점에서 약소국 원조에 대해 주장할 내용으로 가장 적절한 것은?

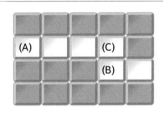

【가로 열쇠】
(A) 최대 다수의 최대 행복을 추구하는 윤리 이론으로 행위의 결과와 유용성을 중시함
(B) 실질적인 것에 힘써야 한다는 의미로 조선 시대 성리학자 이이는 ○○을 통해 사회적·제도적 차원의 실천성을 강조함
【세로 열쇠】
(C) …… 개념

① 개인이나 국가가 선택할 문제이다.
② 선의를 베푸는 행위이며 하나의 선물일 뿐이다.
③ 좋은 것이지만 하지 않더라도 윤리적 책임은 없다.
④ 개인의 재산권은 절대적이므로 누구도 강요할 수 없다.
⑤ 곤경에 무관심한 태도가 보편 윤리로 통용될 수는 없다.

★ 빈출
725

갑, 을의 입장에 관한 설명으로 적절하지 <u>않은</u> 것은?

> 갑 : 고통을 감소시키고 쾌락을 증진시키는 것이 인류의 의무입니다.
>
> 을 : 개인은 정당하게 취득한 재산에 대해 다른 개인이나 국가가 결코 침해할 수 없는 배타적 소유권을 갖습니다.

① 갑은 가난한 나라에 대한 원조를 자선의 관점에서 접근하고 있다.

② 을은 자율적 선택에 따라 원조할 수 있다고 주장하고 있다.

③ 갑은 을에 비해 적극적으로 국제 사회의 분배 정의를 실현하고자 한다.

④ 갑은 을에 대해 세계 빈곤 문제를 적극적으로 해결하기 어렵다고 비판할 수 있다.

⑤ 갑은 공리주의 관점에서, 을은 자유주의 관점에서 분배 정의 문제에 접근하고 있다.

★ 빈출
726

갑의 입장에서 〈문제 상황〉에 대해 제시할 수 있는 적절한 조언만을 〈보기〉에서 고른 것은?

> 갑 : 질서 정연한 사회들의 장기 목표는 무법적 국가와 마찬가지로 고통받는 사회들을 질서 정연한 만민들의 사회로 가입시키는 것이어야 한다. 질서 정연한 만민은 고통받는 사회를 원조해야 할 의무가 있다.
>
> 〈문제 상황〉
> 극빈층 개선에 대한 전 세계의 노력에도 불구하고 여전히 개발 도상국의 5분의 1에 해당하는 인구는 하루에 1.25 달러 이하의 수입으로 생계를 이어 간다.

> **[보기]**
> ㄱ. 약소국에 대한 원조는 개인의 선택에 맡겨야 한다.
> ㄴ. 국제 사회의 구성원에게는 해외 원조에 대한 의무가 있다.
> ㄷ. 원조의 목표는 사회 간 복지 수준을 균등하게 조정하는 것이다.
> ㄹ. 비록 불리한 여건에 있는 나라일지라도 질서 정연하다면 원조 대상이 아니다.

① ㄱ, ㄴ　　② ㄱ, ㄷ　　③ ㄴ, ㄷ
④ ㄴ, ㄹ　　⑤ ㄷ, ㄹ

★ 빈출
727

다음 사상가가 긍정의 대답을 할 질문만을 〈보기〉에서 있는 대로 고른 것은?

> 취득에서의 정의 원칙에 따라 소유물을 획득한 사람에게는 그 소유물에 대한 소유 권리가 있다. 최소 국가는 강압, 절도, 사기, 강제 계약 등으로부터의 보호와 같은 협소한 기능에만 한정되기 때문에 정당화된다. …… 이러한 결론에 담긴 중요한 속뜻은 시민들에게 다른 시민들을 돕게 할 목적으로 국가가 강제적인 장치를 사용해서는 안 된다는 것이다.

> **[보기]**
> ㄱ. 재분배를 위한 복지 정책의 시행에 반대하는가?
> ㄴ. 자국민 보호 의무보다 해외 원조의 의무를 중시해야 하는가?
> ㄷ. 원조 여부는 사회의 정치 문화의 성숙도를 고려해 결정해야 하는가?
> ㄹ. 개인에게 원조의 의무를 부과하는 것은 개인의 소유권을 침해하는 것인가?

① ㄱ, ㄷ　　　② ㄱ, ㄹ　　　③ ㄴ, ㄷ
④ ㄱ, ㄴ, ㄹ　　⑤ ㄴ, ㄷ, ㄹ

728

다음은 어느 사상가와의 가상 인터뷰 내용이다. ㉠～㉢ 중 옳지 <u>않은</u> 것은?

> 질문자 : 벤담과 밀의 사상적 전통을 따르고 있습니까?
> 사상가 : 그렇습니다. ㉠ 행복은 증진시키고 고통을 감소시켜야 합니다.
> 질문자 : 윤리적 의무와 책임의 범위는 어디까지입니까?
> 사상가 : ㉡ 고통을 느끼는 인간과 동물입니다.
> 질문자 : 쾌고 감수 능력을 지닌 존재의 이익을 동등하게 대우하는 것입니까?
> 사상가 : 물론입니다. ㉢ 종이 다르다는 이유로 차별하는 것은 인종 차별이나 성차별과 같은 잘못입니다.
> 질문자 : 원조에 대한 노직의 입장을 어떻게 생각하십니까?
> 사상가 : ㉣ 저는 그의 주장에 찬성합니다. 부유한 나라의 해외 원조는 자선의 관점에서 이루어지는 것이 바람직합니다.
> 질문자 : 부유한 나라가 약소국에 원조할 때 어떤 태도를 가져야 합니까?
> 사상가 : ㉤ 절대적 빈곤의 고통을 해결하는 것이 윤리적 의무라는 인식을 바탕으로 원조할 필요가 있습니다.

① ㉠　　② ㉡　　③ ㉢　　④ ㉣　　⑤ ㉤

★빈출
729

(가) 사상가의 관점에서 그림 (나)의 주장을 지지할 경우 그 논거로 가장 적절한 것은?

(가)	이익 평등 고려의 원칙에서 보면, 고통을 덜어 주어야 할 궁극적이고 도덕적인 이유는 고통은 그 자체로 바람직하지 않기 때문이다. 인종은 이익을 고려하는 데 아무런 상관이 없다. …… 그것이 특정한 인종이 겪는 고통이라는 이유로 고려를 덜 한다면 이는 자의적인 차별이 될 것이다.
(나)	 우리는 선진국! 가난한 나라를 도웁시다.

① 자국의 국제적 위상을 높이기 위해 원조를 해야 한다.
② 우리는 자신과 가까운 이웃들을 먼저 도와주어야 한다.
③ 세계의 극빈자들에 대한 원조는 마땅히 해야 하는 일이다.
④ 지구촌의 절대적 평등을 실현하기 위해 원조를 해야 한다.
⑤ 우리가 번 돈은 우리 것이며 우리 마음대로 쓸 권리가 있다.

730

갑, 을의 입장에 관한 설명으로 적절하지 않은 것은?

> 갑 : 세계화 시대에 국가 간 장벽이 낮아지더라도 인간 생활의 기본 단위는 민족이야. 우리는 언어, 역사, 혈통 등에 기초한 동질성을 바탕으로 민족의 정체성을 확립하고 우리 민족의 이익을 먼저 추구해야 해.
>
> 을 : 세계화 시대에 우리는 인류 공동의 위험인 테러와 빈곤 문제 등에 직면해 있어. 이를 극복하려면 인간의 존엄성과 인권 존중이라는 인류 공동체의 보편적 가치를 토대로 인종과 국가의 구별을 넘어 지구적 협력과 노력이 필요해.

① 갑은 자기 민족보다 다른 민족을 중요시한다.
② 갑은 해외 원조보다 자국 내의 빈곤층 지원을 우선한다.
③ 을은 인류의 평화로운 공존과 화합을 중시한다.
④ 을은 해외 원조를 통한 지구촌 구성원의 책임을 강조한다.
⑤ 을은 개인을 민족 구성원이라기보다 세계 시민으로서 이해한다.

731

㉠에 들어갈 알맞은 내용을 서술하시오.

> 평화학자 갈퉁에 따르면 소극적 평화란 테러, 범죄, 전쟁과 같은 물리적 폭력이 없는 상태를 말한다. 이에 비해 적극적 평화란 _____㉠_____

732

㉠의 명칭과 의미를 서술하시오.

> 칸트는 평화를 실현하는 방법으로 (㉠)을/를 강조하고 있다. (㉠)은/는 인류가 지구 땅덩어리를 공동으로 소유함에 따라 자연적으로 부여된 권리이다. 이를 통해 지구상의 각 지역이 서로 평화적으로 관계를 맺게 되고, 인류는 세계 시민적 체제에 더욱 가까이 다가갈 수 있게 된다.

[733~734] 다음 글을 읽고 물음에 답하시오.

> (㉠)은/는 고통받는 사람들은 누구나 차별 없이 도움을 받아야 한다고 주장하였다. 즉 해외 원조의 대상을 자신이 속한 공동체, 국경 내부로 한정하지 말고 지구촌 전체로 확대해야 한다는 것이다.

733

㉠에 들어갈 사상가를 쓰시오.

734

㉠의 관점에서 해외 원조의 필요성을 서술하시오.

735

(가)의 갑, 을 사상가들의 입장을 (나) 그림으로 표현할 때, A~C에 해당하는 진술로 가장 적절한 것은?

(가)	갑 : 전쟁은 정치적 목적을 얻기 위한 여러 수단 중 하나이며, 다른 수단에 의한 정책의 연속일 뿐이다. 불가능한 평화를 얻기 위해 지금 얻을 수 있는 승리를 놓치는 것은 어리석다.
	을 : 전쟁이 정의롭기 위해서는 전쟁 개시, 전쟁 수행 과정, 전쟁 종식과 평화 정책에서 정당성을 갖추어야 한다. 비록 개전(開戰)의 측면에서 정당화될 수 없는 전쟁일지라도 그 수행 과정과 전후 처리는 정의로워야 한다.

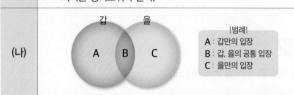

[범례]
A : 갑만의 입장
B : 갑, 을의 공통 입장
C : 을만의 입장

① A : 전쟁은 평화를 이루기 위한 최후의 정치적 수단이다.
② A : 전쟁을 국가 이익을 극대화하기 위한 수단으로 여겨서는 안 된다.
③ B : 전쟁은 국가의 주권 사항이므로 도덕 평가에서 제외되어야 한다.
④ C : 전쟁 개시(開始)에서 가장 중요한 것은 정당한 명분의 여부이다.
⑤ C : 전쟁은 폭력의 악순환을 가져오므로 어떤 전쟁도 수행해서는 안 된다.

736

(가)의 입장에 비해 (나)의 입장이 갖는 상대적 특징을 그림의 ㉠~㉤ 중에서 고른 것은?

(가) 인간의 본성이 이기적이므로 국가도 이기적일 수밖에 없다. 국제 관계는 만인의 만인에 대한 투쟁 상태와 유사하다. 그러므로 권력의 극대화를 추구하는 과정에서 국제 분쟁이 발생한다.

(나) 인간이 이성적으로 행동하듯 국가도 이성적으로 행동하는 경향이 있어 국가 간 상호 협력이 가능하다. 하지만 상대방에 대한 무지나 오해 등으로 인해 국제 분쟁이 발생한다.

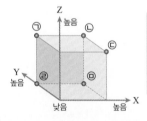

X : 국제기구를 통해 국제 분쟁을 해결할 수 있음을 강조하는 정도
Y : 국제 분쟁이 각국의 도덕성 증진으로 해결될 수 있음을 강조하는 정도
Z : 국제 관계에서 국가의 권력을 견제하기 위해 국가 간 세력 균형을 강조하는 정도

① ㉠　　② ㉡　　③ ㉢　　④ ㉣　　⑤ ㉤

737

다음 갑, 을의 입장에 대한 설명으로 옳지 않은 것은?

갑 : 공화 정체인 국가들은 자발적으로 결성한 평화 연맹에서 자유와 평화를 보장받고자 하며, 영구 평화를 위해 세계 시민적 체제로 나아가고자 한다. 따라서 그러한 국가들은 시민들에 의해 쉽게 전쟁을 일으킬 수 없게 된다.

을 : 구조적·문화적 폭력까지 없는 상태를 지향해야 한다. 이러한 상태는 소극적 평화 상태를 뛰어넘는 그 이상의 상태라 할 수 있다. 물리적 관점에서 협소하게 규정되던 기존의 폭력 개념은 불완전하다.

① 갑은 이방인이 평화롭게 처신하는 한 우호적으로 대우해야 한다고 본다.
② 갑은 개별 국가들의 정치 체제는 세계 평화 실현에 영향을 준다고 본다.
③ 을은 폭력의 예방 없이는 적극적 평화를 실현할 수 없다고 본다.
④ 갑은 을과 달리 국제법에 따라 국가들은 하나의 세계 공화국을 수립해야 한다고 본다.
⑤ 갑, 을은 모든 전쟁의 종식이 진정한 평화 실현의 필수 조건이 된다고 본다.

738

다음을 주장한 사상가의 입장으로 가장 적절한 것은?

평화는 도덕적 입법의 최고 자리에 위치한 이성이 명령하는 보편적 의무이다. 국가들은 서로를 하나의 인격체로 대하고, 무력과 기만을 근절해 평화를 예비해야 한다. 공화국으로 전환한 계몽된 자유 국가들이 연방을 결성하고, 호혜적인 질서를 수립함으로써 평화를 확정해야 한다.

① 국제법 이념은 독립 국가들의 합병을 전제로 구성된다.
② 연맹 확산을 통해 국제 사회는 자연 상태로 들어가야 한다.
③ 국가 간 세력이 균형을 이룰 때 영구적인 평화가 가능하다.
④ 세계 평화 정착을 위해 개별 국가의 주권은 폐지되어야 한다.
⑤ 세계 시민법은 인류의 평화적인 교류 조건을 전제로 해야 한다.

739

갑, 을의 입장에 관한 설명으로 옳지 <u>않은</u> 것은?

> 갑 : 세계화는 인류의 공동 번영뿐만 아니라 다양한 지역 문화
> 의 교류를 이끌어 전 지구적 차원에서 문화의 공존을 가능
> 하게 하고, 새로운 문화를 형성할 수 있게 한다.
> 을 : 세계화는 서구의 거대 다국적 기업이 주도하는 경제 질서
> 에 편입하게 하며, 문화를 서구식으로 획일화시킨다.

① 갑은 세계화가 문화의 교류 활성화에 도움이 된다고 본다.
② 갑은 세계화를 통해 전 세계 각국의 문화가 발전할 수 있다
고 본다.
③ 을은 세계화가 국가 간 빈부 격차를 완화하는 데 도움이 된
다고 본다.
④ 을은 세계화가 일부 강대국으로 하여금 시장과 자본을 독점
하게 만든다고 본다.
⑤ 갑, 을은 세계화의 영향에 대해 상반된 시각을 지니고 있다.

740

(가)의 갑, 을, 병 사상가들의 입장을 (나) 그림으로 표현할 때, A~D에
해당하는 적절한 진술만을 〈보기〉에서 있는 대로 고른 것은?

(가)	갑 : 시민들의 기본적인 정치적 권리가 보장되는 '질서 정연한 사회'에 살고 있는 사람들은 고통받는 사회를 원조해야 한다. 을 : 원조를 함으로써 얻을 수 있는 이익이 비용보다 클 경우, 원조하는 사람은 원조받는 사람이 어느 공동체에 있든 상관없이 원조해야 한다. 병 : 개인이 정당하게 취득한 재산의 배타적 소유권을 타인의 삶과 행복을 명목으로 침해해서는 안 된다. 원조는 개인의 자유로운 선택의 영역이다.
(나)	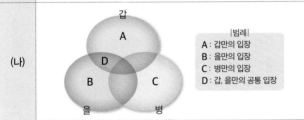

범례
A : 갑만의 입장
B : 을만의 입장
C : 병만의 입장
D : 갑, 을만의 공통 입장

[보기]
ㄱ. A : 고통받는 사회의 자유와 평등 확립을 목적으로 원조해
야 한다.
ㄴ. B : 인류 전체의 공리 증진을 위해 원조의 의무를 실천해
야 한다.
ㄷ. C : 해외 원조는 당위가 아닌 자선의 차원에서 해야 한다.
ㄹ. D : 국제기구를 통한 원조만 정당화될 수 있다.

① ㄱ, ㄴ   ② ㄱ, ㄹ   ③ ㄷ, ㄹ
④ ㄱ, ㄴ, ㄷ   ⑤ ㄴ, ㄷ, ㄹ

741

다음을 주장한 사상가의 입장으로 적절한 것만을 〈보기〉에서 있는 대
로 고른 것은?

> 원조의 목표는 고통받는 사회가 질서 정연한 국제 사회의 완전
> 한 구성원이 되고, 그들 스스로 자신의 미래에 대한 경로를 결
> 정할 수 있도록 돕는 것이다.

[보기]
ㄱ. 원조 대상국이 정의로운 체제를 갖출 경우 원조는 중단되
어야 한다.
ㄴ. 국가 간 평균적 부의 차이를 줄이는 것이 원조의 목적이
될 수 있다.
ㄷ. 타국에 빈곤한 사람들이 있다는 사실만으로도 원조의 의
무가 발생한다.
ㄹ. 원조의 목적은 원조 대상국이 자유롭거나 적정 수준의 사
회가 되게 하는 것이다.

① ㄱ, ㄷ   ② ㄱ, ㄹ   ③ ㄴ, ㄷ
④ ㄱ, ㄴ, ㄹ   ⑤ ㄴ, ㄷ, ㄹ

742

다음은 지구 공동체 구성원으로 살아가기 위한 어떤 사상가의 윤리적
지침이다. 이 사상가의 입장으로 옳지 <u>않은</u> 것은?

> 〈전제 1〉 도덕적으로 상응하는 중요한 것을 희생하지 않고
> 서 어떤 일을 막을 수 있다면 우리는 그것을 해야
> 한다.
> 〈전제 2〉 절대적이고 극단적인 빈곤은 매우 나쁜 일이다.
> 〈전제 3〉 도덕적인 의미를 지닌 다른 일을 희생하지 않고,
> 절대적이고 극단적인 빈곤을 막을 방법이 우리에
> 게 있다.
> 〈결 론〉 그러므로 우리는 절대적이고 극단적인 빈곤을 막아
> 야 한다.

① 개인이 아닌 국가만이 원조의 주체가 되어야 한다.
② 빈곤을 방치하는 것은 인류 전체의 고통을 증가시키는 것이다.
③ 원조의 목적은 인류 전체의 행복을 증진시키기 위한 것이어
야 한다.
④ 세계 시민주의 관점에서 전 인류의 복지 향상을 위해 노력
해야 한다.
⑤ 이익 평등 고려의 원칙에 따라 타인의 고통을 감소시켜 주
어야 한다.

15 소통과 민족 통합의 윤리

743

다음 글의 입장으로 가장 적절한 것은?

> 갈등이란 개인이나 집단 사이에 이해관계가 달라 서로 충돌하는 것을 의미한다. 종이 다양할수록 생태계가 안정적으로 발전하듯이 사회 내의 다양한 이해관계와 견해의 차이로 발생하는 갈등은 소통과 발전의 계기가 될 수 있다. 즉 갈등이 심해지면 사회 발전이 저해되기도 하지만, 갈등을 통해 문제를 인식할 수 있고 해결하는 과정에서 사회적 결속력을 높일 수도 있다.

① 갈등은 사회를 분열시키는 해악일 뿐이다.
② 갈등이 사회의 발전에 긍정적으로 기여할 수 있다.
③ 사회 통합을 위해 모든 사회 갈등을 제거해야 한다.
④ 모든 사회 갈등은 사회 구성원 간 소통의 계기가 된다.
⑤ 갈등은 개인과 집단 간 충돌을 발생시키므로 사회에서 불필요하다.

744

다음을 주장한 사상가가 긍정의 대답을 할 질문만을 〈보기〉에서 고른 것은?

> 시민들 간의 합리적 의사소통이 없으면 건강한 민주 사회를 유지할 수 없게 된다. 이러한 문제를 극복하기 위해서는 자유롭고 평등한 시민들에 의해 공적 문제에 대한 문제 제기와 토론이 활성화되어야 한다. 민주적 공론장에서 이성적인 시민들이 모두가 합의할 수 있는 논증의 형태로 대화에 참가하고, 그 토론의 결과가 법체계에 반영된다면 현대 사회의 다양한 정치적·윤리적 문제를 해결할 수 있을 것이다.

[보기]
ㄱ. 토론은 절차가 아니라 결과만을 중시해야 하는가?
ㄴ. 자신의 오류 가능성을 인정하고 토론해야 하는가?
ㄷ. 공적 문제에 대한 문제 제기는 민주주의의 발전을 저해하는가?
ㄹ. 의사소통의 합리성을 실현해야 토론의 합의에 도달할 수 있는가?

① ㄱ, ㄴ　　② ㄱ, ㄷ　　③ ㄴ, ㄷ
④ ㄴ, ㄹ　　⑤ ㄷ, ㄹ

745

그림의 강연자가 지지할 입장으로 옳지 <u>않은</u> 것은?

> 깨달음의 길은 넓고 확 트여 걸림이 없고 범주가 없습니다. 무엇에 기대는 것이 아주 없기 때문에 타당하지 않음이 없습니다. 이 때문에 일체의 다른 가르침이 모두 깨달음의 가르침이요, 온갖 학파들의 주장이 옳지 않음이 없으며, 온갖 법문이 다 진리에 들어갈 수 있습니다. 만약 한 쪽에 치우쳐 고집한다면 곧 미진함이 있게 됩니다.

① 고정된 자아의식에서 오는 독선에서 벗어나야 한다.
② 여러 종파의 갈등을 더 높은 차원에서 통합해야 한다.
③ 일심(一心)을 깨달아 이원적 분별 의식을 버려야 한다.
④ 서로의 다름을 제거하고 하나의 관점으로 통합해야 한다.
⑤ 나와 너, 나와 세계를 분별하지 않는 진리를 추구해야 한다.

746

다음 글의 입장으로 적절한 것만을 〈보기〉에서 고른 것은?

> 통일은 미래를 향한 새 역사의 창조 작업이다. 통일은 평화와 경제적 번영, 이산가족의 고통 해소, 그리고 자유와 평등의 신장 등에 기여할 수 있으므로 반드시 성취해야만 한다. 하지만 어떤 형태로든 통일이 되기만 하면 된다는 통일 지상주의를 추구해서는 안 된다. 이상적인 통일 방식은 국민적 합의에 기초하여 평화적 방식에 따라 문화, 예술 등 비교적 합의하기 쉬운 분야부터 단계적으로 추진되어 궁극적으로 체제 통합으로 이어져야 한다. 왜냐하면 급진적 방식의 통일은 사회적 갈등과 많은 사회적 비용을 지불할 것이기 때문이다. 단계적·점진적 통일 방식은 급진적 방식의 통일보다 통일 비용을 줄이고 더 많은 통일 편익을 가져올 수 있다.

[보기]
ㄱ. 정치적 통합이 우선되어야 비정치적 협력이 가능해진다.
ㄴ. 점진적 통일이 급진적 통일보다 효과적이나 더 많은 비용이 든다.
ㄷ. 통일은 인도적 측면뿐만 아니라 경제적 측면에서도 기여도가 높다.
ㄹ. 통일은 마땅히 이루어야 할 민족적 과업이지만 통일의 방식도 고려해야 한다.

① ㄱ, ㄴ　　② ㄱ, ㄷ　　③ ㄴ, ㄷ
④ ㄴ, ㄹ　　⑤ ㄷ, ㄹ

747

(가)의 갑, 을의 입장을 (나) 그림으로 탐구하고자 할 때, A~C에 들어갈 옳은 질문만을 〈보기〉에서 있는 대로 고른 것은?

(가)	갑 : 통일 비용으로 인한 손실은 일시적인 현상에 불과하다. 통일로 인해 내수 시장이 확대되어 경제가 발전하면 국가의 경쟁력이 강화될 뿐만 아니라 민족의 일체감이 높아져 문화적 번영을 이룰 수 있다. 을 : 통일 비용은 막대한 사회적·경제적 손실을 발생시킨다. 통일로 인해 경제 상황이 악화되어 국가 경쟁력이 하락할 수 있으며, 이 질화로 남북 주민 간에 심각한 갈등이 나타날 수 있고, 지속적인 조세 부담도 증가할 수 있다.

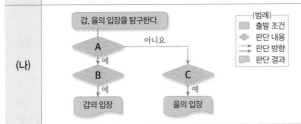

| (나) | |

[보기]

ㄱ. A : 통일이 민족의 동질성 회복에 기여하는가?

ㄴ. A : 통일이 국가의 경제적 실익 증진에 기여하는가?

ㄷ. B : 통일 비용은 분단으로 인한 대립으로 발생하는 비용인가?

ㄹ. C : 통일 비용은 투자적 성격의 비용인가?

① ㄱ, ㄴ   ② ㄱ, ㄹ   ③ ㄷ, ㄹ

④ ㄱ, ㄴ, ㄷ   ⑤ ㄴ, ㄷ, ㄹ

748

갑, 을의 입장으로 가장 적절한 것은?

대북 지원을 정치적·군사적 상황에 따라 결정하면 죄 없고 힘없는 약자들의 생존권을 보장하기 어렵습니다. 북한 주민들의 삶의 질을 개선하기 위해 지속적인 지원을 해야 합니다.

대북 지원은 핵 시설 폐기나 인권 상황 개선과 같은 변화가 있는지 엄격하게 확인한 후 지원해야 합니다. 무조건적인 지원은 북한 주민들의 상황을 개선하는 데 도움이 되지 못합니다.

① 갑 : 대북 지원은 상호주의 차원에서 이루어져야 한다.

② 갑 : 북한에 대한 지원을 정치적 관계와 연계하여 추진해야 한다.

③ 을 : 정치적인 제재가 대북 지원 활동을 위축시켜서는 안 된다.

④ 을 : 대북 지원은 조건 없이 인도적 차원에서 이루어져야 한다.

⑤ 갑, 을 : 대북 지원이 북한 주민들의 삶을 개선할 수 있다.

749

그림은 노트 필기 내용이다. ㉠~㉣에 대한 설명으로 옳지 않은 것은?

〈통일 한국이 지향해야 할 가치〉

1. (㉠) : 전쟁의 공포가 사라진 국가를 지향해야 함

2. (㉡) : 자신의 신념과 선택에 따라 사는 삶이 보장되는 국가를 지향해야 함

3. (㉢) : 모든 사람의 존엄과 가치가 존중되는 국가를 지향해야 함

4. (㉣) : 모두가 합당한 대우를 받는 국가를 지향해야 함

① ㉠을 위해 북한의 장거리 미사일 발사, 핵 실험 등의 위협을 제거해야 한다.

② ㉡을 위해 표현의 자유, 경제 활동의 자유 등이 침해되지 않아야 한다.

③ ㉢을 위해 사회적 약자나 소수자에 대한 비인간적 대우를 개선할 필요가 있다.

④ ㉣을 위해 정치범 수용소에서 이루어지는 강제 노동, 구금 등 반인도적 행위를 금지해야 한다.

⑤ ㉠, ㉡, ㉢, ㉣은 인간으로서 마땅히 누려야 할 보편적 가치이다.

[750~751] 다음 글을 읽고 물음에 답하시오.

현대 사회는 다양한 사람이 모여 사는 다원주의 사회이다. 서로 다른 생각과 이해관계를 가진 사람들이 공동체를 구성하여 살아가다 보면 갈등이 생겨날 수 있다. 이러한 사회 갈등의 유형에는 첫째, ㉠지역 발전을 위한 시설이나 투자를 자신의 지역에 유치하려는 경쟁의 과정이나 다른 지역에 대한 편견이나 좋지 않은 감정에서 비롯되는 경우 발생되는 갈등이 있다. 둘째, ㉡일자리나 노인 부양 문제 등 사회적 쟁점을 둘러싸고 발생되는 갈등이 있다. 셋째, ㉢이상적인 것으로 여기는 생각이나 견해의 차이에 따라 발생되는 갈등이 있다.

750

㉠, ㉡, ㉢에 해당하는 갈등을 각각 쓰시오.

751 🖉 서술형

㉠, ㉡, ㉢과 같은 사회 갈등이 일어나는 원인을 세 가지 서술하시오.

16 지구촌 평화의 윤리

752

(가)의 입장에 비해 (나)의 입장이 갖는 상대적 특징을 그림의 ㉠~㉤ 중에서 고른 것은?

(가) 국제 관계에서도 상호 원조와 협력이 가능하다. 인간은 근본적으로 도덕적이며 이성적인 존재이듯이 국가도 이성적이고 합리적인 존재이기 때문이다.

(나) 국제 관계는 이익의 관점에서 정의된 권력을 위한 투쟁이다. 한 국가의 대외 정책에 대해 도덕적으로 좋은 정책, 나쁜 정책이라는 구분은 의미가 없다.

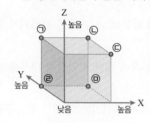

X : 국제법을 통한 국제적 분쟁 해결을 강조하는 정도
Y : 국익과 도덕성이 상충할 때 국익을 더 강조하는 정도
Z : 세력 균형을 통한 국제적 분쟁의 억제를 강조하는 정도

① ㉠   ② ㉡   ③ ㉢   ④ ㉣   ⑤ ㉤

753

다음을 주장한 사상가가 부정의 대답을 할 질문으로 옳은 것은?

- 상비군은 조만간 완전히 폐지되어야 한다. 왜냐하면 상비군은 항상 전쟁에 대한 준비가 되어 있음으로써 다른 나라들을 위협하고 이것으로 인해 다른 나라들과 끝도 없는 군비 경쟁에 돌입하게 되기 때문이다.
- 공화적 체제는 법 개념의 순수한 원천에서 비롯된 그 근원의 순수성 이외에도 영원한 평화에 대한 바람직한 전망을 제시한다. 왜냐하면 전쟁을 해야 할 것인가 또는 해서는 안 될 것인가를 결정하려면 국민들의 동의가 필요하기 때문이다.

① 상비군 자체가 공격적 전쟁의 유발 요인이 되는가?
② 영원한 평화의 실현은 세계 정부를 수립할 때에만 가능한가?
③ 환대권은 영원한 평화의 실현을 위해 보장되어야 하는 권리인가?
④ 공화적 체제가 아닌 정치 체제에서는 전쟁 선포가 쉽게 결정될 수 있는가?
⑤ 모든 국가의 시민적 정치 체제는 공화 정체가 되어야 영원한 평화의 실현이 가능한가?

754

다음을 주장한 사상가의 입장으로 적절한 것만을 〈보기〉에서 있는 대로 고른 것은?

폭력이 직접적 폭력과 구조적 폭력 그리고 문화적 폭력으로 이루어져 있다면, 평화의 일꾼은 폭력을 예방하고 제거하기 위하여 무엇을 할 수 있을까? 여기에는 의심할 여지없이 진단과 예측, 그리고 처방이 필요하다.

[보기]
ㄱ. 소극적 평화는 직접적인 폭력으로부터 해방된 상태를 의미한다.
ㄴ. 구조적 폭력이란 전쟁, 테러, 폭행과 같은 물리적 폭력을 의미한다.
ㄷ. 적극적 평화는 구조적 폭력과 문화적 폭력까지 사라진 상태를 의미한다.
ㄹ. 적극적 평화는 평화의 개념을 인간 안보 차원에서 국가 안보 차원으로 확장한다.

① ㄱ, ㄴ   ② ㄱ, ㄷ   ③ ㄴ, ㄹ
④ ㄱ, ㄷ, ㄹ   ⑤ ㄴ, ㄷ, ㄹ

755

(가)의 갑, 을의 입장에서 서로에게 제기할 수 있는 비판을 (나) 그림으로 표현할 때, A, B에 해당하는 옳은 내용만을 〈보기〉에서 고른 것은?

(가)	갑 : 선진국은 막대한 자본과 기술을 보유하고 있기 때문에 세계화로 인한 국가 간의 교류에서 우위를 점할 수 있다. 따라서 세계화로 이익을 얻는 것은 선진국뿐이며, 후진국과 개발 도상국의 경제 수준은 지속적으로 악화될 수밖에 없다. 을 : 세계화는 지구촌의 인적·물적 교류를 촉진해 후진국과 개발 도상국에 있는 기업들의 생산성을 크게 향상시킬 수 있다. 이로 인해 후진국과 개발 도상국의 부가 증진되고, 국가 간 부의 불평등 문제도 해결될 수 있다.
(나)	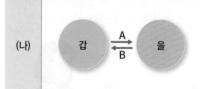

<범례>
→ : 비판의 방향
A~B : 비판의 내용

<예시>
갑 ─A→ 을
A는 갑이 을에게 제기할 수 있는 비판임

[보기]
ㄱ. A : 세계화가 기업의 생산성을 제고시킴을 간과한다.
ㄴ. A : 세계화가 세계의 빈부 격차를 심화시킴을 간과한다.
ㄷ. B : 세계화가 국가 간의 교류를 촉진함을 간과한다.
ㄹ. B : 세계화가 후진국의 경제 발전에 기여함을 간과한다.

① ㄱ, ㄴ   ② ㄱ, ㄷ   ③ ㄴ, ㄷ
④ ㄴ, ㄹ   ⑤ ㄷ, ㄹ

756

다음을 주장한 사상가의 입장으로 적절한 것만을 〈보기〉에서 있는 대로 고른 것은?

> 원조의 목적은 고통받는 사회로 하여금 그들 자신의 문제들을 합당하게 그리고 합리적으로 관리할 수 있도록 도와 주어서 결과적으로 질서 정연한 국제 사회의 구성원이 되도록 하는 것이다. 이것이 성취된 이후에는 질서 정연한 사회가 여전히 빈곤하다고 할지라도 더 이상의 원조는 필요하지 않다.

[보기]
ㄱ. 원조를 할 때 반드시 차등의 원칙을 적용해야 한다.
ㄴ. 빈곤국이라 할지라도 원조의 대상에서 제외될 수 있다.
ㄷ. 모든 사회의 경제 수준을 동등하게 조정하는 것이 원조의 궁극적 목적이다.
ㄹ. 원조를 제공하는 질서 정연한 사회들은 온정적 간섭주의를 발휘해서는 안 된다.

① ㄱ, ㄴ   ② ㄱ, ㄷ   ③ ㄴ, ㄹ
④ ㄱ, ㄷ, ㄹ   ⑤ ㄴ, ㄷ, ㄹ

757

(가)의 갑, 을 사상가들의 입장을 (나) 그림으로 탐구하고자 할 때, A~C에 들어갈 옳은 질문만을 〈보기〉에서 있는 대로 고른 것은?

(가)	갑 : 고통받는 사회의 정치 체제를 질서 정연한 사회로 만들기 위해 원조를 해야 한다. 빈곤의 문제는 주로 정치 체제의 결함에서 기인하기 때문이다. 을 : 절대 빈곤으로 고통을 겪는 사람이 있다면 그를 도와야 한다. 그 행위는 인종에 상관없이 비용 대비 가장 큰 성과를 가져온다.
(나)	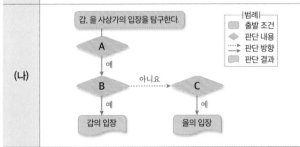

〈범례〉
▨ 출발 조건
◆ 판단 내용
┅▶ 판단 방향
▭ 판단 결과

[보기]
ㄱ. A : 원조는 당위의 차원에서 이행해야 하는가?
ㄴ. B : 질서 정연한 빈곤 국가는 원조의 대상이 아닌가?
ㄷ. B : 세계 시민주의 차원에서 원조가 이루어져야 하는가?
ㄹ. C : 전 지구적 차원에서 이익의 평등성을 고려하여 원조를 실천해야 하는가?

① ㄱ, ㄴ   ② ㄴ, ㄷ   ③ ㄷ, ㄹ
④ ㄱ, ㄴ, ㄹ   ⑤ ㄴ, ㄷ, ㄹ

758

갑, 을 사상가들의 입장으로 옳은 것은?

> 갑 : 자기 가족의 기본적인 욕구를 충족하고도 남는 소득이 있는 사람들은 삶에 필수적인 음식과 보금자리를 얻는 데 어려움을 겪는 지구촌의 사람들에게 적어도 소득의 1 %를 나누어 주어야 한다. 그렇게 하지 않는 사람들은 전 지구적인 의무를 이행하지 않는 것이며 도덕적으로 잘못된 일을 행하는 것이다.
> 을 : 자유세계에서 새로운 소유물은 자발적 교환과 행위에서 발생한다. 부유한 나라가 약소국에 원조를 하지 않는다고 해서 그것을 옳지 않다고 비난할 수 없다.

① 갑 : 해외 원조는 고통받는 사회의 불리한 여건을 개선해 주는 것이다.
② 갑 : 사회의 정치·문화의 성숙도를 고려해 원조 여부를 결정해야 한다.
③ 을 : 해외 원조는 자발적·선택적 행위임을 알아야 한다.
④ 을 : 빈곤으로 고통받는 사람에게 원조를 해서는 안 된다.
⑤ 갑, 을 : 해외 원조를 윤리적인 의무로 여겨야 한다.

[759~760] 다음 표를 보고 물음에 답하시오.

국제 관계를 바라보는 관점	현실주의	이상주의
분쟁 원인	㉠	국가 간의 오해와 무지, 제도의 불완전함으로 인해 발생한다.
분쟁 해결 방법	국가 간 세력 균형을 통해 분쟁을 해결할 수 있다.	㉡

759 ✎ 서술형

㉠에 들어갈 알맞은 내용을 서술하시오.

760 ✎ 서술형

㉡에 들어갈 알맞은 내용을 서술하시오.

memo

기출 분석 문제집

1등급 만들기

생활과 윤리
760제

빠른답 체크
Speed Check

◀ 이곳을 열면 정답을 바로 확인할 수 있습니다.

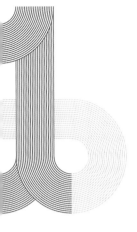

1등급 만들기 생활과 윤리 760제

빠른답 체크
Speed Check

빠른답 체크 후 틀린 문제는
바른답·알찬풀이에서
꼭 확인하세요.

---

01 현대 생활과 실천 윤리

001 윤리　　002 윤리학　　003 윤리학　　004 ○
005 ×　　006 ×　　007 ㉡　　008 ㉠
009 ㉢　　010 ㉣　　011 ㉣　　012 ㉡
013 ㉠　　014 ㉡

015 ①　　016 ①　　017 ④　　018 ②
019 ④　　020 ①　　021 ①　　022 ③
023 ⑤　　024 ②　　025 ①　　026 ④
027 ⑤　　028 ③　　029 ④
030 윤리학　　031 해설 참조
032 해설 참조　　033 해설 참조
034 메타 윤리학　　035 해설 참조

036 ①　　037 ④　　038 ⑤　　039 ④

---

02 현대 윤리 문제에 대한 접근과 탐구

040 유교　　041 불교　　042 도가
043 동기　　044 공리주의
045 딜레마　　046 ○　　047 ×　　048 ○
049 ×　　050 ㉡　　051 ㉢　　052 ㉠
053 ㉡　　054 ㉠

055 ③　　056 ③　　057 ④　　058 ①
059 ④　　060 ①　　061 ②　　062 ①
063 ④　　064 ②　　065 ②　　066 ⑤
067 ①　　068 ⑤　　069 ③　　070 ④
071 ④　　072 ⑤　　073 해설 참조
074 유용성(쾌락)　　075 해설 참조
076 윤리적 성찰　　077 해설 참조

078 ①　　079 ④　　080 ①　　081 ③
082 ②　　083 ③　　084 ④　　085 ①

Ⅰ 단원 마무리 문제

086 ②　　087 ②　　088 ②　　089 ②
090 ②　　091 ㉠ 규범 윤리학, ㉡ 메타 윤리
학, ㉢ 기술 윤리학　　092 해설 참조
093 해설 참조　　094 ②　　095 ②
096 ③　　097 ⑤　　098 ④　　099 ⑤
100 ⑤　　101 ⑤　　102 ①
103 ㉠ 신경 윤리학, ㉡ 진화 윤리학
104 해설 참조　　105 해설 참조

---

03 삶과 죽음의 윤리

106 자연법 윤리　　107 비가역성
108 불가피성　　109 ○　　110 ×
111 ×　　112 ㉡　　113 ㉠　　114 ㉡
115 ㉡　　116 ㉠　　117 ㉠　　118 ㉡

119 ⑤　　120 ④　　121 ④　　122 ①
123 ④　　124 ⑤　　125 ②　　126 ③
127 ③　　128 ⑤　　129 ③　　130 ③
131 ②
132 인공 임신 중절　　133 해설 참조
134 인격　　135 해설 참조

136 ③　　137 ②　　138 ②　　139 ①

---

04 생명 윤리

140 존엄성　　141 정의
142 생명 복제　　143 배아 복제
144 ×　　145 ○　　146 ㉠　　147 ㉢
148 ㉡　　149 ㉡　　150 ㉠　　151 ②

152 ②　　153 ⑤　　154 ①　　155 ③
156 ①　　157 ①　　158 ①　　159 ③
160 ③　　161 ④　　162 ②　　163 ③
164 ③　　165 ⑤　　166 ③　　167 ②
168 해설 참조　　169 배아 복제
170 해설 참조　　171 인간 복제
172 해설 참조

173 ⑤　　174 ⑤　　175 ②　　176 ⑤
177 ⑤　　178 ②　　179 ②　　180 ①

---

05 사랑과 성 윤리

181 사랑　　182 성의 자기 결정권
183 성 상품화　　184 ○　　185 ×
186 ○　　187 ○　　188 ㉢　　189 ②
190 ㉠　　191 ㉡　　192 ㉠, ㉡
193 ㉠　　194 ㉡

195 ⑤　　196 ②　　197 ②　　198 ④
199 ③　　200 ②　　201 ①　　202 ②
203 ⑤　　204 ③　　205 ①　　206 ②
207 성차별　　208 해설 참조
209 성의 자기 결정권　　210 해설 참조
211 형제자매　　212 해설 참조

213 ③　　214 ⑤　　215 ②　　216 ②

Ⅱ 단원 마무리 문제

217 ④　　218 ③　　219 ④　　220 ③
221 ②　　222 ③　　223 ①
224 ㉠ 정당방위, ㉡ 선택　225 해설 참조
226 ②　　227 ③　　228 ①　　229 ⑤
230 ③　　231 ②　　232 ③
233 ㉠ 자율성 존중의 원칙, ㉡ 악행 금지의 원칙,
㉢ 선행의 원칙　　234 해설 참조
235 ①　　236 ③　　237 ⑤　　238 ①
239 ⑤　　240 ③　　241 ③
242 ㉠ 생식적 가치, ㉡ 쾌락적 가치, ㉢ 인격적
가치　　243 해설 참조

---

06 직업과 청렴의 윤리

244 ×　　245 ○　　246 ×
247 직업 윤리　　248 일반성, 특수성
249 ②　　250 ㉢　　251 ㉡　　252 ㉠
253 ㄴ　　254 ㄷ

255 ②　　256 ⑤　　257 ③　　258 ③
259 ④　　260 ①　　261 ⑤　　262 ③
263 ②　　264 ⑤　　265 ⑤　　266 ⑤
267 ㉠ 정명 정신, ㉡ 장인 정신
268 해설 참조
269 노블레스 오블리주　　270 해설 참조
271 청렴　　272 해설 참조

273 ④　　274 ②　　275 ④　　276 ③

---

07 사회 정의와 윤리

277 ×　　278 ○　　279 ×
280 필요　　281 업적　　282 ㉢　　283 ㉠
284 ㉡　　285 ㄴ　　286 ㄷ　　287 ㄹ
288 ㄱ

289 ②　　290 ③　　291 ④　　292 ②
293 ③　　294 ②　　295 ⑤　　296 ④
297 ⑤　　298 ④　　299 ④　　300 ④
301 ③　　302 ②　　303 ⑤　　304 ①
305 ③　　　　　　306 해설 참조
307 부유세　　308 해설 참조
309 해설 참조　　310 해설 참조

311 ③　　312 ⑤　　313 ④　　314 ③
315 ④　　316 ②　　317 ②　　318 ④

기출 분석 문제집

1등급 만들기

❶ **핵심 개념 잡기**
  시험 출제 원리를 꿰뚫는 핵심 개념을 잡는다!

❷ **1등급 도전하기**
  선별한 고빈출 문제로 실전 감각을 키운다!

❸ **1등급 달성하기**
  응용 및 고난도 문제로 1등급 노하우를 터득한다!

1등급 만들기로, 실전에서 완벽한 1등급 달성!

- **국어** 문학, 독서
- **수학** 고등 수학(상), 고등 수학(하),
  수학Ⅰ, 수학Ⅱ, 확률과 통계, 미적분, 기하
- **사회** 통합사회, 한국사, 한국지리, 세계지리,
  생활과 윤리, 윤리와 사상, 사회·문화,
  정치와 법, 경제, 세계사, 동아시아사
- **과학** 통합과학, 물리학Ⅰ, 화학Ⅰ, 생명과학Ⅰ, 지구과학Ⅰ,
  물리학Ⅱ, 화학Ⅱ, 생명과학Ⅱ, 지구과학Ⅱ

기출 분석 문제집
1등급 만들기로 1등급 실력 예약!

● **개념 핵심 잡기** 시험 출제 원리를 꿰뚫는 개념의 핵심을 잡는다.

● **1등급 도전하기** 선별한 고빈출 기출 문제로 1등급에 도전한다.

● **1등급 완성하기** 응용 및 고난도 문제로 1등급 노하우를 터득한다.

완벽한 기출 문제 분석, 완벽한 시험 대비!

2015개정	**국어**	문학, 독서
	수학	수학 Ⅰ, 수학 Ⅱ, 확률과 통계, 미적분, 기하
	사회	한국지리, 세계지리, 생활과 윤리, 윤리와 사상, 사회·문화, 정치와 법, 경제, 세계사, 동아시아사
	과학	물리학 Ⅰ, 화학 Ⅰ, 생명과학 Ⅰ, 지구과학 Ⅰ, 물리학 Ⅱ, 화학 Ⅱ, 생명과학 Ⅱ, 지구과학 Ⅱ

2022개정	**수학**	공통수학1, 공통수학2, 대수, 확률과 통계★, 미적분 Ⅰ★
	사회	통합사회1, 통합사회2★, 한국사1, 한국사2★, 세계시민과 지리, 사회와 문화, 세계사, 현대사회와 윤리
	과학	통합과학1, 통합과학2

★ 2025년 상반기 출간 예정

고등 도서 안내

문학 입문서

손쉬운

작품 이해에서 문제 해결까지
손쉬운 비법을 담은 문학 입문서

현대 문학, 고전 문학

비주얼 개념서

룩 LOOK

이미지 연상으로 필수 개념을 쉽게 익히는
비주얼 개념서

국어   문법
영어   분석독해

수학 개념 기본서

수학중심

개념과 유형을 한 번에 잡는 강력한
개념 기본서

수학Ⅰ, 수학Ⅱ, 확률과 통계, 미적분, 기하

수학 문제 기본서

유형중심

체계적인 유형별 학습으로 실전에서 강력한
문제 기본서

수학Ⅰ, 수학Ⅱ, 확률과 통계, 미적분

사회·과학 필수 기본서

개념 학습과 유형 학습으로 내신과 수능을 잡는
필수 기본서

[2022 개정]
사회   통합사회1, 통합사회2*, 한국사1, 한국사2*
과학   통합과학1, 통합과학2, 물리학*, 화학*, 생명과학*,
        지구과학*

*2025년 상반기 출간 예정

[2015 개정]
사회   한국지리, 사회·문화, 생활과 윤리, 윤리와 사상
과학   물리학Ⅰ, 화학Ⅰ, 생명과학Ⅰ, 지구과학Ⅰ

기출 분석 문제집

완벽한 기출 문제 분석으로 시험에 대비하는 1등급 문제집

[2022 개정]
수학   공통수학1, 공통수학2, 대수, 확률과 통계*, 미적분Ⅰ*
사회   통합사회1, 통합사회2*, 한국사1, 한국사2*,
        세계시민과 지리, 사회와 문화, 세계사, 현대사회와 윤리
과학   통합과학1, 통합과학2

*2025년 상반기 출간 예정

[2015 개정]
국어   문학, 독서
수학   수학Ⅰ, 수학Ⅱ, 확률과 통계, 미적분, 기하
사회   한국지리, 세계지리, 생활과 윤리, 윤리와 사상,
        사회·문화, 정치와 법, 경제, 세계사, 동아시아사
과학   물리학Ⅰ, 화학Ⅰ, 생명과학Ⅰ, 지구과학Ⅰ,
        물리학Ⅱ, 화학Ⅱ, 생명과학Ⅱ, 지구과학Ⅱ

1등급 만들기

생활과 윤리 760제

바른답·알찬풀이

바른답·알찬풀이

1등급 만들기

생활과 윤리 760제

바른답·
알찬풀이

I 현대의 삶과 실천 윤리

O1 현대 생활과 실천 윤리

분석 기출문제

7~10쪽

[핵심 개념 문제]

001 윤리	**002** 윤리학		**003** 윤리학		**004** ○	**005** ×
006 ×	**007** ㉢	**008** ㉠	**009** ㉢	**010** ㉣	**011** ㉣	**012** ㉡
013 ㉠	**014** ㉡					

015 ①	**016** ①	**017** ④	**018** ②	**019** ④	**020** ①	**021** ①
022 ③	**023** ⑤	**024** ②	**025** ①	**026** ④	**027** ⑤	**028** ③
029 ④						

[1등급을 향한 서답형 문제]

030 윤리학 **031** 예시답안 도덕적 행위를 탐구한다. 도덕적 행위가 갖추어야 할 조건과 기준을 정립한다. 가치 있는 삶의 방향을 안내한다.

032 예시답안 의무론, 공리주의, 덕 윤리 등이 있다. **033** 예시답안 이론 윤리학에서 제공하는 도덕 원리를 토대로 다양한 윤리 문제를 해결한다.

034 메타 윤리학 **035** 예시답안 이론 윤리학과 유기적인 관계에 있다. 윤리 문제에 학제적으로 접근한다.

015

제시문은 현대 사회의 새로운 윤리 문제가 전 지구적으로 영향을 미칠 수 있고, 현세대는 물론 미래 세대까지 위협할 수 있다고 본다. 따라서 ㉠에는 '파급 효과가 광범위하다.'라는 내용이 들어가는 것이 적절하다.

바로잡기 ②, ③ 현대 사회의 새로운 윤리 문제는 책임 소재를 가리기가 쉽지 않고, 전통적인 윤리 규범만으로는 해결하기 어렵다는 특징을 가진다. 하지만 제시문의 특징과는 거리가 멀다. ④ 과거에 비해 현대 사회의 새로운 윤리 문제는 구체적이고 확실한 해결 방안을 마련하기 어렵다. 하지만 제시문의 특징과는 거리가 멀다. ⑤ 제시문과 무관한 내용이다.

016

A 사상가는 요나스이다. 요나스는 과학 기술의 발전으로 인해 인간의 힘이 점점 증대되고 있는데, 이러한 힘의 행사에 대한 이성적인 통찰과 책임이 필요하다고 주장하며 과학 기술 시대의 책임 윤리를 강조하였다.

바로잡기 ㄷ. 요나스는 윤리적 논의가 과학 기술의 발전 속도를 따라가지 못하고 있다고 보고 이를 '윤리적 공백'이라고 표현하였다. ㄹ. 요나스는 기술 발전을 위해 행해지는 실험이 모두 허용되어서는 안 되며, 과학자는 실험에 대한 이성적 통찰이 필요하다고 보았다.

017

(가), (나)에서 설명하는 개념은 '윤리'이다. 법률은 인간의 행위를 타율적으로 규제하지만 윤리는 인간의 행동을 자율적으로 규제하는 당위적 규범이다.

바로잡기 ① 타율적 사회 규범인 법률에 관한 설명이다. ② 윤리는 동물에게는 볼 수 없는 인간만의 고유한 현상이다. ③ 사회 구조에 관한 설명이다. ⑤

인권에 관한 설명이다.

018

인간 삶의 과학 윤리 영역에서는 과학 기술의 가치 중립성과 사회적 책임 문제, 정보 기술과 매체의 발달에 따른 문제 등이 발생하고 있다.

바로잡기 ② '문화의 다양성 존중과 보편 윤리는 양립 가능한가?'는 문화 윤리 영역의 핵심 쟁점에 해당한다.

019

과학 기술의 급속한 발전과 시대 변화에 따라 생명 윤리, 문화 윤리, 사회 윤리, 과학 윤리 영역 등에서 발생하는 윤리적 쟁점과 딜레마 상황에 대한 해결책이 요구되고 있다.

바로잡기 ④ 이론 윤리학에서 다루는 탐구 주제로서 새롭게 등장한 윤리적 쟁점과 딜레마라고 보기 어렵다.

020

제시문은 나침반의 역할에 비유하여 윤리학의 특징을 설명하고 있다. 나침반이 목표의 방향을 제시하듯 윤리학은 가치 있는 삶의 방향을 제시한다.

바로잡기 ② 윤리학은 진리나 지식의 생산보다는 윤리적 실천을 목표로 한다. ③ 경제학에 관한 설명이다. ④ 사회학에 관한 설명이다. ⑤ 수학에 관한 설명이다.

021

규범 윤리학은 보편적인 도덕 판단을 위한 기준이나 도덕 원리의 탐구 및 윤리 문제들의 바람직한 해결책을 모색하는 데 중점을 둔다.

바로잡기 ② 기술 윤리학에서 관심을 갖는 물음이다. ③, ④, ⑤ 메타 윤리학에서 관심을 갖는 물음이다.

022

제시문은 실천 윤리학의 주된 관심사를 설명하고 있다. 실천 윤리학은 현실의 구체적인 문제의 해결에 주안점을 두고 윤리 문제의 해결 방안에 관심을 기울인다.

바로잡기 ① 이론 학문의 주요 물음이다. ②, ④, ⑤ 윤리적 행위를 판단하기 위한 기준이나 윤리 이론을 제시하고자 하는 이론 윤리학의 주요 물음이다.

023

실천 윤리학은 오늘날 발생하는 윤리 문제를 분석하고 해결책을 마련하기 위해 다양한 학문 분야와 연계하여 탐구하는 학제적 성격을 지닌다.

바로잡기 ① 실천 윤리학은 윤리적 문제에 학제적으로 접근한다. ② 기술 윤리학에 관한 설명이다. ③ 메타 윤리학에 관한 설명이다. ④ 실천 윤리학은 이론 윤리학에서 제공하는 도덕 원리를 현대 사회의 여러 윤리 문제에 적용하여 윤리 문제를 해결하는 데 초점을 둔다.

024

제시문은 실천 윤리학의 입장에서 이론 윤리학의 한계를 지적하고 있다. 실천 윤리학은 기존의 이론 윤리학이 도덕 원리나 법칙의 정당화에만 몰두하면서 현실의 구체적인 윤리 문제의 해결에 소극적이었다는 문제의식에서 출발했다.

바로잡기 ㄴ. 메타 윤리학의 한계점이다. ㄹ. 이론 윤리학의 한계점이라고 보기 어렵다.

025

(가)는 이론 윤리학, (나)는 실천 윤리학에 관한 설명이다. 이론 윤리학은 도덕적 행위의 기준이나 원리를 밝히는 것이 주된 목적이다. 그러나 과학 기술의 발달과 급속한 사회 변화에 따라 새롭게 발생한 윤리 문제에 대한 해결책이 필요해지면서 등장한 것이 실천 윤리학이다. 실천 윤리학은 이론 윤리학을 토대로 안락사 허용 문제와 같은 현실의 구체적인 윤리 문제에 대한 해결 방안을 모색하고자 한다.

바로잡기 ②, ③, ④, ⑤ 이론 윤리학의 탐구 주제이다.

1등급 정리 노트 이론 윤리학과 실천 윤리학 비교

구분	이론 윤리학	실천 윤리학
등장 배경	인간이 준수해야 할 도덕적 원리나 법칙 또는 내면적 성품과 덕성에 관한 탐구의 중시	과학 기술의 발달과 시대의 변화로 인해 전통 윤리로 해결하기 어려운 새로운 윤리 문제의 등장
역할	윤리적 행위를 판단하기 위한 원리나 기준 제시	이론 윤리학을 활용한 다양한 윤리 문제의 해결
종류	의무론, 공리주의, 덕 윤리 등	생명 윤리, 정보 윤리, 환경 윤리 등

026

㉠은 '이론 윤리학', ㉡은 '실천 윤리학'이다. 실천 윤리학은 이론 윤리학에서 제시한 다양한 윤리 이론인 의무론, 공리주의 등을 토대로 구체적인 윤리 문제를 해결하고자 한다.

바로잡기 ① 이론 윤리학에는 의무론, 공리주의, 덕 윤리 등이 있다. ② 이론 윤리학은 도덕적 행위의 법칙이나 원리를 탐구하고자 한다. ③ 실천 윤리학은 도덕 문제의 해결이 주된 임무이다. ⑤ 실천 윤리학의 등장 배경에 관한 진술이다.

027

제시문의 '나'는 규범 윤리학의 입장이고, '이러한 윤리학'은 기술 윤리학이다. 규범 윤리학은 윤리적 기준이 되는 이론을 제공하거나 구체적인 삶의 문제를 해결하기 위한 방법을 모색한다. 이러한 규범 윤리학의 입장에서는 도덕 관행의 기술에 치중하는 기술 윤리학이 삶의 문제 해결이 중요함을 간과하고 있다고 생각할 수 있다.

바로잡기 ①, ④ 메타 윤리학의 입장에서 제기할 수 있는 비판이다. ②, ③ 기술 윤리학의 입장에서 제기할 수 있는 비판이다. 기술 윤리학은 도덕 현상이나 도덕적 풍습을 있는 그대로 객관적으로 서술하는 것이 중요함을 강조한다.

028

제시문의 '나'는 실천 윤리학의 입장이고, '새로운 윤리학'은 메타 윤리학이다. 실천 윤리학은 구체적인 삶에서 제기되는 다양한 윤리 문제의 해결을 중시하는 반면, 메타 윤리학은 도덕적 언어의 의미와 도덕적 추론의 논리적 타당성 분석을 중시한다. 따라서 실천 윤리학을 강조하는 입장에서는 메타 윤리학이 도덕 원리를 근거로 한 도덕 문제 해결의 중요성을 간과하고 있다고 생각할 수 있다.

바로잡기 ① 메타 윤리학은 윤리적 문제 상황에 도덕 이론을 적용해야 함을 강조하지 않는다. ② 메타 윤리학은 도덕 언어의 분석이 중요함을 강조한다. ④ 메타 윤리학은 윤리학의 학문적 성립 가능성에 대한 모색이 필요함을 주장한다. ⑤ 기술 윤리학의 입장이다.

1등급 정리 노트 규범 윤리학과 메타 윤리학 비교

규범 윤리학	메타 윤리학
• 어떤 행동을 해야 하는지에 관한 보편적 원리를 연구함 • 이론 윤리학과 실천 윤리학으로 구분할 수 있음 　– 이론 윤리학 : 도덕적 행위를 정당화하는 규범적 근거를 제시함 　– 실천 윤리학 : 실제 문제에 윤리적 원리를 적용해 실천적 지침을 제공함	• 도덕적 언어의 의미와 도덕적 추론의 정당함을 검증하기 위한 논리를 분석함 • 분석 윤리학이라고도 함 • 윤리학에서 사용하는 도덕적 언어의 의미를 명확하게 설명하지 않아 도덕 판단 사이에 의견이 충돌하고 도덕적 실천에 혼란이 생긴다고 보는 입장임

029

갑은 메타 윤리학의 입장, 을은 기술 윤리학의 입장이다. 메타 윤리학은 도덕적 언어의 논리적 타당성과 그 의미를 분석해야 한다고 주장한다. 이와 달리 기술 윤리학은 각 사회의 도덕적 관행들을 문화적 사실로 보고, 이를 사실에 근거해 객관적으로 서술해야 한다고 주장한다.

바로잡기 ① 메타 윤리학은 도덕 명제에 대한 검증 가능성과 분석적 접근을 긍정한다. ② 실천 윤리학의 입장이다. ③ 메타 윤리학의 입장이다. ⑤ 이론 윤리학의 입장이다.

030

㉠은 '윤리학'이다. 윤리학은 도덕적 행동의 기준이나 규범을 체계적으로 탐구하는 학문이다.

031

윤리학은 궁극적으로 도덕적 실천을 지향하는 학문이다. 이를 위해 도덕적 행위 자체를 탐구하며, 도덕적 행위가 갖추어야 할 조건과 기준을 정립하고 나아가 가치 있는 삶의 방향을 안내한다.

채점 기준	수준
윤리학의 특징을 세 가지 모두 서술한 경우	상
윤리학의 특징을 두 가지만 서술한 경우	중
윤리학의 특징을 한 가지만 서술한 경우	하

032

제시된 자료는 이론 윤리학과 실천 윤리학을 비교한 표이다. 이론 윤리학에는 대표적으로 의무론, 공리주의, 덕 윤리 등이 있다. 실천 윤리학은 현대 사회의 다양한 영역에서 발생하는 윤리 문제를 탐구하며 대표적으로 생명 윤리, 정보 윤리, 환경 윤리, 사회 윤리 등이 있다.

033

이론 윤리학은 윤리적 행위의 근본 원리와 기준을 탐구한다. 이론 윤리학과 유기적인 관계에 있는 실천 윤리학은 이론 윤리학에서 제공하는 도덕 원리를 토대로 현실의 구체적이고 다양한 윤리 문제를 해결한다.

채점 기준	수준
이론 윤리학에서 제공하는 도덕 원리를 토대로 윤리 문제를 해결한다고 정확하게 서술한 경우	상
단순히 윤리 문제를 해결한다고만 서술한 경우	하

034

㉠은 '메타 윤리학'이다. 메타 윤리학은 도덕 문제를 해결하는 것보다는 '선', '악', '옳음', '그름'과 같은 도덕적 언어의 의미를 분석하고, 도덕적 추론의 정당성을 검증하기 위한 논리 분석에 관심을 둔다. 따라서 메타 윤리학은 현실의 구체적인 도덕 문제의 해결에는 일정한 한계가 있다.

035

실천 윤리학은 이론 윤리학과의 유기적인 관계를 통해 이론 윤리학의 연구 성과들을 적극적으로 활용하여 윤리 문제의 해결책을 찾고자 하는 특징이 있다. 또한 실천 윤리학은 오늘날 발생하는 윤리 문제를 분석하고 윤리 문제에 대한 해결책을 마련하기 위해 다양한 학문의 지식을 활용함으로써 윤리 문제에 학제적으로 접근한다는 특징이 있다.

채점 기준	수준
실천 윤리학의 특징을 두 가지 모두 정확하게 서술한 경우	상
실천 윤리학의 특징을 한 가지만 정확하게 서술한 경우	중
실천 윤리학의 특징을 모두 서술하였으나 미흡한 경우	하

적중 1등급 문제
11쪽

036 ①	037 ④	038 ⑤	039 ④

036 실천 윤리학과 기술 윤리학 비교하기

'나'는 실천 윤리학의 입장, '어떤 사람들'은 기술 윤리학의 입장이다. 실천 윤리학은 윤리 이론을 실제적인 윤리 문제에 적용하고, 구체적인 실천 방안을 모색하여 문제를 해결하는 데 주안점을 둔다. 기술 윤리학은 각 사회의 도덕적 관행이나 현상을 문화적 사실로 보고, 이를 서술하는 데 주안점을 둔다.

1등급 선택지 분석

① 구체적인 삶의 도덕적 딜레마를 해결해야 한다

✗ 당위의 관점이 아닌 사실의 관점을 탐구해야 한다
  – 기술 윤리학의 입장이다. 실천 윤리학은 당위적 관점을 중시한다.

✗ 도덕 관행의 발생 과정을 인과적으로 서술해야 한다
  – 기술 윤리학의 입장이다.

✗ 도덕 언어의 의미 분석을 주된 탐구 과제로 삼아야 한다
  – 메타 윤리학의 입장으로 실천 윤리학이 기술 윤리학에 제기할 수 있는 비판이 아니다.

✗ 윤리 문제에 적용되는 보편적 도덕 원리를 정립해야 한다
  – 이론 윤리학의 입장이다. 실천 윤리학은 보편적인 도덕 원리의 적용을 강조한다.

037 실천 윤리학의 입장 파악하기

(가)는 과학 기술의 급격한 발달로 인해 초래된 도덕적 문제 상황과 윤리적 과제들을 해결하기 위해 윤리 이론을 적용하여 대안을 마련하는 실천 윤리학이 필요함을 강조하고 있다.

1등급 선택지 분석

✗ A : 도덕 문제 해결을 위해 윤리 이론을 응용해야 하는가?
  – 실천 윤리학의 입장에서 "예"라고 대답할 질문이다.

ㄴ A : 도덕 명제에 대한 검증 가능성을 우선적으로 검토해야 하는가?
  → 메타 윤리학의 입장이다.

ㄷ B : 도덕 규범의 현실적인 적용과 대안 마련이 필요한가?

✗ B : 도덕 문제는 도덕적 가치와 무관한 문화적 사실일 뿐인가?
  – 실천 윤리학에서 "아니요"라고 대답할 질문이다. 기술 윤리학에서 "예"라고 대답할 질문이다.

038 이론 윤리학과 실천 윤리학 비교하기

(가)는 이론 윤리학의 입장, (나)는 실천 윤리학의 입장이다. 이론 윤리학은 어떤 도덕 원리가 윤리 문제를 해결하는 데 있어 근본 원리로서 타당한지를 탐구하며, 실천 윤리학은 이론 윤리학의 도덕 원리를 적용하여 현실의 구체적인 도덕 문제를 해결하고자 한다. 따라서 이론 윤리학과 실천 윤리학은 서로 유기적인 관계에 있으며, 윤리적 문제를 해결하기 위해 보편적 도덕 원리의 필요성을 중시한다는 공통점이 있다.

1등급 선택지 분석

✗ (가)는 (나)와 달리 도덕 관습에 대한 객관적 기술이 윤리학의 목적이라고 본다.
  – 도덕 관습에 대한 객관적 기술이 윤리학의 목적이라고 보는 입장은 기술 윤리학이다.

✗ (가)는 (나)와 달리 윤리학의 학문적 성립 가능성을 탐구하는 것이 윤리학의 핵심 목표라고 본다.
  – 윤리학의 학문적 성립 가능성 탐구를 윤리학의 핵심 목표로 삼는 입장은 메타 윤리학이다.

✗ (나)는 (가)와 달리 윤리적 문제를 해결할 때에는 가치를 분별하는 과정이 필요하다고 본다.
  – 이론 윤리학과 실천 윤리학 모두 윤리적 문제를 해결할 때에는 가치를 분별하는 과정이 필요하다고 본다.

✗ (나)는 (가)와 달리 윤리적 문제를 해결하기 위해서는 학제적 연구가 필요하지 않다고 본다.
  – 실천 윤리학은 학제적 연구의 필요성을 강조한다.

⑤ (가), (나)는 모두 윤리적 문제를 해결하기 위해 보편적 도덕 원리의 필요성을 중시해야 한다고 본다.

039 메타 윤리학과 실천 윤리학 비교하기

(가)는 메타 윤리학의 입장, (나)는 실천 윤리학의 입장이다. 실천 윤리학은 메타 윤리학에 비해 상대적으로 도덕적 추론의 타당성을 입증해야 함을 강조하는 정도(X)는 낮고, 현실의 도덕 문제에 대한 해결책 제시를 강조하는 정도(Y)은 높고, 도덕 이론의 적용보다 도덕 언어의 분석이 중요함을 강조하는 정도(Z)는 낮다. 제시된 좌표에서 이를 나타내는 지점은 ㉣이다.

1등급 선택지 분석

X : 도덕적 추론의 타당성을 입증해야 함을 강조하는 정도
  – 실천 윤리학이 메타 윤리학보다 상대적으로 낮다.

Y : 현실의 도덕 문제에 대한 해결책 제시를 강조하는 정도
  – 실천 윤리학이 메타 윤리학보다 상대적으로 높다.

Z : 도덕 이론의 적용보다 도덕 언어의 분석이 중요함을 강조하는 정도
  – 실천 윤리학이 메타 윤리학보다 상대적으로 낮다.

분석 기출 문제

13~17쪽

[핵심 개념 문제]

040 유교 **041** 불교 **042** 도가 **043** 동기 **044** 공리주의

045 딜레마 **046** ○ **047** × **048** ○ **049** × **050** ㉢

051 ㉢ **052** ㉠ **053** ㉡ **054** ㉠

055 ③ **056** ③ **057** ④ **058** ④ **059** ④ **060** ① **061** ②
062 ① **063** ④ **064** ② **065** ② **066** ⑤ **067** ① **068** ⑤
069 ③ **070** ④ **071** ④ **072** ⑤

1등급을 향한 서답형 문제

073 (예시답안) 도덕적 행위의 형식만을 제공하여 구체적인 행위의 지침을 주지 못한다. 두 개 이상의 도덕적 의무가 충돌할 경우 판단을 내리기 어렵다.
074 유용성(쾌락) **075** (예시답안) 갯벌 매립에 필요한 비용은 150억 원이며, 그에 따른 혜택은 700억 원이다. 따라서 비용보다 혜택이 크기 때문에 사업을 추진해야 한다. **076** 윤리적 성찰 **077** (예시답안) 도덕적 자각을 하는 계기가 될 수 있다. 인격을 함양하는 데 도움을 줄 수 있다.

055

제시문은 유교 사상가인 공자의 주장이다. 공자는 무력에 의존하는 정치를 반대하고 덕치(德治)를 강조하였는데, 덕치란 도덕과 예의로써 백성을 교화하는 정치를 말한다. 또한 그는 인(仁)의 실천 덕목으로써 서(恕)를 제시하였다. 서는 '내 마음을 미루어 남에게 미친다.', '자신이 원하지 않는 일을 남에게 시키지 마라.' 등으로 해석할 수 있다.

바로잡기 ㄱ. 공자는 모두가 더불어 잘 사는 대동 사회를 이상 사회로 제시하였다. 무위의 다스림이 이루어지는 소국 과민은 도가 사상가인 노자가 추구한 이상 사회이다. ㄹ. 공자가 강조한 인(仁)은 부모와 형제지매에 대한 사랑을 타인에게로 넓혀 가는 것이다.

056

(가)는 유교 사상, (나)는 도가 사상이다. 도가에서는 문명의 발달이 거의 없는 소박한 공동체인 소국 과민 사회를 이상 사회로 보고, 무지와 무욕의 삶을 강조하였다.

바로잡기 ①, ② 불교에서 강조하는 내용이다. ④ 도가에서는 집착과 편견을 버리고 인위적인 분별에서 벗어날 것을 강조한다. ⑤ 인의(仁義)를 바탕으로 한 도덕적 교화를 강조한 것은 유교만의 입장이다. 도가에서는 인의를 자연의 본성을 해치는 인위적인 것이라고 비판한다.

057

제시문은 불교 사상이다. 불교에서는 모든 존재가 인연으로 연결되어 있다는 연기의 깨달음을 강조하며, 위로는 깨달음을 구하고 아래로는 중생을 구제하여 자비를 실천하는 보살을 이상적 인간상으로 제시한다. 또한 살아 있는 모든 존재는 불성을 지니고 있다고 보며, 생로병사의 끊임없는 삶의 고통에서 벗어나 열반의 상태에 도달하기 위해 수행을 중시한다.

바로잡기 ④ 불교에서는 진리에 통달하지 못하는 마음의 상태인 무명을 고통의 원인이라고 본다.

유교	불교	도가
성인, 군자	보살	진인, 지인, 신인
사욕을 극복하고 진정한 예를 회복하여 인(仁)을 실천하는 도덕적인 사람	위로는 깨달음을 구하고, 아래로는 중생을 구제하여 자비를 실천하는 사람	세속적인 생활을 초월하고 무위자연(無爲自然)의 삶을 살아가는 사람

058

(가)는 유교 사상, (나)는 불교 사상이다. 불교에서는 진리에 대한 깨달음을 얻어 고통에서 벗어나면 열반 혹은 해탈이라는 이상적 경지에 도달할 수 있다고 강조한다.

바로잡기 ①, ⑤ 도가에서 강조하는 내용이다. ② 유교에서는 통치 방법과 관련하여 형벌이나 무력보다는 도덕과 예의로써 백성들을 교화하는 덕치(德治)를 강조한다. ④ 불교에서는 만물이 끊임없이 생멸 변화하여 고정된 실체가 없으며, 세상의 모든 것이 인연에 의해 생성된 일시적인 것으로서 영원하지 않다는 것을 깨닫게 되면 고통에서 벗어나 열반의 경지에 도달하게 된다고 본다.

059

(가)는 도가 사상가 장자의 주장이다. 팔정도와 삼학의 수행을 강조하는 불교와 달리 도가에서는 모든 차별이 소멸되고 외적인 제약에 얽매이지 않는 정신적 자유의 경지인 제물을 강조한다. 또한 도가에서는 제물의 경지에 오른 이상적 인간을 진인(眞人), 지인(至人), 신인(神人), 천인(天人)이라고 부른다.

바로잡기 ㄱ. 도가 사상의 입장에서 "예"라고 대답할 질문이다. 도가의 이상적 인간인 진인은 자연의 순리에 따라 무위의 삶을 사는 사람이다. ㄷ. 도가 사상의 입장에서 "아니요"라고 대답할 질문이다. 유교에서는 인간은 누구나 하늘로부터 도덕적 본성인 사단을 부여받았다고 본다. 따라서 유교 사상의 입장에서 "예"라고 대답할 질문이다.

팔정도(八正道)	삼학(三學)
• 정견(正見, 바른 견해) • 정사(正思, 바른 생각) • 정어(正語, 바른 언어) • 정업(正業, 바른 행위) • 정명(正命, 바른 직업) • 정정진(正精進, 바른 노력) • 정념(正念, 바른 마음 챙김) • 정정(正定, 바른 선정)	• 계(戒) : 몸과 입, 뜻으로 나쁜 짓을 하지 않도록 막는 것 • 정(定) : 어지럽게 흩어진 마음을 한곳으로 모으는 것 • 혜(慧) : 분별심을 없애고 진리를 있는 그대로 보는 것

060

칸트는 행위의 결과가 아닌 동기를 중시하며, 오로지 도덕 법칙을 준수하려는 의무 의식에서 나온 행위만을 도덕적 행위로 간주하였다. 그는 최대의 유용성 산출 내지 배려심이나 동정심에서 출발한 행위는 도덕적 행위로 인정하지 않는다.

바로잡기 세 번째 질문 : 칸트는 배려를 도덕성 판단의 척도로 제시하지 않는다. 네 번째 질문 : 공리주의 입장에서 긍정의 대답을 할 질문이다. 칸트는 최대의 유용성 산출이라는 행위의 결과를 도덕적 행위의 척도로 제시하지 않는다.

061

(가)는 칸트의 주장이다. 칸트는 행위의 동기를 중시하며, 누구나 반드시 지켜야 할 도덕 법칙을 '무조건 ○○하라.'와 같은 절대적인 명령인 정언 명령의 형식으로 제시한다. 또한 보편화 가능성과 인간 존엄성의 관점에서 도덕 법칙이 될 수 있는지 검토할 것을 주장한다.

바로잡기 ② 칸트가 "예"라고 대답할 질문이다. 칸트는 행위의 결과는 인간의 의지로 통제할 수 없는 영역임을 주장하며 오로지 도덕 법칙을 준수하려는 의무 의식이 동기가 된 행위만을 도덕적 행위로 인정한다.

062

㉠은 '자연법 윤리'이다. 자연법 윤리는 윤리적 의사 결정에서 '선을 행하고 악을 피하라.'라는 핵심 명제를 강조한다. 선을 행하라는 것은 자연의 질서를 따르라는 것이며, 악을 피하라는 것은 자연의 질서를 어기는 행위를 하지 말라는 뜻이다. 자연의 질서란 인간이 본성적으로 지니는 자연적 성향으로 아퀴나스는 자기 보존, 종족 보존, 신과 사회에 대한 진리 파악을 자연적 성향으로 제시하였다.

바로잡기 ②는 공리주의, ③은 담론 윤리, ④는 책임 윤리, ⑤는 덕 윤리의 입장에서 윤리적 의사 결정의 기준으로 제시할 질문이다.

063

제시문은 자연법에 대한 설명이다. 자연법 윤리에서는 '자연적 성향에 부합하는 행위인가?'를 윤리적 의사 결정의 기준으로 삼는다. 자살의 경우 자연법 윤리에서는 자기 보존의 자연적 성향을 거스르는 행위이기 때문에 금지해야 한다고 주장할 것이다.

바로잡기 ① 공리를 증진하고자 하는 공리주의 입장이다. ②, ③, ⑤ 자연법 윤리에서는 자연의 질서를 따르는 행위는 옳지만, 그렇지 않은 행위는 그르다고 본다. 자연법 윤리의 관점에서 볼 때 생명 복제, 인공 임신 중절, 유전자 조작은 자연의 질서를 따르는 행위가 아니므로 이에 대한 허용을 반대할 것이다.

064

공리주의는 쾌락과 행복을 증진시키는 행위가 선한 행위임을 강조하며, 행위의 결과를 통해 선악을 판단한다. 나아가 사회는 개인의 집합체이므로 최대 다수의 최대 행복을 가져오는 행위를 권장한다.

바로잡기 을은 자연법 윤리, 병은 책임 윤리, 정은 칸트 윤리의 입장이다.

065

갑은 공리주의 사상가인 벤담이다. 공리주의는 유용성의 증진 여부를 가치 판단의 척도로 여긴다. 오늘날에는 생식 보조술이 개인과 사회의 유용성을 증진시킨다는 사회적 합의가 이루어져 시험관 아기 시술이 널리 시행되고 있다.

바로잡기 ①, ③ 벤담의 입장에서 제시할 조언이 아니다. ④ 칸트 윤리에서 제시할 조언이다. ⑤ 자연법 윤리에서 제시할 조언이다.

066

제시문은 질적 공리주의를 확립한 밀의 주장이다. 그는 벤담의 양적 공리주의를 비판하면서 쾌락에도 질적인 차이가 있음을 강조하였다.

바로잡기 ① 칸트의 입장이다. ② 밀은 감각적 쾌락보다 정신적 쾌락을 추구해야 함을 주장한다. ③ 싱어의 주장이다. 밀은 감각적 쾌락만을 추구하는 동물과 달리 인간은 정신적 쾌락을 추구할 수 있다고 주장한다. ④ 규칙 공리주의 입장이다.

구분	벤담	밀
주장	쾌락을 측정한 결과 그 총량이 최대가 되는 행위가 도덕적인 행위임	쾌락의 양뿐만 아니라 질적인 차이도 고려해야 하며, 정신적 쾌락을 추구해야 함
차이점	양적 공리주의	질적 공리주의
공통점	• 최대 다수의 최대 행복 추구 • 유용성을 중시함	

067

㉠은 '덕 윤리'이다. 덕 윤리는 도덕적 성품을 갖춘 사람이 될 것을 강조한다. 도덕적 성품을 갖춘 사람은 자연스럽고 즐겁게 선한 행위를 실천할 수 있기 때문이다.

바로잡기 ②, ③ 공리주의 입장에서 평가할 내용이다. ④ 칸트 윤리의 입장에서 평가할 내용이다. ⑤ 자연법 윤리의 입장에서 평가할 내용이다.

068

도덕 과학적 접근이란 인간의 도덕성과 윤리적 문제를 과학에 근거하여 탐구하는 방식을 뜻한다. 도덕 과학적 접근은 도덕 판단이나 윤리 문제에 관한 객관적인 정보를 제공해 준다. 신경 윤리학은 신경 세포의 활동으로 윤리적 의사와 도덕성을 해명하고자 한다. 한편 진화 윤리학은 인간의 이타적 행위를 추상적 도덕 원리가 아니라 생물학적 적응의 산물로 설명한다.

바로잡기 ⑤ 신경 윤리학이나 진화 윤리학은 도덕적 삶의 방향을 설정하기보다는 과학적으로 어떤 과정을 거쳐 도덕 판단을 내리고 행동하는지, 어떤 요인이 도덕성의 형성에 영향을 끼치는지에 초점을 두고 탐구한다.

069

제시된 그림은 도덕적 탐구 과정을 간략히 나타낸 것이다. 도덕적 탐구는 일반적인 탐구 과정을 적용하면서도 모든 과정에서 이성적 사고와 함께 정서적 측면도 고려해야 한다.

바로잡기 ③ 윤리적 판단의 수준을 높이기 위해서는 자신의 이익에 부합하는지 검토하기보다 모든 행위자에게 보편적으로 적용할 수 있는지 보편화 가능성을 검토해야 한다.

070

제시문은 가치 있는 토론이 토론 참가자들을 도덕적이고 현명하게 만들어 준다고 보며, 토론 과정에서 자기 생각의 한계와 오류 가능성을 염두에 두는 개방적 자세를 가져야 한다고 주장한다.

바로잡기 ① (가)에서는 타인의 의견을 존중해야 한다고 본다. ② (가)에서는 타인의 주장을 비판적으로 검토해야 한다고 본다. ③ 개인적 신념은 주관적인 것으로 오류가 있을 수 있기 때문에 토론 과정에서 개인적 신념을 무조건 굽히지 않는 것은 바람직한 토론의 자세가 아니라고 볼 수 있다. ⑤ 토론은 자기주장을 관철하기 위해 타인의 주장을 비판하는 것이 아니라 당면 문제에 대한 해결책을 모색하기 위한 것이다.

071

(가), (나)는 모두 윤리적 성찰을 강조하고 있다. 윤리적 성찰은 윤리적 관점에서 깊이 반성하고 살피는 태도로 윤리적 성찰을 통해 윤리적 실천력을 높이고 도덕적 인격 완성을 이룰 수 있다.

바로잡기 ①, ② (가), (나)의 내용과 거리가 멀다. ③, ⑤ 토론과 관련 있는 내용이다.

072

갑은 소크라테스이고, 〈문제 상황〉은 자기 행동을 반성적으로 성찰하지 않은 아이히만의 비윤리적 태도를 보여 준다. 소크라테스는 성찰하지 않고 아무 생각 없이 살게 되면 스스로 인간의 존엄성을 포기하고 비도덕적인 인간이 될 수밖에 없으므로 윤리적 성찰이 중요하다고 주장한다. 윤리적 성찰은 근본적으로 가치 있는 것은 무엇인가를 기준으로 자신의 삶을 반성하고 살피는 것으로 윤리적 성찰을 통해 우리는 도덕적 앎과 실천 간의 간격을 좁히고, 자신의 변화를 도모함으로써 참다운 인격을 형성할 수 있다.

바로잡기 ①, ②, ③, ④ 윤리적 성찰을 강조하는 갑의 관점에서 내릴 수 있는 판단이라고 보기 어렵다.

073

칸트 윤리는 보편 윤리의 중요성을 인식시켰지만 도덕적 행위의 형식만을 제공하여 구체적으로 어떻게 행위해야 하는지 지침을 주지 못하며, 두 개 이상의 도덕적 의무가 충돌할 경우 판단을 내리기 어렵다는 한계가 있다.

채점 기준	수준
칸트 윤리의 한계를 두 가지 모두 정확하게 서술한 경우	상
칸트 윤리의 한계를 한 가지만 정확하게 서술한 경우	하

074

㉠은 '유용성(쾌락)'이다. 고전 공리주의는 양적 공리주의와 질적 공리주의로 구분되며, 현대에는 행위 공리주의와 규칙 공리주의로 발전하였다. 모든 공리주의는 유용성(쾌락)의 극대화를 추구한다.

075

공리주의는 윤리적 의사 결정을 할 때 항상 더 많은 유용성을 산출하는 대안을 찾으려고 한다. 이때 유용성을 계산하는 구체적인 방법은 비용 대비 혜택 분석이다. 예를 들어 어떤 지역을 개발하고자 할 때, 개발에 필요한 비용과 개발에 따른 혜택을 계산한 후 비용보다 혜택이 클 것으로 예상되면 개발을 추진한다.

채점 기준	수준
매립에 필요한 비용과 혜택을 구체적으로 분석하여 서술한 경우	상
비용과 혜택에 대한 구체적인 분석을 생략하고 서술한 경우	하

076

㉠은 '윤리적 성찰'이다. 윤리적 성찰은 자신의 마음가짐과 행동에 관하여 윤리적 관점에서 평가하고 반성하는 태도이다.

077

윤리적 성찰은 우리의 삶에서 도덕적 자각을 하는 계기가 될 수 있고, 인격 함양에 도움을 줄 수 있다.

채점 기준	수준
윤리적 성찰의 중요성을 두 가지 모두 정확하게 서술한 경우	상
윤리적 성찰의 중요성을 한 가지만 정확하게 서술한 경우	하

078 ①	079 ④	080 ①	081 ③	082 ②
083 ②	084 ④	085 ①		

078 유교 윤리 이해하기

그림의 강연자는 맹자이다. 유교 사상가인 맹자는 옳고 그름의 시비선악(是非善惡)을 분별하는 사랑의 정신인 인(仁)을 강조하였다. 그뿐만 아니라 인간은 선천적으로 선한 본성을 타고난다고 보았으며, 선한 본성으로 사단(四端)을 제시하였다. 사단은 다른 사람의 고통을 차마 그대로 보아 넘기지 못하는 선한 마음(불인인지심, 不忍人之心)으로서 구체적으로 남을 불쌍히 여기는 마음(측은지심), 자신의 잘못을 부끄러워하고 다른 사람의 옳지 못함을 미워하는 마음(수오지심), 겸손하고 양보하는 마음(사양지심), 옳고 그른 것을 가릴 줄 아는 마음(시비지심)을 말한다.

1등급 선택지 분석

㉠ 시비선악을 분별하는 사랑을 실천하세요.

✗ 선한 행동을 반복하여 순선한 본성을 형성하세요.
  – 유교에서는 순선한 본성은 타고나는 것이기 때문에 형성한다고 할 수 없다.

㉢ 선천적으로 우러나오는 선한 마음에 따라 행동하세요.

✗ 연기의 법칙을 깨달아 모든 사람에게 자비를 베푸세요.
  – 불교에서 지지할 입장이다.

079 불교 윤리와 도가 윤리 비교하기

(가)는 불교 사상, (나)는 도가 사상이다. 불교에서는 모든 존재가 원인[因]과 조건[緣]의 상호 작용에 의해 생겨나는 상대적이고 임시적인 존재일 뿐이기 때문에 고정불변하는 절대적 실체는 없다고 본다. 그런데 인간은 자기 자신과 현실 세계가 영원히 존속한다고 집착함으로써 탐욕, 분노, 어리석음의 삼독(三毒)에 빠져 고통을 겪는 것이다. 고통에서 벗어나기 위해서는 수행을 통해 삼독을 제거해야 한다. 불교에서는 삼독을 제거하여 진리에 대한 깨달음을 얻게 되면 열반 혹은 해탈이라는 이상적 경지에 도달할 수 있다고 본다. 한편 도가에서는 만물을 평등하게 바라보는 제물(齊物)을 실천해야 한다고 강조하였다. 제물이란 세속의 차별 의식에서 벗어나 도(道)의 관점에서 만물을 평등하게 인식하는 것을 말한다. 제물의 관점에서 사물을 보면 선악, 미추, 빈부의 분별은 상대적인 것에 불과하며 모든 차별은 사라진다. 도가 사상가인 장자는 제물의 경지에 도달하기 위한 방법으로 좌망과 심재를 제시하였다.

1등급 선택지 분석

✗ (가) : 고정불변하는 절대적 실체를 깨달아야 한다.
  – 불교에서는 만물이 끊임없이 생멸 변화하여 고정된 실체가 없다고 본다.

✗ (가) : 절대자와의 합일을 통해 성불(性佛)해야 한다.
  – 불교에서는 스스로 깨달아 성불해야 함을 강조한다.

✗ (나) : 깨달음을 얻기 위해서 삼독(三毒)을 제거해야 한다.
  – 불교에서 강조하는 내용으로, 삼독은 탐욕, 분노, 어리석음을 의미한다.

④ (나) : 만물을 평등하게 바라보는 제물(齊物)을 실천해야 한다.

✗ (가), (나) : 사욕(私慾)을 버리고 진정한 예(禮)를 회복해야 한다.
  – 유교에서 강조하는 내용이다. 유교 사상가인 공자는 개인이 사욕을 버리고 진정한 예를 회복해야 한다는 극기복례(克己復禮)를 주장하였다.

080 도가 윤리 이해하기

제시문은 도가 사상이다. 도가에서는 만물을 차별하지 않고 평등하게 바라보아야 하며, 무지와 무욕을 추구하면서 소박하게 살아야 함을 강조하였다.

- ㉠ 만물을 차별하지 않고 평등하게 보아야 하는가?
- ㉡ 명예와 욕심을 버리고 소박한 삶을 살아야 하는가?
- ✗ 사회적 지위에 따른 질서와 규범을 중시해야 하는가?
  - 유교에서 긍정의 대답을 할 질문이다. 도가에서는 사회적 질서와 규범이 사회 혼란의 원인이 될 수 있다고 본다.
- ✗ 연기의 법칙을 깨달아 자비의 정신을 실천해야 하는가?
  - 불교에서 긍정의 대답을 할 질문이다.

081 공리주의와 칸트 윤리 비교하기

갑 : 공동체의 행복은 공동체 구성원들의 행복의 총합이다. 어떤 행
벤담 동이 공동체의 행복을 증가시키는 경향이 감소시키는 경향보
다 더 클 경우, 그 행동은 공리의 원리에 일치한다고 말할 수 있
벤담의 '최대 다수의 최대 행복'을 말한다.
다. 우리는 마땅히 이 원리에 일치하는 행동을 해야 한다.

을 : 자연의 사물은 모두 자연법칙에 따라 작용하지만 이성적 존재
칸트 인 인간은 객관적 법칙에 맞게 자신의 의지를 강요해야 한다.
이는 곧 자기 강제이며 언제 어디서나 무조건적으로 타당한 명
령이어야 한다. 칸트의 정언 명령을 말한다.

갑은 공리주의의 입장인 벤담, 을은 의무론의 입장인 칸트이다. 행위의 결과를 중시하는 벤담은 쾌락의 추구와 고통의 감소를 강조하며, 유용성의 원리에 따라 최대 다수의 최대 행복을 도덕 판단의 일반 원리로 삼는다. 칸트는 도덕성을 판단할 때 행위의 결과보다는 동기를 중시하며, 정언 명령에 의해 제시되는 오직 선의지에서 나온 행위만이 도덕적으로 가치 있다고 본다.

- ① 갑은 유용성의 증대를 도덕 판단의 일반 원리로 본다.
- ② 갑은 쾌락의 증진과 고통의 감소를 추구해야 한다고 본다.
- ✗ 을은 도덕 판단에서 행복 추구의 경향성을 중시해야 한다고 본다.
  - 칸트는 도덕 판단에서 행복 추구나 쾌락 추구와 같은 자연적 경향성을 고려해서는 안 된다고 본다.
- ④ 을은 정언 명령에 따라 타인을 돕는 것은 도덕적 가치를 가진다고 본다.
- ⑤ 갑은 을과 달리 행위의 동기보다 행위가 산출하는 결과에 주목해야 한다고 본다.

082 공리주의 입장 파악하기

(가)는 벤담의 주장으로 공리주의 입장이다. 공리주의는 유용성의 원리를 옳은 행위를 결정하는 기준으로 본다. 유용성의 원리는 행위의 결과가 사람의 쾌락이나 행복을 증가 또는 감소시키는 정도에 따라 어떤 행위를 승인하거나 부인하는 원리이다. 즉 어떤 행위가 쾌락이나 행복을 증가시킨다면 그 행위는 유용한 행위로서 승인될 수 있다는 것이다. 이러한 공리주의 관점에서는 A에게 안락사가 유용성의 원리를 따르는 것인지 고려하라는 조언을 제시할 수 있다.

- ✗ 안락사가 자연의 질서에 부합하는 것인지 고려하세요.
  - 자연법 윤리에서 제시할 수 있는 조언이다.
- ② 안락사가 유용성의 원리를 따르는 것인지 고려하세요.
- ✗ 안락사가 인간을 목적으로 대우하는 것인지 고려하세요.
  - 칸트 윤리에서 제시할 수 있는 조언이다.
- ✗ 안락사가 유덕한 품성 함양에 기여하는 것인지 고려하세요.
  - 덕 윤리에서 제시할 수 있는 조언이다.
- ✗ 안락사가 결과보다 선한 동기를 중시하는 것인지 고려하세요.
  - 칸트 윤리에서 제시할 수 있는 조언이다.

083 덕 윤리적 입장 이해하기

(가)는 덕 윤리적 입장이다. 덕 윤리에서는 행위자가 선을 반복적으로 실천하여 옳은 행위를 습관화하고 이를 통해 유덕한 품성을 길러야 한다고 강조한다. 또한 도덕적 행위를 판단하는 것은 도덕 원리가 아니라 행위자에게 요구되는 바람직한 품성에 있다고 본다.

- ㉠ A : 옳은 행위의 습관화보다는 도구적 이성을 발휘해야 하는가?
- ✗ A : 선한 성품을 통해 자연스럽게 도덕적 행동을 실천할 수 있는가?
  - 덕 윤리적 입장에서 "예"라고 대답할 질문이다. 덕 윤리에서는 덕이 습관처럼 몸에 배이면 자연스럽게 덕 있는 행동을 실천하게 된다고 보았다.
- ㉢ B : 행위자의 유덕한 품성을 기르는 데 주목해야 하는가?
- ✗ B : 정신적 쾌락의 충족 여부를 기준으로 도덕성을 판단해야 하는가?
  - 덕 윤리적 입장에서 "아니요"라고 대답할 질문이다. 정신적 쾌락의 충족 여부를 도덕성 판단의 기준이라고 보는 것은 공리주의자 밀의 입장이다.

084 도덕적 추론의 과정 이해하기

㉠은 도덕 원리로, 보편화 결과 검사를 통해 보편화가 가능한지 검토할 필요가 있다. 도덕 원리(㉠)와 사실 판단(㉡)을 근거로 하여 도덕 판단(㉢)을 내리는 것이 도덕적 추론의 과정이다.

- ✗ (가)에 들어갈 내용은 '뇌사를 죽음으로 인정하는 것은 더 많은 사람에게 이익을 가져다주는 것이다.'이다. → 누군가의 생명을 고의로 해치는 것이다.
- ㉡ ㉠의 도덕 원리가 보편화 가능한지 검토할 필요가 있다.
- ✗ ㉡은 사실 관계로는 검증이 불가능한 가치와 관련된 판단이다.
  - ㉡은 사실 판단으로, 도덕적 추론을 명확히 하기 위해서는 사실 관계에 대한 검토 과정이 필요하다.
- ㉣ ㉢의 판단은 도덕 원리와 사실 판단을 근거로 내려진다.

085 윤리적 성찰의 중요성 파악하기

A 사상가는 소크라테스이다. 소크라테스는 "너 자신을 알라."라는 말을 통해 무지의 자각과 성찰을 통해 자신의 내면에 있는 참된 앎을 깨우칠 것을 강조하였다.

- ㉠ 성찰을 통해 자신의 내면에 있는 참된 앎을 깨우쳐라.
- ㉡ 자기 자신의 무지(無知)를 자각하고 진리를 추구하라.
- ✗ 불의(不義) 앞에서도 당당할 수 있는 호연지기를 길러라.
  - 맹자의 주장이다. 맹자는 의로운 행위의 실천을 통해서 호연지기(하늘과 땅 사이에 가득 찬 넓고 올곧은 기운)를 기를 수 있다고 하였다.
- ✗ 도덕적 행동의 반복적 실천을 통해 중용(中庸)에 이르러라.
  - 아리스토텔레스의 주장이다. 중용은 지나침과 모자람이 없이 어떤 극단에도 치우치지 않는 상태를 의미한다.

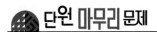

01 현대 생활과 실천 윤리

086 ②   **087** ②   **088** ②   **089** ②   **090** ②   **091** ㉠ 규범 윤리학, ㉡ 메타 윤리학, ㉢ 기술 윤리학   **092** 예시답안 이론 윤리학 : 도덕규범의 원리를 정립하고자 한다. 실천 윤리학 : 도덕 원리를 현실에 적용하여 윤리 문제의 바람직한 해결 방안을 모색한다.   **093** 예시답안 실천 윤리학은 사회·문화적 변화와 과학 기술의 발달에 따라 새롭게 등장한 윤리 문제에 대한 구체적인 도덕 판단과 행위 지침을 제공하기 위해 필요하다.

02 현대 윤리 문제에 대한 접근과 탐구

094 ②   **095** ②   **096** ③   **097** ⑤   **098** ④   **099** ⑤   **100** ⑤   **101** ⑤   **102** ①   **103** ㉠ 신경 윤리학, ㉡ 진화 윤리학   **104** 예시답안 뇌의 전면을 영상으로 보여 주는 장치를 활용한다.

105 예시답안 도덕적 판단과 행동의 과정, 도덕성의 형성 요인 등에 대한 과학적 해명에 도움을 줄 수 있다.

086

제시문에서는 현실적인 윤리적 쟁점이나 도덕 문제에 대한 당위적 해결 방안의 모색을 강조하고 있다. 이는 실천 윤리학의 관점에서 제시할 수 있는 탐구 방안이라고 할 수 있다.

바로잡기 ㄴ. 메타 윤리학의 관점에서 주장할 수 있는 탐구 방안이다. 제시문에서는 이러한 메타 윤리학의 방안보다 실천 윤리학적 탐구 방안을 강조한다. ㄹ. 기술 윤리학의 관점에서 주장할 수 있는 탐구 방안이다.

087

⑺는 이론 윤리학의 입장, ⑻는 실천 윤리학의 입장이다. 이론 윤리학과 실천 윤리학은 모두 도덕 문제를 해결하기 위해 도덕 원리가 필요하다고 보며, 도덕 문제에 대한 규범적인 접근을 중시한다.

바로잡기 ① 메타 윤리학에서 긍정의 대답을 할 질문이다. ③ 실천 윤리학에서 부정의 대답을 할 질문이다. 실천 윤리학에서는 사회·자연 과학적 지식이 필요하다고 본다. ④ 실천 윤리학에서만 긍정의 대답을 할 질문이다. ⑤ 기술 윤리학에서 긍정의 대답을 할 질문이다.

088

⑺는 이론 윤리학의 관점, ⑻는 메타 윤리학의 관점이다. 이론 윤리학은 가치 판단을 위해 보편적 도덕 원리의 정립을 윤리학의 목표라고 보며, 메타 윤리학은 윤리학의 학문으로서의 성립 가능성 모색을 윤리학의 목표라고 본다.

바로잡기 ① 메타 윤리학에서는 도덕 명제가 진위 판단의 대상이 아니라고 본다. ③ 이론 윤리학에서는 도덕 문제를 가치 중립적으로 고찰해서는 안 된다고 본다. ④ 기술 윤리학이 메타 윤리학에 대해 제기할 수 있는 비판이다. ⑤ 이론 윤리학은 윤리학이 실제적 도덕 문제의 해결에 기여해야 한다고 본다.

089

제시문은 기술 윤리학의 입장이다. 기술 윤리학은 도덕 현상에 대한 객관적이고 경험적인 서술과 인과적 분석을 강조한다.

바로잡기 첫 번째 입장 : 이론 윤리학의 입장이다. 두 번째 입장 : 실천 윤리학의 입장이다.

090

A는 '이론 윤리학', B는 '실천 윤리학', C는 '기술 윤리학'이다. 실천 윤리학은 이론 윤리학을 활용하여 현실의 구체적 문제를 해결하는 것에 중점을 두기 때문에 실천 윤리학은 '문제 중심 윤리학' 또는 '응용 윤리학'이라고 불릴 만큼 실천 지향적 성격을 지닌다. 또한 실천 윤리학은 윤리 문제에 대한 바람직한 해결책을 마련하고자 생명 과학, 의학, 법학 등 다양한 학문 분야의 전문 지식과 기술을 활용하는 학제적 연계를 중시한다.

바로잡기 ㄴ. 보편적 도덕 원리를 정립하고자 하는 것은 이론 윤리학이다. ㄹ. 다양한 도덕적 관습의 객관적 기술을 강조하는 것은 기술 윤리학이다.

091

㉠은 '규범 윤리학', ㉡은 '메타 윤리학', ㉢은 '기술 윤리학'이다. 윤리학은 지향하는 목적과 탐구 방법에 따라 규범 윤리학, 메타 윤리학, 기술 윤리학으로 분류될 수 있다. 이론 윤리학과 실천 윤리학으로 나뉠 수 있는 규범 윤리학은 도덕적 행위의 근거가 되는 도덕 원리를 탐구하고, 이를 바탕으로 도덕적 문제의 해결과 실천 방안을 제시한다. 메타 윤리학은 도덕적 언어의 의미 분석과 도덕적 추론의 정당성을 검증하기 위한 논리 분석에 치중한다. 기술 윤리학은 도덕 현상과 문제에 대한 명확한 기술과 기술된 현상들 간의 인과 관계를 설명하는 것이 주된 탐구 과제이다.

092

규범 윤리학은 이론 윤리학과 실천 윤리학으로 구분된다. 이론 윤리학은 도덕규범의 원리를 정립하고자 하며, 실천 윤리학은 이론 윤리학에서 제공하는 도덕 원리를 현실에 적용하여 윤리 문제의 바람직한 해결 방안을 모색한다.

채점 기준	수준
이론 윤리학과 실천 윤리학의 특징을 각각 정확하게 서술한 경우	상
이론 윤리학과 실천 윤리학의 특징을 한 가지만 정확하게 서술한 경우	중
이론 윤리학과 실천 윤리학의 특징을 서술하였으나 미흡한 경우	하

093

사회·문화적 변화와 과학 기술의 발달에 따라 새롭게 등장한 윤리 문제에 대해 구체적인 도덕 판단과 행위 지침이 필요하였지만 도덕 원리의 정립이 주된 목적인 이론 윤리학으로는 한계가 있어 실천 윤리학이 등장하게 되었다.

채점 기준	수준
실천 윤리학의 필요성을 정확하게 서술한 경우	상
실천 윤리학의 필요성을 서술하였으나 미흡한 경우	하

094

⑺는 유교 사상이다. 유교에서는 항상 올바른 몸가짐과 마음가짐으로 도리를 실천할 것을 강조하고, 사사로운 욕심을 극복하고 예를 실현하는 삶을 추구해야 한다고 주장한다.

바로잡기 ㄴ. 유교 사상의 입장에서 "예"라고 대답할 질문이다. 유교에서는 항상 도리에 어긋나지 않도록 몸가짐을 바르게 해야 한다고 본다. ㄹ. 유교 사상의 입장에서 "아니요"라고 대답할 질문이다. 우주 만물의 무상함을 깨달아 마음을 비워야 함을 강조하는 사상은 불교이다.

095

제시문의 갑은 유교 사상가 공자이며, 을은 도가 사상가 노자이다. 노자의 입장은 공자의 입장에 비해 상대적으로 도의 실현을 위해 사회 규범 확립을 강조하는 정도(X)와 도덕과 예의로써 백성을 교화해야 함을 강조하는 정도(Y)는 낮고, 도의 관점에서 인위적으로 일을 도모하지 않아야 함을 강조하는 정도(Z)는 높다. 제시된 좌표에서 이를 나타내는 지점은 ⓒ이다.

096

그림의 강연자는 불교 사상가 지눌이다. 불교에서는 모든 존재와 현상은 서로 연결되어 있다는 연기에 대한 깨달음을 통해 상호 의존성을 자각해야 한다고 본다. 또한 참선을 통해 마음을 수양하여 삼독(탐욕, 분노, 어리석음)으로부터 벗어나야 열반 또는 해탈이라는 이상적 경지에 도달할 수 있다고 주장한다.

바로잡기 ㄱ. 불교에서 삼독이란 제거해야 할 세 가지 독으로 탐욕, 어리석음, 분노를 말한다. ㄴ. 유교에서 강조하는 내용으로 불교와 관련이 없다.

097

갑은 도가 사상가 노자이다. 도가에서는 인위적인 규범이나 가치를 초월하여 무지와 무욕의 상태를 추구해야 한다고 본다. 또한 물과 같이 자연의 순리에 따라 소박하게 살아가는 삶을 강조한다.

바로잡기 ① 유교에서 강조할 내용이다. ② 도가에서는 자연 현상을 극복하는 것이 아니라 자연 현상에 순응할 것을 강조한다. ③ 도가에서는 인간의 본성을 악하다고 판단하지 않는다. ④ 도가에서는 지속적인 경전 공부를 강조하지 않는다.

098

제시문은 칸트의 주장이다. 칸트는 행위의 결과보다 행위를 하게 된 동기와 행위의 도덕성을 중시한다. 행위의 도덕성을 평가할 때에는 선의지에서 나온 것인지가 판단의 근거가 된다. 선의지는 옳은 행위를 오로지 옳다는 이유에서 따르는 마음가짐이다. 칸트는 선의지에 따라 보편적이고 무조건적인 도덕 법칙을 이행해야 한다고 주장한다. 보편적인 도덕 법칙은 '무조건 ○○하라.'와 같은 정언 명령의 형식을 띠고 있는 당위로서 칸트는 도덕 법칙을 쾌락 추구와 같은 자연적 감정을 배제하고 무조건적으로 따라야 하는 것으로 본다.

바로잡기 ④ 칸트는 행위의 도덕성을 평가할 때 유용성 극대화의 원칙을 적용해야 한다고 주장하지 않는다. 유용성 극대화의 원칙을 강조하는 것은 공리주의 입장이다.

099

제시문을 주장한 사상가는 벤담이다. 벤담은 쾌락의 추구와 고통의 감소, 사회 전체의 공리 증진을 강조하였다.

바로잡기 ㄱ. 무조건적인 도덕 법칙을 강조한 사상가는 칸트이다. ㄴ. 덕 윤리의 입장이다. 벤담은 공동체의 전통에 부합하는지의 여부보다 유용성의 원리를 우선 고려해야 한다고 본다.

100

갑은 공리주의자 밀, 을은 덕 윤리학자 매킨타이어이다. 밀은 벤담과 마찬가지로 인간은 고통을 피하고 쾌락을 추구하는 존재라는 점을 강조하며 도덕 판단의 기준은 행위의 결과에 있다는 결과주의를 옹호한다. 매킨타이어는 도덕 판단 과정에서 공동체의 전통과 구체적

인 맥락을 고려해야 하며, 자연적인 감정이나 관계에서 비롯된 행위도 도덕적 가치를 갖는다고 주장한다.

바로잡기 ⑤ 매킨타이어만의 입장이다. 밀은 공리주의자로 유용성을 중시한다.

101

㉠ 단계에서는 윤리적 쟁점 혹은 딜레마를 발생시키는 윤리 문제의 핵심을 파악한다. ㉢ 단계에서는 윤리적 쟁점에 관한 자신의 입장을 채택하고 대안을 설정하며, 이에 관한 정당화 근거를 제시한다. ㉣ 단계에서는 도덕적 탐구 활동을 반성적으로 성찰하고 자신의 입장을 정리한다.

바로잡기 ㉡ 단계에서는 윤리적 쟁점에 관한 자료를 수집하고 분석한다. 이것은 자기 입장과 근거를 설득력 있게 제시하는 데 도움이 된다. ㉣ 단계에서는 자기주장에 담긴 오류 가능성을 염두에 두고 토론을 하여 최선의 대안을 마련한다.

102

제시문은 이이의 주장이다. 이이는 학문을 하기에 앞서 자신의 잘못된 행실을 반성하고 이를 윤리적으로 성찰하는 자세를 가져야 함을 강조하였다.

바로잡기 ㄷ. 이이는 도덕적 실천은 윤리적 지식과 관련된다고 본다. ㄹ. 제시문에서는 자신과 다른 입장의 사람들을 권위적으로 제어할 것을 강조하지 않는다.

103

㉠은 '신경 윤리학', ㉡은 '진화 윤리학'이다. 인간 존재의 특성이나 윤리 문제를 과학적으로 이해하려는 도덕 과학적 접근으로는 신경 윤리학과 진화 윤리학이 있다. 신경 윤리학은 과학적 접근 방법을 통해 도덕 판단 과정에서의 이성과 정서의 역할 등을 입증하는 것이다. 한편 진화 윤리학은 도덕성을 진화의 측면에서 설명한다. 즉 인간의 이타적 행위는 추상적인 도덕 원리가 아니라 생물학적 적응의 산물이라고 주장한다.

104

신경 윤리학의 대표적인 과학적 측정 방법으로는 뇌의 전면을 영상으로 보여 주는 장치를 활용하는 것 등이 있다.

채점 기준	수준
신경 윤리학의 과학적 측정 방법을 적절하게 서술한 경우	상
신경 윤리학의 과학적 측정 방법을 서술하였으나 미흡한 경우	하

105

도덕 과학적 접근은 인간의 도덕성을 과학적으로 이해하려는 시도라고 할 수 있다. 따라서 도덕 과학적 접근은 인간이 어떤 과정을 거쳐 도덕 판단을 내리고 행동하는지, 어떤 요인이 도덕성 형성에 영향을 미치는지에 초점을 두고 도덕적 판단과 행동의 과정, 도덕성의 형성 요인 등에 대해 과학적 해명을 하고자 한다.

채점 기준	수준
도덕 과학적 접근이 주는 시사점을 구체적으로 서술한 경우	상
도덕 과학적 접근이 주는 시사점에 대해 거의 근접하게 서술한 경우	중
도덕 과학적 접근이 주는 시사점의 핵심을 제대로 파악하지 못하고 서술한 경우	하

II 생명과 윤리

03 삶과 죽음의 윤리

분석 기출문제
25~28쪽

[핵심 개념 문제]

106 자연법 윤리	**107** 비가역성	**108** 불가피성	**109** ○
110 ×	**111** ×	**112** ㉡	**113** ㉠	**114** ㉡	**115** ㉡	**116** ㉠
117 ㉠	**118** ㉡		

119 ⑤	**120** ④	**121** ④	**122** ①	**123** ④	**124** ⑤	**125** ⑤
126 ③	**127** ③	**128** ⑤	**129** ③	**130** ③	**131** ②	

1등급을 향한 서답형 문제

132 인공 임신 중절   **133** 예시답안 (1) 태아는 인간이 아니다. 여성은 자신의 신체에서 일어난 일을 선택할 권리가 있다. 여성은 자기방어와 정당방위의 권리를 지니기 때문에 일정한 조건에서는 인공 임신 중절을 할 수 있다. (2) 모든 인간의 생명은 존엄한데, 태아도 역시 생명이 있는 인간이다. 태아는 무고한 인간이므로 태아를 죽이는 행위는 잘못이다. 태아는 일정한 발생 과정을 거쳐 성숙한 인간으로 발달할 잠재성을 가지고 있다.   **134** 인격

135 예시답안 그리스도교에서는 신으로부터 받은 생명을 스스로 끊어서는 안 된다고 본다. 칸트는 자살이 고통을 회피하기 위해 생명과 인격을 수단으로 삼는 것이라고 본다. 쇼펜하우어는 자살이 문제를 해결하는 것이 아니라 회피해 버리는 것이라고 본다.

119

㉠은 '출생'이다. 생물학적 의미에서 출생은 부모의 생식 세포가 수정된 후 임신 기간을 지나 태아가 모체와 분리되어 독립된 생명체가 되는 것이다. 그러나 출생은 단지 생물학적 의미만을 갖는 것은 아니다. 출생은 인간의 자연적 성향을 실현하는 과정으로 도덕적 주체로서 한 인간의 삶의 출발점이라는 윤리적 의미가 있다.

바로잡기 ①, ③ 출생의 생물학적 의미이다. ② 출생의 윤리적 의미와 관련이 없는 진술이다. ④ 출생의 윤리적 의미와 관련이 없는 진술이다. 게다가 출생은 인간만이 거치는 통과 의례가 아니라 모든 생명체라면 겪어야 할 하나의 과정이다.

120

제시된 가상 인터뷰의 사상가는 공자이며, 대화 내용은 『논어』의 「선진편」을 각색한 것이다. 공자는 죽음 이후의 세계보다 현세에서의 삶에 최선을 다해야 한다고 주장하였다. 그러기 위해 자신의 인격을 수양하고 도덕적으로 살아가는 방법과 도리를 탐구하는 데 주력해야 한다고 보았다. 공자를 비롯한 유교 사상가들은 내세보다 현세의 도덕적인 삶에 더욱 관심을 기울였다.

바로잡기 ① 하이데거의 죽음관이다. ② 도가의 죽음관이다. ③ 불교의 죽음관이다. ⑤ 플라톤의 죽음관이다.

121

갑은 에피쿠로스, 을은 도가 사상가 장자이다. 에피쿠로스는 인간이 죽음을 경험할 수 없기 때문에 죽음에 대해 두려워할 필요가 없다고

보았다. 도가 사상가인 장자는 죽음을 기(氣)의 자연스러운 순환 과정으로 보았기 때문에 두려워할 필요가 없다고 보았다.

바로잡기 ① 에피쿠로스는 죽음을 피할 수 없는 것이라고 본다. ② 플라톤의 죽음관이다. ③ 죽음을 윤회의 한 과정으로 보는 것은 불교이다. ⑤ 에피쿠로스와 장자 모두 죽음을 두려움의 대상으로 보지 않는다.

1등급 정리 노트 | 에피쿠로스와 장자의 죽음관 비교

	에피쿠로스의 죽음관	장자의 죽음관
공통점	죽음을 두려워하고 걱정할 필요가 없음	
차이점	• 죽음은 결합된 원자가 분리되어 개별 원자로 돌아가는 것임 • 살아 있으면 죽음이 없고, 죽으면 느끼는 내가 없으므로 죽음을 인식하지 못함	• 삶은 기(氣)의 모임이고, 죽음은 기의 흩어짐임 • 삶과 죽음은 자연스러운 현상이며, 인간이 개입할 수 없는 필연적인 과정임

122

갑은 플라톤, 을은 하이데거이다. 플라톤은 죽음을 통해 영혼이 육체에서 벗어나 순수한 인식을 통해 진리를 알게 될 것이라고 보았다. 하이데거는 인간이 스스로 죽음에 직면해 봄으로써 진정한 자아를 발견할 수 있다고 보았다. 두 사상가는 죽음을 바라보는 관점이 서로 다르지만 모두 죽음을 두려워할 필요가 없다고 본 점에서는 공통점이 있다.

바로잡기 ② 플라톤만 긍정의 대답을 할 질문이다. ③, ④, ⑤ 플라톤과 하이데거의 죽음관과 관련이 없는 질문이다.

123

(가)는 에피쿠로스의 주장이다. 그는 인간이 죽음을 감각할 수 없기 때문에 두려워할 필요가 없다고 보았으며, 인간은 원자의 결합으로 구성되어 있고 죽음은 결합된 원자가 분리되어 개별 원자로 돌아가는 것이라고 주장하였다.

바로잡기 ① 스토아학파의 입장이다. 스토아학파에 따르면 자연 안에서 일어나는 모든 일은 자연법칙에 따라 이미 그렇게 되도록 운명 지어진 것으로 바꿀 수도 없고 바꿀 필요도 없기 때문에 인간은 단지 이를 받아들이고 순응하며 살아야 하는데, 죽음을 받아들이는 것도 운명에 순응하며 사는 것이다. ② 플라톤의 입장이다. ③ 에피쿠로스의 입장과 무관하다. ⑤ 도가의 입장이다.

124

갑은 '선택 옹호주의' 입장으로 여성의 자기 결정권을 전제로 인공 임신 중절을 찬성하는 반면, 을은 임신한 여성의 선택권보다는 태아의 생명을 존중하는 것이 중요하다는 '생명 옹호주의' 입장으로 인공 임신 중절을 반대한다.

바로잡기 ①, ③ 인공 임신 중절에 대해 반대하는 입장의 논거이다. 갑은 인공 임신 중절을 찬성하는 입장이다. ②, ④ 인공 임신 중절을 찬성하는 입장의 논거이다. 을은 인공 임신 중절을 반대하는 입장이다.

125

제시문은 임신부의 자기 결정권을 존중하여 임신 초기에 인공 임신 중절을 허용해야 한다는 입장이다. 인공 임신 중절에 대해 찬성하는 입장에서는 태아를 여성의 몸의 일부로 간주하며, 여성이 자기 몸에 대한 소유권을 가진다고 본다. 또한 여성은 자신의 삶을 자율적으로

결정할 수 있는 권리가 있다고 주장한다.

바로잡기 첫 번째 논거 : 태아는 생명이 있는 인간이므로 보호해야 한다는 내용은 인공 임신 중절을 반대하는 입장의 논거이다. 네 번째 논거 : 태아는 잘못이 없는 인간이기 때문에 태아를 해치는 것은 도덕적으로 옳지 않다는 내용은 인공 임신 중절을 반대하는 입장의 논거이다.

인공 임신 중절에 대한 찬반 입장 비교

찬성 입장	반대 입장
• 태아는 인간이 아님 • 여성은 자기방어와 정당방위의 권리를 지니기 때문에 일정한 조건에서는 인공 임신 중절을 할 수 있음 • 여성은 자신의 삶을 자율적으로 영위할 권리를 가짐 • 여성은 자기 몸에 대한 소유권을 지니는데, 태아는 여성의 신체 일부로서 여성은 자신의 신체에서 일어난 일을 선택할 권리를 가짐 • 인공 임신 중절을 합법화할 때 불법적·음성적 낙태도 줄일 수 있음	• 모든 인간의 생명은 존엄하며, 태아도 역시 생명이 있는 인간임 • 잘못이 없는 무고한 인간을 죽이는 행위는 도덕적으로 옳지 않으며, 태아는 무고한 인간임 • 태아도 엄연히 인간으로서의 지위를 가짐 • 태아는 일정한 발생 과정을 거쳐 성숙한 인간으로 발달할 잠재성을 가지고 있음 • 인공 임신 중절의 합법화는 생명 경시 풍조 만연으로 이어질 수 있음

126

㉠은 '자살'이다. 자살에 있어 칸트와 쇼펜하우어 모두 자살이 도덕적으로 옳지 않음을 주장한다. 칸트는 자살이 인간의 인격을 한낱 수단으로 이용하는 것이라고 비판하며, 쇼펜하우어는 자살이 문제를 해결하는 것이 아니라 회피하는 수단이라고 비판한다. 이렇듯 자살은 문제를 해결하며 자신의 능력을 발휘할 가능성을 포기하게 하고, 가족과 친구 등 주변 사람에게 깊은 슬픔과 고통을 안겨 주는 등 윤리적으로 정당화하기 어렵다.

바로잡기 ㄱ. 자살은 오히려 개인의 주체성과 자율성을 지나치게 강조할 때 발생할 수 있는 행위라고 볼 수 있다. ㄹ. 스스로 목숨을 끊는 것이 자살이다.

127

갑은 생명은 그 자체로 신성하다는 생명 외경 사상을 주장한 슈바이처이다. 슈바이처는 모든 생명은 내재적 가치를 지니기 때문에 그 자체로 소중하다고 주장한다. 따라서 슈바이처는 자살하고 싶은 A에게 생명은 그 자체로 내재적 가치를 지니는 것임을 명심해야 한다고 조언할 수 있다.

바로잡기 ① 유교의 관점이다. 유교에는 부모로부터 받은 자신의 신체를 훼손하지 않는 것이 효의 시작이라고 보았다. ② 자연법 윤리의 관점이다. 자연법 윤리는 자살이 생명 보존이라는 자연적 질서에 어긋나는 행위라고 본다. ④ 개인의 자율성과 주체성을 강조하는 실존주의 입장이지만 실존주의는 죽음이 아닌 주체적 삶을 강조한다. ⑤ 그리스도교의 관점이다. 그리스도교에서는 신으로부터 선물로 받은 목숨을 스스로 끊어서는 안 된다고 본다.

128

갑은 생명의 존엄성을 지키기 위해 인위적으로 죽음에 개입해서는 안 된다고 주장한다. 반면 을은 연명 치료 중단이 자연의 과정을 따르는 것이므로 허용되어야 한다고 주장하며, 소극적 안락사를 찬성하는 입장이다. 을의 입장에서는 갑이 자연의 과정을 거스르지 않는 안락사 방법은 허용될 수 있다는 것을 간과하고 있다고 비판할 수 있다.

바로잡기 ① 을은 소극적인 안락사를 주장한다. ②, ③ 을의 입장이 아니다. ④ 을은 환자의 회생 가능성이 없어야 연명 치료를 중단할 수 있다고 본다.

적극적 안락사와 소극적 안락사 비교

적극적 안락사	소극적 안락사
환자의 삶을 단축시킬 것을 의도하여 구체적인 행위(치사량의 약물이나 독극물의 직접 주사 등)를 능동적으로 행함	죽음의 진행 과정을 일시적으로 저지하거나 연명시킬 수 있는 의료 행위를 하지 않고 자연스럽게 죽음에 이르게 함

129

(가)는 공리주의 관점이며, (나)는 안락사 사례이다. 공리주의 관점에서는 연명 치료로 치유 불가능한 환자에게 과다한 경비를 사용하는 것은 환자 본인과 환자 가족에게 경제적·심리적으로 큰 부담이며, 큰 고통을 주는 것이라고 본다. 따라서 ㉠의 행위는 공리주의 입장에서 환자 가족의 경제적·심리적 고통을 경감시키는 행위로서 사회 전체의 이익에도 부합한다고 평가할 것이다.

바로잡기 ①, ② 안락사에 대한 칸트의 입장이다. ④ 공리주의 입장에서는 생명의 존엄성보다 유용성의 측면에서 안락사에 접근할 것이다. ⑤ 공리주의 입장에서 내릴 수 있는 평가라고 보기 어렵다.

안락사에 대한 찬반 입장 비교

찬성 입장	반대 입장
• 인간은 자기 자신의 신체와 생명, 죽음에 대한 권리를 가짐 • 공리주의적 관점 : 치유 불가능한 환자에게 과다한 경비를 사용하는 것은 환자 본인과 가족에게 심리적·경제적 고통을 주는 행위이며, 제한된 의료 자원을 효율적으로 사용하지 못해 사회 전체의 이익에도 부합하지 않음	• 인간의 생명은 존엄하며, 인간은 자신의 죽음을 인위적으로 선택할 권리를 가지고 있지 않음 • 자연법 윤리 : 죽음을 인위적으로 앞당기는 행위는 자연의 질서에 부합하지 않음 • 칸트의 의무론 : 생명을 살리는 것은 인간의 마땅한 의무이지만 안락사는 인간의 생명을 훼손함

130

제시문은 뇌사를 죽음의 판정 기준으로 삼을 수 없다는 입장이다. 이러한 입장에서는 인간의 생명을 실용적 가치로 따져서는 안 된다고 본다.

바로잡기 ①, ②, ④, ⑤ 뇌사를 죽음의 판정 기준으로 삼고자 하는 입장에서 주장하는 내용이다. 특히 이 입장에서는 뇌사자의 장기를 장기 이식에 활용하게 되면 많은 생명을 살릴 수 있다고 주장한다.

뇌사에 관한 국내외의 입장

• 국내 : 뇌사자가 장기 기증을 하는 경우에만 제한적으로 뇌사를 인정하고 있다. '장기 등 이식에 관한 법률'에 따르면 뇌사 추정자의 장기 등을 기증하기 위해 뇌사 판정을 받으려는 사람은 뇌사 추정자의 검사 기록 및 진료 담당 의사의 소견서를 첨부해 뇌사 판정의 장에게 뇌사 판정 신청을 해야 한다.
• 국외 : 프랑스, 오스트레일리아, 그리스 등은 뇌사를 법적으로 인정하고 있다.

131

갑은 뇌사를 죽음으로 인정하는 입장이고, 을은 뇌사를 죽음으로 인정하지 않는 입장이다. 갑은 인격성은 뇌에서 비롯된다고 보며, 뇌사를 인정할 경우 장기 이식으로 인해 사회적 유용성이 증진된다고 본다. 을은 인간의 생명 그 자체를 존엄한 것으로 보며, 생명은 실용적 관점에서 파악할 수 없는 것이라고 본다.

바로잡기 ①, ⑤ 갑의 입장에서 강조할 수 있는 내용이다. 뇌사를 죽음으로 인정하는 입장에서는 뇌의 기능이 정지하면 인간으로서의 고유한 활동을 할 수 없기 때문에 뇌사를 죽음의 판정 기준으로 본다. ③, ④ 을이 강조할 내용이 아니다. 다수의 생명을 살릴 수 있는 경우에만 뇌사를 인정하는 등 생명을 다수의 이익이라는 사회적 유용성에 따라 평가하는 것은 공리주의 관점이다.

1등급 정리 노트 뇌사에 대한 찬반 입장 비교

뇌사의 죽음 인정 찬성	뇌사의 죽음 인정 반대
• 뇌 기능이 정지하면 심장과 폐의 기능도 정지하므로 이미 죽음의 단계에 들어선 것임 • 장기적인 치료 연장으로 인한 가족의 심리적·경제적 부담을 줄여 줄 수 있음 • 의료 자원의 효율적 이용과 장기 이식에 도움을 줄 수 있음	• 인간은 다양한 장기의 상호 작용으로 생명을 유지하므로 뇌 기능 정지가 곧 죽음은 아님 • 의료 자원의 효율적 이용과 장기 이식을 위해 뇌사 문제에 접근하는 것은 생명의 존엄성을 경시하는 것이라고 볼 수 있음 • 뇌사 판정의 오류 가능성도 있음

132

㉠은 '인공 임신 중절'이다. 제시문은 인공 임신 중절의 개념적 정의와 인공 임신 중절에 대한 허용 범위에 관한 설명이다.

133

인공 임신 중절을 찬성하는 입장에서는 여성의 선택권을 강조하며 인공 임신 중절을 폭넓게 허용해야 한다고 주장한다. 인공 임신 중절을 반대하는 입장에서는 태아의 생명권을 강조하며 인공 임신 중절을 법으로 엄격하게 금지해야 한다고 주장한다.

채점 기준	수준
인공 임신 중절에 대한 찬성 또는 반대 입장의 논거를 각각 세 가지 모두 서술한 경우	상
인공 임신 중절에 대한 찬성 또는 반대 입장의 논거를 각각 두 가지만 서술한 경우	중
인공 임신 중절에 대한 찬성 또는 반대 입장의 논거를 각각 한 가지만 서술한 경우	하

134

㉠은 '인격'이다. 자살은 개인의 인격을 목적 그 자체로 보지 않고 인격을 훼손하는 행위이다.

135

그리스도교에서는 신으로부터 받은 생명을 소중히 여기라고 가르친다. 칸트는 생명과 인격을 수단으로 삼는 모든 행위에 반대한다. 쇼펜하우어는 문제를 회피하는 행위인 자살에 반대한다.

채점 기준	수준
자살을 금지하는 서양의 관점을 세 가지 모두 서술한 경우	상
자살을 금지하는 서양의 관점을 두 가지만 서술한 경우	중
자살을 금지하는 서양의 관점을 한 가지만 서술한 경우	하

136 도가의 죽음관 이해하기

1등급 자료 분석 도가의 죽음관

진인은 삶을 기뻐하지도 않고, 죽음을 싫어하지도 않는다. 착한 일을 행하여 명성을 가까이하지도 말고, 악한 짓을 행하여 형벌을 가까이하지도 말아야 한다. 그런데 어떤 사상가는 "아침에 도를 깨달으면 저녁에 죽어도 좋다. 뜻있는 선비는 살아남고자 하여 인을 해치는 일이 없다."라고 주장하였다. 나는 이 사상가의 입장이 ㉠ 을 간과하고 있다고 생각한다.

ㄴ 진인은 도가의 이상적 인간으로 제시문의 '나'는 도가의 입장임을 알 수 있다.
ㄴ 유교 사상가 공자이다.

제시문의 '나'는 도가의 입장이며, '어떤 사상가'는 유교 사상가 공자이다. 도가에서는 태어남과 죽음을 계절의 순환처럼 기가 모이고 흩어지는 자연적이고 필연적인 과정으로 보았다. 유교에서는 죽음을 자연의 과정으로 여겼지만, 죽음보다는 현세에서의 도덕적인 삶에 더 관심을 가졌다.

1등급 선택지 분석

✗ 죽음은 생로병사와 더불어 자연스러운 고통일 뿐임
　– 불교에서 주장하는 내용으로 도가와 관련이 없다.

✗ 의로운 일을 위해 목숨을 바치는 것은 가치 있는 것임
　– 유교에서 주장할 수 있는 내용으로 도가와 관련이 없다. 유교에서는 도덕적인 가치를 위해 자신의 생명을 희생할 수도 있다고 본다.

③ 태어남과 죽음은 자연스러운 기의 순환의 일부일 뿐임

✗ 연기의 법칙을 깨달으면 윤회의 고통에서 벗어날 수 있음
　– 불교에서 주장하는 내용으로 도가와 관련이 없다.

✗ 죽음에 대한 고민보다 도덕적인 삶에 더 관심을 기울여야 함
　– 유교 사상에서 주장하는 내용으로 도가와 관련이 없다.

137 하이데거의 죽음관 이해하기

1등급 자료 분석 하이데거의 죽음관

(가) 죽음으로 달려가 보는 순간에만 우리는 자유로울 수 있다. 자기의 고유한 죽음으로 달려가 보는 것은 현존재에게 주어진 가장 준엄한 과제이다. 하이데거는 죽음에 이르는 존재라는 유한성을 자각하여 실존을 회복하는 것이 현존재의 과제라고 본다.

제시문을 주장한 사상가는 하이데거이다. 하이데거는 죽음이 두려워해야 할 고통은 아니며, 죽음을 자각함으로써 진정한 자아를 발견할 수 있게 된다고 보았다.

1등급 선택지 분석

㉠ A : 모든 인간에게 죽음은 두려워해야 할 고통인가?

✗ A : 현존재의 유한성을 인식하면 실존을 회복할 수 있는가?
　– 하이데거가 "예"라고 대답할 질문이다. 하이데거는 현존재는 자신의 유한성을 인식하여 실존을 회복할 수 있다고 주장한다.

㉢ B : 죽음을 자각함으로써 진정한 자아를 발견할 수 있는가?

✗ B : 죽음 이후의 내세에서만 도덕적인 완성을 이룰 수 있는가?
　– 하이데거가 "아니요"라고 대답할 질문이다. 하이데거는 죽음 이후에 내세에서 도덕적인 완성을 이룬다고 주장하지 않는다.

138 플라톤과 에피쿠로스의 죽음관 비교하기

> 갑 : 죽음은 진리 추구를 방해하는 육체에서 영혼이 분리되는 것이
> 플라톤
> 플라톤은 육체를 순수한 인식을 불가능하게 하는 감옥이자 영혼이 이데아의
> 세계로 가는 것을 방해하는 걸림돌로 보았다.
>
> 다. 평생에 걸쳐 최대한 죽음과 가장 가까운 상태로 영혼을 정
> 화하며 살고자 했던 사람이 그토록 열망하는 지혜를 얻을 수 있
> 는 곳으로 가는 것이 죽음이다.
> 플라톤이 강조한 영원불변한 영혼의 세계(이데아의 세계)를 말한다.
>
> 을 : 모든 좋고 나쁨은 감각에 달려 있는데 죽으면 감각을 잃는다.
> 에피
> 쿠로스
> 따라서 죽음은 우리에게 아무것도 아니다. 현자는 사려 깊음을
> 통해 죽음을 무서워하지 않고 마음의 평안을 추구한다.
> 에피쿠로스는 살아 있는 동안에는 죽음을 경험할 수 없기 때문에 두려워
> 할 필요가 없다고 보았다.

갑은 플라톤, 을은 에피쿠로스이다. 플라톤은 육체를 순수한 인식을 방해하는 감옥으로 여겨 죽음이 영혼을 육체로부터 해방시켜 죽음 이후에 이데아를 순수하게 인식할 수 있게 된다고 보았다. 에피쿠로스는 죽음 이후에는 감각이 없기 때문에 아무것도 인식하지 못하므로 죽음은 인간에게 아무런 영향도 주지 못한다고 보았다. 따라서 에피쿠로스는 죽음을 두려워할 필요가 없다고 주장하였다.

1등급 선택지 분석

> ✕ 죽음의 순간이 되면 육체와 함께 영혼도 소멸하는가?
> – 플라톤이 부정의 대답을 할 질문이다. 플라톤은 죽음에 이르러도 영혼은 소멸하지 않는다고 본다.
> ② 죽음 이후에 비로소 이데아를 순수하게 인식할 수 있는가?
> ✕ 감각적 쾌락을 극대화하면 죽음에 대한 두려움이 사라지는가?
> – 플라톤과 에피쿠로스 모두 부정의 대답을 할 질문이다.
> ✕ 지혜로운 사람은 죽음을 두려움의 대상으로 간주하지 않는가?
> – 플라톤과 에피쿠로스 모두 긍정의 대답을 할 질문이다.
> ✕ 현세의 업은 죽음 이후의 내세에 영향을 미치는 결정적 요인인가?
> – 불교의 입장으로 플라톤과 에피쿠로스 모두 부정의 대답을 할 질문이다.

139 인공 임신 중절의 찬반 논거 파악하기

(가)의 경우 태아는 인간과 동일한 도덕적 지위를 지니므로 인공 임신 중절을 허용할 수 없다는 입장이며, (나)의 경우 태아는 임산부의 신체 중 일부로서 인공 임신 중절은 임신부의 선택에 맡겨야 한다는 입장이다. 인공 임신 중절을 찬성하는 입장은 인공 임신 중절을 반대하는 입장에 비해 상대적으로 태아는 완전한 인격체를 지닌 존재임을 강조하는 정도(X)는 낮고, 임신부는 태아에 대한 실질적 소유권을 가짐을 강조하는 정도(Y)와 태아의 출산을 선택하는 임신부의 자유로운 권리를 강조하는 정도(Z)는 높다. 제시된 좌표에서 이를 나타내는 지점은 ㉠이다.

1등급 선택지 분석

> X : 태아는 완전한 인격체를 지닌 존재임을 강조하는 정도
> – 인공 임신 중절을 찬성하는 입장이 반대하는 입장에 비해 상대적으로 낮다.
> Y : 임신부는 태아에 대한 실질적 소유권을 가짐을 강조하는 정도
> – 인공 임신 중절을 찬성하는 입장이 반대하는 입장에 비해 상대적으로 높다.
> Z : 태아의 출산을 선택하는 임신부의 자유로운 권리를 강조하는 정도
> – 인공 임신 중절을 찬성하는 입장이 반대하는 입장에 비해 상대적으로 높다.

분석 기출 문제

31~35쪽

[핵심 개념 문제]

140 존엄성	**141** 정의	**142** 생명 복제	**143** 배아 복제
144 ×	**145** ○ **146** ㉠	**147** ㉢ **148** ㉡	**149** ㉡ **150** ㉠
151 ㉡			

152 ②	**153** ⑤	**154** ①	**155** ③	**156** ①	**157** ①	**158** ①
159 ③	**160** ③	**161** ④	**162** ②	**163** ③	**164** ③	**165** ⑤
166 ③	**167** ②					

1등급을 향한 서답형 문제

168 예시답안 생명을 책임 있게 다루기 위한 윤리학적 숙고를 뜻한다.

169 배아 복제

170 예시답안 배아는 인간의 생명이므로 보호되어야 한다. 복제 과정에서 많은 수의 난자 사용은 여성의 건강권과 인권을 훼손하는 것이다.　**171** 인간 복제

172 예시답안 인간의 존엄성을 훼손한다. 자연스러운 출산 과정에 어긋난다. 인간의 고유성을 훼손한다. 가족 관계에 혼란을 준다 등

152

㉠은 '생명 윤리'이다. 생명 윤리는 응용 윤리의 한 분야로서 일반적으로 '생명을 책임 있게 다루기 위한 윤리학적 숙고'라고 정의할 수 있다. 생명 윤리는 의학과 첨단 생물학의 발달로 발생하는 여러 가지 문제의 윤리적 정당성과 한계에 관해 성찰하며, 생명을 연구하는 사람들이 지켜야 할 윤리 원칙을 제시한다.

바로잡기 ② 생명 윤리는 생명 과학과 대립하는 관계가 아니라 생명의 존엄성 실현이라는 공통적인 목적을 위해 서로 협력하고 보완하는 관계이다.

153

제시문은 생명 과학에 대한 생명 윤리의 필요성을 주장하는 내용이다. 생명 과학의 놀라운 성과와 과학을 최고의 인식 형태로 간주하는 경향이 나타나기도 한다. 이러한 경향은 연구와 활용 과정에서 가치 판단을 배제시키고, 인간 존엄성을 위협하는 부작용을 초래할 수 있다. 따라서 생명 과학 기술의 바람직한 연구와 활용을 위해 생명 윤리가 필요하다.

바로잡기 ①, ② 생명 과학의 객관성을 지나치게 강조하거나 생명 과학의 발달 그 자체를 목적으로 간주하게 되면 생명의 존엄성을 위협하는 부작용을 낳을 수 있다. ③, ④ 새로운 생명 과학의 기술을 무조건적으로 장려하고, 생명 과학의 연구 과정이 아닌 결과만을 평가하면 여러 가지 윤리적 문제가 나타날 수 있다.

154

생명 과학과 생명 윤리는 생명의 존엄성 실현을 궁극 목적으로 한다는 점에서 공통점을 가진다. 다만 생명 과학은 과학적 접근을 통해, 생명 윤리는 윤리학적 접근을 통해 이러한 목적을 실현하려고 한다는 점에서 차이가 있다.

바로잡기 ②, ③, ④, ⑤ 생명 과학의 발달에 따라 나타나는 긍정적 효과에 관한 내용이다.

155

갑은 아리스토텔레스이다. 아리스토텔레스는 자기 목적을 완전히 실현할 수 있는 힘이 내부에 잠재되어 있는 존재는 그 자체로 인정받아야 한다고 본다. 이러한 입장에서는 인간으로서의 가능성을 갖고 있는 배아를 파괴하는 행위는 윤리적으로 정당하지 않다고 판단할 것이다.

바로잡기 ㄱ, ㄹ. 인간이 될 잠재성을 지닌 배아에 대한 실험이 정당하다는 주장은 아리스토텔레스의 입장과 거리가 멀다.

1등급 정리 노트 배아의 도덕적 지위 논거

종의 구성원 논거	배아는 이미 인간 종에 속하므로 도덕적 지위를 가짐
연속성 논거	인간의 발달 과정은 연속적이며 선명한 경계선이 없으므로 배아는 도덕적 지위를 가짐
동일성 논거	배아가 성장해서 존재할 생명체와 배아는 동일하므로 도덕적 지위를 가짐
잠재성 논거	배아는 인간이 될 잠재적 가능성을 갖고 있으므로 도덕적 지위를 가짐

156

제시문은 생명의 존엄성을 훼손하는 인간 복제에 반대하는 입장이다. 이 입장에서는 배아도 생명을 지닌 존엄한 존재라고 볼 것이다. 따라서 배아를 복제하는 행위는 인간의 존엄성을 훼손하는 것인지 묻는 질문에 긍정의 대답을 할 것이다.

바로잡기 ②, ③, ④, ⑤ 제시문의 입장에서 부정의 대답을 할 질문이다.

157

(가)는 칸트의 입장, (나)는 인간 복제를 찬성하는 주장이다. 칸트의 입장에서는 인간 복제가 인간을 수단으로 취급하기 때문에 인간의 존엄성을 파괴하는 행위라고 평가할 것이다.

바로잡기 ②, ⑤ 인간 복제를 반대하는 입장의 주요 논거이다. ③ 공리주의 관점에서 평가할 내용이다. ④ 자연법 윤리의 관점에서 평가할 내용이다.

1등급 정리 노트 개체 복제의 의미와 반대 논거

의미	복제를 통해 새로운 인간 개체를 탄생시키는 것
반대 논거	• 복제 인간은 복제를 원한 사람의 의도에 따라 이용되므로 인간의 존엄성을 훼손할 수 있음 • 남녀의 상호 작용에 의한 태어난 것이 아니므로 자연스러운 출산 과정에 어긋남 • 복제된 인간은 체세포를 제공한 사람과 유전 형질이 같으므로 자신의 고유성을 갖기 어려움 • 체세포와 난자를 제공한 사람과 복제 인간이 부모 자녀 관계인지 형제자매 관계인지 가족 관계가 혼란스러움

158

(가)는 도가 사상가 노자의 주장이다. 도가에서는 인위적으로 자연 현상에 개입하는 인간의 행위에 대해 경계한다. (나)는 헉슬리의 『멋진 신세계』의 일부로, 과학 기술의 발달로 인해 인간의 출생을 인공적으로 선택할 수 있게 된 미래 모습을 보여 준다. 도가의 관점에서는 (나)와 같은 생명에 대한 인위적인 개입이 자연성을 훼손하므로 옳지 않다고 평가할 것이다.

바로잡기 ②, ③, ④, ⑤ 노자의 관점에서 내릴 수 있는 평가와 거리가 멀다.

159

제시문은 생명 의료 윤리학자인 비첨과 칠드러스가 제시한 생명 의료 윤리의 네 가지 원칙 중 정의의 원칙과 악행 금지의 원칙에 관한 내용이다.

바로잡기 ㄱ, ㄹ. 제시문에는 선행의 원칙과 자율성 존중의 원칙에 대한 내용은 제시되지 않았다. 선행의 원칙이란 의학 및 생명 과학 연구자는 환자 또는 피험자의 유익을 도모해야 한다는 것이고, 자율성 존중의 원칙은 생명 과학 연구는 인간의 자율성을 존중해야 한다는 것이다.

1등급 정리 노트 생명 의료 윤리의 원칙

생명 의학의 발전에 따른 문제에 생명 의료 윤리의 원칙을 적용하여 해결 방안을 제시할 수 있도록 숙지해 두자.

자율성 존중의 원칙	의료 행위와 그에 따른 결정은 인간의 자율성과 개인의 존엄성을 최대한 존중해야 한다는 원칙이다.
악행 금지의 원칙	진료나 실험에 있어 신체적·정신적·사회적으로 해악을 끼칠 위험이 있을 경우 진료나 실험을 중단해야 한다는 원칙이다.
선행의 원칙	의학 및 생명 과학 연구자는 환자 또는 피험자의 이익을 도모해야 한다는 원칙이다.
정의의 원칙	생명 과학의 연구 성과는 공정하게 분배되어야 한다는 원칙이다.

160

생명 윤리의 원칙에는 자율성 존중의 원칙, 악행 금지의 원칙, 선행의 원칙, 정의의 원칙이 있다. ①은 자율성 존중의 원칙에 관한 내용이다. ②는 정의의 원칙에 관한 내용이다. ④는 선행의 원칙에 관한 내용이다. ⑤는 악행 금지의 원칙에 관한 내용이다.

바로잡기 ③ 연구 성과를 우선적으로 고려하는 것은 성과를 내기 위해 생명의 존엄성을 위협하는 결과를 초래할 수도 있기 때문에 생명 윤리의 원칙으로 적절하지 않다.

161

제시문은 동물 실험의 3R 원칙인 감소(reduction), 개선(refinement), 대체(replacement)를 제시하고 있다. 이는 인도적인 실험을 위해 러셀과 버치가 제시한 것으로 동물의 고통을 감소시키고 가급적 동물 실험을 최소화하는 것을 목적으로 한다.

바로잡기 ①, ②, ③, ⑤ 러셀과 버치가 제시한 3R 원칙의 취지와 다르거나 위배되는 사례이다.

162

동물 실험을 찬성하는 입장에서는 인간과 동물이 다른 존재적 지위를 갖는다고 본다. 그래서 동물보다 우월한 존재인 인간이 자신들을 위해 동물을 이용할 수 있다고 본다. 또한 생물학적으로는 인간과 동물이 비슷하기 때문에 동물 실험의 결과를 인간에게 적용할 수 있다고 본다. 반면 동물 실험을 반대하는 입장에서는 인간과 동물은 존재 지위가 다르지 않기 때문에 동물을 수단화하는 것은 도덕적으로 옳지 않다고 본다. 또한 인간과 동물은 생물학적으로 유사하지 않기 때

문에 동물 실험 결과를 그대로 인간에게 적용해서는 안 된다고 본다.

바로잡기 ② 동물 복제를 찬성하는 입장에서는 인간과 동물은 생물학적으로 유사하기 때문에 동물 실험을 통해 얻은 결과를 인간에게 적용할 수 있다고 주장한다.

163

아리스토텔레스와 아퀴나스는 모두 인간 중심주의 자연관을 가진 사상가이다. 이들은 공통적으로 인간과 자연을 엄격히 분리하여 인간이 더 우월하다고 보고, 인간을 제외한 동식물을 인간을 위한 도구로 사용할 수 있다고 보았다.

바로잡기 ① 생명 중심주의를 주장한 테일러의 입장이다. 테일러는 생명을 지닌 동식물의 도덕적 지위를 인정하였다. ② 생태 중심주의가 주장할 내용이다. ④ 생명 중심주의를 주장한 슈바이처의 입장이다. ⑤ 동물 중심주의를 주장한 싱어의 입장이다.

164

(가)는 칸트의 주장이다. (나)의 A에는 칸트가 부정의 대답을 할 질문이 들어가야 하며, B에는 긍정의 대답을 할 질문이 들어가야 한다. 칸트는 인간이 동물과 관련하여 간접적 의무를 가진다고 본다.

바로잡기 ①, ② 칸트가 "예"라고 대답할 질문이므로 B에 들어가야 한다. ④, ⑤ 칸트가 "아니요"라고 대답할 질문이므로 A에 들어가야 한다.

1등급 정리 노트 동물의 도덕적 권리를 인정하지 않는 입장	
데카르트	동물은 자동인형 내지 움직이는 기계에 불과함
아리스토텔레스/아퀴나스	식물은 동물을 위해 존재하고, 동물은 인간을 위해 존재함
칸트	동물은 자의식을 갖지 않고, 어떤 목적을 위한 수단이며, 동물에 대한 인간의 의무는 직접적 의무가 아니라 간접적 의무임

165

갑은 싱어, 을은 레건이다. 두 사상가 모두 인간 중심주의적 관점에서 벗어나 동물도 제각기 자기 나름의 가치를 지닌다고 보는 동물 중심주의 입장이다.

바로잡기 ①, ② 인간 중심주의 입장으로, 싱어와 레건은 이러한 입장에 반대한다. ③ 생태 중심주의 입장이다. ④ 싱어와 레건의 공통 입장이라고 볼 수 없다.

1등급 정리 노트 싱어와 레건의 동물 권리의 관점 비교		
구분	싱어	레건
공통점	• 인간과 동물은 동등하게 도덕적 권리를 가짐 • 인간은 동물을 도덕적으로 배려할 직접적 의무가 있음	
차이점	• 쾌고 감수 능력이 동물에 대한 도덕적 고려의 기준임 • 이익 평등 고려의 원칙을 강조하며 종 차별주의를 비판함	• 동물은 자기 삶을 영위하며, 본래적 가치를 지닌 목적적 존재임 • 한 살 이상의 포유동물을 삶의 주체로 봄

166

(가)는 레건의 주장이다. 레건은 포유동물도 삶의 주체로서 인간과 마찬가지로 동등한 권리를 지닌다고 보기 때문에 멋과 심리적 만족 등

필수적이지 않은 욕구를 충족하기 위해 동물을 이용해서는 안 된다고 비판할 것이다.

바로잡기 ㄱ. 레건이 제기할 수 있는 비판이 아니다. 모든 생명체가 도덕적으로 존중받아야 할 대상임을 강조한 것은 생명 중심주의이다. ㄹ. 레건이 제기할 수 있는 비판이 아니다. 싱어도 종에 따라 차별하는 것은 이익 평등 고려의 원칙에 위배된다고 보았다.

167

제시문은 싱어의 주장이다. 싱어는 쾌고 감수 능력을 지닌 존재는 모두 도덕적 존중의 대상으로서 종의 차이를 기준으로 도덕적 지위에 차별을 두어서는 안 된다고 보았다.

바로잡기 첫 번째 입장 : 싱어는 동물도 인간과 동등하게 도덕적 권리를 지닌다고 보았다. 네 번째 입장 : 한 살 이상의 포유동물과 그 이하의 하등 동물의 도덕적 지위를 구분한 것은 레건이다.

168

생명 윤리란 생명을 책임 있게 다루기 위한 윤리학적 숙고를 뜻한다.

채점 기준	수준
생명 윤리의 의미를 정확하게 서술한 경우	상
생명 윤리의 의미를 서술하였으나 미흡한 경우	하

169

㉠은 '배아 복제'이다. 배아 복제는 배아 줄기세포를 얻기 위해 복제후 배아 단계까지만 발생을 진행시키는 것을 말한다.

170

배아 복제에 찬성하는 입장에서는 배아는 완전한 인간이 아니며, 배아 복제로 공익을 증진할 수 있다고 주장한다. 그러나 배아 복제에 반대하는 입장에서는 배아는 인간의 생명이므로 보호되어야 하며, 난자를 사용하는 것은 여성의 건강권과 인권을 훼손하는 것이라고 주장한다.

채점 기준	수준
배아 복제에 반대하는 입장의 근거를 두 가지 모두 정확하게 서술한 경우	상
배아 복제에 반대하는 입장의 근거를 한 가지만 정확하게 서술한 경우	중
배아 복제에 반대하는 입장의 근거를 서술하였으나 모두 미흡한 경우	하

171

㉠은 '인간 복제'이다. 개체 복제는 복제를 통해 새로운 인간 개체를 탄생시키는 것으로 인간 복제라고도 한다.

172

개체 복제는 불임 부부를 위해 허용해야 한다는 의견도 있지만 다수의 의견은 인간의 존엄성 훼손, 자연스러운 출산 과정에 위배, 인간의 고유성 위협, 가족 관계의 혼란 초래 등을 이유로 개체 복제를 금지해야 한다고 주장한다.

채점 기준	수준
개체 복제를 금지해야 하는 이유를 세 가지 모두 서술한 경우	상
개체 복제를 금지해야 하는 이유를 두 가지만 서술한 경우	중
개체 복제를 금지해야 하는 이유를 한 가지만 서술한 경우	하

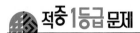 **적중 1등급 문제**

173 ⑤	174 ③	175 ②	176 ⑤	177 ⑤
178 ②	179 ⑤	180 ①		

173 배아 복제 실험에 대한 윤리적 쟁점 이해하기

갑은 배아 복제 실험에 찬성하고 있고, 을은 배아 복제 실험에 반대하고 있다. 배아 복제 실험에 반대하는 입장에서는 배아가 하나의 생명체이자 인격체로서 존중받아야 하는데, 배아 복제 실험은 인간의 존엄성을 훼손하기 때문에 허용되어서는 안 된다고 주장한다.

1등급 선택지 분석

✗ 배아는 단순한 세포덩어리에 불과하기 때문입니다.
 – 배아 복제 실험을 찬성하는 입장에서 지지할 진술이다.

✗ 배아 세포 실험은 경제적 효용성이 높기 때문입니다.
 – 배아 복제 실험을 찬성하는 입장에서 지지할 진술이다.

ⓒ 배아는 하나의 독립적인 생명체로 간주되기 때문입니다.

ⓔ 배아 세포 실험은 인간의 존엄성을 훼손하기 때문입니다.

174 유전자 조작에 관한 윤리적 쟁점 이해하기

갑은 치료를 위한 유전자 조작뿐만 아니라 자질 강화를 위한 유전자 조작도 허용될 수 있다고 본다. 을은 치료를 위한 유전자 조작은 허용될 수 있지만 자질 강화를 위한 유전자 조작은 자녀의 동의를 구한 것으로 볼 수 없기 때문에 허용되어서는 안 된다고 본다.

1등급 선택지 분석

① 갑은 형질 개선을 위한 유전자 조작이 도덕적으로 정당화될 수 있다고 본다.

② 갑은 유전자 조작에 대한 부모의 자유로운 선택의 범위를 확대해야 한다고 본다.

✗ 을은 유전자 조작의 허용 범위를 제한해서는 안 된다고 본다.
 – 을의 입장이 아니다. 을은 치료를 위한 유전자 조작은 허용될 수 있지만 자질 강화를 위한 유전자 조작은 허용될 수 없다고 보는 등 유전자 조작의 허용 범위를 제한하고 있다.

④ 을은 유전자 조작과 관련한 미래 세대의 동의를 중시해야 한다고 본다.

⑤ 갑, 을은 치료를 위한 유전자 조작이 허용될 수 있다고 본다.

175 동물 실험에 대한 싱어의 입장 이해하기

(가)는 싱어의 주장이다. 싱어는 인간의 종과 동물의 종을 구분하는 것은 종 차별주의이며, 동물의 이익 관심을 인간의 이익 관심과 동등하게 고려해야 한다고 본다.

1등급 선택지 분석

✗ 동물은 도덕적 주체로서 배려받아야 할 대상임을 명심해야 한다.
 – 싱어는 동물을 도덕적 주체라고 판단하지 않는다. 도덕적 주체는 오직 인간일 뿐이다.

② 동물의 이익 관심을 고려하지 않는 동물 실험은 부당함을 알아야 한다.

✗ 동물 실험은 오직 인간을 위한 목적으로만 시행되어야 함을 알아야 한다.
 – 싱어는 인간과 마찬가지로 도덕적 지위를 갖는 동물을 인간을 위한 수단으로 삼아서는 안 된다고 본다.

✗ 인간과 동일한 유전 형질을 가진 동물만을 선택하여 실험을 계획해야 한다.
 – 싱어는 인간과 동일한 유전 형질을 가진 동물만을 선택하여 실험해야 한다고 주장하지 않는다.

✗ 동물은 인간과 달리 대우받아야 할 기본적인 권리를 가졌음을 이해해야 한다.
 – 싱어는 동물과 인간 모두 대우받아야 할 기본적 권리를 가졌다고 본다.

176 동물의 권리에 대한 벤담의 입장 파악하기

제시문은 벤담의 주장이다. 벤담은 공리주의 사상가로 동물이 고통을 느낄 수 있기 때문에 도덕적으로 대우받을 권리를 가질 수 있다고 보았다.

1등급 선택지 분석

✗ 인간과 지능이 유사한 동물만이 존중받을 가치가 있다.
 → 쾌고 감수 능력이 있는 동물은

✗ 포유류가 아닌 동물은 도덕적 고려의 대상에서 제외된다.
 – 레건의 입장이다. 그는 포유동물이 삶의 주체로서 희망과 목적을 추구하기 때문에 도덕적 권리를 지닌다고 본다.

✗ 인간은 자연의 지배자로서 동물을 수단으로만 취급해도 된다.
 – 인간 중심주의 입장이다.

✗ 동물을 포함한 생태계 전체에 대한 도덕적 의무 의식을 가져야 한다.
 – 생태 중심주의 입장이다.

⑤ 고통을 느낄 수 있는 능력의 유무에 따라 도덕적인 대우가 달라져야 한다.

177 동물의 권리에 대한 아퀴나스와 싱어의 입장 비교하기

1등급 자료 분석 아퀴나스와 싱어의 동물권 비교

갑: 동물을 이용하는 것이 자연법을 거스르는 것은 아니다. 하지만
아퀴나스 　　　　　자연법 윤리를 강조한 아퀴나스임을 알 수 있는 핵심 문구이다.
　　　인간이 동물의 고통에 동정심을 느낀다면 인간에게는 더 많은 동정심을 갖게 될 것이다. 이것이 바로 신의 뜻이다.
　　　　　　　　　　　　신학자인 아퀴나스임을 알 수 있는 핵심 문구이다.

을: 어떤 존재의 고통을 고려하지 않는 도덕적 논증은 있을 수 없
싱어 다. 이익 평등 고려의 원칙은 존재들 간의 동일한 고통을 동일하게 고려할 것을 요구한다.
싱어임을 알 수 있는 핵심 문구이다.

갑은 아퀴나스, 을은 싱어이다. 아퀴나스는 인간이 동물에게 동정 어린 감정을 나타낸다면 그만큼 더 동료 인간들에게 관심을 가질 것이라고 본다. 하지만 아퀴나스는 동물의 도덕적 권리를 인정한 것은 아니며, 동물을 인간과 마찬가지로 평등하게 대우해야 한다고 여기지 않는다. 싱어는 동물이 쾌고 감수 능력을 지니므로 동물의 이익도 인간과 평등하게 고려되어야 한다고 본다.

1등급 선택지 분석

① 갑: 인간 이외의 다른 동물을 인간을 위한 수단으로 취급할 수 있다.

② 갑: 인간이 동물에게 가지는 감정은 인간애를 실현하는 데 도움이 된다.

③ 을: 동물에게 부당한 해를 끼치는 동물 실험은 도덕적으로 정당화될 수 없다.

④ 을: 도덕적 고려의 범위를 쾌고 감수 능력을 지닌 모든 존재로 확대해야 한다.

✗ 갑, 을: 평등의 원리에 따라 인간과 모든 동물을 평등하게 대우해야 한다.
 – 싱어만의 입장이다.

178 동물의 권리에 대한 싱어의 주장 적용하기

제시문은 동물이 인간의 쾌락을 위해 유희의 도구로 사용되고 있는 사례이다. 싱어는 인간의 유희를 위해 동물을 활용하는 것에 대하여 동물의 쾌고 감수 능력을 인간과 동등하게 고려하지 않았다고 평가할 것이다.

1등급 선택지 분석

✗동물에 대한 간접적 의무를 위배하였다.
　　→ 직접적 의무
②동물의 쾌고를 인간의 쾌고와 동등하게 고려하지 않았다.
✗동물은 움직이는 기계에 불과하다는 사실을 간과하고 있다.
　　– 인간 중심주의 입장이다.
✗한 살 이상의 포유류와 그 이외의 동물을 구분하지 않았다.
　　– 레건이 내릴 평가이다.
✗동물에게는 동정심을 가질 필요가 없음을 인식하지 않았다.
　　– 싱어의 입장과 거리가 멀다.

179 동물의 권리에 대한 칸트와 레건의 입장 비교하기

갑은 칸트, 을은 레건이다. 칸트는 동물을 함부로 다루어서는 안 되는 것은 그 행위가 인간성을 해치기 때문이라고 보고, 동물에 대한 인간의 간접적 의무를 주장한다. 레건은 한 살 정도의 포유류는 자신의 삶을 영위할 수 있는 믿음, 욕구, 지각, 기억, 감정 등의 능력을 가지고 있으므로 내재적 가치를 지닌다고 보고 삶의 주체로서 도덕적으로 존중받을 권리가 있다고 주장한다.

1등급 선택지 분석

㉠A : 동물에게 부당한 해를 끼치지 않는 것은 인간의 간접적 의무이다.
✗B : 인간과 동물은 모두 도덕적 권리를 지닌다.
　　– 칸트는 동물은 인간과 달리 도덕적 권리를 지니지 않는다고 보았다.
㉢B : 인간의 심적 쾌락을 충족시키기 위해 동물을 학대하는 행위는 옳지 않다.
㉣C : 욕구와 감정을 지니고 자신의 삶을 영위할 수 있는 존재는 내재적 가치를 지닌다.

180 동물의 권리에 대한 데카르트의 입장 파악하기

1등급 자료 분석　　동물권에 대한 데카르트의 입장

┌ 데카르트임을 알 수 있는 핵심 문구이다.
동물은 자동인형 또는 움직이는 기계에 불과하다. 하지만 주인의 허락 없이 주인의 소유물을 훼손하는 것은 그의 재산권을 침해하는 일인 것처럼 타인의 동물을 학대하는 것은 그 동물을 소유한 주인의 권리를 침해하는 일이다.
└ 동물의 권리보다 인간의 권리를 중시하고 있음을 알 수 있다.

제시문은 동물의 도덕적 권리를 인정하지 않는 데카르트의 주장이다. 데카르트는 이성이 없는 단순한 기계인 동물은 고통과 쾌락을 경험할 수 없으며, 동물이 고통스러워하는 것은 자동인형이 움직이거나 시계가 째깍거리는 소리와 같다고 주장하였다. 또한 데카르트는 이성이 없는 동물은 존엄한 존재가 아니며 인간을 위한 도구적 존재일 뿐이라고 보았다.

1등급 선택지 분석

⊙동물은 쾌락과 고통을 경험할 수 없는 기계이다.
⊙동물은 이성이 없으므로 존엄한 존재가 아니다.
✗동물은 인간의 소유물의 일부로서 도덕적 권리를 갖는다.
　　– 동물은 인간의 소유물의 일부로서 도덕적 권리를 갖지 않는다.
✗동물은 그 자체로 목적이므로 직접적 의무의 대상이 된다.
　　– 데카르트의 입장에 해당하지 않는다.

---

❶5 사랑과 성 윤리

분석 기출문제　　　　　　　　　　39~42쪽

[핵심 개념 문제]

181 사랑	182 성의 자기 결정권		183 성 상품화		184 ○
185 ×	186 ○	187 ○	188 ⓒ	189 ⓛ	190 ㉠	191 ⓛ
192 ㉠, ⓛ		193 ㉠	194 ⓛ		

195 ⑤	196 ②	197 ②	198 ④	199 ③	200 ②	201 ①
202 ④	203 ⑤	204 ③	205 ①	206 ⑤		

1등급을 향한 서답형 문제

207 성차별　**208** 예시답안 남성과 여성에게 고정된 성 역할을 강요한다. 성적 차이를 이유로 기회를 박탈하거나 불평등하게 대우한다. **209** 성의 자기 결정권 **210** 예시답안 타인이 갖는 성의 자기 결정권을 침해할 수 있다. 생명을 훼손하는 부도덕한 결과를 초래할 수 있다. **211** 형제자매 **212** 예시답안 형은 동생을 사랑하고, 동생은 형을 공경한다.

195

제시문은 성의 인격적 가치에 관한 설명이다. 인간의 성적 관계는 생식적 가치, 쾌락적 가치뿐만 아니라 상대방에 대한 존중과 배려를 바탕으로 인격적 교감을 이루게 한다는 점에서 인격적 가치를 지닌다. 성의 인격적 가치는 남녀 상호 간의 존중과 배려를 실현하도록 해 준다.

바로잡기 ①, ④ 생식적 가치에 관한 설명이다. ②, ③ 쾌락적 가치에 관한 설명이다.

1등급 정리 노트　　성의 가치

생식적 가치	새로운 생명을 탄생시켜 종족 보존의 기능을 수행함
쾌락적 가치	감각적 욕구 충족, 애정적 유대감을 높임
인격적 가치	동물의 성과 달리 인간의 성은 상대방에 대한 존중과 배려를 실현하게 해 줌

196

제시문은 프롬의 주장이다. 그는 사랑의 요소로 사랑하는 사람에 대한 올바른 이해, 책임감 있는 행동, 사랑하는 사람에 대한 보호, 사랑하는 사람을 있는 그대로 받아들이는 존경을 제시하였다.

바로잡기 첫 번째 입장, 네 번째 입장 : 프롬에 따르면 무조건적인 희생이나 일방적인 지배는 모두 사랑에 해당하지 않는다.

197

제시문은 성과 사랑의 관계에 대한 보수주의 입장이다. 보수주의 입장의 성 관념은 안정적 삶이 파괴되는 것을 두려워하는 보수적 심리를 반영하고 있다. 이러한 보수주의 관점에서 성적 관계는 부부간의 신뢰와 사랑을 전제로 성립해야만 하며, 결혼을 통해 이루어지는 성적 관계만이 정당하다.

바로잡기 ㄴ. 성과 사랑의 관계에 대한 자유주의 입장이다. ㄹ. 성과 사랑의 관계에 대한 중도주의 입장이다.

198

(가)는 사랑과 성의 관계에 대해 중도주의 입장을 취하고 있다. 부부만이 정당한 성적 관계의 주체라고 보는 보수주의 입장이나 자발적 동의에 따른 성적 관계는 정당하다고 보는 자유주의 입장과 달리 중도주의 입장에서는 사랑 중심의 성 윤리를 제시한다. 즉 중도주의에서는 자발적 동의에 근거했더라도 사랑이 없는 성적 관계는 정당화될 수 없으며, 사랑이 결부된 성적 관계에서 서로의 인격적 가치를 존중받을 수 있다고 봄으로써 성적 관계의 정당성을 사랑 여부와 연관지어 이해하고 있다.

바로잡기 ㄱ. 중도주의 입장에서 "예"라고 대답할 질문이다. 중도주의 입장은 사랑 중심의 성 윤리를 제시한다. ㄹ. 중도주의 입장에서 "아니요"라고 대답할 질문이다. 보수주의 입장에서 긍정의 대답을 할 질문이다.

199

갑은 보수주의 입장, 을은 자유주의 입장이다. 보수주의에서는 결혼과 출산 중심의 성 윤리를 강조하고, 자유주의에서는 자발적인 동의를 중시하는 성 윤리를 강조한다. 보수주의 입장에서는 성적 관계가 자녀 출산과 인류 존속을 전제로 해야만 정당화된다고 본다.

바로잡기 ①, ②, ⑤ 자유주의 입장에서 제기할 수 있는 비판이다. 자유주의는 성이 그 자체로 쾌락을 가져다주므로 상호 동의하에 인격적 교감 없이도 성적 관계가 가능하다고 본다. ④ 중도주의 입장에서 제기할 수 있는 비판에 해당한다. 중도주의에서는 결혼을 전제로 하지 않더라도 사랑이 동반된 성적 관계는 허용될 수 있다고 본다.

200

그림은 성의 자기 결정권에 관한 노트 필기이다. 성의 자기 결정권은 외부의 강요 없이 스스로 자신의 성적 행동을 결정할 수 있는 권리를 말한다. 성의 자기 결정권을 남용하게 되면 타인이 갖는 성의 자기 결정권을 침해할 수 있으며, 원치 않는 임신으로 무분별한 인공 임신 중절을 하는 등 생명을 훼손하는 부도덕한 결과를 초래할 수 있다. 따라서 서로의 인격과 성의 자기 결정권을 존중하며 자기 결정에 대해 도덕적·법적 책임을 지는 자세를 가져야 한다.

바로잡기 ② 성의 자기 결정권은 자신이 책임을 질 수 있는 범위 내에서 행사해야 한다.

201

제시문은 성의 자기 결정권 행사와 한계에 대한 내용이다. 헌법 재판소는 성의 자기 결정권이 행복 추구권에 포함되는 권리이지만 국가적·사회적 공동생활의 테두리 안에서 타인의 권리, 공중도덕, 사회 윤리, 공공복리 등을 지키기 위해 필요한 경우에는 법률로써 제한할 수 있음을 명시하고 있다. 따라서 성의 자기 결정권은 타인의 자유와 권리를 해치지 않고, 자기 자신의 인격을 손상하지 않는 범위에서 행사해야 한다.

바로잡기 ㄷ. 성의 자기 결정권 행사에는 일정한 한계가 있다. ㄹ. 성의 자기 결정권은 여성만이 아니라 누구나 보편적으로 누리는 권리이다.

202

갑은 성 상품화에 대해 반대하는 입장인 반면, 을은 성 상품화에 대해 찬성하는 입장이다. 성 상품화란 기업이 성적 이미지를 제품과 연결시켜 간접적으로 성을 도구화하는 것을 말한다. 성 상품화를 반대하는 입장에서는 성 상품화가 상품의 판매를 위해 성적 매력을 이용하고, 성적 표현을 지나치게 강조함으로써 인간의 성이 가지는 인격적 가치와 의미를 변질시킬 수 있고, 외모 지상주의를 조장할 수 있다고 주장한다.

바로잡기 ④ 을의 입장에서 갑에게 제기할 수 있는 내용이다. 을은 성의 자기 결정권을 인정해야 한다고 본다.

203

㉠은 '혼례'이며, 제시문은 유교적 관점에서 결혼에 대해 설명한 것이다. 제시문의 남녀유별, 부자유친을 통해 유교임을 유추할 수 있다. 유교에서 혼례는 다른 성이 서로 만나 평생 기쁨과 슬픔을 함께하며 서로 헌신하고 존중하겠다는 백년가약이다.

바로잡기 ㄴ. 유교의 결혼관과 무관한다.

204

제시문은 음양론에 관한 설명이다. 음양의 역할에 우열이 없고 서로를 무시할 수 없듯이, 부부도 차이를 인정하는 가운데 상호 보완적인 관계여야 한다는 것이 음양론에 근거한 전통적 부부관이다.

바로잡기 ㄴ, ㄷ. 음양에는 차이가 있지만 우열이 없는 것처럼 부부간에는 차이는 있지만 위계질서가 없는 평등한 관계를 유지해야 한다.

205

제시문은 부모의 기운을 똑같이 받고 태어난 동기간(同氣間)인 형제자매에 관한 설명이다. 형제자매 사이에 지켜야 할 윤리적 덕목으로는 우애가 있다. 우애를 구체적으로 실천하는 방법은 '형우제공(兄友弟恭)'이다. 형우제공이란 형은 부모와 같은 마음으로 동생을 사랑하고 보살피며, 동생은 부모를 사랑하는 마음으로 형을 공경하는 것을 말한다.

바로잡기 ㄴ. 전통적인 효의 실천 방법으로 부모와 자녀 간에 필요한 윤리이다. ㄹ. 음양론에 바탕을 둔 상호 의존성에 관한 진술로, 이는 부부간에 필요한 윤리이다.

1등급 정리 노트 전통적인 효의 실천 방법

불감훼상(不敢毀傷)	효의 시작으로, 부모로부터 물려받은 몸을 깨끗하고 온전하게 하는 것
봉양(奉養)	부모를 실질적으로 잘 모시는 것
양지(養志)	부모의 뜻을 헤아려 실천함으로써 부모를 기쁘게 해 드리는 것
공대(恭待)	표정을 항상 부드럽게 하여 부모가 편안한 마음을 지닐 수 있도록 해 드리는 것
불욕(不辱)	부모를 욕되지 않게 해 드리는 것
혼정신성(昏定晨省)	아침저녁으로 부모에게 문안을 드리는 것
입신양명(立身揚名)	효의 마침으로, 후세에 이름을 떨쳐 부모를 영광되게 해 드리는 것

206

제시문은 형제자매 관계에 대한 내용이다. 형제자매는 한 부모로부터 태어난 혈연관계를 일컫는 말로 '동기간'이라고도 한다. 그러나 오늘날에는 부모의 재혼이나 입양 등으로 형제자매 관계가 형성되기도 한다. 이러한 형제자매는 사람의 손과 발처럼 떼려야 뗄 수 없는 수족지의(手足之義)의 관계이다.

바로잡기 ① 재혼이나 입양으로 형제자매 관계가 형성되기도 한다. ② 부모 자녀 관계에 대한 설명이다. ③ 부부 관계에 대한 설명이다. ④ 친구 관계에 대한 설명이다.

207

㉠은 '성차별'이다. 성차별이란 남녀 간의 차이를 잘못 이해하여 발생하는 차별이다.

208

남자다움과 여자다움을 규정한 후 이를 따르게 한다면 다양한 성차별이 발생할 수 있다. 성차별에는 남성과 여성의 성 역할을 고정된 것으로 간주하면서 그와 같은 성 역할을 강요하거나 성적 차이를 이유로 기회를 박탈하거나 불평등하게 대우하는 행위 등이 포함된다.

채점 기준	수준
성차별과 관련된 사례 두 가지를 모두 정확하게 서술한 경우	상
성차별과 관련된 사례를 한 가지만 정확하게 서술한 경우	중
성차별과 관련된 사례를 서술하였으나 미흡한 경우	하

209

㉠은 '성의 자기 결정권'이다. 인간은 자기 결정권의 주체로서 성에 대해서도 외부의 강요 없이 자기 의지나 판단에 따라 행동하고 결정할 수 있는 권리를 갖는다.

210

성의 자기 결정권을 남용할 경우 타인의 성의 자기 결정권을 침해할 수 있으며, 원치 않는 임신으로 무분별한 인공 임신 중절을 하는 등 무고한 인간 생명을 훼손하는 부도덕한 결과를 초래할 수 있다.

채점 기준	수준
성의 자기 결정권 남용 문제를 두 가지 모두 정확하게 서술한 경우	상
성의 자기 결정권 남용 문제를 한 가지만 정확하게 서술한 경우	중
성의 자기 결정권 남용 문제를 서술하였으나 미흡한 경우	하

211

㉠은 '형제자매'이다. 형제자매는 서로 경쟁자이기도 하지만 협력하고 도와주는 가장 가까운 사이로 서로 우애 있는 관계를 유지하며 형우제공(兄友弟恭)을 실천해야 한다.

212

형우제공은 우애를 실천하는 구체적인 방법으로 형은 부모와 같은 마음으로 동생을 사랑하고, 동생은 부모를 사랑하는 마음으로 형을 공경한다는 의미이다.

채점 기준	수준
형우제공의 의미를 정확하게 서술한 경우	상
형우제공의 의미를 서술하였으나 미흡한 경우	하

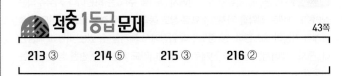

적중 1등급 문제

43쪽

213 ③   214 ⑤   215 ③   216 ②

213 성에 대한 보수주의와 중도주의 관점 비교하기

1등급 자료 분석 보수주의와 중도주의 성의 관점 비교

> 갑 : 성은 혼인 이후에 자녀 출산과 관련을 가질 경우에만 도덕적이다. ← 보수주의 입장임을 알 수 있다.
>
> 을 : 성의 유일한 전제 조건은 사랑이다. 사랑이 동반된 성적 관계는 언제나 허용 가능하다. ← 중도주의 입장임을 알 수 있다.

성에 대해 갑은 보수주의 입장, 을은 중도주의 입장이다. 보수주의 입장에서 성적 행위는 결혼한 부부간에만 정당화될 수 있으므로 혼전 순결을 지켜야 하며, 성은 부부간의 신뢰와 사랑을 전제로 할 때만 도덕적이라고 본다. 또한 성적 행위로 발생하는 자녀 출산과 양육에 대한 책임도 이행해야 한다고 본다. 중도주의 입장에서는 결혼과 무관한 성도 사랑하는 관계에 있는 사람들 사이에서는 정당화될 수 있다는 사랑 중심의 성 윤리를 제시한다. 이러한 중도주의 입장은 성적 관계에 있어서 상호 간의 사랑을 전제로 한다는 점에서는 보수주의 입장과 공통점을 갖는다.

① 갑은 혼전 순결을 지켜야 한다고 본다.

② 갑은 성에 대한 책임을 중시해야 한다고 본다.

✗ 을은 자유롭게 성적 행위를 추구해야 한다고 본다.
　－중도주의는 사랑을 전제로 해야만 자유롭게 성적 행위를 추구할 수 있다고 본다.

④ 을은 결혼과 무관한 성도 정당화될 수 있다고 본다.

⑤ 갑, 을은 상호 간의 사랑을 전제해야 한다고 본다.

214 사랑에 관한 프롬의 입장 이해하기

그림의 강연자는 프롬이다. 프롬은 자신과 상대의 생동감을 고양시키기 위해 사랑이 가져야 할 네 가지 요소로 보호, 책임, 존경, 이해를 제시하였다. 그는 사랑하는 사람을 보호하는 것, 사랑하는 사람의 요구를 배려하면서 자신의 행동에 책임을 지는 것, 사랑하는 사람을 있는 그대로 받아들이며 존경하는 것, 사랑하는 사람을 올바로 이해하는 것이 진정한 사랑의 모습이라고 보았다.

✗ 사랑은 자신을 전적으로 희생하는 것이다.
　－프롬은 상대를 위해 자신을 무조건적으로 희생하는 것은 진정한 사랑이 아니라고 본다.

ㄴ 사랑은 상대의 관점에서 이해하는 것이다.

ㄷ 사랑은 상대를 존중의 대상으로 삼는 것이다.

ㄹ 사랑은 자신과 상대의 생동감을 고양시키는 것이다.

215 보부아르의 양성평등 관점 이해하기

제시문은 보부아르의 주장이다. 보부아르는 여성성을 가부장적 사회의 산물로 보고, 여성은 남성과 다름없이 주체적 존재로서 속박으로부터 벗어나 실존적 자유를 회복해야 한다고 주장한다.

✗ 여성은 남성에게 헌신하려는 성향을 가지고 태어나는가?
　－보부아르는 여성은 남성에게 헌신하려는 성향을 가지고 태어나는 것이 아니라 여성성이 사회적·문화적으로 만들어진다고 본다.

ㄴ 여성은 수동적 삶을 극복하고 실존적 자유를 회복해야 하는가?

ㄷ 여성은 주체적 존재라는 점에서 남성과 다름이 없는 존재인가?

✗ 여성은 남성에 비해 생물학적으로 열등한 존재임을 인정해야 하는가?
　－보부아르는 여성은 남성과 생물학적으로 다르지만 남성에 비해 열등한 존재는 아니라고 본다.

216 유교 윤리의 관점에서 부부 관계 이해하기

제시문은 유교 윤리의 관점에서 부부 관계에 대해 설명하고 있다. 유교 윤리에서 부부는 가정의 시작으로 함께 세대를 계승하고 행복을 추구하는 관계이며, 부부 간의 화목함은 부모에게 효도하는 방법이 된다고 보았다.

ㄱ 부부는 함께 세대를 계승하고 행복을 추구해야 한다.

✗ 부부간에는 시비의 구별이나 예절의 규제로부터 자유롭다.
　－유교 윤리의 관점에서는 부부간에도 시비를 구별하고 예절을 지켜야 한다고 본다.

✗ 부부는 각자의 고유 영역을 가지지 않는 통합적인 관계이다.
　－유교 윤리의 관점에서는 부부는 함께 가정을 꾸려 나가면서도 각자의 고유 영역을 가져야 한다고 본다.

ㄹ 부부간의 화목함을 유지하는 것은 부모에게 효도하는 것이다.

단원 마무리 문제

03 삶과 죽음의 윤리

217 ④ 　218 ③ 　219 ④ 　220 ③ 　221 ② 　222 ③ 　223 ①

224 ㉠ 정당방위, ㉡ 선택 　　225 예시 답안 인공 임신 중절은 생명과 종족 보존이라는 자연적 성향에 어긋나는 행위이다.

04 생명 윤리

226 ② 　227 ③ 　228 ① 　229 ⑤ 　230 ③ 　231 ② 　232 ④

233 ㉠ 자율성 존중의 원칙, ㉡ 악행 금지의 원칙, ㉢ 선행의 원칙

234 예시 답안 생명 과학 연구의 성과는 모든 구성원에게 공정하게 분배되어야 한다.(생명 과학 연구의 성과는 특정 계층이나 특정 지위의 사람들에게만 그 혜택이 돌아가서는 안 된다.)

05 사랑과 성 윤리

235 ① 　236 ③ 　237 ⑤ 　238 ① 　239 ⑤ 　240 ③ 　241 ③

242 ㉠ 생식적 가치, ㉡ 쾌락적 가치, ㉢ 인격적 가치

243 예시 답안 성의 자기 결정권 / 존중 방법 : 상대방의 동의 없는 성적 행위를 강제하여 상대에게 육체적 피해, 정신적 고통, 인격적 수치심을 주지 않는다.

217

(가)는 불교 사상의 관점이다. 불교에서는 오온(五蘊)을 통해 삶과 죽음을 설명한다. 오온이란 색(色), 수(受), 상(想), 행(行), 식(識)이라는 다섯 가지 요소를 말한다. 색(色)이란 육체를 말한다. 수(受)란 보고 듣고, 냄새 맡고, 깨닫는 것을 말한다. 상(想)이란 수(受)를 통해서 받아들인 것을 개념화하는 것을 말한다. 행(行)이란 상(想)을 통해서 개념화한 것을 추나나 행동을 통해서 드러내는 것을 말한다. 식(識)이란 상(想)을 통해서 드러낸 것의 옳고 그름을 분별하는 것을 말한다. 불교에서는 인간을 구성하는 다섯 가지의 구성 요소, 즉 오온의 새로운 만들어짐이 태어남이고, 오온의 해체가 죽음이라고 보았다. 그리고 태어남과 죽음은 인연에 따라 반복적으로 윤회하는데, 인간이 깨달음을 얻게 되면 생로병사의 순환에서 벗어나 해탈에 이르게 된다고 보았다.

바로잡기 ㄱ. (가) 사상의 입장에서 "예"라고 대답할 질문이다. 불교에서는 현세의 업은 내세의 삶에 영향을 미친다고 주장한다. ㄹ. (가) 사상의 입장에서 "아니요"라고 대답할 질문이다. 죽음을 영혼의 육체로부터의 해방이라고 본 사상가는 플라톤이다.

218

갑은 에피쿠로스, 을은 플라톤이다. 에피쿠로스에 따르면 죽음은 인간의 감각이 소멸된 것이므로 경험 불가능하기 때문에 두려워할 필요가 없다. 플라톤은 죽음 이후에 영혼이 육체로부터 해방되어 참된 진리인 이데아를 인식할 수 있게 된다고 보았다.

바로잡기 ① 에피쿠로스가 긍정의 대답을 할 질문이다. 에피쿠로스는 죽으면 인간의 모든 감각이 소멸한다고 보았다. ② 에피쿠로스와 플라톤 모두 긍정의 대답을 할 질문이다. ④ 플라톤이 부정의 대답을 할 질문이다. 플라톤은 현실 세계와 죽음 이후의 세계를 구분하였다. ⑤ 플라톤이 부정의 대답을 할 질문이다. 플라톤은 죽음 이후에야 이데아를 인식할 수 있는 최상의 상태가 된다고 보았다.

219

(가)는 도가 사상가 장자, (나)는 유교 사상가 공자의 입장이다. 장자는 죽음은 기(氣)의 순환의 일부이므로 두려워하거나 애도할 대상이 아니라고 보았다.

바로잡기 ① 공자의 입장에서 장자에게 제기할 수 있는 비판이다. 장자는 도덕적 가치를 위해 죽음을 불사해야 한다고 보지 않는다. ② 장자는 죽음은 누구에게나 동일하게 기의 순환이라고 본다. ③ 해탈을 통해 죽음의 고통에서 벗어나야 함을 강조하는 것은 불교이다. ⑤ 장자는 현세에서의 도덕적 삶이 내세에서의 사회적 지위를 결정하는 요인이라고 보지 않는다.

220

제시문은 하이데거의 주장이다. 하이데거는 다른 사람의 시선을 의식하며 타인이 규정한 삶의 방식에 자신을 끼워 맞추며 살아가는 인간이 죽음에 이르는 존재임을 직시할 때 유한성을 자각하여 본래적 실존을 회복함으로써 주체적으로 자신의 삶을 영위할 수 있게 된다고 보았다.

바로잡기 첫 번째 입장 : 하이데거는 죽음을 인간이 회피할 수 있다고 보지 않으며, 회피하는 것이 옳다고도 보지 않는다. 네 번째 입장 : 하이데거는 인간의 영혼이 죽음 이후에 불멸하는 것이라고 보지 않는다.

221

(가)는 태아가 온전한 인간으로서의 지위를 지니고 있다고 보고 있으므로, 인공 임신 중절에 대해 반대의 입장을 취할 것이다. 인공 임신 중절에 대해 반대하는 입장에서는 잘못이 없는 인간인 태아를 해치는 것은 옳지 않으며, 여성은 태아를 자신의 신체의 일부로 대우해서도 안 된다고 조언할 것이다.

바로잡기 ㄴ. 제시문은 태아라는 인간 존재의 존엄성에 대해 강조하고 있으므로 사회적 이익을 위해 태아를 희생해야 한다고 보지 않을 것이다. 따라서 A에게 할 수 있는 조언이라고 볼 수 없다. ㄹ. 인공 임신 중절에 대해 찬성하는 입장의 논거로 제시문의 입장에서 할 수 있는 조언이 아니다.

222

제시문에서는 소극적 안락사는 허용될 수 있으나, 적극적 안락사는 허용될 수 없다고 본다.

바로잡기 ① 안락사의 도덕적 정당성 여부는 환자의 자발적 동의를 바탕으로 함을 전제하고 있다. ② 제시문에서는 인간 존엄성을 유지하는 소극적 안락사만을 허용해야 한다고 본다. ④ 어떤 질병이건 간에 의사가 자의적인 판단으로 안락사를 시행하는 것은 법으로 금지되어 있다. ⑤ 제시문에서는 소극적 안락사는 허용될 수 있다고 본다.

223

(가)는 칸트의 주장이다. A에는 칸트의 입장에서 자살에 반대하는 이유가 들어가야 한다. 칸트는 자살을 하고자 하는 것이 자기를 보존하여 삶을 촉진해야 하는 의무를 위반하는 행위라고 보았다. 또한 자신에게 닥친 힘든 고통을 회피하기 위해 자살을 선택하는 것은 자신의 인격을 한낱 수단으로 이용하는 것인데, 인간은 물건이 아니므로 한낱 수단으로 이용하는 것은 옳지 않다고 주장하였다.

바로잡기 ㄷ. 칸트는 자신에게 닥친 힘든 고통을 회피하기 위해 자살을 하고자 하는 것은 바람직하지 않다고 주장한다. ㄹ. 칸트의 답변으로 적절하지 않다. 칸트는 사회 전체의 이익을 증진시켜야 한다는 유용성의 원리를 도덕 원리로 보지 않는다.

224

㉠은 '정당방위', ㉡은 '선택'이다. 인공 임신 중절에 대하여 찬성하는 입장에서는 태아는 인간이 아니며, 여성은 불가피한 상황에서 자신을 보호할 수 있는 정당방위의 권리를 지닌다고 강조한다. 또한 태아는 여성의 신체 일부로서 여성은 자신의 신체에서 일어날 일을 선택할 권리를 가진다고 본다.

225

자연법 윤리에 따르면 인공 임신 중절은 생명과 종족 보존이라는 자연적 성향에 어긋나는 행위이다.

채점 기준	수준
'생명과 종족 보존', '자연적 성향'을 모두 포함하여 서술한 경우	상
'생명과 종족 보존', '자연적 성향' 중 한 가지만 포함하여 서술한 경우	중
자연법 윤리와 인공 임신 중절을 연관짓지 못하고 서술한 경우	하

226

갑은 슈바이처이다. 모든 생명은 살고자 하는 의지를 지니고 있으며, 그 자체로 신성하다는 생명 외경을 주장한 슈바이처는 생명을 지닌 모든 존재는 도덕적으로 존중받아야 함을 강조하였다.

바로잡기 ① 칸트의 관점이다. ③ 싱어의 관점이다. ④ 인간 중심주의자 데카르트의 관점이다. ⑤ 생태 중심주의 관점이다. 슈바이처는 생명을 지닌 존재에 대한 경외를 강조하였으므로 무생물은 포함되지 않는다.

227

제시문에서는 생명 윤리를 통해 생명의 존엄성에 대한 인식과 생명 과학 기술의 윤리적 정당성과 한계를 성찰해야 한다고 강조한다.

바로잡기 ㄴ. 유전자 조작 기술의 경제적인 투자 가치에 대한 고려는 윤리적 고찰이라고 보기 어렵다. ㄷ. 제시문은 동물 실험의 효율성을 증진하는 과학적인 방법을 탐색하는 것이 아니라 생명 윤리에 대한 숙고의 필요성을 강조하고 있다.

228

그림의 강연자는 하버마스이다. 하버마스는 자녀의 동의 없이 유전자를 조작하는 것은 미래 세대의 자율성을 침해하고 세대 간의 균형을 해치는 것이라고 보았다. 또한 치료 목적이 아닌 자질 강화를 위한 유전자 조작은 인간을 도구화하는 것이라고 보았다.

바로잡기 ㄴ. 하버마스는 치료를 위한 유전자 조작은 허용하고 있다. ㄹ. 하버마스에 따르면 미래 세대는 자신의 동의 없이 유전자 조작이 이루어졌기 때문에 유전자 조작을 환영하지 않을 것이다.

229

제시문을 주장한 사상가는 아퀴나스이다. 아퀴나스에 따르면 동물은 도덕적으로 고려받을 권리를 지니지 않으며, 인간은 동물보다 우월한 지위를 가지므로 신의 섭리에 의해 인간이 동물을 이용하는 것은 죄가 아니다.

바로잡기 첫 번째 입장 : 아퀴나스는 동물의 내재적 가치를 인정하지 않는다.

230

제시문을 주장한 사상가는 레건이다. 레건은 삶의 주체가 될 수 있는 한 살 이상의 포유류는 내재적 가치를 지닌다고 보았다. 따라서 동물을 인간을 위한 목적으로 이용하는 것은 부당하다고 본다.

231

갑은 칸트, 을은 싱어이다. 칸트는 동물이 자의식이 없으므로 어떤 목적을 위한 수단으로 이용될 수 있으며, 동물에 대한 인간의 의무는 간접적이라고 보았다. 싱어는 쾌고 감수 능력이 있는 동물을 인간과 동등하게 대우해야 한다고 보았다.

232

제시문은 불교의 입장이다. 불교에 따르면 모든 존재는 연기에 의해 원인과 결과로 얽힌 상호 의존적인 존재로서 항상 생멸 변화의 가운데에 있다. 따라서 모든 존재는 고정된 실체가 없는 공(空)의 상태에 있는 것이며 모든 것이 상호 관계 속에서만 존재한다는 것을 깨닫게 되면 생명체에 대한 자비의 마음이 저절로 생길 뿐만 아니라 동물을 포함한 모든 생명체가 평등한 가치를 지니고 있음을 알게 된다. 연기와 자비를 바탕으로 한 불교의 생명체에 대한 가치 존중은 생명 존중으로 이어진다.

233

⊙은 '자율성 존중의 원칙', ⓒ은 '악행 금지의 원칙', ⓒ은 '선행의 원칙'이다.

234

정의의 원칙에 따르면 생명 과학 연구의 성과는 모든 구성원에게 공정하게 분배되어야 한다. 즉 생명 과학 연구 성과는 특정 계층이나 특정 지위의 사람들에게만 그 혜택이 돌아가서는 안 된다.

채점 기준	수준
정의의 원칙에 대하여 정확하게 서술한 경우	상
정의의 원칙이 무엇인지 서술하였으나 미흡한 경우	하

235

(가)는 프롬의 주장이다. 프롬은 상대방을 이해하고 관심을 가지면서 상대가 능동적으로 자신을 고양할 수 있도록 보호하고 돕는 것이 사랑이라고 본다.

236

성에 대해 갑은 중도주의 입장, 을은 자유주의 입장이다. 중도주의 입장에서는 사랑 중심의 성 윤리를 제시하고, 자유주의 입장에서는 개인의 자발적인 동의 중심의 성 윤리를 제시한다.

237

제시문은 성에 대해 보수주의 입장을 나타내고 있다. 보수주의 입장에서는 종족 보존이라는 성의 생식적 가치를 중시한다.

238

갑은 성 상품화에 대하여 찬성하고 있고, 을은 성 상품화에 대하여 반대하고 있다. 을은 갑에 대하여 인간을 인격체가 아닌 성적 대상으로 여기며, 성의 본래적 가치를 훼손한다고 비판할 수 있다.

239

제시문을 주장한 사상가는 밀이다. 밀은 남성과 여성의 차이는 사회 환경적 요인에 의한 것에 불과하기 때문에 여성의 지성이 남성에 비해 열등하다는 판단은 잘못된 것이라고 보았다. 또한 그는 여성의 다양한 사회 진출에 제한을 두어서도 안 되며, 남녀를 평등하게 대우하는 일이 사회적 유용성을 높이는 행위라고 보았다.

240

제시문은 『예기』의 일부로, 유교 윤리의 입장이다. 유교 윤리에서 부부는 서로 남녀라는 구별을 전제하면서도 상호 의존적으로 협력하면서 가정을 함께 꾸리는 관계이다.

241

(가)는 유교 윤리의 입장이다. 유교 윤리의 입장에서 형제간은 장유의 서열과 친애를 바탕으로 상호 존중하는 관계로서, 형제간의 우애로운 관계는 부모에 대해 효를 실천하는 것이라고 볼 수 있다.

242

⊙은 '생식적 가치', ⓒ은 '쾌락적 가치', ⓒ은 '인격적 가치'이다.

243

ⓔ은 '성의 자기 결정권'이다. 성의 자기 결정권을 존중하는 방법은 상대방의 동의 없는 성적 행위를 강제하여 상대에게 육체적 피해, 정신적 고통, 인격적 수치심을 주지 않는 것이다.

채점 기준	수준
성의 자기 결정권과 존중 방법을 정확하게 서술한 경우	상
성의 자기 결정권과 존중 방법을 서술하였으나 미흡한 경우	하

Ⅲ 사회와 윤리

06 직업과 청렴의 윤리

분석 기출 문제
51~54쪽

[핵심 개념 문제]

244 ×   245 ○   246 ×   247 직업 윤리
248 일반성, 특수성   249 ㉠   250 ㉢   251 ㉡   252 ㄱ   253 ㄴ
254 ㄷ

---

255 ②   256 ⑤   257 ③   258 ③   259 ④   260 ①   261 ⑤
262 ③   263 ②   264 ⑤   265 ⑤   266 ⑤

1등급을 향한 서답형 문제

267 ㉠ 정명 정신, ㉡ 장인 정신   268 예시답안 직업 생활에서 자신이 맡은 임무와 역할을 충실히 수행하는 것이다.   269 노블레스 오블리주
270 예시답안 전문성, 독점성, 자율성을 특징으로 하는 전문직 종사자의 사회적 영향력이 매우 크기 때문이다.   271 청렴   272 예시답안 청빈한 생활 태도를 유지하면서 국가의 일에 충심을 다하려는 정신이다.

255

제시문의 주인공은 뛰어난 재능을 통해 많은 경제적 부를 쌓고 풍요롭게 생활할 수 있음에도 불구하고 이를 포기하고 병으로 인해 고통받는 환자를 무상으로 치료하며 의사로서 성취감과 보람을 느끼고 있다는 내용이다. 제시문을 통해 직업은 사회 구성원으로서의 역할을 분담하고, 자신의 재능과 능력을 발휘하게 함으로써 자아실현에 이바지한다는 것을 알 수 있다.

바로잡기 ㄴ, ㄷ. 제시문의 주인공은 물질적 토대를 마련하거나 자신의 이름을 알리기 위해 환자를 진료하지 않았다.

256

제시문은 맹자의 주장이다. 맹자는 직업이 인격에 미치는 영향을 고려하여 선한 본성을 유지할 수 있는 직업을 선택해야 한다고 보았다. 또한 맹자는 각자 자신이 해야 할 일을 해야 한다는 분업의 원리를 중시하였다.

바로잡기 ㄱ. 맹자는 직업의 목적을 신분 상승으로 보지 않았다. ㄴ. 맹자는 대인의 일과 소인의 일을 구별하여 사회적 분업을 강조했지만 정신을 수고롭게 하는 정신노동과 몸을 수고롭게 하는 육체노동의 우열을 가리지는 않았다.

257

퍼즐 속 가로 낱말 (A)는 '정직', (B)는 '입신양명'이다. 세로 낱말 (A)는 '정명'으로, 이는 자신의 맡은 임무와 역할을 충실히 수행하는 것을 말한다. 정명은 공자의 『논어』에서 나온 말이다. 공자는 "임금은 임금답고, 신하는 신하답고, 어버지는 아버지답고, 자식은 자식다워야 한다."라고 하여 각자 자신의 신분에 맞는 역할을 다해야 한다고 강조하였다.

바로잡기 ① 준법에 관한 설명이다. ② 소명에 관한 설명이다. ④ 자아실현에 관한 설명이다. ⑤ 배려에 관한 설명이다.

258

제시문은 칼뱅의 주장이다. 칼뱅은 직업을 '신으로부터 부름을 받은 자기 몫의 일'이라고 보면서 소명 의식을 가지고 자신의 직업에 충실히 임하는 것이 신의 명령을 따르는 것이라고 보았다.

바로잡기 ① 현대 직업 윤리이나 제시문과 거리가 멀다. ② 장인 정신을 발휘하여 경제적 부를 쌓아야 한다는 것은 제시문과 거리가 멀다. ④ 칼뱅에 따르면 직업 생활에서 가장 중요한 목표는 신의 부름, 즉 소명에 따르는 것이다. ⑤ 분배적 정의에 관한 진술로 제시문과 거리가 멀다.

259

갑은 플라톤, 을은 순자이다. 플라톤과 순자 모두 사회 질서를 유지하기 위해 사회적 분업을 중시해야 한다고 대답할 것이다. 플라톤은 국가를 구성하는 세 계층이 각각 타고난 성향에 따라 맡은 일을 하며 조화를 이룰 때 정의로운 국가가 될 수 있다고 보았다. 순자는 분업이 사회 전체의 생산을 늘리는 데 효과적이며 직업 선택을 둘러싸고 일어날 수 있는 구성원 간의 다툼을 막아 줌으로써 사회 질서를 유지할 수 있다고 보았다.

바로잡기 ①, ② 제시문과 관련 없는 질문이다. ③ 플라톤과 순자 모두 자신의 자질에 적합한 직업에서 전문성을 발휘하는 것을 중시한다. 즉, 역할 교환을 긍정하지 않는다. ⑤ 플라톤과 순자 모두 각각 자신에게 주어진 역할을 탁월하게 수행해야 한다고 주장한다. 즉, 직업 선택의 자유를 긍정하지 않는다.

260

갑은 순자, 을은 칼뱅이다. 순자는 예(禮)에 따른 사회적 역할 분담을 강조하였으며, 칼뱅은 직업을 신의 소명으로 보고 직업적 성공에 따른 부의 축적을 종교적으로 정당화하였다. 또한 순자와 칼뱅 모두 각자 자신의 역할에 충실해야 한다고 보았다.

바로잡기 ① 순자는 욕망을 인정하면서도 그것을 적절하게 절제해야 한다고 보았다.

261

갑은 기업의 목적이 최대 이윤을 추구하는 데 있다고 보는 반면, 을은 기업이 사회적 책임을 다하는 것도 중요하다고 본다. 즉 갑은 경제적 효율성을 강조하지만, 을은 기업의 적극적인 사회적 책임을 강조한다.

바로잡기 ㄱ. 갑은 최소 비용으로 최대의 이윤을 창출하는 것, 즉 이윤 추구만이 기업의 목적이라고 본다. ㄴ. 을은 기업의 준법 의무와 더불어 사회적 책임을 강조하고 있다.

> **1등급 정리 노트**   기업의 사회적 책무
>
> • 경제적 책무 : 재화와 서비스를 생산하고 일자리를 창출하면서 사회에 기여해야 함
> • 법적 책무 : 환경 오염, 담합, 독과점, 뇌물 증여, 탈세 등을 금지한 법률을 지키면서 경제 활동을 해야 함
> • 윤리적 책무 : 근로자의 복지 향상, 고객에 대한 배려, 불량 상품에 대한 자발적 리콜 등 사회의 기대치에 맞는 윤리적 행동을 해야 함
> • 자선적 책무 : 사회적 기부 행위, 보육·사회 복지 시설 운영 등 공익을 위한 자선 활동을 해야 함

262

제시문은 근로자의 권리와 사회적 책무를 정리한 노트 필기이다. 근로자는 노동 3권을 보장받는 동시에 사회적 책무를 진다.

③ 단결권은 근로 조건을 개선하고 경제적 지위 향상을 도모하기 위해 단체를 결성할 수 있는 권리이다.

263

갑은 프리드먼, 을은 애로이다. 프리드먼은 기업이 합법적인 범위 내에서 이윤을 추구해야 한다고 보며, 애로는 프리드먼과 마찬가지로 기업의 정당한 이윤 추구 활동을 인정한다. 그러나 프리드먼은 기업의 유일한 책임은 이윤 극대화뿐이라고 보는 반면, 애로는 기업이 공익을 위한 사회적 책임도 수행해야 한다고 본다. 즉, 애로는 기업이 공동선 증진을 위한 노력을 통해 사회적 책임을 다해야 하는데, 이는 기업에게도 장기적 이익을 가져다준다고 주장한다.

② 프리드먼만의 입장이다. 애로는 기업이 이윤 추구 외에 사회적 책임을 다해야 한다고 본다.

1등급 정리 노트 기업의 사회적 책임에 대한 입장 비교

프리드먼	애로, 보겔
프리드먼 : 기업에 이윤 극대화 이외의 사회적 책임을 강조하는 것은 기업의 경영자로 하여금 그에게 자본을 맡긴 기업의 소유주나 주주의 권익을 보호하는 책임을 이행하지 못하도록 막는 것임. 자유 경제 체제에서 경영자들은 오직 기업의 소유주에 대해서만 직접적인 책임을 지는 것임	• 애로 : 기업이 환경 보호, 사회 복지 공헌과 같은 사회적 책임을 이행할 때 소비자의 신뢰를 얻을 수 있고, 이를 통해 장기적으로 기업에 이익을 가져올 수 있음 • 보겔 : 기업의 사회적 책임 수행이 기업의 체질을 강화하고, 기업의 이윤 창출을 극대화하는 데 도움이 될 수 있음

264

제시문은 정약용의 『목민심서』에서 발췌한 내용이다. 정약용은 청렴한 공직자의 자세를 강조하며 백성에 대한 사랑을 바탕으로 백성에게 봉사할 것을 주장하였다. 정약용의 입장에서 볼 때 공직자는 청렴한 윤리 의식을 갖추고 한쪽에 치우침이 없이 공평무사하게 국민의 이익을 위해 봉사해야 함을 강조할 것이다.

⑤ 정약용의 입장에서는 효율성과 공정성이 충돌하면 공정성을 우선시해야 한다고 강조할 것이다.

1등급 정리 노트 정약용의 청렴관

정약용은 백성을 다스리는 목민관은 청렴한 자세로 애민(愛民)과 봉공(奉公)을 실천해야 한다고 주장하였다.

청렴이란 목민관의 기본 임무이며 모든 선(善)의 원천이요, 모든 덕(德)의 근본이다. 청렴하지 않고는 목민을 할 수 있었던 자는 지금까지 한 사람도 없다. 옛날부터 지혜가 깊은 자는 청결로써 교훈을 삼고 탐욕으로써 경계를 삼지 않은 자가 없었다.
– 정약용, 『목민심서』 –

265

㉠에는 부패 방지법을 통해 얻을 수 있는 효과에 대한 내용이 들어가야 한다. 부패 방지법은 부패의 발생을 예방함과 동시에 부패 행위를 효율적으로 규제함으로써 청렴한 공직 및 사회 풍토 확립에 이바지함을 목적으로 제정된 법률이다. 부패 방지법을 통해 국민의 신뢰와 공직의 투명성을 제고할 수 있으며, 부패로 인한 사회적 비용을 낮추고, 국가 경쟁력을 강화하여 국가 발전에 기여할 수 있다.

⑤ 부패 방지법은 사회적 자본을 감소시키는 것이 아니라 증가시킨다. 사회적 자본이란 개인들 사이의 연계, 그리고 그로부터 발생하는 사회적 네트워크와 사회 구성원들 간의 상호 신뢰 등을 말하는 것으로 부패 방지법의 시행으로 부패가 근절되면 사회적 자본이 증가하여 구성원들 간의 협력적 행동이 촉진되고 부패 근절을 위한 감시와 통제 비용이 줄어듦으로써 행정의 효율성을 향상시킬 수 있다.

266

청렴 계약제는 뇌물을 서로 주고받지 않겠다는 개인 간의 약속을 전제한다는 점에서는 개인 윤리적 접근이며, 개인의 도덕성 회복만으로 부패 문제를 해결하기 어려워 청렴 계약의 과정을 제도화했다는 점에서는 사회 윤리적 접근이라고 할 수 있다.

ㄱ. 청렴 계약제는 부패 행위에 대한 처벌에 초점을 두기보다 예방을 강조한다는 점에서 응보주의 관점이라고 보기 어렵다.

267

㉠은 '정명 정신', ㉡은 '장인 정신'이다. 정명 정신은 자신이 맡은 직분에 충실해야 한다는 것이고, 장인 정신은 자신의 일에 긍지를 가지고 전념하거나 한 가지 기술에 정통하려고 노력하는 것이다.

1등급 정리 노트 동서양의 직업 윤리

공자의 정명 정신	"군주는 군주답고, 신하는 신하다워야 한다." → 자기 직분에 충실함으로써 사회 질서를 확립할 수 있다고 봄
맹자의 사회적 분업	"어떤 사람은 마음을 쓰고 어떤 사람은 힘을 쓴다." → 분업의 원리를 통해 직업 간의 상호 보완적 관계와 호혜성을 강조함
우리나라의 장인 정신	자기 일에 긍지를 갖고 전념하거나 한 가지 기술에 정통하려는 노력을 중시함
칼뱅의 직업 소명론	"직업은 신으로부터 부름받은 자기 몫의 일" → 자기 직업에 충실히 임하는 것이 신의 명령에 따르는 것이라고 봄

268

'정명'이란 공자의 『논어』에서 나온 말로 자신이 맡은 임무와 역할을 충실히 수행함을 의미한다. 즉, 자기가 맡은 직업 생활에 성실하게 임하는 것이다.

채점 기준	수준
정명 정신의 의미를 직업 윤리와 연결하여 정확하게 서술한 경우	상
정명 정신의 의미를 서술하였으나 미흡한 경우	하

269

㉠은 '노블레스 오블리주'이다. 높은 사회적 지위에 상응하는 도덕적 의무와 책임을 '노블레스 오블리주(Noblesse oblige)'라고 한다. 이 말은 초기 로마 시대의 왕과 귀족이 평민보다 앞장서서 도덕적 가치를 실현하고자 노력한 데서 유래하였다.

270

전문직에게 노블레스 오블리주의 실천을 요청하는 이유는 그들의 행위가 사회에 끼치는 영향이 매우 크다는 것과 관련된다. 즉 사회에 끼치는 영향이 매우 큰 만큼 높은 도덕성을 갖추고 행동하는 것이 올바르다는 것이다.

채점 기준	수준
'사회적 영향력'이라는 용어를 포함하여 정확하게 서술한 경우	상
영향을 끼치기 때문이라고만 서술한 경우	하

271

㉠은 '청렴'이다. 청렴이란 성품과 행실이 올바르고 탐욕이 없는 상태로, 공직자가 기본적으로 갖추어야 할 덕목이다.

272

청렴을 강조하는 전통 윤리로는 청백리 정신을 들 수 있다. 청백리 정신은 청빈한 생활 태도를 유지하면서 국가의 일에 충심을 다하려는 정신이다.

채점 기준	수준
청백리 정신의 의미를 정확하게 서술한 경우	상
청백리 정신의 의미를 서술하였으나 미흡한 경우	하

적중 1등급 문제

55쪽

273 ④　　**274** ②　　**275** ④　　**276** ③

273 공자와 플라톤의 직업관 비교하기

갑은 공자, 을은 플라톤이다. 공자는 모든 사람이 각자 자신이 맡은 직분에 충실해야 한다는 정명을 강조하였다. 플라톤은 각자의 성향에 따른 통치자, 수호자, 생산자의 사회적 역할의 분담을 주장하였으며, 수호자 계층과 통치자 계층의 재산 공유가 이루어져야 국가 정의가 실현된다고 보았다.

1등급 선택지 분석

✗ **사회적 직분에는 그것에 합당한 도덕적 덕목이 요구되는가?**
– 공자와 플라톤 모두 긍정의 대답을 할 질문이다. 공자와 플라톤 모두 사회적 지위와 직분에 알맞은 역할 수행과 덕목의 실천을 강조하였다.

✗ **누구나 자신의 직업을 선택할 수 있는 자유를 가져야 하는가?**
– 공자와 플라톤 모두 부정의 대답을 할 질문이다. 공자와 플라톤은 각자 자신의 능력과 지위에 알맞도록 정해진 직업에 충실할 것을 강조하였다.

✗ **자신의 역할에 충실하면 자연스럽게 이상 국가가 실현되는가?**
– 공자와 플라톤 모두 긍정의 대답을 할 질문이다. 공자는 사회 구성원들이 자신의 직분에 충실하면 모두가 풍요롭고 화평하게 살아가는 사회인 대동 사회를 이룩할 수 있다고 보았다. 플라톤은 통치자, 수호자, 생산자 계층이 각자의 역할을 다하면 자연스럽게 정의로운 이상 사회가 실현된다고 보았다.

④ **국가의 정의를 실현하기 위해 통치자의 재산 공유가 요구되는가?**

✗ **사회 구성원 각자는 역할 수행에 필요한 덕을 갖추도록 노력해야 하는가?**
– 공자와 플라톤 모두 긍정의 대답을 할 질문이다. 공자와 플라톤은 사회 구성원 각자가 자신의 역할에 알맞은 덕을 갖추어야 한다고 보았다.

274 기업의 사회적 책임에 대한 입장 비교하기

㈎는 기업이 공익 증진이라는 사회적 책임에 힘써야 한다고 강조하고, ㈏는 기업이 합법적인 이윤 추구 이외의 사회적 책임을 질 필요가 없음을 강조한다. ㈏ 입장은 ㈎ 입장에 비해 상대적으로 기업이

공공선 실현에 기여해야 한다고 강조하는 정도(X)와 기업이 이윤 추구에만 몰두해서는 안 된다고 강조하는 정도(Y)는 낮으며, 기업의 책임은 법률 준수에 한정된다고 강조하는 정도(Z)는 높다. 제시된 좌표에서 이를 나타내는 지점은 ㉡이다.

1등급 선택지 분석

X : 기업이 공공선 실현에 기여해야 한다고 강조하는 정도
– ㈏의 입장은 ㈎의 입장에 비해 상대적으로 낮다.

Y : 기업이 이윤 추구에만 몰두해서는 안 된다고 강조하는 정도
– ㈏의 입장은 ㈎의 입장에 비해 상대적으로 낮다.

Z : 기업의 책임은 법률 준수에 한정된다고 강조하는 정도
– ㈏의 입장은 ㈎의 입장에 비해 상대적으로 높다.

275 칼뱅과 마르크스의 노동관 이해하기

제시문의 '나'는 칼뱅, '어떤 사상가'는 마르크스이다. 칼뱅은 노동을 신으로부터 부름받은 자기 몫의 일로서 인간의 노동은 땅 위에서 신의 영광을 실현하는 수단이라고 보았다. 그러므로 근면, 검소, 성실한 생활을 통해 각자 자신의 직업에서 성공한 모습을 보여 준다면 그것이 바로 신에 의해 선택받았다는 증거가 된다고 주장하였다. 이러한 그의 입장은 노동을 통한 사유 재산의 축적을 도덕적·종교적으로 정당화하였다. 한편 마르크스는 자본주의 사회에서의 분업화된 노동은 자본가의 부를 축적하기 위한 단순 도구로 전락하면서 노동 소외가 발생하게 되었다고 보았다. 마르크스는 분업과 계급적 사회관계에 토대를 둔 자본주의적 생산 방식은 자유롭고 의식적인 활동인 노동을 왜곡하고 파편화함으로써 노동을 통해 기쁨을 누리고 자아실현하는 것을 가로막는다고 비판하였다.

1등급 선택지 분석

✗ **노동을 통해 이웃 사랑을 실천할 수 없음**
– 칼뱅은 노동을 통해 부를 축적하여 이웃 사랑을 실천해야 함을 강조한다.

✗ **노동을 통한 사유 재산 축적이 필요하지 않음**
– 칼뱅은 노동을 통해 사유 재산을 축적할 수 있음을 도덕적으로 정당화하는 사상가이다.

✗ **사회적 분업은 인간 소외를 발생시킬 수 있음**
– 마르크스는 사회적 분업이 인간 소외를 발생시킨다고 주장하는 사상가이다.

④ **노동은 신으로부터 부름받은 자기 몫의 일임**

✗ **다양한 직업들 사이에서는 상호 보완이 필요함**
– 칼뱅과 마르크스는 모두 다양한 직업들 사이에서는 상호 보완이 필요하다고 본다.

276 정약용의 공직자 윤리 이해하기

제시문을 주장한 사상가는 정약용이다. 정약용에 따르면 공직자는 공과 사를 구분하며 유혹에 흔들리지 않고 원칙에 따라 직무를 수행해야 한다.

1등급 선택지 분석

✗ **A : 공직자에게는 엄격한 자기 절제가 필요한가?**
– 정약용이 "예"라고 대답할 질문이다. 정약용은 탐욕을 부리지 않는 자기 절제의 자세를 강조하였다.

ㄴ **A : 공직자는 직무 수행에 있어 공과 사를 구분해서는 안 되는가?**

ㄷ **B : 공직자로서 유혹에 흔들리지 않고 원칙을 지켜야 하는가?**

✗ **B : 공직자는 자신이 가진 특권을 사익을 위해 사용해도 되는가?**
– 정약용이 "아니요"라고 대답할 질문이다. 정약용은 자신이 가진 특권을 사익이 아닌 백성의 이익을 위해 사용해야 한다고 본다.

분석 기출 문제

57~61쪽

[핵심 개념 문제]

277 ×	278 ○	279 ×	280 필요	281 업적	282 ㉢	283 ㉠
284 ㉡	285 ㄴ	286 ㄷ	287 ㄹ	288 ㄱ		

289 ②	290 ③	291 ④	292 ②	293 ③	294 ②	295 ⑤
296 ④	297 ⑤	298 ④	299 ④	300 ④	301 ③	302 ②
303 ⑤	304 ①	305 ③				

[1등급을 향한 서답형 문제]

306 (예시 답안) 지지 입장 : 사회 윤리적 관점을 지지할 것이다. 근거 : 범죄의 원인을 범죄자의 도덕성보다는 사회 전체의 구조적 모순에서 찾기 때문이다.

307 부유세 **308** (예시 답안) 정당하게 얻은 개인의 재산권을 과도하게 침해하는 것이다. 부자들에 대한 또 다른 차별이다. **309** (예시 답안) 인간이 기본적으로 누려야 하는 권리인 생명권을 근본적으로 부정한다. 오판의 가능성이 있다. 사형 제도는 범죄인의 교화를 근원적으로 포기한다.

310 (예시 답안) 사형 제도는 생명을 박탈하는 극형이므로 범죄 억제 효과가 크다. 형벌의 목적은 근본적으로 인과응보적 응징에 있다. 흉악 범죄인의 생명을 박탈하는 것은 사회 정의에 부합한다.

289

제시문은 니부어의 주장이다. 니부어는 사회의 도덕성은 개인의 도덕성보다 현저하게 떨어지기 때문에 개인 윤리만으로는 현대 사회의 윤리 문제를 해결하기 어렵고 사회 정책과 제도의 개선을 통해 문제를 해결해야 한다고 보았다.

(바로잡기) ㄴ. 니부어는 개인의 선한 의지만으로 사회 정의를 실현하기 어렵다고 보았다. ㄹ. 니부어는 사회 계층 간의 갈등, 빈부 격차 등의 사회 구조적 문제는 사회 정책과 제도의 개선을 통해 해결해야 한다고 보았다.

290

갑은 사회 윤리의 필요성을 강조한 니부어이다. 니부어는 사회의 도덕성이 개인의 도덕성보다 떨어질 수 있으므로 개인의 선한 의지만으로 사회 정의를 실현하기는 어렵다고 보아 개인의 도덕성 함양뿐만 아니라 사회적 강제력, 즉 법과 제도를 동원해 사회 부정의를 해결해야 한다고 주장하였다.

(바로잡기) ③ 니부어는 도덕성이 높은 개인이라도 집단적 차원에서의 도덕성은 떨어질 수 있으므로, 도덕성이 높은 개인들이 찬성하지 않는 방법도 동원할 수 있다고 주장하였다.

1등급 정리 노트 **니부어의 사회 윤리**

- 사회 집단의 도덕성은 개인의 도덕성보다 현저하게 떨어짐
- 사회 갈등이나 사회 부정의를 해결하기 위해서는 법, 정책, 사회 제도 등 외적 강제력이 필요함
- 개인의 도덕성 함양뿐만 아니라 사회 제도의 개선을 통해 도덕적인 사회를 만들려고 노력해야 함
- 집단 이기주의로 인한 사회 문제는 개인적인 양심과 자선 또는 개인의 선한 의지만으로는 해결하기 어려움

291

㉠은 분배적 정의, ㉡은 절차적 정의, ㉢은 교정적 정의이다. 분배적 정의는 공정한 분배 기준에 대한 사회적 합의와 관련 있다. 절차적 정의는 공정한 절차에 따른 결과는 정당하다는 것이며, 교정적 정의는 잘못에 대한 대응이 공정한지에 대한 것이다.

(바로잡기) ④ 사회적·경제적 불평등 문제는 분배적 정의와 밀접하게 관련이 있다.

292

제시문은 공자의 주장이다. 공자는 이상 사회를 실현하려면 통치자가 분배의 형평성을 고려해야 한다고 주장하였다. 공자에 따르면 통치자는 분배가 균등하지 못한 것과 평안하지 못한 것을 걱정해야 한다. 분배가 균등하면 백성이 화합할 수 있고 평안해질 수 있기 때문이다. 이러한 공자의 주장은 국가가 부당한 사회적·경제적 불평등을 해소하기 위해 노력해야 한다는 교훈을 준다.

(바로잡기) ①, ③, ④, ⑤ 공자의 입장으로 적절하지 않다.

293

분배적 정의는 사회적 재화의 이익과 부담을 공정하게 분배하는 것이다. 분배적 정의의 기준으로 절대적 평등, 업적, 능력, 필요 등을 들 수 있다.

(바로잡기) ③ 분배적 정의의 기준 중 업적은 사회적 약자만이 아니라 사회 구성원 모두에게 사회에 기여한 정도에 따라 분배하는 것이다. 업적에 따른 분배는 동기 부여 및 생산성이 높아진다는 장점이 있지만 사회적 약자를 배려하기 어렵다는 단점이 있다.

1등급 정리 노트 **분배적 정의의 기준**

절대적 평등	뜻 모든 사람에게 동등하게 분배하는 것
	장 동일 인격체로 대우, 기회와 혜택의 균등한 보장
	단 특성의 차이를 반영 못함, 효율성이 떨어짐
필요	뜻 각자의 필요에 따라 다르게 분배하는 것
	장 사회적 약자 보호
	단 모두의 필요를 충족하기 힘듦, 효율성이 떨어짐
능력	뜻 능력이 뛰어난 사람에게 적절한 보상을 하는 것
	장 경제적 효율성이 높음
	단 능력은 선천적·우연적임, 능력을 평가하는 기준을 마련하기 어려움
업적	뜻 업적을 이룬 사람에게 더 많이 보상하는 것
	장 객관적 평가와 측정이 용이함, 생산성이 높음
	단 사회적 약자를 배려하기 힘듦, 과열 경쟁이 발생함
노동	뜻 일한 만큼 분배하는 것
	장 자신이 노력한 만큼 보상을 얻음
	단 노동 시간에 비례해 결과가 나오지 않음

294

(가)는 절차적 정의를 바탕으로 분배적 정의를 강조한 롤스의 주장이다. 롤스는 분배의 절차만 공정하다면 그 결과가 불평등하더라도 정당한 것으로 인정해야 한다고 주장하였으며, 신체의 자유, 사상의 자유와 같은 기본적 자유가 평등하게 보장된 정의로운 사회를 추구하였다.

ㄴ. 롤스가 "예"라고 대답할 질문이다. 롤스는 사회적 약자를 배려하기 위한 복지의 필요성을 강조하였다. ㄹ. 롤스가 "아니요"라고 대답할 질문이다. 롤스는 절대적 평등을 기준으로 분배해야 한다고 주장하지 않았다.

295

제시문은 노직의 주장이다. 노직은 재화의 분배를 최대한 개인의 자유에 맡겨야 하지만 강압, 절도, 사기, 강제 계약의 발생을 막기 위해서는 국가의 개입이 필요하다고 보았다.

① 노직이 부정의 대답을 할 질문이다. 노직은 국가에 의한 재분배 정책에 반대한다. ② 노직이 부정의 대답을 할 질문이다. 노직은 재화의 분배는 개인에게 맡겨야 한다고 본다. ③ 노직이 부정의 대답을 할 질문이다. 노직은 개인의 타고난 재능은 개인의 것이며, 국가가 이에 대해 간섭해서는 안 된다고 본다. ④ 노직이 부정의 대답을 할 질문이다. 노직은 개인의 소유 권리는 절대적인 것으로 국가가 복지 실현을 위해 개인의 소유 권리를 침해할 수 없다고 본다.

296

갑은 노직, 을은 롤스이다. 노직은 국가가 개인의 정당한 소유권을 침해해서는 안 되며, 개인의 천부적 재능과 우연적 자산에 대해서도 간섭해서는 안 된다고 보았다. 롤스는 원초적 상황에서 각 개인은 최소 수혜자들이 최대의 혜택을 받는 차등의 원칙, 기회균등의 원칙과 같은 정의의 원칙에 합의한다고 보았다.

ㄷ. 노직과 롤스는 모두 자유주의 입장이기 때문에 결과적 평등을 지향하지 않는다. 결과적 평등은 마르크스를 위시한 사회주의에서 강조하는 분배관이다.

297

갑은 롤스, 을은 노직이다. 롤스는 사회적 합의 과정의 공정성과 사회적 약자를 위한 분배의 필요성을 주장하였다. 노직은 재화에 대한 완전한 소유권 보장과 잘못된 절차에 의한 소유를 교정하기 위한 국가의 개입을 주장하였다.

⑤ 롤스와 노직 모두 재화의 공정한 분배를 위해 개인의 기본적 자유를 제한할 수 없다고 본다.

1등급 정리 노트　롤스와 노직의 정의의 원칙 비교

롤스	노직
무지의 베일로 가려진 원초적 입장에서 사회 구성원들은 공정한 합의의 결과로 정의의 원칙을 도출함	• 자유 지상주의적 분배 원칙 : 개인은 정당한 소유물에 대하여 완전한 소유권을 지님 • 올바른 재화의 분배는 개인의 자유에 전적으로 위임해야 하며 국가는 개인의 정당한 소유 권리를 침해할 수 없음

298

밑줄 친 '이 정책'은 우대 정책이며, 제시문의 (가)는 여성 우대 정책, (나)는 소수 인종 우대 정책에 관한 내용이다. 우대 정책은 그동안 차별받아 온 사람들에게 고용이나 교육 등의 측면에서 혜택을 제공한다. 하지만 이러한 혜택이 다른 집단에게는 또 다른 차별로 이어질 수 있다는 비판도 제기된다.

① 제시문은 우대 정책의 사례이다. ② 다른 집단에게 또 다른 차별이 될 수 있다는 점, 사회적 약자에게 기회를 주는 것은 업적주의에 위배될 수 있다는 점 등의 이유로 우대 정책에 반대하는 사람도 있다. ③ 잘못된 사회 구

조가 차별의 원인이라고 보면서 이를 개선하기 위해 마련한 제도이다. ⑤ 장애인 의무 고용 제도는 우대 정책의 하나이다.

299

소수자 우대 정책의 찬성 근거에는 과거의 차별 때문에 받아 온 고통에 대해 보상받을 권리가 있다는 보상의 논리와 사회적 약자에게 경제적 부나 사회적 지위를 얻을 수 있는 유리한 기회를 부여할 필요가 있다는 재분배의 논리가 있다. 그리고 사회적 약자를 배려하면서 사회적 긴장을 완화하고 사회 전체의 평화와 행복을 증진할 수 있다는 공리주의 논리가 있다.

정. 무 : 소수자 우대 정책의 반대 논거이다.

300

교정적 정의는 법 집행에 의한 처벌을 통해 부정의를 바로잡는다는 점에서 처벌과 밀접한 관련이 있다. 또한 처벌의 본질을 범죄 행위에 상응하는 해악을 가하는 것으로 보는 응보주의 관점과 범죄를 예방하여 사회적 이익을 증진하는 것으로 보는 공리주의 관점이 있다.

④ 공리주의 관점에 따르면 처벌은 그 자체가 목적이 아니라 사회의 이익을 증진하기 위한 수단이다.

1등급 정리 노트　처벌에 관한 응보주의와 공리주의 관점 비교

응보주의 관점	공리주의 관점
• 범죄 행위에 상응하는 처벌을 가해야 함 • 이성적 존재는 자기 행동에 대한 책임을 져야 함(칸트) • 문제점 : 처벌 자체가 목적, 처벌 비용이 많이 듦	• 처벌은 사회의 이익을 증진하기 위한 수단임 • 처벌의 목적은 범죄 예방, 범죄자 교화임 • 문제점 : 예방 효과를 검증하기 어려움, 인권 침해

301

갑은 처벌에 대한 공리주의 이론 가운데 일반 예방주의를 지지하고 있다. 일반 예방주의 관점에서는 일반인이나 잠재적 범죄자에게 경고하여 더 이상 죄를 짓지 않도록 예방할 수 있기 때문에 사형 제도에 찬성한다.

①, ② 응보주의 관점에서 사형 제도를 찬성하는 입장의 논거이다. ④, ⑤ 공리주의 이론 중 특수 예방주의 관점에서 사형 제도를 반대하는 입장의 논거이다.

302

제시문의 사상가는 응보주의를 주장한 칸트이다. 칸트에 따르면 처벌의 본질은 범죄 행위에 상응하는 처벌을 가하는 것이다. 이와 달리 공리주의 관점에서 처벌은 사회 전체의 행복 증진을 위한 수단으로서 범죄 예방에 목적이 있다.

①, ③, ④, ⑤ 칸트가 부정의 대답을 할 질문이다.

303

처벌에 대해 갑은 공리주의 입장, 을은 응보주의 입장을 주장한 칸트이다. 공리주의 입장은 범죄를 예방하여 사회 전체의 이익을 증대할 수 있도록 하는 것이 처벌의 본질이라고 본다. 응보주의 입장은 범죄 행위에 상응하는 보복을 가하는 것이 처벌의 본질이라고 본다.

①, ②, ④ 공리주의 입장이다. ③ 공리주의와 응보주의의 공통 입장이다.

304

(가)는 칸트의 응보주의 관점이다. 칸트에 따르면 사형 제도는 타인의 생명을 해친 범죄자를 사형에 처함으로써 응보의 원리를 충족하는 것이므로 존치해야 한다.

② 칸트는 국민의 일반적인 법 감정이 지지하기 때문에 사형 제도의 존치를 주장하는 것은 아니다. ③, ④ 칸트는 사형 제도의 존치를 주장하므로 칸트의 주장과 거리가 멀다. ⑤ 칸트는 범죄자로부터 시민의 안전을 지키기 위해 사형 제도의 존치를 주장하지 않는다.

1등급 정리 노트   사형 제도에 대한 다양한 입장

칸트	• 응보적 관점에서 사형 제도 찬성 • 보복법, 등가성의 원리 강조
루소	• 시민들이 생명과 안전을 보장받기 위해 생명 박탈 권리를 국가에 양도했다는 계약론적 관점에서 사형 제도 찬성 • 시민의 생명을 보전하기 위한 수단
베카리아	• 어느 누구도 자신의 생명에 대한 권리를 양도하지 않을 것이기 때문에 사형이 사회 계약으로 성립할 수 없다는 계약론적 관점에서 사형 제도 반대 • 사형이 종신 노역형보다 범죄 억제 효과가 떨어진다는 공리주의 관점에서 사형 제도 반대 • 인도주의적 관점에서 사형은 국가의 공식적인 살인 행위이며 전쟁 선포라는 점을 들어 사형 제도에 반대

305

갑은 베카리아, 을은 칸트이다. 베카리아는 공리주의 관점에서 사형 제도의 폐지를 주장하며, 칸트는 응보주의 관점에서 처벌과 사형 제도의 존치를 주장한다.

ㄱ. 베카리아는 사형이 유용성이 없는 형벌이라고 보기 때문에 사형 제도의 폐지를 주장한다. ㄷ. 칸트는 형벌의 본질이 범죄 예방과 사회 전체의 행복 증진이 아니라 응보에 있다고 본다. 또한 칸트는 사형이 인간을 인격적으로 대우하는 것이라고 주장한다.

1등급 정리 노트   사형 제도 찬반 논거

찬성	반대
• 응보주의 : 형벌의 목적은 인과응보적 응징에 있음. 살해는 생명 박탈로 응징을 받아야 함 • 일반 예방주의 : 사형은 범죄 예방 목적의 달성을 위한 필요악임 • 시기 상조론 : 사회 상황을 고려해 폐지를 유보함 • 사회 방위론 : 국민의 자유, 재산, 생명을 지키기 위한 사회 방어의 수단으로 범죄인을 사회로부터 격리시킬 필요가 있음	• 인도주의 : 범죄자의 생명권과 인간 존엄성도 보장해야 함 • 특수 예방주의 : 형벌의 목적은 범죄자의 교화와 개선에 있음 • 오판 가능성 : 법이 완전무결하지 않으므로 오판의 가능성이 있음 • 악용 가능성 : 정치에서 자신과 대립하거나 반대 입장에 있는 사람을 탄압하거나 제거할 수 있는 도구로 악용될 수 있음

306

제시문은 사회 윤리적 관점에서 사형으로 응징될 만한 범죄의 원인을 범죄자의 도덕성보다는 사회 전체의 구조적 모순에서 찾고 있다.

따라서 문제의 해결 방안 역시 사회 제도 및 구조의 개선을 통해 이루어져야 한다.

채점 기준	수준
사회 윤리를 지지하는 입장과 근거를 모두 타당하게 서술한 경우	상
사회 윤리를 지지한다고 서술했으나 근거가 미흡한 경우	중
사회 윤리를 지지한다고만 서술한 경우	하

307

㉠은 '부유세'이다. 부유세는 일정액 이상의 재산을 보유하고 있는 자에게 그 순자산액의 일정 비율을 비례적 혹은 누진적으로 과세하는 세금이다.

308

부유세의 도입을 반대하는 입장에서는 개인의 재산권에 대한 과도한 침해라는 점, 세금을 두 번 부과하는 것과 같아서 부자들에 대한 또 다른 차별이라는 점을 근거로 제시한다.

채점 기준	수준
'재산권에 대한 과도한 침해', '또 다른 차별'이라는 개념을 두 가지 모두 포함하여 서술한 경우	상
'재산권에 대한 과도한 침해', '또 다른 차별'이라는 개념을 한 가지만 포함하여 서술한 경우	중
'재산권에 대한 과도한 침해', '또 다른 차별'이라는 개념을 포함하지 않고 서술한 경우	하

309

사형 제도의 불합리성을 뒷받침하는 논거로는 인간이 생명을 누릴 수 있는 권리인 생명권을 근본적으로 부정한다는 것, 오판의 가능성으로 인한 죽음은 되돌릴 수 없다는 것, 범죄자의 생명을 박탈하는 것이기 때문에 범죄인의 교화를 근원적으로 포기하는 제도라는 것, 정적을 제거할 수 있는 수단으로 악용될 수 있다는 것 등을 들 수 있다.

채점 기준	수준
사형 제도의 불합리성을 뒷받침하는 논거를 세 가지 모두 타당하게 서술한 경우	상
사형 제도의 불합리성을 뒷받침하는 논거를 두 가지만 서술한 경우	중
사형 제도의 불합리성을 뒷받침하는 논거를 한 가지만 서술한 경우	하

310

사형 제도의 불합리성에 반박하는 논거로는 생명을 박탈하는 극형이므로 범죄 억제 효과가 크다는 것, 형벌의 근본 목적은 인과응보에 따른 응징이라는 것, 흉악 범죄인의 생명을 박탈하는 것은 사회 정의에 부합한다는 것, 사형 반대론자가 제시하는 종신형 제도는 경제적 부담이 크고 비인간적일 수 있다는 것 등을 들 수 있다.

채점 기준	수준
사형 제도의 불합리성에 반박하는 논거를 세 가지 모두 타당하게 서술한 경우	상
사형 제도의 불합리성에 반박하는 논거를 두 가지만 서술한 경우	중
사형 제도의 불합리성에 반박하는 논거를 한 가지만 서술한 경우	하

311 니부어의 사회 윤리 이해하기

(가)는 니부어의 주장이다. 니부어는 개인과 사회의 도덕적 이상은 다르지만 서로 모순적이지는 않으며, 사회는 개인보다 이기적 충동을 제어하기 어렵기 때문에 사회 정의를 실현하기 위해서는 합리성에 부합하는 강제력이 필요하다고 보았다.

1등급 선택지 분석

ⓐ A : 개인과 사회의 도덕적 이상은 모순적인가?

✗ A : 집단의 이기심을 극복하기 위해 합리성에 부합하는 강제력이 필요한가?
- 니부어가 "예"라고 대답할 질문이다. 니부어는 집단의 이기심을 극복하기 위해 합리성에 부합하는 강제력이 필요하다고 본다.

✗ B : 집단 간의 관계는 개인 간의 관계에 비해 합리적인가?
- 니부어가 "아니요"라고 대답할 질문이다. 니부어는 집단 간의 관계는 개인 간의 관계에 비해 비합리적이라고 본다.

ⓓ B : 집단 규모가 커질수록 충동을 제어하는 이성의 힘은 약해지는가?

312 니부어의 사회 윤리 이해하기

제시문은 니부어의 주장이다. 니부어는 도덕적인 인간도 집단 간의 관계 속에서는 도덕성이 약화되어 이기적이고 비도덕적으로 행동하기 쉽다고 주장한다. 그에 따르면 집단 속에서는 개인의 이기적 충동들이 합쳐져 더 강력한 형태의 집단적 이기심이 표출되기 때문에 개인은 자신이 소속된 집단의 이익을 위해 비도덕적일 수 있다.

1등급 선택지 분석

✗ 개인과 사회의 도덕적 이상은 동일한가?
- 니부어가 부정의 대답을 할 질문이다. 니부어는 개인의 도덕적 이상은 이타성이며, 사회의 도덕적 이상은 정의라고 본다.

✗ 개인의 도덕성은 항상 사회 집단의 도덕성을 보장하는가?
- 니부어는 도덕적 개인일지라도 사회 집단 속에서는 이기적이고 비도덕적일 수 있다고 보았다.

✗ 개인의 도덕성과 사회 집단의 도덕성은 항상 대립적인가?
- 니부어는 개인의 도덕성과 사회 집단의 도덕성은 항상 대립적이라고 보지 않는다. 오히려 사회 정의의 실현을 위해서는 개인의 도덕성의 도움을 받아야 한다고 본다.

✗ 개인이 속한 집단의 도덕성은 개인의 도덕성에 비례하는가?
- 니부어는 도덕성이 높은 개인들이 모인 집단일지라도 그 집단의 도덕성은 개인의 도덕성보다 낮을 수 있다고 본다.

⑤ 개인의 도덕성은 집단 간의 관계 속에서 약화될 수 있는가?

313 롤스와 노직의 정의관 비교하기

갑은 롤스, 을은 노직이다. 롤스는 개인의 타고난 재능 등 자연적·사회적 우연성으로 얻게 된 이득은 개인의 소유가 아니라 사회의 공유 자산으로서 사회에 환원해야 한다고 주장한다. 또한 롤스는 최소 수혜자에게 최대의 이익이 보장되는 정의의 원칙(차등의 원칙)이 이루어졌을 때 소득과 부의 공정한 분배가 실현될 수 있다고 본다. 한편 노직은 재화를 취득할 때 그 절차가 정당하면 그 과정을 통해 얻은 소유물에 대해서는 개인이 절대적인 소유 권리를 가진다고 보며, 취득 과정에서 잘못된 절차에 의한 소유가 발생했을 때 국가는 이를 교

정해야 한다고 주장한다. 이렇게 롤스와 노직의 정의관은 차이를 보이지만 분배 절차가 공정하면 그로 인한 분배의 결과도 공정한 것으로 인정한다는 점에서는 공통적이다.

1등급 선택지 분석

① 갑은 정의의 원칙이 사회적 우연성을 배제한 상황에서 도출되어야 한다고 본다.

② 갑은 소득과 부의 공정한 분배는 최소 수혜자에게 최대의 혜택이 돌아갈 때 실현될 수 있다고 본다.

③ 을은 취득의 과정이 부당한 사적 소유는 교정의 대상이라고 본다.

✗ 을은 분배 결과에 초점을 둔 정의론은 개인의 소유권을 보장한다고 본다.
- 노직은 분배 절차에 초점을 둔 정의론을 강조하며 분배 결과에 초점을 둔 정의론은 개인의 소유권을 침해한다고 본다.

⑤ 갑, 을은 분배 절차가 공정하면 그로 인한 분배의 결과도 공정한 것으로 간주해야 한다고 본다.

314 롤스의 사회 정의 이해하기

제시문은 롤스의 주장이다. 롤스는 사회가 추구해야 할 최고의 도덕적 이상은 정의이며, 분배의 절차가 공정할 때 그 결과도 공정성을 보장받을 수 있다고 보았다.

1등급 선택지 분석

✗ 재화의 분배를 전적으로 개인에게 위임해야 한다.
- 롤스에 따르면 재화의 분배에 국가가 개입할 수 있다.

✗ 능력과 업적만으로 정의의 원칙을 도출해야 한다.
- 롤스는 사회적 약자도 고려한다.

③ 사회가 추구해야 할 최고의 도덕적 이상은 정의이다.

✗ 정의로운 사회에서는 경제적 불평등이 존재할 수 없다.
→ 있다

✗ 재화 분배의 목표를 결과적 평등의 실현에 두어야 한다.
- 결과적 평등은 사회주의의 입장이다.

315 우대 정책에 대한 윤리적 쟁점 파악하기

(가)는 우대 정책이 과거의 차별에 대한 보상 차원에서 실시될 필요가 있다고 본다. 이 입장에서는 사회적 지위나 인종으로 인해 차별받아 온 사람들에게 공정한 기회를 주어야 한다고 A 대학에 조언할 것이다.

1등급 선택지 분석

✗ 차별에 따른 불평등은 개인적 차원에서 해결해야 함을 고려해야 합니다.
- (가)는 차별에 따른 불평등은 개인적 차원에서 해결해야 한다고 보지 않는다.

✗ 과거에 소수 인종을 차별했던 가해자는 존재하지 않음을 알아야 합니다.
- 우대 정책을 반대하는 입장에서 제시할 수 있는 조언이다.

✗ 현대 사회에서는 소수 인종이 오히려 부나 지위를 획득하는 데 유리합니다.
- 우대 정책을 찬성하는 입장에서 제시할 수 있는 조언으로 적절하지 않다.

④ 사회적 지위나 인종으로 인해 차별받아 온 사람들에게 공정한 기회를 주어야 합니다.

✗ 소수자에 대해 의도적인 혜택을 주는 것은 다수자에 대한 역차별을 초래함을 알아야 합니다.
- 우대 정책을 반대하는 입장에서 제시할 수 있는 조언이다.

316 형벌에 대한 베카리아와 벤담의 관점 파악하기

갑은 베카리아, 을은 벤담이다. 베카리아는 사형보다 종신 노역형이 범죄 억제 효과가 크다고 보며, 개인이 자신의 생명을 국가에 위임하지 않았기 때문에 사형 제도는 정당하지 않다고 주장한다. 벤담은 처벌의 목적이 범죄를 예방하는 데 있으며, 사형 제도의 정당성은 공리

의 원리에 따라 판단되어야 한다고 보았다. 하지만 베카리아와 벤담 모두 형벌이 최대 다수의 최대 행복을 위해 집행되어야 한다고 본 점에서는 공통적이다.

1등급 선택지 분석

① 갑은 사형보다 종신 노역형이 범죄 예방 효과가 크다고 본다.
② 갑은 사형이 살인범을 인격적 존재로 대우하는 것이라고 본다. ✗
　– 칸트의 입장이다.
③ 을은 처벌의 목적이 범죄를 예방하는 데 있다고 본다.
④ 을은 사형 제도의 정당성이 공리의 원리에 따라 판단되어야 한다고 본다.
⑤ 갑과 을은 모두 형벌이 최대 다수의 최대 행복을 위해 집행되어야 한다고 본다.

317 형벌에 관한 응보주의와 공리주의 관점 비교하기

갑은 응보주의 관점, 을은 공리주의 관점을 가지고 있다. 응보주의에서는 범죄 행위에 상응하는 동등한 형벌을 강조한다. 공리주의에서는 범죄 예방과 사회 안전 확보를 위한 효과적인 수단으로서 형벌을 강조하며 위법의 이익보다 형벌의 손실이 큰 형벌을 부과해야 한다고 주장한다.

1등급 선택지 분석

ㄱ 처벌은 범죄 예방과 사회 안전 확보를 위한 수단임
ㄴ 범죄자의 범죄 행위에 상응하는 처벌이 정의로운 것임 ✗
　– 응보주의 관점이다.
ㄷ 위법의 이익보다 형벌의 손실이 큰 형벌을 부과해야 함
ㄹ 범죄자를 처벌하는 것이 범죄자의 인격을 존중하는 것임 ✗
　– 응보주의 관점이다.

318 사형 제도에 대한 루소와 칸트의 입장 비교하기

1등급 자료 분석 　루소와 칸트의 사형 제도 관점 비교

갑 : 사회 계약은 계약 당사자들의 생명 보존을 목적으로 한다. 타인 〔루소〕 └ 루소의 주장임을 알 수 있다.
　의 도움으로 자신의 생명을 보존하려는 자는 필요한 경우에는 타인을 위하여 자기의 생명을 바칠 줄도 알아야 한다.
을 : 형벌은 범죄자 자신이나 시민 사회를 위해서 어떤 다른 선을 촉 〔칸트〕 진하기 위한 수단으로서가 아니라 범죄자가 범죄를 저질렀기 때문에 가해지지 않으면 안 된다.
　　　└ 칸트의 주장임을 알 수 있다.

갑은 루소, 을은 칸트이다. 루소와 칸트 모두 사형 제도가 존치되어야 한다는 입장이다. 따라서 루소와 칸트는 공통적으로 국가가 흉악범에 대해 생명을 박탈할 권리를 가지고 있다고 본다.

1등급 선택지 분석

① 사형 제도는 유용성 증진의 수단인가? ✗
　– 칸트도 부정의 대답을 할 질문이다.
② 응보적 관점에서 사형 제도가 필요한가? ✗
　– 루소는 부정의 대답, 칸트는 긍정의 대답을 할 질문이다.
③ 사형은 어떤 경우에도 시행되어서는 안 되는가? ✗
　– 루소도 부정의 대답을 할 질문이다.
④ 국가는 흉악범의 생명권을 박탈할 권리를 가지는가?
⑤ 사형 제도는 흉악범의 인간 존엄성을 존중하는 것인가? ✗
　– 칸트가 긍정의 대답을 할 질문이다.

---

08 **국가와 시민의 윤리**

분석 기출 문제

[핵심 개념 문제]

319 국가 권위　　**320** 동의　　**321** 혜택　　**322** 민의
323 ✕　**324** ✕　**325** ✕　**326** ○　**327** ㄱ　**328** ㄹ　**329** ㄷ
330 ㄴ

331 ⑤　**332** ③　**333** ②　**334** ④　**335** ③　**336** ④　**337** ②
338 ①　**339** ③　**340** ⑤　**341** ②　**342** ①

[1등급을 향한 서답형 문제]

343 〔예시답안〕 주인 의식을 반영할 수 있다. 개인의 권리를 보장받을 수 있다. 공동체의 발전을 도모할 수 있다. 대의 민주주의의 한계를 보완할 수 있다 등
344 시민 불복종　　**345** 〔예시답안〕 행위의 목적이 정당해야 한다. 비폭력적이어야 한다. 최후의 수단이어야 한다. 처벌을 감수해야 한다 등

331

제시문은 아리스토텔레스의 주장이다. 아리스토텔레스에 따르면 인간은 본성적으로 정치적인 존재이며, 국가는 이 본성에 따라 자연스럽게 발생하는 공동체이다. 또한 국가는 가장 완전한 공동체로서 인간은 국가 안에서 행복을 실현할 수 있다.

바로잡기 ㄱ. 아리스토텔레스는 국가가 구성원들의 계약이 아닌 인간의 본성에 의해 자연스럽게 형성되었다고 본다.

332

제시문은 플라톤의 『크리톤』의 일부이다. 소크라테스는 국법이 강요하거나 기만하거나 단기간에 결정하도록 독촉하지 않았는데도 스스로 아테네에 살겠다고 선택한 것은 아테네의 국법을 지키는 것에 동의했기 때문이라고 보았다.

바로잡기 ① 공공재의 혜택을 근거로 국가 권위를 정당화한다. ②, ④ 인간 본성을 근거로 국가 권위를 정당화한다. ⑤ 천명을 근거로 국가 권위를 정당화한다.

1등급 정리 노트 　국가 권위에 대한 정당성 근거

인간 본성	• 인간은 본성적으로 국가 공동체를 구성하는 존재임 • 국가는 인간의 사회적·정치적 본성에 의해 형성됨
동의	• 공동체 구성원의 합의와 계약에 의해 국가라는 조직을 성립시킴 • 개인은 자신의 생명, 자유 등에 대한 권리 보호를 조건으로 국가의 명령에 복종함
공공재 및 관행의 혜택	국가가 공공재 제공 및 관행 제정으로 국민의 안정된 삶을 도와주기 때문
천명	군주의 통치권은 하늘로부터 주어진 것이기 때문

333

(가)는 공공재의 혜택에 대한 설명이며, (나)는 관행의 혜택에 대한 설명이다. (가)와 (나)는 모두 국가가 국민에게 제공하는 혜택을 근거로 정치적 의무를 정당화하는 관점이다.

바로잡기 ①, ③ 인간 본성을 정치적 의무의 도덕적 근거로 보는 입장이다. ④, ⑤ 사회 계약에 의한 동의를 정치적 의무의 도덕적 근거로 보는 입장이다.

334

정치적 의무를 수행해야 하는 도덕적 근거를 갑은 인간의 본성, 을은 동의, 병은 공공재의 혜택에서 찾고 있다. 갑은 국가가 인간의 본성에 의해 형성된다고 보며, 동의나 공공재의 혜택에 따라 인위적으로 결성된다는 을과 병에 비해 개인과 국가가 운명 공동체라는 점을 강조한다.

바로잡기 ㄷ. 병은 공공재의 혜택을 근거로 국가의 권위에 복종해야 한다고 본다. 정의로운 국가에 복종하는 것을 자연적 의무로 보는 입장은 국가가 정의, 행복과 같은 도덕적 선의 증진에 기여하기 때문에 국가가 부과하는 정치적 의무에 따르는 것은 인간으로서 당연한 일이라고 주장한다.

335

갑은 로크, 을은 흄이다. 로크에 따르면 정치적 의무는 계약에 의한 동의로부터 발생한다. 흄은 정부로부터 얻게 되는 이익이나 혜택을 정치적 의무의 근거로 본다.

바로잡기 ①, ④ 로크가 흄에게 제기할 수 있는 반론이다 ② 아리스토텔레스의 입장에서 제기할 수 있는 반론이다. ⑤ 로크와 흄 모두 동의할 주장이다.

1등급 정리 노트　로크의 국가관
• 국가는 시민의 기본권을 지키고 보장하는 역할을 다해야 함
• 국가가 시민의 기본권을 보장하지 못하고 침해할 경우 시민은 저항할 수 있으며, 국가를 운영하는 정부를 해체할 수 있음
• 각 개인은 국가가 자신의 생명권, 자유권, 재산권 등과 같은 기본권을 보호해 준다는 조건으로 국가에 복종하기로 명시적·묵시적 동의를 한 것임

336

제시문은 맹자의 주장이다. 맹자는 백성을 귀하게 여기고 백성을 나라의 근본으로 하는 민본 정치를 주장하였다. 또한 맹자는 군주가 백성의 산업을 일으켜 주어서 그들의 생계를 안정시켜야 하며, 그런 다음 백성을 덕으로 감화시켜야 한다고 주장하였다.

바로잡기 ㄷ. 맹자는 엄격한 법치보다는 덕에 의한 정치인 왕도 정치를 주장하였다. 백성을 이기적인 대상으로 보고 엄격한 법치에 의한 통치를 주장한 것은 한비자이다.

337

㉠는 민본주의, ㉡는 백성의 입장에서 정치를 실현하는 맹자의 왕도 정치에 관한 내용이다. 맹자는 왕도 정치의 시작을 민생 안정에 두고, 민생에 관심을 두지 않는 왕은 바꿀 수 있다고 주장하였다.

바로잡기 ㄴ. 맹자는 군주가 형벌보다 인의로 백성을 다스려야 한다고 주장하였다. ㄷ. 맹자는 군주가 민생을 살피지 않을 때는 군주를 바꿀 수 있다는 역성혁명을 주장하였다.

338

1955년 몽고메리 시의 흑인들은 '인종 차별 철폐'라는 공공의 이익을 실현하기 위해 버스 보이콧이라는 비폭력적이고 평화적인 방법을 사용하여 시민 불복종을 전개하였다.

바로잡기 ㄷ. 시민 불복종은 사회 체제의 변혁을 직접적인 목표로 삼기보다는 정의롭지 못한 법이나 정부 정책의 개선을 목적으로 행하는 것이다. ㄹ. 시민

불복종은 비폭력적인 방법으로 목적을 달성하는 것이다.

339

갑은 롤스, 을은 소로이다. 롤스는 공동체의 정의감을 시민 불복종의 정당화 근거로 보았다. 소로는 헌법을 넘어선 개인의 양심을 시민 불복종의 정당화 근거로 보았다.

바로잡기 ① 롤스와 소로 모두 부정의 대답을 할 질문이다. ② 롤스가 긍정의 대답을 할 질문이다. ④ 롤스가 부정의 대답을 할 질문이다. ⑤ 롤스는 긍정의 대답, 소로는 부정의 대답을 할 질문이다.

1등급 정리 노트　롤스의 시민 불복종

시민 불복종의 근거	공동체의 공유된 정의관(정의의 원칙인 평등한 자유의 원칙과 공정한 기회균등의 원칙)을 심각하게 위반한 경우에 한함
시민 불복종의 역할과 의의	• 법에 대한 충실성의 한계 내에서 시민 불복종을 해야 함 • 체제 붕괴를 초래하지 않도록 의회의 능력을 고려하여 설정해야 함 • 정의로운 사회와 제도를 유지하는 데 도움이 됨

340

㉮는 인도 국민의 공익을 증진할 목적으로 소금 법 폐지 운동을 벌인 간디의 시민 불복종 사례이다. ㉮를 통해 추론할 수 있는 시민 불복종의 정당화 조건으로는 행위 목적의 정당성, 비폭력, 최후의 수단, 처벌 감수이다. 따라서 ㉠에 들어갈 답변으로 가장 적절한 것은 합법적인 노력이 실패하자 최후의 수단으로 행해졌다는 것이다.

바로잡기 ① 시민 불복종은 위법 행위이므로 그에 대한 처벌을 감수함으로써 법에 대한 존중을 보여 주어야 한다. ②, ④ 시민 불복종은 비폭력적이어야 한다. ③ 시민 불복종은 공공의 이익을 증진하기 위해 또는 보편적 가치를 실현하기 위해 행해지는 것이다.

341

㉮는 마틴 루서 킹의 주장이다. 마틴 루서 킹은 인종 차별을 유지하는 법과 같이 부정의한 법을 개선할 목적으로 시민 불복종을 주장하였다. 하지만 법을 어김으로써 받게 되는 처벌을 무시하거나 피하지 말고 법에 대한 존중을 바탕으로 징역형과 같은 불이익을 감수할 수 있어야 한다고 보았다.

바로잡기 ② 마틴 루서 킹에 따르면 법의 부당성을 호소하더라도 기본적으로는 위반 행위에 대한 처벌도 기꺼이 받아들이는 등 법을 존중해야 한다. 따라서 A가 아니라 B에 들어가야 할 질문이다.

342

갑은 소로이며, 제시문은 소로의 『시민 불복종』의 일부 내용이다. 소로는 양심의 법이 정부의 법보다 상위의 법이며, 두 법이 충돌한다면 정부의 법보다는 양심의 목소리에 따르는 것이 바람직하다고 보았다. 정당하지 않은 법에 대해서 불복종함으로써 정당한 법체계를 세우고 양심에 따라 정의를 실현하는 것이 더 중요하기 때문이다.

바로잡기 ② 소로는 사회의 질서 유지보다 양심에 따라 정의를 실현하는 것이 더 중요하다고 대답할 것이다. ③ 소로는 잘못된 법에 저항하여 정당한 법체계를 세워야 한다고 대답할 것이다. ④, ⑤ 소로는 시민 불복종이 정당화될 수 있다고 대답할 것이다.

소로	롤스
• 법보다 정의에 대한 존경심이 더 중요함. 악법에 대한 불복종은 도덕적이며 정의로운 행동임 • 양심에 따라 부정의에 적극적으로 저항해야 함	시민 불복종은 거의 정의로운 사회에서 사회적 다수가 공유하는 정의관에 위배되는 법과 정책의 변화를 위해서 시민들이 전개하는 의도적인 위법 행위임

343

현대 사회에서는 주인 의식의 반영, 개인의 권리 보장, 공동체의 발전 도모, 대의 민주주의의 한계 극복을 위해 주민 투표, 정당 가입을 통한 정치 참여, 시민 단체 활동 등 다양한 형태의 시민 참여가 이루어지고 있다.

채점 기준	수준
시민 참여의 필요성을 세 가지 모두 서술한 경우	상
시민 참여의 필요성을 두 가지만 서술한 경우	중
시민 참여의 필요성을 한 가지만 서술한 경우	하

344

㉠은 '시민 불복종'이다. 시민 불복종이란 정의롭지 못한 법이나 정부 정책을 변화시키려는 목적으로 행하는 의도적인 위법 행위이다.

345

시민 불복종의 정당화 조건은 첫째, 그 행위의 목적이 정당할 것, 즉 공공의 목적과 이익에 부합해야 한다는 것이다. 둘째, 시민 불복종이 비폭력적인 방법으로 행해져야 한다는 것이다. 셋째, 합법적인 해결 방법을 모두 동원한 후에 가장 마지막으로 사용하는 방법이어야 한다는 것이다. 넷째, 시민 불복종은 엄연한 위법 행위이므로 그 행위에 대한 처벌을 감수해야 한다는 것 등이다.

채점 기준	수준
시민 불복종의 정당화 조건을 세 가지 모두 서술한 경우	상
시민 불복종의 정당화 조건을 두 가지만 서술한 경우	중
시민 불복종의 정당화 조건을 한 가지만 서술한 경우	하

적중 1등급 문제

69쪽

346 ②	347 ④	348 ④	349 ③

346 아리스토텔레스의 국가관 이해하기

제시문은 아리스토텔레스의 주장이다. 아리스토텔레스는 국가가 인간 본성에 따라 성립된 것이기 때문에 자연스럽게 권위를 가진다고 보았으며, 개인은 국가 공동체 속에서 선을 실현할 수 있다고 주장하였다.

1등급 선택지 분석

㉠ 정치 공동체인 국가에서 인간은 선을 실현할 수 있는가?
✗ 국가의 통치자는 인의예지의 덕으로써 백성을 감화해야 하는가?
　– 유교 사상가들의 주장이다.
✗ 국가는 자연 상태에서 벗어나려는 인간들의 계약으로 수립되는가?
　– 사회 계약론자들의 주장이다.
㉣ 국가는 인간의 본성에 따라 성립된 것으로 자연스럽게 권위를 가지는가?

347 국가 권위에 대한 로크의 입장 이해하기

그림의 강연자는 로크이다. 사회 계약론자인 로크는 자연 상태에서 자유롭고 평등한 인간은 자신의 자유와 안전을 보장받기 위해 계약을 통해 정치권력을 국가에 양도한 것이며, 국가 권력이 국민의 기본적 권리를 침해할 경우 국민은 국가에 저항할 수 있다고 본다.

1등급 선택지 분석

㉠ 자연 상태에서 모든 인간은 자유롭고 평등하다.
㉡ 국민의 동의가 없는 정치권력은 권위를 가지지 못한다.
✗ 국가의 효율적인 운영을 위해 국가는 절대 권력을 가진다.
　– 로크는 국가가 절대 권력을 가진다고 주장하지 않으며, 입법부와 행정부의 권력 분립을 강조하였다.
㉣ 국민의 자유와 안전을 위협하는 국가에 대해 국민은 저항할 수 있다.

348 국가 권위에 대한 맹자와 흄의 관점 비교하기

갑은 맹자, 을은 흄이다. 맹자는 통치자가 백성들에게 도덕적 모범을 보여야 하며, 백성의 경제적 안정을 도모해야 한다고 본다. 흄은 정부에 복종해야 하는 근거로 국가로부터 얻는 혜택을 들고 있다.

1등급 선택지 분석

① 갑은 통치자가 백성들에게 도덕적인 모범을 보여야 한다고 본다.
② 갑은 백성의 도덕성 유지를 위해 국가는 백성의 경제적 안정을 도모해야 한다고 본다.
③ 을은 정부가 제공하는 혜택에서 정부에 대한 복종의 의무가 생겨난다고 본다.
✗ 을은 국가가 자연 상태를 벗어나려는 인간들의 계약에 의해 만들어진다고 본다.
　– 흄의 주장에 해당하는 진술이 아니다. 사회 계약론자들의 주장에 해당한다.
⑤ 갑, 을은 국가의 구성원들은 정당하게 행사되는 국가 권위에 복종해야 한다고 본다.

349 시민 불복종에 대한 롤스의 입장 이해하기

제시문은 롤스의 주장이다. 롤스는 거의 정의로운 사회에서 사회의 민주적 체제의 합법성을 인정하는 시민들이 일부 부정의한 법이나 정책에 대해 이를 교정하여 정의를 실현하고자 시민 불복종이 행해진다고 본다.

1등급 선택지 분석

✗ 시민 불복종은 비용과 편익을 고려하여 정당화된다.
　– 롤스의 입장이 아니다. 시민 불복종에 관한 싱어의 관점에 해당한다.
㉡ 시민 불복종은 거의 정의로운 사회에서만 성립한다.
✗ 시민 불복종은 다수의 종교적 가르침에 따라 정당화된다.
　– 롤스의 입장이 아니다. 롤스는 다수의 정의관에 근거하여 시민 불복종이 정당화된다고 본다.
㉣ 시민 불복종은 민주적 체제의 합법성을 인정하는 시민의 행위이다.

06 직업과 청렴의 윤리

350 ② 351 ③ 352 ④ 353 ⑤ 354 ③ 355 ③ 356 ②
357 정명 358 **예시 답안** 신으로부터 부름을 받은 자기 몫의 일

07 사회 정의와 윤리

359 ③ 360 ① 361 ② 362 ⑤ 363 ① 364 ② 365 ①
366 ㉠ 업적, ㉡ 능력, ㉢ 필요, ㉣ 절대적 평등 367 **예시 답안** 재화는 개인이 기여한 정도에 따라 분배해야 한다. 그런데 우대 정책은 기여한 정도만큼 보상을 해 주지 못함으로써 역차별을 발생시킬 수 있다.

08 국가와 시민의 윤리

368 ③ 369 ④ 370 ⑤ 371 ④ 372 ① 373 ③ 374 ①
375 ㉠ 동의, ㉡ 혜택론, ㉢ 흄, ㉣ 민의 376 **예시 답안** 명령을 내릴 수 있는 권리나 통치를 할 수 있는 권리

350

(가)는 순자의 주장이다. 순자는 누구나 자신의 이익을 추구하므로 선왕이 제정한 예(禮)에 따라 직업과 직책이 구분되어야 한다고 주장하였다. 이는 사회적 역할 분담에 있어 예의 중요성을 강조한 것이다. 예란 인간의 악한 본성을 교화하고 규제하는 인위적인 도덕규범으로 순자는 예법을 통해 사회와 국가를 다스려야 한다는 예치(禮治)를 주장하였다. 또한 순자는 예를 기준으로 덕을 헤아려 사회적 지위를 정하고, 능력을 헤아려 관직을 맡겨야 한다고 보았다. 따라서 왕의 자손이라도 예에 합하지 않으면 서민에 편입하고, 서민의 자손이라도 학문을 닦고 품행을 단정히 하여 예에 합하면 재상에 올릴 수 있다고 보았다. 즉 예에 합치되는가를 기준으로 왕손의 자손도, 서민도 신분이 바뀔 수 있음을 주장한 것이다.

바로잡기 ㄴ. 순자가 "예"라고 대답할 질문이다. 순자는 예를 바탕으로 사람들의 직분을 나누어야 한다고 보았다. ㄹ. 순자가 "아니요"라고 대답할 질문이다. 순자는 모든 분야가 아닌 자신의 적성과 능력에 따라 위임받은 일에 능통해야 한다고 보았다.

351

갑은 맹자, 을은 칼뱅이다. 맹자는 노동을 통해 생계를 유지하고 도덕심을 일정하게 유지할 수 있다고 보았다. 칼뱅은 직업을 신의 영광을 드러내는 수단이라고 보았다.

바로잡기 ①, ④ 맹자와 칼뱅 모두 부정의 대답을 할 질문이다. 특히 칼뱅은 부의 축적이나 물질적 부의 추구를 구원의 필수 조건이나 삶의 목표로 보지 않았다. ② 맹자가 긍정의 대답을 할 질문이다. 맹자는 역할 분담이 사회의 질서를 유지하는 데 기여한다고 본다. ⑤ 맹자와 칼뱅 모두 부정의 대답을 할 질문이다. 맹자와 칼뱅은 노동을 자아실현의 의미로 보지 않는다.

352

(가)는 마르크스의 관점, (나)는 플라톤의 관점이다. 마르크스는 모든 생산 수단을 공유화하여 노동 소외를 극복해야 한다고 주장한다. 플라톤은 통치자, 수호자, 생산자 계층 각자가 자신에게 알맞은 일을 수행할 때 사회 정의가 실현된다고 본다.

바로잡기 ① 플라톤은 수호자 계층이 사유 재산을 가져서는 안 된다고 본다. ② 플라톤은 생산자, 수호자, 통치자 계층이 각각의 본분에 맞는 탁월성을 발휘하여 사회적 역할을 분담할 때 정의가 실현될 수 있다고 본다. ③ 플라톤은 사람들이 자유롭게 사회적 역할을 선택해서는 안 된다고 본다. ⑤ 플라톤은 국가 구성원들은 자신의 성향에 따라 각기 다른 일을 맡아야 한다고 본다.

353

제시문은 기업이 정당하고 합법적으로 이윤을 추구하면서도 공익 실현과 미래 세대의 생존과 삶의 질 문제에 관심을 기울이는 등의 사회적 책임을 의무적으로 이행해야 한다고 강조하고 있다.

바로잡기 첫 번째 내용 : 제시문은 기업이 오로지 이윤 극대화에만 전념해야 한다고 보지 않는다.

354

갑은 정약용이다. 정약용에 따르면 공직자는 바른 품행을 바탕으로 탐욕을 부리지 않아야 한다. 또한 공직자는 청렴한 생활 태도로 사적인 이익을 추구하지 않으며 국민을 위해 봉사하는 자세를 가져야 한다.

바로잡기 ㄱ. 정약용은 공직자가 자신의 전문성 신장이 아닌 국민 삶에 관심을 기울이고 국민을 위해 봉사하는 자세를 가져야 한다고 조언할 것이다. ㄹ. 정약용은 공무를 수행하는 데 있어 청렴한 태도를 중시하라고 조언할 것이다.

355

제시문은 전문직의 노블레스 오블리주를 강조하고 있다. 이는 전문직이 일반 대중에 비해 더 높은 도덕성과 책임 의식을 가져야 한다는 것을 의미한다.

바로잡기 ① 모든 전문직이 별도의 생업에 종사하면서도 나랏일에 참여해야 하는 것은 아니다. ③ 전문직들은 일반 대중보다 먼저 도덕적인 모범을 보여야 한다. ④ 전문직은 자신의 권한과 지식을 이용하여 자기 이익을 극대화해서는 안 된다. ⑤ 국민의 삶을 안정시켜야 하는 것은 공직자이며, 전문직은 자신의 일에 충실하면서도 사회적 책임을 다해야 한다.

356

(가)에서는 부정부패를 막기 위해 내부 고발이 필요하다고 본다. (가)에 따르면 내부 고발은 부정의를 개선하여 정의로운 사회를 만드는 데 기여할 뿐만 아니라 장기적으로 조직에도 이익이 된다.

바로잡기 ㄱ. 내부 고발은 개인의 양심을 저버리는 행위가 아니다. ㄹ. (가)의 입장은 내부 고발이 사회에 혼란을 주기보다 장기적으로 조직과 사회 전체를 위해 이익이 된다고 본다.

357

㉠은 '정명'이다. 공자는 "임금은 임금다워야 하고, 신하는 신하다워야 한다."라는 정명 정신을 통해 자신의 직분에 충실해야 함을 강조하였다. 칼뱅은 모든 직업은 신의 부름, 즉 소명으로 자신의 직업에 충실하게 임해야 한다고 보았다.

358

칼뱅은 직업을 '신으로부터 부름을 받은 자기 몫의 일'이라고 주장하며 자신의 직업에 충실히 종사하는 것이 신이 명령을 따르는 것이라고 강조하였다.

채점 기준	수준
'신으로부터 부름을 받은 자기 몫의 일'이라고 정확하게 서술한 경우	상
신이 정해 준 일이라고만 서술한 경우	하

359

그림의 강연자는 니부어이다. 니부어에 따르면 집단의 이기적 충동의 힘은 개인의 도덕성보다 강력하기 때문에 선의지와 같은 도덕성의 함양을 통해서는 사회 집단 간의 갈등을 해결하기 어렵다고 본다. 왜냐하면 개인이 아무리 양심적이고 도덕성이 뛰어나다고 하더라도 부도덕한 사회의 구조나 제도 안에서는 무력해지기 때문이다. 이러한 갈등을 해결하기 위해서는 정치적인 힘, 때로는 선의지의 통제를 받는 직접적이고 물리적인 강제력까지도 필요하다고 본다. 니부어는 이러한 정치적인 강제력을 통해 부정의한 사회 구조나 제도를 개선함으로써 사회 정의를 실현할 수 있다고 주장한다.

바로잡기 ㄱ. 니부어는 사회 정의의 실현을 위해 도덕적인 개인들이 승인하지 않을 방법, 예를 들면 직접적이고 물리적인 강제력을 채택할 수 있다고 본다. ㄴ. 니부어는 사회 구성원 각자가 선의지, 즉 도덕성을 함양한다고 하더라도 모든 사회 갈등은 해소될 수 없으며, 사회 부정의를 시정하기 위한 제도적 개혁이 필요하다고 본다.

360

제시문을 주장한 사상가는 노직이다. 노직은 취득과 이전(양도)의 과정이 정당하면 그 과정을 통해 얻은 소유물에 대해서는 배타적이고 절대적인 권리를 가지며 어떠한 경우에도 침해될 수 없다고 주장한다. 따라서 올바른 재화의 취득과 분배는 개인의 자유에 맡겨야 하며, 국가는 단지 강압, 절도, 사기, 강제 계약의 발생을 막는 등 최소한의 역할만을 수행하는 최소 국가가 되어야 한다고 주장한다. 이러한 이유로 노직은 복지를 위한 국가의 재분배 정책에 반대하며, 근로 소득에 대한 과세는 강제 노동과 같다고 비판한다.

바로잡기 두번째 입장 : 노직은 개인의 천부적 재능은 공동 자산이 아니라 개인의 소유라고 본다. 네 번째 입장 : 노직은 사회적 약자를 배려하는 국가의 재분배 정책을 정의롭다고 보지 않는다.

361

갑은 정의의 원칙을 주장한 롤스이다. 롤스는 자연적이고 사회적인 우연성에 의한 불평등이 제거된 무지의 베일이라는 가상적인 원초적 입장에서 정의의 원칙이 도출된다고 본다. 롤스는 정의의 원칙으로 모든 사람은 기본적 자유에 대하여 동등한 권리를 가져야 한다는 평등한 자유의 원칙(어떠한 경우에도 훼손될 수 없으며, 차등의 원칙과 기회균등의 원칙보다 우선한다.), 최소 수혜자에게 최대의 이익이 보장되도록 해야 한다는 차등의 원칙, 사회적·경제적 불평등의 계기가 되는 직위와 직책을 모든 사람에게 개방해야 한다는 기회균등의 원칙을 제시한다.

바로잡기 ② 노직의 입장이다. 노직은 소유 원리의 원칙에 따라 취득과 양도(이전)의 과정이 정의로워야 한다고 본다.

362

제시문의 '나'는 롤스, '어떤 사상가'는 벤담이다. 벤담은 최대 다수의 최대 행복 추구라는 유용성의 원리를 강조한다. 반면에 롤스는 정의의 원칙을 정할 때는 우연성을 배제해야 하며, 절차가 공정하면 결과

도 공정한 것으로 여겨야 한다고 주장한다.

바로잡기 ㄱ. 롤스는 원초적 입장의 합리적인 개인들은 이타심을 발휘하기보다 자기 삶의 전망을 염두에 두고 이기적으로 판단한다고 보았다. ㄴ. 롤스가 제기할 수 있는 내용이 아니다. 사회 효용성의 극대화는 벤담의 입장이다.

363

제시문을 주장한 사상가는 루소이다. 루소는 사회 계약설의 관점에서 형벌적 정의가 이루어지고 계약자는 자신의 생명 보전을 위해서 살인자의 사형에 동의할 것이라고 본다. 따라서 국회 의원 A에게 사회 계약론의 관점에 사형 제도를 존치하라고 조언할 것이다.

바로잡기 ㄷ. 벤담의 주장이다. 루소는 최대 다수의 최대 행복이라는 공리주의의 원리를 기준으로 형벌의 정당성을 판단하지 않는다. ㄹ. 사회 계약론의 관점을 가진 루소의 입장으로 적절하지 않다.

364

갑은 칸트, 을은 베카리아이다. 칸트는 응보주의적 관점에서 살인자에 대한 사형은 공적 정의를 실현하기 위한 것이라고 본다. 베카리아는 사형보다 종신 노역형이 범죄 예방에 효과적이므로 사형 제도는 폐지되어야 한다고 본다.

바로잡기 ① 칸트의 입장이 아니다. 칸트는 사형 제도에 찬성하며, 국가는 사형을 집행할 권한을 가져야 한다고 본다. ③ 칸트와 베카리아의 입장이 아니다. 칸트는 범죄 예방의 관점에서 사형 제도를 보지 않는다. 베카리아는 사형보다 종신 노역형이 범죄 예방에 효과적이라고 본다. ④ 칸트와 베카리아의 입장이 아니다. 칸트는 유용성의 관점에서 사형 제도를 바라보지 않는다. 베카리아는 형벌의 유용성은 범죄로 얻는 이익보다 커야 한다는 공리주의 관점을 가지고 있다. ⑤ 베카리아의 입장이 아니라 칸트의 입장이다.

365

갑은 사형 제도를 찬성하고, 을은 사형 제도를 반대한다. 사형 제도를 찬성하는 입장에서는 사형 제도를 반대하는 입장과 달리 사형 제도가 사회 정의 실현을 위해 반드시 필요하다고 본다.

바로잡기 ②, ③, ④, ⑤ 갑은 부정, 을은 긍정의 대답을 할 질문이다.

366

㉠은 '업적', ㉡은 '능력', ㉢은 '필요', ㉣은 '절대적 평등'이다. 업적은 개인의 기여에 따라 분배하는 것, 능력은 개인이 습득한 능력에 따라 재화를 분배하는 것, 필요는 인간의 기본적 욕구와 필요에 따라 우선적으로 분배하는 것, 절대적 평등은 모든 구성원에게 동등하게 재화를 분배하는 것이다.

367

분배의 기준으로 업적을 강조하는 입장에서는 재화는 개인이 기여한 정도에 따라 분배해야 하는데, 우대 정책은 기여한 만큼 보상을 해주지 못해 역차별을 발생시킬 수 있다고 비판할 것이다.

채점 기준	수준
업적의 의미를 제대로 파악하고 이에 근거하여 우대 정책을 올바르게 서술한 경우	상
업적의 의미를 파악하였으나, 이를 바탕으로 우대 정책에 대한 서술이 미흡한 경우	중
업적의 의미를 제대로 파악하지 못하고 우대 정책과의 연관 관계도 제대로 서술하지 못한 경우	하

368

제시문은 로크의 주장이다 로크에 따르면 자연 상태는 비교적 평화로운 상태이지만 분쟁이 발생할 경우 이를 해결하기 어렵기 때문에 사람들은 계약을 맺어 국가를 구성하게 되었으며, 이에 따라 시민은 동의에 의해 성립한 국가 권위에 복종해야 할 정치적 의무가 발생하게 되었다. 동시에 시민과의 계약에 의해 성립한 국가도 시민의 생명과 재산을 보호해야 할 의무가 발생하게 되었다.

바로잡기 ㄱ. 국가 이전의 자연 상태는 만인의 투쟁 상태라고 주장한 사람은 홉스이다. 홉스는 전쟁 상황과 같은 자연 상태에서 공포에 떨던 사람들은 자신의 생명을 지키기 위해 사회 계약을 통해 국가를 성립시켰으며 자발적으로 국가의 권위에 복종하게 되었다고 주장한다. ㄴ. 로크는 국가 성립 이후에 국가는 절대적 권력을 지닌 인격체가 된다고 보지 않는다. 로크는 국가 권력은 모든 사람이 자연 상태에서 가지고 있다가 생명권, 자유권, 재산권과 같은 기본권을 보장받기 위해 국가에 양도한 것으로 국가를 운영하는 정부가 자신의 역할을 다하지 못한다면 정치권력으로서 정당성을 갖추지 못한 것이기 때문에 시민은 국가 권력의 주체인 정부를 해체하거나 바꿀 수 있다고 보았다. 국가를 절대적 권력을 지닌 인격체로 본 것은 홉스이다. 홉스는 만인의 만인에 의한 투쟁 상태를 극복하고 공동의 평화와 방어를 위해 절대적인 힘을 사용할 수 있는 하나의 인격체로서 '리바이어던'이라는 국가가 시민의 계약을 통해 탄생하게 되었다고 주장하였다.

369

(가)는 맹자의 주장이다. 맹자는 국가의 통치자가 백성을 덕으로 교화하고 기본적인 생활 수준이 보장될 수 있도록 해야 하며, 군주가 군주답지 못하면 역성혁명을 통해 교체 가능하다고 보았다.

바로잡기 ㄱ. 맹자가 "예"라고 대답할 질문이다. 맹자는 통치자가 백성의 생업을 보장해야 백성들이 도덕심을 잃지 않게 된다고 보았다. 맹자는 가난한 백성이 도덕심을 갖추지 못한 상태에서 불법 행위를 저지를 경우, 이것은 미리 방지하지 못한 통치자의 잘못이라고 보았다. 그래서 통치자는 백성의 죄를 처벌하기 전에 그러한 사태가 일어나지 않도록 미리 막아야 한다고 주장하였다. 즉 백성이 떳떳한 생활을 할 수 있도록 생업[항산]을 보장하여 흔들림 없는 마음[항심]을 가지고 도덕적인 삶을 살 수 있도록 해야 한다는 것이다. ㄷ. 맹자가 "아니요"라고 대답할 질문이다. 맹자는 통치자나 백성은 모두 도덕적으로 선한 본성을 타고난다고 보았다. 선한 본성이란 다른 사람의 고통을 차마 그대로 보아 넘기지 못하는 선한 마음으로 맹자는 이를 사단(四端)이라고 칭하였다. 사단은 구체적으로 남을 불쌍히 여기는 마음(측은지심), 자신의 잘못을 부끄러워하고 다른 사람의 옳지 못함을 미워하는 마음(수오지심), 겸손하고 양보하는 마음(사양지심), 옳고 그른 것을 가릴 줄 아는 마음(시비지심)을 뜻한다.

370

갑은 홉스이다. 홉스는 인간이 만인에 대한 투쟁 상태인 자연 상태를 벗어나기 위해 계약을 맺어 국가를 형성했으며, 인간은 계약을 맺음과 동시에 자신의 권리를 국가에 양도하게 되었다고 보았다. 따라서 국가는 시민에게 양도받은 주권을 외적의 침입과 개인 상호 간의 권리 침해를 방지하는 등 계약의 본래 목적을 위해 사용해야 한다고 주장하였다.

바로잡기 ⑤ 아리스토텔레스의 주장이다. 아리스토텔레스는 인간이 가정을 이루고, 가정이 모여 마을이 되고, 마을이 모여 자연스럽게 국가를 이룬다고 보았다. 하지만 아리스토텔레스는 국가를 다른 공동체와는 달리 단순한 생존뿐만 아니라 구성원들의 훌륭한 삶을 실현하여 구성원들이 행복한 삶을 살 수 있도록 해 주는 도덕 공동체로서 인식하였다.

371

갑, 을은 민주 사회에서 시민의 참여가 이루어질 필요가 있다는 것에 대해 동의하고, 이를 위한 사회 제도가 마련되어 있음을 말하고 있다. ㉠에는 시민이 참여 가능한 다양한 제도인 공청회, 주민 투표제, 주민 소환제 등이 들어갈 수 있다.

바로잡기 ㄷ. 국민 참여 재판도 정치 참여의 방법이기는 하지만 시민이 직접 판사가 되는 것은 아니다.

372

갑은 맹자이다. 맹자는 군주가 군주답지 못하면 역성혁명을 통해 잘못된 군주를 교체해야 하며, 잘못된 군주를 바꾸는 것은 인륜을 저버리는 행위가 아니라 천명에 따르는 행위라고 보았다.

바로잡기 ②, ④ 맹자는 절대 군주의 의지나 명령에 무조건적으로 따라야 한다고 보지 않는다. ③ 맹자는 무력으로 다스리는 패도 정치가 아닌 인의로 다스리는 왕도 정치를 강조하였다. ⑤ 맹자는 세습 군주를 인정하며, 민주적 선거를 통해 군주를 선출해야 한다고 보지 않는다.

373

(가)는 롤스의 사상을 담고 있다. 롤스는 거의 정의로운 사회에서 기존의 법 질서를 존중하는 시민들이 시민 불복종을 하게 된다고 보았으며, 시민 불복종의 구체적 정당화 조건으로 법에 대한 충실성(존중), 최후의 수단, 공개적이고 비폭력적 방법 사용, 처벌 감수 등을 제시하였다.

바로잡기 ㄱ. 롤스는 공개적인 방법을 사용해야 한다고 주장하였다. ㄷ. 롤스는 처벌도 감수해야 한다고 보았다.

374

제시문을 주장한 사상가는 소로이다. 소로는 정의에 대한 존경심을 바탕으로 개인의 양심에 따라 부정의한 법률이나 정책에 저항하는 시민 불복종을 해야 한다고 보았다.

바로잡기 ㄷ. 롤스의 주장이다. 소로는 다수의 정의감이 아니라 자신의 양심에 따라야 한다고 보았다. ㄹ. 소로의 입장이 아니다. 소로는 사회적 유용성의 관점에서 시민 불복종을 주장하지 않았다.

375

㉠은 '동의', ㉡은 '혜택론', ㉢은 '흄', ㉣은 '민의'이다.

376

국가가 시민에게 다양한 의무의 이행을 요구할 수 있는 이유는 국가가 권위를 가지고 있기 때문이다. 권위란 국가가 시민에게 명령을 내릴 수 있는 권리 혹은 통치를 할 수 있는 권리를 의미한다.

채점 기준	수준
국가 권위의 의미를 두 가지 모두 정확하게 서술한 경우	상
국가 권위의 의미를 한 가지만 정확하게 서술한 경우	중
명령권, 통치권이라고만 서술한 경우	하

Ⅳ 과학과 윤리

09 과학 기술과 윤리

분석 기출 문제

[핵심 개념 문제]

377 과학 기술   378 판옵티콘   379 요나스

380 과학 기술 연구 윤리   381 ×   382 ×   383 ○   384 ○

385 ㄷ   386 ㄴ   387 ㄱ   388 ㄹ

389 ③   390 ⑤   391 ③   392 ③   393 ③   394 ⑤   395 ④

396 ②   397 ①   398 ④   399 ⑤   400 ④   401 ②

1등급을 향한 서답형 문제

402 과학 기술 혐오주의(비관주의)   403 예시답안 과학 기술이 인류에게 가져다준 여러 가지 혜택과 성과를 부정한다는 측면에서 현실을 반영하지 못한다.

404 요나스   405 예시답안 자연과 미래 세대로까지 확장해야 한다.

389

㉠은 '과학 기술', ㉡은 '과학', ㉢은 '기술'이다. 과학은 일반적으로 자연 세계에 대한 진리나 보편 법칙의 발견을 목적으로 하는 학문을 말하고, 기술은 이러한 과학적 지식을 활용하여 인간의 삶에 유용하도록 가공하는 수단을 말한다. 이처럼 과학과 기술은 서로 상호 작용하는 불가분의 관계이며, 자연 과학, 공학 및 생산 기술 등을 포함하는 과학 기술은 성과와 윤리적 문제라는 양면성을 가지고 있다.

바로잡기 ③ 과학 기술의 연구나 활용에는 윤리적 책임이 뒤따르는 등 과학 기술은 윤리적 간섭으로부터 자유로울 수 없다.

390

㉠에는 CCTV 설치를 반대하는 입장의 논거가 들어가야 한다. CCTV 설치는 시민의 인권과 사생활을 침해하고 자유로운 행동을 제약한다는 부정적인 측면이 있다.

바로잡기 ㄱ, ㄴ. 범죄자 검거의 용이성, 시민의 안전 보호는 CCTV 설치를 찬성하는 입장의 논거에 해당한다.

391

판옵티콘은 벤담이 제안한 원형 감옥으로 '모두'를 뜻하는 'pan'과 '본다'는 뜻의 'opticon'을 합성한 말로 '모두를 본다.'라는 뜻이다. 판옵티콘 중앙의 감시탑은 늘 어둡게 하고, 죄수의 방은 밝게 해 중앙에서 감시하는 감시자의 시선이 어디로 향하는지 죄수들은 알 수 없다. 이 때문에 판옵티콘 구조는 항구적인 자기 감시 효과를 낳아 죄수들은 규율을 내면화하고 스스로를 통제하게 된다.

바로잡기 ③ 판옵티콘에서 감시탑은 어둡고 죄수의 방은 밝기 때문에 감시자는 죄수들을 볼 수 있지만 죄수들은 감시자를 볼 수 없다.

392

제시문은 베이컨의 『뉴 아틀란티스』에 나오는 이상 사회에 대한 내용으로 과학 기술이 발전함에 따라 인간은 복지를 증진하고 행복과 번영을 누릴 수 있다는 내용이다.

바로잡기 ① 제시문에서는 과학 기술이 인간의 건강 증진과 생명 연장 등의 가치와 밀접한 관계가 있다고 본다. ② 제시문에서는 인간이 자연을 지배하는 데 과학 기술이 방해가 되는 것이 아니라 필요하다고 논하고 있다. ④, ⑤ 제시문에서는 과학 기술이 자연과 인류 및 사회에 긍정적 영향을 끼친다고 주장하고 있다.

393

㉠은 '과학 기술 혐오주의'이다. 과학 기술 혐오주의는 과학 기술의 폐해라는 부정적인 측면만을 강조하며, 과학 기술 때문에 더 많은 문제가 발생하고 궁극적으로 과학 기술이 지배하는 인간 소외 현상을 초래할 것이라고 주장한다.

바로잡기 ㄱ, ㄹ. 과학 기술 지상주의 관점에서 긍정의 대답을 할 질문이다.

1등급 정리 노트   과학 기술 발전에 따른 상반된 관점

과학 기술 지상주의(낙관주의)	과학 기술 혐오주의(비관주의)
과학 기술의 유용성을 강조하면서 과학 기술을 적극적으로 긍정하는 시각 → 과학 기술이 가져다줄 장밋빛 미래에 대해 맹목적 환상을 가지게 함	과학 기술에 의한 인간과 자연의 파괴를 강조하면서 과학 기술을 적극적으로 부정하는 시각 → 과학 기술에 대한 근거 없는 두려움으로 이어짐 예 러다이트 운동

394

제시문은 과학을 사회적·문화적 맥락 속에서 파악해야 한다고 주장함으로써 과학의 가치 중립성을 부정하는 입장이다. 이러한 입장에서는 과학이 연구 대상을 선정하고 활용할 때 다양한 사회적 이해관계의 영향을 받는 등 가치가 개입되기 때문에 과학의 발전을 위해서는 과학자의 사회적 책임 의식뿐만 아니라 과학과 관련된 정책 결정이나 논의 과정에서 과학자의 독점적 지위를 보장하기보다 시민들의 관심과 참여가 더 중요하다고 볼 것이다.

바로잡기 ①, ②, ③, ④ 과학의 가치 중립성을 부정하는 제시문의 입장에서 긍정의 대답을 할 질문이다.

395

(가)의 사상가는 하이데거이고, (나)는 하이데거의 『기술과 전향』의 일부이다. 하이데거는 현대 과학 기술이 자연의 고유한 존재 방식을 보존하기보다 변질시키고 있음을 우려한다.

바로잡기 ① 과학 기술 지상주의 입장을 보여 주는 진술로 제시문의 내용과 거리가 멀다. ② 제시문을 통해 알 수 없는 내용이다. ③, ⑤ 하이데거는 현대 과학 기술의 문제점을 지적하고 있으므로 과학 기술을 효율성의 관점에서 평가하거나 윤리적 가치 평가로부터 자유로워야 한다고 보는 입장에 반대할 것이다.

396

(가)는 야스퍼스, (나)는 하이데거의 주장이다. 야스퍼스는 과학 기술을 가치 중립적인 것으로 보는 반면, 하이데거는 과학 기술을 가치 중립적인 것으로 보지 않는다. 과학 기술을 가치 중립적으로 보는 입장에서는 과학 기술을 참 또는 거짓의 인식론적 대상으로 간주하면서 과학 기술에서 가치 판단을 배제해야 한다고 본다.

바로잡기 ㄴ, ㄹ. 하이데거 입장에서 야스퍼스의 주장을 반박하는 논거이다. 하이데거는 과학 기술을 가치 중립적인 것으로 보게 될 경우 인간이 과학 기

술에 종속되는 문제가 발생할 수 있다. 따라서 하이데거는 과학 기술의 발전에 따른 부작용을 간과해서는 안 되며, 과학 기술의 사회적 책임에 대해서도 심사숙고해야 한다고 주장한다.

397

(가)는 과학 기술이 가치 중립적이지 않다는 입장이다. 이러한 입장은 과학 기술자가 연구 대상을 선정하고 그 결과를 활용하는 과정에서 기업의 이익, 정치적 목적 등 다양한 가치가 개입되며 사회적 이해관계의 영향을 받기 때문에 과학 기술은 윤리적 가치에 의해 평가받고 규제되어야 하며, 과학 기술자는 자신의 연구 결과에 대해 사회적 책임을 져야 한다고 본다.

바로잡기 ㄷ, ㄹ. 과학 기술을 가치 중립적인 것으로 보는 입장이다.

1등급 정리 노트 　과학 기술의 정당화 과정 및 발견과 활용의 과정

과학 기술의 가치 중립성 논쟁을 엄밀하게 전개하는 과정에서 구분하는 두 가지 맥락을 알아 두자.

정당화 과정	발견과 활용의 과정
• 과학 기술이 객관적 타당성을 갖춘 지식 체계나 원리로 인정받기 위한 과정 • 연구자 개인의 취향이나 가치 판단을 배제함 • 가치 중립성이 요구됨	• 과학 기술자가 연구 대상을 선정하거나 연구 목적을 설정하고 그 결과를 현실에 활용하는 과정 • 인간의 다양한 필요와 요구에 따라 가치가 개입함 • 가치 중립성을 주장하지 않음

398

갑은 과학자의 연구 과정에서의 책임(내적 책임)은 인정하지 않지만, 연구 결과 활용에 대한 사회적 책임(외적 책임)은 인정하고 있다. 을은 과학자의 연구 과정에서의 책임(내적 책임)만을 인정하고 있다. 병은 과학자의 연구 과정에서의 책임(내적 책임)과 연구 결과 활용에 대한 사회적 책임(외적 책임)을 모두 인정하고 있다. 이를 표로 정리하면 다음과 같다.

구분	내적 책임	외적 책임
갑	×	○
을	○	×
병	○	○

↓

〈보기〉	갑, 을, 병의 입장
ㄱ	갑 : 긍정 / 을, 병 : 부정
ㄴ	갑, 을, 병 : 부정
ㄷ	갑, 병 : 긍정 / 을 : 부정
ㄹ	갑, 을 : 부정 / 병 : 긍정

바로잡기 ㄷ. 두 명 이상이 부정의 대답을 할 질문이 아니다. '연구 결과 활용에 대한 공적인 책임 의식이 필요한가?'의 질문에 대해 갑, 병은 긍정, 을은 부정의 대답을 할 것이다.

399

(가)는 과학 기술과 과학 지식이 사회적 협상의 산물이라는 입장이다. 즉 과학은 사회와 분리되어 존재할 수 없으므로 과학자는 연구를 수

행할 때 사회에 미칠 영향을 고려하여 올바른 가치를 추구해야 하며, 그 결과에 대해서도 책임질 수 있어야 한다는 것이다.

바로잡기 ①, ② (가)의 입장에서 "예"라고 대답할 질문이다. ③, ④ (가)의 입장에서 "아니요"라고 대답할 질문이다.

400

갑은 과학자의 연구 결과에 대한 사회적 책임(외적 책임)을 배제하려는 입장인 반면, 을은 과학자가 자신의 연구 결과가 사회에 미칠 영향력을 고려하여 사회적 책임을 져야 한다는 입장이다.

바로잡기 ㄹ. 과학자의 연구 활동을 사회로부터 독립된 것으로 간주하는 것은 갑만의 입장이다.

1등급 정리 노트 　과학 기술자의 내적 책임과 외적 책임

내적 책임	외적 책임
과학적 지식의 추구와 발견은 과학적이고 윤리적인 방법을 따라야 하므로 어떠한 정보나 자료도 표절, 위조, 변조, 날조해서는 안 됨	전문가에 속하는 과학자로서 자신의 연구 활동이 사회에 미칠 영향력을 인식하여 사회적 책임을 다해야 함

401

요나스는 과학 기술이 초래한 부작용과 문제점을 전통 윤리로는 해결할 수 없다고 보고, 이를 해결하기 위해 책임 윤리를 강조하였다. 책임 윤리는 인간만이 책임질 수 있는 유일한 존재라는 사실을 바탕으로 인류의 미래를 위해 윤리적 책임의 대상을 미래 세대와 자연까지 확대하였다.

바로잡기 ② 요나스는 책임 범위의 설정은 인류의 미래와 직결된다고 본다.

402

㉠은 '과학 기술 혐오주의(비관주의)'이다. 19세기 초반 영국에서 일어났던 러다이트 운동은 과학 기술 혐오주의(비관주의)의 대표적인 사례로 산업 혁명 당시 노동자들이 실업의 원인이 기계의 개발에 있다고 보고 기계를 파괴한 운동이다. 당시에 증기 기관이 발명되고 자동 기계가 제작되면서 사람들이 수작업으로 하던 일을 기계가 대신하게 되었다. 직물 산업이 발달한 영국에서도 방적기가 발명되면서 자본가들은 방적기를 사람들에게 빌려주고 양말을 만들도록 했다. 그래서 양말 생산량은 엄청나게 증가하였다. 하지만 정작 물건을 만든 사람들은 점점 가난해졌다. 방적기 임대료는 비싼데, 대량 생산된 양말 가격은 떨어졌기 때문이다. 게다가 흉년과 전쟁으로 불황이 겹치면서 끼니를 해결하기도 힘든 사람들은 일자리마저 잃자 자본가들에 대한 분노와 원망을 표출하는 방법으로 기계를 파괴하기에 이르렀다.

403

과학 기술 혐오주의는 과학 기술이 인류에게 가져다준 여러 가지 혜택과 성과를 부정한다는 측면에서 현실을 반영하지 못한다는 한계가 있다. 이러한 관점은 과학 기술의 긍정적 측면만을 지나치게 강조하는 과학 기술 지상주의와 함께 지양할 필요가 있다.

채점 기준	수준
과학 기술 혐오주의의 한계를 정확하게 서술한 경우	상
과학 기술 혐오주의의 한계를 서술하였으나 미흡한 경우	하

404

⊙은 '요나스'이다. 요나스는 과학 기술 시대에 걸맞는 책임 윤리를 확립해야 한다고 주장하였으며, 책임의 범위를 현세대로 한정하는 기존의 전통적 윤리관으로는 과학 기술 시대에 발생하는 문제를 해결하는 데 한계가 있다고 보았다.

405

요나스는 윤리적 책임의 범위를 자연과 미래 세대까지 확장하는 새로운 책임 윤리의 필요성을 주장하였다.

채점 기준	수준
'자연'과 '미래 세대'라는 용어를 모두 포함하여 서술한 경우	상
'자연'과 '미래 세대'라는 용어를 한 가지만 포함하여 서술한 경우	하

적중 1등급 문제

81쪽

406 ⑤　　**407** ④　　**408** ④　　**409** ④

406 과학 기술자의 책임에 대한 입장 비교하기

갑은 과학 기술의 활용 결과에 대한 과학 기술자의 책임을 강조하고 있다. 반면 을은 과학 기술 그 자체를 가치 중립적이라고 보고, 과학 기술의 활용 결과에 대해 가치 판단의 배제를 강조하고 있다.

1등급 선택지 분석

✗ 갑은 과학 기술이 가치 판단의 대상이 아님을 강조한다.
－ 갑은 과학 기술을 가치 판단의 대상으로 본다.

✗ 을은 과학 기술의 활용 결과에 대한 과학 기술자의 책임을 강조한다.
－ 을은 과학 기술 그 자체를 가치 중립적이라고 주장하며, 과학 기술의 활용 결과에 대해 과학 기술자가 책임질 필요가 없다고 본다.

ⓒ 갑은 을에 비해 과학 기술자의 연구에 대한 윤리적 규제의 필요성을 강조한다.

ⓔ 을은 갑에 비해 과학 기술의 발견 및 활용의 과정에서 가치 판단의 배제를 강조한다.

407 요나스의 책임 윤리 이해하기

제시문은 요나스의 주장이다. 요나스는 전쟁의 처참함을 알아야 평화의 소중함을 더 잘 알듯이 악(惡)의 인식이 선(善)의 인식보다 훨씬 효과적이라고 보았다. 그래서 실제로 무엇을 보호해야 하는가를 알아내기 위해서는 희망보다는 공포를 논의의 대상으로 삼을 필요가 있다고 주장하였다. 다시 말해 요나스는 미래에 있을 수 있는 심상치 않은 상황들, 위험이 미칠 수 있는 전 지구적 범위, 인류의 생존 위협과 같은 과학 기술이 가져올 수 있는 부정적 영향을 인식할 때 책임을 질 수 있는 능력을 지닌 유일한 존재인 현세대는 자연과 미래 세대에 대한 보호의 필요성과 책임 의식을 가지게 된다고 보았다.

✗ 선(善)의 인식이 악(惡)의 인식보다 더 효과적인가?
－ 요나스가 부정의 대답을 할 질문이다. 요나스는 선(善)의 탐구에서 악(惡)의 인식이 선(善)의 인식보다 더 효과적이라고 주장하였다.

✗ 현세대와 미래 세대는 삶의 지속을 위해 호혜적 의무를 갖는가?
－ 요나스가 부정의 대답을 할 질문이다. 요나스에 따르면 현세대는 미래 세대의 존속을 위해 일방적인 책임의 의무를 갖는다.

✗ 인간만이 책임질 수 있는 유일한 존재로 한정해서는 안 되는가?
－ 요나스가 부정의 대답을 할 질문이다. 요나스는 인간만이 책임질 수 있는 유일한 존재라고 주장하였다.

④ '할 수 있다'는 능력에 근거해서 '해야 한다'는 책임이 발생하는가?

✗ 인간의 힘이 자연으로 확장될수록 자연 파괴의 가능성은 낮아지는가?
－ 요나스가 부정의 대답을 할 질문이다. 요나스는 인간의 힘이 자연으로 확장될수록 자연 파괴의 가능성이 높아진다고 주장하였다.

408 과학 기술의 가치 중립성 논쟁 이해하기

갑은 과학 기술이 가치 중립적이지 않으며, 인류 공동체의 행복 실현에 기여하도록 과학 기술을 개발해야 한다는 입장이다. 을은 과학 기술이 객관적 사실의 영역에 속하기 때문에 가치 중립적이며 윤리적 평가로부터 자유로워야 한다는 입장이다.

1등급 선택지 분석

✗ 과학 기술을 가치 중립적으로 보아야 함을 간과한다.
－ 갑의 입장에서 을에게 제기할 비판으로 부적절하다. 갑은 과학 기술을 가치 중립적인 것으로 보지 않는다.

✗ 과학 기술이 윤리적 평가로부터 자유로워야 함을 간과한다.
－ 갑의 입장에서 을에게 제기할 비판으로 부적절하다. 갑은 과학 기술이 윤리적 평가로부터 자유로울 수 없다고 본다.

✗ 과학 기술에서 활용되는 모든 지식에 주관적 도덕 판단이 요구됨을 간과한다.
－ 갑의 입장에서 을에게 제기할 비판으로 부적절하다. 갑은 인간의 존엄성 구현과 삶의 질 향상이라는 보편적인 윤리적 목적을 기준으로 과학 기술에 대한 평가와 판단이 이루어져야 한다고 보기 때문에 각각의 과학 기술에 대한 주관적인 도덕 판단을 요구하지는 않는다.

④ 과학 기술이 인류 공동체의 행복 실현에 기여하도록 개발되어야 함을 간과한다.

✗ 과학 기술을 개발하고 적용할 때는 어떤 사회적 요소도 고려되어서는 안 됨을 간과한다.
－ 갑의 입장에서 을에게 제기할 비판으로 부적절하다. 갑은 과학 기술이 사회적 가치 판단으로부터 독립적일 수 없다고 본다.

409 과학자의 사회적 책임에 대한 입장 비교하기

갑은 과학자의 내적 책임뿐만 아니라 외적 책임인 사회적 책임까지 강조하는 입장이며, 과학자가 연구 과정뿐만 아니라 자신의 연구 결과에 대해 지식적으로 가장 잘 이해하고 있기 때문에 이에 대해서도 책임을 져야 한다고 본다. 을은 과학자가 연구 과정에서만 책임을 져야 하며 사회적 책임이나 윤리적 규제에서는 벗어나 자유롭게 과학 기술을 연구해야 한다고 본다.

1등급 선택지 분석

✗ 과학자는 자연 그대로의 사실 발견에 대해서만 책임을 져야 하는가?
－ 갑은 부정, 을은 긍정의 대답을 할 질문이다.

ⓛ 과학자는 연구 주제 설정 단계부터 사회적 가치를 고려해야 하는가?

✗ 과학자는 연구 과정에서 정직성과 신중성의 내적 책임을 져야 하는가?
－ 갑, 을 모두 긍정의 대답을 할 질문이다.

ⓔ 과학자는 자신의 연구로 인해 발생할 수 있는 사회적 위험성을 경고해야 할 책임이 있는가?

분석 기출 문제

83~87쪽

[핵심 개념 문제]

410 사이버 폭력		**411** 사생활 침해		**412** 저작권		
413 ○	**414** ×	**415** ×	**416** ○	**417** ⓒ	**418** ㉠	**419** ㉠
420 ⓒ	**421** ㉠, ⓒ			**422** ㉠		

423 ②	**424** ③	**425** ①	**426** ③	**427** ①	**428** ④	**429** ①
430 ⑤	**431** ④	**432** ④	**433** ⑤	**434** ①	**435** ②	**436** ①
437 ③	**438** ②					

[1등급을 향한 서답형 문제]

439 인격권 **440** 예시답안 ⓒ 저작자가 자신의 저작에 관해 갖는 권리이다. ⓒ 자신의 사적 생활이 공개되거나 침해당하지 않을 권리이다. **441** 표현의 자유 **442** 예시답안 타인의 인격을 침해하지 않는 범위 내에서 허용해야 한다. 사회 질서 및 공공복리를 훼손하지 않는 범위 내에서 허용해야 한다.

423

정보 통신 기술의 발전은 생활의 편리성을 향상시켰으며 다양성을 존중하는 사회 분위기를 조성하였다. 또한 자기 의사를 표현할 수 있는 통로가 확장되었고 이는 정치 참여 기회의 확대로 이어졌다.

(바로잡기) ② 정보 통신 기술의 발전으로 과거에 비해 좀 더 수평적이고 다원적인 사회로 변화하게 되었다.

424

제시문은 현대 정보 사회에서 정보 통신 기술의 발달로 판옵티콘 사회가 도래할 가능성이 높아졌으며, 사람들이 감시와 통제의 대상으로 전락하여 인권과 사생활이 침해되는 문제가 발생할 수 있다는 점을 지적하고 있다.

(바로잡기) ①, ②, ④, ⑤ 정보 사회의 문제점이기는 하지만, 제시문에서 추론할 수 있는 내용으로 적절하지 않다.

425

제시문은 사이버 공간의 일탈을 규제하기 위해 제도적·법적 조치보다는 스스로 도덕규범을 수립하고 실천함으로써 건전한 네티즌 문화를 형성해야 한다고 주장한다.

(바로잡기) 첫 번째 입장 : 제시문에서는 제도적 규제 강화를 강조하지 않는다. 두 번째 입장 : 제시문에서는 사이버 공간에서도 현실 공간과 동일한 도덕규범을 적용할 필요가 있다고 본다.

426

정보 사회에서는 정보에 접근할 기회와 그것을 활용하는 능력의 차이에 따라 사회 구성원들 간에 정보 격차의 문제가 발생한다. 정보 격차를 해결하기 위해서는 사회적 약자에게 무료로 컴퓨터를 보급하고, 정보를 활용하는 능력을 향상시킬 수 있도록 교육해야 한다.

(바로잡기) ㄱ, ㄹ. 정보 통신 서비스를 보편적 서비스로 여기지 않고, 휴대 전화 및 인터넷 통신에 비싼 요금을 부과할 경우 정보 격차 문제는 더욱 심화될 수 있다.

427

제시문은 정보 공유론의 입장을 지닌 스톨먼의 주장이다. 그는 정보 사유론에 반대하여 지식과 정보의 사용에 제한이 없어야 하며, 공공성을 창작자의 권리보다 우선해야 한다고 주장하였다.

(바로잡기) 세 번째 주장 : 스톨먼에 따르면 저작권 보호는 지적 산물 창조를 가로막는다. 네 번째 주장 : 스톨먼은 정보의 소유권, 저작권, 배타적 사용권 등이 사회의 지적 자산을 빈약하게 하고 정보의 진화와 발전을 가로막는다고 주장하였다.

428

제시문은 정보 공유론의 입장이다. 이 입장에서는 정보를 자유롭게 이용하고 향유함으로써 창작의 활성화가 가능하다고 본다. 이와 달리 정보 사유론을 주장하는 입장에서는 정보의 원본으로서의 가치와 그에 대한 창작자의 권리를 강조하며 저작물을 창작자의 배타적 소유물로 본다. 또한 정보 사유론의 입장에서는 창작자의 노고에 대한 정당한 대가를 인정해야 창작 의욕이 고취된다고 본다.

(바로잡기) ①, ②, ③, ⑤ 정보 사유를 주장하는 입장에서 긍정의 대답을 할 질문이다.

429

갑은 저작권을 인정해야 한다는 정보 사유론의 입장이고, 을은 저작물의 공유가 바람직하다는 정보 공유론의 입장이다. 갑은 정보 공유로 창조적 노동의 결과를 제대로 보호하지 못하면 창작자의 창작 의욕을 저하시키고 사회의 발전을 가로막는다고 주장한다.

(바로잡기) ② 갑은 저작권 보호로 창작자의 의욕을 고취시킬 수 있다고 본다. ③ 을은 정보 소유의 배타적 권리를 인정하지 않는다. 정보 소유의 배타적 권리를 주장하는 것은 갑이다. ④ 갑은 저작권 보호를 주장하며, 을은 저작권 공유를 주장한다. ⑤ 저작권을 부정하고 지식과 정보를 공유해야 한다고 주장하는 것은 을만의 입장이다.

[1등급 정리 노트] 정보 사유론과 정보 공유론 비교

정보 사유론	정보 공유론
• 창작자에게 독점적 권리 부여	• 저작물의 공유 주장
• 창작 활성화는 경제적 동기를 바탕으로 이루어짐	• 창작 활성화는 자유로운 정보 이용과 향유를 바탕으로 이루어짐
• 저작물은 창작자의 소유물임	• 저작물은 사회의 공공재임
• 정보와 그 산물을 개인의 사유 재산으로 간주하여 지적 재산권을 보호해야 한다고 봄	• 정보와 그 산물을 인류가 함께 누려야 할 자산으로 보아 모두가 공유해야 한다고 봄
• 창작자에 대한 배타적 독점권을 부여하기 때문에 정보의 자유로운 교류를 방해한다는 비판을 받음	• 지적 재산에 대한 침해, 창작 의욕 저하, 창작물의 질적 수준 하락 등의 문제를 발생시킬 수 있다는 비판을 받음

430

정보 윤리의 기본 원칙으로는 일반적으로 인간 존중, 책임, 정의, 해악 금지 등이 있다. 정보 윤리의 기본 원칙 중 (가)는 정의, (나)는 해악 금지에 관한 설명이다.

(바로잡기) 존중은 사이버 공간에서 만나는 모든 사람을 자신과 같이 소중한 사람으로 여기는 것이다. 책임은 사이버 공간의 익명성을 악용하여 무책임하게 행동하지 않는 것을 뜻한다.

- **자율성의 원칙** : 인간은 스스로 도덕 원칙을 수립하여 그것을 따를 수 있는 능력이 있으며, 타인도 역시 그러한 자기 결정 능력이 있음을 존중함
- **해악 금지의 원칙** : 남에게 해악을 끼치거나 상해를 입히는 일을 피함
- **선행의 원칙** : 다른 사람의 복지를 증진시키는 방향으로 행동해야 함
- **정의의 원칙** : 공정한 기준에 의해 혜택이나 부담을 공정하게 배분해야 함

431

사이버 따돌림을 예방하기 위한 사회적 차원의 법적·제도적 해결책으로는 학교 폭력 예방 및 대책에 관한 법률을 시행하고, 청소년 상담 기관을 설립하여 운영하며, 피해 학생을 위한 심리 치료 기관을 확대하여 운영하는 것 등이 있다.

바로잡기 ④ 가해 학생에게 반성문을 작성하게 하는 것은 개인적 차원의 해결책이다.

432

뉴 미디어는 개인적인 생각을 자유롭게 표현할 수 있는 소통의 장일 뿐만 아니라 다수에게 영향을 주는 공적인 영역이다. 따라서 개인 정보는 신중하게 다루어야 하며, 확인되지 않은 정보를 함부로 유포하지 말아야 한다. 또한 다른 사람의 저작물을 함부로 표절하여 게시함으로써 개인의 저작 인격권을 함부로 침해하고 뉴미디어 언론에 대한 신뢰를 무너뜨리는 일은 하지 말아야 한다.

바로잡기 ④ 제시된 사례에서 개인 정보의 공개는 인격권의 침해로 이어질 수 있기 때문에 표현의 자유는 타인의 권리를 침해하지 않는 범위에서 허용되어야 한다는 한계가 있음을 알 수 있다.

매체 윤리	수신자 윤리
• 매체는 객관성과 공정성을 지키기 위해 독립성을 유지해야 함 • 매체는 사회적으로 이해관계가 대립하는 문제에 대해 편파적이어서는 안 됨 • 매체는 국민의 알 권리를 보장하면서도 인격권이나 공익을 침해하지 않도록 유의해야 함	• 매체가 일방적으로 정보를 전달하고 사람들이 비판적 사고 없이 정보를 수용하는 것은 바람직하지 않음 • 수신자는 정보를 생산, 유통, 소비하는 능동적인 참여자로서 매체 윤리를 정립하는 데 주인 의식을 지녀야 함

433

뉴 미디어의 발달로 정보의 공급자와 소비자 간 경계가 허물어졌다. 즉 정보를 소비할 뿐만 아니라 직접 생산하고 유통하는 생산적 소비자의 시대가 가능해졌다.

바로잡기 ① 정보 소비자는 뉴 미디어로 제공된 정보를 능동적으로 수용한다. ② 뉴 미디어의 정보 생산자는 권위 있는 전문가로 한정되지 않는다. ③ 뉴 미디어 환경에서 정보 생산자와 소비자는 수평적인 관계를 맺으며 의견을 교환한다. ④ 뉴 미디어 환경에서 정보는 쌍방향으로 전달된다.

434

표현의 자유는 타인의 인권을 침해하지 않고 사회 질서를 훼손하지 않는 범위 내에서 허용될 수 있으며, 표현의 자유를 행사할 때에는 자신의 행동에 대해 책임질 수 있어야 한다.

바로잡기 병 : 표현의 자유가 타인의 인권을 침해하지는 않는지 고려해야 한다. 정 : 현실 세계와 마찬가지로 뉴 미디어상에서 표현의 자유는 한계가 있다.

435

학생들의 대답을 고려했을 때, ㉠에 들어갈 교사의 질문으로 '뉴 미디어상에서 표현의 자유가 중요한 이유는 무엇일까?'가 적절하다.

바로잡기 ①, ③, ④, ⑤ ㉠에 들어갈 내용으로 적절하지 않다.

436

갑은 표현의 자유를 주장한 밀턴이다. 그는 사상과 표현의 자유가 진리의 발견을 위해 필요하다고 보며, 표현의 자유를 보장함으로써 진리를 발견할 수 있을 뿐만 아니라 사회 진보에 도움이 된다고 주장하였다. 이러한 입장에서는 표현의 자유를 위해 인터넷 실명제 도입을 유보하라는 조언을 제시할 수 있다.

바로잡기 ㄷ. 밀턴의 주장과 거리가 먼 조언이다. 밀턴은 자유로운 의견 발표의 중요성과 검열 없는 출판을 강조하였다. ㄹ. 밀턴의 주장과 거리가 먼 조언이다. 밀턴은 진리의 발견과 사회 진보를 위해 표현의 자유가 필요하다고 보았다.

437

뉴 미디어 시대에는 콘텐츠 전달 과정에서 허위 사실이 전달되기도 하므로 전달 과정에서 사실 확인 과정이 필요하다. 또한 콘텐츠의 사회적 영향력이 크기 때문에 콘텐츠 제작자들은 영향력에 상응하는 사회적 책임을 바탕으로 콘텐츠를 전달해야 한다. 그리고 콘텐츠를 시청하는 사람들은 정보를 비판적으로 해석할 수 있는 도덕적 사고 능력을 길러야 한다.

바로잡기 ③ 콘텐츠 제작에 있어 시청자의 반응만을 기준으로 소재와 주제를 결정하면 지나치게 선정적인 소재를 사용할 가능성이 높다는 문제가 발생할 수 있다.

438

㉠은 매체가 형성하는 현실을 제대로 이해하면서 이용할 수 있는 능력인 '매체 이해력(미디어 리터러시)'이다. 이러한 능력을 갖추기 위해서는 비판적·분석적·종합적 사고 능력을 바탕으로 정보를 올바로 이해하도록 노력해야 한다. 또한 윤리적 원칙을 지키면서 정보를 바르게 표현하도록 노력해야 한다.

바로잡기 ㄴ. 사실 정보와 거짓 정보를 구분하되 나에게 유리한 정보는 사실이고, 불리한 정보는 허위라고 생각하며 정보를 선택적으로 받아들이고 있지 않은지 비판적으로 평가해 보아야 한다. ㄹ. 뉴 미디어가 만들어 내는 정보 중에는 거짓 정보도 많고 창작물에 저작권이 있을 수 있으므로 무조건 많은 사람에게 전달하는 것은 옳지 않다.

439

㉠은 '인격권'이다. 인격권은 개인의 사적인 권리로 인격적 이익을 기본 내용으로 한다.

440

저작 인격권은 저작자가 자신의 저작에 관해 갖는 권리이며, 사생활권은 자신의 사적 생활이 공개되거나 침해당하지 않을 권리이다.

채점 기준	수준
저작 인격권과 사생활권의 의미를 모두 서술한 경우	상
저작 인격권과 사생활권의 의미를 한 가지만 서술한 경우	하

441

㉠은 '표현의 자유'이다. 표현의 자유는 무제한으로 허용되지 않는다.

442

뉴 미디어상에서의 표현의 자유는 타인의 인격을 침해하지 않고, 사회 질서를 훼손하지 않는 범위 내에서 허용해야 한다.

채점 기준	수준
표현의 자유 허용 범위를 두 가지 모두 서술한 경우	상
표현의 자유 허용 범위를 한 가지만 서술한 경우	하

적중1등급문제

88~89쪽

443 ③	444 ③	445 ④	446 ①	447 ①
448 ④	449 ①	450 ①		

443 인터넷상에서 악성 댓글 문제에 대한 입장 비교하기

갑은 인터넷에서 악성 댓글의 문제를 각 개인이 양심과 도덕성에 따라 자율적으로 규제하려는 노력을 통해 해결할 수 있다고 주장한다. 반면 을은 인터넷상에서 악성 댓글의 문제를 제도적 장치로만 해결할 수 있다고 주장한다.

1등급 선택지 분석

✗ 법적 규제를 통해 타인의 피해를 방지해야 함을 간과한다.
  – 갑은 법적 규제가 아닌 각 개인의 양심과 도덕성에 따른 자율적 규제를 주장하고 있다.

✗ 익명성으로 인해 비도덕적으로 행동할 수 있음을 간과한다.
  – 갑, 을 모두 익명성으로 인해 비도덕적으로 행동할 수 있다고 주장하고 있다.

③ 자율적 규제가 제도적 규제보다 적절한 해결책임을 간과한다.

✗ 해악 금지의 원칙이 표현의 자유보다 선행되어야 함을 간과한다.
  – 갑은 표현의 자유가 해악 금지의 원칙에 선행되어야 한다고 주장하고 있다.

✗ 악성 댓글로 인한 피해를 예방하려면 표현의 자유를 강제적으로 제한해야 함을 간과한다.
  – 갑은 악성 댓글로 인한 피해를 예방하기 위해 표현의 자유를 강제적으로 제한하는 것에 반대하고 있다.

444 표현의 자유에 대한 밀의 입장 파악하기

(가)는 밀의 주장이다. 밀은 『자유론』에서 표현의 자유의 중요성을 강조하면서도 표현의 자유를 제한할 수 있는 유일한 조건으로 다른 사람들에게 해를 끼치는 것을 막는 것(해악 금지의 원칙)을 제시하고 있다.

1등급 선택지 분석

✗ 다수가 동의하는 내용만 선별하여 허용되어야 한다.
  – 밀의 입장에서 답변할 내용으로 적절하지 않다.

✗ 자신의 쾌락을 극대화할 수 있다면 허용되어야 한다.
  – 밀의 입장에서 답변할 내용으로 적절하지 않다.

③ 다른 사람에게 해악을 주지 않는 한에서 허용되어야 한다.

✗ 다수결 원리에 따라 표현의 자유의 허용 범위를 정해야 한다.
  – 밀은 다수결의 원리에 따라 표현의 자유의 허용 범위를 정하지 않았다.

✗ 표현의 자유는 제한될 수 없으므로 무제한으로 허용되어야 한다.
  – 밀은 해악 금지의 원칙을 근거로 표현의 자유를 제한할 수 있다고 본다.

445 정보 공유론과 정보 사유론의 입장 비교하기

갑은 저작권 공유를 주장하며, 을은 저작권 보호를 주장한다.

1등급 선택지 분석

㉠ A : 양질의 정보를 생산할 수 있는 여건을 마련해야 한다.

㉡ B : 정보는 인류가 함께 누리는 공공재이다.

✗ B : 저작권을 공유하기보다는 보호해야 한다.
  – 정보 사유론의 입장이므로, C에 들어갈 질문으로 적절하다.

㉢ C : 지적 재산권 보호를 강화해야만 정보의 발전이 가능하다.

446 정보 사유론과 정보 공유론의 입장 비교하기

갑은 정보 사유론의 입장에서 정보 창작자의 지적 재산권을 보장함으로써 정보 창작 의욕을 높여 양질의 정보 산출에 기여할 수 있다고 주장하고 있다. 을은 정보 공유론의 입장에서 정보를 공유 자산으로 여겨야 하며, 정보 격차 문제를 해결하기 위해 정보 소유권을 폐지해야 한다고 본다. 정보 공유론의 입장은 정보 사유론의 입장에 비해 상대적으로 정보 창작자에 대한 지적 재산권 보호를 강조하는 정도(X)는 낮고, 정보를 모두가 누려야 할 공유 자산으로 강조하는 정도(Y)와 정보 격차 문제의 해소를 위해 정보 소유권의 폐지를 강조하는 정도(Z)는 높다. 제시된 좌표에서 이를 나타내는 지점은 ㉠이다.

1등급 선택지 분석

X : 정보 창작자에 대한 지적 재산권 보호를 강조하는 정도
  – 을이 갑에 비해 상대적으로 낮다.

Y : 정보를 모두가 누려야 할 공유 자산으로 강조하는 정도
  – 을이 갑에 비해 상대적으로 높다.

Z : 정보 격차 문제의 해소를 위해 정보 소유권의 폐지를 강조하는 정도
  – 을이 갑에 비해 상대적으로 높다.

447 혐오 표현에 대한 입장 비교하기

갑은 정보에 대한 접근은 자유로워야 하지만 생산과 유통에 대해서는 국가가 규제할 수 있으며, 국가가 혐오 표현의 유해성에 대해 법적 기준을 정해야 한다고 본다. 을은 정보에 대한 접근은 물론 생산과 유통도 개인의 자율에 맡겨야 하며, 국가가 혐오 표현의 유해성에 대해 일률적 기준을 마련할 수 없다고 본다.

1등급 선택지 분석

① 갑은 국가가 혐오 표현의 유해성을 판단할 기준을 설정해야 한다고 본다.

✗ 을은 국가가 정보의 접근이 아닌 생산·유통의 자유만 보장해야 한다고 본다.
  – 을은 정보의 접근은 물론 생산과 유통도 개인의 자율에 맡겨야 한다고 주장하고 있다.

✗ 갑은 을과 달리 국가가 정보에 자유롭게 접근할 권리를 제한해야 한다고 본다.
  – 갑, 을 모두 정보에 대한 접근은 자유로워야 한다고 주장하고 있다.

✗ 을은 갑과 달리 국가가 해악 금지 원칙에 따라 정보 생산을 규제해야 한다고 본다.
  – 을은 정보의 생산과 유통에 대한 국가의 규제는 그 자체로 표현의 자유를 침해하는 것이라고 주장하고 있다.

✗ 갑, 을은 혐오 표현에 대한 국가 규제가 표현의 자유와 양립 가능하다고 본다.
  – 갑에게만 해당하는 진술이다.

448 악성 댓글 문제에 대한 개인 윤리와 사회 윤리 관점 비교하기

(가)의 갑은 현대 사회 윤리 문제를 개인의 문제로 보는 개인 윤리의 관점에서 자율적 규제의 필요성을 강조한다. 을은 현대 사회 윤리 문제를 사회 구조와 제도의 결함에서 발생한다고 보는 사회 윤리의 관점에서 자율적 규제뿐만 아니라 제도적·구조적 규제의 필요성을 강조한다. (나)는 사이버 공간의 익명성을 악용한 악성 댓글 문제의 해결 방안을 묻고 있다.

1등급 선택지 분석

> ✗ 갑 : 악성 댓글의 사전 차단을 위한 기술 개발이 필요하다.
> – 갑은 악성 댓글 문제를 해결하기 위해서 개인의 도덕성 함양을 제시하고 있다.
>
> ✗ 갑 : 악성 댓글 문제의 원인은 개인이 아닌 사회 구조의 결함에 있다.
> – 을의 입장이다.
>
> ✗ 을 : 악성 댓글 문제 해결을 위해 제도적 규제는 불필요하다.
> – 을은 악성 댓글 문제 해결을 위해 제도적 규제가 필요하다고 본다.
>
> ④ 을 : 악성 댓글을 제재하기 위해 자율적 규제뿐만 아니라 구조적 규제도 필요하다.
>
> ✗ 갑, 을 : 악성 댓글 문제를 해결하기 위해 자율적 책임감을 함양하는 것은 불필요하다.
> – 갑, 을 모두 개인의 자율적인 책임감을 함양해야 한다고 본다.

449 뉴 미디어 시대의 매체 윤리 이해하기

그림의 강연자는 뉴 미디어 이용이 증가하면서 거짓 정보의 생산도 증가하고 있다고 강조하고 있다. 이에 뉴 미디어 이용자들은 뉴 미디어를 이용할 때 정보에 대한 비판적 사고 능력을 바탕으로 뉴 미디어 내 정보를 올바르게 소비하고 생산해야 한다고 주장하고 있다.

1등급 선택지 분석

> ✗ 뉴 미디어 기술의 발달로 거짓 정보의 생산이 불가능해졌다.
> – 그림의 강연자는 거짓 정보의 생산이 증가하고 있다고 주장한다.
>
> ② 뉴 미디어 내 거짓 정보를 막기 위해서는 타율적 제재가 필요하다.
>
> ③ 뉴 미디어의 확산으로 정보 생산자와 소비자의 구분이 모호해졌다.
>
> ④ 뉴 미디어의 올바른 이용을 위해 비판적 사고 능력을 갖추어야 한다.
>
> ⑤ 뉴 미디어의 이용자 수가 늘어나면서 거짓 정보의 수가 증가하고 있다.

450 표현의 자유와 관련된 토론의 핵심 쟁점 찾기

갑은 뉴 미디어상에서 표현의 자유는 타인의 권리와 공공복리를 침해하지 않는 범위 내에서 허용되어야 한다는 입장이다. 을은 뉴 미디어상에서 표현의 자유를 절대 침해해서는 안 된다는 입장이다. 따라서 "표현의 자유에 제한을 가할 수 있는가?"라는 질문에 갑은 긍정, 을은 부정의 대답을 할 수 있으므로 토론의 핵심 쟁점으로 적절하다.

1등급 선택지 분석

> ① 표현의 자유에 제한을 가할 수 있는가?
>
> ✗ 표현의 자유와 인간 존엄성의 실현은 무관한가?
> – 갑, 을 모두 표현의 자유가 인간 존엄성의 실현에 기여한다고 본다. 따라서 토론의 핵심 쟁점이 될 수 없다.
>
> ✗ 인간 존엄성의 실현이 민주주의의 최고 이상인가?
> – 갑, 을 모두 인간 존엄성 보장이 민주주의의 최고의 이상이라고 본다. 따라서 토론의 핵심 쟁점이 될 수 없다.
>
> ✗ 인간 존엄성의 실현보다 표현의 자유 보장이 중요한가?
> – 갑, 을 모두 인간 존엄성의 실현보다 표현의 자유 보장이 우선한다고 보지 않는다. 따라서 토론의 핵심 쟁점이 될 수 없다.
>
> ✗ 뉴 미디어는 표현의 자유를 보장하는 수단이 될 수 있는가?
> – 갑, 을 모두 긍정의 대답을 할 질문이다. 따라서 토론의 핵심 쟁점이 될 수 없다.

분석 기출 문제

91~95쪽

[핵심 개념 문제]

451 ㉡	452 ㉠	453 ㉢	454 인간 중심주의	455 공리주의
456 의무론		457 목적론		458 전일론
459 ×	460 ○	461 ×	462 ×	463 ○

464 ①	465 ③	466 ①	467 ④	468 ⑤	469 ④	470 ①
471 ④	472 ③	473 ①	474 ④	475 ⑤	476 ①	477 ①
478 ②	479 ②	480 ④	481 ⑤			

1등급을 향한 서답형 문제

482 예시답안 인간의 필요에 의해 자연을 남용하고 훼손하는 것을 정당화한다. 생태계 전체를 위협하는 환경 문제를 발생시킨다.

483 ㉡ 이분법, ㉢ 도구 **484** 네스 **485 예시답안** ㉡ 자신이 자연과의 상호 연관 속에서 존재함을 이해하는 것이다. ㉢ 모든 생명체를 상호 연결된 전체의 평등한 구성원으로 보는 것이다.

464

(가)는 불교의 연기설이다. 불교의 연기설에서는 만물이 서로 밀접한 관계를 맺고 상호 의존한다고 본다. 이러한 불교의 자연관은 환경친화적 성격을 갖고 있다고 볼 수 있다.

바로잡기 ② 모든 만물에 생명, 영혼, 마음이 깃들어 있다고 믿는 것은 물활론적 자연관이다. ③ 도가의 자연관이다. ④ 유교의 자연관이다. ⑤ 인간 중심주의 자연관이다.

465

갑은 불교 사상가 석가모니이고, 을은 도가 사상가 노자이다. 불교는 자연과 인간의 상호 의존성을 자각하여 모든 생명에 자비를 베풀어야 함을 강조한다. 도가는 천지 만물을 인간의 의지나 욕구와 관계 없는 무위(無爲)의 체계로 보고, 인간은 자연의 순리에 따라 살아야 한다고 본다. 하지만 불교와 도가는 인간이 자연과 더불어 사는 삶을 실천해야 한다고 보는 점에서 공통점을 갖는다.

바로잡기 ㄱ. 불교는 연기설에 기반하여 자연과 인간의 상호 의존성을 강조한다. ㄴ. 유교의 자연관에 해당한다.

1등급 정리 노트 유교, 불교, 도가의 자연관 비교

유교	만물이 본래적 가치를 지니고 있다고 보며, 인간과 자연이 조화를 이루는 천인합일의 경지를 추구함
불교	연기설에 따라 만물이 독립적으로 존재하는 것이 아니라 서로 밀접한 관계를 맺고 상호 의존한다고 봄
도가	무위자연을 추구하며, 인간의 의지나 욕구와 상관없이 존재하는 자연의 가치를 강조함

466

제시문은 인간 중심주의를 주장한 베이컨의 주장이다. 그는 자연의 본래적 가치를 인정하지 않으며, 자연은 인간의 물질적 생활을 향상시키는 데 필요한 도구로서 인간의 자연 정복은 정당하다고 본다.

467

그림의 사상가는 데카르트이다. 데카르트는 인간과 자연을 분리하고, 자연을 기계적 인과 법칙에 종속된 단순한 물질로 간주하였다. 또한 기계론적 자연관에 근거하여 자연 과학의 목표가 인간을 자연의 주인으로 만드는 데 있다고 보았다.

468

제시문은 생명 중심주의 입장을 지닌 슈바이처의 주장이다. 슈바이처는 생명의 신비를 두려워하고 존경하는 생명 외경 사상을 제시하였다. 그는 생명을 유지시키는 것은 선이며, 생명을 파괴하는 것은 악으로 규정한다. 또한 인간이 살아남으려면 다른 생명을 해치는 것이 불가피할 때도 있는데, 이러한 상황에서도 생명을 함부로 죽여서는 안 되며, 그에 대한 도덕적 책임을 져야 한다고 보았다.

469

갑은 동물 중심주의를 주장한 싱어이다. 그는 공장식 동물 사육 체계를 비판하며, 동물의 고통과 인간의 고통을 동등하게 고려해야 한다고 주장하였다.

470

레건은 의무론에 근거하여 동물 권리론을 주장하며 동물에 대한 인간의 의무를 강조한다. 레건에 따르면 동물도 삶의 주체로서 자신만의 고유한 삶을 영위할 권리를 가진다. 삶의 주체는 단순히 살아 있음을 넘어서 자신의 삶을 영위할 수 있는 행위자이다. 동물은 도덕적 무능력자이지만 하나의 삶의 주체이므로 인간을 위한 수단으로 취급해서는 안 된다.

> **1등급 정리 노트**   **레건의 도덕적 무능력자**
>
> 레건은 도덕적 무능력자의 개념을 논의하면서 도덕적 무능력자도 도덕적 지위가 있다고 주장한다. 그에 따르면 정상적 인간은 도덕적 행위자로서의 도덕적 지위를 지니지만, 인간이 아닌 성장한 포유류도 감정적인 생활을 할 뿐만 아니라 희망과 목적을 추구할 수 있는 삶의 주체이기 때문에 도덕적 무능력자이지만 도덕적 지위를 지닐 수 있다.

471

생명체에 대한 인간의 의무 중 (가)는 악행 금지의 의무, (나)는 신의의 의무에 관한 설명이다.

> **1등급 정리 노트**   **테일러의 생명체에 대한 인간의 의무**
>
> | 악행 금지의 의무 | 다른 생명체에 해를 가해서는 안 된다는 것으로 생명체에 대한 가장 기본적인 의무이다. |
> |---|---|
> | 불간섭의 의무 | 개별 유기체의 자유를 간섭하거나 생태계를 조작, 통제, 개조하려는 시도를 하지 말아야 한다는 것이다. |
> | 신의(성실)의 의무 | 인간의 즐거움과 쾌락을 위해 사냥, 낚시 등의 기만행위를 해서는 안 된다는 것이다. |
> | 보상적 정의의 의무 | 인간이 다른 생명체에게 해를 끼쳤을 경우 마땅히 피해를 보상해야 한다는 것이다. |

472

갑은 동물 중심주의 사상가 싱어, 을은 생명 중심주의 사상가 슈바이처이다. 두 사상가 모두 생명에 관한 인간 중심주의 관점을 벗어나고자 하였다. 그래서 싱어는 공리주의 입장에서 도덕적 고려의 범위를 고통을 느낄 수 있는 동물까지로 확대하였다. 슈바이처는 생명 그 자체가 선이며, 본래적 가치를 지닌다고 보고 도덕적 고려의 범위를 모든 생명체로까지 확대하였다.

> **1등급 정리 노트**   **도덕적 고려의 대상**
>
> | 구분 | 도덕적 고려의 대상 |
> |---|---|
> | 인간 중심주의 | 인간 |
> | 동물 중심주의 | 동물 |
> | 생명 중심주의 | 생명체 |
> | 생태 중심주의 | 생물(동식물), 무생물(흙, 물, 대지 등) |

473

제시문은 대지 윤리 사상가인 레오폴드의 주장이다. 그는 인간을 공동체의 정복자가 아니라 상호 의존적인 부분들로 이루어진 공동체의 한 구성원이라고 주장하면서 도덕 공동체의 범위를 식물, 동물, 토양, 물 등을 포함하는 대지로 확장시켰다. 이렇게 레오폴드는 자연의 모든 존재를 도덕적 고려의 대상에 포함시켜 생태계의 위기를 극복하고자 하였다.

474

(가)는 테일러의 생명 중심주의, (나)는 레오폴드의 생태 중심주의이다. 테일러는 도덕적 고려의 범위를 모든 생명체로 확대하고, 모든 생명체가 인간의 필요와 관계없이 고유한 선을 지닌다고 본다. 레오폴드는 대지 윤리를 주장하며 도덕 공동체의 범위를 동식물을 비롯한 대지로까지 확대하였다. 하지만 테일러, 레오폴드 모두 자연에 대해 탈인간 중심주의적 관점을 지닌다는 공통점이 있다.

바로잡기 ④ 레오폴드는 대지를 경제적 가치의 대상으로만 인식하는 태도를 비판한다.

475

갑은 인간 중심주의 사상가 아리스토텔레스, 을은 생명 중심주의 사상가 테일러, 병은 생태 중심주의 사상가 레오폴드이다. 인간 중심주의는 인간만을, 생명 중심주의는 모든 생명체를, 생태 중심주의는 무생물을 포함한 생태계 전체를 도덕적 고려의 대상으로 여긴다. 하지만 아리스토텔레스, 테일러, 레오폴드는 인간을 도덕적으로 존중받을 가치가 있는 존재로 여긴다는 점에서는 공통적이다.

바로잡기 ㄱ. 아리스토텔레스는 인간 중심주의적 관점에서 자연을 바라본다. ㄴ. 식물을 내재적 가치가 있는 도덕적 존중의 대상으로 보는 것은 테일러와 레오폴드의 공통 입장이다.

476

제시문은 온실가스 감축 문제를 둘러싼 개발 도상국과 선진국 간의 이견으로 지구 온난화 문제를 해결하기 위한 전 지구적 차원의 협력이 쉽지 않다는 내용이다.

바로잡기 ②, ④ 제시문을 통해 알 수 없는 내용이다. ③ 제시문은 지구 온난화를 해결하기 위해 국가적 차원이 아닌 전 지구적 차원의 노력에 대해 말하고 있다. ⑤ 제시문에서는 선진국뿐만 아니라 개발 도상국도 선진국에 책임을 전가하고 있다.

477

기후 변화 협약은 지구 온난화를 방지하기 위한 국제 협약으로 지구 온난화의 주범인 온실가스의 배출 규제를 규정하고 있다.

478

A는 '교토 의정서'이다. 1997년 교토 의정서가 채택됨에 따라 선진국에 온실가스 배출 감축량에 대한 강제성 있는 목표가 설정되고 온실가스 배출권을 거래할 수 있게 되었다.

바로잡기 ㄴ. 교토 의정서는 경제적 유인을 제공함으로써 온실가스를 효과적으로 감축하기 위한 방안이다. ㄹ. 교토 의정서는 개발 도상국이 아닌 선진국에 온실가스 배출 감축 의무를 적용한 것이다.

1등급 정리 노트 온실가스(탄소) 배출권 거래 제도

도입	교토 의정서가 채택됨에 따라 도입된 제도
특징	어느 국가가 자국에 부여된 할당량 미만으로 온실가스를 배출하게 되면 그 여유분을 다른 국가에 팔 수 있고, 반대로 할당량을 초과하여 배출하는 국가는 초과분에 해당하는 배출권을 다른 국가로부터 사들일 수 있음
장단점	• 장점 : 배출 할당량이 적은 개발 도상국은 배출권을 선진국에 팔아 금전적 이득을 취하고, 선진국은 경제적 부담을 줄이기 위해 배출량을 감소시킴 • 단점 : 선진국은 돈을 지불함으로써 탄소 배출량 감축 의무에서 벗어날 수 있으므로 인류 공동의 책임감을 약화시킬 수 있음

479

갑은 요나스이다. 요나스는 자연과 미래 세대의 존속에 대한 현세대의 책임을 강조하며, 나의 행위의 결과가 자연과 미래 세대에 미치는 영향에 대해서도 알고자 노력해야 한다고 주장하였다.

바로잡기 ㄴ. 인간이 자연보다 우월하다고 보는 인간 중심주의 입장으로 이에 따르면 환경 파괴가 심화될 수 있다. ㄷ. 요나스는 현세대가 자신의 행위로 인해 앞으로 발생할 불확실한 미래에 대해 책임을 져야 할 의무를 회피하거나 간과한다면 미래 세대의 존속을 보장하기 어렵다고 보았다.

480

개발론의 입장은 인간의 복지와 풍요를 중시하고, 보존론의 입장은 자연 보존을 중시한다. 개발론에 따르다 보면 환경 파괴의 가능성이 높아지고, 보존론에 따르다 보면 경제 성장을 둔화시킬 가능성이 높아진다.

바로잡기 ④ 보존론은 자연이 인간의 삶을 위한 수단으로 존재하는 것이 아니라 본래적 가치를 지니고 있다고 본다.

481

제시문은 소로의 『월든』의 일부 내용으로 인간이 자연과 하나 되는 삶의 모습을 보여 준다. 인간과 자연이 공존하는 조화로운 삶을 위해서는 인간을 소중히 여기는 마음으로 자연도 소중히 대하며, 인간을 생태계의 구성원으로 보는 생태 공동체 의식을 가져야 한다.

바로잡기 ㄱ. 효율성의 극대화를 목표로 하는 경제학을 지양해야 한다. ㄴ. 인간의 사용 가치에 비례하여 자연의 가치를 평가해서는 안 된다.

482

인간 중심주의는 인간의 필요에 의해 자연을 남용하고 훼손하는 것을 정당화하고, 생태계 전체를 위협하는 환경 문제를 발생시킨다는 문제점이 있다.

채점 기준	수준
인간 중심주의의 문제점을 두 가지 모두 서술한 경우	상
인간 중심주의의 문제점을 한 가지만 서술한 경우	하

483

ⓒ은 '이분법', ⓒ은 '도구'이다. 인간 중심주의 관점을 보여 주는 대표적인 사상가로 아리스토텔레스, 아퀴나스, 베이컨, 데카르트, 칸트 등을 꼽을 수 있다. 특히 데카르트는 이분법적 세계관을 통해 인간과 자연을 분리해 자연을 단지 인식의 대상으로만 여겼으며, 베이컨은 도구적 자연관을 주장하였다.

484

㉠은 '네스'이다. 노르웨이의 철학자 네스는 심층적 생태주의 입장에서 세계관과 생활 양식 자체를 생태 중심적으로 바꾸어야 한다고 주장하였다.

485

네스는 심층적 생태주의를 실현하기 위해 자신을 자연과의 상호 연관 속에서 존재하는 것으로 이해하는 '큰 자아실현'과 모든 생명체를 상호 연결된 전체의 구성원으로 보는 '생명 중심적 평등'을 궁극적 규범으로 제시하였다.

채점 기준	수준
'큰 자아실현'과 '생명 중심적 평등'의 의미를 모두 정확하게 서술한 경우	상
'큰 자아실현'과 '생명 중심적 평등'의 의미를 한 가지만 정확하게 서술한 경우	하

 적중 1등급 문제

96~97쪽

486 ③	487 ①	488 ②	489 ③	490 ③
491 ⑤	492 ②	493 ④		

486 도가와 유교의 자연관 비교하기

1등급 자료 분석 도가와 유교의 자연관

(가) 하늘[天]은 나와 함께 태어났으며 만물이 나와 더불어 하나이다. 하늘과 땅은 편애하지 않아 모든 것을 짚으로 만든 개처럼 취급한다. └만물의 평등을 강조한 도가의 자연관임을 알 수 있다.

(나) 하늘은 나의 아버지이며 땅은 나의 어머니이다. 나와 같이 작은 존재도 이들 가운데 친밀한 위치를 발견한다. 모든 사람은 나의 형제자매이며, 만물은 나의 식구이다. └유교의 자연관임을 알 수 있다.

(가)는 도가의 자연관, (나)는 유교의 자연관이다. 도가에서는 인간이 자연의 한 부분으로서 자연에 조작과 통제를 가하기보다 자연의 섭리에 순응하고 자연과 조화를 이루어야 한다고 본다. 유교에서는 인간과 자연이 조화를 이루는 천인합일(天人合一)의 경지를 추구한다.

1등급 선택지 분석

✗ (가) : 자연은 목적과 질서가 없는 무위(無爲)의 체계이다.
– 도가에서는 자연에 스스로의 질서가 있다고 본다.

ㄴ (가) : 인간이 자연에 조작과 통제를 가하는 것은 잘못이다.

ㄷ (나) : 인간과 자연이 조화를 이루는 천인합일(天人合一)의 경지를 지향한다.

✗ (가), (나) : 자연 만물은 연기(緣起)에 의해 상호 의존한다.
– 불교의 자연관이다.

487 레오폴드, 테일러, 싱어의 자연관 비교하기

갑은 레오폴드, 을은 테일러, 병은 싱어이다. 레오폴드는 대지를 단순한 재산이 아니라 수많은 존재가 서로 균형을 맞추며 살아가는 공동체로 파악한다. 테일러는 목적론적 삶의 중심인 생명체는 내재적 가치를 갖는다고 본다. 싱어는 이익 평등 고려의 원칙에 근거해 인간을 우대하고 쾌고 감수 능력을 지닌 동물을 차별하는 태도를 '종 차별주의'라고 비판한다.

1등급 선택지 분석

ㄱ A : 전체로서의 종과 생태계의 온전함을 강조한다.

✗ B : 모든 생명체의 도덕적 가치를 존중해야 한다.
– 레오폴드와 테일러의 공통 입장이다. 따라서 D에 해당한다.

ㄷ C : 타자의 이익을 고려할 때 감각이라는 경계선이 유일하게 옹호된다.

✗ D : 생명 공동체가 지닌 고유한 선(善)을 고려해야 한다.
– 레오폴드만의 주장이다. 따라서 A에 해당한다.

488 싱어, 레오폴드, 칸트의 자연관 비교하기

갑은 싱어, 을은 레오폴드, 병은 칸트이다. 싱어는 쾌고 감수 능력을 지닌 동물, 즉 유정(有情)적 존재는 도덕적 지위를 지닌다고 보았다. 레오폴드는 무생물까지 포함하는 생태 공동체가 도덕적 지위를 지닌다고 보았다. 칸트는 인간에게만 도덕적 지위가 부여된다고 보았다.

1등급 선택지 분석

ㄱ A : 쾌고 감수 능력을 지닌 존재만이 도덕적 고려의 대상이 될 수 있는가?

✗ B : 인간에 대해서뿐만 아니라 자연과 관련해서도 인간의 의무가 발생하는가?
– 레오폴드와 칸트 모두 "예"라고 대답을 할 질문이다. 칸트는 자연이 간접적 의무의 대상이 된다고 보았다.

ㄷ C : 도덕적 지위를 지닌 존재의 범위를 무생물까지 확대해야 하는가?

✗ D : 직접적인 도덕적 의무의 대상을 인간에게만 국한하는 것은 부적절한가?
– 칸트가 "아니요"라고 대답을 할 질문이다. 칸트는 인간만이 직접적 의무의 대상이 된다고 보았다.

489 레건과 테일러의 자연관 비교하기

갑은 레건, 을은 테일러이다. 레건은 동물 종(種) 전체가 아니라 일부 개체 동물(한 살 이상의 포유동물)은 쾌고 감수 능력, 지각, 기억, 믿음 등의 특징을 지니고 자신의 고유한 삶을 살아가는 삶의 주체로서 도덕적 지위를 지닌다고 보았다. 테일러는 모든 생명체가 동등한 내재적 가치를 지닌 목적론적 삶의 중심으로서 도덕적 지위를 지닌다고 보았다.

1등급 선택지 분석

✗ 무생물은 도덕적 고려의 대상이 될 수 없는가?
– 레건과 테일러 모두 긍정의 대답을 할 질문이다.

✗ 모든 생명체의 도덕적 지위를 존중해야 하는가?
– 레건은 부정, 테일러는 긍정의 대답을 할 질문이다.

③ 쾌고 감수 능력을 지녀야만 도덕적 지위를 갖는가?

✗ 일부 동물만이 아닌 모든 동물이 도덕적 지위를 갖는가?
– 레건은 부정, 테일러는 긍정의 대답을 할 질문이다.

✗ 도덕적 행위 능력의 여부로 도덕적 지위를 설정하는 것은 부당한가?
– 레건과 테일러 모두 긍정의 대답을 할 질문이다.

490 데카르트, 레건, 레오폴드의 자연관 비교하기

갑은 데카르트, 을은 레건, 병은 레오폴드이다. 데카르트는 인간의 정신을 물질로 환원할 수 없는 존엄한 것으로 본 반면, 자연은 단순한 물질 또는 기계로 파악하여 도덕적 고려의 대상에서 제외시켰다. 레건은 일부 동물은 삶의 주체로 내재적 가치를 지닌다고 보았다. 레오폴드는 도덕 공동체의 범위를 무생물까지 확대하는 대지 윤리를 제시하였다.

1등급 선택지 분석

✗ A : 자신의 목표를 위해 행위할 능력이 있는 존재는 도덕적 고려의 대상이 될 수 있음을 간과한다.
– 레건은 자신의 목표를 위해 행위할 능력이 있는 존재는 삶의 주체가 될 수 있으므로 도덕적 고려의 대상이 될 수 있다고 보았다.

✗ B : 어떤 동물도 인간을 위한 자원으로 간주되어서는 안 됨을 간과한다.
– 레건은 동물 중 일부 개체만이 인간을 위한 자원으로 간주되어서는 안 된다고 보았다.

③ C : 살아 있는 모든 개체는 도덕적 고려 대상인 공동체의 일원임을 간과한다.

✗ D : 생명에 대한 권리는 인간에게 한정된 특수한 권리가 아님을 간과한다.
– 레오폴드도 생명에 대한 권리는 인간에게 한정된 특수한 권리가 아니라고 보았다.

✗ E : 어떤 존재의 도덕적 지위는 사고 능력의 여부로 결정되어야 함을 간과한다.
– 데카르트는 어떤 존재의 도덕적 지위는 사고 능력의 여부로 결정되어야 한다고 보았다.

491 네스와 테일러의 자연관 비교하기

갑은 심층 생태주의 입장의 네스, 을은 생명 중심주의 입장의 테일러이다. 네스는 모든 생명체를 상호 연결된 전체의 평등한 구성원으로 보는 '생명 중심적 평등'을 제시하였으며, 도덕적 고려의 대상을 생태계 전체로 확장하였다. 테일러는 개별 생명체는 자기 생존, 성장, 발전, 번식이라는 목적을 추구하는 목적론적 삶의 중심으로서 도덕적 고려의 대상이라고 보았다. 또한 인간은 생태계를 조작, 통제하려는 시도는 하지 말아야 한다는 불간섭의 의무를 주장하였다.

1등급 선택지 분석

- ✗ 인간 이외의 종(種)을 차별하는 것이 잘못임을 간과한다.
  - 테일러는 인간 이외의 종을 차별하는 것이 잘못이라고 보았다.
- ✗ 생태계를 통제하려는 시도를 하지 말아야 함을 간과한다.
  - 테일러는 생태계를 통제하려는 시도에 대해 반대하였다.
- ✗ 모든 생명체가 생명 공동체의 평등한 구성원임을 간과한다.
  - 테일러는 모든 생명체가 생명 공동체의 평등한 구성원이라고 보았다.
- ✗ 생태계를 도덕적 고려의 대상으로 여기지 말아야 함을 간과한다.
  - 네스는 생태계 전체를 도덕적 고려의 대상으로 보았다. 따라서 네스의 입장에서 테일러에게 제기할 수 있는 비판으로 적절하지 않다.
- ⑤ 도덕적 고려의 대상을 개별 생명체로 한정해서는 안 됨을 간과한다.

492 아리스토텔레스, 테일러, 칸트의 자연관 비교하기

갑은 아리스토텔레스, 을은 테일러, 병은 칸트이다. 아리스토텔레스는 이성을 지닌 인간이 다른 생명보다 고귀한 존재라고 본다. 테일러는 모든 생명체가 도덕적 고려의 대상이라고 본다. 칸트는 인간이 동물에 대한 간접적인 의무만을 지닌다고 본다.

1등급 선택지 분석

- ㄱ 갑은 을과 달리 식물은 내재적 가치를 지니지 않는다고 본다.
- ✗ 을은 갑과 달리 도덕적 고려의 대상을 식물을 제외한 인간과 동물까지 확대한다. → 자연의 모든 생명체로
- ✗ 병은 갑과 달리 인간만이 자율성을 지닌 도덕적 주체라고 본다.
  - 인간만 자율성을 지닌 도덕적 주체로 보는 것은 갑, 병의 공통 입장이다.
- ㄹ 을, 병은 동물을 잔인하게 다루는 것은 옳지 않다고 본다.

493 기후 정의의 관점에서 사례 분석하기

갑은 기후 변화 문제를 형평성의 관점에서 바라본다는 점에서 기후 정의를 강조하고 있다고 볼 수 있다. 기후 정의란 기후 변화에 따른 불평등을 해소함으로써 실현되는 정의이다. 기후 정의를 강조하는 입장에서는 지구 온난화에 따른 피해가 선진국보다 개발 도상국에 더 크게 나타나는 상황에서 개발 도상국에 대한 선진국의 책임 있는 자세와 기후 변화를 최소화하려는 국제적 노력이 필요하다고 분석할 것이다.

1등급 선택지 분석

- ㄱ 개발 도상국은 배출한 온실가스 양에 비해 피해를 입는 규모가 크다.
- ㄴ 정의의 관점에서 선진국은 개발 도상국에 대해 책임 있는 자세를 지녀야 한다.
- ✗ 기후 변화와 지구 온난화에 대응하기 위해 이해타산적인 사고를 지녀야 한다.
  - 기후 정의를 강조하는 입장에서는 지구 온난화의 문제를 해결하기 위해 이해타산적인 사고에서 벗어나 전 지구적 협력이 필요하다고 분석할 것이다.
- ㄹ 기후 정의 실현을 위해 기후 변화의 영향을 최소화하려는 국제적 노력이 필요하다.

09 과학 기술과 윤리

494 ⑤   **495** ④   **496** ②   **497** ②   **498** ①   **499** ②   **500** ③
501 적정 기술   **502** 예시답안 과학 기술의 긍정적인 영향을 극대화하고 부작용을 초래할 가능성을 사전에 방지할 수 있다.

10 정보 사회와 윤리

503 ⑤   **504** ④   **505** ①   **506** ③   **507** ②   **508** ①   **509** ⑤
510 예시답안 (1) 저작권의 공유는 저작자의 창작 의욕을 감소시키고 더 나아가 양질의 정보 생산을 어렵게 만들 수 있다.   (2) 저작권의 보호는 창작자에게 정보에 대한 배타적 독점권을 부여하기 때문에 정보의 자유로운 교류를 방해하고, 정보 격차를 심화시킬 수 있다.

11 자연과 윤리

511 ④   **512** ③   **513** ⑤   **514** ⑤   **515** ⑤   **516** ②   **517** ③
518 예시답안 인간과 동물의 이익이 충돌할 때 현실적인 대안을 제공하기 어렵다. 고통을 느끼지 못하는 동식물, 생태계 전체에 대한 고려가 미흡하다.

494

제시문은 하이데거의 주장이다. 하이데거에 따르면 과학 기술은 인간이 자연과 관계를 맺는 하나의 방식으로서 인간이 과학 기술에 대해 깊이 있게 성찰하지 않는다면 결국 과학 기술에 종속당하게 된다고 보았다.

바로잡기 ㄱ. 하이데거는 과학 기술을 자원 이용을 위한 수단으로 보게 되면 과학 기술의 본질을 파악할 수 없게 된다고 보았다. ㄴ. 하이데거는 과학 기술에 대한 윤리적 가치 판단이 필요하다고 보았다.

495

제시문은 요나스의 주장이다. 요나스는 책임을 질 수 있는 유일한 존재인 인간은 사후적 책임뿐만 아니라 사전적 책임까지 져야 한다는 책임 윤리를 제시하였다.

바로잡기 ㄷ. 요나스는 현세대만의 일방적 책임의 의무를 강조하였다.

496

갑은 과학 기술 연구 및 그 결과의 활용에 대해 과학자에게 책임을 부과해서는 안 된다는 입장이다. 을은 과학 기술 연구 및 그 결과의 활용에 대해 과학자에게 책임을 부과해야 한다는 입장이다.

바로잡기 ㄴ. 을은 과학 기술 연구의 독립성을 주장하지 않는다. ㄹ. 을만의 입장이다.

497

제시문은 과학 기술자가 연구의 내적 책임(연구 과정에서 어떠한 정보나 자료에 있어 표절, 위조, 부당한 저자 표기 등의 비윤리적 행위를 하지 않는 책임)은 져야 하지만 외적 책임(자신의 연구와 실험 결과에 대한 사회적 책임)까지 져야 할 필요는 없다고 주장하고 있다.

바로잡기 ② 제시문에서는 과학 기술자의 과학 연구에 대한 내적 책임은 인정하는 반면, 외적 책임은 부정하고 있다.

498

갑은 과학 기술의 연구 단계에서 활용의 단계까지 가치 중립적이어야 한다는 입장이다. 을은 과학 기술의 연구와 그것을 활용하는 과정 모두 가치 중립적으로 보아서는 안 된다는 입장이다. 병은 과학 기술이 객관적 타당성을 갖춘 원리로 인정받는 과정(정당화 맥락)에서는 가치 중립적이어야 하나, 발견과 활용의 맥락에서는 가치로부터 독립적이어서는 안 된다는 입장이다.

바로잡기 ㄴ. 을, 병 모두 과학 기술을 활용하는 과정에서는 과학 기술에 대한 윤리적 판단이 필요하다고 본다. ㄷ. 을은 과학 기술의 정당화 맥락과 발견 및 활용의 맥락을 구분해야 한다고 보지 않는다.

499

제시문은 요나스의 주장이다. 요나스는 현세대의 책임의 범주를 미래 세대와 자연에까지 넓혀야 한다고 주장하였다. 요나스에 따르면 기술이 발달하면서 행위의 파급력이 넓어지므로 그에 따른 책임도 커져야 한다.

바로잡기 ② 요나스는 기술의 영향력이 커진 점을 강조하면서 과학자의 책임을 강화시켜야 한다고 주장하였다.

500

제시문은 과학이 관찰과 실험의 과정(정당화 맥락)에서는 가치 중립성을 지녀야 하지만, 과학의 연구 대상 선정이나 결과 활용(발견 및 활용의 맥락)에서는 가치로부터 독립적이지 않으므로 가치 판단을 해야 한다는 입장이다.

바로잡기 첫 번째 입장 : 제시문에 따르면 과학 연구 대상을 선정하거나 결과를 활용하는 과정에서는 불가피하게 가치가 개입될 수밖에 없다. 세 번째 입장 : 제시문에 따르면 과학 실험 과정은 객관적 사실을 다루기 때문에 과학자의 가치 판단에 맡겨서는 안 된다.

501

㉠은 '적정 기술'이다. 적정 기술이란 낙후되고 열악한 환경에 있는 지역의 정치적·경제적·문화적·사회적 여건을 고려하여 만들어 낸 기술을 말한다. 많은 돈이 들지 않고, 누구나 쉽게 배워서 쓸 수 있으며, 그것을 쓰게 될 사람들의 사정에 맞도록 설계되어 궁극적으로는 삶의 질 개선에 기여한다.

502

기술 영향 평가 제도는 새로운 과학 기술의 발전이 경제·문화 등 사회 전반에 미치는 영향을 사전에 평가하는 제도이다. 이 제도를 시행함으로써 과학 기술의 긍정적인 영향을 극대화하고 부작용을 초래할 가능성을 사전에 방지할 수 있다.

채점 기준	수준
기술 영향 평가 제도의 예상 효과에 대해 정확하게 서술한 경우	상
기술 영향 평가 제도의 예상 효과에 대해 서술하였으나 미흡한 경우	하

503

갑과 을은 정보 기술의 발달로 우리의 삶이 편리해지고 대중의 정치 참여 기회가 확대되는 등 개인과 사회에 많은 변화를 가져오고 있다고 주장한다.

바로잡기 ㄱ. 갑의 입장에만 해당한다. 을은 정보 기술이 권력의 대중 지배에 이용되어 사회 구조가 수직적으로 변할 수 있다고 본다.

504

㉠은 '사이버 폭력'이다. 사이버 폭력은 사이버 공간에서 이루어지므로 현실에서보다 확산 속도가 빠르며, 집단적으로 행해지는 경우가 많아 가해자들이 책임을 전가하기 쉽고, 시공간의 제약을 받지 않아 무차별적으로 이루어질 수 있다.

바로잡기 ㄹ. 사이버 폭력은 직접적인 대면으로 행해지지 않고 가상 공간을 통해 비대면적으로 행해진다.

505

갑은 지식과 정보를 공유해야 할 자산으로 보는 정보 공유론의 입장이고, 을은 정보의 배타적 권리 인정을 통해 양질의 정보 생산을 활성화할 수 있다고 보는 정보 사유론의 입장이다.

바로잡기 ㄷ. 을의 입장이다. 을은 정보 생산에 대한 경제적 보상이 생산 의욕을 고취시킨다고 본다. ㄹ. 갑의 입장이다. 갑은 정보에 대한 사적 소유권 제한이 사회 발전에 기여한다고 본다.

506

제시문은 밀의 주장이다. 밀은 표현의 자유를 침해하면 진리를 얻을 기회를 잃거나 오류를 정정할 기회를 놓칠 수 있다고 보았다. 따라서 표현의 자유는 보장되어야 하며, 표현의 자유에 대한 제한은 오직 타인에게 해악을 끼치는 경우에만 정당하다고 주장하였다.

바로잡기 ① 밀은 타인에게 해악을 끼치는 경우에는 표현의 자유가 제한될 수 있다고 본다. ② 밀은 자유를 누리기 위해서는 타인의 자유를 존중해 주어야 한다고 본다. ④ 밀은 다수의 견해가 틀리는 경우도 있기 때문에 소수가 다수의 견해를 무조건으로 따라서는 안 된다고 본다. ⑤ 밀은 잘못된 정보도 자유롭게 표출되는 과정에서 수정될 수 있다고 본다.

507

제시문은 가짜 뉴스와 관련하여 개인들의 매체 이해력 함양과 정부 차원의 법적·제도적 보완이 필요하다고 주장하고 있다. 매체 이해력이란 매체가 형성하는 현실을 비판적으로 읽어 내면서 매체를 제대로 사용하고 바람직하게 표현하는 능력으로 '미디어 리터러시'라고도 불린다.

바로잡기 ① 제시문은 가짜 뉴스의 근절을 위해 정보의 유포와 표현의 자유를 제약할 수 있는 법적 규제를 강조하고 있다. ③ 제시문은 매체를 이용한 모든 경제적 이윤 추구 행위를 근절해야 한다고 주장하지는 않는다. ④ 제시문은 가짜 뉴스의 유포를 막는 기술 개발에 모든 역량을 집중해야 한다고 보지 않는다. ⑤ 제시문은 가짜 뉴스의 유포에 대한 법적·제도적 보완과 동시에 자율적 규제인 매체 이해력을 강조하고 있다.

508

(가)는 잊힐 권리를 강조하는 입장, (나)는 알 권리를 강조하는 입장이다. 알 권리를 강조하는 입장은 잊힐 권리를 강조하는 입장에 비해 상대적으로 사생활 보호를 강조하는 정도(X)는 낮고, 개인의 알 권리를 강조하는 정도(Y)와 정보에 대한 접근권을 강조하는 정도(Z)는 높다. 제시된 좌표에서 이를 나타내는 지점은 ㉠이다.

509

갑은 정보 공유론을 주장하며, 을은 정보 사유론을 주장한다. 정보의 소유권을 보장하는 것이 창작 활동의 질을 높인다는 것에 대해 정보 공유론의 입장은 부정, 정보 사유론의 입장은 긍정의 대답을 할 것이다.

바로잡기 ①, ②, ③, ④ 정보 공유론의 입장인 갑은 긍정, 정보 사유론의 입장인 을은 부정의 대답을 할 질문이다.

510

갑은 저작권의 보호를 주장하는 입장으로 이러한 입장은 창작자에게 정보에 대한 배타적 독점권을 부여하기 때문에 정보의 자유로운 교류를 방해하고 정보 격차를 심화시킬 수 있다는 비판을 받는다. 을은 정보의 공유를 주장하는 입장으로 이러한 입장은 저작자의 창작 의욕을 감소시키고 더 나아가 양질의 정보 생산을 어렵게 만들 수 있다는 비판을 받는다.

채점 기준	수준
갑, 을이 서로에게 제기할 수 있는 비판을 정확하게 서술한 경우	상
갑, 을이 서로에게 제기할 수 있는 비판 중 하나는 정확하게 서술하였으나, 하나는 미흡한 경우	중
갑, 을이 서로에게 제기할 수 있는 비판을 서술하였으나 모두 미흡한 경우	하

511

도가에서는 무위자연을 추구하며 인간이 무리하게 개입해 자연을 통제하거나 조작하면 안 된다고 보았다. 또한 도가에서는 인간이 자연의 한 부분으로서 자연의 섭리에 순응하며 자연과 조화를 이루어야 한다고 주장하였다.

바로잡기 을 : 불교의 자연관에 해당한다. 병 : 인간 중심주의 자연관에 해당한다.

512

갑은 레건, 을은 칸트, 병은 테일러이다. 레건은 삶의 주체가 될 수 있는 존재는 도덕적으로 존중받을 권리를 지닌다고 보았다. 칸트는 이성적 존재인 인간만이 도덕적 지위를 지니며 동물에 대한 의무는 인간의 도덕적 완성을 위해 요청되는 간접적 의무로 인간에 대한 의무에서 비롯된다고 주장하였다. 테일러는 모든 생명체가 목적론적 삶의 중심으로서 고유한 가치를 지닌다고 보았다.

바로잡기 ① 칸트도 내재적 가치를 지니는 존재를 도덕적으로 고려해야 한다고 보았다. 다만 칸트는 내재적 가치를 인간만이 지닌다고 보았다. 따라서 해당 진술은 레건과 테일러의 입장에서 칸트에게 제기할 수 있는 비판으로 적절하지 않다. ② 테일러는 성장한 포유동물도 도덕적 고려의 대상이 될 수 있다고 보았다. 성장한 포유동물은 살아 있는 생명체에 속하기 때문이다. 따라서 해당 진술은 레건이 테일러에게 제기할 수 있는 비판으로 적절하지 않다. ④ 테일러도 칸트와 마찬가지로 도덕적 행위의 주체는 오직 인간뿐이라고 보았다. 따라서 해당 진술은 칸트가 테일러에게 제기할 수 있는 비판으로 적절하지 않다. ⑤ 테일러는 동식물을 인간의 삶에 필요한 자원으로 이용할 수 있다고 보았다. 따라서 해당 진술은 테일러가 레건에게 제기할 수 있는 비판으로 적절하지 않다.

513

갑은 테일러, 을은 레건이다. 테일러는 목적론적 삶의 중심으로서 고유한 선을 갖는 모든 생명체는 도덕적 행위 능력과 상관없이 도덕적 지위를 갖는다고 보았다. 레건은 의무론의 관점에서 한 살 이상의 포유동물(성장한 포유동물)은 도덕적 행위 능력이 없더라도 삶의 주체

로서 도덕적 지위를 갖는다고 보았다.

바로잡기 ㄱ. 테일러의 입장에 해당되지 않는 진술이다. 테일러는 모든 생명체가 내재적 가치를 지닌다고 보았다. ㄴ. 테일러만의 입장이다. 테일러는 인간에게 생명체의 자유나 생명 공동체에 간섭해서는 안 된다는 불간섭의 의무가 있음을 강조하였다.

514

제시문은 레오폴드의 주장이다. 레오폴드에 따르면 인간은 생명 공동체의 한 구성원일 뿐이며, 생명 공동체의 온전성을 보전하는 행위는 옳은 행위로서 각 개체의 생존권보다 더 중요하다고 보았다.

바로잡기 두 번째 입장 : 레오폴드는 도덕적 고려의 대상을 생명체뿐만 아니라 무생물을 포함한 생태계 전체로 확장해야 한다고 보았다.

515

제시문은 칸트의 주장이다. 칸트는 이성이 없는 존재는 수단으로 대우할 수 있다는 인간 중심주의 관점을 가지고 있지만 자연을 함부로 대하지 않는 것은 자연을 도덕적으로 고려해서가 아니라 인간의 도덕적 품성을 해치지 않기 위한 간접적 의무의 측면에서 행해지는 것이라고 강조하였다.

바로잡기 ㄱ. 칸트는 인간만이 도덕적 지위를 지닌다고 보았다. ㄴ. 칸트는 인간만이 도덕적으로 존중받을 가치를 지닌다고 보았다.

516

제시문은 싱어의 주장이다. 싱어는 쾌고 감수 능력의 유무를 도덕적 고려의 유일한 기준으로 보았으며, 인간을 우대하고 쾌고 감수 능력을 지닌 동물을 차별하는 태도를 종 차별주의라고 비판하였다.

바로잡기 ㄴ. 싱어는 인간과 동물이 이익 관심을 가진다는 점에서는 동일하고 인간과 동물의 이익을 동등하게 고려해야 한다고 보았다. 하지만 이익 관심의 대상까지 동일하다고 보지는 않았다. ㄷ. 싱어는 이성적 사고 능력이 아닌 쾌고 감수 능력이 어떤 존재의 이익을 고려하기 위한 전제 조건이라고 보았다.

517

그림의 강연자에 따르면 최근의 기후 변화 문제는 인간의 행위라는 인위적인 요인에 의해 급격히 증가하고 있고, 기후 변화로 인한 피해는 전 지구적으로 발생하고 있다.

바로잡기 ㄱ. 강연자에 따르면 기후 변화 문제는 인간의 생존과 생명 공동체의 복지에도 위협이 되고 있다. ㄹ. 강연자에 따르면 기후 변화 문제를 해결하기 위해서는 다양한 학문 간의 논의, 국내외적인 공감대의 형성이 필요하다. 따라서 그림의 강연자는 기후 변화 문제를 과학적인 문제로 한정해서 해결책을 마련해야 한다고 보지 않을 것이다.

518

동물 중심주의는 상업적 이익을 위한 동물 학대 및 동물 실험 등 동물에 대한 비도덕적 관행을 반성하는 계기를 마련해 주었다. 하지만 인간과 동물의 이익이 충돌할 때 현실적인 대안을 제공하기 어려울 뿐만 아니라 고통을 느끼지 못하는 동식물, 생태계 전체에 대한 고려가 미흡하다는 한계를 지니고 있다.

채점 기준	수준
동물 중심주의의 한계를 두 가지 모두 서술한 경우	상
동물 중심주의의 한계를 한 가지만 서술한 경우	하

V 문화와 윤리

12 예술과 대중문화 윤리

분석 기출 문제

105~109쪽

[핵심 개념 문제]

519 예술 **520** 플라톤 　**521** 도덕주의 　**522** 예술 지상주의
523 × 　**524** ○ 　**525** × 　**526** ㄴ 　**527** ㄱ 　**528** ㄹ 　**529** ㄷ

530 ① 　**531** ④ 　**532** ② 　**533** ⑤ 　**534** ③ 　**535** ⑤ 　**536** ①
537 ① 　**538** ③ 　**539** ② 　**540** ③ 　**541** ③ 　**542** ③ 　**543** ④
544 ④ 　**545** ② 　**546** ⑤ 　**547** ① 　**548** ⑤

[1등급을 향한 서답형 문제]

549 아도르노 　**550** 예시 답안 예술 작품을 감상하는 것은 자기만의 고유한 체험이 아니라 표준화된 소비 양식일 뿐이다.
551 예시 답안 성 상품화를 예방할 수 있기 때문이다. 대중의 정서에 미칠 부정적인 영향을 방지할 수 있기 때문이다.
552 예시 답안 대중문화의 자율성과 표현의 자유를 침해할 수 있기 때문이다. 대중은 다양한 형태의 대중문화를 스스로 선택하고 즐길 문화적 권리를 갖기 때문이다.

530
인간은 예술을 통해 감정과 생각을 자유롭게 표현하고, 이 과정에서 문화의 다양성을 촉진시킬 수 있다. 또한 현실에서 충족될 수 없는 충동이나 억압된 욕망을 예술 활동을 통해 풀어내어 정신을 정화시킬 수 있다.
바로잡기 ㄷ. 인간은 예술을 통해 인간의 의식과 사회를 개혁하기도 한다. ㄹ. 인간은 예술을 통해 충동이나 욕구를 상상의 세계 속에서 구체화함으로써 내재된 공격성, 폭력성 등을 정화하기도 한다.

531
㉠은 '예술', ㉡은 '윤리'이다. 예술은 미(美)를 추구하는 반면, 윤리는 선(善)을 추구한다. 일반적으로 진(眞)은 학문적 가치, 선(善)은 윤리적 가치, 미(美)는 예술적 가치, 성(聖)은 종교적 가치로 간주한다.

532
제시문은 플라톤의 주장이다. 플라톤은 예술의 존재 이유가 올바른 행동을 권장하고 덕성을 장려하는 데 있으며, 예술이 가진 미적 가치가 우리에게 모범이 되고 우리를 도덕적으로 고상하게 해 준다고 보았다. 플라톤의 이러한 입장을 도덕주의라고 한다.
바로잡기 ①, ④ 순수 예술론을 지지하는 예술 지상주의 입장이다. ③ 플라톤은 국가에 의한 예술 검열의 필요성을 주장했다. ⑤ 플라톤은 인간의 바른 품성을 기르기 위해 예술을 가까이 해야 한다고 보았다.

533
제시문의 '나'는 도덕주의 관점에서 음악의 역할을 설명하고 있다. 이러한 관점에 따르면 음악은 인간의 올바른 품성을 기르고 도덕적 성숙에 도움을 주어야 한다. 따라서 이러한 관점에서는 '어떤 사람'의

주장에 대해 음악이 감상자의 올바른 인격 형성에 기여해야 함을 간과하고 있다고 비판할 수 있다.
바로잡기 ①, ②, ③, ④ 음악의 역할이 미적 가치를 실현하는 것에 있다고 보는 예술 지상주의 관점에 해당한다. 이러한 관점에서는 예술과 윤리가 별개의 영역이라고 간주한다.

534
제시문은 도덕주의의 주장이다. 도덕주의는 도덕적 가치가 미적 가치보다 우위에 있기 때문에 예술은 윤리의 지도를 받아야 하며, 예술이 인간의 품성 도야에 이바지해야 한다고 주장한다. 하지만 이와는 달리 예술의 목적은 미적 가치의 추구에 있으며, 예술의 고유한 자율성을 침해하면서 예술을 다른 것을 위한 수단으로 삼지 말아야 한다고 주장하는 입장이 있는데, 이를 예술 지상주의라고 한다.
바로잡기 ① 도덕주의는 예술의 사회적 책임을 중시한다. ② 도덕주의는 예술과 윤리가 밀접하게 관련되어 있다고 본다. ④ 도덕주의는 예술의 미적 가치를 지나치게 강조하지 않는다. ⑤ 도덕주의는 예술을 통해 도덕성을 강화할 수 있다고 본다.

1등급 정리 노트 도덕주의와 예술 지상주의 비교

구분	도덕주의	예술 지상주의
대표자	플라톤	와일드
주장	도덕적 가치가 미적 가치보다 우위에 있음	미적 가치와 도덕적 가치는 무관함
예술의 목적	올바른 품성을 기르기 위한 도덕적 교훈 제공 → 참여 예술론 지지	예술은 예술 그 자체를 위해 존재함 → 순수 예술론 지지
한계	예술의 자율성 침해 가능성	예술의 사회적 영향력을 간과함

535
(가)는 도덕주의 관점을 지닌 정약용의 주장이며, (나)는 예술 지상주의 관점을 지닌 스핑건의 주장이다. 정약용은 인간의 삶에서 미적 가치와 도덕적 가치는 불가분의 관계이며, 예술을 통해 도덕성을 실현할 수 있다고 본다. 그러므로 정약용의 입장에서는 스핑건에게 예술과 윤리의 상호 연관성을 제시하며 예술과 윤리가 서로 조화를 추구할 필요가 있다고 조언할 수 있다.
바로잡기 ⑤ 예술 지상주의 입장인 스핑건이 도덕주의 입장인 정약용에게 조언할 수 있는 내용이다.

536
제시문은 순자가 지은 『악론(樂論)』의 일부이다. 도덕주의 입장인 순자는 인간 내면의 바람직한 변화를 위한 예술의 역할을 강조하였다.
바로잡기 ㄷ. 예술 지상주의 입장이다. ㄹ. 예술에 대한 국가의 검열을 주장한 사람은 플라톤이다.

537
제시문은 참여 예술론에 대한 설명이다. 참여 예술론은 예술의 사회성을 옹호하는 것으로 예술에 대한 도덕주의 입장을 지지한다. 도덕주의는 도덕적 가치가 미적 가치보다 우위에 있으며, 예술의 목적은

인간의 올바른 품성을 기르기 위해 도덕적 교훈이나 모범을 제공하는 것이라고 본다.

바로잡기 세 번째 입장 : 도덕적 가치와 미적 가치는 서로 관련이 없다고 보는 것은 순수 예술론의 입장이다. 네 번째 입장 : 예술이 다른 것을 위한 수단으로 사용될 수 없다는 것은 순수 예술론의 입장이다.

538

갑은 미적 가치와 도덕적 가치가 밀접한 관련이 있다고 보는 도덕주의를 대표하는 플라톤이다. 을은 미적 가치와 도덕적 가치는 서로 무관하다고 보는 예술 지상주의를 대표하는 와일드이다. 따라서 갑은 예술이 도덕성 함양에 이바지해야 한다고 보는 반면, 을은 예술의 목적이 미적 가치를 추구하는 것뿐이라고 본다.

바로잡기 ① 갑은 음악을 도덕적 평가의 대상으로 본다. ② 갑은 음악이 음악 외의 가치인 도덕적 가치를 추구해야 한다고 본다. ④ 을만의 입장이다. 갑은 음악이 도덕적 내용을 담고 있어야 한다고 본다. ⑤ 갑만의 입장이다. 을은 음악이 미적 가치만 추구해야 한다고 본다.

539

갑은 플라톤, 을은 와일드이다. 플라톤은 예술 작품에는 도덕적 가치가 담겨 있어야 한다고 보고, 그 여부를 판단하기 위해 국가에 의한 검열이 필요하다고 주장하였다. 와일드는 예술의 목적이 미적 가치를 자유롭게 표현하는 데 있으며, 예술 작품에 도덕적 가치를 담으려고 하면 독창성을 잃을 수 있다고 비판하였다.

바로잡기 ㄴ, ㄹ. 플라톤은 부정, 와일드는 긍정의 대답을 할 질문이다.

540

갑은 도덕주의 입장의 플라톤이며, 을은 예술 지상주의 입장의 와일드이다. 플라톤은 도덕적 가치가 미적 가치보다 우위에 있으며, 예술이 사람을 도덕적으로 고상하게 만든다고 본다. 와일드는 윤리적 기준과 상관없이 순수하게 예술 활동을 할 수 있도록 예술가는 자율성과 독창성을 지녀야 한다고 주장한다.

바로잡기 ③ 예술 지상주의 입장인 와일드는 예술의 자율성을 옹호한다.

1등급 정리 노트 플라톤과 와일드의 예술관 비교

플라톤	와일드
• 예술 작품은 도덕적 교훈을 제시해야 한다고 봄 • 예술에 대한 국가 검열과 예술과 윤리의 관련성을 강조함	• '예술을 위한 예술'을 주장함 • 예술의 자율성과 독창성을 강조함 • 예술과 윤리가 서로 무관하다고 봄

541

갑은 우수한 예술 작품의 생산에 기여할 수 있다고 주장하면서 예술의 상업화에 대해 긍정적 입장이다. 반면 을은 예술 작품이 하나의 상품으로 취급되면서 예술의 본래적 가치를 훼손할 수 있다고 보아 예술의 상업화에 대해 부정적 입장이다.

바로잡기 ① 갑, 을의 대화를 통해서는 알 수 없다. ② 토론의 핵심 쟁점으로 적절하지 않다. 갑, 을은 예술의 상업화로 인해 예술의 본래적 가치가 훼손되는지에 대해 논의하고 있다. ④, ⑤ 갑, 을 모두 긍정의 대답을 할 질문이므로 토론의 쟁점이 될 수 없다.

542

예술의 상업화는 예술의 대중화와 밀접한 관련이 있다. 과학 기술의 발전, 시민 계급의 성장 등으로 대중의 예술적 욕구가 증가하였으며 대중이 예술의 향유 주체가 되었다. 그 결과 예술가는 대중의 취향과 가치를 반영한 예술 작품을 창작하면서 다양한 예술 분야가 발전하였다. 더욱이 예술 작품을 대량으로 생산하고 소비할 수 있는 대중 매체가 발달하면서 예술의 상업화 현상이 더욱 확대되었다.

바로잡기 ③ 근대 이전의 예술가들은 귀족 계층의 경제적 후원에 절대적으로 의존했지만, 현대에는 예술의 상업화로 대중에게 예술 작품을 판매함으로써 스스로 경제적 기반을 마련할 수 있게 되었다.

543

㉠은 예술의 상업화에 대한 설명이다. 예술의 상업화란 예술 작품을 경제적 가치로만 평가하는 것을 말한다. 예술의 상품성을 높이기 위해 선정성과 폭력성, 대중의 감각적인 취향만 반영한 작품을 생산하게 되면 예술의 수준을 저하시킬 뿐만 아니라 인간성의 황폐화 등 대중의 정서에도 악영향을 끼칠 수 있다. 그뿐만 아니라 경제적 이익이 되는 예술 작품만을 생산하게 되면서 예술의 다양성이 떨어질 수 있으며, 예술을 감상하는 것도 개인의 고유한 체험이 아니라 하나의 표준화된 소비 양식으로 전락할 수 있다.

바로잡기 ④ 예술의 상업화는 경제적 가치가 예술을 평가하는 척도가 됨으로써 미적 가치를 구현하고자 하는 예술가의 자율적인 창작 활동을 저해할 수 있다.

544

(가)는 예술의 상업화에 따른 문제이다. 시장 원리에 따라 예술 작품을 경제적인 관점에서 하나의 상품으로 취급하면서 예술의 상품성을 높이기 위해 대량 생산과 복제를 하면 예술의 독창성이 훼손된다.

바로잡기 ①, ②, ③, ⑤ (가)의 문제를 표현했다고 보기 어렵다.

545

제시문은 아도르노의 주장이다. 아도르노는 문화 산업의 지배를 받는 대중 예술은 자율적이고 독립적인 개인의 발전을 방해하고 대중의 의식을 조작하는 도구로 쓰일 수 있다고 주장한다.

바로잡기 ① 아도르노가 부정의 대답을 할 질문이다. 아도르노에 따르면 현대 예술 작품은 창작자의 창의력과 노력의 산물이 아니라 자본주의의 산물이다. ③ 아도르노가 부정의 대답을 할 질문이다. 아도르노에 따르면 문화 산업 속에서 이루어지는 예술 작품에 대한 감상은 자본에 종속된 표준화된 소비 양식일 뿐이다. ④ 아도르노가 부정의 대답을 할 질문이다. 아도르노에 따르면 예술에 대한 대중의 접근성이 높아져도 문화 산업은 자본을 독점한 지배 계급의 영향 아래 있을 뿐이다. ⑤ 아도르노가 부정의 대답을 할 질문이다. 아도르노는 문화 산업을 비판적으로 보았기 때문에 예술품을 문화 산업의 상품으로 인정하지 않을 것이다.

546

(가)는 벤야민의 주장이다. 그는 예술 작품에 대한 기술 복제가 예술 작품의 아우라를 위축시키지만, 작품에 대한 대중의 접근성을 높여 대중이 작품을 체험할 수 있는 다양한 기회를 증대시킨다고 보았다.

바로잡기 ㄱ. 대량 복제 기술은 예술 작품의 유일무이한 가치를 위축시킨다. ㄴ. 기술 복제 기술은 원작에 대한 대중들의 숭배 가치를 위축시킨다.

547

제시문은 아도르노의 주장이다. 아도르노는 막대한 자본을 가지고 대중문화를 지배하는 사람들은 상업적인 이익을 위해 대중의 의식을 획일화시키고 조작할 수 있기 때문에 일반 대중의 예술 감상은 획일화된 경험이 될 수밖에 없다고 말한다.

바로잡기 세 번째 입장 : 아도르노에 따르면 예술은 정치의 영향을 받는다. 네 번째 입장 : 아도르노에 따르면 대중문화는 미적 체험을 동질화시키거나 획일화시킨다.

548

갑은 자율성과 표현의 자유 침해, 대중문화를 즐길 문화적 권리의 제한 등을 이유로 대중문화를 규제해서는 안 된다고 본다. 을은 선정적이고 폭력적인 내용에 대한 선별을 통해 대중문화를 비판적으로 수용하고 건전하게 보급하기 위해 대중문화에 대한 규제가 필요하다고 본다.

바로잡기 ①, ②, ③, ④ 제시된 대화의 주제와 거리가 멀다.

549

㉠은 '아도르노'이다. 아도르노가 주장한 문화 산업이란 문화 생산물이나 서비스가 상업적이고 경제적인 전략하에서 하나의 상품으로 생산 및 판매되는 산업 형태를 말한다.

550

아도르노는 문화 산업 속에서 예술 작품을 체험하는 사람은 그것이 자기만의 고유한 체험이라고 느끼지만 사실 그것은 진정한 개성적 체험이 아니라 하나의 표준화된 소비 양식일 뿐이라고 비판하였다.

채점 기준	수준
예술 작품 감상이 표준화된 소비 양식이라고 정확하게 서술한 경우	상
예술 작품 감상이 일종의 소비로 전락했다는 내용으로 불명확하게 서술한 경우	하

551

대중문화에 대한 규제를 찬성하는 입장에서는 성을 상품으로 대상화하는 성 상품화를 예방할 수 있고, 대중의 정서에 미칠 부정적 영향을 방지할 수 있다는 점을 근거로 들 수 있다.

채점 기준	수준
대중문화 규제에 대한 찬성 근거를 두 가지 모두 정확하게 서술한 경우	상
대중문화 규제에 대한 찬성 근거를 한 가지만 정확하게 서술한 경우	중
대중문화 규제에 대한 찬성 근거를 서술하였으나 미흡한 경우	하

552

대중문화에 대한 규제를 반대하는 입장에서는 대중문화에 대한 규제가 대중문화에 대한 자율성과 표현의 자유를 침해할 수 있으며, 대중은 다양한 대중문화를 즐길 문화적 권리를 갖고 있다는 점을 근거로 들 수 있다.

채점 기준	수준
대중문화 규제에 대한 반대 근거를 두 가지 모두 정확하게 서술한 경우	상
대중문화 규제에 대한 반대 근거를 한 가지만 정확하게 서술한 경우	중
대중문화 규제에 대한 반대 근거를 서술하였으나 미흡한 경우	하

적중1등급문제

553 ④	554 ④	555 ⑤	556 ②	557 ①
558 ③	559 ②	560 ④		

553 예술에 대한 플라톤과 칸트의 입장 비교하기

갑은 플라톤, 을은 칸트이다. 플라톤은 도덕주의 입장에서 예술은 올바른 품성 함양을 위한 삶의 모범을 제공해야 한다고 주장하였다. 칸트는 미(美)와 선(善)은 형식이 유사하다고 보아, 미는 도덕성의 상징이 될 수 있으며 도덕성 실현에 기여할 수 있다고 보았다. 플라톤과 칸트는 모두 미적 가치를 추구하며 타인과 감정을 공유하는 가운데 도덕성을 증진할 수 있다고 본다는 점에서 공통점이 있다.

1등급 선택지 분석

㉠ A : 예술은 미적 가치를 다루는 활동인가?
㉡ A : 예술은 도덕성 증진에 기여할 수 있는가?
✗ B : 예술을 통해 타인과 감정을 공유할 수 있는가?
　– 칸트도 긍정의 대답을 할 질문이다. 칸트는 예술을 통해 사람들이 하나의 공통된 감정을 지닐 수 있다고 보았다.
㉢ C : 예술 작품에서 아름다움의 판단 근거는 순수한 형식인가?

554 와일드의 예술 지상주의 파악하기

(가)는 와일드의 주장이다. 와일드는 예술과 윤리를 별개의 영역으로 생각하고, 예술은 사회와 무관하게 예술 그 자체의 미적 가치로만 평가받아야 한다고 본다. 즉, 미적 가치는 도덕적 가치와 무관하다는 입장이다.

1등급 선택지 분석

✗ 도덕적 가치와의 일치 정도
　– 도덕주의 입장에서 제시할 기준에 해당한다.
✗ 사회적 파급력과 대중의 호응도 ┐
✗ 문화 산업으로 이윤을 창출하는 정도 ┘ 예술의 상업화 관점에서 제시할 기준이다.
④ 사회적 요구와 무관한 그 자체의 미적 가치
✗ 올바른 품성을 기르는 데 선한 영향을 끼치는 정도
　– 도덕주의 입장에서 제시할 기준에 해당한다.

555 예술의 상업화에 대한 입장 비교하기

갑은 예술의 상업화에 긍정적인 앤디 워홀의 주장이다. 앤디 워홀은 예술의 경제적 가치를 중시하며 예술가의 이윤 추구를 지지한다. 을은 예술의 상업화에 부정적인 페기 구겐하임의 주장이다. 페기 구겐하임은 예술의 미적 가치나 윤리적 가치가 상업성에 의해 훼손된다고 보며, 예술이 하나의 상품으로 취급되는 사회적 현상을 우려한다.

1등급 선택지 분석

✗ 갑은 상업화로 인해 예술의 윤리적 가치를 훼손해서는 안 된다고 본다.
　– 갑은 예술의 상업화에 긍정적인 입장이다.
✗ 을은 예술의 경제적 가치를 중시하는 경향이 확산되어야 한다고 주장한다.
　– 을은 예술의 경제적 가치를 중시하는 예술의 상업화가 미적 가치와 윤리적 가치를 훼손시킨다고 비판하는 입장이다.
㉢ 갑은 을과 달리 예술가는 작품 활동을 통해 이윤을 최대로 추구해야 한다고 본다.
㉣ 을은 갑과 달리 예술이 하나의 상품으로 취급되는 사회적 현상에 대해 우려하고 있다.

556 예술의 상업화에 대한 입장 이해하기

제시문은 예술의 상업화에 대해 긍정적이며, 예술의 미적 가치나 도덕적 가치보다 경제적 가치를 중시한다. 또한 예술의 상업화로 인해 대중들이 예술 작품을 더욱 쉽게 향유할 수 있게 되었으며 대중의 선호가 반영되는 예술 작품을 생산하게 되었다고 주장한다.

> **1등급 선택지 분석**
>
> ㉠ 예술 작품에 대중의 선호가 반영되어야 한다.
> ✗ 예술은 대중성보다 자율성이 중시되어야 한다.
> – 예술의 상업화는 예술의 자율성보다 대중성을 중시한다.
> ㉢ 예술 작품에 도덕적 가치가 포함될 필요는 없다.
> ✗ 예술 작품은 상품처럼 사고팔 수 있는 대상이 아니다.
> – 예술의 상업화로 인해 예술 작품을 상품처럼 사고파는 행위가 증가하였다.

557 플라톤과 칸트의 도덕주의 이해하기

> **1등급 자료 분석** 플라톤과 칸트의 도덕주의
>
> 갑 : 좋은 리듬, 좋은 말씨, 조화로움, 우아함이 담겨 있는 예술 작품
> 플라톤의 도덕주의를 보여 주는 대목이다.
> 은 청소년에게 좋은 성격을 갖게 하지만, 나쁜 리듬, 나쁜 말씨, 부조화, 꼴사나움은 나쁜 성격을 갖게 한다.
> 을 : 아름다움을 느낄 때 우리 마음은 감각적 쾌락을 넘어 순화되고 고귀함을 얻는다. 미적 판단은 주관적 판단이지만 이해관계를 초월한 보편적 판단이라는 점에서 미는 도덕적 선(善)의 상징이 된다. └ 칸트의 도덕주의를 보여 주는 대목이다. ┘

갑은 플라톤, 을은 칸트이다. 플라톤은 예술이 참된 진리를 모방해야 한다고 보며, 예술의 사회적 영향력을 강조한다. 또한 예술에 대한 도덕적 검열이 필요하다고 본다. 칸트는 미(美)와 선(善)은 형식이 유사하므로 미는 선의 상징이 될 수 있으며, 상징 관계에 있는 미를 통해 도덕성을 실현할 수 있다고 주장한다. 또한 미적 체험과 도덕적 행위를 하는 것은 감각적 즐거움을 넘어서는 고양된 감정을 지니게 하며 특정 이익을 추구하는 것이 아니라는 점에서 공통적이라고 본다. 이러한 맥락에서 미적 판단은 도덕적이고 숭고한 것과도 관련되므로 미적 체험은 도덕성의 실현에 기여할 수 있다고 본다. 즉 칸트는 예술과 도덕은 별개의 영역이지만 궁극적으로는 서로 통하는 것이라고 주장한다.

> **1등급 선택지 분석**
>
> ✗ 갑 : 예술은 도덕에 종속되지 않는 자율성을 지닌다.
> – 예술 지상주의 입장에 해당한다.
> ② 갑 : 예술에 대한 평가는 사회적 책임과 분리될 수 없다.
> ③ 을 : 예술적 체험은 도덕성 실현에 기여할 수 있다.
> ④ 을 : 예술적 판단과 도덕적 판단의 형식은 유사하다.
> ⑤ 갑, 을 : 예술과 도덕은 상호 배타적인 영역이 아니다.

558 예술 지상주의 관점에서 도덕주의 평가하기

제시문은 와일드의 주장이다. 와일드에 따르면 예술가는 오직 미적 가치를 위해 예술을 창작해야 한다. 따라서 와일드의 입장에서는 플라톤에 대해 예술이 사회적 영향력이나 사회적 안정화와 무관하게 예술 그 자체의 미(美)로만 평가되어야 함을 간과하고 있다고 평가

할 것이다.

> **1등급 선택지 분석**
>
> ✗ 예술은 공동선 증진을 목적으로 하는 수단임을 간과하고 있다.
> – 플라톤의 입장에서 와일드에게 제기할 수 있는 비판이다.
> ✗ 예술은 형식보다 사회적 영향력을 중시해야 함을 간과하고 있다.
> – 플라톤의 입장에서 와일드에게 제기할 수 있는 비판이다.
> ③ 예술은 오직 그 자체의 미(美)로 평가되어야 함을 간과하고 있다.
> ✗ 예술은 기존 질서와 사회 안정화에 기여해야 함을 간과하고 있다.
> – 플라톤의 입장에서 와일드에게 제기할 수 있는 비판이다.
> ✗ 예술은 삶의 고통을 극복하는 데 기여해야만 가치를 지님을 간과하고 있다.
> – 플라톤의 입장에서 와일드에게 제기할 수 있는 비판이다.

559 아도르노의 문화 산업에 대한 입장 이해하기

그림의 강연자는 아도르노이다. 아도르노는 대중문화의 상업화를 비판하며 산업화된 대중문화를 '문화 산업'이라고 지칭하였다. 아도르노는 이러한 문화 산업이 예술을 미적 가치가 아닌 경제적 가치로만 평가하면서 예술을 오로지 이윤만을 추구하는 하나의 상품으로 전락시킨다고 보았다. 그리고 이러한 상품을 예술로 감상하는 행위는 고유하고 진지한 체험이 아니라 표준화되거나 획일화된 문화의 체험일 뿐이라고 보았다.

> **1등급 선택지 분석**
>
> ✗ 산업화된 대중문화는 독창적 예술로 발전하게 된다.
> – 아도르노는 산업화된 대중문화는 예술을 독창적으로 발전시키는 것이 아니라 예술을 획일화시킨다고 비판하였다.
> ② 문화 산업은 획일화된 문화를 체험할 기회를 증가시킨다.
> ✗ 산업화된 대중문화는 소비자의 창의성과 자발성을 강화시킨다.
> – 아도르노는 산업화된 대중문화는 소비자의 창의성과 자발성을 약화시킨다고 비판하였다.
> ✗ 문화 산업은 예술을 경제적 가치가 아닌 미적 가치로만 평가한다.
> – 아도르노는 문화 산업이 예술을 미적 가치가 아닌 경제적 가치로만 평가한다고 비판하였다.
> ✗ 문화 산업의 표준화된 양식은 문화 소비자의 주체성을 강화시킨다.
> – 아도르노는 문화 산업의 표준화된 양식은 문화 소비자의 주체성을 약화시킨다고 비판하였다.

560 아도르노의 문화 산업에 대한 비판 파악하기

제시문은 아도르노의 주장이다. 아도르노는 문화와 예술이 획일화·수단화되어 하나의 상품처럼 전락한 자본주의 사회에서 문화는 이윤 추구의 도구가 되며, 이윤 추구의 도구가 된 문화 산업은 미적 가치의 추구라는 예술의 본질을 실현하기 어렵게 만들고, 대중의 의식을 조작하고 무력화함으로써 문화의 획일화와 독점화를 심화시키는 결과를 초래한다고 보았다. 아도르노는 이런 결과로 인해 독점 자본주의 체제가 유지될 수 있도록 기능하게 되었다고 지적하였다.

> **1등급 선택지 분석**
>
> ㉠ 문화 산업은 예술을 표준화시키는 경향이 있다.
> ㉡ 예술의 상업화는 예술의 본질 실현을 어렵게 한다.
> ✗ 대중들의 미적 체험은 대중 매체를 통해 다양화된다.
> – 아도르노는 대중 매체를 통해 접하게 되는 예술은 표준화된 상품으로 전락한 것이므로 대중들의 미적 체험은 대중 매체를 통해 획일화되고 동질화된다고 보았다.
> ㉣ 문화 산업은 자본주의 사회에서 이윤의 도구로 활용된다.

분석 기출문제

113~117쪽

[핵심 개념 문제]

561 제2의 피부	562 패스트패션	563 과시적 소비	564 ㄴ
565 ㄱ	566 ㄷ	567 ○	568 ○ 569 × 570 × 571 ○

572 ③	573 ④	574 ③	575 ②	576 ④	577 ⑤	578 ③
579 ②	580 ④	581 ⑤	582 ①	583 ②	584 ①	585 ③
586 ①	587 ①	588 ⑤	589 ④			

[1등급을 향한 서답형 문제]

590 윤리적 소비   591 예시답안 공동체를 고려하는 소비를 할 수 있게 한다. 지구촌의 환경 문제 해결에 도움을 줄 수 있다. 생산자의 정당한 임금을 보장함으로써 인권 향상과 정의로운 경제 체제를 구축하는 데 기여할 수 있다.
592 연기(緣起)   593 예시답안 소비는 단순히 개인만의 일이 아니라 다른 사람이나 환경 등 공동체와 관련된다는 점을 인식하고, 인권과 환경 등을 고려하여 소비해야 한다.

572

㉠은 의복을 착용함으로써 예의를 표현하는 사례로 인간의 삶이 의복과 밀접한 관계가 있음을 보여 준다. 대부분의 사회에서는 관혼상제에서 격식 있는 의복을 착용하여 예의를 표현한다. 이때 상황에 맞는 의복을 적절하게 착용했는지에 따라 그 사람의 됨됨이를 판단하기도 한다.

바로잡기 ① 제시문과 거리가 멀다. 다른 사람과 구분되는 의복을 착용함으로써 개성을 표현하는 것과 관련된 진술이다. ② 제시문과 거리가 멀다. 검소한 삶을 지향하는 사람이 검소한 의복을 착용함으로써 자기 가치관을 드러내는 일 등과 관련된 진술이다. ④ 제시문과 거리가 멀다. 의복이 제2의 피부로서 신체적 자아와 동일시되는 것과 관련된 진술이다. ⑤ 제시문과 거리가 멀다. 의복의 포괄적 의미와 관련된 진술이다.

573

제시문은 의복이 제2의 피부로서 자아와 동일시하는 경향이 있음을 보여 준다. '제2의 피부'라는 말은 인간은 태어나는 순간부터 죽는 순간까지 의복과 함께하기 때문에 인간의 신체적 자아가 의복까지 확대되어 의복을 자아의 일부로 여기는 것을 의미한다.

바로잡기 ①, ② 관혼상제에서 격식 있는 의복을 입음으로써 예의를 표현하는 것과 관련된 진술이다. ③, ⑤ 제시문과 거리가 멀다.

574

제시문은 유행에 대한 지멜의 주장이다. 지멜은 유행이 사회에 대한 의존 욕구와 개성을 표현하고 싶은 욕구를 동시에 충족시켜 주는 매우 독특한 현상이라고 주장한다. 그는 유행에 동조함으로써 집단에 소속되어 있다는 사회적 동질감과 더불어 다른 사람과 구별될 때 얻는 만족감을 동시에 느낄 수 있기 때문에 사람들이 유행에 휩쓸리기 쉽다고 본다.

바로잡기 ①, ④, ⑤ 유행에 담긴 사회적 동질화 욕구에 관해서만 설명하고 있다. ② 유행에 담긴 개성 표현의 욕구에 관해서만 설명하고 있다.

1등급 정리 노트 **유행에 관한 철학적 고찰**

지멜은 유행을 사회적 동질화와 개인적 차별화의 양면성을 가진 특별한 현상으로 보았다. 즉 유행에 따름으로써 자신도 주변 사람들과 똑같이 행동하고 있다는 안도감을 얻으려는 심리와 유행에 따르지 않는 다른 사람들과 구별되는 만족감을 동시에 얻으려는 심리가 복합적으로 얽혀 있다는 것이다.

575

(가)는 유행이 사회 의존 욕구를 충족시켜 준다는 내용이고, (나)는 유행에 편승하는 심리에 관한 내용이다. (가), (나) 모두 유행이 무비판적인 동조 현상이며 몰개성화의 문제를 낳을 수 있음을 우려하고 있다.

바로잡기 ① 유행의 일반적 의미이다. ③, ④ 유행 추구 현상을 긍정하는 입장의 주장으로 제시문과 거리가 멀다. ⑤ 제시문에서는 유행을 선도하는 것이 개인이 아닌 기업이라는 내용을 추론하기 어렵다.

1등급 정리 노트 **유행 추구에 대한 찬반 입장 비교**

유행 추구를 긍정하는 입장	유행 추구를 부정하는 입장
• 자신만의 미적 감각과 가치관을 표현하는 수단임 • 최신 유행 창조는 새로운 가치관 형성의 계기가 됨	• 유행에 따르는 것은 무비판적 동조 현상일 뿐임 • 자발적인 선택이라기보다 기업의 판매 전략에 불과함

576

제시문은 명품 선호 현상을 보여 준다. 명품 선호 현상에 대해 비판적인 입장에서는 명품 소비는 고가의 상품을 통해 타인에게 자기를 과시하려는 그릇된 욕망을 표현할 뿐이며, 과소비와 사치 풍조를 조장하여 사회 계층 간 위화감을 야기할 수 있다고 주장한다.

바로잡기 ㄱ. 명품 선호 현상에 대한 비판을 반박하는 근거이다. ㄷ. 명품 선호 현상에 대해 비판적인 관점에서 제시할 수 있는 주장이 아니다. 명품 선호 현상을 비판하는 관점에서는 명품 선호 현상이 오히려 명품과 일반 상품을 차별화시킨다는 점을 제시할 수 있다.

577

제시문은 보드리야르의 주장이다. 그는 현대인들이 상품을 소비하는 과정에서 자신의 부와 명예를 과시함으로써 사회적 지위와 위계를 드러내고자 하지만, 실제로 생산 질서의 지배와 의도대로 소비하게 되기 때문에 오히려 자율성과 창의성이 박탈된다고 본다.

바로잡기 ①, ②, ③, ④ 보드리야르가 주장한 현대인들의 소비 활동의 특징과 거리가 멀다.

578

슬로푸드 운동은 우리가 식탁에서 누릴 수 있는 즐거움과 행복을 되찾기 위해 가공하지 않고 사람의 손맛이 들어간 음식, 자연적인 숙성이나 발효를 거친 음식 등 전통적인 방법으로 만든 음식을 다시 찾아보고 보전하는 것, 인체에 유해한 화학 비료나 농약 등을 사용하지 않고 재배한 친환경적인 농산물을 사용하는 것 등에 관심을 기울인다.

바로잡기 ㄱ. 슬로푸드는 패스트푸드를 반대하며 등장하였다. ㄹ. 슬로푸드 운동은 식탁에서 누릴 수 있는 즐거움과 행복을 중시한다.

579

제시된 그림은 공장식 축산업의 문제점을 보여 준다. 지나친 육식은 동물에 대한 비윤리적 처우로 이어지고 있다. 이러한 문제 상황을 개선하려면 과도한 육식 문화를 반성하고 개선하는 동시에 인도적인 방식으로 사육하고 생산하는 육류를 소비해야 한다.

바로잡기 두 번째 노력, 세 번째 노력 : 슬로푸드 운동, 외국산 수입 먹거리나 유전자 변형 농산물의 섭취를 줄이는 것은 제시된 상황의 문제를 개선할 수 있는 노력이라고 보기 어렵다.

580

㉠은 '로컬푸드'이다. 로컬푸드 운동은 장거리 운송을 거치지 않은 지역 농산물을 구매하자는 운동으로 환경과 건강을 고려하여 장거리 운송을 위한 농약 등 화학 물질을 사용하지 않고 유통 단계를 줄임으로써 생산자와 소비자 모두에게 이익을 줄 수 있다.

바로잡기 ①, ⑤ 패스트푸드는 주문하면 즉시 완성되어 나오는 식품을 통틀어 이르는 말로, 이를 폄훼하여 '정크푸드'라고 부르기도 한다. ② 패스트푸드의 반대말로 천천히 조리하여 건강에 도움이 되는 음식이라는 뜻이다. ③ 그린푸드란 건강에 도움을 주는 녹색 계통의 음식을 말한다.

1등급 정리 노트	로컬푸드 운동과 슬로푸드 운동
로컬푸드 운동	장거리 운송을 거치지 않은 지역 농산물 소비 운동이다. 생산된 식품이 식탁에 이르는 거리가 길어지면 길어질수록 신선도는 떨어지고 탄소 배출량은 증가한다. 따라서 가까운 곳에서 생산된 신선한 식품을 구매함으로써 생산자와 소비자는 물론 환경까지 이롭게 할 수 있다.
슬로푸드 운동	이탈리아 로마에 패스트푸드 지점이 생기는 것에 반대하면서 시작된 운동으로, 좋고 깨끗하고 공정한 먹거리를 실현하려는 운동 중의 하나이다. 전통적인 방식으로 천천히 조리하고 천천히 먹는 행위를 통해 식탁에서 누릴 수 있는 즐거움과 행복을 되찾고자 한다.

581

제시문은 브리야 사바랭의 『미식 예찬』에서 발췌한 내용이다. 제시문을 통해 음식은 단순히 허기를 채우거나 영양을 섭취하는 수단에 그치지 않고 개인의 품성, 가치관, 생활 방식을 이해하는 데 중요한 요소라는 것을 알 수 있다.

바로잡기 ⑤ 음식과 식생활에 관한 일반적 의미이다.

582

제시문은 볼노브의 주장이다. 볼노브는 집이 전 생애에 걸친 삶의 터전으로서 인간에게 피로 해소와 정서적 안정감을 주며 거주자의 자아 정체성 형성에도 기여한다고 본다.

바로잡기 두 번째 입장 : 볼노브의 입장이 아니다. 볼노브는 집에서의 휴식을 통해 더 넓은 삶의 장소로 나아간다고 보았다. 세 번째 입장 : 볼노브의 입장이 아니다. 볼노브는 집을 개인에게 편안함을 주는 사적 공간이라고 여긴다.

583

제시문은 우리가 만든 집이 다시 우리에게 영향을 준다는 내용이다. 즉 집은 우리의 삶과 밀접한 관련이 있으며, 그곳에 사는 사람의 품성과 가치관에 영향을 끼친다. 또한 집은 편안함과 휴식, 사생활을 보장할 뿐만 아니라 유대감과 소속감을 형성할 수 있는 공간이다.

바로잡기 ㄴ. 제시문을 통해 집은 경제적 가치보다 본질적 가치가 중요함을 알 수 있다. ㄹ. 집은 안전하고 평화로운 삶을 보장할 뿐만 아니라 우리의 품성

과 가치관 등에도 영향을 준다.

584

(가)는 주거가 인간을 존재하게 하는 기본 바탕이며, 주거 공간에서 누리는 평화로움과 휴식이 중요함을 강조하고 있다. (가)의 입장에서는 (나)의 문제 상황에 대해 집은 휴식과 평화로움을 누리는 삶의 터전으로 여겨야 함을 조언할 것이다.

바로잡기 ②, ③, ④, ⑤ 공동 주택과 도시 중심 주거 문화의 부작용에 대한 조언이다.

585

제시문은 싱어·메이슨의 『죽음의 밥상』에서 발췌한 내용이다. 싱어는 식품 소비와 관련하여 필요한 윤리 원칙을 다섯 가지로 제시하며 먹을거리에 대한 윤리적 소비를 강조하고 있다. 따라서 이러한 입장에서 지지할 소비 형태는 인권과 환경을 고려한 상품 선택이다.

바로잡기 ①, ④ 합리적 소비로 윤리적 소비와 거리가 멀다. ②, ⑤ 제시문의 입장에서 지지할 소비 형태라고 보기 어렵다.

1등급 정리 노트	합리적 소비와 윤리적 소비 비교
합리적 소비	가장 저렴한 가격으로 경제적 효용을 극대화하여 최대 만족을 얻는 제품을 구매함
윤리적 소비	자신의 이익을 넘어서 타인, 사회, 생태계 전체에 바람직한 결과를 가져오는 제품을 구매함

586

제시문은 소비가 공동체와 밀접한 관련이 있음을 강조하며 공정 무역, 공정 여행, 로하스 운동, 로컬푸드 운동 등과 같은 공동체를 고려하는 소비를 해야 한다고 주장한다. 공정 무역은 제3세계 노동자의 권리를 보호하고 그들의 삶을 지속 가능하게 바꿀 수 있다. 공정 여행은 여행지의 환경, 인권, 주민들의 삶의 질 개선을 염두에 두고 하는 여행이다. 로하스 운동은 자기 삶의 질만 고려하는 웰빙에서 더 나아가 환경, 사회 정의, 지속 가능한 삶을 추구하는 소비 형태를 강조하는 운동이다. 로컬푸드 운동은 지역 농산물의 구매를 통해 장거리 운송으로 인한 환경 오염과 방부제 등의 화학 물질의 사용을 방지할 수 있다.

바로잡기 ① 웰빙은 개인적 차원에서 육체적·정신적 건강의 조화를 통해 행복하고 아름다운 삶을 추구하는 삶의 유형이나 문화를 일컫는 개념이다.

587

(가)는 아동 노동을 착취하면서 인권을 침해하는 기업의 사례와 과소비에 따른 환경 오염 사례이다. 이러한 문제를 해결하기 위해서는 인권을 침해하는 기업의 제품을 구입하지 않고, 제품을 재활용 및 재사용하며, 친환경 제품의 구입을 생활화하는 자세를 가져야 한다. 이를 제시된 좌표에서 찾아보면 인권을 침해하는 기업의 제품을 구입하는 정도(X)는 낮고, 제품의 재활용 및 재사용을 하는 정도(Y)와 친환경 제품을 구입하는 정도(Z)는 높은 지점, 즉 ㉠이다.

588

갑은 합리적 소비를 강조하며, 을은 윤리적 소비를 강조한다. 을은 갑에게 소비 활동에서 인권이나 환경 문제 등 상품의 생산과 유통의 전 과정에 대한 윤리적 관심이 필요함을 주장할 것이다.

① 자신의 소득 내에서 가장 큰 만족을 추구해야 한다고 보는 합리적 소비의 입장에서는 경제적 효용성을 우선 따져 본다. ② 윤리적 소비를 강조하는 입장에서는 인권과 노동의 가치를 고려해야 한다고 본다. ③, ④ 윤리적 소비를 강조하는 입장에서는 개인이나 대중의 선호보다는 공공성을 선택의 기준으로 제시한다.

589

제시문은 디지털 쓰레기가 환경 오염, 지역 주민의 건강 위협 등의 문제를 일으키고 있다는 내용이다. 이런 문제를 해결하기 위해서는 소비가 공동체와 관련된다는 인식을 바탕으로 지속 불가능한 제품을 불매하고 친환경적 제품을 구매하며, 재활용과 재사용을 적극적으로 실천해야 한다.

세 번째 해결 방안 : 자신의 경제적 범위에서 큰 만족감을 주는 물건을 구매하는 합리적 소비보다는 윤리적 소비를 통해 문제를 해결해야 한다.

590

㉠은 '윤리적 소비'이다. 윤리적 소비란 합리적 소비만을 중시함으로써 발생하는 문제를 보완하기 위해 등장하였다. 소비자가 합리적 소비만을 중시한다면 생산자는 원가 절감을 위해 값싸고 부적절한 원료의 사용, 제품 생산 과정에서 생겨날 수 있는 환경 오염 문제의 외면, 저임금 강요 등의 여러 가지 문제를 일으킬 수 있다. 따라서 이러한 문제를 인식하고 가격을 소비의 유일한 판단 기준으로 삼지 않으며, 소비자의 이익을 넘어 노동자의 인권이나 환경 문제 등을 적극적으로 고려하고, 원료의 재배 및 제품의 생산과 유통에 이르는 전 과정이 윤리적인지에 관심을 가지는 윤리적 소비가 대두된 것이다. 이러한 윤리적 소비는 윤리적인 가치 판단에 따라 상품이나 서비스를 구매하고 사용하는 것을 중시한다.

591

환경이나 노동, 인권을 고려하지 않는 기업의 제품 구입을 거부하고, 공정 무역 제품이나 친환경 농산물 등 바람직한 윤리적 상품을 구매하는 윤리적 소비는 공동체를 고려하는 소비를 가능하게 하고, 지구촌 환경 문제 해결에 도움을 주며, 생산자의 정당한 임금을 보장함으로써 인권 향상과 정의로운 경제 체제의 구축에 기여할 수 있다.

채점 기준	수준
윤리적 소비의 영향을 세 가지 모두 타당하게 서술한 경우	상
윤리적 소비의 영향을 두 가지만 타당하게 서술한 경우	중
윤리적 소비의 영향을 한 가지만 타당하게 서술한 경우	하

592

제시문은 불교의 근본 교의인 연기(緣起)에 관한 설명이다. 연기란 인연생기(因緣生起)의 준말로, 모든 사물은 그 자체로서 독립되어 있는 것이 아니라 여러 가지 조건과 관계 속에서 상호 연관적으로 존재한다는 의미이다.

593

제시문은 후진국의 공장 시설이 환경을 오염시키고 그곳에 사는 사람들의 생존을 위협하고 있다는 내용이다. 환경을 오염시키는 공장 시설들이 후진국으로 이전되면서 많은 사람이 청바지를 즐겨 입으면 입을수록 아프리카의 레소토에 사는 사람들은 환경 오염으로 더욱 큰 고통을 겪게 될 것이다. 불교의 연기 사상은 모든 존재가 상호 의

존하여 존재한다는 내용이다. 이에 따르면 청바지를 구입하는 행위는 아프리카의 레소토에 사는 사람들의 삶과 연결되어 있다. 그러므로 우리가 상품을 구매할 때 가격과 성능만을 고려할 것이 아니라 개인의 소비가 다른 사람이나 환경 등 공동체와 관련된다는 것을 인식하고, 인권과 환경 등을 고려하는 윤리적 소비를 해야 한다.

채점 기준	수준
소비에 대한 인식과 바람직한 소비 태도 모두 타당하게 서술한 경우	상
소비에 대한 인식 또는 바람직한 소비 태도 중 하나는 타당하게 서술하고, 다른 하나는 미흡하게 서술한 경우	중
소비에 대한 인식과 바람직한 소비 태도 중 한 가지만 서술한 경우	하

적중 1등급 문제

118~119쪽

594 ③	595 ①	596 ⑤	597 ③	598 ①
599 ③	600 ①	601 ④		

594 과시 소비에 대한 베블런의 입장 이해하기

제시문은 베블런의 주장이다. 베블런은 현대 산업 사회의 과시적 소비는 자신의 지위를 드러내기 위한 방편으로 행해진다고 주장하였다. 베블런에 따르면 사회 구조의 최상부에 위치한 유한계급의 생활 예절과 가치 기준들은 사회 구조의 최하층까지 영향력을 확장한다.

1등급 선택지 분석

✗ 부를 쌓는 것만으로도 타인의 존경을 얻을 수 있다.
– 베블런은 부를 쌓는 것만으로는 타인의 존경을 얻을 수 없다고 보았다.

✗ 타인과의 비교 성향이 인간의 허영심을 억제시킨다.
– 베블런은 타인과의 비교 성향이 인간의 허영심을 부추긴다고 보았다.

③ 자신의 지위를 드러내기 위한 방편으로 과시 소비가 행해진다.

✗ 상위 계급의 소비 행태는 하위 계급의 과시 소비를 억제시킨다.
– 베블런은 상위 계급의 과시적 소비는 하위 계급으로까지 확산된다고 보았다.

✗ 자기 보존 본능보다 경쟁적인 비교 성향이 가장 강력한 경제적 동기가 된다.
– 베블런은 경쟁적인 비교 성향이 강력한 경제적 동기이기는 하지만 자기 보존 본능보다 강력한 것은 아니라고 보았다.

595 유행에 대한 비판 논거 제시하기

1등급 자료 분석 유행에 대한 입장

......

갑 : 유행을 따르는 것 역시 개인의 선택입니다. 유행을 따르기 위해 과도한 비용을 쓰지만 않는다면, 유행을 따르지 않는 사람들과 구별되는 개성을 표현할 수도 있습니다.
유행을 긍정적으로 보는 입장의 논거이다.

을 : 유행은 기업의 판매 전략의 일부라고 보아야 합니다. 제가 보기
유행을 부정적으로 보는 입장의 논거이다.
에 당신은 _____㉠_____ 을 간과하고 있습니다.

갑은 유행을 따르는 것이 개인의 자유로운 선택의 일부이며, 개성의 표현이라고 강조한다. 을은 유행 추구 현상은 기업의 판매 전략의 일부이며 맹목적인 모방으로 인해 몰개성화가 초래됨으로써 의복을 통해 개성과 가치관을 드러내는 의복의 기능이 제대로 발휘되지 못할 수 있다고 강조한다.

① 맹목적인 모방으로 인해 몰개성화가 초래될 수 있음

✗ 최신 유행을 창조할 수 있는 기회가 박탈당할 수 있음
  – 을의 입장에서 갑에게 제시할 수 있는 비판이 아니다.

✗ 기업과 소비자가 함께 연구하여 유행을 재창조해야 함
  – 을의 입장에서 갑에게 제시할 수 있는 비판이 아니다.

✗ 과거의 지나간 유행인 복고 상품이 다시 유행할 수 있음
  – 을의 입장에서 갑에게 제시할 수 있는 비판이 아니다.

✗ 과소비와 사치 풍조로 인해 사회적 위화감이 조성될 수 있음
  – 명품 선호 현상에 대한 비판 논거이다.

596 거주에 대한 하이데거의 입장 이해하기

제시문은 하이데거의 주장이다. 하이데거는 인간 존재의 근본 특성을 거주함으로 이해했다. 하이데거는 인간이 거주함과 건축함의 사유함을 통해 상실한 고향을 회복해야 하며, 거주 공간에서 사물을 보살피고 건축하고 사유하면서 그 공간에 대한 책임감을 갖는다고 보았다.

✗ 자신의 행복을 위해 공간을 지배하고 통제해야 한다.
  – 하이데거에게 거주함이란 지배와 통제가 아닌 보살핌과 책임을 의미한다.

✗ 인간이 거주하는 공간은 체험과 무관한 객관적인 공간이다.
  – 하이데거는 거주 공간을 인간의 체험과 무관한 객관적인 공간으로 보지 않는다. 왜냐하면 인간이 자기 공간에서 움직일 때마다 사물의 연관 체계로서 공간도 함께 변화하기 때문이다.

ⓒ 인간은 사물들을 보살피면서 거주 공간에 대한 책임감을 갖는다.

ⓔ 거주함과 건축함의 사유함을 통해 상실한 고향을 회복해야 한다.

597 싱어의 윤리적 소비 파악하기

그림의 강연자는 싱어이다. 싱어는 먹을거리의 생산과 관련하여 투명성, 공정성, 필요성, 사회적 책임, 인도주의를 지켜야 한다고 강조한다.

① 먹을거리를 생산하는 전 과정을 투명하게 공개해야 한다.

② 먹을거리의 생산에 관련된 사람들을 공정하게 대우해야 한다.

✗ 먹을거리에서 풍부한 영양소를 확보하기 위해 동물을 최대한 사용해야 한다.
  – 동물 중심주의 입장을 지닌 싱어는 풍부한 영양소 확보를 위한 동물의 지나친 사용을 반대할 것이다.

④ 먹을거리가 생명이나 건강에 위해를 가할 수 있는 식품이 아닌지 점검해야 한다.

⑤ 먹을거리의 생산 과정에서 노동자들에 대한 인권 침해 행위가 있는지 살펴야 한다.

598 유교의 관점에서 음식 윤리 파악하기

제시문은 유교의 관점에서 제시하는 음식 윤리이다. 유교의 관점에 따르면 먹는다는 것은 자신과 타인을 살피는 덕의 실천이다. 따라서 음식 생산 전 과정에 영향을 끼친 사람들을 고려하고 지나친 과욕과 금욕을 경계해야 한다.

⊙ 음식 생산 전 과정에 영향을 끼친 사람들을 고려해야 한다.

⊙ 음식을 섭취할 때는 지나친 과욕이나 금욕을 경계해야 한다.

✗ 자연을 인간의 소유물로 간주해 다양한 먹을거리를 확보해야 한다.
  – 유교에서는 먹는 것에 대해 욕심을 줄이고 마음을 절제해야 한다고 본다.

✗ 사회적 지위나 계층에 알맞은 식재료를 선택하도록 노력해야 한다.
  – 유교에서는 도덕을 기준으로 식재료를 선택해야 한다고 본다.

599 합리적 소비와 윤리적 소비 비교하기

(가)는 합리적 소비를 강조하며, (나)는 윤리적 소비를 강조한다. 합리적 소비는 자신의 경제력 내에서 최소 비용으로 최대 효용을 산출하는 소비를 말한다. 윤리적 소비는 타인과 사회는 물론 생태계 전체를 고려하는 소비를 말한다. 윤리적 소비는 합리적 소비에 비해 상대적으로 소비를 통해 사회적 책임을 실천하려는 정도(X)는 높고, 최소 비용으로 최대 만족을 얻는 소비를 강조하는 정도(Y)는 낮으며, 지속 가능한 환경을 위한 소비 활동을 지지하는 정도(Z)는 높다. 제시된 좌표에서 이를 나타내는 지점은 ⓒ이다.

X : 소비를 통해 사회적 책임을 실천하려는 정도
  – 윤리적 소비가 합리적 소비보다 상대적으로 높다.

Y : 최소 비용으로 최대 만족을 얻는 소비를 강조하는 정도
  – 윤리적 소비가 합리적 소비보다 상대적으로 낮다.

Z : 지속 가능한 환경을 위한 소비 활동을 지지하는 정도
  – 윤리적 소비가 합리적 소비보다 상대적으로 높다.

600 윤리적 소비의 실천 방법 알아보기

(가)는 타인과 사회는 물론 생태계 전체를 고려하는 윤리적 소비를 강조하고 있다. (나)는 인권을 제대로 보호받지 못하는 아동 노동자의 실태를 보여 주고 있다. (가)의 관점에서는 (나)의 문제를 해결하기 위해 인권을 크게 고려하지 않는 기업의 제품에 대한 불매 운동, 열악한 환경에 처해 있는 노동자들에 대한 삶의 질 개선을 조언으로 제시할 수 있다.

⊙ 인권을 고려하지 않는 기업의 제품에 대해 불매 운동을 해야 한다.

✗ 최소 비용으로 가장 큰 경제적 만족을 얻을 수 있는 소비를 해야 한다.
  – 합리적 소비에 대한 설명이다.

ⓒ 열악한 환경에 처해 있는 노동자들의 삶의 질 개선을 위해 노력해야 한다.

✗ 멸종 위기의 동식물을 보호하기 위해 어린 아이들의 노동력을 충분히 활용해야 한다.
  → 비윤리적 행위이다.

601 자원 남용 문제에 대한 합리적 소비와 윤리적 소비의 관점 이해하기

갑은 합리적 소비를 중시하는 입장이며, 을은 윤리적 소비를 중시하는 입장이다. 갑은 합리적 소비만으로 자원 남용 문제를 해결할 수 있다고 보지만, 을은 윤리적 소비에 의해서 자원 남용 문제를 해결할 수 있다고 본다.

✗ 사치를 줄이고 절제하는 소비 생활을 해야 하는가?
  – 갑, 을 모두 긍정의 대답을 할 질문이다. 사치를 줄이고 절제하는 소비는 합리적 소비와 윤리적 소비 모두 중시한다.

✗ 시장 경제 논리는 비용 대비 최대 편익을 강조하는가?
  – 갑, 을 모두 긍정의 대답을 할 질문이다.

✗ 바람직한 소비 활동은 자원 남용 문제를 해결할 수 있는가?
  – 갑, 을 모두 긍정의 대답을 할 질문이다.

④ 합리적인 소비만으로도 자원 남용 문제를 해결할 수 있는가?

✗ 자원 남용 문제의 해결을 위해 최대 비용의 지출이 필요한가?
  – 갑, 을 모두 부정의 대답을 할 질문이다.

분석 기출 문제

121~124쪽

[핵심 개념 문제]

602 다문화 사회 　　**603** 동화주의 　　**604** 국수 대접 이론
605 관용 　　**606** 관용의 역설 　　**607** ○ 　**608** × 　**609** ○
610 ○ 　**611** ㄴ 　**612** ㄱ 　**613** ㄷ

614 ④ 　**615** ④ 　**616** ⑤ 　**617** ② 　**618** ① 　**619** ③ 　**620** ②
621 ⑤ 　**622** ⑤ 　**623** ① 　**624** ① 　**625** ④

1등급을 향한 서답형 문제

626 윤리 상대주의 　**627** **예시답안** 보편 윤리를 위배하는 문화도 무조건 인정해야 한다. 자문화와 타 문화를 비판적으로 성찰할 수 없다. 　**628** 관용
629 **예시답안** 인권과 자유 등 보편적 가치를 침해하지 않아야 한다. 사회 질서를 훼손하지 않아야 한다.

614

제시문은 세계 문화 다양성 선언의 일부이다. 이 선언은 문화의 고유성과 다양성을 인정하고 공존에 대한 의지를 증진하기 위한 것으로, 다문화 사회의 정착과 소수 민족 보호를 위해 문화 다양성을 반드시 존중해야 함을 성문화한 것이다.

바로잡기 ④ 세계 문화 다양성 선언에서는 문화의 존중을 강조하지만 인권을 침해하거나 제한하는 문화까지 존중하는 것은 아니다.

615

갑은 국수 대접 이론의 입장, 을은 용광로 이론의 입장이다. 국수 대접 이론은 주류 문화와 비주류 문화의 구별을 전제로 다양한 문화의 공존을 강조하며, 용광로 이론은 소수 문화를 주류 사회에 편입시켜 사회 통합을 실현할 수 있음을 강조한다.

바로잡기 ① 샐러드 볼 이론에서 갑, 을 모두에게 제기할 수 있는 비판에 해당한다. ②, ③ 용광로 이론을 주장하는 을이 갑에게 제기할 수 있는 비판에 해당한다. ⑤ 국수 대접 이론과 용광로 이론은 주류와 비주류의 구분이 사회 통합을 저해한다고 보지 않는다. 따라서 갑이 을에게 제시할 비판으로 적절하지 않다.

616

(가)는 동화주의에 관한 설명이다. (나)의 A에는 동화주의 입장에서 부정의 대답을 할 질문이 들어가야 하며, B에는 긍정의 대답을 할 질문이 들어가야 한다. 동화주의는 다양한 문화를 한 국가에서 하나의 동질한 문화에 융합하여 사회를 통합하려는 입장이다. 대표적인 것으로 용광로 이론이 있다.

바로잡기 ⑤ (가) 입장에서 "아니요"라고 대답할 질문이다. 동화주의는 소수 민족 집단의 문화적 정체성을 중시하기보다 그들의 문화를 하나의 동질한 문화에 융합하여 사회를 통합하려고 한다.

617

제시문은 동화주의를 비판하고 문화적 다양성을 존중하는 다문화주의 입장이다. 소수 민족의 음식 문화를 보존할 수 있게 하며, 이주민에게 명절 휴가를 주거나 그들의 민속놀이를 즐길 수 있는 축제를 개

최하고, 국제 결혼자의 자녀에게 부모의 모국어를 배울 기회를 제공하는 것은 모두 다문화주의에 부합하는 사례이다.

바로잡기 ② 결혼 이주민에게 우리의 전통 예법을 따르도록 하는 것은 동화주의에 부합하는 사례이다.

618

갑은 용광로 이론을 강조하며, 을은 샐러드 볼 이론을 강조한다. 용광로 이론은 소수 문화를 주류 사회에 편입시켜야 한다는 입장이며, 샐러드 볼 이론은 다양한 문화의 고유성을 동등하게 존중하면서 조화를 이루어야 한다는 입장이다.

바로잡기 ㄴ, ㄷ. 국수 대접 이론의 입장이다.

1등급 정리 노트 　**다문화 이론 비교**

구분	용광로 이론	국수 대접 이론	샐러드 볼 이론
특징	여러 가지 금속을 용광로 안에 넣고 하나의 금속을 만드는 것과 같이 다양한 이주민의 문화를 주류 사회에 융합하여 편입시키는 관점	주재료인 면 위에 고명을 얹어 국수의 맛을 내듯이 주류 문화를 중심으로 비주류 문화를 조화하려는 관점	다양한 채소와 과일을 서로 대등한 관점에서 섞는다는 것으로 각각의 문화의 고유성을 유지하면서 조화와 공존을 이루려는 관점

619

(가)는 다양한 문화 속에는 누구나 인정하는 보편 윤리가 존재함을 보여 준다. 이를 통해 문화의 모습은 다양하게 나타날지라도 각각의 문화의 바탕에 놓여 있는 공통 정신이나 기본 원리는 보편적인 성격을 가짐을 알 수 있다.

바로잡기 ㄴ. 보편 윤리를 존중한다고 해서 변화를 인정하지 않는 것은 아니다. ㄷ. 문화 상대주의는 허용할 수 있지만 윤리 상대주의는 허용할 수 없다.

620

제시문은 엘리아데의 『성(聖)과 속(俗)』의 일부이다. 그는 세속적인 삶 속에서도 언제든지 성스러움이 드러날 수 있으며, 성과 속은 서로 밀접하게 관련이 있다고 주장하였다.

바로잡기 ㄴ. 엘리아데는 성스러움과 인간성의 조화를 강조하였다. ㄹ. 엘리아데는 초자연적인 것과 자연적인 것의 분리가 아닌 조화를 강조하였다.

621

제시문의 '나'는 엘리아데이며, '어떤 사람'은 프로이트이다. 엘리아데는 종교적 지향성이 인간의 근본적 성향이라고 보는 반면, 프로이트는 종교가 심리적 현상이며 환상에 불과하다고 주장한다. 초월적 존재를 인정하는 엘리아데의 관점에서는 프로이트에게 초월적 존재와 만나는 체험으로서의 종교를 경시하고 있다고 비판할 수 있다.

바로잡기 ① 프로이트는 종교가 심리적 필요 때문에 만들어졌다고 본다. ②, ④ 프로이트의 입장과 거리가 멀다. 종교가 엄청나고 매혹적인 신비의 감정이며, 직관과 감정, 체험 등을 통해 파악될 수 있다고 본 것은 엘리아데이다. ③ 프로이트가 종교를 환상에 불과하며 일종의 신경증이라고 비판한 것은 종교를 합리적 차원에서 이해하고자 했기 때문이다.

622

제시문은 큉의 주장이다. 큉은 세계의 종교 속에 공통적으로 함축된

일반적인 도덕적 기준을 '인간적인 것(das Humanum)'이라고 규정하였다. 이는 인간 존엄성과 도덕적인 가치를 존중하는 것을 말한다. 큉에 따르면 참된 종교는 신적인 것의 바탕에 반드시 인간적인 것을 두고 있어야 하며, 이러한 종교 간의 공통점을 바탕으로 다른 종교를 이해하고 존중하며 종교 간에 서로 대화를 시도함으로써 갈등을 해결하고 세계 평화를 실현할 수 있다.

바로잡기 ㄱ. 큉이 "예"라고 대답할 질문이다.

623

갑은 종교 간의 갈등이 발생하는 원인을 상호 배타적인 태도에서 찾는다. 이를 해결하기 위한 방법으로 을은 다른 종교에 대한 독설과 폭력을 경계하고 서로 이해하려는 태도가 필요함을 강조할 것이다.

바로잡기 ㄷ. ㄹ. 종교 간의 갈등을 해결하는 방법으로 적절하지 않다.

624

갑은 볼테르이고, 〈문제 상황〉은 종교 간 갈등 상황이다. 볼테르는 그의 저서 『관용론』에서 인간은 올바르게 판단하고 참과 거짓을 구별할 수 있는 보편적 이성을 지녔기 때문에 자신의 무지와 연약함을 깨닫고 상대방을 용인하고 용서하는 관용의 미덕을 갖출 수 있다고 보았다. 그리고 볼테르는 인간이 관용적인 태도로 종교의 다원성을 존중함으로써 종교 간의 갈등이나 대립을 막을 수 있다고 보았다.

바로잡기 ② 종교를 없애는 것이 해결책이 될 수는 없다. ③ 볼테르는 과학적 지식의 수용을 주장하지 않았다. ④ 자기 종교에 대한 확신이 높으면 종교 간 갈등이 발생할 가능성이 높아진다. ⑤ 교의를 일치시키고 종교를 획일화하는 것은 관용을 주장하는 볼테르의 입장과 거리가 멀다.

625

제시문은 자기 종교만을 맹신하지 말고 타 종교의 존재를 인정해야 한다는 입장이다. 이 입장에서는 종교적 진리 체험이 상대적일 수 있으므로 다른 종교에 대한 배타적인 태도에서 벗어나 다른 종교를 이해하고 존중하는 태도를 가져야 함을 강조할 것이다.

바로잡기 ㄴ. 종교의 자유에는 종교에 대한 신앙을 강요받지 않을 권리, 종교를 갖지 않아도 되는 권리 등을 포함한다. 그런데 종교가 다르거나 종교가 없는 사람에게 자신의 믿음을 강요하는 것은 종교의 자유를 침해하는 것으로 종교인의 바람직한 자세라고 보기 어렵다.

626

㉠은 '윤리 상대주의'이다. 윤리 상대주의는 문화 상대주의 관점에서 윤리도 문화의 일부로 간주하는 입장이다.

627

윤리 상대주의 관점에서는 문화와 윤리를 모두 상대주의 입장에서 바라보기 때문에 보편 윤리에 위배되는 문화도 인정해야 하는 문제와 자기 문화와 다른 문화를 비판적으로 성찰할 수 없는 문제를 발생시킨다. 예를 들면 노예 제도나 인종 차별 정책도 하나의 문화로 인정하고 존중해야 하는 일이 일어난다.

채점 기준	수준
윤리 상대주의 관점에서 문화를 이해할 경우 발생하는 문제점을 두 가지 모두 정확하게 서술한 경우	상
윤리 상대주의 관점에서 문화를 이해할 경우 발생하는 문제점을 한 가지만 정확하게 서술한 경우	하

628

㉠은 '관용'이다. 관용이란 타인의 생각이나 태도가 나와 다를지라도 이를 존중하는 이성적인 태도이다. 관용은 문화의 다양성 존중을 위해 필요한 가치이다.

629

제시문은 문화의 다양성을 존중한다는 명목 아래 인종 차별주의, 소수에 대한 학살, 빈민 억압, 노예 제도, 전쟁까지 관용하는 태도를 경계하는 내용이다. 따라서 관용은 인권과 자유 등 보편적 가치를 침해하지 않고, 사회 질서를 훼손하지 않는 범위에서만 허용되어야 한다.

채점 기준	수준
관용의 한계를 두 가지 모두 정확하게 서술한 경우	상
관용의 한계를 한 가지만 정확하게 서술한 경우	하

적중1등급 문제
125쪽

630 ②	631 ⑤	632 ②	633 ④

630 동화주의, 국수 대접 이론, 샐러드 볼 이론 비교하기

갑은 동화주의, 을은 국수 대접 이론, 병은 샐러드 볼 이론의 입장이다. 동화주의는 이민자가 출신국의 언어, 문화, 사회적 특성을 포기하고 주류 문화로 편입되어 단일성을 전제로 문화 통합을 이루어야 한다고 보는 입장이다. 국수 대접 이론은 비주류 문화의 고유성을 존중할 필요는 있으나 주류 문화와 비주류 문화 간 위계를 유지하며 공존해야 한다고 보는 입장이다. 샐러드 볼 이론은 다양한 문화가 서로 대등하게 조화를 이루어야 한다고 보는 입장이다.

1등급 선택지 분석

- ⓐ A : 문화 단일성을 전제로 문화 통합을 이루어야 하는가?
- ✗ B : 문화 간 주류와 비주류가 존재하나 위계는 없는가?
  - 을, 병 모두 부정의 대답을 할 질문이다. 을은 주류 문화와 비주류 문화의 위계가 존재한다고 본다. 병은 주류 문화와 비주류 문화의 구별 없이 문화 간 대등한 공존을 주장한다.
- ⓒ C : 비주류 문화의 고유성을 존중할 필요가 있는가?
- ✗ D : 다양한 문화가 동등한 지위로 공존할 수 없는가?
  - 병이 '아니요'라고 대답할 질문이다. 병은 다양한 문화가 동등한 지위로 공존할 수 있다고 본다.

631 다문화주의와 동화주의 입장 비교하기

(가)는 다문화주의, (나)는 동화주의 입장이다. 다문화주의는 이민자들의 문화적 다양성을 인정하면서 사회 통합을 모색할 수 있다고 본다. 반면 동화주의는 이민자들이 출신국의 언어적·문화적 특성을 포기하고 주류 사회의 일원이 될 때 사회 통합을 모색할 수 있다고 본다. 동

화주의 입장은 다문화주의 입장에 비해 상대적으로 주류 문화 중심의 사회 통합을 강조하는 정도(X)와 단일한 문화 중심의 사회 통합을 강조하는 정도(Y)은 높고, 이민자들의 정체성을 존중하며 사회 통합을 강조하는 정도(Z)은 낮다. 제시된 좌표에서 이를 나타내는 지점은 ⑩이다.

> **1등급 선택지 분석**
>
> X : 주류 문화 중심의 사회 통합을 강조하는 정도
> – 동화주의가 다문화주의보다 상대적으로 높다.
>
> Y : 단일한 문화 중심의 사회 통합을 강조하는 정도
> – 동화주의가 다문화주의보다 상대적으로 높다.
>
> Z : 이민자들의 정체성을 존중하며 사회 통합을 강조하는 정도
> – 동화주의가 다문화주의보다 상대적으로 낮다.

632 엘리아데의 종교관 이해하기

제시문은 엘리아데의 주장이다. 엘리아데는 종교라는 현상을 근원적으로 일상 속에서 성스러움과의 만남으로 파악하였으며, 종교적 인간은 자연을 초월적 존재의 창조물로 본다고 주장하였다. 또한 엘리아데는 성스러움과 세속적인 것이 분리되어 있거나 단절되어 있지 않으며, 결국 일상적인 삶 자체가 언제든지 성스러움의 드러남, 즉 성현(聖顯)이 될 수 있다고 주장하였다. 즉 인간이 일상 속에서 느끼고, 접촉하고, 사랑하는 모든 것이 성현, 즉 성스러움의 드러남이 될 수 있다고 강조하면서 종교적 인간은 세속의 시간 속에서 체험을 통해 신적인 것을 느낄 수 있다고 보았다.

> **1등급 선택지 분석**
>
> ✗ 성스러움과 세속적인 것은 분리되어야 한다.
> – 엘리아데에 따르면 현실적인 삶 자체가 언제든지 성스러움의 드러남, 즉 성현이 될 수 있다. 따라서 성스러움과 세속적인 것은 분리해서 볼 수 없다.
>
> ② 종교적 인간에게 자연은 초월적 존재의 창조물이다.
>
> ✗ 성스러운 존재는 인간의 필요에 의해 만들어진 창조물이다.
> – 엘리아데에 따르면 인간은 신, 즉 성스러운 존재의 창조물이다.
>
> ✗ 성스러움이 드러난 자연물 자체를 신으로 받아들여야 한다.
> – 엘리아데에 따르면 종교적 인간은 자연 자체를 숭배하는 것이 아니라 자연물 속에 드러난 신을 숭배한다.
>
> ✗ 종교적 인간은 속(俗)의 시간이 아닌 성(聖)의 시간만을 체험할 수 있다.
> – 종교적 인간은 성(聖)의 시간뿐만 아니라 속(俗)의 시간도 체험할 수 있다.

633 큉의 종교관 이해하기

제시문은 큉의 주장이다. 큉은 어느 종교에서나 공통적으로 인정하는 휴머니티와 상호성의 원칙은 화합의 토대가 되며 이를 바탕으로 종교 간에 서로 대화하고 관용함으로써 세계 평화를 실현해야 한다고 본다. 또한 큉에 따르면 종교인은 자신의 종교에 매몰되어 배타적인 태도를 취해서는 안 되며, 비종교인에 대해서도 관용의 자세를 가져야 한다.

> **1등급 선택지 분석**
>
> ㉠ 종교인은 비종교인에 대해서도 관용의 자세를 취해야 한다.
> ㉡ 다양한 종교들이 공유하는 가르침의 실천은 화합의 토대가 된다.
> ✗ 자신이 믿는 종교의 무오류성에 대한 절대적 신념을 지녀야 한다.
> – 큉에 따르면 종교인들은 자신이 믿는 종교의 절대적 신념을 고집해서는 안 되며, 타 종교에 대해 대화와 관용의 태도를 지녀야 한다.
> ㉢ 세계 평화의 실현을 위해 종교 간의 관용은 반드시 필요한 조건이다.

> **12** 예술과 대중문화 윤리

634 ⑤ **635** ④ **636** ④ **637** ⑤ **638** ⑤ **639** ③ **640** ④
641 공자 **642** 예시답안 도덕[禮]과 예술[樂]의 조화로운 관계 속에서 바람직한 인격이 형성된다.

> **13** 의식주 윤리와 윤리적 소비

643 ④ **644** ④ **645** ③ **646** ② **647** ④ **648** ① **649** ③
650 로컬푸드 **651** 예시답안 가공하지 않고 사람의 손맛이 들어간 음식, 자연적인 숙성이나 발효를 거친 음식 등 전통적인 방식으로 만든 음식을 섭취한다.

> **14** 다문화 사회의 윤리

652 ① **653** ⑤ **654** ⑤ **655** ④ **656** ④ **657** ⑤ **658** ⑤
659 (가) 이론 : 국수 대접 이론, (나) 이론 : 샐러드 볼 이론
660 예시답안 (가) 이론은 주류 문화와 비주류 문화를 구분하여 주류 문화를 위에 두는 반면, (나) 이론은 다양한 문화를 평등하게 인정한다.
661 예시답안 타 문화에 대한 존중과 관용을 통해 문화적 다양성을 실현하고자 한다.

634

갑은 예술 지상주의 입장을 지닌 와일드, 을은 도덕주의 입장을 지닌 플라톤이다. 와일드에 따르면 예술에 대한 평가는 도덕적 가치와 분리되어야 한다. 플라톤에 따르면 미의 이데아는 이성에 의해 파악되는 객관적 실재이며, 예술 작품은 도덕적 교훈을 제공해야 한다. 하지만 와일드와 플라톤 모두 예술을 미적 가치를 다루는 활동이라고 본다는 점에서 공통점이 있다.

> **바로잡기** ㄱ. 와일드는 예술가에게 윤리적 공감은 불필요하다고 보았다.

635

제시문은 칸트의 주장이다. 칸트는 예술과 도덕은 별개의 영역으로 독자성과 고유성을 지니지만 서로 통하는 점이 있다고 보았다. 칸트에 따르면 미적인 체험을 통해 우리의 마음은 감각적 쾌락을 넘어서 순화되고 고양된 고귀함을 느낀다. 이렇게 고양된 감정은 타인과도 공유할 수 있게 되며, 도덕적이고 숭고한 것과도 관련되기 때문에 미적인 것은 윤리적으로 선한 것의 상징이 될 수 있고, 예술은 도덕성의 실현에 기여할 수 있다.

> **바로잡기** ㄷ. 칸트는 도덕적 판단과 미적 판단은 각기 고유성을 지닌다고 보았다.

636

갑은 순자, 을은 묵자이다. 순자는 음악이 백성의 욕망을 절제하고 사회의 질서를 유지시키는 데 기여할 수 있다고 보았다. 반면 묵자는 음악이 백성들의 이익에 도움이 되지 않으므로 음악을 즐기는 것은 옳지 않다고 주장하였다. 하지만 순자와 묵자 모두 음악이 백성들에게 즐거움을 줄 수 있다고 보았다.

> **바로잡기** ④ 순자와 묵자 모두 음악이 백성의 삶에 미치는 영향을 고려해야 한다고 보았다.

637

제시문에서는 예술의 상업화가 예술에 대한 대중적 접근을 가능하게 한다는 점에서 긍정적 측면을 지닌다고 본다. 하지만 모든 것을 가격화할 수 있다는 상업주의의 획일적 발상으로 인해 미적 가치의 추구라는 예술의 본질이 왜곡될 수 있다고 주장한다.

바로잡기 ①, ② 제시문은 예술의 상업화가 소비자에게 예술에 대한 접근을 용이하게 해 주는 등 예술의 발전에 기여하고 있다고 본다. ③ 제시문은 예술 작품을 가격으로 환산하려는 예술의 상업화가 예술의 미적 가치를 훼손할 수 있다고 주장한다. ④ 제시문은 예술의 상업화를 금지해야 한다고 주장하지 않는다.

638

(가)는 예술이 상업화되면서 예술의 경제적 가치만을 중시하게 되어 미적 가치와 자율성이 훼손될 수 있음을 우려하고 있다.

바로잡기 ①, ③ A는 예술의 상업화를 긍정적으로 보는 입장이다. ② 예술의 상업화와 관계없는 진술이다. ④ A는 예술의 상업화를 긍정적으로 보는 입장이므로 예술 작품의 미술사적 가치보다 매매 가격이 훨씬 중요하다고 볼 것이다.

639

제시문은 예술의 상업화를 비판하는 내용이다. 아도르노는 상업화된 예술을 '문화 산업'이라고 비판하며 예술 작품의 감상은 감상자에게 진정한 개성적 체험이 아니라 표준화된 양식이 될 뿐이라고 주장하였다.

바로잡기 ㄱ. 아도르노에 따르면 예술 작품을 감상하는 것은 자기만의 고유한 체험이 아니다. ㄹ. 아도르노에 따르면 예술 작품을 감상하는 것은 일종의 소비 양식일 뿐이며 미적 가치나 도덕적 가치를 추구하는 활동과 거리가 멀다. 따라서 바람직한 인격 형성에 도움을 준다고 보기 어렵다.

640

제시문은 아도르노의 주장이다. 아도르노는 대중문화를 문화 산업이라고 지칭하며, 문화 산업이 예술을 미적 가치가 아닌 경제적 가치로만 평가하고 대중의 의식을 조작하여 개인의 특성을 획일화시키고 사회를 물개성화시킨다고 주장하였다.

바로잡기 네 번째 입장 : 아도르노에 따르면 문화 산업은 문화 소비자의 주체성을 약화시키고, 자발성과 적극적인 사유를 불가능하게 만든다.

641

제시문의 ㉠ 사상가는 공자이다.

642

㉡은 도덕[禮]과 예술[樂]의 조화로운 관계 속에서 바람직한 인격이 형성된다는 것을 의미한다.

채점 기준	수준
㉡의 의미를 정확하게 서술한 경우	상
㉡의 의미를 서술하였으나 예와 악의 의미를 명확하게 진술하지 못한 경우	하

643

제시문은 청소년들 사이에서 집단적 동질성을 확인하기 위한 상징으로 유행했던 동조 소비에 관한 사례를 바탕으로 동조적 심리 성향이 옷 소

비와 결합되어 획일화와 몰개성화를 초래할 수 있음을 보여 주고 있다.

바로잡기 ④ 제시문의 주장에 따르면 의복에 대한 동조적 소비는 인간 행동의 다양성을 해친다.

644

갑은 패스트패션 산업 종사자와 소비자의 책임을 강조한다. 을은 패스트패션 산업이 기업의 이윤 창출은 물론 소비자들의 합리적 소비와 다양한 미적 욕구의 충족에 기여한다고 강조한다.

바로잡기 ㄹ. 갑도 패스트패션 산업이 경제적 효율성을 추구한다는 점을 인정한다.

645

제시문은 베블런의 주장이다. 베블런에 따르면 사치품은 비싸질수록 오히려 그 상품에 대한 선호도와 가격이 올라간다. 베블런은 이러한 사치품의 소비를 통해 유한계급은 자신의 부를 과시하려는 경향이 있다고 주장하였다.

바로잡기 ㄱ. 베블런에 따르면 유한계급은 자신의 부를 과시적인 소비를 통해 드러내고자 한다. ㄴ. 베블런에 따르면 사회 구조의 최상부에 위치한 유한계급의 생활 예절과 가치 기준들은 사회 구조의 최하층까지 영향력을 확장한다. 그 결과 각 계급의 구성원들, 심지어 절대 빈곤에 시달리는 빈민조차도 과시적 소비의 유혹을 떨쳐버리지 못하게 된다.

646

제시문은 아리스토텔레스의 주장이다. 아리스토텔레스는 먹고 마시는 욕망에 있어서도 인간의 이성에 의해 중용의 상태를 유지해야 한다고 주장하였다. 중용의 상태를 유지한다는 것은 과도하거나 부족하지 않게 적절히 먹고 마시는 것을 말한다. 아리스토텔레스는 적절한 것을 넘어 지나치게 배를 채우는 사람은 폭식가이며 지나칠 정도로 노예적인 사람이라고 보았다.

바로잡기 ①, ④, ⑤ 제시문을 통해 긍정이나 부정의 대답을 유추할 수 없는 질문이다. ③ 아리스토텔레스가 부정의 대답을 할 질문이다. 제시문의 주장은 먹는 행위를 통해 자연의 순환 과정에 참여해야 한다는 것이 아니라, 먹고 마시는 양에 있어서 자연에 따르는 것을 넘어서는 폭식을 경계해야 한다는 것이다.

647

제시문의 필자는 인간에게 집은 거주자의 정체성과 삶을 반영하고 있다고 주장한다. 또한 인간에게 거주 공간은 거주자의 과거와 현재의 정보를 담고 있는 기억의 저장소라고 주장한다.

바로잡기 ㄹ. 제시문에 따르면 집은 개인이 점유한 독립된 공간으로서의 의미만을 지니지 않는다. 집은 시공간으로 관련된 모든 이의 영혼과 그 집에 대한 모든 기억, 그 집을 향한 모든 그리움을 품고 있다.

648

㉠은 '윤리적 소비'이다. 윤리적 소비는 나의 이익뿐만 아니라 공동체와 미래 세대까지 고려하는 소비이다. 이러한 소비를 통해 과소비 등 무분별한 소비문화를 개선하고 환경 문제를 해결하는 데 기여할 수 있다. 더 나아가 정의로운 경제 체제를 구축하고 인권 향상을 도모할 수 있다.

바로잡기 ㄷ, ㄹ. 원가의 대폭 절감이나 생산 효율성을 높이는 것은 윤리적 소비가 우리 삶에 미치는 영향과 거리가 멀다.

649

제시문은 공정 여행에 관한 것으로 타인과 사회를 고려하는 윤리적 소비를 해야 함을 강조하고 있다. 여행을 할 때 현지인의 생활 방식과 문화를 존중하고, 현지인이 생산한 제품을 구매함으로써 현지인과 그 사회에 도움을 주는 행위가 윤리적 소비에 해당한다.

바로잡기 ㄱ. 합리적 소비의 형태에 가깝다. ㄴ. 윤리적 소비의 모습과 관련 없다.

650

㉠은 '로컬푸드'이다. 로컬푸드 운동은 장거리 운송을 거치지 않은 안전하고 건강한 지역 농산물을 구매하려는 운동이다.

651

슬로푸드 운동은 패스트푸드의 문제를 해결하고자 가공하지 않고 사람의 손맛이 들어간 음식, 자연적인 숙성이나 발효를 거친 음식 등 전통적인 방식으로 만든 음식을 섭취하자는 운동이다.

채점 기준	수준
㉡의 실천 방법을 정확하게 서술한 경우	상
㉡의 실천 방법을 서술하였으나 미흡한 경우	하

652

그림의 강연자는 킴리카이다. 그는 이민자 집단의 문화 정체성을 보호하는 다문화 정책을 시행하면 집단 간 관계의 형평성이 제고되고 민주적 연대가 촉진되어 사회가 안정될 수 있다고 주장하였다.

바로잡기 ㄷ. 킴리카는 단일한 문화 정체성의 형성이 아닌 다양한 문화를 존중하고 다양한 문화의 정체성을 보호해야 한다고 주장하였다. ㄹ. 킴리카는 이주민의 문화와 같은 소수 문화를 지배적 문화에 적응시키고 통합하려는 동화주의 입장이 아닌 이주민의 고유한 문화와 자율성을 존중하여 문화 다양성을 실현하려는 다문화주의 입장을 지지한다.

653

갑은 국수 대접 이론, 을은 샐러드 볼 이론의 입장이다. 국수 대접 이론은 주류 문화와 비주류 문화가 위계를 유지하며 공존해야 한다는 입장이다. 샐러드 볼 이론은 다양한 문화가 서로 대등하게 조화를 이루어야 한다는 입장이다.

바로잡기 ㄷ. 국수 대접 이론과 샐러드 볼 이론의 공통 입장이다.

654

갑은 문화 상대주의 입장으로 각 사회의 환경과 맥락을 고려하여 문화를 판단해야 한다고 본다. 을은 갑과 마찬가지로 문화 상대주의 관점을 가졌지만, 문화의 옳고 그름을 판단할 보편적 기준이 존재하므로 인간 존엄성 훼손 등 보편 윤리를 위배하는 문화는 비판받아야 한다고 본다.

바로잡기 ㄱ. 갑은 문화의 상대적 차이만 인정할 뿐이며 문화 간에 우열이 있다고 보지 않는다.

655

갑은 종교적 교리란 초월적 존재에 대한 믿음에 근거해 만들어진 것이며, 종교적 교리의 실천을 위해 윤리적 규범을 따를 필요가 있다고 본다. 반면 을은 종교적 교리란 윤리적 요청에 의해 만들어진 것이라

고 주장하고 있다. 하지만 갑, 을 모두 윤리적 규범과 종교적 교리는 서로 밀접하게 연결되어 있다고 본 점에서 공통적이다.

바로잡기 ㄷ. 을은 종교의 근본적 기능이 윤리적 기준을 제시하는 것이라고 주장하고 있다.

656

제시문은 엘리아데의 주장이다. 엘리아데는 종교 의식과 무관한 세속적 일상 의례에도 신성성이 깃들어 있지만 종교적 인간과 달리 세속적 인간은 성스러운 것과 세속적인 것의 분리를 지향하여 종교의 속박에서 벗어나고자 한다고 보았다.

바로잡기 ㄱ. 엘리아데가 부정의 대답을 할 질문이다. 엘리아데는 세속적 인간은 초월적 존재를 향한 모든 호소를 거절한다고 보았다. ㄷ. 엘리아데가 부정의 대답을 할 질문이다. 엘리아데는 통과 의례가 갖는 종교적 의미를 자각하지 못하는 것은 세속적인 인간이며, 종교적 인간은 통과 의례가 갖는 종교적 의미를 자각한다고 본다.

657

제시문은 큉의 주장이다. 큉은 현재 인류가 직면한 문제들을 해결하기 위해 종교 간 대화와 화해가 필요하다고 보았으며, 세계 주요 종교들의 가르침이 사랑, 자비, 관용 등 인류의 보편적 규범과 도덕률을 정언 명령의 형식으로 제공하고 있다고 주장하였다.

바로잡기 세 번째 입장 : 큉은 주요 종교들이 유일신이나 내세에 대한 믿음에 기초해 하나의 종교로 통합되어야 한다고 주장하지 않는다.

658

(가)는 큉이 제시한 건전한 종교의 최소 요건이며, (나)는 사이비 종교의 사례이다. 큉에 따르면 바람직한 종교는 인간 존엄성과 도덕이라는 보편 윤리를 바탕으로 삶의 가치를 신장하고 올바른 자아 정체성 형성에 기여해야 한다.

바로잡기 ⑤ 큉에 따르면 '신적인 것'의 바탕에는 반드시 '인간적인 것' 즉 보편 윤리가 있어야 한다.

659

그림의 (가) 이론은 국수 대접 이론, (나) 이론은 샐러드 볼 이론이다.

660

국수 대접 이론은 주류 문화와 비주류 문화를 구분하여 주류 문화를 우위에 둔다. 반면 샐러드 볼 이론은 다양한 문화를 평등하게 인정한다.

채점 기준	수준
국수 대접 이론과 샐러드 볼 이론의 차이점을 정확하게 서술한 경우	상
국수 대접 이론과 샐러드 볼 이론의 차이점을 서술하였으나 미흡한 경우	하

661

국수 대접 이론과 샐러드 볼 이론은 모두 타 문화에 대한 존중과 관용을 통해 문화적 다양성을 실현하고자 한다는 공통점을 지닌다.

채점 기준	수준
국수 대접 이론과 샐러드 볼 이론의 공통점을 정확하게 서술한 경우	상
국수 대접 이론과 샐러드 볼 이론의 공통점을 서술하였으나 미흡한 경우	하

평화와 공존의 윤리

15 소통과 민족 통합의 윤리

분석 기출 문제

133~137쪽

[핵심 개념 문제]

662 ㄴ   663 ㄷ   664 ㄱ   665 화이부동   666 원효
667 의사소통의 합리성   668 ○   669 ×   670 ×   671 ㉠
672 ㉡

---

673 ①   674 ④   675 ③   676 ③   677 ④   678 ①   679 ④
680 ③   681 ④   682 ⑤   683 ⑤   684 ⑤   685 ⑤   686 ②
687 ⑤   688 ③   689 ④

1등급을 향한 서답형 문제

690 하버마스   691 **예시답안** 서로 이해할 수 있어야 한다(이해 가능성). 사회적으로 정당한 규범에 근거해야 한다(정당성). 참과 진리에 바탕을 두어야 한다(진리성). 자신이 말한 의도를 믿을 수 있도록 진실하게 표현해야 한다(진실성).   692 **예시답안** 통일 한국은 모두가 합당한 대우를 받는 정의로운 국가를 지향해야 한다.

673
제시문이 설명하는 사회 갈등은 세대 갈등이다. 세대 갈등을 해결하기 위해서는 기성세대와 젊은 세대가 서로의 차이를 인정하고 세대 간 차이를 자연스럽게 수용해야 한다. 또한 서로 적극적으로 소통하여 세대 간 공감대를 형성해야 한다.

바로잡기 ②, ⑤ 지역 갈등에 대한 적절한 해결 방법이지만 제시문과 관련 없다. ③ 노사 갈등에 대한 해결 방법으로 적절하지 않으며 제시문과도 관련 없다. ④ 이념 갈등의 해결 방법이지만 제시문과 관련 없다.

674
제시문은 사회 갈등의 순기능과 역기능을 설명하고 있다. 사회 갈등의 역기능 문제를 해결하여 사회 통합을 이루기 위해서는 타인의 가치관을 인정하고 존중하는 자세를 지녀야 하며, 자신이 속한 집단의 이익만을 지나치게 추구하지 말아야 한다.

바로잡기 ㄱ. 사익과 공익을 조화롭게 추구해야 한다. ㄷ. 자신의 정체성을 유지하면서 타인과의 공통점을 찾아야 한다.

675
제시문의 사회 갈등을 해결하기 위해서는 다른 사람의 정치적·종교적 자유를 존중하며 다양한 의견을 조화롭게 공존시켜야 한다. 또한 추구하는 이념이 다르더라도 상대의 가치관을 인정함으로써 편견과 차별에서 벗어나 자유의 가치와 인간 존중을 실현할 수 있어야 한다.

바로잡기 ③ 사회 갈등을 해결하기 위해서 관용의 자세를 가져야 하지만 모든 문화에 대해 관용을 하는 것은 아니다. 노예 제도, 인종 차별 등과 같이 인류의 보편적 가치를 침해하는 문화는 관용의 대상이 될 수 없다.

676
(가)는 하버마스의 주장이다. 하버마스는 사회 갈등을 사회 구성원 간

합리적인 토론을 통해 해결해 나가야 한다고 보았다.

바로잡기 ① 공리주의 입장에서 제시할 조언이다. ② 하버마스는 실생활에서의 담론을 강조하며 속세를 벗어나는 논리를 전개하지 않았다. ④ 화쟁을 강조한 원효의 입장이다. ⑤ 하버마스는 담론 과정에서 자신의 입장만 고수하지 말고 타인의 생각과 주장도 존중해야 함을 강조하였다.

677
(가)는 원효의 일심(一心) 사상이다. (나)는 보수 진영과 진보 진영의 이념 갈등이다. 원효는 '논쟁을 조화시킨다'는 뜻의 화쟁을 강조한 한국 불교 사상가이다. 원효는 "모든 종파와 사상을 분리시켜 고집하지 말고, 보다 높은 차원에서 하나로 종합해야 한다."라는 화쟁 사상을 주장하였다. 원효가 강조한 화쟁 사상의 사상적 근거이자 목적은 일심(一心)이다. 원효는 수많은 종파의 서로 다른 주장들의 밑바닥에 서로 다른 마음이 자리 잡고 있지만 그러한 제각각의 마음을 하나로 통일하는 것이 바로 일심이라고 보았다. 이러한 일심을 바탕으로 다양한 이론과 종파를 종합하고 조화시키고자 한 원효의 입장에서는 (나)의 이념 갈등을 해결하고자 할 때, 각 진영의 상대적 가치는 인정하되 전체로서 조화를 추구할 것이다.

바로잡기 ① 이념 갈등을 개인의 도덕성과 양심만으로 해결하려는 개인 윤리적 접근은 원효의 입장과 거리가 멀다. ② 법률 제정이나 개정을 강조하는 것은 사회 윤리적 접근이나 원효의 입장과 거리가 멀다. ③ 상대방의 고통과 상황을 공감하면서 이념 갈등을 해결하고자 하는 것은 원효의 입장과 거리가 멀다. ⑤ 유용성을 검증하는 것은 공리주의적 접근이나 원효의 입장과 거리가 멀다.

> **1등급 정리 노트**   **원효의 화쟁(和諍)**
>
> 원효의 화쟁은 대립하는 여러 불교 종파의 주장들을 높은 차원에서 하나로 아우르려는 시도라고 할 수 있다.
>
> "경전의 여러 부분을 통합하면 만 갈래의 흐름도 한 맛[味]이며, 지극히 공정하고 사사로움이 없는 부처님의 뜻을 펼치면 백 가지 학파의 서로 다른 쟁론(爭論)이 그대로 살려지며 조화될 수 있다."

678
토론은 자기주장을 관철하거나 상대방의 주장을 비판하기 위한 것이 아니라 상대방을 설득하거나 이해하여 최선의 해결책을 모색하기 위한 것이다.

바로잡기 ㄷ. 자신의 무오류성을 맹신한다면 담론은 성립될 수 없다. ㄹ. 담론의 목적은 자기주장의 관철이 아니라 최선의 해결책을 모색하는 것이다.

679
A는 '관용'이다. 관용은 입장이 다른 상대방의 문화와 전통을 이해하고 인정하며 타인의 주장도 옳을 수 있다는 것을 받아들이는 태도이다.

바로잡기 ① 관용은 자신의 오류 가능성을 인정하는 것이다. ②, ③, ⑤ 관용의 태도와 거리가 먼 진술이다.

680
제시문을 주장한 사상가는 하버마스이다. 하버마스는 이상적인 담론을 위해서 의사소통의 합리성을 실현해야 하며 이를 위해 이상적 담화 조건을 제시하였다. 이상적 담화 조건이란 담론에 참여한 사람들이 참되고, 옳고, 진실하며, 서로 이해할 수 있는 말을 해야 한다는 것이다.

바로잡기 ㄱ. 하버마스에 따르면 누구나 평등하게 담론에 참여할 수 있어야 한다. ㄷ. 하버마스는 대화할 때 자신의 주장뿐만 아니라 개인적인 바람, 욕구 등도 표현할 수 있다고 보았다.

681

토론은 사회적 갈등에 대한 최선의 해결 방안을 도모하기 위한 것이므로 주기주장만을 내세우지 않고 타인의 의견을 존중하며 토론에 임해야 한다.

바로잡기 ④ 무오류성에 대한 믿음은 합리적·비판적 토론을 방해한다. 따라서 자기 의견의 오류 가능성을 인정하고 토론에 임해야 한다.

682

갑은 민족의 번영을 이유로, 을은 경제적 이익을 이유로, 병은 인권 보장을 이유로 통일이 필요하다고 보고 있다.

바로잡기 ⑤ 분단으로 인한 비용을 감소시킨다는 이유로 통일의 필요성을 논하는 것은 을만의 입장이다.

683

㉠은 '분단 비용', ㉡은 '통일 비용'이다. 분단 비용에는 남북한 대립에 따른 군사비, 외교비, 이산가족의 고통, 외국인 투자 감소 등이 포함된다. 통일 비용에는 통일 이후 필요한 제도 통합 비용, 위기관리 비용, 생산 시설 구축 등 경제적 투자 비용 등이 포함된다.

바로잡기 ⑤ 분단 비용은 소모적 성격의 비용이지만 통일 비용은 투자적 성격의 비용이다.

1등급 정리 노트 ㅣ 분단 비용, 통일 비용, 통일 편익

분단 비용	군사 비용, 외교 비용, 대북 관련 기관 유지 비용 등 → 소모적 비용 예 전쟁 가능성에 따른 공포, 이산가족의 고통, 이념적 갈등과 대립, 국토 이용의 제한, 외국인 투자 감소 등
통일 비용	정치 및 행정 제도 통합, 금융 및 화폐 통합, 생산·생활 기반 구축 등에 따른 비용 → 투자적 비용 예 치안, 인도적 긴급 구호, 실업 해소 등의 처리 비용, 사회 간접 자본 및 생산 시설 구축 비용 등
통일 편익	• 경제적 편익 : 분단 비용 소멸, 규모의 경제 실현, 시장의 확대 등 • 비경제적 편익 : 이산가족 문제 해결, 국제 사회에서의 위상 제고, 평화의 정착에 따른 전쟁 불안의 해소 등

684

갑은 통일의 필요성을 당위적 관점과 민족 정통성 계승 차원에서 찾는다. 반면 을은 통일의 필요성을 현실적인 관점에서 찾고 있으며, 통일을 이루기 위해 비용과 편익을 고려하는 입장이다.

바로잡기 ⑤ 을은 비용과 편익을 고려하여 현실적인 관점에서 통일의 필요성을 강조하며, 갑과 달리 통일을 조건 없이 이루어져야 하는 선결 과제로 보지 않는다.

685

A 비용은 분단 비용이고, B 비용은 통일 비용이다. 분단 비용은 분단 상태가 지속되는 과정에서 발생되는 비용으로 국방비와 같은 유형의 비용뿐만 아니라 이산가족의 고통과 같은 무형의 비용을 포함한다. 통일 비용은 통일 이후 일정 기간 동안 한시적으로 발생하는 비용으로 화폐 통합 비용, 생활 기반 구축 비용 등이 포함된다.

바로잡기 ⑤ 분단이 계속되는 동안 지속적으로 발생하는 것은 분단 비용만의 특징이다.

686

제시문은 비용과 편익을 계산할 때 통일 편익이 통일 비용보다 3배 이상 크다는 것을 통해 통일을 지지할 근거 마련과 통일이 남북한 모두에게 경제적으로도 긍정적 효과를 줄 수 있다는 것을 보여 준다.

바로잡기 ② 통일 비용은 분단 비용과 달리 통일 편익을 증진시키는 회수 가능한 투자적 성격을 지닌다.

687

갑은 통일 문제에 대한 접근으로 사회적 가치, 규범, 문화의 공유를 통한 사회·문화 공동체 형성을 강조하고 있다. 이를 위해 사회·문화적 교류 확대를 통해 남북한의 이질성을 줄여 나가야 한다고 본다.

바로잡기 ① 갑은 남북한의 이질성을 줄이기 위해 사회·문화적 통일을 강조한다. ② 갑의 주장에 경제 수준을 같게 만들어야 한다는 내용은 포함되어 있지 않다. ③ 갑은 정치적 분야의 일괄 타결을 강조하지 않는다. ④ 갑은 정치적·군사적 측면의 통합을 우선적으로 진행해야 한다고 주장하지 않는다.

688

제시문에 따르면 통일을 이루기 위해서는 남북한 차이를 인정하면서도 동질성을 모색하는 공존의 노력이 필요하다. 이를 위해 사회·경제·문화 분야에서부터 점진적 사회 통합을 통해 정치·군사 교류로 발전시켜 나가야 한다고 주장한다.

바로잡기 ㄱ. 제시문은 남북한의 노력과 공감대 형성을 위한 노력을 강조하며, 국제적 합의에 대한 내용은 제시되어 있지 않다. ㄷ. 제시문은 비정치적 분야의 교류부터 우선하여 정치·군사 교류로 나아가야 한다는 입장이다.

689

갑은 북핵 문제를 해결하기 전까지 남북 교류와 협력을 중단해야 한다고 주장한다. 을은 남북 교류와 북핵 문제를 별개로 이해하며, 민간의 남북 교류와 협력이 남북 간 신뢰 구축과 대화를 위해 필요함을 강조한다.

바로잡기 ㄱ. 갑은 북핵 문제를 해결한다면 남북 간 교류 및 협력이 가능하다고 주장한다. ㄷ. 대화를 통해 판단할 수 없는 진술이다.

690

㉠에 들어갈 사상가는 '하버마스'이다. 하버마스는 사회 갈등을 극복하고 사회 통합을 이루기 위해 상호 간의 논증적인 토론 과정을 통해 합의에 도달하는 의사소통의 합리성을 강조하였다.

691

하버마스는 의사소통의 합리성을 실현하기 위해 이해 가능성(서로 이해할 수 있어야 한다.), 정당성(사회적으로 정당한 규범에 근거해야 한다.), 진리성(참과 진리에 바탕을 두어야 한다.), 진실성(자신이 말한 의도를 믿을 수 있도록 진실하게 표현해야 한다.)이라는 이상적 담화 조건을 제시하였다.

채점 기준	수준
하버마스의 이상적 담화 조건을 세 가지 이상 서술한 경우	상
하버마스의 이상적 담화 조건을 두 가지만 서술한 경우	중
하버마스의 이상적 담화 조건을 한 가지만 서술한 경우	하

692

제시문은 북한의 경우 출신 성분에 따라 차별이 존재하고, 남한의 경우 경제적 양극화에 따른 분배 정의 문제가 제기되고 있다는 내용을 담고 있다. 이를 통해 통일 한국이 지향해야 할 모습은 모두가 합당한 대우를 받는 정의로운 국가임을 알 수 있다.

채점 기준	수준
모두가 합당한 대우를 받는 정의로운 국가를 지향해야 한다고 정확하게 서술한 경우	상
정의로운 국가를 지향해야 한다고만 서술한 경우	하

적중 1등급 문제

138~139쪽

693 ⑤	694 ②	695 ②	696 ⑤	697 ③
698 ③	699 ④	700 ⑤		

693 하버마스의 담론 윤리 이해하기

제시문은 하버마스의 주장이다. 하버마스는 합의를 이루어 나가는 과정을 중시하였으며, 개인적 선호나 욕구를 자유롭게 발언하는 가운데 상호 간의 논증적인 토론 과정을 거쳐 합의에 이르렀다면 결과는 물론 그에 따른 부작용까지 수용해야 한다고 보았다.

1등급 선택지 분석

✗ 담론 참여자들을 논의 주제에 정통한 전문가들로만 구성해야 하는가?
  – 하버마스에 따르면 담론 참여는 언어 능력과 행위 능력을 지닌 주체라면 누구나 평등하게 참여할 수 있다.

✗ 담론 참여자는 담론을 이해관계의 조정 수단으로만 활용해야 하는가?
  – 하버마스에 따르면 담론은 상호 이해관계의 조정 과정인 동시에 가치와 규범에 의해 이루어지는 사회 통합적 동의이다.

ⓒ 담론 참여자는 정당한 담론의 결과와 그 부작용까지 수용해야 하는가?

ⓔ 담론 참여자는 자신의 개인적 선호나 욕구도 발언할 수 있어야 하는가?

694 원효의 화쟁 사상 이해하기

대화의 스승은 원효이다. 원효는 일심(一心)에 근거해서 화쟁(和諍) 사상을 제시하였다. 원효는 일심(一心)을 깨끗함과 더러움, 참과 거짓, 나와 너 등 이원적 대립을 초월하는 것으로 보면서 일심을 바탕으로 수많은 이론이 생기지만, 이는 다시 일심으로 종합된다고 보았다. 원효는 이러한 일심을 바탕으로 마음을 열고 서로 다른 견해들과 조화를 추구해야 함을 강조하였다.

1등급 선택지 분석

✗ 하늘로부터 부여받은 선한 본성을 함양해 나가야 한다.
  – 유교의 입장에 해당한다.

② 열린 마음으로 서로 다른 견해들과 조화를 추구해야 한다.

✗ 흩어진 종파 통합을 위해 명확한 분별 의식을 지녀야 한다.
  – 원효에 따르면 흩어진 종파를 통합하려면 분별 의식을 버려야 한다.

✗ 불변의 자아를 정립해 타자와의 관계를 개선해 나가야 한다.
  – 원효를 포함한 불교에서는 자아를 불변하는 존재로 여기지 않는다.

✗ 자신의 입장을 고수하는 가운데 타인의 견해를 받아들여야 한다.
  – 원효에 따르면 자신의 입장을 고수하는 자세를 버려야 화쟁(和諍)이 가능하다.

695 사회 갈등의 순기능과 역기능 비교하기

갑은 사회 갈등이 구성원 간의 소통을 가로막는 등 악영향을 미치기 때문에 하루빨리 제거되어야 한다는 입장이다. 반면 을은 사회 갈등이 도덕적인 사회를 만드는 데 기여하는 등 긍정적 영향을 미치기 때문에 필요하다는 입장이다.

1등급 선택지 분석

ⓒ 갑 : 사회 갈등이 구성원 간의 소통을 가로막는 요인이 된다.

✗ 갑 : 사회 갈등이 사회에 대한 소속감과 연대감을 향상시킨다.
  – 갑은 사회 갈등이 소속감과 연대감의 상실을 초래하고, 상대 집단을 적대시하게 만든다고 보고 있다.

ⓒ 을 : 사회 갈등은 도덕적인 사회를 만드는 데 기여할 수 있다.

✗ 갑, 을 : 사회 갈등은 사회 발전을 도모하는 데 기여한다.
  – 을의 입장에만 해당되는 진술이다. 갑은 사회 갈등이 사회 통합을 가로막고 사회 발전에 걸림돌이 된다는 입장이다.

696 공자가 강조한 화이부동의 정신 이해하기

제시문은 공자의 주장이다. 공자에 따르면 군자는 소인과 달리 남과 화목하게 지내기는 하지만 무턱대고 남의 의견에 동조하지 않고 자신의 소신을 지키면서도 다른 사람의 의견을 조화롭게 수용할 수 있다고 보았다.

1등급 선택지 분석

✗ 모든 사안은 다수결의 원칙에 따라 결정해야 한다.
  – 공자는 자신의 소신을 지키면서도 조화를 추구해야 한다는 입장으로 모든 사안을 다수결로 해결해야 한다고 보지 않는다.

✗ 지역구 지지자들의 의견에 대해서는 시비(是非)를 가리지 말아야 한다.
  – 공자는 유교 사상가로서 옳고 그름의 시비(是非)를 명확하게 구분해야 한다고 본다.

✗ 지역구 사람들이 동일한 생각을 가져야만 조화롭게 지낼 수 있음을 명심해야 한다.
  – 공자는 군자라면 동일한 생각을 지니지 않고서도 타인과 조화를 이룰 수 있다고 보았다.

✗ 내가 지지자들의 의견을 따르기보다 지지자들이 나의 의견을 따르도록 유도해야 한다.
  – 공자는 각자가 소신을 지키면서 조화를 이룰 수 있어야 한다는 입장이므로, 타인이 나의 의견을 그대로 따르게 만드는 것 또한 반대할 것이다.

⑤ 자신의 소신을 지키면서도 다른 사람의 의견을 조화롭게 수용할 수 있음을 깨달아야 한다.

697 통일에 대한 찬반 입장 비교하기

갑은 통일이 이루어지면 국가 경제가 위기에 처할 수 있음을 이유로 통일에 반대하고 있다. 을은 인도주의적 관점에서 통일에 찬성하고 있다. 을의 입장은 갑의 입장에 비해 상대적으로 인도주의적 관점에서 통일의 필요성을 강조하는 정도(X)는 높고, 통일이 국가 경쟁력을 약화시킬 수 있음을 강조하는 정도(Y)는 낮으며, 통일이 한민족의 동질성 회복에 도움이 됨을 강조하는 정도(Z)는 높다. 제시된 좌표에서 이를 나타내는 지점은 ⓒ이다.

1등급 선택지 분석

X : 인도주의적 관점에서 통일의 필요성을 강조하는 정도
  – 을의 입장이 갑의 입장에 비해 상대적으로 높다.

Y : 통일이 국가 경쟁력을 약화시킬 수 있음을 강조하는 정도
  – 을의 입장이 갑의 입장에 비해 상대적으로 낮다.

Z : 통일이 한민족의 동질성 회복에 도움이 됨을 강조하는 정도
  – 을의 입장이 갑의 입장에 비해 상대적으로 높다.

698 분단 비용, 통일 비용, 통일 편익 비교하기

㉠은 '분단 비용', ㉡은 '통일 비용', ㉢은 '통일 편익'이다. 분단 비용은 남북 분단과 갈등으로 발생하는 유무형의 지출 비용으로 민족 경쟁력 약화의 원인이 되는 소모적 성격의 특징을 갖는다. 통일 비용은 통일 과정과 통일 이후 남북한을 통합하는 데 드는 비용으로 통일 이후 일정 기간 한시적으로 발생하지만 통일 한국의 번영을 위한 투자적 성격을 갖는다. 통일 편익은 통일 이후 지속적으로 발생하는 혜택을 의미한다.

1등급 선택지 분석

① ㉠은 민족 경쟁력 약화의 원인이 되는 소모적 성격의 비용이다.

② ㉡은 통일 이후 일정 기간 한시적으로 발생하는 비용이다.

✗ ㉡에는 제도 통합 비용은 포함되지만 경제적 투자 비용은 포함되지 않는다.
— 통일 비용에는 제도 통합 비용뿐만 아니라 생산·생활 기반 구축 비용 등 경제적 투자 비용도 포함된다.

④ ㉢은 통일 이후 지속적으로 발생하는 혜택을 의미한다.

⑤ ㉡은 ㉠과 달리 통일 한국의 번영을 위한 투자적 성격의 비용이다.

699 대북 지원에 대한 쟁점 파악하기

갑은 정치적 이념을 떠나 고통받는 사람을 돕는 것은 인간으로서 마땅히 해야 할 윤리적 의무이기 때문에 인도적 차원에서 조건 없는 대북 지원이 필요하다고 본다. 을은 고통받는 사람을 돕는 것은 의무이지만, 대북 지원은 북한 사회의 개방이라는 조건이 이행된 이후에 이루어져야 한다고 본다.

1등급 선택지 분석

✗ 갑은 이념을 고려해 대북 지원을 해야 한다고 본다.
— 갑은 이념을 떠나 고통받는 사람을 돕는 것이 윤리적 의무이기 때문에 대북 지원을 해야 한다고 본다.

✗ 을은 자선의 차원에서 대북 지원을 해야 한다고 본다.
— 을은 의무의 차원에서 대북 지원을 해야 한다고 본다.

✗ 갑은 을과 달리 북한 사회의 개방이 이루어져야 한다고 본다.
— 을은 북한 사회의 개방이 선행된 이후에 대북 지원이 이루어져야 한다고 본다.

④ 을은 갑과 달리 대북 지원은 조건부로 행해져야 한다고 본다.

✗ 갑, 을은 모두 대북 지원이 남북 교류의 촉진과 무관하다고 본다.
— 갑, 을은 모두 대북 지원이 남북 교류의 촉진에 도움이 될 수 있다고 본다.

700 통일의 방법에 대한 입장 비교하기

갑은 문화, 스포츠 등 비정치적 분야부터 시작해서 점진적으로 통일에 접근해야 한다는 입장이다. 반면 을은 정치적 결단을 통해 먼저 체제 통합을 이루고 난 후에 사회적·문화적 이질성을 해소해야 한다는 입장이다.

1등급 선택지 분석

✗ 남북 간의 경제적 격차 해소는 필요한가?
— 갑, 을 모두 긍정의 대답을 할 질문이다.

✗ 통일은 남북한 체제의 통합을 의미하는가?
— 갑, 을 모두 긍정의 대답을 할 질문이다.

㉢ 남북통일은 점진적 방식으로 접근하는 것이 바람직한가?

㉣ 통일은 문화, 스포츠 등의 교류부터 시작하는 것이 바람직한가?

---

16 지구촌 평화의 윤리

분석 기출 문제
141~145쪽

[핵심 개념 문제]

| 701 ㉡ | 702 ㉠ | 703 ㄱ | 704 ㄷ | 705 ㄹ | 706 ㄴ | 707 × |
| 708 ○ | 709 ○ | 710 × | 711 ○ | 712 ○ | 713 형사적 | |

714 분배적

715 ②	716 ②	717 ②	718 ④	719 ①	720 ④	721 ⑤
722 ③	723 ⑤	724 ⑤	725 ①	726 ④	727 ②	728 ④
729 ③	730 ①					

1등급을 향한 서답형 문제

731 **예시답안** 물리적 폭력은 물론 문화적 폭력과 구조적 폭력까지 모두 사라진 상태를 말한다. 732 **예시답안** 환대권 / 의미 : 이방인이 낯선 땅에서 적으로 간주되지 않을 권리이자 존중받을 권리이다. 733 싱어

734 **예시답안** 인류에게는 빈곤에 따른 개인의 고통을 덜어 주어야 할 윤리적 의무가 있기 때문에 해외 원조가 필요하다.

715

국제 관계에 있어 갑은 현실주의 입장이고, 을은 이상주의 입장이다. 갑은 국제 사회는 힘의 지배에서 벗어날 수 없다고 보며, 세력 균형을 통한 협력을 강조한다. 을은 국제기구를 통한 협력을 강조한다.

바로잡기 ㄴ. 갑, 을 모두 국제 사회에서 평화 실현은 가능한 이상이라고 본다. ㄹ. 세력 균형을 통해 평화 실현이 가능하다고 보는 것은 갑만의 입장이다.

716

갑은 적극적 평화를 강조하고, 을은 소극적 평화를 강조한다. 소극적 평화는 테러, 범죄, 전쟁 같은 직접적 폭력이 없는 상태를 의미하며, 다양한 차원의 고통을 소홀히 한다는 한계가 있다. 이러한 반성으로 등장한 것이 적극적 평화의 개념이다.

바로잡기 ② 적극적 평화 실현의 출발점은 전쟁이나 테러를 제거한 국가 안보의 실현이며, 이를 바탕으로 인간의 존엄성과 삶의 질을 도모하는 평화로 나아간다.

717

제시문은 칸트의 영구 평화 조항이다. 칸트는 국제 관계에 대해 이상주의 입장이므로 국가 간 갈등은 무지와 오해에서 비롯되며, 이를 이성적 대화와 협력을 바탕으로 해결해야 한다고 볼 것이다.

바로잡기 ㄴ, ㄷ. 현실주의 입장의 한계에 관한 설명이다.

718

평화는 소극적 의미의 평화와 적극적 의미의 평화로 나누어 볼 수 있다. 소극적 평화란 테러, 범죄, 전쟁과 같은 직접적·물리적 폭력이 없는 상태이다. 적극적 평화란 직접적·물리적 폭력은 물론 문화적 폭력과 구조적 폭력까지 모두 사라진 상태로 정의와 인간 존엄성을 실현하여 진정한 국제 평화에 기여하는 평화의 개념이다.

바로잡기 ④ 적극적 평화의 입장에서 "아니요"라고 대답할 질문이다. 적극적 평화 개념은 기존의 국가 안보 중심의 소극적 평화 개념이 인간이 겪을 수 있

는 다양한 차원의 고통을 소홀히 여긴다는 점을 비판하면서 등장하였다.

719
제시문은 국제 사회의 형사적 정의가 필요한 문제 상황을 보여 준다. 형사적 정의는 국제 사회에서 벌어지는 반인도주의적 범죄의 가해자를 처벌함으로써 실현되는 정의이다.

바로잡기 ② 빈부 격차를 해소함으로써 실현되는 정의는 분배적 정의이다. ③ 아리스토텔레스가 일반적 정의와 구분하여 제시한 정의는 특수적 정의로 교정적 정의와 분배적 정의가 포함된다. ④ 결과의 평등을 통해 실현하는 정의는 결과적 정의이다. ⑤ 과정과 절차의 공정성을 중시하는 정의는 절차적 정의이다.

720
국제형사재판소는 내전이나 독재 정치 과정에서 대량 학살 등 반인도주의적 범죄를 저지른 가해자를 처벌하고 국제 사회에서 인간의 존엄성과 형사적 정의를 실현하고자 설립되었다.

바로잡기 ①, ②, ③, ⑤ 제시된 사례를 통해 알 수 없다.

721
갑은 세계화를 부정적으로 바라보는 입장이고, 을은 세계화를 긍정적으로 바라보는 입장이다. 갑은 세계화가 국가 간 빈부 격차 심화와 문화의 독점화·획일화 현상을 초래할 수 있다고 본다.

바로잡기 ①, ②, ③, ④ 을이 갑에게 제기할 비판이다.

722
제시문은 절대적 빈곤 문제를 해결하여 국제적 차원에서 공정한 재화의 분배를 이루고자 하는 국제 사회의 노력을 보여 준다. 이러한 노력의 바탕에는 절대적 빈곤이 인간의 존엄성을 훼손할 수 있으며, 빈곤의 책임이 국제 사회에도 있다는 인식이 깔려 있다.

바로잡기 ③ 절대적 빈곤을 퇴치함으로써 실현하는 정의는 분배적 정의이다. 형사적 정의는 반인도주의적 범죄의 가해자를 처벌함으로써 실현하는 정의이다.

723
㉠에는 세계화에 대해 긍정적인 입장의 근거가 들어가야 하며, ㉡에는 세계화에 대해 부정적인 입장의 근거가 들어가야 한다. 세계화에 대해 긍정적인 입장에서는 세계화로 인해 다양한 문화가 교류함으로써 지구촌의 문화적 역동성을 높이고, 지역의 문화가 세계로 뻗어나갈 수 있는 기회가 된다고 본다. 세계화에 대해 부정적인 입장에서는 세계화가 특정 국가에 의한 자본의 독점을 초래하고 약소국의 경제적 자립을 어렵게 한다고 본다.

바로잡기 ⑤ 세계화에 대해 부정적인 입장에서는 통합을 강조하는 세계화의 특성상 지구촌의 소수 문화가 사라지고 선진국 중심의 문화로 획일화될 수 있다고 주장한다.

724
퍼즐 속 가로 낱말 (A)는 '공리주의', (B)는 '무실'이다. 따라서 세로 낱말 (C)는 '의무'이다. 약소국에 대한 원조를 의무의 관점에서 접근하는 입장에서는 곤경에 빠진 약소국 사람들에 무관심한 태도는 비윤리적인 것으로 보편 윤리로 통용될 수 없음을 강조한다.

바로잡기 ①, ②, ③, ④ 모두 자선의 관점이다. 자선의 관점은 약소국 원조를

개인이나 국가가 선택할 문제라고 보기 때문에 원조에 대해 윤리적 책임이 없다는 입장이다.

1등급 정리 노트 해외 원조에 대한 상반된 관점

쟁점	의무의 관점	자선의 관점
재산권은 누구도 침해할 수 없는 절대적 권리인가?	아니요	예
원조는 개인이나 국가가 선택할 문제인가?	아니요	예
원조를 윤리적 의무로 인식해야 하는가?	예	아니요
국제 사회에 분배적 정의가 실현되기 위해 노력해야 하는가?	예	아니요
약소국을 돕지 않는 것은 비윤리적 행위인가?	예	아니요

725
갑은 싱어, 을은 노직이다. 싱어는 공리주의에 근거하여 가난한 나라에 대한 원조를 주장하며, 세계 빈곤 문제를 적극적으로 해결하여 국제 사회의 분배 정의를 실현하고자 한다. 한편 노직은 자유주의에 근거하여 해외 원조를 자선의 관점에서 접근한다.

바로잡기 ① 싱어는 의무의 관점에서 해외 원조에 접근한다.

726
갑은 롤스이다. 롤스는 해외 원조가 정의 실현을 위한 의무임을 강조한다. 즉, 고통받는 사회가 질서 정연한 사회가 되도록 원조하는 것은 우리의 의무이다. 이때 원조의 목표는 부의 재분배나 복지 향상을 의미하는 것이 아니라 질서 정연한 사회가 되도록 돕는 것이다. 따라서 롤스는 가난한 나라일지라도 질서 정연하다면 원조를 할 필요가 없다고 보았다.

바로잡기 ㄱ. 롤스에 따르면 해외 원조는 개인이 선택할 문제가 아니라 정의 실현을 위한 의무이다. ㄷ. 롤스에 따르면 원조의 목표는 복지 수준을 균등하게 하는 것이 아니라 질서 정연한 사회가 되도록 돕는 것이다.

727
제시문은 노직의 주장이다. 노직은 재분배를 위한 복지 정책의 시행이나 세금 부과를 반대하는 입장이며, 빈곤한 사람을 돕는 일도 윤리적 의무가 아닌 개인의 자유로운 선택에 따른 자발적 행위라고 보았다. 따라서 개인에게 원조의 의무를 부과하는 것은 개인의 소유권을 침해하는 행위라고 주장하였다.

바로잡기 ㄴ. 노직은 자국민 보호 의무보다 해외 원조의 의무를 중시해야 한다고 보지 않는다. ㄷ. 사회의 정치 문화 성숙도를 고려하여 원조 여부를 결정해야 한다고 주장한 사람은 롤스이다.

728
가상 인터뷰의 사상가는 싱어이다. 그는 고통을 감소시키고 쾌락을 증진시켜야 한다는 공리주의적 입장에서 쾌고 감수 능력을 지닌 존재의 이익을 동등하게 대우해야 한다고 보았으며, 절대적 빈곤으로 고통받는 사람들에 대한 원조의 의무를 강조하였다.

바로잡기 ④ 싱어는 노직의 주장에 찬성하지 않을 것이다. 왜냐하면 노직은 개인의 소유권을 침해하는 것은 정의롭지 않다고 보면서 개인과 국가 모두 해외 원조에 대한 윤리적 의무를 지지하지 않는다고 주장하기 때문이다.

729

제시문은 싱어의 주장이다. 싱어에 따르면 인류에게는 고통을 감소시키고 행복을 증진시켜야 할 의무가 있으며, 세계의 극빈자들에 대한 부유한 나라의 원조는 마땅히 해야 할 도덕적 의무이다.

바로잡기 ① 싱어는 자국의 위상이 아닌 약소국의 고통 감소를 위해 원조할 것을 주장한다. ② 싱어는 거리와 관계없이 원조의 의무를 실천해야 한다고 주장한다. ④ 싱어가 주장한 원조의 목적은 절대적 평등을 실현하는 것이 아니라 빈곤에 따른 개인의 고통을 덜어 주기 위한 것이다. ⑤ 개인 소유권의 절대성을 강조한 노직의 입장이다.

730

갑은 자민족의 이익을 먼저 생각하는 민족주의 입장으로 해외 원조보다 자국 내의 빈곤층에 대한 지원을 우선할 것이다. 을은 인류 공동체의 보편적 가치를 바탕으로 하는 세계 시민주의 입장으로 공존과 화합, 지구촌 구성원의 책임을 강조한다.

바로잡기 ① 갑은 민족주의 입장으로 다른 민족보다 자기 민족을 중요시한다.

731

제시문은 평화의 소극적 의미와 적극적 의미를 구분하여 설명하고 있다. 갈퉁은 기존의 평화 개념이 전쟁이나 물리적 폭력이 없는 상태라는 소극적 의미로 규정되었음을 비판하고, 물리적 폭력은 물론 문화적 폭력과 구조적 폭력까지 모두 사라진 상태인 적극적 평화의 실현을 강조하였다.

채점 기준	수준
'물리적 폭력', '문화적 폭력', '구조적 폭력'이라는 용어를 모두 포함하여 서술한 경우	상
'물리적 폭력', '문화적 폭력', '구조적 폭력'이라는 용어 중 두 가지만 포함하여 서술한 경우	중
'물리적 폭력', '문화적 폭력', '구조적 폭력'이라는 용어 중 한 가지만 포함하여 서술한 경우	하

732

㉠은 '환대권'이다. 환대권이란 이방인이 낯선 땅에 도착했을 때 적으로 간주되지 않을 권리이자 존중받을 권리를 말한다.

채점 기준	수준
환대권의 명칭과 의미를 정확하게 서술한 경우	상
환대권의 명칭은 썼으나 의미를 서술하지 못한 경우	하

733

㉠은 '싱어'이다. 싱어는 이익 평등 고려의 원칙에 따라 도움을 줄 대상을 자신이 속한 공동체나 국경 내부로 한정하지 말고 지구촌 전체로 확대해야 한다고 주장하였다.

734

싱어는 공리주의 입장에서 인류에게는 빈곤에 따른 개인의 고통을 덜어 주어야 할 윤리적 의무가 있기 때문에 해외 원조가 필요하다고 보았다.

채점 기준	수준
'개인의 고통', '의무'라는 용어를 모두 포함하여 정확하게 서술한 경우	상
'개인의 고통', '의무'라는 용어 중 한 가지만 포함하여 서술한 경우	중
마땅히 해야 할 일이라고만 서술한 경우	하

적중 1등급 문제
146~147쪽

| 735 ④ | 736 ⑤ | 737 ④ | 738 ⑤ | 739 ③ |
| 740 ④ | 741 ② | 742 ① | | |

735 전쟁에 대한 현실주의와 왈처의 입장 비교하기

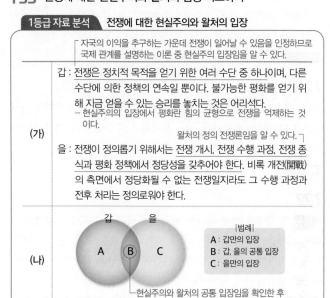

1등급 자료 분석 전쟁에 대한 현실주의와 왈처의 입장

자국의 이익을 추구하는 가운데 전쟁이 일어날 수 있음을 인정하므로 국제 관계를 설명하는 이론 중 현실주의 입장임을 알 수 있다.

(가)
갑 : 전쟁은 정치적 목적을 얻기 위한 여러 수단 중 하나이며, 다른 수단에 의한 정책의 연속일 뿐이다. 불가능한 평화를 얻기 위해 지금 얻을 수 있는 승리를 놓치는 것은 어리석다.
– 현실주의의 입장에서 평화란 힘의 균형으로 전쟁을 억제하는 것이다.

왈처의 정의 전쟁론임을 알 수 있다.
을 : 전쟁이 정의롭기 위해서는 전쟁 개시, 전쟁 수행 과정, 전쟁 종식과 평화 정책에서 정당성을 갖추어야 한다. 비록 개전(開戰)의 측면에서 정당화될 수 없는 전쟁일지라도 그 수행 과정과 전후 처리는 정의로워야 한다.

(나)
갑 을

A B C

|범례|
A : 갑만의 입장
B : 갑, 을의 공통 입장
C : 을만의 입장

현실주의와 왈처의 공통 입장임을 확인한 후 선택지를 해석한다.

갑은 현실주의 입장이고, 을은 정의 전쟁론을 주장한 왈처이다. 왈처는 전쟁 개시에서 가장 중요한 것은 정당한 명분이라고 보았다.

1등급 선택지 분석

✗ A : 전쟁은 평화를 이루기 위한 최후의 정치적 수단이다.
– 현실주의에서는 전쟁을 평화를 이루기 위한 수단으로 이해하지 않는다.

✗ A : 전쟁을 국가 이익을 극대화하기 위한 수단으로 여겨서는 안 된다.
– 현실주의에서는 전쟁을 국가 이익을 극대화하기 위한 수단으로 인식한다.

✗ B : 전쟁은 국가의 주권 사항이므로 도덕 평가에서 제외되어야 한다.
– 현실주의만의 입장이다. 왈처는 전쟁 개시, 수행 과정, 종식의 세 가지 단계를 구분하며, 각 단계에서의 정당성을 평가하는 입장이다.

④ C : 전쟁 개시(開始)에서 가장 중요한 것은 정당한 명분의 여부이다.

✗ C : 전쟁은 폭력의 악순환을 가져오므로 어떤 전쟁도 수행해서는 안 된다.
– 왈처는 정당한 목적을 지닌 전쟁은 허용할 수 있다고 본다.

736 국제 관계에 대한 현실주의와 이상주의 입장 비교하기

국제 관계에 있어 (가)는 현실주의 입장이고, (나)는 이상주의 입장이다. 현실주의에서는 국제 정치를 권력을 향한 투쟁으로 간주하고 국제 체제에서 국가의 권력을 견제할 수 있는 것은 다른 국가와의 권력 균형에 있다고 본다. 이상주의에서는 국가 간 갈등, 전쟁 등은 인간이나 국가의 본성에 기인한 것이 아니라 제도나 구조의 결함으로 인한 것이라고 주장한다. 따라서 이상주의 입장은 현실주의 입장에 비해 상대적으로 국제기구를 통해 국제 분쟁을 해결할 수 있음을 강조하는 정도(X)와 국제 분쟁이 각국의 도덕성 증진으로 해결될 수 있음을 강조하는 정도(Y)은 높고, 국제 관계에서 국가의 권력을 견제하기 위해 국가 간 세력 균형을 강조하는 정도(Z)는 낮다. 제시된 좌표에서 이를 나타내는 지점은 ㉤이다.

1등급 선택지 분석

X : 국제기구를 통해 국제 분쟁을 해결할 수 있음을 강조하는 정도
 – 이상주의 입장이 현실주의 입장에 비해 상대적으로 높다.

Y : 국제 분쟁이 각국의 도덕성 증진으로 해결될 수 있음을 강조하는 정도
 – 이상주의 입장이 현실주의 입장에 비해 상대적으로 높다.

Z : 국제 관계에서 국가의 권력을 견제하기 위해 국가 간 세력 균형을 강조하는 정도
 – 이상주의 입장이 현실주의 입장에 비해 상대적으로 낮다.

---

737 평화에 대한 칸트와 갈퉁의 입장 비교하기

갑은 칸트, 을은 갈퉁이다. 칸트는 영구 평화를 실현하기 위해서는 세계 시민법이 이방인을 우호적으로 대우하는 것을 바탕으로 해야 하며, 각 국가들이 공화 정체가 되어야 하고, 이러한 국가들이 주권 국가들의 연합체로서 국제 연맹을 결성해야 한다고 주장하였다. 갈퉁은 폭력의 예방 없이는 직접적·물리적 폭력뿐만 아니라 구조적·문화적 폭력까지 사라진 적극적 의미의 평화를 실현할 수 없다고 보았다. 한편 칸트와 갈퉁은 모든 전쟁의 종식이 진정한 평화 실현의 필수 조건이라고 보았다.

1등급 선택지 분석

① 갑은 이방인이 평화롭게 처신하는 한 우호적으로 대우해야 한다고 본다.
② 갑은 개별 국가들의 정치 체제는 세계 평화 실현에 영향을 준다고 본다.
③ 을은 폭력의 예방 없이는 적극적 평화를 실현할 수 없다고 본다.
④ 갑은 을과 달리 국제법에 따라 국가들은 하나의 세계 공화국을 수립해야 한다고 본다.
 – 칸트는 영구 평화를 실현하기 위해 각 국가들이 하나의 세계 공화국을 수립하는 것이 아니라 각 국가들이 주권 국가들의 연합체로서 국제 연맹을 결성해야 한다고 보았다.
⑤ 갑, 을은 모든 전쟁의 종식이 진정한 평화 실현의 필수 조건이 된다고 본다.

---

738 칸트의 영구 평화론 이해하기

제시문은 칸트의 주장이다. 칸트는 모든 국가가 평화를 유지하기 위해 자유로운 국가들이 연맹에 참여할 것과 세계 시민법은 이방인을 우호적으로 대우하는 평화적인 교류 조건을 전제로 해야 한다는 확정 조항 제3항을 제시하였다.

1등급 선택지 분석

① 국제법 이념은 독립 국가들의 합병을 전제로 구성된다.
 – 칸트는 독립 국가들의 합병을 전제하지 않는다.
② 연맹 확산을 통해 국제 사회는 자연 상태로 들어가야 한다.
 – 칸트는 국제법을 통해 자연 상태로 들어가려는 것이 아니라 국제 사회의 평화를 유지하려 한다.
③ 국가 간 세력이 균형을 이룰 때 영구적인 평화가 가능하다.
 – 칸트는 세력 균형을 영구 평화를 이루는 방법으로 주장하지 않는다.
④ 세계 평화 정착을 위해 개별 국가의 주권은 폐지되어야 한다.
 – 칸트의 영구 평화는 개별 국가의 주권 폐지를 주장하지 않는다.
⑤ 세계 시민법은 인류의 평화적인 교류 조건을 전제로 해야 한다.

---

739 세계화의 영향에 대한 상반된 시각 비교하기

갑은 세계화에 대해 긍정적인 입장이며, 을은 세계화에 대해 부정적인 입장이다. 갑은 세계화가 각국의 문화 발전과 문화의 교류 활성화에 기여한다고 본다. 을은 세계화가 일부 강대국의 시장과 자본의 독점을 야기한다고 본다.

1등급 선택지 분석

① 갑은 세계화가 문화의 교류 활성화에 도움이 된다고 본다.
② 갑은 세계화를 통해 전 세계 각국의 문화가 발전할 수 있다고 본다.
③ 을은 세계화가 국가 간 빈부 격차를 완화하는 데 도움이 된다고 본다.
 – 을은 세계화가 국가 간 빈부 격차를 심화시킨다고 본다.
④ 을은 세계화가 일부 강대국으로 하여금 시장과 자본을 독점하게 만든다고 본다.
⑤ 갑, 을은 세계화의 영향에 대해 상반된 시각을 지니고 있다.

---

740 해외 원조에 대한 롤스, 싱어, 노직의 입장 비교하기

1등급 자료 분석   해외 원조에 대한 롤스, 싱어, 노직의 입장

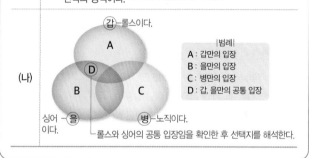

(가)
갑 : 시민들의 기본적인 정치적 권리가 보장되는 '질서 정연한 사회'에 살고 있는 사람들은 고통받는 사회를 원조해야 한다. └ 롤스의 주장임을 알 수 있다.
을 : 원조를 함으로써 얻을 수 있는 이익이 비용보다 클 경우, 원조하는 사람은 원조받는 사람이 어느 공동체에 있든 상관없이 원조해야 한다. └ 공리주의 입장인 싱어의 주장임을 알 수 있다.
병 : 개인이 정당하게 취득한 재산의 배타적 소유권을 타인의 삶과 행복을 명목으로 침해해서는 안 된다. 원조는 개인의 자유로운 선택의 영역이다. └ 노직의 주장임을 알 수 있다.

갑은 롤스, 을은 싱어, 병은 노직이다. 롤스는 해외 원조가 고통받는 사회의 자유와 평등 확립을 위한 의무임을 강조한다. 싱어는 공리주의에 입각하여 해외 원조를 윤리적 의무로 규정한다. 노직은 해외 원조를 어디까지나 자선의 차원에서 선택해야 하는 것임을 강조한다.

1등급 선택지 분석

ㄱ A : 고통받는 사회의 자유와 평등 확립을 목적으로 원조해야 한다.
ㄴ B : 인류 전체의 공리 증진을 위해 원조의 의무를 실천해야 한다.
ㄷ C : 해외 원조는 당위가 아닌 자선의 차원에서 해야 한다.
ㄹ D : 국제기구를 통한 원조만 정당화될 수 있다.
 – 롤스와 싱어 모두 국제기구를 통한 원조뿐만 아니라 개인적 차원에서 이루어지는 원조도 인정한다.

---

741 해외 원조에 대한 롤스의 입장 이해하기

제시문은 롤스의 주장이다. 롤스에 따르면 원조의 목적은 고통받는 사회가 질서 정연한 국제 사회의 구성원이 되도록 돕는 것이며, 원조 대상국이 정의로운 체제를 갖추면 원조를 중단해야 한다.

742 싱어의 해외 원조의 관점 이해하기

제시된 윤리적 지침은 싱어가 주장한 것이다. 싱어는 빈곤을 방치하는 것은 인류 전체의 고통을 증가시키는 것으로 이익 평등 고려의 원칙에 따라 타인의 고통을 줄여 주기 위해 원조를 해야만 한다고 주장하였다. 이는 인류 전체의 행복 증진, 복지 향상이라는 공리주의 관점에도 부합하는 것이라고 보았다.

단원 마무리 문제

148~151쪽

15 소통과 민족 통합의 윤리

743 ② 　744 ④ 　745 ④ 　746 ⑤ 　747 ① 　748 ⑤ 　749 ④
750 ㉠ 지역 갈등, ㉡ 세대 갈등, ㉢ 이념 갈등
751 **예시답안** 생각이나 가치관의 차이로 인해 발생한다. 이해관계의 대립으로 발생한다. 원활한 소통의 부재로 발생한다.

16 지구촌 평화의 윤리

752 ① 　753 ② 　754 ② 　755 ④ 　756 ③ 　757 ④ 　758 ③
759 **예시답안** 힘의 논리를 바탕으로 자국의 이익을 추구하기 때문에 발생한다.
760 **예시답안** 국가 간 이성적 대화와 협력을 바탕으로 국제기구, 국제법, 국제 규범을 통해 제도를 개선함으로써 분쟁을 해결할 수 있다.

743

제시문은 갈등이 역기능뿐만 아니라 갈등의 해결 과정에서 사회가 발전하는 등 순기능도 있음을 강조하고 있다.

바로잡기 ① 제시문은 갈등이 소통과 발전의 계기가 될 수 있다고 주장하고 있다. ③ 제시문은 갈등이 순기능의 역할도 하기 때문에 모든 사회 갈등을 부정적으로 보고 있지 않다. ④ 제시문은 갈등이 심해지면 사회 발전이 저해되기도 한다고 주장하고 있다. 따라서 모든 사회 갈등이 사회 구성원 간 소통의 계기가 된다고 보지 않을 것이다. ⑤ 제시문은 갈등이 개인과 집단 간 충돌을 일으키지만 이러한 갈등을 해결하는 과정에서 사회적 결속력을 높일 수 있다고 주장하고 있다. 이를 근거로 볼 때 갈등이 사회에서 불필요하다고 보지 않을 것이다.

744

제시문은 하버마스의 주장이다. 하버마스는 자신의 오류 가능성을 인정하고 의사소통의 합리성을 실현해야 토론의 합의에 이를 수 있다고 보았다. 또한 의사소통의 합리성을 실현하고 시민의 의사를 공적 결정에 올바르게 반영하기 위해서는 이성적 능력을 가진 시민들이 사회 문제를 해결하는 주체가 되어야 한다고 주장하였다.

바로잡기 ㄱ. 하버마스는 토론의 결과뿐만 아니라 토론의 절차도 중시하였다. ㄷ. 하버마스는 공적 문제에 대한 문제 제기는 민주주의의 발전에 도움이 된다고 보았다.

745

그림의 강연자는 원효이다. 원효는 고정된 자아의식이나 나와 너, 나와 세계를 구분하는 이원적 분별 의식에서 벗어나 일심을 바탕으로 당시 대립하고 있는 여러 불교 종파의 주장들을 높은 차원에서 하나로 아우르려는 화쟁(和諍) 사상을 주장하였다.

바로잡기 ④ 원효는 서로의 다름을 인정하고 더 높은 차원에서 통합할 것을 강조하였다.

746

제시문은 통일이 민족의 번영이라는 경제적 측면뿐만 아니라 이산가족의 고통 해소와 같은 인도적 측면에서도 많은 기여를 하기 때문에 반드시 성취해야 할 역사적 과업으로서 단계적이고 점진적인 방식으로 추진되어야 한다고 본다.

바로잡기 ㄱ. 제시문은 통일을 위해 비정치적 협력이 정치적 통합보다 우선해야 한다고 주장한다. ㄴ. 제시문은 급진적 통일이 점진적 통일에 비해 사회적 갈등과 같은 사회적 비용을 더 많이 지불할 것이라고 주장한다.

747

갑은 통일로 인해 민족의 동질성을 회복하며, 국가의 경제적 실익이 증가한다는 이유로 통일에 긍정적 입장을 취하고 있다. 반면 을은 통일로 인해 남북 주민 간 갈등이 심화되고, 경제적 손실이 발생한다는 이유로 통일에 부정적 입장을 취하고 있다.

바로잡기 ㄷ. 갑이 "아니요"라고 대답할 질문이다. 통일 비용은 통일 이후에 발생하는 비용이다. ㄹ. 을이 "아니요"라고 대답할 질문이다. 을은 통일 비용이 막대한 사회적·경제적 손실을 발생시킨다고 보고 있다. 따라서 을은 통일 비용을 투자적 성격의 비용이 아닌 소모적 성격의 비용으로 볼 것이다.

748

갑은 대북 지원이 인도주의적 원칙에 따라 조건 없이 이루어져야 한다는 입장이다. 반면 을은 대북 지원이 상호주의 원칙에 따라 북한이 조건을 따를 경우에만 이루어져야 한다는 입장이다. 하지만 갑, 을 모두 대북 지원이 북한 주민들의 삶을 개선할 수 있다고 보는 점에서는 공통적이다.

바로잡기 ①, ② 을의 입장에 해당한다. ③, ④ 갑의 입장에 해당한다.

749

㉠은 '평화', ㉡은 '자유', ㉢은 '인권', ㉣은 '정의'이다. 통일 한국은 북한의 장거리 미사일 발사, 핵 실험 등으로 인한 전쟁의 공포와 위협이 사라진 평화로운 국가, 표현의 자유 등이 침해되지 않는 자유로운 국가, 비인간적 대우를 받지 않는 인권 국가, 부당한 처벌이나 불공

정한 분배가 이루어지지 않는 정의로운 국가를 지향해야 한다.

바로잡기 ④ 정치범 수용소에서 이루어지는 반인도적 행위의 금지는 인권의 가치를 실현하기 위한 것이다.

750
㉠은 지역 갈등, ㉡은 세대 갈등, ㉢은 이념 갈등이다.

751
사회 갈등은 생각이나 가치관의 차이, 이해관계의 대립, 원활한 소통의 부재로 발생한다.

채점 기준	수준
사회 갈등의 원인을 세 가지 모두 서술한 경우	상
사회 갈등의 원인을 두 가지만 서술한 경우	중
사회 갈등의 원인을 한 가지만 서술한 경우	하

752
국제 관계를 바라보는 관점 중 (가)는 이상주의 입장, (나)는 현실주의 입장이다. 현실주의 입장은 이상주의 입장에 비해 상대적으로 국제법을 통한 국제적 분쟁 해결을 강조하는 정도(X)는 낮고, 국익과 도덕성이 상충할 때 국익을 더 강조하는 정도(Y)와 세력 균형을 통한 국제적 분쟁의 억제를 강조하는 정도(Z)는 높다. 제시된 좌표에서 이를 나타내는 지점은 ㉠이다.

753
제시문은 칸트의 주장이다. 칸트는 상비군 자체가 공격적 전쟁의 유발 요인이 되므로 영구 평화를 위해 상비군은 조만간 완전히 폐지되어야 한다고 주장하였다. 또한 영구 평화를 위한 확정 조항으로 모든 국가의 시민적 정치 체제는 공화 정체이어야 하며, 세계 시민법은 보편적 우호의 조건에 국한되어야 한다고 주장하였다. 보편적 우호의 조건이란 이방인이 낯선 땅에 도착했을 때 적으로 간주되지 않을 권리 즉 환대권을 말하며, 칸트는 이를 기반으로 할 때 영구 평화를 실현할 수 있다고 보았다.

바로잡기 ② 칸트는 세계 정부의 수립이 아니라 공화정의 정치 체제를 갖춘 국가들 간의 연맹을 통해 영구 평화를 실현할 수 있다고 보았다.

754
제시문은 갈퉁의 주장이다. 갈퉁은 폭력에는 직접적 폭력, 구조적 폭력, 문화적 폭력이 있으며, 진정한 평화를 위해서는 직접적 폭력은 물론 구조적 폭력과 문화적 폭력까지 사라져야 한다고 보았다.

바로잡기 ㄴ. 갈퉁은 구조적 폭력이란 부정의한 사회 제도나 구조를 통해서 이루어지는 폭력을 의미하며, 대표적인 예로는 정치와 경제 부문에서 행해지는 억압과 착취 등을 들 수 있다고 주장하였다. ㄹ. 갈퉁은 적극적 평화의 실현을 강조함으로써 평화의 개념을 전쟁의 위협 제거와 같은 국가 안보 차원에서 정의, 인간 존엄성, 삶의 질 등에 바탕을 둔 인간 안보 차원으로 확장하였다.

755
갑은 세계화로 인해 선진국만 이익을 얻게 되고 후진국과 개발 도상국은 경제 수준이 악화될 것이라고 보는 입장이다. 반면 을은 세계화가 후진국과 개발 도상국의 부를 증진시켜 국가 간의 불평등 문제를 해결할 것이라고 보는 입장이다.

바로잡기 ㄱ. 갑이 을에게 제기할 비판으로 적절하지 않다. 을은 세계화가 기업의 생산성을 제고시킨다고 본다. ㄷ. 을이 갑에게 제기할 수 있는 비판으로 적절하지 않다. 갑, 을 모두 세계화가 국가 간의 교류를 촉진시킨다고 본다.

756
제시문은 롤스의 주장이다. 롤스는 질서 정연함을 기준으로 원조를 바라보고 있다. 그래서 불리한 여건으로 고통받는 사회를 질서 정연한 사회가 되도록 돕는 것이 원조의 목적이지 가난하다는 이유로 온정적으로 간섭하는 것은 원조의 목적이 아니라고 보았다. 또한 한 사회가 질서 정연하다면 빈곤할지라도 원조의 대상에서 제외될 수 있다고 보았다.

바로잡기 ㄱ. 롤스는 차등의 원칙을 국제적 분배 정의에 적용하지 않는다. ㄷ. 롤스는 각 사회들 간 부와 복지의 수준들은 다양할 수 있으며, 그러한 수준들을 조정하는 것은 원조의 목적이 아니라고 보았다.

757
갑은 롤스, 을은 싱어이다. 롤스는 질서 정연한 사회가 되도록 돕는 것이 원조의 목적이지만 질서 정연한 사회로 진입한 이후에는 그 사회가 여전히 상대적으로 빈곤할지라도 원조를 할 필요가 없다고 보았다. 싱어는 전 지구적 차원에서 이익 평등 고려의 원칙을 바탕으로 원조를 해야 한다고 보았다. 하지만 롤스와 싱어 모두 당위적 차원에서 원조를 해야 한다고 본 점에서는 공통적이다.

바로잡기 ㄷ. 롤스는 "아니요", 싱어는 "예"라고 대답할 질문이다. 롤스는 개별 국가를 전제로 하는 국제주의 관점에서, 싱어는 지구상의 모든 인간의 복지를 고려하는 세계 시민주의 관점에서 원조를 바라본다.

758
갑은 싱어, 을은 노직이다. 싱어는 개인의 고통을 덜어 주기 위한 의무의 관점에서, 노직은 자선의 관점에서 해외 원조를 해야 한다고 본다.

바로잡기 ①, ② 롤스의 입장이다. ④ 노직은 빈곤으로 고통받는 사람에게 원조를 해야 한다고 본다. ⑤ 싱어는 해외 원조를 윤리적 의무로 보는 반면, 노직은 해외 원조를 윤리적 의무가 아닌 개인의 자유로운 선택에 따른 자발적 행위라고 본다.

759
국제 관계를 바라보는 현실주의 관점에서는 각국이 힘의 논리를 바탕으로 자국의 이익을 추구하기 때문에 분쟁이 발생한다고 본다.

채점 기준	수준
현실주의 관점에서 분쟁의 원인을 정확하게 서술한 경우	상
현실주의 관점에서 분쟁의 원인을 서술하였으나 미흡한 경우	하

760
국제 관계를 바라보는 이상주의 관점에서는 분쟁이 국가 간의 오해와 무지, 제도의 불완전함으로 인해 발생하는 것이며, 분쟁을 해결하기 위해서는 국가 간 이성적 대화와 협력을 바탕으로 국제기구, 국제법, 국제 규범을 통한 제도의 개선이 필요하다고 본다.

채점 기준	수준
이상주의 관점에서 분쟁의 해결 방법을 정확하게 서술한 경우	상
이상주의 관점에서 분쟁의 해결 방법을 서술하였으나 미흡한 경우	하

memo

www.mirae-n.com

학습하다가 이해되지 않는 부분이나 정오표 등의 궁금한 사항이 있나요?
미래엔 에듀 홈페이지에서 해결해 드립니다.

교재 내용 문의
나의 교재 문의 | 자주하는 질문 | 기타 문의

교재 정답 및 정오표
정답과 해설 | 정오표

교재 학습 자료
MP3

학습하다가 이해되지 않는 부분이나 정오표 등의 궁금한 사항이 있나요?
미래엔 에듀 홈페이지에서 해결해 드립니다.

교재 내용 문의
나의 교재 문의 | 자주하는 질문 | 기타 문의

교재 정답 및 정오표
정답과 해설 | 정오표

실력 상승 문제집

파사쥬

대표 유형과 실전 문제로 내신과 수능을
동시에 대비하는 실력 상승 실전서

국어	국어, 문학, 독서
영어	기본영어, 유형구문, 유형독해, 20회 듣기모의고사, 25회 듣기 기본 모의고사
수학	수학 I , 수학 II, 확률과 통계, 미적분

수능 완성 문제집

수능 주도권

핵심 전략으로 수능의 기선을 제압하는
수능 완성 실전서

국어영역	문학, 독서, 언어와 매체, 화법과 작문
영어영역	독해편, 듣기편
수학영역	수학 I , 수학 II, 확률과 통계, 미적분

수능 기출 문제집

N기출

수능N 기출이 답이다!

국어영역	공통과목_문학, 공통과목_독서, 선택과목_화법과 작문, 선택과목_언어와 매체
영어영역	고난도 독해 LEVEL 1, 고난도 독해 LEVEL 2, 고난도 독해 LEVEL 3
수학영역	공통과목_수학 I +수학 II 3점 집중, 공통과목_수학 I +수학 II 4점 집중, 선택과목_확률과 통계 3점/4점 집중, 선택과목_미적분 3점/4점 집중, 선택과목_기하 3점/4점 집중

N기출 모의고사

수능의 답을 찾는 우수 문항 기출 모의고사

수학영역	공통과목_수학 I +수학 II 선택과목_확률과 통계, 선택과목_미적분

미래엔 교과서 연계 도서

미래엔 교과서 자습서

교과서 예습 복습과 학교 시험 대비까지
한 권으로 완성하는 자율학습서

[2022 개정]

국어	공통국어1, 공통국어2*
영어	공통영어1, 공통영어2
수학	공통수학1, 공통수학2, 기본수학1, 기본수학2
사회	통합사회1, 통합사회2*, 한국사1, 한국사2*
과학	통합과학1, 통합과학2
제2외국어	중국어, 일본어
한문	한문

*2025년 상반기 출간 예정

[2015 개정]

국어	문학, 독서, 언어와 매체, 화법과 작문, 실용 국어
수학	수학 I , 수학 II, 확률과 통계, 미적분, 기하
한문	한문 I

미래엔 교과서 평가 문제집

학교 시험에서 자신 있게
1등급의 문을 여는 실전 유형서

[2022 개정]

국어	공통국어1, 공통국어2*
사회	통합사회1, 통합사회2*, 한국사1, 한국사2*
과학	통합과학1, 통합과학2

*2025년 상반기 출간 예정

[2015 개정]

국어	문학, 독서, 언어와 매체

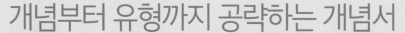